社會工作與臺灣社會

第三版

Social work and
Taiwan society

Third Edition

呂寶靜 主編

 巨流圖書公司

社會工作與
臺灣社會
（第三版）

國家圖書館出版品預行編目（CIP）資料

社會工作與臺灣社會 = Social work and Taiwan society /
呂寶靜主編. -- 三版. -- 高雄市：巨流圖書股份有限
公司, 2021.08
　　面；　公分

ISBN 978-957-732-624-9（平裝）

1. 社會工作　2. 社會福利

547　　　　　　　　　　　　　　　　110012711

主　　　編　呂寶靜
責 任 編 輯　邱仕弘
封 面 設 計　Charles Chen

發 行 人　楊曉華
總 編 輯　蔡國彬

出　　　版　巨流圖書股份有限公司
　　　　　　802019 高雄市苓雅區五福一路57號2樓之2
　　　　　　電話：07-2265267
　　　　　　傳眞：07-2264697
　　　　　　e-mail: chuliu@liwen.com.tw
　　　　　　網址：http://www.liwen.com.tw

編 輯 部　100003 臺北市中正區重慶南路一段57號10樓之12
　　　　　　電話：02-29222396
　　　　　　傳眞：02-29220464
劃 撥 帳 號　01002323 巨流圖書股份有限公司

法 律 顧 問　林廷隆律師
　　　　　　電話：02-29658212

出 版 登 記 證　局版台業字第1045號

ISBN ／ 978-957-732-624-9（平裝）
三版一刷 · 2021 年 8 月

定價：650 元

三版序

....

　　《社會工作與臺灣社會》自 2002 年出版第一版，又於 2011 年第二版改版以來，已成為國內許多社會工作系的教科書，此乃因其扣緊臺灣的社會工作與社會福利之發展。社會工作教育本土化一直是國內學術界努力的方向，本書邀集了臺灣社會工作學界重要的學者，分專長領域，將目前既有的研究成果，經過系統性的整理，撰寫成為基礎社會工作之教科書，使讀者瞭解社會工作各實施領域與各福利服務在臺灣的推展經驗。

　　第三版內容與第二版最大的不同有二：首先是章節有所改變，本次改版增加「第 11 章 心理衛生社會工作」，此乃有鑑於臺灣之心理衛生雖以精神醫療為基礎，惟近年來配合政府政策拓展至精神疾病社區復健、精神疾病長期照護、酒藥癮戒治、自殺防治、災難重建、兒童早期療育、司法精神鑑定及矯治、家暴與性侵害防治、學校等，心理衛生社工專業人力的角色地位日益重要。其次，共有三章的章名有所調整，此次改版將「第 8 章 原住民社會工作」改為「第 8 章 原住民族社會工作」，主要原因是強調不僅是個人──原住民，更是集體；社工專業互動的對象不停留在個人，更是有獨特文化與歷史經驗的集體──原住民族。為了呼應強調原住民族的集體觀點，故將章名更改。另將「第 10 章 醫療社會工作」改為「第 10 章 醫務社會工作」主要在於本章作者認同莫藜藜（2020）強調醫務社工不僅是扮演「治療」的角色，並且亦承擔「行政事務」，如基金募集、社區資源聯繫和倡導，另外還涉及家庭暴力及性侵害通報、家暴相對人處遇、安寧照顧等，因此「醫務」指涉的範疇較為廣泛。本章又特別著重在醫務社工實施的環境脈絡、理論模式、與實務議題之探討。此外，將「第 13 章 工業社會工作」改為「第 14 章 職場社會工作」，此乃因早期的員工協助方案主要係於製造業的工廠工作環境實施，但隨著產業的發展，不僅製造業員工需要協助，服務業的員工亦是。而近期來學校、公部門和非營利組織也開始重視與關心員工的的問題和需求，於是員工的協助已不再僅限於工業環境的生產環境，而是在職場工作的員工（或及其家屬）和管理者都需要社會工作專業的協助，故改為「職場社會工作」。同時每章都

將 2011 年至今的推展現況及學術研究成果納入。由於臺灣近 10 年社會工作專業服務進入大躍進的時代，不僅努力將福利服務的推展與國際社會的發展接軌；且政府推出的各項大型計畫方案，也促使社會工作的實施愈為精進，因此發展越快速的實施領域或服務領域，則更新的內容篇幅也就愈多。

每章作者在寫作時，我們盡量引用國內相關的研究成果，同時為了促進學生反思，或提供教師在上課時討論之用，在每一章後均提出三至五則「問題與思考」，希望這個作法能啟發教學時的師生互動；且提供建議研讀之書目，期能對想深入鑽研該主題的學生有所助益。此書可作為「社會工作概論」、「社會福利概論」和「社會福利行政」等課程的教科書或參考書，對於社會工作的學生、老師、以及實務工作者而言，具高度參考價值。

這本書改版的順利完成必須感謝本書諸多作者的參與，大家的配合，方能如期出版，也感謝陳沛怡小姐提供文書處理之行政支援，最後更謝謝巨流對本書出版的持續支持，讓第三版如期上市。最後，感謝參與臺灣社會工作發展的實務工作者、研究者、教育工作者，大家的積極投入和相互合作，讓社會看見社會工作專業；而實務、教育、研究之越加整合，相信社會工作本土化的發展步伐，必然會愈走愈穩健。

呂寶靜

作者簡介

....

按章別順序排列

林萬億（第 1 章、第 13 章、第 16 章）

美國加州（柏克萊）大學社會福利博士，曾任臺灣大學社會學系主任、臺灣大學社會工作學系教授、臺北縣副縣長，現任行政院政務委員、臺灣大學社會工作學系名譽教授。研究專長為家庭政策、社會工作理論與方法、福利國家。

王篤強、孫健忠（第 2 章）

王篤強，中正大學社會福利博士。現職東海大學社會工作學系教授。研究領域為貧窮、社會救助、社會工作、與社會福利。

孫健忠，倫敦政經學院社會政策暨計畫碩士，中國文化大學中山學術研究所法學博士，現為臺北大學和實踐大學社會工作學系兼任教授。研究領域為社會政策分析、社會安全制度及社會福利行政。

余漢儀（第 3 章）

美國伊利諾大學（香檳）社會工作博士，華盛頓大學（聖路易）社會工作碩士。為臺灣大學社會工作學系教授退休，曾兼任臺大醫院精神醫學部研究員、及臺大婦女研究室研究員多年。專長為人群服務組織、社會政策分析、社區復健、兒童保護；研究方向為服務輸送體系、助人專業者在組織內運作、與弱勢群體的權控等議題，涉及精神疾病、兒童虐待等社會現象。

陳毓文（第 4 章）

美國華盛頓大學（聖路易）社會工作博士，現為臺灣大學社會工作學系教授。教學與研究專長領域為少年福利服務。

呂寶靜（主編統籌、第 5 章、第 17 章）

美國密西根大學社會工作暨社會學博士，曾任衛生福利部政務次長，現任政治大學社會工作研究所名譽教授。教學與研究專長領域為老人福利、長期照顧、家庭照顧、性別與社會福利政策。

王育瑜（第 6 章）

政治大學社會學研究所碩士，英國肯特大學社會政策與行政學系博士，曾任天主教輔仁大學社工系助理教授，現任國立暨南國際大學社會政策與社會工作學系副教授。主要研究興趣為身心障礙者權益保障相關議題。

游美貴（第 7 章）

英國肯特大學社會工作博士。現任臺灣師範大學社會工作學研究所教授。研究領域為家庭暴力防治、兒童少年保護、婦女和社會工作、社會工作督導、科技運用與社會工作實務。

王增勇（第 8 章）

多倫多大學社工博士、哥倫比亞大學社工碩士。現任政治大學社會工作研究所教授。主張社工必須成為社會改革的動力，透過批判典範的建制民族誌或敘事行動研究取向，鼓勵基層社工發聲。研究重點包括老人長期照顧、精障社區復健、老年同志以及原住民族社會工作。

潘淑滿（第 9 章）

美國德州大學奧斯汀校區社會工作博士。現任教於臺灣師範大學社會工作學研究所教授。研究領域著重於性別、親密關係暴力、與跨國遷移對女性生活經驗的影響。

宋麗玉（第 10 章）

政治大學社會工作研究所教授，榮獲國家科學委員會 98 年傑出研究獎。專長為：復元與優勢觀點、心理衛生和方案規劃與評估，研究領域著重於精神復健服務模式與體系，以及家庭照顧者之相關議題。近期研究聚焦在建構華人文化取向的復元優勢觀點家庭處遇模式。

吳慧菁（第 11 章）

美國哥倫比亞大學社會工作實務組博士，現任臺灣大學社會工作學系教授。專長研究領域為社區心理衛生與復健、精神醫療人權與去污名化、創傷復原、物質成癮、實證研究分析。

鄭麗珍（第 12 章）

美國華盛頓大學（聖路易）社會工作博士，現任臺灣大學社會工作學系教授。研究專長為貧窮研究、家庭社會工作、單親家庭研究、直接服務方法、兒童保護服務。

林桂碧（第 14 章）

臺灣大學國家發展研究所博士，現任輔仁大學社會工作學系助理教授。主要研究專長職場社會工作（員工協助方案 EAP）、財務社會工作（FSW）、就業服務（職涯發展）。

陳麗欣（第 15 章）

美國東伊利諾大學教育心理與諮商碩士、美國馬利蘭大學犯罪學與刑事司法研究所博士班進修、政治大學教育學博士。曾任法務部簡派專門委員、歷任暨南國際大學社會政策與社會工作學系、朝陽科技大學、實踐大學、慈濟大學等校社會工作系教授。主要研究專長為犯罪學暨刑事司法制度、社會工作研究法、少年偏差行為。

目 錄

表次

圖次

第 **1** 章

臺灣社會工作的歷史發展

林萬億｜

前　言 ◢

　　臺灣的社會工作一如大多數殖民地或後進的工業國家，是由殖民母國
（日本）從西方輾轉移植來臺，後再由強勢的西方資本主義中心國家（尤
其是美國）擴散過來，其間國民政府在中國大陸時期的經驗扮演排除與卡
位的中介角色，使臺灣社會工作有一段的黨政化階段。終究，抵擋不了美
式社會工作專業化的趨勢，但一路走來並不順遂。本章將從戰後說起。

第一節 ◢ 戰後黨政社會工作的傳續（1945-1970）

一、社會事業的黨政化

　　二次戰後，日治臺灣的社會事業雖被接收，但幾近停頓。直到 1947
年 6 月 1 日臺灣省政府社會處成立，為統一事權、簡化機構，乃將各縣、
市的救濟機構，或予合併，或予撤銷。而另於 1948 年元月起分別在高
雄、花蓮、新竹、澎湖、屏東設立 5 所救濟院，屬戰後至政府遷臺期間較
完整的救濟機構。

　　社會事業的倒退，除了因於戰亂之外，主要恐怕是政治因素。當年
社會處第四科科長徐正一認為「社會服務是社會事業中一種最新的設
施，……在臺灣來說更有其特殊需要和價值，因為：（1）在日治時代，
即使有些救濟性的小惠，也不過是配合殖民政策的手段，根本沒有純為臺
胞謀福利而設立的類似社會服務處的機構……。（2）臺灣被日本統治半
世紀，教育、文化、社會生活各方面所受的毒素都很深刻，亟待糾正改善
轉移或重建……。」（徐正一，1948: 8）。徐文所提到的社會服務處是於
1948 年在臺北等五市成立的實踐民生主義、轉移社會風氣、改善社會生
活的中心。其實，日人的鄰保館、方面委員會，也具社會服務的功能，只
是在社會處的官員心中，它是散播毒素的地方，應予停辦。

　　其實，研究日治臺灣的社會工作學者都肯定當時臺灣的社會福利發展
優於中國（黃彥宜，1991）。「二二八事件」之後數月，臺灣省社會處旋
即成立於 6 月 1 日，且於 10 日後即展開本省失業工人及其分布情形的調

查，6天後即公布「臺灣省人民失業調查及救濟辦法」。這些措施，再加上社會處上下對日人社會事業的負面評價，均顯示了《二二八事件調查報告》中對於事件歸因的某些回應，亦即所謂日本殖民統治的遺毒，以及失業工人的不滿。

社會處成立至中國國民黨政府撤退來臺間，所從事的工作主要就在消除那種被認為是「承日皇意旨、宣導皇恩皇權、灌輸皇民思想的變相政治工具」（古善愚，1948: 5）。取而代之的是「宣揚三民主義」的社會服務工作。因而，幾項工作被積極推動：（1）失業調查與救濟；（2）社會工作幹部訓練；（3）加強人民團體組訓；（4）發動群眾運動；（5）整頓與增設救濟院所；（6）推動職工福利；（7）成立社會服務處；（8）災荒救濟；以及（9）合作事業推動等。

到了政府遷臺，社會工作更誇張地成為「革命工作」（杜章甫，1952: 8），強調社會工作者必須立下收拾舊山河、重建大陸之決心，並積極建設臺灣，準備反攻大陸（杜章甫，1952；許君武，1952）。即使是1951年創立的「臺灣省立行政專校」的「社會行政科」，設立的宗旨也是為了發展臺灣的社會福利事業，以及為反攻大陸，儲備社會救濟工作人才所需（傅熙亮，1952: 36-38）。社會工作被看作是政治的工作，其實應自中國大陸時期，社會部的前身中國國民黨的中央社會部即已開始。

這種社會工作黨政化的觀點一直延伸到1970年代初，仍然繼續存在。例如1971年4月23日中國國民黨在臺北召開「中央社會工作會議」，其目的在決定全面實踐執政黨蔣總裁「勤儉建國」的號召，本著「以勤教富，以勞教強」的要旨，養成國民勤儉的生活習慣，丕變社會的不良風氣（寧遠，1971: 7）。而蔣介石總裁對那次會議的訓詞提示四項工作：（1）以倫理為社會建設的基礎；（2）健全社會組織，加強村里服務；（3）倡導勤儉建國；（4）鼓舞民眾鍛鍊戰鬥技能。這些與社會工作相去甚遠矣！而中國國民黨中央社工會所出版《社會工作之研究發展》也是包山包海，舉凡農、工、信用合作社、反共、教育、公墓、社會調查、都市發展、社會風氣等無所不管。由此可知，1970年代以前的社會工作，依當時中國國民黨的定義，「凡是本著黨的社會政策而推動的工作，即是社會工作」（梁永章，1971）。

當然，也不一定要有專業社會工作發展才會有社會福利。今日耳熟能詳的福利服務或社會服務，在此一時期以機構式教養為主，不脫離日治

時代的作法。如設立育幼院，至 1960 年代止，全省共設公私立育幼院 20 所。設立婦女教養所以收容貧苦無依、遊民、被迫害養女、操不正當職業者，以及應予感化的婦女。日治時期已有托兒所設置，我國政府全面推動托兒所設立始於 1955 年，內政部公布「托兒所設置辦法」，獎勵公民營事業設立托兒所，至 1960 年止，共設托兒所 132 家，其中公立只有 4 所，餘均為私立。可見一開始政府即將托兒視為私部門的事務，除非兒童照顧已嚴重影響到就業或經濟生產。1955 年起，政府為解決農忙時期農村婦女為子女拖累，不得盡力參加農作，又疏於照顧兒童，而籌辦農忙托兒所。初由各鄉鎮市區公所召集地方民意機關、農會、婦女會、學校、衛生所、民眾服務站、地方熱心兒童福利人士組成董事會，推薦主辦單位，於各村里設立，配合農忙季節，借用祠堂、廟宇，或村里等會所、部落會場等開辦。隨著農業萎縮，農忙托兒所多已併入各鄉鎮市立托兒所。

1950 年臺灣省頒訂「勞工保險辦法」開辦勞工保險，以公營及雇用勞工百人以上之廠礦為對象，逐步擴大辦理。「臺灣省勞工保險辦法」也於 1958 年改為「勞工保險條例」，勞工保險局亦於 1960 年成立接辦本項業務。

「公務人員保險法」也於 1958 年通過，全面開辦公務員保險，取代 1955 年辦理的公務人員團體壽險。在此之前，「軍人保險計畫綱要」於 1950 年即頒行，1953 年通過「陸海空軍人保險條例」。至 1958 年止，我國社會保險史上的三大職業別的社會保險架構初具。不難理解因為國共內戰失敗的教訓，以及為反攻大陸做準備的政治目的，促成了此項社會政策的實現。

而政府真正把心思放在推動符合臺灣本土需要的社會政策應屬 1965 年的「民生主義現階段社會政策」。依該政策前言即可知臺灣社會福利的功能，先是為了國家統治的合法化（legitimacy），再來是為了資本積累（capital accumulation）。而該政策所指採取社區發展方式得力於 1963 年，在戰後赴美聯合國工作的前燕京大學社會工作畢業生，拿到美國芝加哥大學社會行政碩士學位的張鴻鈞先生夫婦退休來臺所推動的社區發展。

遺憾的是有了政策並未相對地配合社會立法，也沒有明顯的社會福利支出成長。曾在 1980 以前長期擔任內政部社會司長的劉脩如（1984: 334）不客氣地批評「政策文件多於立法，立法多於實際行政，有了政策不能促其立法，執政黨負有責任，有了社會立法不能付諸實際行政，各級政府要

負責任。」

　　就社會工作專業的角度來看，這一階段只能說是醞釀期罷了。最早的社會工作員應屬 1949 年的臺灣省立臺北醫院（今北市中興醫院）劉良紹所領導的社會服務部，以及 1951 年由鄒玉階所領導的臺大醫院社會服務部。這兩位畢業自燕京大學受西式社會工作訓練的社會工作者都是隨國民黨政府來臺的。此外，成立於 1950 年的基督教兒童福利基金會臺灣分會，於 1964 年在各縣市設家庭扶助中心濟助貧童，以及同年成立的臺灣世界展望會，都曾經聘用社會工作員來推動兒童福利。但是，這些社會工作員不如稍後政府所聘用的社會工作員對臺灣社會工作專業的影響來得大，理由有三：一是醫院社會工作相對地封閉，且在醫療體系中也是居於弱勢；二是早期兒童福利的慈善性質高於專業性質，且當時民間力量仍然很弱，難以帶動社會工作專業發展；三是，當時臺灣仍處於威權統治之下，政府帶動（government-led）往往是政經社會發展的主要力量，何況這些政府約聘社會工作員人數愈來愈多，終至形成一股納編的政治與社會壓力（林萬億，2001）。

二、依附於社會學系下的社會工作教育

　　戰後初期，臺灣並沒有立即開辦社會工作專業教育，只仿照中國大陸馬家寺的經驗辦社會行政人員訓練班（曹培隆，1952）。除了每年辦理的社會行政人員訓練班之外，於 1950 年也辦理「社會工作人員講習班」，為期一週，對象是各縣市政府的社會行政人員，以及公私立救濟院所的社會工作、教保人員。那時，課程除了社會工作方法之外，也上社會安全制度、勞工保險、社會政策、兒童福利、人民團體組訓、工礦檢查、就業輔導、社會救濟、社會調查與統計、兒童心理與行為指導等（金姬鎦，1951）。講師大多非社會工作背景，而是社會學出身者為多。不過，這些課程已讓當時的社會行政人員、教保人員大開眼界了。

　　臺灣的社會工作教育最早起自於 1951 年臺灣省立行政專校的社會行政科，二年修習 84 個學分。那時的師資大部分也不是社會工作學者。1955 年與大直行政專修班合併成為省立法商學院，社會行政科改為社會學系，三年後再分為社會學理論與社會行政兩組，是後來中興大學的社會學系之肇始，也是國內第一個社會工作教育的科系。1955 年東海亦設立

社會學系。

　　接著，1956 年，臺灣省立師範學院也在社會教育學系下設社會事業組。這是較特別的組名，承襲日本人的用詞，也可能是採用中國大陸時期言心哲等人的用語。臺灣大學於 1960 年獲得亞洲基金會的贊助，成立社會學系。1969 年，輔仁大學也成立社會學系。而東吳大學的社會學系是在 1973 年成立，成為戰後第一波社會學系設立風潮下的最後一個跟進者。

　　在中興大學以社會學系為名之後，接連下來的幾個大學也都以社會學系為名。雖然，也有少數社會工作課程，但是，由於師資不足，能開授的課程非常有限。

　　中國文化學院夜間部社會工作學系成立於 1963 年，可說是國內最早的社會工作學系。1965 年，臺南神學院也成立社會服務科。1967 年，實踐家專也成立兒童保育科。顯示社會工作教育還是社會學系的附屬，甚至被認為是社會學的應用而已。

　　臺灣早期社會工作教育會被寄生於社會學系之下，有幾個原因（林萬億，1994）：

1. 中國大陸時期經驗的延伸。從燕京大學開始即是如此，往後金陵、金陵女大、復旦、齊魯、滬江均是，臺灣早期的省立法商學院社會學系亦不例外。
2. 剛成立社會學系之初，不但社會學者不足，社會工作專家更是寥若晨星。師資不足，只好寄人籬下。
3. 黨政部門對社會學與社會工作均不甚瞭解，而許多社會學者也自認在行於社會工作或社會行政，兩相結合也就不足為奇了（葉啟政，1985；黃彥宜，1991）。但是，葉楚生（1956）認為這樣的結合「能使社會工作專業教育在我國之學術地位較為提高。」不過，如果社會工作學者不努力，寄人籬下或獨立成系，學術地位還是不可能提高。

　　由於社會工作屬於社會學系之下，產生角色混淆、理論與應用錯誤關聯的問題。外界經常以社會學者來稱呼社會工作學者；或將社會工作當成是社會學的應用。其實是，社會工作必須大量採借社會學的知識作為評估與介入的基礎知識。

　　雖然如此，我們也不得不承認，由於社會學的發展較早、師資較好，訓練也較嚴謹，而或多或少影響到社會工作學生的學術認同與自我期許。

因此，社會工作訓練的社會學化成為臺灣社會工作教育的特色之一。不過，這種情況，隨著社會學與社會工作的割開而漸趨不明顯（林萬億，1991）。

此一時期社會工作學習的環境並不理想，除了師資有限外，書籍亦少，且以社會工作導論與個案工作為主。

到了 1963 年，張鴻鈞先生夫婦由聯合國退休來臺，在中國社會學社等四個學會聯合歡迎會上發表「談社區發展」演講，社會工作傳統中的「社區組織」才以「社區發展」的面貌在臺受到重視。而臺灣的社區發展也於 1965 年開始推動，且納入成為「民生主義現階段社會政策」的重要內涵。後由於聯合國糧農組織（the Food and Agriculture Organization）贊助，「中華民國社區發展研究訓練中心」也接受聯合國的支持而成立，並派 15 位學生赴美、荷、英等國受訓，又出版《社區發展》期刊。因此，1960 年代中到 1980 年代中是臺灣社區發展最為風光的 20 年，社區發展成為社會工作方法的顯學。

回顧 1970 年代之前的臺灣社會工作教育只能說是萌芽階段。既然沒有專門的系所組，也就很難要求完整的課程設計。通常依賴各社會學系擁有多少社會工作或社會行政相關師資而決定開設何種課程。當然，課程設計也反映社會需要。以當時的社會環境，除了醫院、兒童福利機構（托兒所、育幼院）之外，就屬政府社會行政部門有社會工作或社會行政人力的需求。因此，1970 年代以前的社會工作課程，就以個案工作、社區發展、社會行政、兒童福利較受各校重視。

第二節　社會工作專業化的啟動（1971-1980）

一、政府約聘社會工作員實驗

前曾提及政府要採取社區發展的方式來推動社會福利，該政策中有關社區發展項中明定「設置社區服務中心，由社區居民推薦熱心公益人士組成理事會，並雇用曾受專業訓練之社會工作員，負責推進各項工作。」接著於 1967 年，行政院擬定的「中華民國社會建設第一期計畫」中提出建立社工員制度，每一救濟院所每兩百名院民應設置一名社會工作員，每

500 戶貧戶應有一名社會工作員。然，真正付諸實現是在 1970 年代才開始。

　　1971 年行政院核定省、市政府聘用社會工作員名額，臺灣省政府遂於 1972 年訂定「臺灣省各省轄市設置社會工作員實驗計畫」。隔年，於基隆、臺中、臺南、高雄四省轄市試辦兩年，設置了社會工作員 10 名，管理工 10 名，負責辦理平價住宅公共衛生、設備維護、急難救助等事項（臺灣省政府社會處，1983）。然而，由於當時約聘的社會工作員大多非社會工作科系畢業，且缺乏社會工作實務經驗，專業功能未能發揮，試辦兩年後，經評估認為績效不彰（陸光，1977；張秀卿，1985）。至此約聘社會工作員的命運幾乎夭折。正好碰上 1972 年我國退出聯合國，原由聯合國兒童基金會（UNICEF）從 1948 年起即對我國兒童福利的贊助，以及在彰化設立的「臺灣省兒童福利工作員研習中心」經費中止。1974 年臺灣省社會處便將人心惶惶的兒童福利研習中心人力 10 人調至臺中縣大里鄉，配合當時正在推動的「小康計畫」，以專業社會工作方法，協助低收入戶脫離貧窮（張秀卿，1985）。

　　大里鄉的實驗比前兩年在四個省轄市所推行的實驗更受到肯定，主因是這些社會工作員有較完整的社會工作專業訓練與較健全的督導。1975 年，在當時臺灣省主席謝東閔先生的大力支持下，其他縣市也開始推行社會工作員制度。首先是從臺中縣擴及彰化縣，並決定如果試辦獲有成效，再逐步推廣到各縣市。

　　而擬議將社會工作員制度法制化的文字首見於 1976 年「中華民國臺灣經濟建設六年計畫」的第六章社會建設部門中。同年，行政院核定「當前社會福利服務與社會救助業務改進方案」，再次規定建立社會工作專業制度，建議遴選人才正式納入編制或以約聘僱方式，從事社會工作。於是，1977 年，省政府決定另增臺北縣、雲林縣、高雄市為實驗縣市，為期一年。同年 10 月又設置山地社會工作員於 30 個山地鄉。隔年並組成專家學者小組進行考核，結果被認為績效良好，有續辦的價值。1978 年，遂又增加桃園縣、新竹縣、基隆市、臺南市等共 8 個縣市，繼續實驗一年。同時，並訂定「臺灣省各縣市設置社會工作員實驗計畫綱要」，以作為各縣市辦理社會工作員實驗制度的依據。1979 年，省府再將實驗縣市擴充至宜蘭縣、彰化縣、嘉義縣及臺南縣。至此，社會工作員足跡幾已遍布全國。

臺北市也於 1975 年聘用了 6 名社會工作員，開始以臺北市大安區的社會救助戶為對象，從事兒童福利與綜合服務，工作成果戲稱為「大安之路」。至 1978 年，臺北市社工員已增至 33 名，分為從事兒童福利、社區貧戶輔導，以及平價住宅的社區工作。同年，臺北市政府首先在社會局下設社會工作室，總管社會工作員業務。隔年，臺灣省政府、高雄市政府均仿照臺北市設置社會工作室。

到 1980 年，全臺已有 17 個縣市設置社會工作員制度。依據 1979 年「臺灣省推行社會工作員制度計畫」規定，社會工作員的工作項目為：（1）防治家庭問題，健全家庭功能；（2）輔導青少年，服務老人；（3）啟發社區意識，健全社區發展；（4）配合地方實際需要，協助其他福利服務事項（臺灣省政府社會處，1983）。

二、社會工作分組教學

早在 1969 年 7 月間，由內政部社會司邀請聯合國顧問摩西斯女士（Porthy Moses）與國內各大學教授社會工作課程的教師集會研究社會工作的教學做議題。復於 1971 年 2 月，由內政部與聯合國發展方案（UNDP）在臺北共同召開「社會工作教學做研討會」。在該會議上對臺灣社會工作教育的課程設計做出較完整的檢討與規劃（內政部，1971）。其中有關課程的部分訂定社會工作概論、社會個案工作、社會團體工作、社區組織與社區發展、社會福利行政、社會政策與立法、社會研究法、人類行為與社會環境、社會工作實習等 9 門課列為社會工作的專業必修課程。此外，也討論社會工作方法、譯著社會工作教材、充實社會工作實習內容、培養師資、健全人事制度，以及提倡在職教育等課題。

自此，臺灣社會工作教育開始擺脫只是社會學系之下的幾門課程的弱勢命運。1973 年，臺大社會系開始分社會學、社會工作兩組教學；隔年，東海社會系亦成立社會工作組，且分組招生。中興大學、輔仁大學、東吳大學社會系也跟進設社會工作組。1974 年，臺大首先設社會學研究所碩士班，內分理論社會學與應用社會學兩組招生，應用社會學組其實就是社會工作組。1978 年，東海也成立社會學研究所碩士班，兩年後增設社會工作組。1981 年，東吳大學社會學研究所也成立，並設有社會工作組。考入社會學系的新生必須在社會學與社會工作兩組中選擇一組作為主

修，社會工作組的學生也有一套完整的必、選修課程設計，即使在大學聯考志願表中未有社會工作學系，但已使社會工作的學生有了自己認同的知識體系了。

此外，1973 年中國文化學院也成立青少年兒童福利學系，實踐家專也將兒保科改名為社會工作科，都與社會工作人力市場活絡有關。實踐家專社工科的易名更是最明顯的春江水暖鴨先知。後來臺灣省各縣市約聘社會工作員中實踐家專畢業的比率居各校之冠，即為明證。

社會工作分組教學也引發社會工作教材出版的需求。在 1950、60 年代在臺灣接受社會工作教育的學生中有部分已出國留學返國開始擔任社會工作教師；再加上先前來自中國大陸的實務工作者中，有些已累積了足夠的知識，而加入出版行列。這是臺灣社會工作專化過程中知識引進的重要階段，開啟社會工作學生的眼界。1970 年代可說是臺灣社會工作專業發展奠基的關鍵十年。

第三節　社會工作專業化的加速推動（1981-1990）

一、社會工作專業組織的發展

社會工作員的約聘人數隨著實驗縣市的增加而擴增。但是，實驗性質並未改變，一實驗就是十餘年，前途未卜。由於是約聘人員，不僅待遇與福利無法與一般公務員相比擬，地位也不高，身分曖昧，有些社會工作員甚至被挪用為雜役，使得社會工作員流動率高，經驗無法傳承（張煜輝，1991）。臺灣省政府遂於 1982 年函請內政部將社會工作員與社會工作督導納編。內政部於是在隔年研擬了「建立社會工作員制度實施方案」草案，內容包括社會工作員的資格審核、專業證照、聘用升遷、社會工作員分級制度等。至此，政府部門所擬建立社會工作員專業制度顯然以解決政府約聘社會工作員為主，而未顧及民間部門社會工作員制度的建立（林萬億，1984）。然該草案並未經行政院之核定（徐震、林萬億，1991）。

經過近三年的折衝，行政院於 1990 年 4 月 2 日做成兩項決議：

1. 同意社會工作員與「村里幹事」職掌與功能有別，社會工作員專業制度為當前國情所需，亦為世界潮流所趨。

2. 省市政府應循修正組織規程及編制表之程序，將所需社會工作員之員額納入，分三年提報任用計畫，併入高、普考或基層特考辦理，並逐年相對減少約聘社會工作員員額，以資配合；至於直轄市、縣市政府社會局（科）之約聘社會工作員，將來未能考試及格取得任用資格者，即不得再行聘、雇用，請省市政府審慎處理。

其中，三年內併入高、普考或基層特考辦理，最受社會工作員議論。納編是爭到了，但是，並非無條件納編，而是必須在三年內考上高、普考，或基層特考，才可以進入政府公務員體系中。對於長年奔波於鄉間或埋首於個案處理的社會工作員，要重拾課本，參加高、普考等國家考試，本非易事。說實在的，要能考上高、普考的，早已自行前往考試，何須等到此時。

為兼顧現職社會工作員的權益，以免優秀人才因三年內考不上高、普考而流失，內政部也積極協調考選部辦理社會工作特考。於是，高、普考中增加社會工作員的類目，且名額大量擴增，以應納編所需。可是，並非只有現職社會工作員才能報考。固然有不少資深社會工作員考試及格而納入體制，但也有一些優秀人才因考不上，或不願花時間備考而離開政府約聘社會工作員的位置，走入民間，開展社會工作的第二春。

從 1973 年臺灣省開始實驗設置社會工作員起，到民國 1990 年納編爭議告一段落止，總計經歷了 18 年。「建立社會工作員專業制度實施方案（草案）」進出內政部與行政院間也有 5 次之多，可見其波折。社會工作員的努力終獲肯定，部分地方（如臺北市）有了社會工作員的編制。但是，並非政府部門將約聘社會工作員部分吸納進入體制，就代表社會工作專業制度已建立。這二十年來的社會工作專業發展，其實比較像是一頁政府部門設置社會工作員的納編滄桑史。不過，也因為納編的要求，加速了社會工作專業組織的出現，投入社會工作專業化的推動行列。

早在 1970 年代末，就有學者呼籲應成立屬於社會工作者的專業組織，以提升專業影響力，加速社會工作人員的聯繫（張曉春，1978；李增祿，1980）。隨著社會工作教育的發展，及社會工作員的納編爭議蔓延，社會工作界意識到成立全國性組織的刻不容緩。

首先發難的是醫院的社會工作員，於 1983 年組成「中華民國醫務社會服務協會」。為何不用醫務社會工作人員協會呢？主因是醫院的社會工作人員大多屬於醫院的「社會服務室」，且社會服務員並不完全是受過社

會工作專業訓練的。不過，幾年後正式改名為「中華民國醫務社會工作協會」。

醫務社會工作人員有了全國性組織之後，學者們又極力呼籲應儘快成立一個涵蓋兒童、少年、老人、身心障礙、婦女、醫療等各領域社會工作人員的專業組織（林萬億，1984）。然而，囿於戒嚴時期的限制，結社並無自由。直到 1987 年解嚴前後，組成社會工作人員全國性組織的聲音才又大起來。

1987 年，行政院組織法要修編，有將社會福利與衛生合設一部會的打算。由於衛生署自 1971 年即成立，地位已穩固，醫療專業又遠較社會工作專業受到社會認可，因此，社會工作界普遍擔心兩者合併後會有「衛生大福利小」的後果，故有社會福利應單獨設部的主張。「衛生與福利大小」之爭就此展開，即使到了 2010 年 1 月 12 日立法院三讀通過修正行政院組織法，設「衛生福利部」，2012 年 1 月 1 日生效，心結仍未解，因為衛生與福利在法中並非並列。學理上，衛生福利指涉的是健康照護（health care）一項而已。為了結合眾力爭取社會福利設部，再加上遲遲未決的社會工作員納編案，就促成了「中華民國社會工作專業人員協會」的成立。

1989 年「中華民國社會工作專業人員協會」就在一方面要捍衛社會福利部，另方面要為省市社會工作人員爭取「不考試而納編」的任務下組成。正好碰上解嚴後，「人民團體法」修正，社會工作專業人員協會遂有組成的空間。由於籌組過程主要是由上述兩個目的所帶動的人馬加入，一是關心社會福利部的年輕學者，二是關心自身納編權益的縣市約聘社會工作員，民間的社會工作者反而較不積極。徐震教授被公推為首任理事長，而主要幹部多為年輕的社會工作者。2000 年改名「臺灣社會工作專業人員協會」（簡稱社工專協）。

臺灣也因為 1970 年代末政治民主化的抗爭，中壢事件（1977）、美國與中共建交（1978）、高雄美麗島事件（1979）接二連三撞擊中國國民黨一黨獨大的威權統治。為了降低島內政治與社會的緊張，適時地通過社會立法，多少有助消音與轉移社會抗爭的壓力。於是，1980 年先通過三個社會福利法：老人福利法、殘障福利法、社會救助法。1989 年又通過少年福利法，1988 年也開始規劃全民健康保險，預定 2000 年實施。再加上 1983 年通過的職業訓練法，1984 年通過的勞動基準法，可見，1980 年代

是臺灣社會福利立法加速推動的年代。社會福利立法的接續通過，有助於社會工作的能見度提高，也將社會工作員的觸角伸向更多的服務領域，奠定了臺灣社會工作專業化更紮實的基礎。而社會工作專業結社的出現不只帶動社會工作師的立法，也積極參與各項社會福利立法的倡導。

二、社會工作獨立成系

1979 年東海大學由社會學系社會工作組獨立成系。接著是 1981 年的輔仁大學。1990 年東吳大學也成立社會工作系。除此之外，1982 年政治作戰學校的社會工作系也設立。1986 年靜宜大學也仿傚文化大學成立青少年兒童福利學系。1989 年中正大學設立社會福利研究所。同年，高雄醫學院也成立醫學社會學系，其中有一組社會工作課程。政治大學民族社會學系也在 1983 年改名社會學系，也開設社會工作課程。

而最早採行社會工作分組教學的臺灣大學社會學系並未如私立大學般順利獨立成系，而是於 1981 年獲准分組招生，中興大學亦隨後跟進。社會工作獨立成系反映了社會工作專業地位逐漸被認可，社會工作人力需求更殷切，以及社會工作師資也較前充實的事實。

1980 年代中文社會工作的著作更多元了。之前較缺乏的社區組織與社區發展、社會團體工作等方法的書也出版了。除了書籍的出版之外，期刊論文、碩士論文、研究報告也比之前增加許多。依林萬億、呂寶靜、鄭麗珍（1999）的研究發現，1980 年以前所有社會工作出版品總計有 200 篇（本），之後就增加到 726 篇（本），其中成長最快速的是社會工作的實施領域。隨著 1980 年代的社會福利立法通過，老人福利、身心障礙者福利、兒童福利、心理衛生等議題成為社會工作界研究的新重點。

碩士論文大量增加是依著社會工作研究所的設立而增加。1974 年臺大成立社會學研究所碩士班，其中應用社會學組幾乎等同於社會工作組。1980 年文化大學成立兒童福利研究所碩士班。1984 年東海大學成立社會工作研究所碩士班。再加上 1989 年成立中正大學社會福利研究所碩士班。

第四節　社會工作專業建制完成（1991-2000）

一、社會工作師立法通過

1990 年 4 月，社工專協的一場小型座談會中，由當時理事長徐震教授商請林萬億教授帶領一專業小組來進行社會工作師立法的研擬工作。於是，向中華民國社區發展研究訓練中心申請小額研究經費贊助。

社會工作師法研擬小組召集人由林萬億擔任，參與研究的小組成員有黃清高、張振成、郭登聰、周玲玲與黃梅羹（徐震、林萬億，1991）。研擬小組確定不以社會工作員的納編為立法研擬主軸，而是朝社會工作專業證照制度推展方向前進，原因是社會工作師法管不到政府公務人員的任用與編制，也管不到社會福利機構。參考各國社會工作師法案的主要內容，1991 年 6 月草擬出國內第一個社會工作師法草案，總計 6 章 38 條，重點是界定社會工作師的職掌，並規定社會工作師要經過考試或檢覈取得，同時也規定獨立執業證書取得的年資，以及專業團體（社會工作師協會）的強制加入義務。

這個版本出爐後，有些社會工作員無法接受未將社會工作員的任用納入，而要求黃清高另提一版本，將社會工作員任用條文納入。由於從 1991 年到 95 年間，總計立法院已躺了由林萬億等草擬的社會工作師法草案及其衍生版本 5 個。社會工作師法並未進行審查，社會工作界按捺不住，就組成「社會工作師法推動聯盟」，整合資源、運作遊說、動員策略，以期及早通過立法。並發動 1995 年 10 月 26 日的社會工作請願遊行，進行施壓，總共動員了近三千社會工作師生與實務工作者參與。

在一連串的遊說之後，立法院於 1995 年 12 月 13 日將社會工作師法排入議程，而此時行政院尚未提出對應版本供討論。直到 1996 年 6 月，行政院才通過院版送立法院。社工專協隨即召開公聽會整合各版本，於 9 月完成「協商版」，以利立委進行協商。之後，社工專協不斷透過拜會立委、電話遊說、分區動員、催促立委協調等動作，使社會工作師法得於 1997 年 3 月 11 日完成立法三讀通過。

社會工作師法於 1997 年 4 月 2 日經總統公布施行。4 月 2 日也就成為社會工作師們所慶祝的「社工日」。社會工作師法總計 7 章 57 條，大致

依據 1995 年林萬億等第二次研礙的版本通過，其中被調整較大的是有關社會工作師事務所的設立（第四章），在原草案中並未如此強調獨立執業的社會工作師事務所。第五章公會也是先前所沒有的設計，在原草案是以社會工作師協會名稱提出。從這兩點的改變可以看出在立法過程中，社會工作師被比擬作律師的成分很濃。

社會工作師法施行後，依法必須參加三種考試之一及格者才能取得社會工作師證書，即社會工作師專門職業及技術人員高等考試、檢覈考試，以及特種考試。其中特種考試將隨落日條款於五年內辦理三次而停止；檢覈考試也隨著專門職業及技術人員考試法的修正而停辦。社會工作師專技高考每年將以錄取率約 16% 的及格人數累增。

雖然依社會工作師法規定，非領有社會工作師證書者，不得使用社會工作師名稱。但是，光靠社會工作師法卻很難強制非領有社會工作師證書者不能從事社會工作，原因是社會工作的人力需求量大於考試及格數，社會工作的樣態也多，很難、也不應該排除想當社會工作人員而卻沒考上社會工作師的人。將社會工作師再分級，或可解決這個兩難。社會工作師法施行後，內政部也於 1998 年 7 月 27 日函頒「社會工作倫理原則」計 18條。至此，可以說臺灣的社會工作專業建制完成。社會工作專業建制完成並不代表社會工作已經可以和醫療、法律、建築、會計等成熟的專業般擁有高的社會地位與社區認可。陶蕃瀛（1999）就認為社會工作建制化是向國家體制靠攏，甚至依附，而專業化是專業自主性提升，兩者方向迥異。其實，專業化未必排斥建制化，只是徒有建制化不保證社會工作已是專業化了。

社會工作專業化的可預期，以及自從 1987 年解嚴以來社會運動的蓬勃發展，再加上民主進步黨的成立，以追求民主政治、主張臺灣主權獨立、為弱勢者代言為自許，牽動臺灣社會另一波的社會福利立法（林萬億，2000a），如少年福利法（1989）、農民健康保險條例（1989）、殘障福利法修正（1990）、農民健康保險條例修正（1992）、兒童福利法修正（1993）、全民健康保險法（1994）、老年農民福利津貼暫行條例（1995）、兒童及少年性交易防制條例（1995）、性侵害犯罪防治法（1996）、社會工作師法（1997）、身心障礙者保護法（1997）、少年矯正學校設置及教育實施通則（1997）、老人福利法修正（1997）、少年事件處理法修正（1997）、社會救助法修正（1997）、家庭暴力防治法（1998）、老年農

民福利津貼暫行條例修正（1998）、特殊境遇婦女家庭扶助條例（2000）等，使社會福利法系更完整，也使社會工作學系（所）成長更迅速。這也是為何監察院黃煌雄委員稱 1990 年代是臺灣社會福利的「黃金十年」的原因（監察院，2002）。

二、社會工作教育快速擴張

搭上高等教育擴張的浪潮，1992 年中正大學社會福利學系招收大學部學生，也成立博士班、陽明大學也成立衛生福利研究所、東吳大學也設社會工作研究所碩士班。1994 年東海大學招社會工作博士生、臺南神學院教會社會服務學系設立碩士班。1995 年暨南大學社會政策與社會工作學系成立，先設碩士班，1997 年設大學部，1999 年設博士班。1996 年屏東科技大學生活應用科學技術學系下設有社會工作組（2000 年設社會工作系）。1997 年玄奘人文社會學院（後改名玄奘大學）設社會福利學系、玉山神學院設教會社會工作系。1998 年長榮管理學院設社會工作學系（後改名長榮大學）、慈濟醫學暨人文社會學院（後改名慈濟大學）設社會工作研究所，以及嘉南藥理科技大學設青少年兒童福利系（2003 年改名社會工作系）、輔仁大學社會工作學系設碩士班。2000 年朝陽科技大學設社會工作系、臺北大學社會工作學系從社會學系中獨立出來、臺中健康暨管理學院（後改名亞洲大學）也設社會工作學系。

至此，臺灣的社會工作相當系（組）不包括政大社會系、高醫大醫社系，以及 1998 年停招的文化夜社工系，總計有 20 個，研究所碩士班 11 所，博士班 3 所。每年大學部招將近 1,800 人。碩士班每年招生約 200 名，博士班約 12 人。學生數比起十年前增加了將近一倍。

社會工作學系所急速擴充，師資是否不虞匱乏？林萬億（2000b）指出，到 1998 年止，臺灣的 21 個社會工作與社會福利相當系所教師 158 人，其中有 65% 具博士學位，34% 為碩士。專長屬社會工作、社會福利或社會政策本科者僅占 51%，餘為社會學（15%）、教育學（12%）、輔導學（7%）、家庭研究（4%）等。可見，師資學歷水平有待提升，專長也不盡吻合社會工作專業發展所需。

教育的擴張也帶動研究出版的成長，研究重點也隨著社會福利立法的加速而更普遍，如婦女、少年、健康照護、家庭、福利國家、老年年金等

議題都比以前更受重視。

社會工作的論文發表也不再依賴社會學刊物，或實務性較濃的《社區發展季刊》。1990 年代有幾個社會工作學術期刊創刊，如《社會工作學刊》（臺灣社會工作專業人員協會，於 2004 年與《中華醫務社會工作學刊》合併改名《臺灣社會工作學刊》）、《中華醫務社會工作學刊》（2004 年停刊）、《中國社會工作教育學刊》、《社會政策與社會工作學刊》、《當代社會工作學刊》、《東吳社會工作學報》、《臺大社會工作學刊》、《臺灣社會福利學刊》等，帶動社會工作學術發展。

至於社會工作課程，即使教育部早已解禁了，不再規範各校的專業必修課程，各校對社會工作系（組）的必修課程只有學分降低，課程數並未減少。不過，有些學校以社會福利導論來取代社會工作概論，有些學校未開授人類行為與社會環境，有些學校外加許多必修課。不論如何，各校對社會工作方法的傳授仍然以分立而非整合的方法來教導，也就是把社會工作當成五種方法或技術來教學生，而非以一種針對個人、家庭、團體、社區、組織不同系統為對象的社會工作實施方法來傳授。

第五節 邁向專精之路（2001-2020）

一、社會工作邁向專精化？

1997 年社會工作師法通過後不久，來自相鄰專業的挑戰接踵而來。心理師法於 2001 年 11 月 21 日公布施行，其資格要件規定比社會工作師法嚴格許多。其實，第一版社會工作師法研擬時，就有兩級制的思考。但因當時社會工作的實施領域分工未臻成熟，且社會工作實務界擔心考試次數太多。故當時僅採一級制綜融社會工作師，或基礎社會工作師。然而，面對競爭，社會工作師要如何在專業市場（準市場）中求生存，就必須調整策略。不外乎，提升教育品質、提高考試門檻、實施分級制度、加強督導、吸引人才久任。經思考臺灣社會工作實施領域已逐漸成熟。於是，專精化專業（specialized professional）的呼聲再起。

日本早我國十年發展社會福祉士專業化，也早已隨著業務需要分出不同專長領域與職域。韓國比我們晚一年通過社會福利人員立法卻

已經實施專精化領域的開發了，倘若臺灣的社會工作人員仍死守著怕考試、不分級、不求進階、不思分工，或者以推動社會工作普羅化（proletarianisation）為名，達成去專業化（deprofessionalization）之實，忽視社會職業分化的事實，那麼我國社會工作只能繼續慘澹經營，或委屈臣屬於其他專業。屆時，什麼專業自主，為弱勢者伸張正義，根本都是緣木求魚（林萬億、沈詩涵，2008）。

即使遭到部分試圖解構社會工作體制者的抵制，在社工專協主導修法下，分級制於 2008 年 1 月 16 日經立法院三讀通過修正第 5 條「社會工作師經完成專科社會工作師訓練，並經中央主管機關甄審合格者，得請領專科社會工作師證書。」

約莫同時，內政部於 2008 年 3 月 28 日核備了社會工作師全國聯合會修正的社會工作倫理守則，擴充倫理守則的內含。此外，進一步於 2009年 7 月 13 日公布「專科社會工作師分科甄審及接受繼續教育辦法」，第 3條明訂專科社會工作師分科為：醫務，心理衛生，兒童、少年、婦女及家庭，老人，身心障礙等五個次領域。自此，臺灣的社會工作似乎邁向專精化了。[1]

二、社會工作師考試制度改革

1997 年底專門職業及技術人員社會工作師考試登場後並不平順，主因於錄取率偏低。社會工作師考試的科目、題型、命題委員、閱卷委員、鑑別力、及格率等議題被挑戰。社會工作實務界甚至到監察院陳情；也為此邀請學術界對談，共商解決之道。社會工作實務界對由學術界主導的社會工作師考試明顯不信任。

社會工作實務界要求改考測驗題；提高及格率；不考社會工作研究法、社會政策與立法，以及學校沒開授的社會工作管理（其實就是社會（福利）工作行政）；應出實務題目；應由實務界加入命題與閱卷行列，甚至主張專業社群自行認證，無須考試院代勞等不滿嗆聲盈庭。

幾年下來，這些抗議有部分獲得考試院正面回應，例如，資深的實務

---

[1] 專科社會工作師的概念是狹隘的醫療化社會工作。醫院有分科傳統，但社會福利領域並無分科概念，也不宜將服務對象分科化，如老人科社會工作、身心障礙科社會工作等。正確的作法應該是實施領域專精化。

工作者已參與閱卷事宜；社會政策與立法、社會工作研究法兩科也改為測驗題與申論題各半（後來所有科目均採申論與測驗混合）；命題的趨勢也儘可能與實務結合；甚至國文科的論文也改為與社會工作相關議題書寫。然而，這些改革並沒有徹底化解社會工作考生的不滿。

從 1997 年辦理專門職業及技術人員社會工作師考試以來，由於及格率的變動幅度很大，考生對社會工作師專技考試的滿意與否，取決於該次考試的錄取率高低。然而，要考者繼續報名，不考者一樣照做社會工作。社會工作師專技考試到 2010 年止，及格人數已達 3,209 人，又從 2011 年到 2020 年，再增加及格人數近 9,000 人。亦即，高比率的現職社會工作人員已具備社會工作師資格。

為了嚴格報考資格，阻斷修習 20 學分即可報考社會工作師專技考試的方便門，「專門職業及技術人員高等考試社會工作師考試規則」也在社會工作界的努力下修正第 5 條，社會工作師考試資格改為：必修課程包括五領域，每一學科至多採計 3 學分，合計 15 學科 45 學分以上。新修正的考試資格於 2013 年 1 月起生效。期待透過考試資格門檻提高、專精化分級制度的推動，提升我國社會工作師的專業水準。但是，命題的水準不提升，社會工作教育的品質不提高，也是枉然。

三、社會工作教育繼續擴張

社會工作教育因社會工作師法的通過而大量擴充。2001 年實踐大學設家庭研究與兒童發展研究所，下設兒童發展、社會工作、老人保健、家庭諮商四組。2002 年臺灣大學社會工作學系獨立成系、高雄醫學大學也在行為科學研究所碩士班下設有社會工作組，並改名醫學社會學與社會工作學系（2005 年系所合一）、中國文化大學也設青少年兒童福利研究所。2003 年中山醫學大學也仿高雄醫學大學設醫學社會學與社會工作學系，分醫學社會學組與社會工作組招生。2004 年大仁技術學院設社會工作系、亞洲大學社會工作學系設碩士班、長榮大學社會工作學系設碩士班與兩年制在職專班。2005 年國立臺灣師範大學設社會工作學研究所、美和技術學院也設社會工作系、實踐大學社會工作系所合一設碩士班。2006 年國立臺灣大學社會工作學系設博士班、國立屏東科技大學社會工作系設碩士班、國立政治大學也設社會行政與社會工作研究所（2009 年改名社

會工作研究所）、國防大學政治作戰學院軍事社會行為科學研究所改名心理及社會工作學系，分心理、社會工作兩組，設社會工作碩士班。2007年中國文化大學社會福利學系設碩士班、朝陽科技大學社會工作系設碩士班、中山醫學大學醫學社會學與社會工作學系設碩士班。2010年東華大學的民族發展與社會工作學系（林萬億，2011）。

　　2011年南華大學除於應用社會學系開設的社會工作學程外，另在生死學系下設社會工作組；同年，稻江科技暨管理學院的老人福祉學系改名老人福祉與社會工作學系（2017年再改名社會工作學系）、育達商業科技大學也設健康照顧社會工作系。2013年，大同技術學院將社會福祉與服務管理系改名社會工作與服務管理系、國立金門大學也設了社會工作學系、臺北海洋技術學院也設立健康照顧社會工作系。2015年樹德科技大學也設社會工作學程。2018年佛光大學加入培育社會工作人力行列。似乎，系名沾上「社會工作」就是票房保證，學生的報到率很亮眼，學校董事會很支持，教育部也樂觀其成，至少暫時寬解少子女化帶來的私立學校退場的壓力。然而，付出的代價是社會工作的教育品質節節低落。

　　至2020年，臺灣的社會工作相當系（組）不包括宗教學院，總計有34個系（組、學程），研究所碩士班（組）24所，博士班6所。每年學士班（含四技、二技、進修部）總計招生超過3,300人、碩士班（含在職專班）招生超過400名。博士班超過20名。這還不包括以老人服務為名的相關科系學生畢業也會希望通過社會工作師考試，以社會工作為出路。例如，國立臺南護理專科學校老人服務事業科。顯示，國內社會工作的學生不虞匱乏的，端看學生的素質、工作意願與服務市場的誘因。

　　社會工作師資是否因社會工作專業化進展而改善？林萬億（2011）指出至2010年止，我國社會工作系所師資專長屬社會工作、社會福利或社會政策本科者也僅維持在50%。而具社會學專長者比率無太大變動，占14%。教育學背景者比率下滑到6%。心理與輔導學專長者人數雖增加（比率占9%），但比率些微下降1%。屬三民主義、國家發展，或人文社會科學專長者增加較多，從2%上升到7%，人數從3人增加到21人。其餘變動不大。亦即，這十餘年間因社會工作系所快速增加而社會工作師資需求增加了約150人。但並非都是聘用社會工作、社會福利與社會政策專長者。本科專長者增加了71人，顯係拜國內先設的三所博士班之賜，除了凸顯新聘師資的國產化之外，因其中將近三分之一出身中正大學社會福

利學系博士班，也透露了新增師資中社會福利政策傾向甚濃。

對照國際經驗，Barretta-Herman（2008）對 IASSW 的會員國發出問卷，回收到 28 個國家的 147 個大學社會工作系所，發現北美洲國家有83%、非洲國家 74%、亞洲與太平洋地區國家 54%，以及歐洲國家 48%的師資具有社會工作學位。歐洲與亞洲太平洋國家的社會工作師資合格率偏低，有不少師資背景是社會學、社會政策、教育學等專長。顯示，我國的社會工作師資也落在偏低的這一區（林萬億，2011）。

不只學系（組、所）增加快速，新設系所也從一般大學擴展到科技大學，甚至技術學院，且在私立大學設立者多，招生人數成長也快速，更普設碩士班。然師資質量不足，難以期待社會工作學生會受到好的專業教育。若採從嚴認定，許多系所的師資屬於社會工作／社會政策／社會福利的比率未達半數以上，期待其所教出的學生具社會工作認同與特質實屬困難。至於量方面，不少系所生師比過高，也很難期待這些系所能培育出稱職的社會工作者（林萬億，2011；Lin and Teyra, 2020）。彭淑華（2016）也點出類似困境：師資多元但專業度不足，系所走向易被牽制；專業核心課程內涵共識不足；學術與實務差距大；新世代、滑世代學生的學習能力與專業認同降低；廣開各種學制、來者不拒；學校／社工系所生存保衛戰下的負面效應。

四、社會工作人力擴充

因於失業、貧窮、工作貧窮、兒童與少年虐待、家庭暴力事件頻傳，基層社會工作人力不足，遂有內政部於 2004 年 11 月 19 日函頒「落實兒童及少年保護家庭暴力與性侵害事件通報及防治工作實施方案」，將「建構高風險家庭篩選及轉介處遇機制」列為重點工作，並通過執行「高風險家庭關懷輔導處遇實施計畫」與「受虐兒童少年家庭處遇服務方案」，擴充 80 至 100 名社會工作人力，投入高風險家庭及受虐兒童少年家庭介入服務。

復於 2006 年 5 月函頒「補助各直轄市、縣（市）政府增聘兒童及少年保護社會工作人力實施計畫」，協助地方政府增聘 320 名兒保社工人力，並補助 40% 之人事費用，將各地方政府兒少保護社工人力擴充至 505名，以充足人力專責執行兒少保護業務，推動兒虐高風險家庭關懷訪視服

務、兒少保護個案緊急救援處遇及社區兒虐預防宣導等方案。

　　社會工作人力需求殷切，不只兒童保護一項；而各部門每每又以專案方式要求增聘人力，並非上策。例如 2006 年「大溫暖社會福利套案」中的「弱勢家庭脫困計畫」增補地方政府執行該專案所需人力 87 人，以執行 1957 專線所轉介的弱勢家庭個案的家庭評估。

　　於是，2007 年行政院要求內政部重新檢討社會福利服務系統的建制與社會工作人力配置及進用。遂有「建構家庭福利服務系統實施計畫」與「充實地方政府社工人力配置及進用 6 年中程計畫」的出爐。前者是要建立一個以家庭為中心、以社區為基礎的基層社會福利服務網；後者主要內容是推估臺灣公部門應配置 3,539 名社會工作人力，其中三分之二（2,351 人）應以社會工作師或社會工作員職稱配置進用。然現有編制員額僅為 324 名，尚須增加人力 2,027 人。其餘三分之一（1,188 人）以委託民間辦理為原則（林萬億，2010）。

　　由於政黨輪替，該計畫於 2009 年被修正為「充實地方政府社工人力配置及進用 4 年中程計畫」。於 2010 年 9 月 14 日核定改稱「充實地方政府社工人力配置及進用計畫」。該計畫定於 2011 年至 2016 年增加社工人力 1,462 人，請地方政府於 2011 年增加進用 366 名約聘社工員，2012 年至 2016 年進用 1,096 名正式編制社工員，2017 年至 2025 年以約聘社工人員出缺即進用正式人員納編 394 名社工人力。未來地方政府社工人數將達 3,052 人，其中 1,828 人為正式編制人員，另 1,224 人為約聘人員，有助於社工人力質量之提升，落實社會福利工作。

　　2016 年 3 月 28 日，小名「小燈泡」的 4 歲劉姓女童被王姓失業男子於臺北市內湖捷運站出口持菜刀猛砍頸部致死案，社會譁然。蔡英文總統遂於 2016 年 5 月 20 就職演說中揭櫫「從治安、教育、心理健康、社會工作等各個面向強化社會安全網，讓臺灣未來的世代，生活在一個安全、沒有暴力威脅的環境中。」行政院於是啟動「強化社會安全網計畫」（林萬億，2019）。整合社會救助與福利服務、保護服務與高風險計畫、強化精神衛生與自殺防治、緊密跨部會橫向連結（教育、勞動、警政、法務）；同時，蔡總統也要求權責機關通盤瞭解目前社工人力供需情形，補足人力與提升薪資。據此，2018-20 年增聘社會工作人力 3,021 人，並規劃提高薪資。

　　進而，為解決離島社會工作人力不足與難以就任的問題，特別是連江

縣，衛福部執行「連江縣社會工作人力培育獎勵計畫（109-115）」，預計每年補助 3 人，4 年共培育 12 人，以解馬祖 4 鄉 5 島社會工作人力不足之急。

衛福部也在 2017-18 年間舉辦「完善社會工作專業制度分區論壇」，彙整出社會福利機構、團體關切的社會工作議題，其中對「人力進用、職業安全與勞動條件」的結論，也促成 2019 年公私部門社會工作人員薪資調整方案，配合蔡總統對社會工作人力不足與薪資偏低的關切，朝向薪資合理化、制度化的方向規劃。

五、新的實施領域的發展

（一）2016 年長期照顧十年計畫 2.0 上路

1748 年，臺灣即有貧困老人的機構式照顧，到 1986 年，才開始推動居家服務。而完整的長期照顧計畫則是 2007 年的我國長期照顧十年計畫。可惜，2008 年政黨輪替之後，國民黨政府試圖以長期照顧保險取代，致長期照顧服務體系建構進度緩慢。2016 年，民進黨再次執政，直接跳到長期照顧 2.0。其特色之一是普及照顧服務體系，建立以社區為基礎的整體照顧體系：A 級（社區整合型服務中心）、B 級（複合型日間服務中心），以及 C 級（巷弄長照站）服務中心為定點提供服務。此外，為實現在地老化，提供從支持家庭、居家、社區到住宿式照顧的多元連續服務。

除此，為因應失智症的照顧需求隨人口老化而快速增加，加速建立失智症服務據點、共同照護中心；又為了支持家庭照顧者，普及設置家庭照顧者支持服務據點；而在原住民部落則推動原住民族文化健康站，作為具文化特色的長照日間照顧據點。使得從住宿式機構照顧、日間照顧、居家服務、小規模多機能服務，到家庭照顧者支持服務設施等都需要聘用大量的社會工作者。

（二）司法社會工作

早在 1977 年 12 月行政院根據少年事件處理法授權訂定之「少年不良行為與虞犯預防辦法」規定，已函頒少年輔導委員會設置要點，規定直轄

市、縣（市）政府應成立「少年輔導委員會」，除由警察局刑事（少年）業務單位主管擔任總幹事、副總幹事、幹事之外，必要並得酌聘專任幹事。專任幹事若具社會工作背景者，已具司法社會工作的雛形。部分縣市更聘用輔導員，類似美國的警政社會工作（Police Social Work, PSW）。例如，臺北市少年輔導委員會聘用 48 位少年輔導員，大部分具社會工作或心理學專長背景。然而，大部分縣市僅聘幹事一名，或少數輔導員。少年輔導員比較被認定為少年社會工作。

少年事件處理法於 2019 年 6 月 19 修正公布施行，修正重點包括：（1）第 3 條將原列 7 類少年有觸犯刑罰法律之虞者，修正僅保留其中 3 類，且不再使用「虞犯」一詞，至於保留的 3 類行為，則於立法說明將其納為「曝險行為」。（2）第 18 條明訂直轄市、縣（市）政府設置少年輔導委員會，於 2023 年 7 月 1 日生效。（3）刪除第 85 條之 1，7 歲以上未滿 12 歲之人，有觸犯刑罰法律之行為者，由少年法院適用少年保護事件之規定處理，於 2020 年 6 月 19 日施行。

第 18 條第 6 項明訂直轄市、縣（市）政府少年輔導委員會應由具備社會工作、心理、教育、家庭教育或其他相關專業之人員，辦理第 2 項至第 6 項之事務；少年輔導委員會之設置、輔導方式、辦理事務、評估及請求少年法院處理等事項之辦法，由行政院會同司法院定之。亦即，各縣市政府依法必須設置少年輔導委員會，處理少年曝險行為相關的事務，將帶動我國司法社會工作的發展。

（三）司法心理衛生

在未設置司法精神醫院之前，我國的精神病犯罪者被分散委由一般精神醫院監護治療，缺乏一套完善的司法精神醫療體系；同時，也欠缺完整的司法鑑定制度，以判定被告是否具備被審理的能力（competency to stand trial, CST），以及基於被告精神障礙或心智缺陷而判無罪，亦即因精神障礙無罪（not guilty by reason of insanity, NGRI），或是精神障礙抗辯（insanity defense），或減其刑責；並於起訴與監禁過程中提供精神疾病犯人精神醫療。

2019 年 7 月鄭再由殺警致死一審判無罪、同年 12 月曾姓男子玉井佛堂縱火燒死 7 人。這兩案引發社會高度關切，除質疑殺人為何無罪外，也質疑社會安全網仍有破洞。於是，蔡總統在 2020 年就職演說中提起要把

社會安全網的漏洞補起來。總統點出家庭、社會、國家在這些事件上的分工合作，提出由社會安全網來補漏洞。

於是，行政院規劃再強化社會安全網計畫（2021-2025 年），除了於前述強化社會安全網中將精神疾病合併自傷與傷人事件者，納入跨部門、跨專業協助之外，擴大社區心理衛生服務體系的服務對象；同時，將司法心理衛生納入，企圖建構完整的司法心理衛生服務體系，包括司法精神鑑定、司法精神醫院及治療成效評鑑，以及建立出院（獄）銜接社區心理衛生服務的轉銜機制（林萬億，2020）。司法心理衛生團隊成員包括精神科醫師、精神科護理師、社會工作師、心理師、職能治療師等。據此，我國的心理衛生社會工作將跨足到司法體系，從少年犯罪、物質濫用，到精神疾病犯罪者的處置。

結　語

我國的社會工作專業化在近二十年來已有明顯的進展。但是諸多問題仍須社會工作界加緊腳步，謀求解決。首先，公部門社會行政人力嚴重去專業化與科層化，社會工作的特質流失。其次，社會工作人力工作負荷過重，人員流動率高，不利經驗傳承。第三，部分私部門社會工作者薪資偏低，訓練與督導均不足。第四，社會工作系所量多，但質未必佳。最後，社會工作組織的會員密集度偏低，也未依專精分工，更未分進合擊，很難發揮倡導的力量。這些都是下一階段社會工作界需要持續努力的課題。

問題與思考

1. 臺灣社會工作教育於 1970 年代邁向專業化，其觸動的力量是什麼？對往後社會工作專業教育發展有何影響？

2. 1990 年代臺灣社會工作教育快速擴張，是受到什麼力量的影響？其後果如何？

3. 公部門約聘社會工作員制度的發展影響臺灣社會工作建制很深，這對臺灣社會工作專業化的走向有何利弊得失？

4. 臺灣社會一定要有社會工作專業嗎？如果不必，需要有其他替代制度嗎？為什麼？

5. 邁向專精化對臺灣的社會工作發展是利是弊？

6. 我國司法社會工作的發展受哪些社會條件的影響，其發展趨勢將如何？

建議研讀著作

1. 林萬億（2021）《當代社會工作：理論與方法》。臺北：五南。

第 **2** 章

貧窮與社會救助

王篤強、孫健忠 |

前　言

　　貧窮的存在如同人類歷史般久遠，它是社會工作發展之初便受關切的主題（Rank, 2013）。然而，貧窮同時卻也是個相當複雜的概念。既有探討貧窮現象的描述性與規範性說明；又有討論貧窮致因與對策的處方性內涵。本章中，我們將從簡介貧窮定義與貧窮線展開，探討貧窮致因與反貧窮對策，特別是社會救助政策。然後，簡述臺灣當前貧窮人口特性及社會救助政策的發展，說明我們對抗貧窮的軌跡，最後提出相關議題與社會工作者在對抗貧窮過程中所可能扮演的角色作為結論。

第一節　貧窮的定義與貧窮線的訂定

　　貧窮的定義（poverty definition）缺乏一致的看法，它是歷史文化脈絡下特定的社會建構（Lister, 2004: 3）。而藉著對貧窮定義的操作化，形成了貧窮的測量（poverty measurement），如貧窮線（poverty line）就是其中代表，它左右著誰是貧窮者、誰符合社會救助或福利領取資格、乃至社會要採取何種對抗貧窮政策的判斷。

一、貧窮的定義

　　什麼是貧窮，論者們各有不同偏重。Spicker（2007）蒐羅檢閱定義指出，貧窮所指涉的是與物資條件、經濟狀況、及社會位置有關的概念；它的核心是人想要行動加以改善的道德判斷。[1] 儘管上述分類的內容或有重疊，但透過貧窮一詞如何被使用的類型學劃分，Spicker 勾勒出貧窮所涉及的多元面貌。各家觀點及彼此相對位置，大致可以參照它來理解。

---

[1] 物質條件如對財貨與服務的需求、受多重的剝奪、及有限的資源；經濟狀況有因低收入帶來的生活標準過低、受不平等對待、和身處低經濟位置；社會位置中則有缺乏應有權利或資格、沒有基本保障、福利依賴、受到社會排除、及受制所屬社會階級的影響；道德判斷看重令人難以忍受、卻又受道德驅動想要予以改善的困苦狀態。Spicker（2007）在 *Definitions of poverty: twelve clusters of meaning* 中對此有著精采的析論及圖示（p.240），很有助我們深入瞭解。

　　一般而言，要瞭解什麼是貧窮可以從絕對貧窮（absolute poverty）與相對貧窮（relative poverty）入手。前者著眼生計（subsistence），考量生活所需最低標準，如 Rowntree（1901）便是代表，他用此觀點計算出貧窮線。後者則看重窮人與社會其他人口群的比較，認為貧窮只有在相對剝奪（relative deprivation）概念下才能被客觀界定，Townsend（1979）則是此說重要人物（Spicker, 2020）。

　　然而，面對上述爭論，論者們逐漸發展出更具包容性的觀點。如 Rein（1970: 46）就試圖從（1）維生（subsistence）；（2）不平等（inequality）；（3）外部性（externality）等三個方向來擴展貧窮的定義。[2] 而 George 與 Howards（1991: 2-11）貧窮深度（depths of poverty）[3] 的觀點（如圖 2-1），則將貧窮視為由最嚴重的殘存（starvation），進而維生（subsistence），再發展為社會維持（social coping），最後到社會參與（social participation）所組成的需求連續體（a continuum of want），並試圖以它來說明絕對（殘存與維生）和相對（社會維持與社會參與）貧窮間並非那麼對立，它們是可以相互補充的觀點（Dean and Melrose, 1999）。

　　事實上，絕對貧窮，如維持基本生活所需內容、品質及數量等，會隨著時空變遷而改變。早期它著眼生理效能（physical efficiency），當代已轉趨看重社會效能（social efficiency）（Ringen, 1987: 147）。因此，絕對貧窮中也帶有了相對貧窮的意涵。至於，相對貧窮雖逐漸受接受，但在內涵上卻被進一步轉化成不平等的問題。然而，貧窮與不平等概念是否相同、政府又該介入到什麼程度等，仍有爭論。或許我們可以這麼說，相對

2　Rein 所稱「維生」指維持健康與工作能力的最低需求，它強調的是基本生存與生理機能的運作；「不平等」指不同所得團體之間的相對位置，由於社會被視為不同階層的所得階梯（income layers），因此貧窮者相對其他團體係居於較低的階層；「外部性」則強調貧窮對其他社會成員所產生的社會影響（social consequences），而非考慮到貧窮者的需求，因此是由社會成員來界定。

3　George 與 Howards（1991: 2-11）貧窮深度中的「殘存」考慮的是最低水準的食物，唯有當一個人沒有足夠的所得或資源去獲得食物來避免營養不良就是貧窮。而「維生」則指一個人如果沒有所得或資源來滿足一些最基本的需求就是貧窮；這些基本需求項目的認定隨社會環境的變化而有差異。所謂「社會維持」的定義較上述二者慷慨，它已有相對的意涵，強調如果個人沒有足夠的所得或資源，使得他們享有如一般工人階級般的生活方式就屬於貧窮。最後，社會參與的定義亦為相對的觀點，指與其他社會團體同一時間作比較，如果其他人享有，而某些人無法享有就是貧窮，它要比社會維持的定義更為積極。

貧窮可以補充絕對貧窮的觀點，但至今還是無法全然取代它。

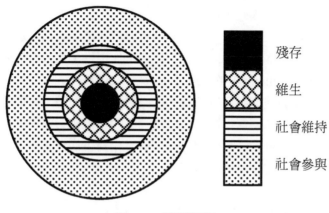

殘存

維生

社會維持

社會參與

圖 2-1　**貧窮深度**

　　社會排除（social exclusion）觀點，源出法國，在 1990 年代隨歐盟整合成為重要議題。在概念上，它眾說紛紜，但大致關心全球化下失業或不穩定就業，以青壯年、少數族裔、及單親媽媽等為代表的新貧（new poor）。這群人口日漸增多，他們受制嚴苛的社會救助制度，被排除在社會安全網保障之外；在社會變遷下，隨勞動市場位置邊緣化，頻繁進出社會救助行列，迫使他們在經濟、社會、文化、制度設計乃至環環境空間等面向上被主流排斥在外（王篤強，2001；李易駿，2006；張菁芬，2005；Silver, 2019）。經由這項概念的引入，貧窮論述從英美自由主義傳統下可支配所得不足的概念逐步擴及至社會關係的多重剝奪（張世雄，2001），貧窮是社會變遷下多面向的、動態的、而且隨時間不斷惡化與累積的結果。臺灣也有許多學者正朝這個方向展開研究（王德睦與蔡勇美，1998；王永慈，2001；王仕圖，2001；古允文與詹宜璋，1998；李易駿，2006；呂朝賢，2007；陳柯玫，2016）。

　　此外，貧窮作為能力剝奪（capability deprivation）是另個值得參考的說法。Amartya Sen 從人全面且自由的發展是經濟成長目的出發，改變傳統經濟學用所得及資源占有量作測量福祉的取向。能力（capability）在其觀點中是取得真自由的要件，它由個體所具備的本事、社會制度所提供的機會與資源構成。貧窮即能力（或自由）受剝奪的結果。此說綜合了環境與個人的解釋，可補充貧窮論述的不足。如，貧窮與失業是個體缺乏本事

與環境機會與資源條件不平等約制下，個人能力無法展現的結果，它表現在內在是自毀自棄、充滿無力；形諸於外是種種非適應性的行為，它扼殺了人發展的可能性。因此，透過為貧困者充權加力，加強人力資本投資，去除資源與制度等機會不公可改善貧困者處境。這項說法有別於要不責備個人、要不責備結構的片面觀點，為社會工作提供了比較全面的以及能力建造（capability building）的取向（王篤強，2011）。

最後，在探討貧窮界定時，我們也必須問另個問題，貧窮是可以被消滅的嗎？就學理言，絕對貧窮是可以被消滅的；但相對貧窮則無論社會變得如何富裕，只要社會資源分配仍有差異、相對生活方式不同，便縱然基本需求得到滿足，還是無法消除它。

二、貧窮線的訂定

貧窮線是界定個人及家庭生活的標準線，生活在此一標準底下的人就是貧窮人口。經由此線可以瞭解貧窮人口的變化、區分貧窮者與非貧窮者，並作為政府扶助對象的依據。它具有政策的意涵，其寬嚴影響貧窮人數的多寡，同時也反應著社會的價值。

絕對貧窮觀點下，菜籃市價法（Market Basket Method）是訂定貧窮線最常使用的方法。它以市價計算菜籃中維持基本生活所需品的金額，來反映最低生活標準的費用（Rein, 1970: 60）。此法首見 Rowntree（1901: 119-138）約克郡研究。但它有誰決定菜籃內容的爭議。目前，除由專家決定外，還有透過社會共識法（social consensus approach），交由社區人士選取菜單內容的替代。

再者，恩格爾係數（Engle's coefficient）是另種方法。食品消費支出是它計算最低生活標準的依據（Rein, 1970: 50）。公式是：恩格爾係數＝食品消費支出／家庭消費總支出 ×100%。一般來說，它占比越高代表家庭或國家越窮，反之則越發達。

美國於 1963 年由 Orshansky 訂出貧窮線，他依農業部營養足夠的飲食價格乘以三訂之；因為根據當時調查，食物占一般家庭消費的三分之一。國內學者林萬億、李淑容與王永慈（1995）也主張「最低生活費用＝飲食費用 ÷ 恩格爾係數」。此法雖然比市場菜籃法簡便，但不同地方有不同生活水平，若當地食物價格貴或當地文化重視飲食，則該係數便須作出

較大調整，應用時要非常小心。

　　以相對貧窮訂定貧窮線，所採用的指標和量度方法引起相當多的爭論。絕對貧窮以衣、食等基本生存項目作指標，但代表相對貧窮的項目、比例，難有共識。其中，主張以所得或家庭支出狀況為指標者，因近年國民所得分配及家戶支出狀況等資料較過去詳盡而受推廣和支持。它雖脫離了基本生存的範圍，不過什麼所得或支出狀況內容和比例才合理，仍難有一致的意見。

　　納入生活方式（style of living）差異作為界定相對貧窮標準，則是另種取向。Townsend（1979）在英國的研究是這方面的典型。他透過剝奪指數（deprivation index）的建立，找出類似貧窮線作用的貧窮門檻（poverty threshold）作為救助依據。然而生活方式或能反映家庭收入或資源多寡，但它卻未必能反映或等同貧窮。亦即，能自行選擇生活方式與受到限制以致無法選擇生活方式，二者意涵大不相同。

　　除了前述試圖找出偏離某一規範性基準以下、或處於某一分配底層的客觀取向式貧窮測量之外；直接詢問、蒐集民眾對貧窮看法的主觀貧窮測量則是另種取向。儘管它仍有所得低報、所資比較參考團體不同、乃至忽略消費以外觀點等等問題，但它還是為貧窮線和貧窮測量提供了另番多元面貌（呂朝賢、陳柯玫與陳琇惠，2016）。

　　總之，貧窮線訂定以貧窮定義為依據，其實際操作時仍遇有相當困難。最低生活費用的訂定雖力求客觀，但其間卻仍難免除主觀。更遑論決策過程中所涉入的種種政治過程，更增加它的複雜性（DiNitto, 2011）。目前除了為政策目的所訂定的貧窮線之外；為學術上的比較研究，國際上（如 OECD）多採家庭可支配所得中位數 50% 為該地區的貧窮線。另外，為考量家庭大小、居住地域、成員特質與組成對最低生活費用的影響，均等比（equivalence scale）則是據以調整家庭需求另項可供參考的方法。

第二節　貧窮的致因、反貧窮對策與社會救助

一、貧窮的致因

　　為何貧窮會存在於社會？它涉及貧窮的發生（incidence of poverty）與貧窮的分配（distribution of poverty）。前者係由鉅視面探討社會為什麼有貧窮與不平等；後者則由微視面討論為何某些個人或團體易淪於貧窮（George and Howards, 1991: 85）。就貧窮發生言，功能論與衝突論是解釋貧窮存在的重要理論（林松齡，1984）。功能論者認為，透過不同待遇來酬賞能力高者擔任重要的工作，能有助社會產生最大的功用。貧窮因此可以激勵人努力向上，它對社會具有重要功能（蔡勇美，1985: 31；Gans, 1972）。相反的，衝突論者則認為社會由於階級、性別、種族等因素而被階層化，政治經濟權力分配不公，貧窮是這種結構底下必然的產物（George and Howards, 1991: 87-92）。

　　就貧窮分配言，則可分「個人解釋」與「結構解釋」兩部分。個人解釋強調個人缺失、錯誤或缺陷是貧窮的致因。如，貧民智力較低、有心理問題、缺乏人力資本（human capital）、具有貧窮文化（culture of poverty）等是比較易見的說法（Lewis, 1959；Popple and Leighninger, 2007: 188-200；Herrnstein and Murray, 1994；呂朝賢，2007）。結構解釋則主張之所以落入貧窮並非個人或文化因素所致，而是整體社會經濟制度建構的結果。其中權力、階級、性別、年齡、種族等因素所造成的歧視，阻礙個人平等享有社會機會與資源才是貧窮的致因。如，窮人居於社會底層無力參與資源分配、性別歧視帶來貧窮女性化（feminization of poverty）（陳小紅，1992: 7-9）、老年依賴的社會建構（social construction of dependency in old age）（Walker, 1980）都是代表。

　　除上述個人與結構解釋外，納入生命歷程（life course）的貧窮動態（poverty dynamics）是另種說法。透過這項說法，歐美反貧窮對策逐漸脫離結構／被動式的干預，從而走向諸如防止社會排斥、工作福利（workfare）等看重行動者／主動式的脫貧（呂朝賢，2007）。

　　至於國內，萬育維（1994）認為貧窮有三個主因：（1）個人因素：貧窮是個人因素的限制所造成的，如懶惰、缺少工作動機、先天殘障、有酗

酒、賭博等惡習。（2）事件因素：貧窮是個人無法控制的生活事件所造成的，如疾病、老年、家庭破碎、經商失敗、天災人禍等。（3）結構因素：貧窮是社會環境因素所造成的，如就業結構改變、就業機會缺乏、低廉工資、薪資不合理、臨時性和季節性失業等。

　　致貧原因如同貧窮界定般，反映出的是我們所持有的社會價值或福利意識型態。個人主義支持者傾向貧窮的個人歸因；集體主義支持者傾向貧窮的社會歸因。相對的，若是福利殘補模式的支持者會傾向個人歸因；至於福利制度模式的支持者則傾向社會的歸因。簡言之，不同價值取向決定了不同的貧窮歸因，也連帶影響著反貧窮對策的選擇。隨著對貧窮問題的瞭解，早期個人病理學式責備受害人的歸因方式，如今已逐漸受社會結構解釋影響，形成兩者併存的現象。但是在對策採行時，何種觀點居於優勢仍決定對策的方向。

二、反貧窮對策與社會救助

　　貧窮問題複雜多樣，相應的反貧窮對策也是如此。若我們將貧窮視為風險（risk），那麼使貧窮風險不至發生的損失控制觀（loss control approach）與減少貧窮風險所引發不利影響的紓解觀（alleviative approach）（Williams, Turnbull, and Cheit, 1982: 2-4）會是可能的對策。

　　在損失控制就源管理部分，貧窮致因的解釋將影響對策的選擇。如採行個人歸因解釋者，提高人力資本、致力教育、職業訓練與就業服務會是選項；反之，若採結構歸因解釋者，公平機會、社會參與及社會資源公正分配則是可能。

　　在紓解貧窮後果部分，政府所建立的社會安全體系（social security system）是常見制度設計。它計有社會津貼（social allowance）、社會保險（social insurance）與社會救助（social assistance）三大型態（見表 2-1）。

型態	功能	財源	對象	給付要件
社會救助	貧窮紓緩	政府租稅	貧窮者（低收入戶者）	居住地、資產調查
社會保險	貧窮預防	受僱者及其雇主的保險費與政府租稅	就業人口或全體國民	保費紀錄、就業紀錄
社會津貼	社會補償	政府租稅	規定類別中的人群	居住地

表 2-1　社會安全的策略

資料來源：John Dixon (1986) *Social Security Traditions and Their Global Applications*, p.5.
Canberra: International Fellowship for Social and Economic Development.

　　其中，社會津貼或稱為特定人口普惠給付（demogrants），是針對老人、兒童與身心障礙者所提供，有居住條件限制，由政府租稅支應的普及式給付。社會保險則是針對就業人口或全體國民所提供，一旦遭遇風險事故給予保障的繳費方案（contributory scheme），它的財源來自被保險人與雇主或政府共同繳納的保險費，當被保險人發生事故且符合繳費紀錄時由保險人給予給付，來保障其生存安全。最後，社會救助則是針對經濟弱勢人口、由政府租稅支應，經資產調查（means-test）認定後所提供的給付。

　　以上三者，以社會救助歷史最為久遠，它源自早期濟貧法，是本章重點。社會救助，又稱公共救助（public assistance），旨在提供國民基本經濟安全保障，具社會安全網（social safety net）的功能，它可藉此防止國民生活水準低於此網之下。在實際運作時，社會救助有三個重要特徵：（1）須經資產調查決定其資格，即檢視申請者資源是否滿足其需求。它具再分配效果較佳、總成本較低等好處，但所伴隨恥辱的烙印（stigma）、低申領率（take-up rate）是其疑慮；（2）給付須個案審查（case by case basis），即基於申請者資源與需要各不相同而來的逐案個別化考量。它有別於社會保險與社會津貼基於事先需求假定的給付提供，它具有不可替代性；當然因此在給付行政上的繁瑣和專業裁量會是挑戰；（3）經費由政府租稅支應，即資源由政府向申請者單向轉移。施與受關係不平等，申請者權利意涵較弱、政府慈善與德政心態、納稅人負擔及期待申請人工作自立、是值得幫助的窮人、與社會救助是否因此作為社會控制工具等，常是議論重點。

　　總之，上述所論都涉及我們對待貧窮所持有的意識型態。若接受個人歸因論點則傾向以社會救助為主體；若接受結構歸因論點會傾向採取社會津貼與社會保險的措施。此外，個人論點的社會救助政策視給付為慈善、

有恥辱烙印與給付水準以維生為考量，並著重復健措施；結構論點的社會救助政策視給付為權利，同時給付水準則以能維持尊嚴生活為考量。因此，這也出現所謂殘補式社會救助模式與制度式社會救助模式的選擇；前者特徵在救助要儘可能的成為一種阻卻、救助的條件是要求工作、及救助的水準要低到沒有誘因，至於後者的特徵為採取激勵、維持自尊、及積極給予充權等思考（Zastrow, 1993: 99-100）。

第三節　臺灣貧窮人口與社會救助政策的發展

一、臺灣貧窮人口的趨勢與特性

貧窮人口多寡繫於貧窮線的界定。就我國而言，官方最低生活費用標準歷經多次修正。[4] 民國 67 年以前，大致採用標準預算法以家庭支出看待貧窮；其後則改採所得／消費分配百分位法來表示（何華欽、王德睦與呂朝賢，2003）。以近十年來說，在民國 100 年 7 月 1 日未納入中低收入戶前，91 年至 99 年間貧民率介於 0.8% 至 1.0%、貧戶率介於 1.2% 到 1.4% 間。到了民國 101 年底，我國貧民率與貧戶率，在納入中低收入戶後，分別上升至 2.7% 和 2.9%，在 103 到 105 年間持續上升並維持在 2.9% 與 3.0% 上下，直到 107 年底二者稍稍下降 0.1%。而與國際相較，我國貧民率遠低日本的 16.1%、美國的 15.1%、與南韓的 14.4%，位列世界前端（Central Intelligence Agency, 2019）。[5] 不過，在閱讀這些數據時要特別注意，我國社會救助法所稱低收入戶與中低收入戶在資格條件上，除所得外還納入諸如動產與不動產等諸多限制，它更為嚴格。也因此根據這些所計算的低貧民率在解釋上和跨國比較上，需要更審慎。

除貧窮人口戶數與人數的趨勢外，瞭解低收入戶的人口特性也很重

---

[4]　民國 35 年臺灣省冬令救濟實施辦法規定的救助對象，除無力生活外，尚必須是規定類別中的對象；民國 52 年臺灣省社會救濟調查辦法，最低生活費用為每人每月糙米 22 公斤半，副食費 75 元；民國 54 年規定為比照省立救濟院所主副食費標準；民國 67 年為參照前一年政府公布之家庭每人平均所得三分之一範圍內訂定；民國 86 年統一為最近一年平均每人消費支出 60% 計算；到了民國 100 年 7 月之後，則改以當地每人每月可支配所得中位數 60% 計算。

[5]　參見 https://www.cia.gov/library/publications/the-world-factbook/docs/rankorderguide.html

要。依據最近一次低收入戶及中低收入戶生活狀況調查[6]（2019）顯示，我國貧窮家戶主要家計負責人平均年齡 49.3 歲，男性居多（占五成八）。其中第一款主要由男性（占七成六）老人（平均近 72 歲）構成。在婚姻狀況上，第一、二款者約六成上下未婚；第三款及中低收入戶則以有偶或同居者較多，離婚或分居者次之，各分占三成（這些比率高於全國）。領取身心障礙手冊或證明的比率按一、二及三款順序，前兩款幾乎接近五成（48.67% 及 47.19%），第三款約占三成（31.97%），至於中低收入戶領證者則降到一成左右。所有貧窮家戶主要家計負責人中有六成六有工作，但其所得卻不足以維持一定的生活水準，是工作中的窮人（working poor），他們所從事的職業以基層技術工及勞力工（占四成四）、服務及銷售工作人員（占二成七）為主。對比低收入戶，中低收入戶家計負責人工作穩定性相對較高。整體上，有工作能力者約占一成，無工作能力者約九成（其中因高齡、身障不能工作者約近四成）。重尋工作中、需料理家務、體力差無法工作、謀職困難致未再尋工作等是有工作能力未工作的原因（二至一成間）。另外，收入不穩定、戶內需撫養人口眾多、及戶內均為無工作能力人口是申請成為低及中低收入戶理由。最後，停留其間的平均年數為 4.36 年，其中以持續 3 至 5 年者最多（占 38.55%），1 至 3 年者居次（占 33.75%）。

二、臺灣社會救助政策的發展

自二次大戰結束後，臺灣社會救助工作歷經傳統救濟、消滅貧窮、制度建立、調整擴張（孫健忠，1995, 2005），以及在民國 105 年以後系統完善等不同時期的發展。我們依各期政策依據、救助對象與救助措施說明如下：

（一）傳統救濟時期（民國 34 年至民國 53 年）

本時期社會救助的實施，係以民國 32 年「社會救濟法」為依據，另

---

[6] 在 107 年 6 月底我國低收入戶及中低收入戶共計 250,498 戶，占全國總戶數（8,686,376 戶）之 2.88%；其中低收入戶 141,441 戶，中低收入戶 109,057 戶，分占全國總戶數之 1.63% 與 1.26%。另低收入戶中屬第一款（類）計 3,164 戶（2.24%）；第二款（類）33,040 戶（23.36%）；第三款（類）105,237 戶（74.40%）。

外臺灣省亦相繼制定許多單行法規。此時期由於政經環境的限制，政府並未積極正視貧窮問題。在救助對象方面，採取分類救助原則，主要是以鰥寡孤獨以及子女眾多的家庭為主。在救助措施方面，亦相當有限。以現金扶助而言，主要是每年一度的冬令救濟，給付的金額必須視勸募的成果而定，因此其象徵關懷的意義大於實質的幫助。院所收容在當時為主要的措施，包括有救濟院、習藝所等。另外對於貧民給予施醫，惟在使用次數及時間上仍有限制。

（二）消滅貧窮時期（民國 54 年至民國 68 年）

本時期由於民國 54 年「民生主義現階段社會政策」以及 61 年小康、安康計畫的制定，社會福利進入「消滅貧窮」時期。先是 52 年「臺灣省社會救濟調查辦法」的頒布，救助對象由前期分類救助的原則改為普及救助的方式，亦即政府以救濟院所主副食費為準制定最低生活費用標準，惟規定僅有家庭總收入未超過該標準三分之二者方合於資格。在救助措施方面，民國 60 年開始全面實施家庭補助，惟僅限於一款低收入戶及二款低收入戶的兒童。救濟院在此時期名稱也作了調整，改稱為「仁愛之家」，施醫也改為「免費醫療」，同時對象由一、二級貧戶擴及至三級貧戶。冬令救濟在本時期改為社會救濟會報性質，從事年節慰問。除了消極救助外，本時期亦有以工代賑、興建平宅與子女助學金等積極措施。

（三）制度建立時期（民國 69 年至民國 85 年）

民國 69 年社會救助法頒定後，社會救助工作逐漸制度化。此時省、市最低生活費用標準改為就所得或支出的某一比例範圍內訂定，已有相對的意涵。又隨方案增加，救助對象也由低收入戶擴及至中低收入戶或清寒戶，亦即在最低生活費用的 1.5 倍或 2.5 倍內均為扶助的對象。在生活補助方面，原先僅限於一款低收入戶，自 82 年 7 月 1 日起二款低收入戶亦可請領（惟以戶為單位）。在醫療方面，隨著「低收入戶健康保險」（79年 7 月 1 日，全民健保開辦後被併入）與「全民健康保險」（84 年 3 月 1日起）的實施，已由救助的性質改為保險的方式，增進低收入戶就醫的權利。此外，伴隨「中低收入戶老人生活津貼」（82 年）的開辦，開啟了特定身分別的給付；相關就業服務與教育服務等內容也逐漸擴增，並轉由勞工部門與教育部門承接，社會救助行政出現分化的趨勢。

（四）調整擴張時期（民國 86 年至民國 104 年）

民國 86 年社會救助法修正，在確立了以消費支出 60% 作為最低生活費標準（即貧窮線）的同時，也考量劣等處遇原則（less eligibility），規定每人所月所領取政府核發救助金額不得超過基本工資，避免產生反工作誘因。隨後在政黨輪替、全球化國際經濟環境變遷、貧富差距擴大與新貧議題等背景下，陸續推出許多相應政策和措施。如民國 91 年「敬老福利生活津貼」，開啟了不同過往傳統社會救助資產調查，以個人作為資源計算與給付單位的先聲。民國 95 年「大溫暖社會福利套案」中「弱勢家庭脫困計畫」，針對新貧與近貧人口，提供包含「1957 福利關懷專線」[7] 在內的各項服務方案，強化了通報需求與轉介服務的聯繫。民國 97 年「工作所得補助方案」則將工作中的窮人納入政策議程，並試圖以主動篩選符合資格者方式，避免低領取率問題。民國 99 年社會救助法修正，除將近貧的中低收入戶正式入法之外，對最低生活費用標準、家庭應計人口、工作能力和家庭財產範圍認定、工作所得設算、社會救助通報機制、乃至強化工作誘因與鼓勵自立脫貧工作等內容，有了不同程度的放寬或擴充新增（薛承泰與鐘佩珍，2010）。在這個內外在環境快速變化的階段，社會救助相關政策與措施，在學界與民間福利部門的實驗創新與彼此合力之下，有著多元豐富百花齊放的樣貌。

（五）系統完善時期（民國 105 年迄今）

隨著上個時期的發展，以及諸如資產形成（asset building）、積極促進（active policy）、社會投資（social investment）等新知實驗與在地創新下，社會救助相關政策與服務，在原本生活扶助所得維持、醫療補助、

---

[7] 「1957 福利關懷專線」於 95 年 11 月 17 日正式啟動。它提供民眾免付費電話求助管道，具有社會福利措施單一諮詢窗口功能。在 99 年 9 月 1 日後，改稱「1957 福利諮詢專線」，並委由臺灣兒童暨家庭扶助基金會聘用專業社工人員，從每早 8 點至晚上 10 點，辦理接線服務（含線上即時文字諮詢），提供各項社會福利服務諮詢；並與各地方政府建立通報聯繫網絡，提供急難救助、社會救助與特殊需求個案之通報轉介服務。自 99 年 9 月至 103 年底止，共提供諮詢服務計 26 萬 6,444 人次，平均每月 5,123 通進線電話。其中，以社會救助 7 萬 8,403 通（占總進線服務 29.42%）最高，身心障礙福利 4 萬 8,308 通（占總進線服務 18.13%）次之（李美珍與李璧如，2015）。

住宅補貼、健康保險費及學雜費減免、急難救助的基礎上，持續結合勞政
與社政力量加強就業促進作為，並推動各種自立脫貧服務的法制化（楊錦
青、李靜玲與劉威辰，2020）。如，民國 107 年公告實施的，以 105 年元
旦之後出生之低及中低收入戶兒童為服務對象的「兒童及少年未來教育與
發展帳戶條例」[8] 就是預為其日後升學、就業或創業準備的資產形成式之重
大政策。民國 105 年「協助積極自立脫離貧窮實施辦法」則是相關脫貧服
務進一步的正式依據。此外，作為實物給付一環的「實（食）物銀行」則
仍在立法院審查中。面對林林總總各種服務，給予系統性的整合是當前要
務。在民國 107 年「強化社會安全網計畫核定本（107-109 年）」（衛生福
利部，2018），綿密社會安全防護網絡四大策略中的第一項「布建社會福
利服務中心，整合社會救助與福利服務」則是針對因貧窮、風險與多重問
題，造成物質、生理、心理、環境脆弱性，而需多重支持與服務介入的脆
弱家庭，所提供的以社區為基礎、從扶貧到自立脫貧的整合性努力。透過
上述方向性的宣示、人力及經費的補充、與相應政策配套的落實，將使社
會救助在社會安全網中角色與職能得到更全面性的觀照，從而避免服務使
用者被制度性漏接的缺憾。

8　該條例旨在提升弱勢兒童及少年未來接受高等教育、職業訓練、自行創業等人力資
　本的機會，促進其自立發展，以減少貧窮代間循環問題。其參加對象，除前述自民
　國 105 年 1 月 1 日以後出生，未滿 18 歲之列冊低收入戶或中低收入戶兒童及少年
　外，還包含在兒少福利機構安置 2 年以上失依兒童或少年、和其他經中央主管機關
　公告指定的兒童或少年等人員。而存款用途，則限定用於開戶人（兒少）年滿 18 歲
　後，作為其接受高等教育、職業訓練或就業、創業等用途。至於在執行上，符合開
　戶資格的兒童（或少年），由家長（法定代理人）或最近親屬任一人，向直轄市、
　縣（市）政府申請。政府每年依開戶人存入自存款的多寡，以 1：1 方式相對提撥同
　等金額給開戶人，其中自存款年度存款上限為 1 萬 5,000 元，政府提撥款亦同。帳
　戶中自存款與政府提撥款，將分別列帳、計算利息，並免納所得稅，也不列計「家
　庭財產」，它不影響開戶人或其家人福利身分。依衛生福利部社會救助與社會工作
　司（2020）「兒少教育發展帳戶申請開戶年度統計」，截至 109 年 12 月止，符合申
　請資格人數計 31,729 人，已開戶人數 17,023 人，累積開戶率 54%，累積存款數為
　611,944,061 元。

第四節 社會救助相關的議題與社會工作者的角色

一、社會救助相關的議題

（一）社會救助實施的現況

　　我國當前社會救助行政體系，在中央為衛生福利部社會救助及社工司；在直轄市為社會局社會救助科；在縣（市）政府為社會處社會救助科（部分縣市在處級與勞動處聯名，在科級併入社會福利科或與社會工作、社會行政、身心障礙科合稱）；在鄉鎮市區公所則為社會課或民政課。社會救助法是主要法源依據；主動關懷，尊重需求，協助自立是其核心價值。其他相關福利法規，如「兒童及少年福利與權益保障法」、「身心障礙者權益保障法」、「老人福利法」、「精神衛生法」等也有涉及社會救助的部分。在這些法規中，均有弱勢優先的意涵，希望能藉此保障經濟弱勢國民生存福祉免於匱乏。此外，「特殊境遇家庭扶助條例」也是常用法規，該條例對特殊境遇家庭提供相關扶助。還有從「就業服務法」延伸出來，旨在促進生活扶助戶就業措施的「就業促進津貼實施辦法」則是近年勞政社政彼此合作的依據。

　　目前依社會救助法規定，工作收入、動產及不動產收益、和非屬社會救助給付收益等項是我國計算低收入戶與中低收入戶家庭總收入的依據。其中最低生活費用的計算，在 99 年 12 月修法後改以當地區每人每月可支配所得中位數（即所得基準）60% 訂定。具體細節，諸如動產與不動產規定、各直轄市或各縣市最低生活費用數額、低收入戶款（類）別，還有所提供的生活扶助、醫療補助、急難救助、與災害救助等給付內容等項，可以參考衛生福利部社會救助與社工司網頁資料，其中有詳細的說明（https://dep.mohw.gov.tw/dosaasw/mp-103.html）。簡單說，低收入戶的福利給付內容，除依款別每月領取生活扶助費與其他補助外，還有就讀高中（職）以上者學校學雜費全免、健保自付保費全額補助、因病因傷治療所需醫療費用補助、及就業服務、職業訓練、以工代賑等項。至於中低收入戶部分，則有就讀高中（職）以上學校學雜費減免 60%、健保自付保費補

助 1/2（18 歲以下兒童少年及 70 歲以上老人全免）、嚴重傷病所需醫療費用超過本人或扶養義務人所能負擔，補助部分醫療費用、以及就業服務、職業訓練、以工代賑等內容。

　　觀察我國社會救助工作的實踐，在救助對象以及救助措施上，大致具有漸進成長的特質。以救助對象而言，從早期的分類救助到非分類救助，資格條件也日趨寬鬆，目前已囊括類似近貧概念的中低收入戶。在救助措施方面，則由零星的救濟轉為制度化的供給，在給付項目、給付水準上更有所增加和提升。此外，除了重視補救性功能外，也考慮到了資產形成、積極促進等發展性的功能，如林萬億、孫健忠、鄭麗珍、王永慈（2005）等透過《自立脫貧方案操作手冊》所引入諸如第二代希望工程、發展帳戶、扶植就業、微型創業等工作模式，透過公私合力的方式，在所得維持基礎上，翻新了我國社會救助的方向。還有，在早期給付對象較少，給付項目較為單純，業務由社政單位所負責。但目前在積極促進政策（activation policy）和社會投資概念影響下，社會救助行政不但與社會工作服務、也與教育、勞工行政有所分化（黃碧霞、張秀鴛與簡慧娟，2011；李美珍、李璧如與吳婉華，2019；楊錦青、李靜玲與劉威辰等，2020）。例如，教育部針對低收入戶及中低收入戶子女提供有就學優待減免（詳參教育部助學圓夢網，https://helpdreams.moe.edu.tw/AboutUs.aspx）；而勞政部門則將他們列為促進就業的特定對象，提供有就業諮詢、職業訓練、就業促進研習、乃至個別化服務等活動，期望可以協助他們重新返回職場（詳參勞動部特定身分就業網頁，https://tcnr.wda.gov.tw/cp.aspx?n=BD4B045E08134B9E）。當然，因此所產生的、如何確保服務輸送不致斷裂、破碎、不連續等問題則是我們更要加強著力的部分。

（二）社會救助執行過程的議題

　　我國社會救助制度在這數十年間已經有了很大程度的變化，而在執行過程中，諸如救助對象、扶養責任、工作能力人口認定上，有著許多問題值得我們深思（孫健忠，2000）。

　　首先，在救助對象上，它涉及與我國貧民率偏低有關的救助資格過嚴的問題。好比，最低生活費用訂定忽略各縣市間乃至區域內外生活條件差異過大、無法反映實際生活狀況的現象；貧窮家戶問題與原因複雜，未能滿足家戶中不同人口特性所引出之特殊需求；一筆含括所有需求的社會救

助給付與分由其他福利法規補充需求作法何者更具效率；以及統一採用最低生活費用 1.5 倍以下作為中低收入戶資格標準後，是否使得原先以最低生活費用 2 倍、2.5 倍以下方式所納入之近貧人口因此受到排擠等等。以上，透過以生活圈方式考慮地區生活狀況差異設定最低生活費用、需求計算時納入申請者特殊需求會是可能的思考方向，而相應行政成本則是預期的代價。

再者，在扶養責任上，它可以上溯濟貧法時期親屬責任的規定，而在社會救助法中則涉及家庭總收入應計算人口範圍的爭議。在民國 99 年社會救助法修訂後，應計算人口範圍包含了申請人本人及其配偶、一親等之直系血親（父母、子女）、同一戶籍或共同生活的其他直系血親（祖父母、孫子女……等）、認列綜合所得稅扶養親屬免稅額的納稅義務人等項；然後，再透過除外規定方式，如未共同生活和無扶養事實等，加以限定。不過這項認定在實務上仍有不少困擾。例如，藉由分戶規避責任、喪偶或離婚子女返回父母家居住、或成年身障子女與父母同住而合併申報帶來資格不符、乃至為免除或減輕扶養義務所生相關訴訟等等。以上這些在社會環境變化下，扶養責任範圍是否需要逐步限縮至核心家庭、子女獨立成家免列計算單位與否，仍然需要社會的共識。另外，實務上種種例外條款的判斷、甚或以單獨列款方式取得低收資格等等，除了給予社會工作訪視人員及社會救助審核人員專業裁量的彈性之外，更有賴行政上和制度上的充分支持與法令細則的相關配套。

最後，在工作能力人口認定上，非屬無工作能力者有逕行認定工作薪資（即設算所得）的規定。這項規定旨在反映工作倫理，排除「不值得幫助的窮人」（undeserving poor）。相較從前它雖然已有放寬；但在經濟不景氣下，身心障礙者實際就業機會有限，未符老年定義的中高齡（45 歲以上未滿 65 歲者）失業人口大增，因此被拒於低收入戶門外的他們，生活狀況要比核列低收入家戶者還要艱辛。此外，社會救助法第 15 條，對於有工作能力者不願接受訓練或輔導，或接受訓練或輔導不願工作者，原本就有不予扶助的規定；再以逕行設算其所得，將帶來兩次處罰和雙重規制的效果。面對這樣的制度設計，回歸憲法對於國民生存權的保障，以實際薪資、工作能力、工作機會有無等多面向評估作為依據，可能會是較為適當的作法。

（三）社會救助給付目的的議題

社會救助法開宗明義便指出「為照顧低收入戶、中低收入戶及救助遭受急難或災害者，並協助其自立，特制定本法。」因此，社會救助給付的目的，一方面要使其生活得到照顧，再方面則要促使他們儘快地脫離貧窮。前者可以稱之為安貧，後者則為脫貧。

在安貧部分，提供低收入戶和中收入戶成員適當與公平的照顧是重要目的。但因目前針對不同款別提供不同給付、相同款別採取均等給付的作法，引發了款別之間資源差異甚少，但給付金額差異過大；款別之內需求不同，卻給予等同看待的給付不公問題。此外，給付金額在當前足不足以維持基本生活所需，亦即給付具不具備充足性、現金給付與實物給付之間具不具備適切性等項，也都值得我們注意。針對這些，回歸需求的基礎，考慮是否採行差額給付的設計、針對現金與實物給付內容的互補性進行適切區分和搭配、甚或斟酌早期為不破壞工作誘因而來的劣等處遇原則在當前到底適不適當等項，將有助思考新的可能。

至於，在脫貧部分，儘管貧窮定義多元，但大致上它指的是脫離列款低收入戶或中低收入戶的身分。目前我國除了消極的所得維持外，大致依《自立脫貧方案操作手冊》（林萬億等，2005）所臚列的教育投資、就業自立及資產累積模式，結合民間力量，鼓勵積極脫貧。其中「兒童及少年未來教育與發展帳戶」，以及有工作能力未就業者的促進就業（如衛生福利部與勞動部勞動力發展署在 109 年 8 月間所推出的「低／中低收入戶促進就業社勞政聯合服務行動實驗方案」）是當前工作重點。其他還有在全臺各縣市展開的各種創新作法，這些努力豐富了臺灣反貧窮措施的面貌，當中有部分成效已有研究佐證（張英陣，1997；鄭麗珍，1999, 2001, 2005, 2017, 2018），部分還待時間積累和相關證據的蒐集。當然如果著眼未來服務更加精進的話，它除了有著工作人員人力不足、過度依靠單一財源、相關配套服務不足以鼓勵預期行為（如自立就業、開戶存款等）等疑慮外；還有在政策目標上諸如此種脫貧定義適當與否、在執行上社會參與與離開低收入戶行列孰主孰從、在對象上著眼有工作能力未就業者的積極促進和貧童的教育發展帳戶的社會投資策略是否輕忽生產結構所造成不公、以及與提高兒少發展帳戶開戶率有關的，以申請制取代契約制、開辦線上繳款等措施是治標或治本等項（王篤強，2006；杜慈容，2015；李美珍等，

2019；賴紅汝，2020）。而上述這些或許在參考年幼無工作能力子女因自然成長而被改認為有工作能力（徐震、盧政春、李明政、趙碧華、黃鈺琪與李澤紅，1989），或子女長大（陳正峰，1998）是過去至今常見的脫貧理由；政府提高補助款（27.41%）、盼子女長大就業（23.23%）、求得謀生技能獲較有利工作條件（9.21%）是低收入戶們主述脫離貧窮的方法；考量他們之所以不就業、不儲蓄背後的街頭生存智慧，或許會是未來政策學習可以進一步思考地方。

（四）社會救助服務輸送的議題

救助行政所觸及的是與福利服務輸送有關的議題。首先，在中央與地方政府權責的部分，目前中央負責政策研擬，地方負責政策執行；至於財務則由中央與地方共同負責。然而，當前各地方政府財務能力有別、人物力資源有限，維持原有現金給付尚屬不易，對於各種創新方案除了高度依賴公益彩券盈餘補助其透過購買式服務委託辦理外，如何使得政策賡續（policy succession）值得重視。對此，社會救助給付項目與給付水準何者適合中央主導全國一致，何者可以地方負責因地制宜、服務績效考評指標如何質量兼具分級分區並引導自我改善等，需要進一步探討。

再者，有關執行部門分工整合部分，在社政體系之內，社會救助給付既有現金、又有服務，再加上「身分」差異分屬不同部門主管，有社會救助業務分散缺乏統合的現象。在社政體系之外，救助業務涉及教育、衛生、勞工、住宅等各部門，非由社政部門本身所能獨立提供，但往往受限本位主義，部門之間有缺乏協調合作，影響服務整體成效的批評。而在公私協力的部分，從契約的設計、發動、履行、乃至結束歸還，彼此之間更有許多可以改善的空間（劉淑瓊，2005；黃源協與蕭文高，2006）。針對上述這些問題，除了設置專責的社會救助主管單位外，如何確實落實社政體系內外聯繫協調機制、以及公私部門建設性的伙伴關係等等會是著力的方向。

最後，在調查行政作業上，依社會救助法規定，低收入戶調查作業包括申請時的初審與複審、平時訪問與年度總清查三項。初審由村里幹事進行（通常採取書面審查，確認應備文件齊全與否），再交縣市社會主管單位進行複審（這部分屬於資格的實質審核，必要時由社工員家訪）。然而，在這些確認救助資格的過程中，或囿於各方人情關說、或囿於本身專

業知能與人力難以逐一訪視掌握現況變化，屢生爭端（廖宗侯、陳世嬰與詹宜璋，2009）。面對上述，除了加強社會救助相關人員專業知能之外，初審階段，公所村里端回歸社政系統，配置社會福利人員定期訪查，掌握受助者生活情形；複審部分，縣市政府端社政與社工適切分工照會進行複審或抽查工作，透過個案聯席會議商訂專業裁量原則，擬訂個別化處遇計畫，並據此建立低收入戶個案管理系統，提供相關服務；以及邀集第三方，建立公正客觀申訴（申覆）制度等等是可以進一步討論的地方。

二、社會救助中社會工作者的角色

反貧窮幾乎貫穿了我們社會工作早期發展的歷史，如西方慈善組織會社（Charity Organization Societies, COS）和睦鄰組織運動（the Settlement Houses Movement, SHM）就是代表。前者以個人化處遇方式，企圖轉變個人道德標準或增強其社會心理健康，形成個案工作的基礎原形。後者則主張進住貧困社區與當地貧民共同生活，透過參與和理解的角度瞭解貧民生活，進而以改變結構、倡導變遷等方式解決貧窮問題。它是日後社區工作、社會政策等方法的前身（林萬億，2002）。臺灣省社會工作專業制度建立之初，同樣的也以低收入家庭作為最早的服務核心，社會工作與社會救助之間關係極為密切。

社會工作者在社會救助中可以扮演的角色，依萬育維（1994）觀點分別是：診斷者、提供者、使能者與倡導者。當審查申請者條件，確定其服務需求時，社會工作者扮演的是診斷者的角色；一旦確定資格與需求後，運用社會工作方法，引入並協調資源服務低收入戶時，提供者的角色就被突顯。與此同時，除了伴同之外，提升能力還權貧民，使能者角色是工作要點。而面對前述外，著眼制度不公、尋求結構變遷，則需要引入倡導者角色。

更具體地說，在低收入戶資格審查的診斷過程中，社會工作者經常要在需求評量與資源公正分配中兩面作戰。合理合法之餘，更要抱持著待人的溫厚。其中，對法規的理解、專業的裁量、乃至對人情、世情、社情的通透與圓熟等，需要掌握。

再者，在服務提供方面，每個貧困家庭都有自身的故事，有必要發展出符合其需求的個別化處遇計畫。然而，目前社會救助被二分成社會行政

與社工服務，雙方同樣囿於人力不足、人員快速流動、經驗難以累積、受到績效考比乃至案量壓力外，救助工作要不流於資格審定和補助發放的行政處遇，再不就疲於奔命、甚或彼此齟齬乃至轉而責備受害人。這種情形在限縮貧窮家戶發展可能性的同時，也封閉了我們尋求提供其他有效服務措施的機會。

近年社會救助思潮走向能力剝奪的貧窮觀，因而使能（enabling）、充權培力（empowerment）與能力建造（capacity building）就變得更受關切。財務社會工作（financial social work）[9]和發展性社會工作（developmental social work）[10]則是這類取向的代表。然而，低收入或中低收入家庭備受主流價值所批判的，諸如不儲蓄、不就業、甚或福利依賴乃至福利欺騙等行為，除了是個體本事和環境機會與資源條件受限的結果外；某種程度而言，何嘗不是要比任何人都更清楚所置身社會滋養物所在的他們，想要躲債避稅、加快改善生活困境等街頭生存智慧的選擇。與福利科層鬥智鬥力，正是他們想要重新奪回生活自主權的微抵抗。如果不能洞悉這點，社會工作者所見到的只能是他們種種非適應性行為的表象，並因此感到有心無力和挫折不斷；相反的如果能夠由此理解人的行為，安頓情緒、因勢利導，才有可能看出變遷的希望（王篤強，2015）。

最後，在倡導方面，低收與中低收入者居於社會底層，他們是「沒有面容、沒有聲音」的一群。社會工作者基於為弱勢代言的立場，在爭取其權益的同時，也與既得利益產生衝突。為了挑戰資源分配不公的制度，身

---

[9] 財務社會工作（financial social work），又譯金融社會工作。它旨在激發個案自我覺察、提供財務知識，幫助個案在日常生活中做較佳的財務抉擇。而瞭解個案目前財務處境和未來財務目標、讓個案有健康的金錢關係、解決財務壓力的技能、減少影響財務福祉的行為，以及提出驅動個案財務行為的情緒議題則是它的工作焦點（Wolfsohn, 2015）。相關研究可進一步參考林桂碧（2020）〈財務社會工作的內涵與發展〉、郭登聰（2016）〈金融社會工作：老問題新方法〉等文章，或見 2019 年 11 月 28 日至 11 月 29 日，由伊甸社會福利基金會主辦、臺灣大學社會工作學系協辦的「2019 發展性社會工作研討會：與社會創新的對話」會議內容。

[10] 發展性社會工作（developmental social work），出自 James Midgley（2010）觀點。此說著眼受助者優勢，重視社區地域性特色，強調透過社會投資、經濟政策及公共參與的過程，藉由生產性經濟活動的正向循環，累積服務對象的各類資產（人力、金融、社會資本等），在使具有自決可能性及機會的同時，帶動區域經濟活動，促進整體經濟發展。從而化解經濟發展與社會福利之間的衝突（黃琢嵩與鄭麗珍主編，2016）。相關介紹可參考陳怡伃（2016）〈由社區工作推動發展性社會工作：教學現場的觀察〉、及郭登聰（2017）〈發展性社會工作在臺灣推動的歷程、問題與建議〉等文章。

在體制又要挑戰體制，本身就是一項挑戰。向服務使用者街頭智慧學習，善用新興電子倡導技術，透過結盟遊說，才能在行動上展現「銳實力」的同時，也發揮促進變遷的「巧實力」。

　　以上種種，還須我們社會工作者充實專業知能、改善工作方法以及工作環境。瞭解貧窮原因與貧窮者特質，時時檢視自身所持價值觀或刻板化印象。透過先理解，再同理，緩規訓的服務策略，設身處地，站在服務使用者立場瞭解何以不能？同理為何不肯？區辨新貧舊貧不同屬性，提供安貧脫貧不同策略，才能真正在尊重自主性前提下，給予所需要的協助。再者，在制度上友善社政與社工彼此交流，引入相關知能累積分享實務經驗，相互支持下才能避免挫折和崩熬（burn out）。此外，參引個案管理（case management）概念，逐步發展出與社會安全體系包含公私在內的其他部門連動的、帶有防貧、脫貧、和安貧功能的社會救助管理系統，主動提前介入，也會有助系統的完善。

　　總之，保障社會底層的貧窮者是政府不容推諉的責任與義務；要求國家提供保障與必要協助，對貧窮者更是福利也是權利。社會救助制度與工作人員作為對抗貧窮、保障貧困者基本生存尊嚴的最後防線，我們不能忘卻這項源自社會工作發展之初，便標舉的重要使命。當然，它的有效落實，除了我們專業自身實事求是的努力之外，還更賴我們社會如何看待貧窮、以及因此所下的決心與意志。

問題與思考

1. 臺灣當前的主要社會救助措施有哪些？你覺得它們可以幫忙人脫離貧窮嗎？為什麼？

2. 致貧因素有哪些？不同意識型態有哪些不同的說法？你同意嗎、為什麼？

3. 脫貧是什麼？臺灣當前的主要脫貧方案有哪些？它們可以達到安貧與脫貧的效果嗎？為什麼？

4. 福利依賴是什麼？它會不會因此而責備受害人？你同意這項講法嗎？為什麼？

5. 在未來，你覺得將來有哪些人容易落入貧窮？有沒有任何積極的措施可以避免呢？

建議研讀著作

1. 王永慈主編（2017）《家庭經濟安全與社會工作實務手冊》。臺北：巨流。

2. 洪伯勳（2015）《製造低收入戶》。臺北：群學。

3. 衛生福利部社區發展雜誌社（2015）〈當代貧窮現象之結構性解析與政策新思維〉，《社區發展季刊》，151：1-3。

4. 孫健忠（1995）《臺灣地區社會救助政策發展之研究》。臺北：時英。

5. 王篤強（2011）《貧窮、文化、與社會工作：脫貧行動的理論與實務》。臺北：洪葉。

第 **3** 章
兒童福利服務

余漢儀 |

前　言

　　今日的孩童一方面被喻為成人世界未來的希望，是象徵人類真善美的原型；另一方面卻又在各式媒體中被形塑為具體而微的成人，使人不免要憂心疾呼：「還給孩童一個童年！」合宜的孩童生活應呈現如何的面貌，其實是我們在不同時空中對「童年」（childhood）的建構。本章將先討論「發展觀點」（developmental perspective）的相關假設，如何形塑孩童在成人世界中之定位，而歷史上影響社工在兒童福利上極為深遠的三種觀點更是持續拉鋸。孩童從來就不曾脫離家庭的脈絡被看待，故而我們也需要去檢視不同時空中的家庭樣貌。臺灣兒童人口雖是逐年下降，但由於解嚴後民間力量的體現，兒童及婦運團體對議題設定的政策倡導，使得相關兒童福利立法陸續通過。早在 1973 年頒布的「兒童福利法」及其後修法的轉折，更提供我們一個場域去理解政府資源配置的趨勢。

　　兒童福利服務介入家庭的不同程度，雖可分為支持性、補充性及替代性，但政府在不同時代針對不同處境的孩童卻明顯的偏好提供某些服務類型。自 2004 年起持續針對高風險家庭、弱勢家庭的服務發展，無疑是兒童保護的次級預防；2018 年因著近年多起隨機殺人的社會恐慌，則是「強化社會安全網計畫」中的「脆弱家庭」服務興起。另一方面為因應低人口替代率而鼓勵生育，針對一般家庭的生育補助、育兒津貼、托育補助、及醫療補助等給付，也成為近十年臺灣兒童福利的亮點。最後，雖然兒童保護持續成為兒童福利的重點，但隨著臺灣通過「兒童權利公約施行法」後，2016 年提出首次國家報告及次年的國際審查，對我們的兒童福利會有何影響？又，以下論及「兒童」，在臺灣指未滿 12 歲，國外則為未滿 18 歲者。

第一節　童年的意涵及其形塑

　　臺灣地區自解嚴後民間團體的推動，開啟了社會立法的黃金十年，進入 21 世紀的相關兒童福利立法更直接引進不少歐美國家的先進條文。然而，在成人世界中兒童生活所呈現的面貌，是否也與社會某些意識型態的轉變有關呢？本節將先討論影響社工專業甚鉅的發展觀點，如何主導對孩

童的概念並形塑孩童在成人世界中之定位；然後再討論影響兒童福利政策
至鉅的三種觀點間的往返拉鋸。

一、發展觀點主導之童年

Giovannoni（1987）認為由「發展觀點」瞭解孩童，主導了社會工作
的理論與實務，也持續影響我們對「童年」的概念。社會工作通常對童年
有三大假設：（1）過往的童年經驗模塑了今日的成人，所以現在對童年
的投資其實是會在未來回收，將孩童視為明日的社會成員；（2）孩童的
發展為系列階段，特定階段的成功有賴前一階段發展任務之完成；（3）孩
童所處社會環境會影響其發展。基於以上看法，孩童乃被合法的延緩其擔
負成人責任，而社會則有責任提供其照護及經濟支持，並使其能獲得合宜
發展階段之經驗。總之，「童年」因此被合法賦予免於擔負成人責任的一
個「依賴」階段；兒童的發展需求既有賴其所依存的環境來提供，到底該
由誰來負責呢？其實在大部分社會中，「家庭」往往成為兒童與社會的中
介，社會不會將兒童視為單獨的個體，而是附屬於其父母之後裔，其所擁
有之權利立基於其父母之社會位置，亦即取決於其父母購買、連結社會資
源之能力；因此當無外力介入時，低社經家庭之兒童，所能獲取之社會資
源就極其有限。

既然孩童被延緩其成人責任，當然相對的也就沒有成人的「自主」
（autonomy）。幾乎所有的社會都會藉法律來範定兒童的權利及義務，主
要也深受發展觀點影響，通常假設孩童在不同年齡會發展不同的能力，故
而立法採用的標準常隨「年齡」賦予其不同的權利義務。例如我國民法親
屬編第 980 條，規定適婚年齡為男 18 歲、女 16 歲以上（有性別差距）；
勞動基準法規定未滿 15 歲不得受僱工作；刑法第 227 條規定對未滿 16 歲
者為性交者處以刑責，則表示性自主之最低年齡為 16 歲，都是藉年齡來
限定其行使權利範圍的實例。由此看來，各國一般對其國民「成年」、「未
成年」之界定，並非考慮個體的獨特性，而是反映了那個社會中，對發展
成熟、有特定行為能力的「年齡共識」。但處於現今日趨多元的社會中，
到底幾歲才能具備工作、結婚、性自主、同意醫療行為、行使政權的能
力，可能並不像以往那般容易達成共識，而會有諸多爭議。

臺灣社會學會論壇在 2011 年初，就曾以「兒少立法民粹化與臺灣兒

童化的民主危機」為主題，批駁 2003 年的兒少福利合併立法是兒童少年不分，使不同年齡發展階段的差異需要被齊一化（例如青少年情慾發展被剝奪），因而使臺灣整體「兒童化」，電視充斥馬賽克，到處都是「兒少不宜」或「給兒童做了不良示範」，甚至連新聞報紙也要受到兒少立法的箝制（臺灣社會研究學會，2011）。就此，Zimring（1982: 100）也曾認為在童年與成年之間以年齡僵化的區隔，根本就是無視於何謂「成熟」。因為「成長」本身並非一個事件，而是一個過程；每個階段提供一些自由、一些責任的經驗，應是成長過程的必要。以上簡單比照發展觀點主導的童年概念後，或許我們可以逐漸察覺到，在成人世界中的孩童固然有其客觀存在而變化不大之生物特質，但成人所賦予其之主觀形象（隨時空轉變）卻主導我們對孩童的看法，進而決定了孩童在成人世界中所受的待遇。

通常在法律領域中論及「權利」（right）時，隱涵其行使者具有某種程度的「自主」能力，但孩童出生就不是自主的，甚至是對其父母及政府的「雙重依賴」（Grossberg, 1985）。因而，透過賦予其權利使其免於傷害，或視孩童像成人般有完全自主能力，亦即否認其身心並未成熟的事實，兩者間的張力，造成歷史上關於「兒童」及「童年」本質不斷的衝突。一方視兒童基本需要為其「權利」，另一方面則願賦予兒童較多的「自主」；雖然都論及兒童權利，但卻背道而馳。例如「保護者」（protectionist）指稱兒童應像成年公民一樣有生命、自由及財產的天賦權利；而「解放者」（liberationist）為倡言孩童更多自主，則視政府及父母為其主要壓迫者。以下就討論對孩童角色定位迥異的三種觀點間之張力。

二、兒童定位迥異觀點間之拉鋸

追溯美國歷史發展，可歸納出三種影響兒童地位之觀點（Hegar, 1989），它們也持續影響今日的相關社會政策及社工的兒童福利實務。

（一）傳統觀點（traditional view）

傳統觀點是年代最久且影響深遠的，可追溯自殖民時代直到 1925 年的進步時期（Progressive Era），認為父母為孩童的天然保護者，兒童不須被賦予個別獨立權利，在家中固然沒有權利，社會對其監護、處遇或財產亦沒有法定利益之保障。但他們卻須擔負某些責任，例如在其父母或監護

人驅使下工作，卻無權處理自己賺取之工資。

（二）保護觀點（protective view）

在英國濟貧法（Poor Law）及「代行親權」（parens patriae）中即可窺見國家為兒童保護者之信念；而美國早在 1820 年基於孩童的安全／福祉，法庭亦能行使裁量權將孩童由父母處移置。在 19 世紀末透過少年法庭的成立、公立學校大量興建及童工立法、1912 年兒童局成立等，國家規範及介入的角色迅速發展。雖然 20 世紀初期有諸多傳統觀點信徒的強烈反對，但到 1970 年所累積的成果，例如義務教育立法、強制兒童保護通報、及受虐孩童作證可不出庭等作法，都更確立了國家對兒童的保護角色。

（三）解放觀點（liberationist view）

這是較為後期發展的觀點，認為對孩童最有利的，應是賦予其獨立個別的法定權利，而非仰賴父母或國家代理。自 1960 年代中葉，孩童在各方面的權利已有所擴張，例如在某種年齡有醫療同意權、言論自由的有限保護、在影響其權益之法庭委派法律代表、及在教育體系內的各種權利等。雖然「兒童解放」（children liberation）曾是 1960 及 1970 年代的口號之一，但孩童並未因而被賦予與成人一樣的權利。

Richard Farson（1978）所著《出生權利》（*Birthrights*）及 John Holt（1975）的《逃離童年》（*Escape from Childhood*），提議應賦予孩童「成人」權利：投票權及參政權、為薪資工作、法律上為自己生命及行動負責、隱私、財務獨立及負責、自己管理教育、旅遊等，他們視孩童面對的問題源自一些基本原則（例如沒有自主），故而提出很基進的改變。另一方面，保護者則認為對孩童環境的完全控制最能保障其安全，且批評解放者是合理化美國「兒童成人化」的傾向。無獨有偶，臺灣則是曾有論者認為兒少保護使臺灣社會兒童化，從解放觀點挑戰：「兒少的真實面目只是成人的潛在受害者？是完全沒有情慾的被動者？兒少真的需要令人窒息的保護？還是應當尊重兒少的主體性、能動性、發展性（包括性愛），以便成為公民參與民主生活？」（臺灣社會研究學會，2011）其實兩派對孩童能力高低看法的差距不大，主要差異在於改善孩童處境時「成人」所扮演角色。

在 1980 年代傳統的保守觀點死灰復燃，他們質疑孩童權利的合宜性及國家的規範角色，在相關兒童保護文件中亦不乏他們的論點：例如倡導家庭自主（family autonomy）及最少政府干預的親子關係，可稱為「新傳統」觀點（neo-traditional view）。Walt（1976）及 Goldstein、Freud、Solnit 等人（1979, 1986）的著述有極深遠的影響，都認為專業人員所安排的孩童家外安置並不能替代父母。保守派在「捍衛家庭」（pro-family）旗幟下的草根運動，也進一步要求增強父母對孩童教育、管教、節育、墮胎等方面的控制。

若借用 Rappaport（1981）以「需求」（needs）及「權利」（rights）立基社會政策的說法，保護觀點及解放觀點正好對應了以「需求」及「權利」出發的兩種典範的轉換。而新傳統觀點，既反對以孩童需求（needs-based）為本的政府努力來解決社會問題，也不贊成著眼於孩童權利（rights-based）的增加自主的說法；卻偏好嚴格限制政府介入有關家庭及孩童的事務中，這種將所有權力置於父母及其他成人手中的家庭政策觀點，顯然是無法與社會工作中的「充權」（empowerment）概念相容。根據發展觀點，孩童在不同的成長階段，雖有某些需求須依賴成人提供，但也發展出某些能力；故而社會工作雖然承認孩童能力有其侷限，其基本需求的滿足須受保障；但卻也深信孩童是否能呈現其潛在能力，端視成人世界提供其發展空間大小而定。但是以傳統觀點或新傳統觀點出發的兒童福利政策，無疑是將照護孩童的權利及責任完全置於父母之手，童年的品質將因個別家庭所擁有的社經資源而異，如此乃是使兒童福祉建立在脆弱的根基上。

第二節　臺灣兒童的處境

社會政策立法代表了國家資源配置的方向，常是社會上各壓力團體利益間的妥協結果，通常和人口結構的變化沒有必然關係，但人口結構的量變，如出生率下跌、死亡率降低，所引起人口的質變（如高齡社會、勞動人口比率下降）卻應是公共政策須納入考量的。本節將先回顧臺灣地區近年兒童人口結構的變化，然後再引用中華人權協會的《兒童人權指標調查報告》（2010-2015），輔以兒福聯盟近年的《兒童福祉調查報告》（2017-2019），來概括討論近年臺灣兒童的處境。

一、兒童人口結構變化

依戶政司全球資訊網，臺灣地區由 1960 年代開始生育率即快速下降，粗出生率由 1966 年的 32.5‰ 降至 1999 年的 12.9‰，而總生育率由 4.8 人降至 1.6 人的替代水準。不論男／女，初婚平均年齡（自 1999 年的 30.0 ／ 26.9 歲增至 2019 年的 32.6 ／ 30.4 歲）、或中位年齡（自 1999 年的 29.0 ／ 25.8 歲增至 2019 年的 32.0 ／ 29.8 歲）都一路攀升，而男／女的初婚率則自 1999 年的 45.8% ／ 62.3% 跌至 2019 年的 29.1% ／ 34.6%，可見晚婚及不婚的趨勢雖有減緩但仍持續。最新的《臺灣社會變遷基本調查》則顯示在 2006、2011 及 2016 年各有 33.9%、37.5% 及 48.2% 受訪者同意結婚後不一定要有小孩的說法（傅仰止、章英華、廖培珊、謝淑慧，2017: 203），而我國 2019 年粗出生率已降至 7.5‰，育齡婦女總生育率更跌至 1.05 人的替代水準。新生代對婚姻與生育的價值觀（晚婚、不婚、不育），使得臺灣地區出生率持續下降，稱為「少子女化」現象。

近五年臺灣的學齡前人口總數（比例）先增後減（表 3-1），由 2015 年的 122.19 萬（5.2%）跌至 2019 年的 119 萬（5.04%）。國小學齡人口（6-11 歲）則在五年間持續滑落，由 123.52 萬（5.26%）減至 119.92 萬（5.08%）。兒童人口（0-11 歲）總數持續由 2015 年的 245.71 萬降至 2019 年的 238.94 萬，比例也由總人口的 10.46% 小降至 10.12%。

表 3-1　歷年臺閩地區兒童人口結構變化（2015-2019）

年齡＼年度	2015	2016	2017	2018	2019
0～5 歲	1,221,854（5.20）	1,264,205（5.37）	1,260,086（5.35）	1,260,920（5.12）	1,190,240（5.04）
6～11 歲	1,235,225（5.26）	1,185,444（5.04）	1,177,693（5.00）	1,207,792（5.12）	1,199,171（5.08）
小計	2,457,079（10.46）	2,449,649（10.41）	2,437,779（10.34）	2,414,712（10.24）	2,389,411（10.12）
總人口	23,492,074（100）	23,539,816（100）	23,571,227（100）	23,588,932（100）	23,603,121（100）

資料來源：衛生福利部統計專區，現住人口數按三段年齡組分。

過往 30 年，由於工業化／都市化或人口轉型，臺灣地區的家庭結構有明顯變化，家庭居住安排傾向核心化且人口變少，這些都會影響家庭傳統的照護功能。各種家庭結構的變化中，最受矚目的莫過於單親家庭及祖孫家庭。薛承泰（2000）採用 1998 年家庭收支調查資料，推算出單親戶（222,809 戶）約占當年總戶數（6,273,056 戶）的 3.54%。時隔 20 年後其數量成長為四倍（約 89 萬戶），而近五年單親戶的比例已增至 10% 左右，祖孫（隔代）家庭也以 10 萬戶上下，全國總戶數 1% 以上的比例存在（表 3-2）。

表 3-2　歷年臺閩地區家庭組織形態（2015-2019）

年份	單身	夫婦	單親家庭	核心家庭	祖孫家庭	三代家庭	其他	總戶數
2015	991,637 (11.82)	1,598,503 (19.06)	865,319 (10.32)	2,975,369 (35.48)	100,553 (1.20)	1,196,715 (14.27)	658,349 (7.85)	8,386,495 (100)
2016	1,022,289 (12.09)	1,605,439 (18.98)	853,461 (10.09)	3,041,800 (35.96)	95,904 (1.13)	1,170,128 (13.83)	669,202 (7.91)	8,458,223 (100)
2017	1,036,876 (12.12)	1,600,688 (18.70)	859,111 (10.04)	3,056,210 (35.71)	94,670 (1.11)	1,179,085 (13.78)	732,548 (8.56)	8,559,187 (100)
2018	1,107,095 (12.81)	1,622,177 (18.77)	830,683 (9.61)	2,997,838 (34.68)	114,337 (1.32)	1,211,717 (14.02)	759,293 (8.78)	8,643,140 (100)
2019	1,071,148 (12.26)	1,685,305 (19.29)	891,757 (10.21)	3,008,148 (34.44)	97,969 (1.12)	1,174,586 (13.45)	805,663 (9.22)	8,734,576 (100)

資料來源：主計總處統計專區，家庭收支調查未刊印報告之結果。

薛承泰進一步計算各類家戶的貧窮情形，發現 1998 年臺灣地區 22 萬餘單親戶中有 10.49% 落入貧窮，機會是單人戶的三倍，是雙親戶的二至三倍。參考最近的《臺灣地區兒童及少年生活狀況調查報告》（2019），問及每月收支，單親家庭及祖孫家庭的確仍有較高比例作答者認為不夠用（表 3-3）。

不同的居住安排常被賦予不同的合法性，以致得到程度不等的資源配置，單親家庭、隔代教養當然不必然就是問題。相對於早期的「問題取向」，近年研究較著重「優勢觀點」（strength perspective），看到單親家庭孩童的成熟、韌性及親子關係更緊密的一面。而《佐賀的超級阿嬤》一書（2006），更呈現老人運用生活智慧教養孫兒如何笑對人生困境。然而針對這類家庭規劃服務時，卻極易落入家庭資源匱乏、親子溝通不良的刻板

印象，無法有創意、貼切的服務滿足各別家庭的需求，傾向將他們的需求「社會問題化」。更嚴重的是將家庭本身貼上負面標籤，例如《強化社會安全網計畫》（2018: 5）中將英文 vulnerable family 直譯為「脆弱家庭」，雖與風險家庭同質，然其中文寓意卻含貶抑，若以此當面直呼服務使用者，除了有強加負面自我認同之嫌於需協助的家庭，也難免影響社工人員對案家的觀感，焉可不察？

表 3-3　臺閩地區學齡／前兒童依居住型態之近一年平均每月收支狀況（2018）

收支	核心家庭	主幹家庭	混合家庭	單親家庭	祖孫二代	其他	總人數
學齡前	500,548 (40.62)	360,037 (29.21)	237,751 (19.29)	101,891 (8.27)	31,675 (2.57)	500 (0.04)	1,232,402 (100)
不夠用	16.8	20.9	21.6	37.4	32.0	--	21.0
收支平	55.2	49.4	52.1	44.4	47.6	100	51.9
有儲蓄	28.0	29.7	26.3	18.2	20.4	--	27.1
學齡	631,070 (55.03)	232,719 (20.30)	103,793 (9.05)	149,892 (13.07)	27,049 (2.36)	2,156 (0.19)	1,146,679 (100)
不夠用	15.9	17.9	17.5	34.7	26.1	16.4	19.2
收支平	47.6	49.7	54.9	46.0	47.4	83.6	48.6
有儲蓄	36.5	32.3	27.6	19.4	26.5	--	32.3

資料來源：《中華民國 107 年兒童及少年生活狀況調查報告兒童篇》（2019），表 7（p.59）及表 8（p.194），衛生福利部編印。

　　隨著全球化，跨國遷徙漸成常態，婚姻移民也更為頻繁。近年在臺灣每 100 位初生嬰兒的生母就約有 6 位原屬外籍人士，其中大陸港澳及東南亞仍為大宗。雖長期均呈遞減趨勢，但近五年前者數量持續遞減，後者則稍微回升（表 3-4）。臺灣的人口由原住民族和眾多移民組成，臺灣人對於胼手胝足的「羅漢腳」先民，常以「篳路藍縷，以啟山林」稱頌祖先為現今臺灣的富裕奠下基礎。但擁有豐厚移民歷史的臺灣，卻曾百般睥睨來自較貧困地區的新移民（夏曉鵑，2002）。以最常被提及東南亞配偶的孩童發展遲緩的問題而言，實因來自東南亞的新住民其母語不受臺灣社會接納與重視，而其中文程度又無法完全表達，使得她們與子女的互動受限，而造成部分幼兒初期語言（中文）發展較不利；並不能就推論外籍配偶素質低落，反該藉此反省臺灣社會未能接受多元文化和語言的事實（張明慧，2005）。

表 3-4　歷年臺閩地區出生人數按生母原屬國籍分（2015-2019 年）

母原籍 年份	本國籍	大陸港澳	東南亞	其他	出生數
2015	200,019 (93.86)	7,260 (3.41)	5,497 (2.58)	317 (0.15)	213,093 (100)
2016	194,938 (93.90)	6,880 (3.31)	5,484 (2.64)	298 (0.14)	207,600 (100)
2017	182,864 (93.96)	5,724 (2.94)	5,695 (2.93)	333 (0.17)	194,616 (100)
2018	169,656 (93.91)	4,758 (2.63)	5,931 (3.28)	311 (0.03)	180,656 (100)
2019	163,988 (93.67)	4,418 (2.52)	6,340 (3.62)	328 (0.19)	175,074 (100)

資料來源：內政部戶政司全球資訊網，全國人口資料庫統計地圖。

二、臺灣的兒童人權

中華人權協會自 1997 年起，每年以郵寄問卷蒐集相關學者專家對臺灣兒童人權指標之評價；但自 2006 年起另輔以大樣本調查，電訪臺灣地區 20 歲以上者千餘人，問其對兒童人權的保障程度，並與前一年比較。就一般社會觀感而言，對臺灣兒童人權的正面評價雖有回升，但負面評價仍保留相當比例，而肯定臺灣兒童人權逐年進步的比例也有回升（表 3-5）。

表 3-5　歷年電訪調查人數及兒童人權評價結果（2011-2015）

年份	電訪人數	正面評價	負面評價	較去年進步	較去年退步
2011	1,115	45.4%	39.0%	34.7%	23.9%
2012	1,005	35.1%	37.8%	17.5%	23.1%
2013	1,077	39.4%	31.9%	18.1%	20.1%
2014	1,074	39.3%	30.5%	20.4%	18.0%
2015	1,074	53.8%	32.4%	41.5%	27.6%

資料來源：《兒童人權指標研究報告》，2011-2015 年，中華人權協會。

至於學者專家的菁英意見調查則自 2006 年改採德慧法（Delphi Method）以兩階段彙整意見，問項減為 24 題，作答人數也減為 20 餘

人。歷年問卷題項皆歸納為社會／教育／健康／基本人權四大面向（20餘題、40 人作答），2015 年則大幅調整為受保護／參與／教育發展／生存權（31 題、20 人作答），詳細歸類可參附錄一。總體而言，2010-2014 四類兒童人權得分雖有起伏（滿分為 5），但基本人權一直未曾過關；2015年則是受保護權及參與權不及格（表 3-6）。細察指標內涵雖以滿足孩童的「需求」為出發，較反映「保護」觀點；但與時俱進增添「權利」題項兼顧「解放」觀點。若參酌 2011-2015 年兒童人權各項指標得分變化，則可發現連續五年得分都在 3 分以下的題項有五：免受遺棄／虐待／疏忽、性侵害／性剝削、媒體網路侵害、身心壓力、校園霸凌（附錄一），後兩項顯然與校園生活息息相關。

表 3-6　歷年兒童人權指標變化情形（2010-2015）

年份	基本人權	社會權	教育權	健康權	總平均
2010	2.64	2.95	3.26	3.22	2.98
2011	2.80	3.04	3.00	3.65	3.12
2012	2.88	3.33	3.13	3.69	3.26
2013	2.98	3.21	3.19	3.54	3.23
2014	2.86	3.20	3.08	3.51	3.12
2015	受保護權 **2.78**	參與權 **2.58**	教育發展權 **3.03**	生存權 **3.41**	2.98

資料來源：《兒童人權指標研究報告》，2011-2015 年，中華人權協會。

臺灣的九年國教及全民健保無疑對兒童教育權及健康權的保障加分不少，但不可否認在教育／醫療資源的分配上，仍無法解決城鄉差距、特殊身心狀態及低社經階層孩童的需求問題。

相對於兒童人權指標研究蒐集成人意見，兒福聯盟的《兒童福祉調查報告》（2017-2019）則是針對全台小五／六及國一／二學生約 2,000 人問卷調查。發現學童主觀生活滿意度及格者比例及平均分數都逐年下降，前者由 82.6% 到 81.5%，後者由 79.2 分到 74.6 分；學童覺得不快樂的比例也從 14.5% 增加至 21.1%。更有 23% 學童表示認同「世界少了我也沒有關係」，心理健康堪慮。

2019 年調查有 50.3% 學童認為課業壓力大，比 2018 年增加 3.3%；有 36.1% 學童不喜上學，較前一年增加 7.1%。有逾二成學童前半年曾遭

校園暴力，逾五成每天緊盯螢幕（電視／電腦）超過 2 小時，平日使用電腦及網路逾 4 小時學童的生活滿意度分數也較低（71.4 分：75.2 分）。每日慣吃甜食（由 43% 增至 46.2%）及喝含糖飲料（80%）人數的高比例，也警示學童肥胖／健康問題日趨嚴重。

綜論而言，兒盟認為學童「生存權」應重塑友善校園減少霸凌傷害；對「健康權」是建議學校透過飲食教育及運動／社團課雙管齊下，解決嗜甜世代的肥胖危機；「休閒／教育權」則提醒政府／學校／家長須注意兒少是否有適當且規律的自由活動時間、尊重其學習意願／興趣、減輕其學業／考試壓力；「表意權」認為父母的陪伴／聆聽可培養孩童表達意見的習慣和自信、政府／學校應瞭解兒少看重的議題、以人權課程強化學生認知自我發聲的重要。很顯然，學校在維護各類兒童權益方面都可以扮演關鍵角色。

第三節　兒童福利立法的轉折

國際社會不乏各類兒童權利的宣示，遠自 1924 年的「日內瓦兒童權利宣言」、1959 年的「聯合國兒童權利宣言」，到 1989 年國際簽署的「兒童權利公約」（簡稱 CRC）。而我國在 1993 年大幅翻修二十年前的「兒童福利法」、1995 年予婦女團體喜出望外的通過「兒童及少年性交易防制條例」（2015 年更名為「兒童及少年性剝削防制條例」）。進入 21 世紀立／修法的力度更形強勁，2003 年合併兒少福利修法，2011 年更名「兒童及少年福利與權益保障法」（簡稱兒少權法），2014 年更以非 UN 會員國而通過「兒童權利公約施行法」（簡稱 CRC 施行法）。立法內容之先進可謂直逼歐美，然而其中又有怎樣的轉折呢？本節將先對兒少權法內涵及近三十年來兒童福利立法的沿革有所探討，然後再由其中的變與不變呈現國家對兒童定位的變遷。

一、兒少權法內涵及沿革

以下將先剖析兒少權法提供了哪些不同的福利型態，然後回溯其內涵與之前兒少福利法的變與不變之處。

（一）兒少權法提供了什麼？

2011 年頒布的兒少權法仍照其前身兒少福利法，分為總則、身分權益、福利措施、保護措施、福利機構、罰則及附則等七章，但比原有足足多了 43 條新條文。兒童局曾為此新法就七個主題分區宣導座談：媒體自律、收出養制度、教育與就業權益、兒童安全、新增權益（表意、文化／休閒、社會參與、司法權）、居家保母與課後照顧、學校社工。或因兒少保護是老議題且執行有年，新法宣導獨漏歷來條文著墨最多的保護措施（32 條）。

若借用 Gilbert 及 Terrell（1998: 64-66）所提供的分析架構，可適用於政策產物（policy product）——立法（legislation）的理解。此架構涵蓋四個面向，例如根據何種資源配置（allocation）原則來決定受益對象？所提供福利內涵（provision）有哪些？福利輸送體系（delivery）如何設計？財務（financing）如何籌措？限於篇幅及本章主旨，我們僅就兒少權法所涵括相關兒童的「福利提供內涵」來分析。

一般而言福利提供的型態有多種，可能是現金、服務、實物或機會、權力等，每一種給付形式都有其利弊，最佳策略應是盡量綜合不同形式的福利項目來提供，而非兩極化的只有現金或只有實物。兒少權法直接提供的以「服務」較明顯，「現金」則限於托育、家庭生活扶助及醫療補助（23 條第 6 ～ 8, 11 款），且多須經資產調查。

「服務」提供分散在第二章身分權益：出生通報（第 14 條）、收出養（15 ～ 21 條）、尋親（21-1 條）、協助戶籍登記／歸化／居留／定居（22條）；第三章福利措施：早產兒通報、發展遲緩兒早期通報／早期療育、托育、諮詢、親職教育、安置服務、課後照顧（第 23 條第 1 項第 12 款、76／83 條）、及安全與事故傷害之防制等服務（28／29 條）；及第四章的保護措施：媒體分級及自律（44 ～ 46 條）、受害情境列舉（49 條）、責任通報（53／54 條）、保護（緊急）安置、追蹤輔導（56 條）、家庭處遇（64 條）、長期輔導計畫（65 條）、停止親權／監護權或終止收養關係（71條）、及學校社工（80 條）。

而論及處理兒少相關事務時應依其心智成熟程度權衡其意見（第 5條）、兒少代表（10／41 條）、安置期間父母／原監護人／親友／師長探視應尊重兒少之意願（60 條）、平等參與休閒／娛樂／文化活動之權利

（24 條）、並提供機會保障其參與學校／社區等公共事務之權利（38 條）、高中以下學生遊戲及休閒時間（41 條）、社工陪同訪談／偵訊／訊問／身體檢查（61 條）、匿名報導兒少（69 條）等，則是難得的「權力」提供（表意、文化／休閒、社會參與、司法、隱私等權益）。

（二）兒少權法的前身

最早規範臺灣兒童福祉的是 1973 年的兒福法，但其後 1989 年初公布的少福法第四章名為「保護」，明訂法院選定少年之監護人可不再受限於民法 1094 條，自此使得公權力介入家內不當親子關係有了法源基礎，也成為兒保的實務參照。直到 1993 年首次大翻修的兒福法，對兒虐通報、安置保護、監護權異動及主管機關權責有更明確的規定，但更似補救式的「兒童保護法」，少有「初級預防」為主的普及式兒童福利。回顧臺灣在 2000 年之前的相關福利立法，回應民間壓力團體的協商是其特色，政府在各項福利立法上呈現的是遮遮掩掩的客串，家庭擔綱獨挑大樑是不變的戲碼，其時的精神衛生法、老人福利法及社會救助法所見證的都莫過於此（余漢儀，2004）。

2003 年第二次兒福法修訂時民間兒保風潮仍方興未艾，整併後的兒少福利法才明訂對安置家外的孩童返家後提供一年的「追蹤輔導服務」，對列案保護之孩童的原生家庭則提供「家庭處遇計畫」等支持性及補充性服務，一改之前的獨鍾家外安置的替代性服務。其後在 2011 年將兒少福利法更名為「兒童及少年福利與權益保障法」，顯然是想更積極強調兒少權益。

二、兒少權法的變與不變

有趣的是，新法既承載了大量舊有條文，增添新條文是否就能發揮權益保障的精髓？以下先探討兒少權法再次透過列舉「目的事業主管機關權責」，企圖翻轉臺灣殘補式福利體制下社政主管機關獨撐大樑的窘境；然後再以兒少保護為例，剖析兒少權法反映家庭主義（familism）的條文。

（一）殘補式福利體制下的社政獨撐大樑

1993 年兒福法的精神並未將孩童所依附的「家庭」納為服務對象，

而是以孩童「個體」為單位。所提供服務均偏於「替代性」，即寄養家庭與機構安置，其服務品質也一直備受質疑，國外兒保立法所強調的「家庭維繫」、「家庭重聚」等預防取向的方案則完全沒提（余漢儀，1996: 207-218）。2003 年的兒少福利法除了將目睹孩童納入保護服務外，也明文對兒少保案家提供家庭處遇計畫及追蹤輔導服務，至此政府終於體認提供服務支持家庭的重要。2011 年的兒少權法除了延續此精神外，還明訂兒少保護成案後需於 3 個月內提出家庭處遇計畫（第 64 條），希望預防開案後被擱置不處理。

其實「家庭」發生變故雖可能出於個人死亡、離婚、分居或監禁，致使父母無從發揮親職功能；更可能因居住在敗落的社區，受貧窮、疾病、藥物濫用、失業等影響而成為不適任父母。諸如此類親子角色失能或使家庭暫時成為不適孩子成長之所在，但並非就難以挽救，「支持性」及「補充性」家庭服務都有利親職功能的補強，並避免不必要的家外安置。落入兒少保護體系的家庭往往不單只有管教認知問題，總是夾雜其他盤根錯節的各類需求。社工整合協調資源是必要的，然巧婦難為無米之炊，在服務原生家庭時需要卻不足的服務有哪些呢？根據全國公私部門1,182 位兒少保社工的問卷調查，發現七成以上填答者認為實務上兒少保原生家庭會缺乏的資源，依序為：藥酒癮問題處理（93.3%）、精神醫療服務（90.1%）、就業補助（77.3%）、托育／保母服務（78.2%）、經濟補助（73.1%）、自殺防治服務（69.1%）。6 項中即有 4 項分屬衛生、勞政部門職責，都是兒少保家庭亟需的資源。參與焦點座談的社工更特別提及衛生部門的毒品危害防治中心及自殺防治中心都只服務自願性案主，僅電話關懷少有家訪，卻常探詢社工服務進度，不似團隊成員倒像社工督導（中華心理衛生協會，2012: 31-32）。

與其長期面對兒少自殺、藥物濫用、校園暴力、精神疾病復健都束手無策，為何不自小培養國人精神健康？例如小學輔導室若能提供所有學童心理健康促進活動，會比輔導已有自殺企圖的學童容易。然而如此重要的「心理健康促進」卻屬於心理及口腔健康司（戲稱心口司）下的六科之一。衛生主管機關長期重身（physical）不重心（mental），會無視兒童的心理健康自不意外，然而為此付出的社會成本卻是沈重的。

長久以來教育單位的「卸責式通報」，將沒有照顧問題的特定身分孩童（單親、低社經家庭）、甚至是學校適應問題的中輟學生通報兒少疏

忽，擠壓兒少保調查時間。各縣市迭有警察處理鄰里家庭糾紛時要求兒少保社工到場的「預防式通報」，也虛耗兒少保社工服務時間（中華心理衛生協會，2012: 55-56）。

舉凡社會福利必屬社政主管，這正是殘補式福利體制下典型的思維邏輯。新法總則第 7 條明文列舉 14 個目的事業主管機關，相較之前兒少福利法的 9 個（衛生、教育、勞工、警政、建設／工務／消防、交通、新聞、戶政、財政），多出 5 個（法務、金融、經濟、體育、文化），也更詳盡標註部門與兒少福利相關權責。除了令人讚嘆其鍥而不捨欲破除積弊已久的「社福唯獨社政」現象，也令人好奇此後是否就真能眾志成城、合力撐起兒少福利的重責大任？

（二）對父母的規訓始終如一

由兒少權法總則第 3～5 條排序，可明確看出父母／監護人應負兒少保護教養之首要責任，政府及社會為協助立場，但當兒少權益受侵害時政府則應介入（包含監督父母？）。基於這樣的精神，也難怪立法條文中家庭主義的身影隨處可見，是根深蒂固無法擺脫的華人文化之一。1989 年兒少福利法第四章的「保護」其實是「規訓」（discipline）兒少行為，並認為父母、養父母或監護人應是主要「管教、監督者」，雖然營業者也因讓少年進入不當場所而要負責。在 1993 年的兒福法中也有類似行為規訓條文，只是罰則加重，並新增「親職教育輔導」，隱涵兒童虐待與親職功能不佳有關。到 2003 年將二法合併後的兒少福利法、甚而 2011 年更名的兒少權法，第四章的「保護措施」仍保留了對兒少不當行為（43 條）及不當場所（47 條）的規範。表 3-7 整理出新法中所訂與父母有關的兒少行為規訓及罰則，即呈現此類「保護措施」只是消極的禁止且期望父母為孩童的守護者。

如同之前兒少福利法，兒少權法條文中仍反映出政府對父母與孩子行為之關聯的假設有二：（1）現今兒少之犯罪成因與出入不良場所、沾染不良習性有關，而父母並未予以禁止；（2）父母不知規訓乃因缺乏親職教育。此二假設除了忽略孩子的偏差行為可能也是社會結構下的產品，父母規訓未必有用；更大的謬誤是倒果為因，對未成年人犯罪防治以消極禁止行為，並未積極提供有利他們身心發展的措施，例如針對他們所居住的社區環境提供發展方案（余漢儀，2011: 81）。針對此議題，兒少權法保留基

表 3-7 「兒童及少年福利與權益保障法」鎖定各類不當兒少行為規訓

行為規訓	懲處對象	罰則
禁止兒少吸菸、飲酒、嚼檳榔 (43-1-1，第 43 條 第 1 項 第 1 款) 施用毒品、非法施用管制藥品或其他有害身心之物質 (43-1-2) 觀看／閱讀收聽／使用足以妨礙身心健康之出版品……或其他物 (43-1-3)。 在道路上危險飆車或參與 (43-1-4)	父母／監護人／其他實際照顧孩童之人	違反 43-2 情節嚴重者，罰 1 萬至 5 萬元 (91-1)，若完成親職教育則免罰款 (102-4)。 違反 43-1-2 者接受 4-50 小時之親職教育輔導或繳罰鍰 (91-1)，若拒絕或時數不足得按次連續處罰 3 千至 3 萬 (102-3)。 未禁止兒少施用毒品／管制藥品，得宣告停止部分／全部親權／監護權或改定監護人 (71-1)。
禁止兒少出入酒家、特種咖啡茶室、成人用品零售店、限制級電子遊戲場及其他危害身心之場所 (47-1) 禁止兒少充當前項場所之侍應或從事危害身心之工作 (48-1)	父母／監護人／其他實際照顧孩童之人	違反 47-2 者罰 1 萬~5 萬元 (95-1)，違反 48-1 者罰 2 萬至 10 萬元並公布其姓名 (96-1)，或完成 4-50 小時之親職教育輔導 (102-1)，若拒絕或時數不足得按次連續處罰 3 千至 3 萬元 (102-3)

本假設，但試圖強化兒少休閒、文化及娛樂活動機會的提供（第 24 條），立意良善但執行成效闕如。在兒少權法強調權益的氛圍中，若認為父母無力規範子女「不當行為」、出入「不當場所」就該受懲處，是否也忽略了天秤另端的子女「自主」？

兒少權法中主要有第 49 條（15 類傷害行為）、51 條（獨處）、及 56 條（受害情境）規範兒虐／疏忽的現象，參酌表 3-8 所列舉的罰則，也明顯將責任歸諸照顧者個人的育兒知識；但錯綜複雜的虐兒成因，絕非幾小時的親職教育即可紓解，更非罰鍰、公告姓名便可嚇阻的。更何況強制親職教育的成效並無想像中樂觀，倒是執行困境不少（沈慶鴻、劉秀娟，2018）。

表 3-8 「兒童及少年福利與權益保障法」中各類虐兒行為規訓

規訓之虐兒行為	懲處對象	罰則
所列 15 項情事、情節嚴重 (49) 遺棄、身心虐待、強迫婚嫁 (49-1-2/7)；利用兒少從事有害健康等危害性活動或欺騙之行為 (49-1-3)；利用殘童供人參觀、利用兒童行乞，剝奪或妨礙受國教 (49-1-4/5/6)；拐騙、綁架、買賣、質押兒少，強迫、引誘、容留或媒介兒童為猥褻行為、性交、或自殺行為 (49-1-8/9)；供應兒少刀械、槍砲、彈藥或其他危險物品，利用兒童攝製有害其發展之物品 (49-1-10/11)；帶領或誘使兒童進入有礙身心之場所、其他對兒少或利用其犯罪或為不當之行為 (49-1-13/15)	任何人	違反第 49-1 者，罰 6 萬至 60 萬元並公告其姓名／名稱 (97)，但為父母／監護人／其他實際照顧兒童者完成親職教育則免罰款 (102-4)。 違反第 49-1 者接受 4~50 小時之親職教育輔導 (102-1)，若拒絕或時數不足得按次處罰 3 千至 3 萬元至其參加 (102-3)。 對違反第 49 者，法院得宣告停親／監護權部分／全部，或改定監護人，養父母則可停止收養關係 (71)。
使兒童獨處於易發生危險或傷害之環境，或讓六歲以下或需特別看護之兒少獨處或由不適之人代為 (51) 兒童未受適當之養育或照顧 (56-1-1)，兒童需立即受診治卻未就醫 (56-1-2)，遺棄、虐待、押賣、強迫或引誘從事不當行為或工作 (56-1-3)，其他迫害非立即安置難以保護 (56-1-4)	父母／監護人／其他實際照顧兒童之人	違反第 51 條者罰 3 千至 1 萬 5 千元 (99) 或接受親職教育輔導 (102-4)。 違反第 49/51/56-1 者接受 4~50 小時之親職教育輔導 (102-1)，若拒絕或時數不足得按次處罰 3 千至 3 萬元至其參加 (102-3)。 對違反第 56-1 者，法院得宣告停親／監護權部分／全部，或改定監護人，養父母則可停止收養關係 (71)。

第四節　兒童福利相關服務

　　本節將先界定有關兒童福利範疇及服務的內容，然後再綜覽我國現有各類兒童福利方案，討論對不同對象的服務發展、及政府與民間分工類型

的轉變。

一、兒童福利範疇及服務內容

兒童福利範疇的界定反映出當代社會價值及其對家庭的定位，所以兒童福利絕非將兒童抽離其環境來考慮，得同時關注兒童成長所在之家庭及社區，而家庭及社區的改變自然也會對兒童福利產生新的挑戰。

（一）何謂兒童福利？

廣義而言，兒童福利可以涵括一切能影響兒童福祉的活動方案和政策立法，由衛生、教育到國防活動、義務教育政策到童工立法等等無所不包。兒童的福祉取決於他／她與周遭環境互動的品質，而「家庭」乃成為最關鍵的環境，透過家庭孩童需求得到滿足。所以兒童福利的界定其實也間接反映了在特定時空中，父母、兒童及社會／政府三者權利義務的消長。如強調家庭隱私、父母親權為主時，社會就較難以介入家庭來捍衛兒童的權益；但是當兒童被視為整個社會未來的人類資產時，政府／社會就有權利和責任干預不適任父母的行徑來代行親權。

就臺灣而言，雖然在 1993 年的兒福法中即有視孩童為社會資產的宣示，政府公權力介入家庭的規定處處可見，但對孩童需求的滿足仍是責成父母想辦法，就資源配置方面明顯的呈現「傳統觀點」，親職教育被視為終結各類兒童虐待的萬靈丹。幸而在 2003 年的兒少福利法補上對兒少保護案例的家庭處遇及追蹤輔導服務，國家至少宣示了分擔家庭責任，但可惜仍是針對特定類型（兒虐）家庭，而非初級預防取向的普及式兒童福利。2011 年的兒少權法則強化了孩童在教育／醫療／文化／休閒／娛樂／司法／表意／社會參與等權益，也有不少風險預防的福利措施，初現普及式兒童福利的企圖。其後 2014 年的 CRC 施行法更是直接與國際標準接軌，然離落實尚有距離。

隨著急遽的社會變遷，引發了臺灣都會區中家庭結構的質變與量變，例如核心家庭（表示缺乏傳統大家族其他成員分擔照顧責任）、雙生涯家庭（表示職業婦女常得奔波於工作與家事間）及單親家庭、祖孫家庭（表示家庭收入及人力的單薄）等日趨普遍，一些潛在不利於兒童發展的情境也日漸增加。當家庭這道防線逐漸崩解時，成人世界內的性、暴力及藥物

濫用等，也都提早進入兒童的生活圈中，這也說明何以各國政府愈來愈強調與孩童原生家庭的夥伴關係。例如 *Protecting Children* 早在 2004 年就出版專題「促進以夥伴關係為基礎的家庭實務」（Merkel-Holguin, 2004）。其後更在 2010 年的專題「家庭團體決策及其他兒福決策的家庭會議觀點」，代表相關孩童福祉決策上專業與家庭介面的變換（Rideout, Merkel-Holguin, and Anderson, 2010）。

（二）兒童福利服務

具體的兒童福利服務非常龐雜，可以由提供所有育兒家庭親職教育、日間托育到各類經濟補助，沒有標準類型，視分類而異。例如若以介入程度的深淺不同可分為「支持性」（如居家服務以強化父母例行親職功能）、「補充性」（如日間托育協助父母一部分親職功能），及「替代性」（暫時或永久取代父母親職功能，如寄養、領養）。理想的服務應是主動（proactive）營造一個使兒童潛能得以充分發揮的成長環境，但當資源受限時，政府部門的兒童福利服務常以回應（reactive）當父母無法滿足孩子成長必要需求時的問題為主，它所關注的焦點在於親子角色的失能，可能以父母、兒童，或社區為對象。例如因死亡、離婚、分居、監禁而致父母無法發揮親職功能，或因疾病、藥物濫用的問題而成為不適任父母；有時則因孩童的生理、心理特質使親子互動不良；又有時是家庭所在的社會體系出了問題，如失業率高、住屋奇缺，而使父母無法充分扮演其角色。

目前歐美兒福理念認為原生家庭是兒童成長的最佳場所，儘量重組家庭是服務目標之一，故而各類居家服務、以家庭為主的服務創新不斷。相對於以往動不動就將兒童家外安置，國外對受虐兒童的處遇，初始研判家庭功能時即須考慮到孩童的「長遠規劃」（permanency planning）。例如為了預防家外安置，對危機家庭提供「家庭維繫」服務；「家庭重聚」服務則是當雙方都預備好時，使已家外安置的孩童重新與其原生家庭聯絡，協助他們能維持一個最合適的連結程度（Maluccio, Warsh, and Pine, 1993）；當確定家庭無法重組時，就儘快安排合宜的領養家庭，或社區家庭式機構安置，而非片斷、暫時因應而已。我國兒少權法第 65 條則是在兒少被家外安置兩年後，發現其家庭功能不全或無法返家，才提出長期輔導計畫，根本已盡失先機、違反長遠規劃精神。

因兒童保護有賴整體社福網絡的支援，所以兒保成效不失為兒童福利

的一個重要檢測指標。然而由於福利資源緊縮，國外早有「兒福泛兒保化」的現象；亦即當與一般家庭福祉息息相關的支持性、補充性服務大量被裁減時，家庭及孩童的需求就得以兒童保護的形式呈現才能獲得資源，但家庭也因而需背負「虐待兒童」的污名。兒童福利服務被窄化成兒童保護在國外是 70 年代後的趨勢，臺灣則自 1995 年後風氣漸成。雖然兒童保護也可泛指所有維護兒童安全成長環境的努力，但歷來在實務上它就是針對「家內兒童虐待」的回應，屬典型殘補式社會福利下的產品。臺灣的兒童福利服務若想扭轉被窄化的命運，就有賴國家能更多分擔一般家庭育兒的責任，而非只選擇性服務特定「問題家庭」。

二、臺灣的兒童福利服務

　　兒福業務在中央主要由衛生福利部的社會及家庭署、保護司規劃，2006 年的「弱勢家庭兒少緊急生活扶助」、2009 年的「六歲以下弱勢兒童主動關懷方案」及「特殊境遇家庭扶助條例」，及 2019 年的「脆弱家庭」育兒指導及課後照顧（係整合 2013 年修正的「推動弱勢家庭兒少社區照顧服務方案」及 2016 年的「培植家庭支持服務資源網絡計畫」）、多元方案，都是中央補助縣市可委託民間團體針對特定案主群的次級預防服務。地方政府直接提供的「服務」，主要有公立托育、機構安置、社工訪視、兒保調查及社福中心接案脆弱家庭。不少相關業務都外包給民間機構，兒福主管單位較傾向行政管理及居中協調。表 3-9 將服務對象大分為一般兒童／家庭、弱勢（含貧困）家庭、身心障礙兒童和兒童保護四類，再將提供者分為政府及民間。

　　透過購買服務合約或公設民營，民間單位對案家直接提供了多元服務，各縣市普遍外包的有：收養調查輔導、親權及監護調查、預防兒虐的育兒指導／課後照顧／家庭增能、身心障礙兒的早療服務／臨托、及兒保的家庭處遇／強制親職教育／家庭寄養／追蹤輔導。除了 113 婦幼保護專線、托育資源中心各委託臺灣世界展望會及兒童福利聯盟，公設民營的更不乏托嬰中心、托育家庭、早療機構、兒福中心。

　　就「一般兒童／家庭」的服務，除了收養／親權及監護調查，似乎集中在「托育」；例如透過民間提供的托育及教保員培訓、托嬰中心／公共托育家庭／托育資源中心的公設民營等，皆為托育的周邊服務。為因應少

表 3-9　臺灣地區現有由政府預算提供的兒童福利服務項目

政府		民間	提供
社政單位	按人補助	購買服務合約	對象
托嬰中心評鑑及管理 居家托育人員管理 公立及非營利幼兒園（教育） 生育獎勵金（縣市府專案） 生育給付（公／勞／農保／國民年金者擇一申請） 未滿二歲育兒津貼（排富） 未滿三歲托育補助（排富） 三歲以下醫療補助減免門／急診及住院健保部分負擔（衛生）		托育及教保人員培訓 收養事件（訪視）調查與追蹤輔導 未成年子女親權及監護事件（訪視）調查 托育資源中心／托嬰中心／社區公共托育家庭／兒童福利中心（公設民營）	一般兒童／家庭
兒少家外安置服務（寄養家庭及機構安置） 主動關懷訪視 6 歲以下弱勢兒童 社會福利服務中心 脆弱家庭訪視 未滿二歲育兒津貼（中低／低收入家庭加碼） 未滿三歲托育補助（弱勢加碼） 中低收入兒少健保費補助 兒少未來教育與發展帳戶 特殊境遇家庭子女生活津貼 弱勢兒少（緊急）生活扶助與托育／醫療補助 低收入學生助學金（教育） 學童營養午餐補助（教育） 兒童醫療補助（衛生） 低收入孕產婦及嬰幼兒營養補助（衛生） 早產兒防治醫療保健（衛生）	機構安置	弱勢家庭兒少緊急生活扶助訪視 特殊境遇家庭訪視 育兒指導服務 兒少及家庭社區支持服務（守護家庭小衛星） 家庭增能服務	弱勢（含貧困）家庭

表 3-9（續）

政府	民間		提供
社政單位	按人補助	購買服務合約	對象
安置教養補助（含日托服務） 早期療育補助 輔具補助／健保保費自付額補助 身心障礙居家生活補助 身心障礙學生交通補助 身心障礙學生及身心障礙者子女就學費用減免（教育）	機構安置	身心障礙兒童臨時及短期照顧服務 托育人員在職訓練 早期療育機構（公設民營） 早期療育服務方案	身心障礙兒童
機構安置 兒少虐待通報、家訪調查（家暴防治中心） 少數縣市自理兒少保家庭處遇服務及追蹤輔導服務	機構安置	婦幼保護專線 (113) 強制親職教育 領養服務專案 家庭寄養服務 兒少保家庭處遇 追蹤輔導服務	兒童保護

子女化，中央除了擴大幼兒教保公共化、建構托育管理制度外也發展出各式現金給付：例如未滿二歲的育兒津貼、未滿三歲的托育補助、及三歲以下的醫療補助（以上都排富且對中低收入加額補助），更不乏有縣市加碼。其中托育補助的額度會隨公立、非營利、準公共化、或是受訓親友而有所不同。生育津貼／獎勵金則為縣市專案。根據《我國少子女化對策計畫（107 年－ 111 年）》（2018: 7-13）中央及地方雖陸續推出多項措施，然而因相對應資源投入不足，並無法有效減輕一般家庭育兒負擔，倒是常見「福利遷移」現象。

　　針對「弱勢（含貧困）家庭」，除了以上各式現金補助，還有 2006 年的「弱勢家庭兒少緊急生活扶助計畫」搭配社工關懷訪視、2009 年的「六歲以下兒童主動關懷方案」及 2019 年的脆弱家庭育兒指導／兒少社區支持服務方案（課後照顧）及多元服務（簡慧娟、吳建昇、蔡惠怡，2019）。對「身心障礙兒童」則是現金與服務並重。總體來看，政府的兒童福利提供有社工訪視／調查、托育、機構安置，將其他大部分服務委託民間，而自理現金補助。

　　將兒童福利服務常年外包，服務督導／評估也外求於學者專家，公部門的專業人員反流於行政協調，缺少案家接觸的科層官僚要成為稱職

的服務管理者自是不易。以高風險家庭服務委外為例,初期對不良機構
就曾寧爛毋缺的不設退場機制(余漢儀,2014)。近年開案率僅三、四成
(開辦初期有七、八成),約兩成轉送兒少保護,卻有近四成不符開案資格
(表 3-10),除了有通報浮濫的隱憂,也可能因成案門檻調高,產生篩案
(creaming)現象。

表 3-10	接獲及開案輔導之高風險家庭及兒少人數(2014-2018)				
年份	訪視家庭數	開案家庭數	輔導兒少數	轉兒保家庭	不符開案資格
2014	24,481(100)	8,896(36.3)	15,020	4,414(18.0)	10,253(41.9)
2015	28,816(100)	10,802(54.8)	16,774	5,540(19.2)	10,722(37.2)
2016	27,758(100)	11,182(40.3)	18,648	6,088(21.9)	9,290(33.5)
2017	25,630(100)	10,337(40.3)	19,010	5,281(20.6)	8,938(34.9)
2018	24,399(100)	8,056(33.0)	14,949	5,237(21.5)	9,904(40.6)

資料來源:衛生福利部統計專區,兒童及少年高風險家庭關懷輔導處遇服務執行概況。

就福利提供的形式而言,政府與民間的區隔日益明顯,政府偏重提供
「現金」;透過購買服務合約或公設民營,委託民間單位輸送「服務」。如
此分工原本也無可厚非,但若利用嚴苛的委託合約,變相擠壓民間資源配
合,「福利民營化」就成了「政府卸責、民間概括承受」。而由公部門委託
出去的服務品質如何監控、政府與民間權責考量的分際,則一直是 90 年
代以來臺灣福利民營化的心腹大患(余漢儀,2014)。

如上述,由於委託方案的品質監控一直是問題,2018 年的《強化社
會安全網計畫》(頁 49-52, 66-68)即欲以普設社會福利服務中心並同步強
化社工人力,就近社區直接發掘、協助脆弱/高風險家庭,避免其發展成
危機/兒虐家庭;希望社福中心由初級預防轉型為次級預防單位,藉此將
原高風險家庭的中/低風險案家分流回公部門,改變公私部門協力模式。

三、臺灣的兒童福利研究發展

相較於兒童福利服務偏重兒保,政府委託兒福研究也有類似發展趨
勢。以兒童福利、兒童福利服務、兒少保護、兒童保護、兒童虐待五個關
鍵詞搜尋,刪除重複及無關者重新歸為「普及式兒福」及「兒少保護」兩

大類後（附錄二），發現近 10 年政府的委託研究，前者僅 25 篇，後者卻有 62 篇，占兒福研究總數七成多，政府預算投入兒保研究在數量及深廣度都遠超普及式兒福（表 3-11）。兒保服務是針對特定群體的選擇性兒福措施，但無論在具體方案或研究都多於普及式兒福，似乎也呈現了「兒福兒保化」的現象。

表 3-11　臺灣地區歷年政府委託兒童福利研究主題分布（2011-2020 年）

主題	2011	2012	2013	2014	2015	2016	2017	2018	2019	2020	小計
早療／身障	2	2					1			1	6
現況／需求	1	2				1					4
收養／安全車椅			1			1					2
霸凌／排除	2										2
醫療／性自主				1				1	1		3
跨境親權		1	1	1	1						4
兒福立法				1	1			1	1		4
兒保立法				1	1						2
兒保寄養				1	1				1		3
親職教育		1				2				1	4
復原力							2	2		1	5
童年創傷		1	2	2	1		1	1			8
目睹兒	1				1				1		3
親子會面									1	1	2
頭傷／精神病理							1	2	1		4
兒虐致死						1	1	2	2		6
性侵／剝削		1	1				1	1			4
失業／家處					1	1					2
培訓醫護	1		1								2
數位資源				1	1	1	1	1			5
專業關係					1	1			1		3
工具／技術				1	1	2		1	1		7
網路安全		2									2
總計	5/2	5/5	2/4	3/6	2/8	2/8	1/7	2/10	2/8	1/4	25/62

註：斜體字型表歸類為普及式兒福研究統計。

　　兒保研究中有關評估工具及工作指引等研發就有七篇，呼應了林宜輝（2017）對臺灣兒保發展傾向管理主義模式的說法。但管制無可避免會限縮專業自主，因而造成社工離職的疑慮不可忽視（蔡孟君，2015: 95），如何在標準化與專業裁量權間保持平衡則需要主事者的智慧。

第五節　結語及建議

　　處理兒童福利服務這個議題，若不探究其後的社會脈絡及意識型態，則極易流於枝節討論，忽略了它其實是反映一個社會對其孩童成員的定位、及其所願投入的公共資源。故而筆者嘗試由鉅視面關照這個主題，先從影響社會工作在兒童福利理論及實務甚鉅的「發展觀點」出發，呈現其如何形塑孩童在成人世界中之定位。其後再討論三種張力十足的觀點如何左右兒福政策的取向：「傳統觀點」或「新傳統觀點」都視孩童為家族／父母的附屬財產；「保護觀點」則確立國家代行親權、保障孩童需求的地位；「解放觀點」強調孩童的主體性及其天賦權利。

　　相較於 1993 年兒福法，雖然 2003 年的兒少福利法由針對個體（施虐者及受虐孩童）的服務轉向以家庭整體為中心，看似呈現「保護觀點」，但由諸多規訓父母的罰則，仍可見「傳統觀點」將兒童福祉強置父母之手的企圖。2011 年兒少權法的福利提供，除了保留了前身兒少福利法兼具「保護觀點」及「傳統觀點」，也增添不少企圖「解放」孩童的條文，例如表意、文化／休閒、社會參與、司法、隱私等權益。或可說兒少權法的精神雖立基於保護，也企圖加一些解放條文，但卻仍割捨不下傳統遺緒。

　　兒福服務的範疇及內涵極為龐雜，然而理想的服務規劃，是主動營造一個使所有兒童潛能得以發揮的成長環境，故而如何輸送資源到社區及家庭，協助其因應各式衝擊，強化其育幼功能就成了重點。家庭不再是獨挑大樑，而是受國家託付合作的夥伴，國家投注資源於各式居家服務及補助，以支持、補充一般家庭的育兒功能。以下就以臺灣近年與兒福有關的幾項發展為例提出建議。

一、強化普及式兒童福利

臺灣除了針對兒少保的家庭處遇服務，對風險程度不等的家庭也持續發展不少次級預防方案（如高風險家庭處遇、特殊境遇家庭扶助、脆弱家庭服務等），然而初級預防的方案卻是有限。呼應《我國少子女化對策計畫》（2018: 13）缺乏相對應資源投入的自我評估，雖然一般家庭也能享有物美價廉的公共托育設施、及生育／育兒津貼、托育補助、醫療補助等各種現金給付，我國初級預防的普及式兒福措施粗具雛形，然而其規模卻極為有限，也可再次由家長使用意見反映出來（表 3-12）。

表 3-12　兒童家長使用政府兒福的困難並建議應加強的兒福措施 (2014/2018)

使用政府兒福的困難 (%)		2014	2018	應加強的兒福措施 (%)	2014	2018
學齡前	相關資訊缺乏	37.2	37.8	加強育兒津貼	38.2	71.6
	補助金額太低	27.7	28.7	增設公立／NGO 幼兒園	47.0	54.5
	服務名額設限	16.9	18.4	兒童醫療補助	53.9	50.4
	服務地點太遠	13.2	13.7	增設公立／公設托嬰中心	37.1	32.2
學齡	相關資訊缺乏	36.8	30.3	加強育兒津貼	26.5	45.8
	服務名額設限	17.0	15.7	課後照顧服務	47.8	45.6
	服務地點太遠	15.8	10.1	兒童醫療補助／兒保	50.6/35.5	41.3
	補助金額太低	10.3	9.6	推廣親職教育	31.6	32.6

資料來源：衛生福利部編印（2016/2019），《中華民國 103 年兒童及少年生活狀況調查報告兒童篇》，pp.46-47 及《中華民國 107 年兒童及少年生活狀況調查報告兒童篇》，p.28。

針對所有育兒家庭提供支持性、補充性及暫時替代性服務屬於初級預防兒童福利，其成效遠高於發生問題後才對特定風險家庭提供二、三級預防服務。如同對準爸媽、新手爸媽、施虐爸媽提供親職教育會隨著親子互動的複雜度加大而難度增加、成效遞減。臺灣想要扭轉兒福兒保化的趨勢，避免兒童福利持續被窄化，就應強化普及式兒童福利。

二、基層觀點及服務使用者參與

強化社會安全網計畫欲藉廣設社福中心及補充社工人力，翻轉公私部

門的協力模式，多數縣市已完成佈點目標，但被付以重任的社福中心重新組裝後，是否能成為政府延伸進社區的觸角，紮根鄰里陪伴每個家庭？優質的社工人力及既存社區資源網絡將是關鍵。然而前者居高不下的流動率，後者則因社區工作積弱已久亟待開發，都使得社會安全網建構平添變數。社福中心的定位與分工也極重要，然已屢有縣市政府反應其成為各服務網絡的後送單位（簡慧娟等，2019），此現象倒頗類似當年高風險家庭服務初現即引發兒少保護清案潮，成為兒少保案例的下游後送單位（余漢儀，2014）。近年兒福改革多為由上而下推動，總難免理想豐滿現實骨感的殘酷，若能適度納入實施過程中基層社工及服務使用者的反饋，建立內在自我修正機制，改革方能落實。

三、持續推動「兒童權利」

2014 年的「CRC 施行法」內容雖不多（10 條），然而其後的連鎖反應卻值得期待。2016 年底完成的首次國家報告，於 2017 年初隨同 NGO 報告及其後的兒少報告送交國際審查委員會；合併審閱後委員會提出 87 點問題清單由政府回覆，而 NGO 也得以針對政府的回覆報告加以回應；最後綜合所有前述資料，委員會於 2017 年底提出 98 點結論性意見。社家署署長希望透過落實結論性意見整合兒少政策方向、建立兒少權利指標及評估落實成效、持續培力兒少參與（簡慧娟、蕭珮姍，2018）；NGO 論者則建議審查委員應含括亞洲代表、強化弱勢兒少代表、建立追蹤機制（林沛君，2018）。

姑且不論國際審查是否催生了 2018 年的「強化社會安全網計畫」，卻已觀察到一些即時效應。首先，因需納入服務使用者（兒少代表）的聲音，兒少培力團體乃成為一種兒福新創活動，有助於兒少參與公共事務，但未來若能落實兒少的多元參與才更具意義。其次，審查過程中，政府報告或回覆慣以相關立法條文呈現績效，然從問題清單及結論性意見中，一再被提醒要有具體執行績效評估；而參與的 NGO 出於豐富的實務經驗，總能一針見血指出現有困境及問題解決方式，是臺灣珍貴的兒福資產，他們的意見值得政府重視。這樣的國際審查流程耗時一年，政府及民間 NGO 都投入大量心力，希望在眾聲喧嘩後不致徒然熱鬧一場。Bartholet（2015）認為近年風行美國兒福界的「分級回應運動」

（differential response movement），其主要盲點就在於漠視兒童權利，對父母友善（parent-friendly）而非兒童（child-friendly），未經調查的疑似兒保案例僅作安全研判，就讓父母自由選擇鬆散的分流服務，以致嚴重兒保案例中途退出反成漏網之魚。

　　持續兒保家庭支持服務之餘，要想強化目前臺灣初具雛形的普及式兒童福利、推動兒童權利，又要兼顧基層觀點及服務使用者參與，若沒有新的資源投注，只恐會相互排擠難以成事；然面對疫情持續及臺海局勢變動，勢必會使資源配置傾斜，更使臺灣未來的兒福發展充滿挑戰。

問題與思考

1. 對照 1993 年兒福法、2003 年兒少福利法及 2011 年兒少權法，試以「傳統」、「保護」及「解放」觀點架構，討論其立法內容的各別特色？

2. 請討論 2017 年針對臺灣兒童權利首次國家報告的國際審查機制的意義，及其後續影響？

3. 試舉例說明在臺灣「兒福兒保化」的現象，並討論若此趨勢持續，會如何影響臺灣兒童福利的發展？

建議研讀著作

1. 蘇秀枝、黃瑋瑩、蘇文賢譯（2014）《兒童福利：從實務觀點出發》。Cynthia Crosson-Tower 原著，台北：學富文化。

2. 中華心理衛生協會（2012）《兒童及少年受暴問題之研究》，內政部家庭暴力暨性侵害防治委員會委託研究。https://dep.mohw.gov.tw/DOPS/fp-1147-7945-105.html

附錄一　我國兒童人權指標內涵（2011-2015 年）

兒童人權指標	2011	2012	2013	2014	2015
兒童不因本人或主要照顧者之出身、財富、身心障礙、性別或其他地位不同而受歧視的程度	3.00	3.05	3.12	2.90 基本人權	2.75 受保護
兒童收養、安置制度有明確之法令規定，使有需要之兒童能因此獲得家庭生活保障的程度	3.44	3.44	3.51	3.48 基本人權	3.15 受保護
兒童免於受到遺棄、虐待、疏忽的程度	3.00	2.85	3.00	2.98 基本人權	2.85 受保護
兒童免於受性侵害或性剝削之保護的程度	2.70	2.87	2.91	2.85 基本人權	3.00 受保護
* 兒童免受酒精、毒品危害的程度	--	--	--	--	3.05 受保護
5. 兒童免受身心壓力的程度	2.37	2.69	2.81	2.58 基本人權	2.75 生存
* 兒童隱私權免受侵害的程度	--	--	--	--	2.70 受保護
6. 家庭在照顧兒童上可享有足夠支持的程度	3.00	3.05	3.07	3.05 基本人權	3.30 生存
7. 兒童免受媒體網路侵害的程度	2.11	2.23	2.26	2.13 基本人權	1.80 受保護
8. 提供兒童足夠的休閒娛樂設施、活動的程度	--	--	3.14	2.90 基本人權	2.85 教育發展
9. 兒童福利相關法令規定健全的程度	3.40	3.63	3.60	3.79 社會	3.70 受保護
10. 政府或民間興辦適宜兒童發展之機構、設備的足夠程度	3.07	3.21	3.21	2.97 社會	2.55 受保護
11. 兒童福利在社會福利資源中所占比率的足夠程度	2.79	3.26	3.05	3.08 社會	2.40 受保護
* 大眾傳播媒體在社會、文化方面，傳播有益兒童之資訊的程度	--	--	--	--	2.20 參與
* 兒童可以自主參與與兒童自身權益有關之事物，並能自由表意或參與決策過程的程度	--	--	--	--	2.45 參與
* 在司法與行政程序中，兒童能夠直接或透過適當代表，表達自己的意見的程度	--	--	--	--	2.55 參與
* 兒童可以自由參與學校或社區的活動	--	--	--	--	3.10 參與

附錄一（續）

兒童人權指標	2011	2012	2013	2014	2015
12. 兒童可以自由參與學校或社區的活動，並能自由表意或參與決策過程的程度	2.91	3.23	2.98	2.95 社會	--
13. 兒童享有多元教育或學習活動的程度	3.51	3.77	3.70	3.53 教育	3.30 教育發展
14. 兒童在學校可以免於受到霸凌（暴力）的程度	2.37	2.62	2.84	2.78 教育	2.60 受保護
15. 兒童在教育或學習上受到歧視的程度	2.95	3.00	3.10	2.88 教育	--
*身心障礙兒童在教育或學習上受到歧視的程度	--	--	--	--	2.95 教育發展
16. 對於學齡兒童因故輟學獲得輔導與協助的程度	3.02	3.10	3.07	2.95 教育	2.70 教育發展
17. 學校的處罰及校規無悖於兒童人性尊嚴的程度	3.12	3.18	3.23	3.28 教育	3.45 教育發展
*政府部門充分掌握兒童就學人數和轉學動態的程度	--	--	--	--	3.50 教育發展
*教育之目標有促成兒童人格、才能以及精神、身體之潛能，獲得最大程度之發展的程度	--	--	--	--	2.95 教育發展
*兒童享有在學業、工作之外，足夠身心放鬆與睡眠的權利的程度	--	--	--	--	2.55 教育發展
*提供兒童足夠的營養午餐的程度	--	--	--	--	3.60 生存
18. 兒童享有基本健康保障（營養均衡的飲食、衛生、心理健康等）的程度	3.65	3.79	3.58	3.45 健康	3.55 生存
19. 政府衛生部門對於國內兒童健康狀況掌握的程度	3.56	3.67	3.63	3.51 健康	3.80 生存
20. 家長對使用兒童醫療資源有正確認識的程度	3.33	3.33	3.28	3.33 健康	3.15 生存
21. 兒童享有預防保健服務（如疫苗、運動的推廣）的程度	4.05	3.97	4.00	4.08 健康	4.20 生存
22. 在防治兒童事故傷害上政府政策因應得宜的程度	--	--	3.21	3.18 健康	2.95 生存

註：1.* 表2015年新增題項，計11題；再刪除2題後，共計31題。
　　2. 題項3~5, 7, 14 五題連續五年得分都在3分以下。

附錄二　臺灣地區歷年政府委託兒童福利研究 (2011-2020)	
年度	政府委託研究名稱
普及式兒福（25）	
2011	高雄都會區學齡期兒童生活狀況調查
	臺灣地區發展遲緩兒童相關療育資源現況調查之先驅研究
	兒童社會經濟權與兒童社會排除的動態歷程分析
	校園霸凌與學校之法律責任——以公立學校之國家賠償責任為中心
	發展遲緩兒童到宅服務方案之服務成效分析
2012	臺灣地區發展遲緩兒童及其家庭相關療育資源需求調查
	發展遲緩兒童到宅服務實施計畫之服務協調的現況與影響
	臺中市兒童及少年福利使用現況與需求調查
	高雄市兒童及少年生活狀況與需求調查之研究
	涉外身分事件之國際審判管轄權——從歐盟布魯塞爾 II bis 規則與日本法制發展論我國家事件法之立法（1）（搜尋自「兒童保護」）
2013	兒童車用安全座椅之人因設計評估（搜尋自「兒童保護」）
	涉外身分事件之國際審判管轄權——從歐盟布魯塞爾 II bis 規則與日本法制發展論我國家事件法之立法（2）（搜尋自「兒童保護」）
2014	未成年人的醫療決定權：以自主原則與子女最佳利益為中心（搜尋自「兒童虐待」）
	兒少、法律與社會：戰後兒少法律之立法史及其意義
	跨境子女親權行使與交付問題——從日本 2013 年有關跨國子女交付請求與執行程序之最新立法論我國涉外未成年子女親權行使之處理現況與課題（1）（搜尋自「兒童保護」）
2015	跨境子女親權行使與交付問題——從日本 2013 年有關跨國子女交付請求與執行程序之最新立法論我國涉外未成年子女親權行使之處理現況與課題（2）（搜尋自「兒童保護」）
	未成年人之權利：歷史論述、困境及當代意義（搜尋自「兒童保護」）
2016	臺中市兒童及少年福利使用現況與需求
	臺灣未成年終止收養研究
2017	能力取向對弱勢兒童福祉之探究：以身障兒童福祉指數之建構與分析為例
2018	國際兒童福利分級回應模式之政治分析：國際模式與本土政策實驗的對話與反思
	性自主權與科研基底：德國性管制界線的轉變（1）（搜尋自「兒少保護」）
2019	美國兒童福利政策之變革與未來發展
	性自主權與科研基底：德國性管制界線的轉變（2）（搜尋自「兒少保護」）
2020	臺中市發展遲緩兒童早期療育費用補助制度分析研究

附錄二（續）	
年度	政府委託研究名稱
兒少保護（62）	
2011	目睹婚暴兒童保護服務模式之建構
	醫療專業人員之兒童虐待臨床照護能力——以理論為導向的介入措施之發展
2012	數位有線電視（DVB-C）系統之機上盒親子鎖功能技術規範
	我國兒童及少年網路使用情形及上網安全防護措施
	**臺灣強制性親職教育成效評估
	兒童虐待、霸凌和犯罪行為——兒時受創與暴力的盛行率、特徵及結果（1）
	性剝削抑或性交易？兒童及少年性交易防制工作服務個案之需求與處遇策略探究（1）
2013	性剝削抑或性交易？兒童及少年性交易防制工作服務個案之需求與處遇策略探究（2）
	童年創傷經驗對於憂鬱症患者的症狀、認知、代謝症候群及療效的影響——腦源滋養因子的作用
	跨國兒童虐待教育訓練課程成效之探討
	兒童虐待、霸凌和犯罪行為：兒時受創與暴力的盛行率、特徵及結果（2）
2014	**影響美國各州兒童收養補助政策差異因素之研究（1）
	**臺灣兒童保護政策之政治分析：政策移轉、移植政策失效與為何仍採路徑依賴之移轉模式
	衛生福利部103年度臺灣反性別暴力資源網（TAGV）加值運用（1）
	衛生福利部103年度標準化之兒少保護家庭處遇計畫評估指標及服務流程研發
	兒童虐待、霸凌和犯罪行為：兒時受創與暴力的盛行率、特徵及結果（3）
	童年創傷經驗對於憂鬱症患者的症狀、認知、代謝症候群及療效的影響——腦源滋養因子的作用（2）
2015	臺灣反性別暴力資源網（TAGV）改版擴充委託計畫（2）
	**影響美國各州兒童收養補助政策差異因素之研究（2）
	兒少保護結構化風險評估決策模式
	**兒少保護立法可行性先期委託研究計畫
	臺中市兒童及少年家庭處遇服務模式與內涵之建構
	兒少保社工員與服務案主建立工作關係的歷程：解析與建構（1）
	母親兒時負向經驗、產前壓力與心理健康對母子互動及兒童神經行為發展的影響
	婦女及其子女面對家庭暴力之主觀經驗與調適歷程暨其量表之發展與檢測

附錄二（續）

年度	政府委託研究名稱
2016	勾勒兒童虐待死亡率與發生率冰山輪廓（1）
	ACT Raising Safe Kids 親職教育方案對高風險家庭親職行為與信念之影響
	以實證為基礎，預防兒童虐待及家庭增能之兒童早期介入方案
	兒少保護與兒少高風險家庭評估指標整合研究
	兒少保護責任通報決策指引資訊輔助工具
	性別暴力防治數位學習躍升計畫（3）
	兒少保社工員與服務案主建立工作關係的歷程：解析與建構（2）
	失業對家庭暴力與兒少虐待的影響
2017	兒時不當對待經驗之心理機制與正念介入之療效初探：非安全依戀與社會認知缺損的角色（1）
	勾勒兒童虐待死亡率與發生率冰山輪廓（2）
	臺灣兒童虐待性頭部創傷：趨勢、危險及保護因子與預防（1）
	性侵害初級預防方案：學齡前家長手冊之編製與應用探究
	性別暴力防治數位學習整合平台計畫（4）
	從斷裂到連結：文化復原力在原住民族兒少保護家庭處遇服務中的應用（1）
	**逆境經歷與青年健康福祉：生命歷程流行病學及復原力架構（1）
2018	勾勒兒童虐待死亡率與發生率冰山輪廓（3）
	臺灣兒童虐待性頭部創傷：趨勢、危險及保護因子與預防（2）
	兒時不當對待經驗之心理機制與正念介入之療效初探：非安全依戀與社會認知缺損的角色（2）
	受虐安置兒童精神病理表現與相關危險因子分析
	性別暴力防治數位學習整合平台計畫（5）
	從斷裂到連結文化復原力在原住民族兒少保護家庭處遇服務中的應用（2）
	**逆境經歷與青年健康福祉：生命歷程流行病學及復原力架構（2）
	保護服務案件大數據應用分析委託科技研究計畫
	影像性剝削兒少被害人處遇研究：發展反歧視社會工作實務模式
	強化兒少保護社工提升照顧者參與安全計畫意願之技能訓練與研究計畫（1）
2019	強化兒少保護社工提升照顧者參與安全計畫意願之技能訓練與研究計畫（2）
	兒少保護社會工作者對原住民家庭之態度與服務模式之探討：以某市家防中心為例
	兒童多元資料整合與死亡脈絡研究計畫
	臺灣兒童虐待性頭部創傷：趨勢、危險及保護因子與預防（3）
	本土兒少目睹及受虐創傷經驗之社會心理現象探討
	臺灣兒虐醫療成本推估委託科技研究計畫

附錄二（續）	
年度	**政府委託研究名稱**
	親權與兒權：子女會面交往的權力衝突與服務模式成效評估（1）（搜尋自「兒童虐待」）
2020	增進高風險父母之正向親子互動與預防嬰兒不當對待：以創傷知情與依附為基礎之親職方案
	親權與兒權：子女會面交往的權力衝突與服務模式成效評估（2）
	女性藥癮者復原歷程：生育健康的影響及介入服務之探討
	兒少保護風險預警模型更新計畫
	兒童及少年司法保護法律體系之建構──以法國法為借鏡

資料來源：科技部政府委託研究網站（http://www.grb.gov.tw），搜尋近 10 年的「兒童福利」、「兒童福利服務」「兒少保護」、「兒童保護」、「兒童虐待」研究（該關鍵詞出現在基本資料或摘要），刪除重複及不相關者重新歸類後按年度列表。

註：** 表示有 7 篇來自以「兒童福利」關鍵詞搜尋，主題屬於兒保議題。

第**4**章

少年福利服務

陳毓文 |

前　言

　　本章的主要目的在介紹國內少年福利服務的發展與現況，除前言外，共分為五個部分：第一部分在澄清與本主題相關的重要概念，藉此讓讀者瞭解本文的論述基礎。第二部分的重點在呈現國內少年問題現況，並分析影響這些問題的相關因素。第三部分則提出國內目前與少年相關的主要法令與相關政策，並就各法令的立法精神、行政組織、意義與特色，以及執行困境等各方面進行討論。第四部分在呈現國內少年福利服務的實施現況與困境，將特別著重在介紹目前社會工作領域對少年所提供之最具特色的服務內容與工作模式，並藉此討論社會工作在此服務模式中的角色定位與功能。最後一部分乃就國內少年福利服務的未來與發展方向提出一些建議，以期有效地協助少年正向發展。

第一節　少年的定義與少年福利的範疇

一、少年的界定

　　相較於人的一生，「少年時期」所橫跨的時間並不長，但就在這幾年間，個人面臨生理、心理及社會三方面的快速成長、改變。許多人稱這段時間為「狂飆期」（stress and storm），凡如：叛逆、不成熟等似乎很自然地成了少年期的形容詞。要清楚界定少年時期並不容易，不同學科對此時期亦持有不同的觀點，如生物學科將生理成長視為青少年期的重要指標；心理學界則著重個人在某年齡階段的成長任務，強調任務的完成以利身心發展；人類學者則提醒大家：少年時期往往會因著種族、文化、社會制度而縮短或延長，並非單由生物年齡可以決定的；而在法律上，以年齡作為自然人的分類標準則是很少受到質疑的，通常 12 歲與 18 歲未滿之間者稱之為「少年」，其行為能力與權利義務和成年人並不相等（李永然，1996）。由此可見，少年的界定不應只考量其生物年齡，也應重視他們所處之社會環境背景與社會結構事實對此階段的意義。

　　近年來，國內社會結構與型態的改變也朝西方發展的脈絡前進，西方

國家社會結構的改變亦出現在臺灣社會的發展史中。雖然聯合國於兒童權利公約（UN Convention on the Rights of the Child，簡稱 CRC）中統稱未滿 18 歲者為兒童，臺灣為因應國內兒童與少年族群的差異，於 2014 年通過的兒童權利公約施行法中第一條仍保留過去對於兒童與少年族群的區分，同時依循國內「兒童及少年福利與權益保障法」對少年的界定，指凡年滿 12 歲以上未滿 18 歲者為「少年」，此也為本文所指稱之少年的年齡界訂，以利後續討論國內相關福利政策與服務內涵。

二、少年福利的範疇與意涵

在討論目前國內少年問題的現況與相關福利措施之前，先簡單呈現國內少年福利的範疇與意涵，以及福利服務的供給型態，藉以彰顯本文的論述主軸。

（一）少年福利的定義與範疇

國內很早即對少年福利的定義與內涵進行一些討論（陳玫伶，2006；曾華源、郭靜晃，1999），而於 2003 年因組織改造而成為教育部青年發展署的前行政院青年輔導委員會曾於 1996 及 2004 年提出青少年政策白皮書，當時便提到少年福利的範疇，即以「保障少年基本權益、滿足其各項需求，以促使其得以健全發展」為主要目標。在考量少年發展方面的各項需求下，使得少年福利服務的範疇顯得相當廣泛，舉凡綜合性的保護與扶助、少年偏差與犯罪的防治、以及就學、就業、就醫、教養、輔導、保護、休閒等都是目前國內少年福利的範疇。除了一般發展中少年的需求需要滿足之外，部分少年也會面臨因家庭遭受變故或暴力傷害等失功能狀況而需由公權力介入協助，以保護安置他們免於恐懼（曾華源、王篤強、李自強、陳玫伶，2004）。

（二）少年福利的類型與福利需求

綜觀國內目前各種少年福利服務項目後可以發現，主要可以分成三大類：經濟性福利服務、安置性照顧服務，與預防支持性的輔導服務。經濟性的福利服務主要在提供少年必要的經濟補助，以確保其基本的生活或生存權益。安置性照顧服務則主要針對家庭遭變故失依者，以及各種保護性

個案（如：受虐者、遭受性剝削者、離家、受司法裁定安置少年等），讓他們在因各種原因而無法回到原生家庭時，能有棲身之處，並得到保護；同時也配合司法轉向的精神，降低因家庭失功能而產生偏差行為的少年進入矯正體系，改以安置於社區中的家園或機構以確保其權益。預防支持性的輔導服務則是指針對有特定需求的高危險群少年進行相關的輔導工作，包含個案、團體與社區外展工作。由此可見，目前國內的少年福利主要是以殘補式為主，強調少年家庭失功能時的替代性服務（曾華源、郭靜晃，1999），以促進一般少年的身心健全發展與預防性相關策略則仍顯不足。雖然近年臺灣因為積極推動兒童權利公約，強調兒少的主體性、並致力於維護兒少權利，協助兒少有機會發展其潛能、使其得以正向發展，並為將來的成年生活做好準備（葉肅科、周海娟，2017），然相對於提供保護與滿足需求的殘補式服務而言，以促進少年權利與正向發展的各項研究與策略仍在起步中（李孟蓉、劉燕萍，2020）。

　　雖然在整個福利服務人口群的類屬中，少年福利所涵蓋的人數其實並不算多，但其範疇之多元與複雜卻增添了服務輸送與成效方面的難度。而本章在進一步討論國內與少年相關的福利措施與處遇策略前，先以國內資料來呈現國內常見之少年問題的現況，並以整合的觀點來呈現影響各種問題產生之相關因素，以便讓大家瞭解國內少年目前所面臨的挑戰與所衍生而出的需求狀況。

第二節　國內少年問題的現況

一、常見的少年問題——現象的剖析

　　在所有的少年問題中，一向最為人所關注的便是犯罪或偏差行為，再則是與教育領域有關的各項問題。然而事實上，少年的需求絕不僅局限於學校場域；而即使在義務教育未完成前便離開學校的少年中，也有許多沒有因犯罪而進入司法體系。這些少年正存在於不同體制的夾縫之中，成了名符其實的「邊緣人」，而這些少年正是社會工作或福利界需要協助並關心的一群。

　　一般人普遍忽略心理異常問題，而較關注外在偏差行為。由此看來，

若要關心少年問題，就不能只著重在其外在的偏差行為上，也應該重視他們內心的憂苦。故本段落在介紹常見的少年問題時會同時兼顧上述兩類問題，有關少年犯罪中涉及「少年事件處理法」的問題則詳見於本書第 15 章司法社會工作專章之討論。本文雖然為了方便討論，將少年問題依照內外化類型而分開討論，但不論早期或近期研究都發現：少年往往會同時出現各種不同型態的問題或困擾，如憂鬱情緒常與偏差行為共存（吳齊殷、李文傑，2013；陳杏容，2016；賴慧敏、鄭博文、陳清檳，2017），但為方便理解各種問題的內涵，以下乃先將問題分為內化與外化兩大類，再就其常見類型進行說明。

（一）內化問題

1. 憂鬱情緒

前一段提到少年問題常有共存性，即所謂的內化（internalizing）和外化（externalizing）問題常一起發生，只是成人通常較容易關注到外化的偏差行為，而忽略同存於少年心中的憂苦。在臺灣，早期有關少年憂鬱情緒的研究並不多，主要是由精神醫療社會工作人員、公共衛生、心理等專業背景為主，並著重在相關影響因素的探討。教育界雖然呼籲教師應注意學生可能會產生的一些心理困擾或憂鬱情緒狀況，但在實際診斷與評估工作上則尚未全面落實。所幸近期有些社工領域的研究開始關注家庭環境、父母藥酒癮行為，以及家庭支持等對少年憂鬱情緒影響之研究（王齡竟、陳毓文，2010；陳杏容，2017），這些研究發現：家庭環境對於少年憂鬱情緒具有重要的影響力，也因此呼籲大家重視家庭因素，並能提出減緩其憂鬱情緒的處遇策略。

2. 自我傷害行為

除了憂鬱情緒，少年自殺意念、行為也是常見關於少年內化問題的討論，然而關注此議題的通常為心理、心理衛生、公共衛生或教育輔導領域的研究，多著重在自殺的成因與防治策略；而對社工服務的對象而言，自殘（self-mutilation）行為則更常見，也引起臺灣學術與實務界的討論。雖然自殘行為對於當事人不會造成立即性的生命威脅，而且又沒有傷害到他人，但此行為明顯造成當事人肉體上的傷害，也代表這些人正透過自殘行為來向外呼救，因此我們應該要重視此行為，並瞭解影響行為發生的遠

近因，如此方能幫助他們度過難關。國內針對國高中一般在學少年，以及安置機構少年的自殘行為研究發現，約有兩成的少年曾有自殘行為（陳毓文，2006），安置機構少年更高達五成（陳毓文，2008）。

　　由此可見，不論是一般在學少年或是接受機構安置保護的少年，自殘是很嚴重的問題，對自殘少年而言，這已成為一種因應策略或解決問題的方法或工具：可以讓他們藉此表達出內心的需求，感覺到有自控感（陳毓文，2008）。由此可見，我們不應只由外在的行為表徵來指稱其行為的「偏差性」，而應重新瞭解行為背後的意義或本質，如此方能有效地協助少年以不一樣的方式來解決困境。

（二）外化問題

1. 中輟與中離生

　　依據教育部「國民中、小學中途輟學學生通報要點」所定義，「凡在國民教育階段（國小、國中）的學生，未經請假三日以上未到校、學期開學未到校註冊達三日以上，轉學時未向轉入學校報到達三日以上，以及長期缺課，全學期累計達七日以上，未經請假而無故缺課者為中輟生。」教育部近年來致力於中輟預防及協助中輟生復學方案，根據教育部最新統計資料，國中小的中輟生人數自 100 學年度（5,379 人）起便呈現下降的趨勢，到了 107 學年度為 3,137 人（教育部，2020），輟學率也自 102 學年度的 0.2% 降至 0.18%，中輟復學率也高達 85%。此數值的改變固然代表臺灣完成義務教育的學生人數增加，反映相關服務措施的成效，但也有學者表示，目前的中輟通報統計數據，並無法反應出聘用專輔教師及專業輔導人員服務之輔導成效，主要的原因是教育部使用的「學年定義輟學率」是失真程度最高的一種（章勝傑，2003）。

　　臺灣自民國 103 年起推動十二年國民基本教育，前九年為義務教育，依「國民教育法」及「強迫入學條例」規定辦理；後三年為高級中等教育，為自願、非強迫入學、免試為主、包含普通高中和職業教育，使得國中畢業進入高中（職）就學的門檻降低，近十年來的就學機會率變動不大、未見降低的趨勢（教育部，2020）。隨著十二年國民基本教育的推動，在國中階段有間輟或中輟之虞的少年進入高中職就讀後，因各種原因而中途離校（稱為中離生），近年的中離人數遠高於中輟生，如近年的中離生每學年約有 2 萬名，而其中以離校在家的人數最多，占 54.61%；

已有工作者占 25.15%，其他則占 12.45%。可見多數中離生在離開學校後既未就學也未就業，成了所謂的「雙未」或「雙失」少年（立法院，2020）。為因應這群少年的需求，教育部遂依照兒童權利公約施行法第 4 條和學生輔導法而設置「高級中等學校中途離校學生預防追蹤及復學輔導實施要點」，明定學校應辦理中途離校學生之預防、追蹤與復學輔導工作，對於未回到學校的學生，則須提供就業輔導服務，提供未升學未就業青少年關懷扶助計畫。

2. 未婚懷孕

少年未婚懷孕或未婚生子通常被視為一種偏差行為、特別是女性當事人，女性若要避免承擔此行為後果所帶來的社會譴責，多半只有兩條路可以選擇：「奉子之命」成婚或者墮胎。根據行政院衛生署家庭計畫研究所的報告（林惠生，2000），在 20 歲以前即於婚前懷孕並產子的少女中，有 85% 會選擇進入婚姻。這些進入婚姻關係中的少女因為沒有成為福利依賴人口，而又因為主流對未婚懷孕所賦予的道德責難，使得這群人就此被遺忘，他們也自然失去了被關注的可能性。

在談論未婚懷孕議題時，同時會討論到所謂的「兩小無猜」條款。目前依據刑法第 227 條規定，與未滿 16 歲之人若有性交猥褻行為者均須負擔刑事責任，雖然未滿 18 歲的人可減輕或免除其刑，但年齡相仿的少年間合意性行為，仍屬於少年保護事件，故會進入司法程序，也使得少年的性行為除了可能造成未婚懷孕的問題，也產生了相關的刑責問題，特別是雙方監護人皆可以依法提告，合意雙方可以因此成為互告的相對人，並成為社工服務處遇的對象。因此，近年國內有些非營利組織（如：勵馨基金會）希望能夠積極對此議題進行倡議，建議對於少年因性行為而產生的各類衍生的種種問題與需求，諸如未婚媽媽的收容、待產，孩子的留養或出養問題，以及兩小無猜條款下為保護而造成傷害的議題等，能藉由相關服務來協助他們。勵馨基金會自 2007 年起接受當時的兒童局（現今為衛生福利部社會及家庭署）委託成立「未成年懷孕求助網站」（http://www.257085.org.tw/about.php），提供免費電話與相關資源給懷孕少女及其重要他人、一般青少年、學校老師和關心此議題的社會大眾。只是目前尚未有學術著作針對這些服務方案的成效進行探究，無法得知這些服務對於未婚懷孕小爸爸和媽媽們的助益為何。

3. 成癮行為

近年關於少年成癮行為的研究越來越多，從菸酒、毒品、到網路成癮等，近年青少年（12 歲以上未滿 24 歲者）的嫌疑犯人數，自民國 104-106 年的緝獲人數雖有減少趨勢；但因近年來販毒手段推陳出新，毒品被混裝於香菸、咖啡包或者跳跳糖等商品販售給少年，使得他們誤觸毒品，增加成癮之風險（法務部，2020）。在毒品防治與成癮相關議題上，行政院於 2017 年核定的「新世代反毒策略行動綱領」中有提出相當多的反毒策略，其中與少年有關的部分主要是由教育部主責，以建立校園毒品防制網絡為目標，希望能夠透過防止毒品進入校園、強化家庭教育中心諮詢功能，以及運用網路媒體加強少年的反毒意識與相關宣導活動等，能夠降低臺灣少年使用藥物的人數與避免少年受到藥物的毒害（行政院，2018）。

隨著網路時代來臨，使得網路不僅成為一種重要的溝通媒介，也成了人們新的活動場域，提供大量的資訊與參與線上活動的機會，而其便利與普及性也讓使用者不知不覺投入更多的時間與產生心理依賴，對於網路使用的年輕世代而言，成癮性的產生變成了需要關注的議題。國內近年有相當多的研究針對少年的成癮行為進行探究（張月馨、林旻沛、洪福源、胡薇瑄、吳詠葳，2017），結果多發現：網路成癮與自我控制能力、家庭功能與父母管教、憂鬱情緒以及生活壓力等皆有關（林漢唐、陳慧娟，2016；黃曉涵、古明峰，2012），再次呼應本段落一開始提及的少年內外化問題共存的本質。

二、影響問題產生的相關因素

一般可將影響少年問題的因素分成兩大類：一為與個人身心發展有關的種種議題，另一為環境方面的影響。大部分的少年在歷經身體、心理、社會等各方面的快速改變，以及所伴隨而來的各種挑戰之後，仍能順利成長；然而有些少年則在個人人格特質、過去經驗、及各種環境因素的交錯影響下，無法成功地因應這些挑戰。在環境因素方面，家庭與同儕則是最常被發現影響少年問題的重要因素。家庭是每個人成長學習最基本的環境，兒童與少年的行為和生活規範更主要形塑於家庭之中，即使同儕團體的影響力在此時已慢慢增強，家庭對少年生活形態的建構上仍扮演相當重

要的角色，國內即有研究發現：家庭是少年獲取自主性與自我肯定的主要場域（趙碧華、闕漢中，1997）。除了家庭，學校也是少年社會化與生活中不可或缺的一部分，學校裡同儕、師長的影響力漸漸增強，有時甚或取代了家庭，因此，學校因素與少年問題行為的相關性自不容被忽視。以下便針對這些因素與少年問題行為之相關性進行討論。

（一）身心發展議題

少年時期在生理方面的成長讓他們具備了成年人傳宗接代的能力，在體型上也展現了成年人的成熟，然而其心理與社會方面的發展則並沒有被等同視之。一般人常稱此時期為「狂飆期」，乃是因為此時心理的改變也隨之而來，而心情的改變則會影響行為。艾瑞克森（Erik Erikson）的社會心理分析論是解釋此時期心理發展的最典型理論，此理論強調社會的角色，主張少年社會心理發展的主要課題便是認同感的發展。若根據艾瑞克森，少年時期所面臨的危機其實是正常的，也是成長與自我認同形成的必經之路，但是有些人則會面臨一些問題，如：「不成熟的認同感」，即在還未真正瞭解自己以前就選定自己的角色；或是「混淆的認同感」，指對自己的存在感到懷疑，無法面對自己被賦予的身分和角色，感到焦慮、自卑，故選擇逃避，無法面對人生的選擇，有些人便因此發展出所謂的偏差行為。

除了認同感的發展，認知的發展也是此時期相當重要的課題。皮亞傑（Jean Piaget）認為個人認知能力的發展是受環境及個人腦部與神經系統成熟所影響。當人到了 11 歲以後，便開始有抽象思考能力，能獨立判斷是非善惡（稱之為正式運思期）。此階段的思考特色便是彈性不僵化，少年開始摒棄小時候所感受到的自卑渺小，而扮演起成人的角色，並試圖學習成人的行為。與認知發展有關的另一個特色便是「自我中心主義」，因為少年已有獨立思考的能力，並知道自我的存在，故其自我意識提高，也開始重視他人如何看待自己，所以比較重視外表（自戀），彷彿大家都在注意自己，有些少年則會以行為或外表來引人注意。由此我們不難看出，少年正處於一急於尋求並取得認同的時候，因此很在乎他人（特別是同儕）的看法，「和他人不同」難免會帶來焦慮與困擾，此亦能解釋為何此時同儕壓力對少年態度與行為的影響甚鉅。

綜合以上發展的幾個重要特質來看，少年問題的本質是需要放在一發

展的框架中來加以檢視，而助人工作者也應試圖從少年發展的觀點來重視問題可能產生的緣由，進而協助少年面對發展議題所帶來的挑戰，使其得以順利走過這段成長之路。

（二）環境因素

1. 家庭因素

> 「青少年問題病因根植於家庭，病象顯現於學校，病情惡化於社會。」
>
> 張春興（1994: 34, 152）

上面這段話是許多人在談論少年問題時會引用的文句，這使得相關專業每看見一位問題少年時，都不免希望瞭解其所成長的家庭環境為何，究竟在哪些家庭因素的交錯影響下，使得這些孩子成了「偏差少年」？有許多研究發現：少年的各種問題行為往往都與家庭的失功能狀況有關，而最常被提到能解釋少年犯罪或問題行為的家庭失功能因素則包括：單親的家庭結構、家庭衝突與管教不當等，以下便針對這些失功能面向進行討論：

（1）單親家庭

在國內家庭結構變動的趨勢中，最引人注意的應該是單親家庭的出現與增加，根據最新資料，國內離婚率自民國 98 年以來，離婚率皆達千分之二點多，但在粗結婚率逐年下降的情況下，此數據代表離婚家庭是增加的（中華民國統計資訊網，2020）。在看待少年問題時，單親家庭的出現最引人關注的並不是數量上的增加，而是因早期國內外有許多研究發現：單親的家庭結構對子女行為與情緒的發展有較負面的影響，而且有相當比例的偏差少年來自單親家庭。國內有一些相關研究也發現了兩者的相關性（如：呂民璿、莊耀嘉，1992；許春金、侯崇文、黃富源，1996）；然而如此論述容易污名化了單親的家庭結構，使得單親與少年犯罪被劃下等號。近來則有些學者希望透過整合的概念來進一步檢視單親與少年偏差行為之相關性，結果發現：單親家庭結構本身並非導致少年問題行為產生的直接因素，有多數的犯罪少年來自單親家庭乃是因為在單親結構中，由於一方家長的缺席，而易導致家庭品質與親職功能受損（黃富源、鄧煌發，1999），家長無力監督與控制能力不足（周愫嫻，2004）或是親子衝

突（石泱，2008；汪光慧、李明晉、林茂森、邱楓文、黃麗英，2003），以及家庭所擁有的資源較少（陳杏容、陳易甫，2019）等因素所致；換言之，家庭的功能與所能提供的支持比結構本身對少年行為的影響更大（郭靜晃、吳幸玲，2003）。

（2）家庭衝突與管教不當

少年期與家人的互動衝突往往是最嚴重，也最令人記憶深刻的，對於當時沒有妥善處理親子衝突的家庭而言，便可能因此埋下日後少年問題的種子，若我們將家庭視為一個系統時便不難發現：除了親子間的垂直關係之外，父母親彼此的關係往往也會對少年的行為產生不可忽略的影響。當父母關係不和諧，而且常常發生衝突的時候，不僅無暇顧及子女的需求與問題，更遑論關心或提供子女必要的情緒支持。而長時間居住在衝突氣氛家庭中的孩子，也可能因而學習了以暴力解決問題的因應模式，增加其發展出暴力行為的可能性（陳毓文，1999）；即使孩子沒有因而模仿暴力衝突的行為模式，目睹父母暴力行為也會對少年產生許多後遺症：如情緒困擾、偏差行為、自我傷害及學習問題等（周月清，1995；沈瓊桃，2005；楊芳梅，2009），有些甚至呈現出各種極端的自毀行為，如逃家、藥物濫用、自殺或殺人的念頭，以及販毒或偷竊等犯罪行為（吳沛妤、潭子文、董旭英，2012）。

不當的教養方式中的威壓式管教往往容易造成親子間的緊張關係，讓孩子無法感受到父母的關懷與支持，甚至因為過度的懲罰而造成一股推力。而過度的放任或缺乏監督則讓少年失去行為規範的準則，使其行為很容易受到外界的影響，如有國內研究發現：父母採忽視冷漠管教方式之國中生的偏差行為較採開明權威式的管教方式者嚴重（黃拓榮，1997）。李文傑、吳齊殷（2004）的研究則更進一步發現，青少年對父母教養行為的知覺，會加強子女對父母的負面評價與彼此的關係，進而影響青少年暴力行為。當少年無法生活於一個失功能的家庭中時，他們可能會以「逃家」作為離開惡劣生存環境的因應策略，但此行為卻被貼上「虞犯」或「偏差少年」的標籤。當家庭沒有尊重與關懷這些孩子，而社會又沒有適時提供必要的協助時，我們如何能冀求這些孩子毫無問題？而他們日後所組成的家庭又如何避免成為另一個悲劇的循環？

2. 學校因素

家庭是個人社會化的基礎，而學校則是少年社會化與生活中不可或缺的一部分。例如：張高賓、許忠仁、沈玉培（2017）在分析國內關於中輟原因的論文結果分析後發現，影響學生中輟的主要原因仍是學校，其次才是家庭。學校同儕的影響力往往在此時取代了家庭，因此，學校因素與少年問題的相關性自不容被忽視。而在學校當中，同儕（同學）與師生關係則是青少年與人互動間最具影響力的部分。以下便針對這兩部分進行討論：

（1）同儕關係

所謂的同儕團體是指同齡或年齡相近者所組成之初級團體，因少年多以學校為主要的社交場域，故其同儕關係的建立也多以學校同學關係為基礎。許多研究少年的學者都不會忽略同儕對少年行為的影響力，多數研究傾向於視同儕團體對少年的影響為負面的，認為少年偏差行為多受到同儕價值或態度的影響而產生，特別當他們的結合是屬於不良的友伴團體關係，則在同儕從眾的壓力下可能會出現一些偏差行為（吳承翰、魏希聖，2016）。然而也有研究發現：同儕影響力並不必然是負面的，它對少年的發展也能產生正面的功能（江守峻、陳婉真，2017；陳毓文，2004），其中的影響過程與機制並非簡單而唯一的。而國內一項比較親子關係與同儕關係對青少年前期之影響的研究也顯示（羅國英，1996）：青少年多半認為他們比較能夠從同儕身上得到尊重與情緒上的支持，當他們有心事時，他們也傾向於與同儕訴說；換言之，同儕的主要功能是情感性的，可於必要時提供情緒支持與鼓勵，其不必然會對少年行為產生負面的作用。

（2）師生關係

在學校的學習環境中，老師除了傳遞知識，也必須提供教室常規，讓學生能專心於課堂的活動，為自己的行為負責，並且表現出良好的人際關係（金樹人，1998）。此外，教師在情緒支持方面，也扮演著相當重要的角色（王齡竟、陳毓文，2010；江守峻、陳婉真，2017；陳杏容，2017），許多學業成就低落的學生表示自己無法從教師及同學身上得到情緒支持，而為求保持自尊，這些學生反而會以偏差或退縮的行為來面對他們認為不友善的學習環境。在國內一些有關中輟原因的研究也發現：得不到老師的支持、覺得老師故意找麻煩，以及無法符合老師的期待是他們離

校的原因之一（程秋梅、陳毓文，2001）。此外，當學校老師在少年有需要的時候，若能提供即時的情緒支持與協助尋求解決問題之道，則將能有助於避免少年產生問題行為。由此可見，師生互動關係的品質也是影響少年行為的重要學校因素之一。

以上資料顯示了少年身心發展議題與環境因素對少年問題行為的關聯性，也提醒相關研究與實務工作人員在檢視少年問題時，應同時考量這些因素交錯所產生的影響力。在福利輸送的過程中，更應將少年置於其發展歷程的框架中，並思考改變環境的可能性，以求有效降低少年問題，並積極協助少年身心健全發展。

第三節　臺灣少年福利服務之主要法條與相關政策

目前國內與少年福利服務與權益維護息息相關的法令主要有三：「兒童及少年福利與權益保障法」、「兒童及少年性剝削防制條例」，以及「少年事件處理法」，雖然「少年事件處理法」主要是在處理少年違法行為，但其立法精神仍以保障少年之健全發展、調整其成長環境、矯治其性格、同時保障權益、增進福利等為目標，惟「少年事件處理法」之相關內涵詳見於本書第 15 章司法社會工作專章的討論，故在此僅就另外兩個法令的內涵與依據這些法令而提出的相關政策進行論述。

一、兒童及少年福利與權益保障法

關於少年福利相關的法令這幾年經過相當多的修正，目前最新的法令為「兒童及少年福利與權益保障法」，此法於民國 100 年 11 月 11 日於立法院三讀通過，是由原「兒童及少年福利法」（2003 年通過）修正而來。當時為因應臺灣社會變遷、家庭與兒少需求的轉變，以及少子女化的現象，且舊法較側重於殘補式的福利服務、缺乏對於兒少成長過程中基本權益維護的措施；故自民國 96 年起，部分民間兒少福利機構遂組成兒童及少年福利法民間修法小組，結合實務界與學術界的力量，積極倡議、推動

修法，終於將法令名稱清楚加入權益保障之詞，同時也擴大增加能確實保障兒少權益的相關法條與政策，總計通過 7 章 118 條條文，較原先的「兒童及少年福利法」新增了 42 條條文，而此法自民國 100 年三讀通過後，至民國 109 年間、共歷經了 13 次的修正與調整，關於本法的內涵與發展沿革於本書第 3 章兒童福利服務專章有詳盡的討論，故以下僅就此大幅修改內容中與少年福利服務相關的條文與政策內涵簡要陳述於下。

由於新法強調國家要負起兒少最終的公共照顧之責，因此除了舊有關於福利服務、強調保護的相關措施外，「兒童及少年福利與權益保障法」著重在保護與發展並重的權益取向，強調公部門跨部會的整合協調機制、落實兒少權益與憲法保障權益之權衡，重視專業人員的條件與資格要件，以及與其他相關法規互動整合等（張秀鸞，2012）。實質內容包含新增網際網路與遊戲軟體的分級管理規範以提供良好閱聽環境、維護兒少的隱私權、保障建教合作生的勞動權益、對於接受司法處遇兒少，則需整合資源以提供其回歸社會與家庭的相關服務、以及規定學校應設置輔導或社工人員，以提早發現受虐兒少、並對中輟與非行兒少提供輔導等（葉肅科，2012）。

二、兒童及少年性剝削防制條例

此條例前身為「兒童及少年性交易防制條例」，就法條命名而言，性交易一詞容易將行為的觀點置於兒童少年的身上，忽略其被剝削的事實；但從社工服務這些孩子身上我們可以輕易發現，「性交易」往往是逃家或被迫逃家兒童少年在離開家庭保護傘下求生存的一個方法，在缺乏足夠的教育資本與就業能力條件下，他們只好以自己的身體作為生存的工具。而成人世界則藉機剝削他們、忽視他們的尊嚴與權益，在他們走投無路的時候提供一個看似可能的出路，但卻讓他們的身心靈再次被踐踏。故之前便有學者呼籲，若要避免體制對他們造成二度傷害，呼籲大家應該要以「性剝削」來替代「性交易」一詞（施慧玲，1998），並跳脫將交易者視為道德淪喪或偏差拜金者（許雅惠，2002）。

所幸在各團體的奔走努力下，也因應兒童權利公約的精神，於民國106 年 1 月 1 日將此條例中的「性交易」一詞變更為「性剝削」，不以一般社會性道德評價中的「拜金女」來看待這群少年，從性剝削的觀點來達

到人權保護的目的，而非偏差矯治的議題。只是更名後的條例仍和舊條例一樣，強調要協助這些少年，並將服務分成：預防面、救援面與處遇面，明確規範社工專業介入服務的必要性。

第四節　臺灣少年福利服務的實施現況與困境

就如同許多相關的福利法令一樣，國內近年來許多立法與修法的精神是值得讚許的，因其具備相當的宣示性作用，藉以展現政府在集體意識型態上試圖造成的改變。但是，法令的通過與修正對服務輸送而言，卻只是個開始，其精神與理念若是沒有藉由實際服務內容來加以實踐的話，則只流於空談，而無法造成任何實質上的貢獻。若以臺灣目前社會工作或社會福利界公部門對少年所提供之最具特色的服務內容來看，主要有三大類，包括：安置服務、自立生活與外展工作。以下除了呈現這些服務模式的實施現況外，也將特別對於社會工作人員在這服務輸送過程中所扮演的角色，以及所面臨的工作困境進行討論。

一、安置服務

（一）定義與安置類型

近年來，因「兒童及少年福利與權益保障法」、「少年事件處理法」，以及「兒童及少年性剝削防制條例」的通過或修訂，安置服務的概念均出現在此三大法令中，雖然少年仍因家庭失功能而接受安置服務，但因長期受不當對待，以及上述法令規範，接受安置的少年多伴隨創傷經驗與內外化偏差行為問題，加上國內寄養家庭不足，使得多數少年無法進入寄養家庭接受安置，而只能進入機構，也因此多數少年所經歷的安置服務具有「機構化」及「集體化」的特色，容易讓接受服務的少年感受到「拘禁性」與「強制性」。因此，雖然這些機構均設有社會工作人員，且其主管單位為社政機關，但如何使這些原本具有福利意涵的安置服務能夠將福利的理念傳達給少年，並讓少年感受到服務對他們的裨益，乃是目前國內安置服務機構需要面臨的一大挑戰（張紉，2000）。

（二）實施現況

　　根據衛生福利部最新的統計，國內兒少安置及教養機構數自民國 95 年以來即穩定成長，從民國 95 年的 89 所，至民國 109 年上半年的 120 所，服務總容量也從民國 98 年的 4,719 人增長為民 109 年上半年的 4,879 人，而收容人最高峰為民國 106 年的 5,211 人；在增加的機構數中，屬性以私立單位居多，公立僅占少數（衛生福利部統計處，2020）。若以安置類型來看，又可將其分成兩種：一為育幼院兼少年保護機構，另一為公立收容教養機構。臺灣早期育幼院是以收容棄嬰或孤苦無依之兒童少年為主，但在政府開始積極保護受虐兒童、少年之後，育幼院因場地等各方面得以配合，而轉型成為安置受保護之兒童少年為主。公立收容教養機構是指由政府所辦理，主要收容違反「兒童及少年性剝削防制條例」之少年，並提供緊急、短期及長期安置服務；中途之家亦有兩種模式，一種是以個案委託方式，委託提供相關服務之民間機構來收容安置有特殊需求的少年；另一種則為公辦民營的方式，藉由政府提供房舍，設備等硬體，委託相關財團法人或社團法人來提供安置服務。

　　過去安置機構的主要任務在替代家庭進行暫時型的照顧，當兒少居住在機構的同時，社工人員透過家庭重聚服務，協助家庭恢復照顧功能，讓孩子最終能夠返家，但目前臺灣的實務現況卻非如此，許多兒少都是住到屆齡才離開機構，也因此需要面臨獨立生活等各種需求；又在兒童權利公約於 2017 年首次國家報告中，國際審查委員針對臺灣目前收容於機構內的兒少人數偏多、認為有違以家庭為滿足兒少最佳利益之居住安排原則，建議政府應該致力於改善現有機構安置人數過多，以及安置服務如何確保兒少權利等措施（聯合國兒童權利公約資訊網，2020）。

　　近年衛生福利部為使安置照顧越趨向精緻化與專業化發展，遂透過公益彩券回饋金來補助民間機構（團體）辦理「特殊需求兒童及少年團體家庭實驗計畫」，對具有特殊需求之兒童及少年個案提供低安置量、高度專業人力的類家庭式安置服務（簡稱團家）。陳怡芳、胡中宜（2014）針對兒少手足共同安置於團體家庭之工作經驗進行探究後，發現此類服務模式的優點與挑戰；而新北市則委託民間單位提供「類家庭」弱勢兒少照顧服務，此服務介於寄養家庭和機構安置服務模式之間，運用社會住宅結合家庭化及個別化的服務以降低少年被安置於機構中的可能（盧明正，2020）。

（三）社會工作人員的角色與功能

在安置機構中，社會工作人員與生活輔導人員為與少年互動最為密切的工作人員。根據曾華源與郭靜晃（1999: 286）所整理資料顯示，社會工作人員的工作內容與角色職務乃是相當多元的。在工作內容方面，主要有：個案管理工作、提供特殊的團體方案，以及個案問題情境處理；而在角色職務方面則包括：倡導者、計畫者、方案評估者、研究者、問題研判者、資源提供者、資源整合者及社區關係協調者。由此可見，安置機構的社會工作人員不僅要處理個別案主的問題與需求，也往往需要提供必要的團體服務，並應用社區資源及促使資源的整合。此外，更應積極協助案主爭取權益，使其需求能得到滿足。

（四）執行困境

國內早年有不少著作針對機構安置服務的適切性進行討論（張紉，2002；彭淑華，2006；莊文芳，2009），多半認為安置服務無法滿足兒少需求或甚至照顧失當乃是因為機構資源、人力、財力不足，員工專業素養不良，個案問題需求多元化，以及管理過度「權控」所致。因國內安置機構設立的法令依據不同，個案需求也不一樣，在機構有限且複雜個案較少選擇的情況下，混雜收容乃是目前普遍存在的現象。也因安置對象背景與需求多元複雜，致使工作人員面臨管理上的挑戰，為求公平或管理便利，多數工作人員傾向採取較嚴格一致的管理方式（彭淑華，2006, 2007），安置兒少失去了個別差異，也致使機構安置多了不自由與高壓管控的氛圍，讓這些孩子無形中處於一種消權的處境中（莊文芳，2009），也阻礙了少年培養自立生活的能力（彭淑華，2007）。而在兒童權利公約施行細則的準則下，如何在安置機構確保兒少權利，如表意權，也是目前專業人員面臨的挑戰與需要學習的課題（林沛君，2017）。

在檢討機構安置的限制時，我們也應理解，相對於其他服務模式，安置機構必須提供 24 小時的服務，且涉及相當重要的照顧與管理責任，除了社會工作專業人員之外，與案主朝夕相處的生活輔導員也扮演相當重要的角色，不同專業人員被期待能扮演如家長般的角色照顧兒少，吳惠文、許雅惠（2015）的研究便發現：兩個專業團隊因工作設計不同、勞動條件落差、專業地位和權力不平等等因素，致使在合作上常會遇到困難。

二、自立生活方案

（一）定義與服務源起

　　事實上，每一個未成年人在進入成年角色時，都需要面對所謂的「自立生活」。所謂的獨立不只是經濟上的獨立或者是獨自在外居住、生活，還應該包括心理與情感上的自主狀態。「自立生活」的概念最早源於討論心智障礙者離開機構照護、回歸社區生活的相關計畫。後因相關研究發現，離開安置體系的少年往往面臨許多的問題，如許多少年面臨失學、失業、無處可住，以及觸法行為（離開安置體系後不是問題的結束，而是問題的開始）。而多數少年之所以離開安置機構乃是因安置屆滿或屆齡須離開體系，而非因為他們已經具備獨立生活的能力。「被迫」面對獨立生活的他們，在欠缺支持系統，又因其過去經驗增加調適與社會化的困難，使得這些少年多對自己的人生缺乏控制感，並欠缺基本生活技能，故有志之士遂推動此方案來協助他們，讓他們在進入獨立生活時能具備一些能力來面對未來的一切（黃伶蕙、吳建昇、李育穎、羅子婷、劉雅文、謝若涵、徐蕙菁、古登儒，2018）。

　　「兒童及少年福利與權益保障法」第 23 條明確規範對於無謀生能力或在學之少年，無扶養義務人或扶養義務人無力維持其生活者，予以生活扶助、協助就學或醫療補助，並協助培養其自立生活之能力，以及亦需對結束安置無法返家之少年，提供自立生活適應協助，自立生活服務也因此具有明確的法源依據。而 2012 年修正的《兒童及少年福利機構設置標準》第 18 條，也提到安置及教養機構，應要提供自立生活能力養成及分離準備，同時也要將自立生活的技巧養成納入兒童及少年安置及教養機構聯合評鑑指標中，自立生活技巧養成及離院轉銜準備服務儼然變成安置機構重要的處遇項目。

　　其實國內最早執行自立生活服務方案之地方政府為臺北市，該方案於1994 年開辦，當時稱為「臺北市少年獨立生活方案」（後更名為「臺北市弱勢少年自立生活方案」），之後又於 2008 年 9 月公辦民營自立生活宿舍「培立家園」，提供離開安置機構少年自立轉銜的住宿場地，並配合相關服務的輸送（胡中宜，2010）。繼臺北市之後，高雄市政府也於 1999 年訂定相關計畫，提供有自立需求的少年生活技能、經濟補助以及社會支持網絡

等協助（彭淑華，2009）。中央政府則至 2004 年方由當時的內政部兒童局補助兒童及少年安置教養機構，辦理「自立生活準備方案」，使安置之少年能夠學習自立生活所需之生活技能，以協助其心理調適。

（二）實施現況

如上所言，國內自立生活方案最早為地方政府的實驗方案，僅於臺北市及高雄市有明訂實施計畫，臺北市乃針對國中畢業或年滿 16 歲以上，評估有自立生活能力與需求者；高雄市則針對國中畢業或年滿 15 歲以上、18 歲以下，並可視情況扶助至 23 歲，中央政府則是將自立生活協助方案的服務對象界定為 20 歲以下，即將結束安置且預期無法返家之少年，在個案離開安置前一年加強辦理自立生活訓練，並協同合作安排後續自立活適應協助，經費補助原則以一年為限（陳仲良，2008）。

因國內針對安置離院兒少的自立生活方案已推動多年，在實務運作上已有相當豐富的經驗，對於方案執行的狀況與成效等，包含從兒少觀點、社工人員以及生輔人員等，皆有相關學術著作；對於離院兒少接受服務的經驗感受（張茜雲、胡中宜，2017）、所面臨的問題與挑戰（胡中宜、彭淑華，2013；陳怡芳、胡中宜、邱郁茹、李淑沛，2013），以及他們所擁有的優勢（胡中宜，2014）等皆有相關的討論，多數研究也都藉此對自立生活方案的實施與改進提供建議（白倩如，2018）。 而除了培養自立能力外，臺中市家庭暴力及性侵害防治中心更自 2018 年起，特別針對離院後失依的高風險群（如停親後社會局監護、棄嬰、安置期間鮮少親友聯繫探視者等）發展永續的實驗方案，委託兩個民間單位提供跨轄的機構兒少永續計畫服務（稱為「浮萍有依方案」），讓離開安置機構的少年在自立的路上能逐漸脫離過往受他人保護和代為決策的生活模式，有勇氣與資源面對未來發展，展開新的人生（林鴻鵬、黃瑞杉、林芳仔、張柏晴、侯淑茹，2018）。

（三）社會工作人員的角色與功能

在協助少年自立生活能力的培養上，安置機構的社工人員扮演相當重要的角色，主要的工作任務有三：（1）運用現有福利資源提供結束安置或家庭功能不彰導致無法返家之少年自立生活適應協助；（2）辦理就業輔導，強化少年個人生活能力；（3）結合社會資源網絡，提供少年就業就學

機會，降低少年個人生活風險。通常多數社工在自立生活準備服務上會包含：於兒少日常生活中訓練其家務整理、烹飪技巧訓練及心理支持等，並搭配團體活動或諮商輔導等來協助其創傷復原；多數會相當重視金錢使用與管理以及就業訓練、期待他們離院後可能有足夠的經濟能力自食其力，同時會搭配階段式的體驗，給予機會實際練習，漸進式的體驗獨立生活，以達成功自立的目標。

（四）執行困境

雖然近年來有越來越多的人支持自立生活方案的必要性，但在實際運作過程中，仍多有限制。首先是對少年自立能力的培養與準備方面，根據彭淑華（2009）的研究，國內目前對於少年離開機構的時間規劃與離院準備方面，以「知道案主準備離院時」為多，而離院計畫則是「在結束安置當時完成」為多，這樣的時間點使得少年與工作人員無法有所準備，自立能力的培養與訓練遂成為「不可能的任務」；又兩者的計畫內容多集中在有形的生活技能教導、教育與就業資訊的提供、經濟補助以及住宿規劃等有形的服務內容上，對於情緒管理、解決問題能力以及壓力因應等無形能力的培養與訓練則相較不足，也因平常沒有特別加強少年這些無形能力，故即便少年擁有了經濟補助與相關資源，社工人員仍擔心其未具備足夠的條件來自行生活。

三、外展工作

（一）定義與服務理念

不同於一般傳統於機構內接案的作法，外展工作乃是由經過專業訓練的工作人員，直接將服務輸送到流連或遊蕩於街頭的人，讓服務的可近性得以提高。外展工作之所以被視為最適合少年的一種工作模式，乃是因為此模式在本質上具有預防及積極主動的特色，希望少年問題能防患於未然，藉由主動出擊來找出高危險群的少年，使其知道相關機構與服務的存在，或於必要時能主動求助。胡中宜（2009）將國內少年外展工作的發展歷史分成四個時期：包含開創期（1978-1981）、萌芽期（1982-1995）、戰國期（1996-2000）、與整合期（2001 之後），外展工作最早由救國團張

老師透過「街頭張老師」於臺北市西門町，針對街頭與出入不當場所之少年進行輔導，當時強調工作人員與少年之間的朋友關係來與之互動（胡中宜，2009；陳慧女，1998）。萌芽期則由臺北市少年輔導委員會所屬的北投少輔會為主，以復興公園為據點，以犯罪防治為目標，再度展開主動與少年接觸，結合社區方法進行犯罪區域防治工作。戰國期始於臺北市政府社會局，透過公設民營委託民間組織，陸續成立四區少年服務中心推動外展工作。整合期至今，臺北市的少年服務中心已經增加至六個，同時發展出各具特色的工作策略，關於外展工作方法的碩士論文也陸續出版。近年，新北市政府也從兩個少年服務中心，增設至今有七個少年區域服務中心（新北市政府社會局，2020），提供當地少年外展服務。

（二）實施現況

少年服務中心以推動外展工作為主，因接受政府委託，需要依照規定辦理外展服務，通常包含兩部分：一是外展據點勘查及經營：由中心社工員依服務區域進行外展據點勘查，瞭解區域內少年活動及聚集範圍，找尋並經營中心外展據點。二是外展方式及服務，社工須主動至少年經常出入場所接觸並發現需輔導少年，依其需求提供立即性服務，如發現需進一步輔導，應開案並提供個案工作服務。除了定點接觸模式之外，有些單位會舉行社區宣導活動，即藉由一些團體活動方式來接觸青少年，也是外展工作者常採行的一種方式。

（三）社會工作人員的角色與功能

在少年服務的領域中，外展社會工作專業人員的角色與定位算是相當明確，「窗口」（entry）與「橋樑」（bridge）為所扮演的主要的角色（張怡芬，2001）。這兩種角色乃是指藉由社會工作專業訓練所習得的技巧，配合少年文化、價值觀與其所能接受的方法等，試圖與不同性別、年齡和問題的高危險群少年建立關係，以便提供他們所需的後續或長期的服務。張怡芬（2001）曾針對臺北市少年外展社會工作者的服務模式進行深入探究，結果發現：外展社會工作人員的角色並非單一的，其可再細分為六大類：友誼性、教育性、服務性、合作性、社區工作性，以及倡議性。友誼性、教育性、服務性角色的工作重點在直接服務有需求的少年；而合作性與社區工作性的角色乃以服務少年的外部系統，如家庭、學校、社區等為

主要對象；倡議性的角色則是針對社會大眾或政策制定者，藉此讓社會大眾重視少年的問題，也促使政策的訂定更能滿足少年的需求。

（四）執行困境

外展工作模式雖然很適用於服務少年族群，但在實際執行的過程中仍不免遭遇一些困境（胡中宜，2009），如：外展工作定位問題，欠缺實務理論模型、社區環境影響對服務對象的掌握、角色轉換的困難，以及未能積極評估工作成效等。外展工作除了預防問題，還有什麼工作目標？在找到了有需求的少年後，社工人員該採取何種服務策略？在預防與處遇的功能中，外展工作成效要如何評量等皆是值得討論與思考的議題。雖然少年有聚集活動的特色，但他們的流動性往往很大，而據點特色的轉變也相當快速，使得服務對象越來越難掌握。此外，由於外展工作人員一開始是以非專業或朋友的角色與少年建立關係，故在轉換角色的過程中，往往容易遭遇少年的抗拒行為，使得彼此的互動關係受到影響。最後，該如何評估外展工作成效？目前的評鑑指標是否合宜（胡中宜，2013），以服務量來看待工作目標是否恰當？以上這些執行困境需要實務與學術界的結合，進一步為外展工作方法的精進而努力。

第五節　少年福利服務的未來與發展方向

藉由以上各節的討論，大家應對臺灣目前少年問題與影響因素、相關福利政策以及服務項目的發展重點與成效有初步的認識，以下就少年福利服務的未來與發展方向提出一些建議。

一、以少年權利為主體的政策落實

從上述內容可以發現，臺灣的少年福利服務已經從只著重在少年問題與偏差的矯正，開始重視其權利，將少年視為國家的「準公民」。早期如葉大華（2009）與林芳玫、蔡佩珍（2003）等均為文呼籲大家要以少年全人身心發展所需的權益觀點出發來規劃國內的少年福利政策，如「臺灣少年權益與福利促進聯盟」便積極推動以維護攸關少年發展的「社會參與

權」、「文化休閒權」、「健康發展權」、「福利保障權」、「勞動保障權」，以及「公平受教權」等六大權益為訴求主軸，藉由跨世代溝通平台，提升少年公共參與的比例，讓他們從「他者」與「客體」的角色轉變成參與政策的主體，相信他們有選擇的基本能力，成年人則只要站在協助者的立場來幫助他們探索各項需求即可（張紉，1998），並提供機會來協助少年發展獨立自主的能力。

所幸民間團體的努力如今已經成功推動立法，同時也讓國家正視少年權利維護的議題，因著兒童權利公約施行細則的通過，衛生福利部也成立聯合國兒童權利公約資訊網（衛生福利部，2020），提供相當多的資訊與教材供兒少、專業人員以及一般大眾瞭解兒少權利內涵與落實方法。只是以臺灣推動的時間和經驗而言，仍有很大的進步空間，以表意權與社會參與權為例，兒少對於熱門公民議題或多或少有所涉略，但是就實際參與行為來看，則相對少很多，可見多數兒少仍停留在「認識公民議題」的階段，缺乏實際的行動參與（家扶基金會，2017）。此外，在另一份《2015台灣兒童人權指標調查報告》中也發現：在兒少生存權、受保護權、教育與發展權以及參與權等四大指標中，兒少參與權是平均得分最低的一項兒少人權指標（中華人權協會，2015）。

事實上，在兒少表達意見以及社會參與權利維護這條路上，最大的挑戰應該是多數成年人對兒少的「表達能力」缺乏信任感，擔心會因投入時間心力參與公眾事務而忽略課業學習的本份，而對於安置兒少表意權的落實更有待加強（林沛君，2017）；即使是社工專業人員，將兒少視為一個權利主體的概念仍是模糊的（陳心怡、唐宜楨，2017）。這些消極的擔心無法協助兒少「長出」能力，成年人應該作為兒少的盟友（allies），協助他們學習思考、表達想法、與他人溝通的技巧以及領導能力等。為了彌補這點，目前各地方政府皆有成立「兒少福利促進委員會」或者「兒少福利與權益促進會」等組織，並在委員會中設置兒少代表，代表中同時確保弱勢兒少參與委員會的機會，讓兒少能夠參與地方政府在推動兒童及少年政策的相關措施。

隨著兒童權利公約第二次國家報告即將於 2021 年 11 月舉辦記者會（衛生福利部，2020），政府各部門與相關民間團體皆已積極辦理相關教育訓練以及撰寫報告；也特別針對首次國家報告審查中關於兒少參與公共預算、特定兒少（如邊緣化與經濟弱勢者）等提出相關培力計畫，希望藉此

讓更多兒少參與第二次國家報告的撰寫，藉此發展相關權利意識與知能，並能發聲表達與提出建言（衛生福利部，2020）。

二、強化家庭功能

從以上談論少年問題的影響因素時，可以看出家庭在此所扮演的重要角色。目前對於家庭失功能的少年，我們只能以消極的安置服務來保護他們，讓他們暫時離開剝削他們的情境，然而在隔離之後呢？幾乎所有的人都認知到家庭功能的恢復對解決少年問題的重要性，但以目前的專業人力、物力來看，改善家庭部分真正能做到多少？雖然強制性親職教育自民國 82 年便入法，民國 92 年則將親職教育由「應」施行 改為「得」施行，主管機關並得收取費用，而「兒童及少年福利與權益保障法」於民國 104 年修改後，又再將親職教育修回「應」而非「得」，可見親職教育被認為是協助家長改善教養知能，進而減少兒虐再發生的重要策略（林維言、黃瑞雯、王奕程，2019），只是親職教育的執行仍面臨相當多的困難，成效亦不容易評估。政府於民國 107 年開始推動的「強化社會安全網計畫」以服務脆弱家庭為主，但目前的脆弱家庭包涵的家庭屬性相當多元，影響少年的家庭問題是否能夠藉由目前的服務模式獲得適當的解決？脆弱家庭的福利措施才剛起步，是否能夠發揮計畫所欲達到的目標？且能以不責難家庭未能盡到教養之責而與之對立，藉由提供失功能家庭必要的支持與協助，並教導家庭瞭解少年的需求，如此方有可能增強家庭權能，避免少年成為家庭問題的「代罪羔羊」。

三、促進少年正向發展

除了因上述以兒少權利發展為主軸的政策推動，近年學術界在探討少年議題時，雖仍持續關注相關風險行為與提出因應策略，但也開始有學者引進少年正向發展模式（Positive Youth Development，簡稱 PYD）（李孟蓉、劉燕萍，2020），藉此呼籲對於少年的服務與政策需要能夠回應他們在成長過程中所面臨的各種需求，隨著優勢觀點（strength-based approach）、復原力（resilience）等概念在社工界普遍被討論與運用，正向發展的觀點看重少年位於人生發展階段的可塑性，認為若能夠提供促進

個人與環境發展的正向互動，則少年便可能健全發展。李孟蓉、劉燕萍（2020）特別將少年正向發展模式的概念作相當清楚的介紹，同時提供我們在當前少年福利政策轉型的過程中一個可用於實務操作的參考，希望能夠藉此發展出更符合少年發展的服務方案，讓少年成為服務的提供者，以突破現今仍以問題解決取向、生態資產不足，以及社會文化價值中對於少年長期消權之意識型態等對於少年福利服務規劃上的限制。

在社會快速變遷的影響下，少年地位的突顯與成長環境的改變已是有目共睹的事實，若由國內少年福利服務的發展過程來看，我們可以發現：由於大家對少年問題的逐漸重視，使得少年福利政策有了存在的空間，少年的聲音也漸漸被聽到，這是值得肯定的部分。期待相關福利能持續看重少年族群需求表達的自主性，跳脫以問題取向為主的意識型態，突破現行口號多於實惠，以及支離破碎的少年福利政策模式；在考量少年身心發展的特質，並同時積極推動預防與處遇方面工作的情況下，建立整體性的少年福利與權益維護政策，以利少年健全發展。

問題與思考

1. 你對目前國內少年問題與需求有何看法？

2. 國內與少年福利相關的法令精神為何？其欲達成的目標為何？目前在執行上是否有達到這些精神與目標？何以見得？

3. 相較於問題或需求取向、以維護少年權利的相關策略有哪些？在臺灣推動少年福利與權利的挑戰有哪些？

建議研讀著作

1. 林沛君（2017）〈兒少「表意權」實質意涵的初探——以被安置兒少發聲的權利為中心〉，《台灣人權學刊》，4(1): 73-96。

2. 李孟蓉、劉燕萍（2020）〈以正向少年發展模式推動與社區互惠的少年社會工作實務〉，《臺大社會工作學刊》，41: 57-97。

3. 張茜雲、胡中宜（2017）〈安置機構少女接受自立生活準備服務之經驗：服務使用者的觀點〉，《臺灣社會工作學刊》，19: 1-42。

4. 吳惠文、許雅惠（2015）〈「家」內圍牆——兒少安置機構專業人員之專業互動分析〉，《東吳社會工作學報》，29: 25-51。

第 **5** 章
老人福利服務

呂寶靜 |

前　言

　　臺灣地區近 3、40 年來老年人口快速增加，加上社會變遷所帶來的各種改變，致使老人逐漸成為社會福利的標的人口群，政府推動之計畫和方案大幅增加，因此，社會工作在老人福利服務之實施愈顯重要，社會工作實施如何回應高齡化社會的衝擊、以及社工教育應如何裝備社工學生投入老人福利服務，均值得深入的探討。

　　本章的討論將分成下列四個部分：一、臺灣地區人口結構老化的現象；二、臺灣老人的狀況，先討論老年期的發展目標和發展職責，接著再按老人身體健康、心理狀況、經濟狀況、以及家庭支持功能等面向逐項說明；三、老人福利服務之現況，就老人福利政策和法規以及老人福利服務辦理現況兩項主題來討論之；四、老人社會工作的實施；及結語。

第一節　臺灣地區人口結構老化的現象

　　人口結構老化是已開發國家和開發中國家共同普遍的現象，這種現象是人口轉型的結果。綜觀世界各國，邁入老人國之林的時代有異，而且老化的速率也不等。瑞典和法國在 19 世紀後半期即為老人國，這兩個最早經歷人口老化的國家，自 1900 年以後老年人口呈現穩定和持續的成長。美國則是在 20 世紀初期老人人口急遽增加，至於日本人口的老化主要是發生在第二次世界大戰之後，而此種驚人的老人人口成長將持續至 21 世紀的前四分之一世紀（Myers, 1990: 25-26）。本節先說明人口轉型與人口老化的意含；接著分析臺灣地區人口老化的趨勢。

一、人口轉型與人口結構老化

　　依據聯合國的界定，所謂「老人國」是指一個國家 65 歲以上人口占總人口數的 7% 以上者，而這人口老化的現象是人口增加轉型（demographic transition）的必然結果。[1] 一般來說，人口增加轉型的過程

---

[1]　依聯合國界定，一個國家老人人口占總人口的 4% 以下稱之為「少年國」，介於 4%

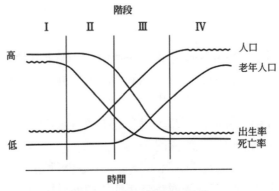

圖 5-1　人口轉型的階段

資料來源：Myers, George C. (1990) Demography of Aging, p.25. In Binstock and George (eds.) *Handbook of Aging and the Social Sciences* (3rd Ed.). CA: Academic Press.

可分為四個階段（見圖 5-1），第一階段，出生率、死亡率皆高，因而人口增加的非常少；在第二個階段，出生率並未下降，因而人口增加較第一階段為多，但老人人口增加更多；在第三階段出生率與死亡率皆下降，人口成長較快，老年人口也成長較快；至第四階段，出生率與死亡率皆呈穩定狀況（Myers, 1990: 24-26）。由此可知，在一個封閉的人口，出生率和死亡率的下降均會引起人口的老化，不過一般說來出生率的影響比死亡率較大。

二、臺灣人口老化的趨勢

如圖 5-2 所示，我國老年人口占總人口比率於 1993 年超過 7%，成為高齡化（ageing）社會，2018 年 3 月此比率已超過 14%，我國正式邁入高齡（aged）社會；預估於 2025 年，此比率將再超過 20%，成為超高齡（super-aged）社會之一員。老年人口持續增加，根據國家發展委員會（2020）的統計與推估（採中推計值），2020 年將有 378 萬餘人，占 16.0%；預估到 2030 年增為 557 萬人，占 24%；2040 年增為 670 萬餘人，占 30.2%；2050 年增為 745 萬餘人，占 36.6%；至 2060 年時，老年

至 7% 之間稱為「成人國」，而老人人口占總人口的 7% 以上則稱之為「老人國」。又當老人人口之比例超過 14% 時，即達到所謂的「高齡社會」（Aged Society），超過 20% 則達到「超高齡社會」（Super Aged Society）。

人口數將有 726 萬餘人，占 40%（詳見表 5-1）。而扶老比[2] 從 2020 年的 22.5% 上升為 2070 年之 84%；也就是說，從 2020 年每 4.4 位青壯人口扶養一位老人，到 2070 年則為 1.2 位青壯人口扶養一位老人。

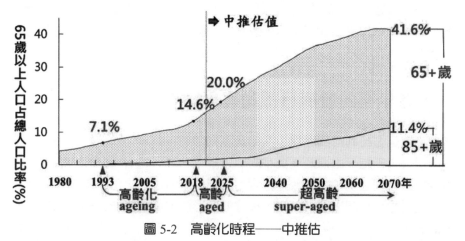

圖 5-2　高齡化時程──中推估

資料來源：國家發展委員會（2020）《中華民國人口推估（2020 至 2070 年）》，圖 10（頁 14）。

表 5-1	未來三階段年齡人口結構（中推計）							
年	人數（千人）			占總人口百分比			扶養比（%）	
	0-14 歲	15-64 歲	65+ 歲	0-14 歲	15-64 歲	65+ 歲	扶幼比	扶老比
2020	2,962	16,830	3,780	12.6	71,4	16.0	17.6	22.5
2030	2,503	15,131	5,570	10.8	65.2	24.0	16.5	36.8
2040	2,192	13,280	6,704	9.9	59.9	30.2	16.5	50.5
2050	1,895	11,015	7,457	9.3	54.1	36.6	17.2	67.7
2060	1,627	9,253	7,262	9.0	51.0	40.0	17.6	78.5
2070	1,410	7,828	6,576	8.9	49.5	41.6	18.0	84.0

資料來源：國家發展委員會（2020）《中華民國人口推估（2020 至 2070 年）》，表 15-1（頁 36）與表 15-3（頁 38）。

2　扶老比係「老年人口扶養比」之簡稱，即工作年齡人口對老年人口之負擔指數（old dependency ratio: [65 歲以上 /15-64 歲] ×100）。當一個國家的扶老比愈高，顯示該國家勞動人口年齡層扶養老人的負擔愈重。

第二節　臺灣老人的狀況

　　上節係側重在鉅視層次的分析，本節則從個體老化的生命發展歷程出發，先行討論老年期的發展目標和發展職責；其次再按身體和心理健康狀況、工作就業和生活費用來源、以及家庭支持功能等面向來分述臺灣老人的狀況。

一、老年期的發展目標和發展職責

　　老化是必經的自然過程，指的是生物體的各個層面、層級（系統、器官、組織、細胞、胞器乃至更小的組成單位）等，隨著時間經過而出現機能衰退或減弱之現象。從較通俗實用之說法來看，老化可視為生物體隨著年齡之增加，身體出現一系列生理機能和形態方面的退行性變化總和。人類的老化非僅為生理上的改變，還包括許多非生理上的喪失，如：角色的喪失、收入的減少，以及親戚朋友的失去，也包括許多害怕與擔心，如個人安全、穩定，以及長期需依賴他人等心理或情緒問題（張家銘，2015: 73-74）。

　　老化對老人工作者而言，包含著四種不同的過程，而這四種過程又是互相影響的（Hooyman & Kiyak, 2002，引自楊培珊、梅陳玉嬋，2016: 8）：

　　（一）年齡的老化（chronological aging）：指的是一個人從出生開始所累計的年數，例如 5 歲、50 歲或 100 歲。

　　（二）生理的老化（biological aging）：指的是一個人隨著年齡增長所產生身體上的變化。人體中有些器官或系統的功能，會因老化而減弱，但有些卻能保持相當穩定的狀態。

　　（三）心理的老化（psychological aging）：指的是一個人隨著年齡增長所產生心理層面的變化，包括智力、知覺、記憶、人格、動機、智慧、壓力處理及調適等。

　　（四）社會的老化（social aging）：指的是一個人隨著年齡增長所經驗到角色和人際關係上的變化。有關家庭、鄰里和朋友等非正式支持系統，以及由正式服務所構成的正式支持系統的種種議題是社會老化關切的。

　　Erikson（1963）認為個人在生命週期中最後一個階段老年期的發展
職責或心理危機是整合（或譯為圓整）（integration）或絕望（despair）。
整合係指對自己一生的接受且能毫無恐懼地面對死亡。已獲得整合的老人
會認為自己的人生有所成就也有所收穫。此外，這些老人能將自己過去的
歷史和目前的處境相互整合，而且對生命未來的結果感到滿意。相對「整
合」的另一個發展危機則是「絕望」，其特徵是對自己過去的一生感到後
悔，也不能坦然面對死亡，因為這些老人認為自己的人生是沒有成就的，
人生的願望尚未達成而生命已到盡頭，故悔恨交加。為達「整合」的發展
目標，老年期的發展職責有：（1）處理退休和退休後收入減少的經濟不安
全問題；（2）退休後和配偶相處；（3）和自己同年齡團體或老人協會建立
關係；（4）維持朋友和家庭關係；（5）繼續履行對社會和作為公民的責
任；（6）坦然面對自己的疾病和配偶、親友的死亡；（7）尋找令人滿意的
居住環境；（8）適應體力和健康的改變，並克服對身體外表的重視；（9）
重新評估個人的價值、自我的概念、以及自我的價值；（10）接受死亡的
來臨（Zastrow and Kirst-Ashman, 1990）。

二、臺灣地區老人的身體和心理健康狀況

　　在身體老化方面係指老人隨著年齡增長而在外表、身體狀況及器官功
能方面的改變情形。在身體健康方面，老人自評健康情形為何？依《中
華民國 106 年老人狀況調查報告》（衛生福利部，2018a: 135）顯示：老
人目前的健康與身心功能狀況良好者（包括「很好」與「還算好」）最
多，占 45.96%（分別占 9.13% 和 36.83%），其次為普通者占 30.05%，再
次為不好者（含「不太好」與「很不好」）占 15.91%（分別占 14.22% 和
1.69%）。至於老人罹患慢性病的情形，依 2017 年國民健康訪問調查結果
報告顯示：65 歲以上國人達 84.7 % 至少罹患一項慢性疾病；依性別比
較，女性至少罹患一項慢性疾病的百分比（87.8%）高於男性（81.1%）。
年齡層越高則罹病項目數也越多，65 至 74 歲年齡層至少罹患一項慢性
疾病之百分比為 81.4%，75 歲以上年齡層增至 89.3%。而兩項以上者
占 63.8%，三項以上者為 42.8%，可見老人罹患多項慢性病的情形頗為
普遍。至於 65 歲以上國人曾患各項慢性疾病之百分比，由高至低前五
項依序為高血壓（51.0%）、白內障（28.4%）、高血脂（27.8%）、糖尿病

（23.2%）、骨質疏鬆（21.5%）（衛生福利部，2018b: 91）。故如何預防老人罹患慢性疾病，進而推廣老人保健工作乃是高齡化社會的重要課題。

臺灣地區老年人口五大死因為何？2017 年之資料顯示，死於惡性腫瘤者最多，是臺灣老人死亡的第一大殺手；其次心臟疾病和肺炎分別為臺灣老人的第二和第三大死因，臺灣每年死亡的老人中，約有四成六死於前述三大死因；腦血管疾病、糖尿病則為老人的第四大、第五死因（衛生福利部，2018c: 14）。

除了用罹患疾病來表現老人的健康狀況外，老人日常生活功能障礙也是具參考的指標，因這些缺乏自我照顧能力的人需要長期照顧服務。長期照顧服務的對象是功能障礙者，一般而言，功能障礙係指身體功能障礙與認知功能障礙，身體功能障礙指無法獨立進行日常生活活動（activities of daily living, ADLs）與工具性日常生活活動（instrumental activities of daily living, IADLs）。ADLs 項目包括吃飯、上下床、穿衣、上廁所、洗澡；IADLs 項目包括購物、洗衣、煮飯、做輕鬆家事、室外走動、打電話、理財、服藥。身體功能障礙評估標準以需工具或需人幫忙為準。依《中華民國 106 年老人生活狀況調查報告》資料顯示：65 歲以上日常生活活動（ADLs）自理 6 項中至少有 1 項困難占 13.03%。就性別觀察，女性至少有 1 項困難占 14.59%，較男性 11.21% 高。以年齡別觀察，隨年齡增加有困難情形隨之增加，「65-69 歲」4.88%、「70-74 歲」6.68%、「75-79 歲」為 11.97%、80 歲以上升為 32.39%（衛生福利部，2018a: 36）。

表 5-2　65 歲以上老人 ADLs 至少有一項困難（按年齡性別分）

年齡別	總計	男	女
總計	**13.03**	**11.21**	**14.59**
65-69 歲	4.88	5.25	4.54
70-74 歲	6.68	5.16	8.00
75-79 歲	11.97	10.28	13.35
80 歲及以上	32.39	27.93	35.86

老人的心理健康情形則以罹患憂鬱症及憂鬱二項指標來表示之。憂鬱症是老人常見的精神疾病，老人出現的憂鬱症臨床症狀與年輕人相似，包括憂鬱情緒、對事物缺乏興趣、疲累無力感、失眠、體重減輕、注意力不

集中、記憶力減退、精神運動性激躁或遲滯、不適切的罪惡感、自殺意念（林志強、夏一新、陸汝斌，1995: 55）。依據統計，臺灣 65 歲以上的老人中，男性約有 9.3% 有憂鬱症狀，女性有 12.8%（衛生福利部，2018b: 131）。臺灣地區老人憂鬱症盛行率情形為何？有項研究使用簡式之流行病學研究中心簡易憂鬱量表（CES-D）作為測量工具，發現有 35.2% 的老人有憂鬱症狀，女性及功能障礙者易發生老人憂鬱（林惠文、楊博仁、楊宜瑱、陳俊傑、陳宣志、顏啟華、賴德仁、李孟智，2010）。然老年憂鬱症常被視為是老化的正常現象而被忽略，其實老年憂鬱症是可以被有效治療的，故需要更積極地去篩檢與介入（鄭偉伸、黃宗正、李明濱、廖士程，2016: 16）。

在自殺率方面，臺灣地區老人的自殺及自傷死亡率隨著年齡之增長而升高，2019 年國人死因統計表顯示，「65-69 歲」的自殺及自傷死亡率每十萬人口中有 21.1%；「70-74 歲」為 26.4%；「75-79 歲」為 32.9%；「80-84 歲」為 34.7%；「85 歲以上」則為 32.4%（衛生福利部，2020a）。65 歲以上人口的自殺率一直高居各年齡層之冠：而自殺是多重因子造成的悲劇結果，防治老人自殺不應僅僅被簡化為防治老人憂鬱症，老人自殺防治工作還應包括多層面的介入，例如：限制致命工具可得性、增進社會連結與整合、提供共同照護服務等，以符合當代全面性、選擇性、以及指標性之多層面自殺防治策略（鄭偉伸等，2016: 17）。

至於臺灣老人罹患失智症之情況，依衛生福利部於 2011-2013 年委託臺灣失智症協會進行之失智症流行病學調查結果，以及內政部 2019 年 12 月底人口統計資料估算，65 歲以上老人共 360 萬餘人，其中 65 歲以上失智症人口約 28 萬人，盛行率為 7.78%，即 65 歲以上的老人約每 12 人有 1 位失智者。依上開流行病學調查之結果，每五歲之失智症盛行率分別為：65-69 歲 3.40%、70-74 歲 3.46%、75-79 歲 7.19%、80-84 歲 13.03%、85-89 歲 21.92%、90 歲以上 36.88%，年紀愈大盛行率愈高（衛生福利部，2020b: 1-2）。

三、臺灣地區老人的工作就業和生活費用來源

臺灣地區，65 歲以上老人對未來生活最擔心的問題之前三項為：自己的健康問題（占 54.20%）最多，其次為自己生病的照顧問題（占

35.88%）及經濟來源問題（占 24.75%）（衛生福利部，2018a: 73）。由此可知，經濟上的不安全感是存在著的。

（一）老人之主要生活費用來源

依據《民國 106 年老人狀況調查報告》顯示：65 歲以上老人主要經濟來源以「子女或孫子女奉養」占 24.34% 最高，其次為「軍、公教、勞、國保年金給付」占 18.77%，再次為「政府救助或津貼」及「自己的儲蓄、利息、租金、投資所得或商業保險給付」，分別占 15.49%、14.76%。以性別觀察，女性主要經濟來源來自「子女或孫子女奉養」占 30.70%，明顯較男性之 16.86% 高（衛生福利部，2018a: 52）。

（二）老人工作狀況

工作對老人而言不僅是經濟來源也是個人社會地位建構的基礎，引導人際互動的模式，工作角色的喪失容易造成老人與社會的隔離。在 2013 年老人仍有工作的比例為 10.30%（約十位老人中有一位仍在工作），至 2017 年升為 13.68%（衛生福利部，2018a: 44）。

四、家庭支持老人的功能

在老人的社會關係方面，社會支持是重要的概念，因其可滿足老人的下列三項需求：（1）社會化和個人成長的需求；（2）在執行日常生活任務時，需要協助之需求；及（3）在生病或其他危機時，需要個人協助之需求（呂寶靜，2001: 4）。有關家庭支持老人功能之研究，大致可歸納在行為層面的照顧提供，以及價值信念層面的孝道觀念、奉養態度等。

（一）家庭提供老人的支持

1. 提供直接照顧

依《民國 106 年老人狀況調查報告》顯示：65 歲以上 ADLs 或 IADLs 至少有一項困難占 28.16%，推估需要照顧或協助人數為 90.7 萬人，其中主要由家人照顧或協助者占 6 成 7，並以「兒子」占 22.11% 最多、「配偶或同居人」占 21.53% 次之，而外籍看護工占 17.06% 再次之（衛生福利部，2018a: 39）。

又依《106 年老人狀況調查主要家庭照顧調查報告》資料顯示：家庭提供照顧的情形為：近九成一的家庭照顧者與被照顧者同住（91.68%）；家庭照顧者目前沒有工作者占 68.23%；而家庭照顧者每天平均照顧時間為 11.06 小時；又近四成三家庭照顧者因照顧而發生身心不舒服（衛生福利部，2018d）。由此可知，家庭照顧者負荷沉重，規劃長照制度以支持家庭照顧能力，乃是重要的課題。

家庭照顧者擔任照顧不僅承擔壓力與負荷，還會影響其生活品質。陳品元、李玉春、陳雅美（2017）研究發現：照顧者的照顧壓力越高，健康相關生活品質狀況越差；而照顧的熟練力越佳，心理相關生活品質越好。至於照顧的滿足感與照顧負荷為負相關，而與照顧的熟練能力為正向相關。依據研究結果提出的政策建議為：建構多元化的照顧者支持服務，除了降低照顧壓力外，同時給予服務支持正向照顧經驗，例如：提供照顧訓練與諮詢服務，增加照顧的熟練力與滿足感，以提升其健康相關生活品質。

2. 連接正式組織

近年來，各項老人福利服務紛紛推出，當老人和正式服務體系接觸時，其家庭在正式社會服務體系能扮演何種角色？國內一項實證研究資料之初步分析發現（呂寶靜，1999）：老人的成年子女除了提供直接協助給老人外，還扮演老人和正式服務體系的協調者，不僅將服務訊息提供給老人（告知訊息、代閱政府通知單），而且是老人的代辦者（代為準備相關資料、代填申請表格、代辦申請手續、代為查詢服務訊息），代表老人去辦理各項申領服務的手續。

（二）子女奉養老年父母的態度

對已婚有偶的老人而言，配偶通常是最重要的支持要素，但對那些配偶不在的老人，子女則是老人的照顧者。子女為何照顧老年的父母？現有文獻中探討成年子女照顧老年父母的理論有：公平論（equity theory）、義務論（obligation theory）、及依附關係論（attachment theory）（Cicirelli, 1989: 168-172）。成年子女願意照顧老年父母的解釋，可能是因成年子女想要回饋父母在其兒童依賴期的養育；或許是因成年子女遵循社會規範的期待而負起奉養父母的責任；另一種說法則是主張成年子女願意照顧老年

父母乃是基於彼此間的情感和親近感（呂寶靜，2001: 10-11）。

　　子女對老年父母的奉養或許即是孝道觀念的體現，臺灣地區民眾之孝道觀念的變遷情形如何？葉光輝（1997: 208-209）的研究發現如後：「親自奔喪」、「感念親恩」、「尊敬雙親」及「奉養雙親」等四項具體孝道內容，至今仍然受到臺灣民眾相當程度的重視。此外，葉光輝也建構出華人孝道的雙元模式（2009: 117-118）：相互性（receprocal）孝道與權威性（authoritarian）孝道，相互性孝道的運作基礎是父母與子女之間自然情感的互惠原則，強調的是「報」與「親親」原則；相對地，權威性孝道的運作基礎是基於華人家庭角色間的尊卑階序結構，強調的是「尊尊」原則。吳志文、葉光輝（2020）探討成年子女成為父母的照顧者之影響機制，援引雙元孝道模式，分析成年子女的孝道信念、代間多重時空框架經驗整合能力[3]與代間照顧者角色認同之關係，研究發現：相互性孝道對成年子女代間照顧者角色認同有正向效果；另相互性孝道可透過多框架整合能力，進而強化子女對老年父母照顧者角色認同的中介歷程。整體而言，孝道信念在華人社會具有鞏固家庭發揮照顧與支持高齡父母的功能。

　　至於奉養雙親的態度，從子女的立場，要盡孝道，可以從生活費用的分攤表示，八成五願意負擔父母的生活費；但從父母的立場，在生活費安排上，則呈現較強的自立態度（章英華，1994: 25）。此外，國人未來奉養態度的偏好與個人實際上家庭奉養經驗有重要的關聯，伊慶春、陳玉華（1998: 22-23）的研究發現，目前父母經濟自立者，自己對未來之經濟奉養態度也偏好相同的模式。另個人之人力資本（教育）、都市化居住經驗、子女數較少者，較傾向經濟自立之奉養態度。簡言之，從目前家庭結構、都市化程度、及民眾教育程度普遍提高的變遷趨勢來看，未來世代老人的代間關係應會呈現經濟自立之奉養態度。

第三節　臺灣社會老人福利服務的實施現況

　　人口老化的國家無不紛紛制定政策和推行服務方案以增進老人的福

---

[3]　成年子女整合自己與父母在不同時間、不同代間角色之間的多重互動情境框架，進而對於過往至今的代間關係產生功能性的詮釋與體悟。

祉，在臺灣，政府也透過各相關法案和規定的頒訂，以及各項福利服務措
施的實現來增進老人的福利。本節先界定老人福利服務之定義及內容，再
按「老人福利政策、法規和方案」及「老人福利服務辦理現況」兩項主題
來分述老人福利服務之辦理現況。

一、老人福利服務之內容

　　所謂的老人服務，是一種狹義的老人福利，也就是「社會福利領域的
老人對策，老人福利法及其他有關措施制度的各種老人援助政策與服務」
（江亮演，2001: 12）。而其目的是使老人能過著有尊嚴的、和常人一樣的
生活。換言之，老人福利服務係用來滿足老人的各項需求：最基本的需
求，如收入、棲身之所和食物；以及次級的需求，如教育、休閒、娛樂；
當然正式體系所提供的服務也包括那些可減輕老年期身體健康惡化和心理
問題的服務。

　　以美國為例，為了滿足老人各項福利需求的服務方案相當多元，簡要
說明如下：（1）為了滿足老人經濟安全之需求，則有社會保險的老年、殘
障、遺屬給付以及社會救助的補充性安全收入；（2）老人食物和營養需求
的方案有：集體用餐、送餐到家、食物券等方案；（3）在滿足老人居住需
求方面則有：房屋稅捐減免、住宅淨值轉換（或譯為「不動產逆向抵押貸
款」）、住宅低息貸款、住宅修繕服務、居家分租或分住、老人公寓、以及
房屋補助津貼等；（4）在滿足老人移（行）動的需求，則有：特殊的交通
接送服務、小型巴士（如復康巴士）、計程車服務、公車票折價等；（5）
健康相關的服務項目則有：醫療保險、醫療救助、護理之家、訪視護士服
務、居家衛生助理服務、安寧照護及日間照護服務；（6）滿足社會接觸
和休閒的需求之方案有：多目標老人中心、友善訪問、電話問安、休閒活
動、志願服務以及成人教育等（Huttman, 1985: 16-23）。

　　又 Tobin 與 Toseland（1990: 29）依老人身體功能損傷的程度（分為
輕度、中度、及重度三級）及服務提供的地點（分為社區式、居家式、及
機構式）二個面向將老人服務的類型分類為九大類，如表 5-3。

表 5-3　老人服務的分類（以服務輸送為焦點）

服務提供地點 老人功能損傷的程度	社區式的服務 （community-based）	居家式的服務 （home-based）	聚合式住宿與機構式的服務 （congregate residential and institutional-based）
輕度	• 成人教育 • 老人中心 • 志願服務組織 • 集體用餐方案 • 個人及家庭之資訊、轉介、輔導及諮商	• 住宅修繕服務 • 房屋淨值轉換 • 居家分租或分住 • 電話關懷 • 交通服務	• 退休老人社區 • 老人公寓 • 提供膳食的聚合式住宅
中度	• 多目標老人中心 • 社區心理衛生中心 • 門診健康服務 • 個案管理系統（社會／健康維護組織等）	• 寄養家庭照顧 • 居家服務 • 送餐到家 • 個案管理	• 團體之家 • 庇護式住宿設施 • 住宿和照顧（設施） • 喘息服務
重度	• 醫療型日間照護機構 • 精神病患日間照護 • 阿茲海默症患者家屬團體	• 居家健康服務 • 保護服務 • 居家醫療照護	• 急性醫院 • 精神病醫院 • 中度護理機構 • 技術性護理機構 • 安寧照護機構

資料來源：Tobin, S. S. & R. W. Toseland (1990) Models of Service for the Elderly, p.29, in A. Monk (ed.), *Handbook of Gerontological Services*. New York: Columbia University.

二、臺灣的老人福利政策、法規、和方案

（一）政策

　　老人福利服務的提供主要依循社會政策的理念及攸關法案的規定來規劃與推動。與我國高齡人口較為相關的政策有：民生主義現階段社會政策（1965 年）、人口政策白皮書：針對少子女化、高齡化及移民問題對策（2008 年）、社會福利政策綱領（2012 年）、中華民國人口政策綱領（2014 年）、高齡社會白皮書（2015 年）、失智症防治照護政策綱領暨行動方案 2.0（2020 年）。[4] 2012 年社會福利政策綱領的內容中有關老人福利服務的

---

[4]　此綱領以失智者為對象，並未限定年齡，然有鑑於臺灣失智人口中，65 歲以上人口

條文係屬「福利服務」類；而人口政策綱領則是將高齡者社會福利的條文納入「社會安全網」。至於聚焦高齡社會議題的政策為：（1）2008 年人口政策白皮書：針對少子女化、高齡化及移民問題對策、及（2）2015 高齡社會白皮書，特予以簡要說明。

呂寶靜（1998: 200）回顧臺灣地區老人福利政策的發展過程（如：1947 年訂頒的憲法基本國策中有關社會安全六條的條文，以及 1995 年訂頒之「民生主義現階段政策」），發現早期仍以貧苦或遭受災害的老人為對象。而林萬億（2006: 388-390）指出，在老人福利立法之前，所實施的福利服務措施有：設立救濟院、提供老人休閒康樂活動、辦理老人健康檢查、試辦老人搭乘水陸公共交通工具半票優待。一直到 1980 年「老人福利法」的訂頒，方才顯示政府對老人的重視，奠定老人福利的法源基礎。

1. 人口政策白皮書：針對少子女化、高齡化及移民問題對策

行政院於 2008 年 3 月 10 日核定我國「人口政策白皮書」，配合少子女化、高齡化及移民等當前問題及未來人口結構趨勢，擬定具體因應對策。其中有關高齡化社會對策，其政策目標在於「建構有利於高齡者健康、安全及終身學習的友善環境，以維持高齡者活力、尊嚴與自主」，其價值理念包括對老人個別性、自我決定、選擇權、隱私權和對外在環境掌控能力之尊重。為達成高齡化社會對策之目標提出「支持家庭照顧老人」、「完善老人健康與社會照顧體系」、「提升老年經濟安全保障」、「促進中高齡就業與人力資源運用」、「推動高齡者社會住宅」、「完善高齡者交通運輸環境」、「促進高齡者休閒參與」、及「建構完整高齡教育系統」等八大推動策略（內政部，2008）。

2. 高齡社會白皮書

臺灣面臨高齡社會之重大挑戰，但過往政策的範圍以失能者的長照服務或弱勢者的福利為主，實有需要翻轉未來政策的方向以「全人全照顧」觀點關注老人的整體需求。爰此，行政院於 2015 年核定「高齡社會白皮書」，以「健康、幸福、活力、友善」等原則建構高齡社會未來四大願景。在健康生活願景下的行動策略是：健康促進保功能、醫療照護固健

占大多數，以 2019 年底為例，失智人口推估為 29 萬人，其中 65 歲以上人人口約 28 萬人，故列入。

康；在幸福家庭願景下的行動策略是：完備長照減壓力、世代交流創天倫、生活無虞好安心；在活力社會願景下的策略是：銀髮動能貢獻大、多元社參促圓夢、青壯協力迎未來；在友善環境下的具體行動策略為：服務網絡真便利、食衣住行無障礙、及歧視障礙盡破除（簡慧娟，2016: 80-81）。而在建構食衣住行育樂無障礙環境的行動策略下列舉「結合科技發展銀髮產業」是其中的一項方案，也有學者主張高齡社會白皮書可提供機會給企業實踐社會責任（馮燕，2015）。

從政策發展的方向來看，（1）關注對象從早期為弱勢老人之救助，逐漸轉至失能老人、失智老人之照護服務，而後擴大至促進一般老人的健康促進和社會參與；（2）從強調對老人之健康照護、經濟安全、安養照顧、文康教育等基本需求的回應，逐漸朝向重視提供老人無障礙（包括有形的物理障礙及無形的歧視障礙）的生活空間，從更廣泛的面向（如住宅、交通、建築等）來築構一個友善的生活環境；（3）重視科技運用、發展銀髮產業，也強調公私協力共同推動。由此可知，臺灣老人福利政策的發展，除了因應人口結構老化的影響外，也參考國際社會對於提高老人福祉的倡議和作法，特別是世界衛生組織於 2002 年提出的活力老化（active ageing）的主張、以及於 2007 年發布之「高齡友善的城市指南」（Global Age-friendly Cities: A Guide）（劉宜君，2020: 41）。

（二）老人福利攸關法規

1. 老人福利法

老人福利法於 1980 年制定，前後歷經九次修訂，最近一次修法是 2020 年，這個版本的內容分為七章 55 條。第一章總則、第二章經濟安全、第三章服務措施、第四章福利機構、第五章保護措施、第六章罰則、第七章附則。茲將內容重點說明如下：

（1）第一章總則：敘明目標、對象及中央各目的事業主管機關、各級主管機關之職責、經費來源、人員、政府和民間部門之關係、開放社會參與、以及定期舉辦老人生活狀況調查等。目標為：「維護老人尊嚴與健康，延緩老人失能，安定老人生活，保障老人權益，增進老人福利，特制定本辦法」。進一步分析目標的演變，1980 年版開始重視老人的健康和福祉，但為兼顧華人文化敬老的美德，故將「宏揚敬老美德」也列為一項立法宗旨；而於 1997 年另增添「保障老人權益」為立法宗旨，期冀能揭示

立法的目的旨在保障老人作為社會成員的權益，又於 2007 年修法的立法目的增添為「維護老人尊嚴與健康」，將「維護老人尊嚴」乙詞列入立法宗旨，尊嚴的意涵包括不受剝削和虐待、公平對待、以及自由安排老年生活（呂寶靜，2012: 80）。至於 2015 年將「延緩老人失能」公開揭櫫為目標之一，乃是有鑑於長期照顧服務法也於同年五月通過。

（2）第二章經濟安全：明列老人經濟安全保障採生活津貼、特別照顧津貼及年金制度方式來實施，又規定依法請領各項現金給付補助之權利不得扣押、讓與或供擔保。此外，在該法第 15 條也提到對於有接受長期照顧服務必要之失能老人，政府應依老人與其家庭經濟狀況及老人失能程度提供補助。至於在保護老人財產安全方面的措施有：監護或輔助宣告之申請或是有改定監護人或輔助人必要之老人，政府可協助其申請；但基於保障老人身體與財產，政府亦可向法院申請必要處分以保護財產安全。另，政府也鼓勵老人將財產交付信託，並提供商業型不動產逆向抵押貸款服務。

（3）第三章服務措施：首先敘明老人照顧服務的原則為：全人照顧服務應依全人照顧、在地老化、健康促進、延緩失能、社會參與、及多元連續服務原則規劃辦理。其次，老人照顧服務主要包括：居家式、社區式、機構式、以及支持家庭照顧者的措施。其他服務措施包括：老人健康檢查及保健服務、保險費及部分負擔費用之補助、輔具服務。至於老人社會參與的範疇含括志願服務、教育學習、休閒體育活動、高齡者就業等服務措施之辦理；另對於搭乘交通工具與參觀文教設施半價優待。此外，在住屋部分則有住屋修繕、住屋補助、社會住宅之推動。

（4）第四章福利機構：規範老人福利機構的類型、設立方式、營運方式、以及與服務對象或其家屬訂定契約等事項。

（5）第五章保護措施：明列保護和安置對象、規定通報責任人員及通報後處理辦法、以及建立老人保護體系等。

（6）第六章罰則：主要是針對老人福利機構相關事項之懲處、及負撫養義務之人或實際照顧者相關行為之懲罰。

2. 長期照顧服務法（簡稱長服法）

長服法於 2015 年通過立法，於 2017 年 6 月 3 日起正式施行，共七章 66 條，內容除涵蓋長照服務內容、長照財源、人員及機構管理、受照

護者權益保障、服務發展獎勵措施等五大要素外，包括以下重要制度（衛生福利部長照專區長照法規，https://1966.gov.tw/LTC/cp-3637-42407-201.html）：

（1）明定各類長照服務項目，包括：居家式、社區式、機構住宿式及綜合式服務類。

（2）明定長期照顧服務人員之專業定位。

（3）明定長照財源，並設置長照基金，以促進長照相關資源之發展、提升服務品質與效率、充實並均衡服務與人力資源。

（4）初次入國之外籍看護工，其雇主可申請家庭看護工補充訓練。

（5）將各界關注之家庭照顧者，納入服務對象。

長服法部分條文亦於 2017 年 1 月 26 日修正公布，修正第 15 條外界關注之長照財源，增加遺贈稅及菸稅調增稅率；此外，修正第 22 條及第 62 條規定，現行長照機構可持續營運，除保障現有服務對象權益之外，亦強化長照 2.0 社區整體照顧服務體系發展。本法為我國長照發展重要之根本大法，整合各類長照資源，使資源更全面，服務更有品質，失能者得到適當的照護。

（三）服務方案與計畫

除了法規和政策之外，政府亦透過服務方案與計畫之推行，期能補充及落實老人福利服務 。相繼推動的方案及計畫包括：(1)加強老人安養服務方案；(2)友善關懷老人服務方案；及（3）長期照顧十年計畫及長照十年計畫 2.0。

1. 加強老人安養服務方案

行政院於 1998 年通過為期三年的「加強老人安養服務方案」。該方案共有三期，第一期（民國 87 年 5 月 1 日至 90 年 6 月 31 日）開始重視獨居老人生活照顧問題、開展社區照顧以及提升機構照顧品質。在第二期（民國 91 年 7 月 1 日至 93 年 12 月 31 日），開始與行政院經建會「照顧服務福利及產業發展方案」相互搭配，該方案之具體成效包括：居家服務補助對象擴大至一般戶失能民眾、各縣市開辦獨居老人緊急救援連線、完成「建構長期照護體系先導計畫」、完成全國未立案老人安養護機構清查輔導、開辦「敬老福利生活津貼」、開設「老朋友專線」、完成「照顧服務員

技術士技能檢定制度」等。第三期（民國 94 年 1 月 1 日至 96 年 12 月 31 日）的推動策略則以資源開發、鼓勵民間投入及強化志工參與為主，並在 2005 年訂頒「建立社區照顧關懷據點實施計畫」，期望透過社區照顧關懷據點的設置，一方面可提供在地的初級預防性照顧服務，同時也能推廣「在地人提供在地服務」之精神，鼓勵健康老人參與志願服務（呂寶靜，2012: 81）。

2. 友善關懷老人服務方案

有鑑於長期照顧服務以及國民年金制度開辦，較偏重於失能老人之照顧服務及國民之老年基本經濟安全保障，對於非屬失能之老人，相關生活照顧與權益維護服務相對顯得欠缺與不足，行政院於 2009 年訂頒「友善關懷老人服務方案」，該方案爰以「活躍老化」、「友善老人」、「世代融合」為推動主軸，期積極維護老人尊嚴與自主，形塑友善老人的生活環境，強化老人身體、心理、社會參與的整體照顧，使老人得以享有活力、尊嚴與獨立自主之老年生活。其策略包括：（1）加強弱勢老人服務，提供關懷照顧保護；（2）推展老人健康促進，強化預防保健服務；（3）鼓勵老人社會參與，維護老年生活安適；（4）健全友善老人環境，倡導世代融合社會（黃碧霞、莊金珠、楊雅嵐，2010）。隨後行政院於 2013 年 12 月 9 日核定「友善關懷老人服務方案第二期計畫」。第二期計畫延續第一期計畫強調的活躍老化、友善老人及世代融合三大理念，整合跨部會資源，著重老人預防保健與健康促進服務，加強督查無障礙環境之改善，強調社會參與及引進民間資源投入，發展社會企業模式參與老人服務及鼓勵終身學習等面向，以「健康老化」、「在地老化」、「智慧老化」、「活力老化」及「樂學老化」五大目標推動各項具體行動措施，期滿足老人全方位需求。

3. 長期照顧（護）服務

隨著國內醫療水準提升，國民平均餘命延長、疾病型態慢性化，再加上家庭結構及照顧功能之變遷，國人對長期照護服務之需求日漸殷切，政府開始正視此一議題，首先行政院衛生署於 1998 年訂頒「老人長期照護三年計畫」，（實施期間為 1998 年 7 月 1 日起至 2001 年 6 月 30 日止），而行政院也於 2000 年推動「建構長期照護體系先導計畫」，又於 2007 年核定「我國長期照顧十年計畫」，2016 年「長期照顧十年計畫 2.0（106-115 年）」（簡稱「長照 2.0」）。

　　2000年推動之「建構長期照護體系先導計畫」係採取在地化之政策目標，並從資源發展、經濟支持、組織管理、與服務提供等四大面向規劃體系建構策略（吳淑瓊、戴玉慈、莊坤洋、張媚、呂寶靜、曹愛蘭、王正、陳正芬，2004）：（1）資源發展策略：為具體落實「在地老化」之政策目標，在社區中發展照顧模式。（2）服務提供策略：藉由補助民眾接受社區服務，但不補助機構服務，以能提升民眾選用社區服務的意願。（3）組織與管理策略：在社區建置照顧管理制度，以社區中心為單一窗口，其中配置照顧經理（care managers，後改稱為「照顧管理專員」），讓民眾只要進入窗口，就能在經理的協助下獲得全套服務。（4）經濟支持策略：服務的補助範圍，僅涵括個人和生活照顧的部分，且在「需要者導向」之設計理念下，依照個案依賴程度等級設計補助額度，依賴程度越嚴重補助越多；另為避免服務的濫用，節約長期照護成本，採用「自付額」和「守門員」（gate-keeper）等兩項策略，希望民眾因自付部分照顧成本，而不過度使用服務，並在照顧經理把關下，依個案依賴程度專業核定，以達到控制照顧成本之效。上述策略勾勒出我國長照照顧服務體系發展的藍圖。

（1）我國長期照顧十年計畫

　　「我國長期照顧十年計畫」於2007年4月3日經行政院院會通過，並於2008年正式全國推動實施，本計畫的基本目標為「建構完整之我國長期照顧體系，保障身心功能障礙者能獲得適切的服務，增進獨立生活能力，提升生活品質，以維持尊嚴與自主」。而制度規劃所立基之原則有：普及化、連續性照顧、鼓勵自立、支持家庭照顧責任、階梯式補助原則、地方化、及伙伴關係。

　　依據該計畫，長期照顧服務對象為：（1）65歲以上老人；（2）55歲以上山地原住民；（3）50歲以上之身心障礙者；（4）僅IADLs失能且獨居之老人。長期照顧係為滿足老化導致之照顧需求，故以65歲以上老人為主要服務對象；但考量個人之老化經驗不同，除以65歲年齡為切割點外，亦需將因身心障礙、地區因素致使提早老化需照顧之對象一併納入，包括55至64歲的山地原住民，以及50至64歲的身心障礙者。至於僅IADLs失能且獨居老人因較可能缺乏家庭社會支持，造成無人可協助購物、煮飯、洗衣服，致使無法在家獨自生活，過早進住機構；考慮IADLs失能且獨居老人特殊需求之情形，爰將其納入現階段規劃的服務對象範圍

內。至於服務項目則含括：（1）照顧服務（含居家服務、日間照顧、家庭托顧）；（2）居家護理；（3）社區及居家復健；（4）輔具購買、租借及居家無障礙環境改善服務；（5）老人營養餐飲服務；（6）喘息服務；（7）交通接送服務；（8）長期照顧機構服務（行政院，2007）。

　　陳正芬（2011）回顧我國長期照顧體系自 1980 年代至今的發展軌跡，歸納出四項特性：（1）照顧服務對象的擴大——從選擇主義（selectivism）到普遍主義（universalism）；（2）長期照顧資源形式的多元化——從機構式服務到居家優先；（3）照顧服務輸送體系的建制——從地方分權走向中央統籌；（4）財源籌措方式的制度化——從政府補助走向獨立財源。

（2）長期照顧十年計畫 2.0

　　行政院於 2016 年核定「長照十年計畫 2.0」，本計畫之理念為：以人為中心、以社區為基礎、提供連續性照顧。計畫目標為：建立優質、平價、普及長期照顧服務體系；實現在地老化價值，提供從支持家庭、居家、社區到住宿式照顧之多元連續服務：向前延伸初級預防照護；向後端提供多目標社區式支持服務，銜接出院準備服務及居家醫療。服務對象除了延續長照十年計畫之對象外，也擴大服務對象，納入 50 歲以上輕度失智症者、未滿 50 歲以上身心失能障礙者、65 歲衰弱老人，及 55-64 歲失能原住民（衛生福利部，2016）。

　　在建構社區整體照顧服務體系方面：發展以社區為基礎的整合式服務體系，以培植社區整合型服務中心（A）、擴大複合型服務中心（B）、廣設巷弄長照站（C）為原則，鼓勵各縣市政府廣結長照、醫療、護理以及社福單位辦理，期能加速綿密服務網絡，以民眾「看得到、找得到、用得到」為目標。至於服務項目則包括：居家服務、日間照顧服務、家庭托顧、營養餐飲服務、交通接送服務、居家護理、社區及居家復健、輔具購租及居家無障礙環境改善、專業服務、及喘息服務。此外，也推動多元創新服務，含括：失智照護服務、原住民族地區長期照護整合型服務、家庭照顧者支持服務、擴大外籍看護工家庭使用喘息服務；居家失能個案家庭醫師照護方案、長照出院準備服務與復能多元服務、以及住宿式服務機構使用者補助方案（衛生福利部，2020c）。

三、臺灣老人福利服務之辦理現況

依據老人福利法規定老人福利之主管機關為衛生福利部，主要係由衛生福利部中的三個司署：長期照顧司（簡稱長照司）、社會及家庭發展署（簡稱社家署）與國民健康署（簡稱國健署）負責推動。長照司掌理長期照顧政策、制度發展之規劃、推動及相關法規之研擬等；前述長照十年計畫 2.0 的服務項目與方案之規劃、推動與監督主要由長照司主責，另也辦理住宿式機構獎助、機構評鑑、及提升機構照護品質等業務。而健康促進、健康老化、及高齡友善環境之推動係由國健署主責；至於老人福利服務政策之規劃、推動及相關法規之研擬，及老人權益保障及社會參與政策之規劃等則由社家署主責。目前辦理之老人福利措施大致可分為經濟安全、健康照護、健康促進、老人保護、教育與休閒及社會參與、以及心理及社會適應等六類來說明（詳見表 5-4）。此外，在打造高齡環境方面的措施有：認記高齡友善健康照護機構（高齡友善醫院、高齡友善衛生所）、推動高齡友善城市及社區、以及建立失智友善社區。

表 5-4 現行衛生福利部辦理的老人福利措施一覽表

一、經濟安全 　1. 國民年金 　2. 低收入戶生活補助 　3. 中低收入老人生活津貼 　4. 中低收入老人特別照顧津貼	四、老人保護（含獨居老人關懷照顧）
二、健康照護 　1. 老人預防保健服務 　2. 中低收入老人參加全民健康保險補助 　3. 中低收入老人重病住院看護費補助 　4. 中低收入老人裝置假牙補助	五、教育、休閒及社會參與 　1. 社區照顧關懷據點 　2. 長青學苑 　3. 興設老人（福利服務）活動中心 　4. 參與社團及志願服務 　5. 各類優待措施（搭乘國內交通工具、進入康樂場所及參觀文教設施半價優待） 　6. 多功能巡迴服務專車 　7. 其他老人福利活動
三、健康促進 　1. 社區長者健康促進活動 　2. 社區營養照護服務（設立社區營養推廣中心） 　3. 慢性病照護網	六、心理及社會適應 　1. 設置老人諮詢服務中心（提供老朋友專線）

資料來源：作者自行整理。

　　雖然目前提供的老人福利服務相當多元，但老人對於福利措施的認知並不高。根據衛生福利部的《106 年老人狀況調查報告》顯示：65 歲以上知道「日間照顧」服務占 52.03%；知道「居家服務」服務占 65.07%；知道「不動產逆向抵押貸款制度（俗稱以房養老）」占 39.52%。

　　此外，在老人福利服務輸送過程中有四個值得重視的議題——可獲性（availability）、可近性（accessibility）、可接受性（acceptability）及可負擔性（affordability）。在老人居住的鄰近地區有無上述服務之提供？又老人若要使用服務，是否有地理上或語言上的障礙？又服務若需使用者自付，則老人及其家人是否負擔得起費用？另人們對這類服務抱持何種看法——接受或排拒它？除此之外，還牽涉到資源配置的適當性（是否服務為真正需要的人所使用）及公平性（區域間的正義、不同族群間的公平）的考量。

　　在可獲性方面，表 5-4 列舉出各項辦理的老人福利服務措施，但各縣市之服務資源嚴重不均，以日間照顧中心為例，截至 2020 年底，屏東縣設置有 38 個，鄰近的臺東縣只有 13 個（衛生福利部長照專區）。至於在可接受性方面，呂寶靜（2001: 93）以日間照護服務之使用為例，探索影響老人使用福利服務的障礙，結果發現：若家人（特別是兒子）感受到老年父母使用正式服務會威脅到其孝順的形象，家人不贊成的態度可能就成為服務使用的障礙。另外，在老人方面，使用日間照護服務讓老人聯想到「自己已進入養老的階段」、「自己需要他人照顧」等「依賴者」的形象，則老人會抗拒去使用服務。

第四節　老人社會工作的實施

一、老人社會工作干預的層次

　　社會工作的功能一般被認為是恢復的功能、預防的功能、及發展的功能。Kropf 與 Hutchison（1992: 7-9）認為老人是一個歧異性相當大的團體，自有多樣化的需求，所以老人社會工作的實施就呈現一個連續體。社會工作者的干預層次就分為：初級、次級、和第三級（Kropf and Hutchison, 1992: 1-6）。初級的干預目標在於「預防問題的發生」，主要是

舉辦促進老人健康與福祉的活動。第二級的干預對象為面臨問題剛發生的老人，干預的焦點鎖定在早期的診斷與立即的治療，而干預的目標在於儘可能地解決問題，俾預防更嚴重的功能損傷發生。第三級的實務干預對象是失能的老人（impaired elder），干預的目標在於改善功能損傷的情況，且幫助案主儘可能地重新恢復其功能。社會工作者在此階段的服務對象必須包含「老人及其照顧者」。

二、我國法規對於老人福利服務領域社工人力配置之範定

2021年修正發布的「老人福利機構設立標準」以及2015年訂定之「老人福利服務提供者資格要件及服務準則」針對社工人力配置都明訂有相關規定。以長期照護型機構或養護型機構或失智照顧型機構均規定：每照顧一百人者，應置一人；未滿一百人者，以一百人計。但四十九人以上者得以特約方式辦理；採特約方式辦理者，每週每人至少應上班十六小時以上。另，小型養護機構則是以專任或特約方式辦理。而安養機構的社工人力配置比是80：1，未滿八十人者，以八十人計。但四十九人以下者得以特約方式辦理，採特約方式辦理者，每週每人至少應上班十六小時以上。至於護產相關機構的照顧服務中，依照「護理機構分類設置標準」，在一般護理之家和精神護理之家皆範定人力配置為100：1，若未滿100床者，應指定專人負責社會服務工作或置兼任的社工人員。另「行政院國民退除役官兵輔導委員會榮民自費安養中心組織規程」中，也明確規定應設有社會工作組執掌安養榮民的生活照護和心理輔導等事宜，且規定應編制三名社會工作人員。

有關社區式長期照顧機構，依「長期照顧服務機構設立標準」，不論日間照顧或是小規模多機能服務，都規定：每服務三十人應置護理師（士）或社會工作人員一名；未滿三十人者，以三十人計。團體家屋則是應置社會工作人員或護理師（士）一人。另，有關居家式服務機構提供身體照顧、日常生活照顧及家事服務者，服務每滿六十人應置督導員，每滿六十人增加一人。又依「老人福利服務專業人員資格及訓練辦法」，居家服務督導員之資格包含：（1）領有社會工作師證照。（2）專科以上學校社會工作、醫學、護理、職能治療、物理治療、營養、藥學、公共衛生、老

人照顧等相關系、所、學位學程、科畢業。而居家護理所除護理人員至少一人外，得視業務需要置專任或特約社會工作人員。此外，失智症團體家屋也規定每一照顧單元應置一人，並得由社工人員、護理人員或其他相關醫護人員專任。又依長期照顧十年計畫 2.0 中提到，每一縣市至少設置一所照顧管理中心，而照顧管理專員之任用資格之一為長期照護相關大學或專科畢業生，且具有兩年以上相關照護工作經驗。另規定每五至七名照顧管理者設一名督導。

由上述說明，社工員的實施場域為老人長期照護機構、養護機構、安養機構、護理之家、居家服務方案、日間照顧服務方案、失智症老人團體家屋、及老人福利服務中心；另家庭照顧者支持中心以及各縣市的照顧管理中心之照顧管理專員也有由社工背景擔任的情形。

三、社會工作人員在各場域之工作職責與內容

（一）安養護機構

依 2021 年修正發布的「老人福利機構設立標準」之規定，長期照顧機構及安養機構應配置社會工作人員，負責辦理社會工作業務，但未明訂社會工作業務的內容與項目。惟檢視 1997 年「老人福利機構設立標準」有關社會工作人員之配置規定為：「至少置一人，負責老人收容與轉介業務、老人諮詢服務、社會資源之結合與應用、老人福利服務方案之設計與執行、個案輔導工作及記錄管理，每養護一百位老人應增置一位社工人員。」其中雖然明訂了五項社會工作員的職責，但其實質的工作內容並不是很詳盡（呂寶靜，2012: 153）。而中華民國老人福利推動聯盟（2004）的《老人安養、養護、長期照護機構社工人員操作手冊》列出社會工作員的工作內容包含：住民入住及退住事宜、個案工作、團體工作、緊急危機處理、與其他團隊成員合作、與家屬共同合作、老人保護工作、公關行銷、經費募款、志工管理、實習業務與在職訓練教育業務。

（二）護理之家

有關護理之家社工人員之角色，依鄭惠心、侯建洲、林鴻玲之研究（2019）發現社工員在護理之家的角色可分與社會層次有關的鉅視面

（如：倡導者）、與團隊有關的居間角色（如：領導者、輔導關懷教育者、資源連結者、溝通聯繫串聯者、正義維護者）、還有與個案處遇介入的角色（如：個案服務者、活動設計、策劃及辦理者、家庭服務者、社區適應促進者、福利諮詢者、志工管理者、與創意發想者等）。

（三）日間照顧（護）機構

依據「老人福利服務提供者資格要件及服務準則」中有關「社區式日間照顧服務」之規定，日間照顧服務提供單位必須配置護理人員或社會工作人員至少一人。李琪（2011）歸納日間照顧社工員的主要工作職責如下：（1）以老人為對象（如：個案工作、團體工作及各項活動的安排和帶領）；（2）以家屬為對象（如：提供諮詢、家屬聯繫；家屬座談會、家屬支持團體、家屬聯誼會的舉辦）；（3）社區工作：日照服務宣傳、失智症篩檢等；以及（4）其他工作職責：如志工管理、社工實習。

（四）居家服務單位

居家服務督導員雖不直接提供服務，但執行督導任務，其服務對象包括居家服務員、案主、縣市政府，目的在於規劃適切服務、確保服務品質；除了發揮督導的行政功能、教育功能、支持功能，還包括調節功能（謝美娥，2015: 133-135）。根據中華民國老人福利推動聯盟編印的《居家服務操作手冊》中，依照居家服務提供的流程，歸納出居家服務督導員的工作職責如下（吳玉琴，2008）：（1）接受派案／自費個案接案；（2）開案家訪評估；（3）擬定照顧服務計畫：其內容包括擬定計畫日期、居家服務需求、照顧目標等，以及遴選居服員，並派案與排班；（4）簽訂服務契約；（5）提供居家服務；（6）定期評估；及（7）轉案、結案與追蹤。

（五）老人保護

臺灣的老人保護法制，除了老人福利法、及家庭暴力防治法為主要規範外，其他現行民法、刑法、性侵害防治法、性騷擾防治法等法規，皆有條文可用於防治各類型老人虐待，藉以保護受虐老人（李瑞金，2015: 242）。實務上，社工人員依老人受虐待或照顧情形提供適當的介入與處遇如下：24 小時通報、危機處遇、安置服務、醫療服務、法律服務、心理諮商服務、經濟協助、長期照顧服務（居家服務、日間照顧、居家護理

等）、安養服務、家庭重整服務、召開家屬協調會議（姜琴音，2020）。

四、老人社會工作的挑戰

（一）增進社會工作者專業知能

　　由於老人的需求橫跨生理上、心理上、經濟上、住宅及居住環境上、以及社會關係層面，各需要許多不同專業人員的協同合作，跨專業團隊成為主流的工作模式。此外，在一些跨專業的團隊中，愈來愈多的社工人員成為領袖，因而行政管理的技巧也需要學習。有項研究指出老人社工人員應具備的重要職能為：社會工作基本能力、多專業合作能力、及管理與領導能力（陳伶珠，2011）。

　　社工人員專業職能的具備度不僅會影響成就感，也與離職有關。蕭文高（2017）研究指出：知識職能、技巧職能與成就感為老人照顧服務社會工作者離職傾向之主要預測因子；核心知識（具備度）較佳者、直接服務技巧（落差）較低者，[5] 離職傾向較低。因此，如何增進實務工作者的職能是我國長期照顧專業人力培訓應關注的課題。

（二）提供工作資源以營造友善的工作環境

　　除了離職是社會工作人力資源管理關注的課題外，職場疲勞也是值得探究，因職場疲勞會使工作者出現生心理狀況、負向的態度行為、降低工作效率、不佳的工作表現、較高的離職傾向，更會影響服務品質。鄭怡世、巫麗雪、劉幸宜（2017）針對日間照顧服務人員之職場疲勞進行研究發現：心理負荷與工作過度投入傾向是職場疲勞主要的預測因子，而工作資源可減緩職場疲勞；進而提出建議如下：政府及日間照顧單位的經營者應透過制度性的安排與規劃，營造更友善的工作環境，以舒緩工作人員的職場疲勞。

（三）機構管理的新作法——導入優勢觀點管理模式

　　有項針對安養機構的社工員，採用優勢觀點模式管理策略之行動研究

---

[5]　「落差」係指受訪者評定該項職能的「重要度」與自評「具備度」兩者之間的差距。換言之，落差低意味著該項職能被評定重要且自己有具備這項技能。

發現（鄧啟明、宋麗玉，2018）：此模式有助於老人照顧團隊與老人工作時，藉由探索老人的想望，增強其希望感，進而翻轉工作人員對於老化的負向刻板印象，有機會達到雙向復原的效果。

（四）創新社工人員角色

目前社工人員以在照顧服務場域工作居多，也就是說服務對象以失能老人、弱勢老人居多，但在「生產力老化」（productive aging）主張提出後，健康老人的需求逐漸被看到，服務方案也漸漸開展。所謂生產力老化的意涵係指老人從事任何能產生財貨或服務的活動、或從事準備以發展能量來生產財貨或服務，不論此活動是否獲得金錢酬賞（Caro, Bass, and Chen, 1993）。Sherraden 等人（2001）則整理出六大種類的生產力活動，包括（1）市場性的經濟活動，（2）非市場性但有價的活動，（3）正式部門的社會與公民投入，（4）非正式社會支持與協助，（5）社會關係與社會活動，（6）自我提升（引自楊培珊、梅陳玉嬋，2016: 292）。為達到生產力老化的目標，不僅重視個別老人的能力，在結構層面更強調制度上的能力，特別是指各種角色需求面的因素以及角色的聯結之機制（如資訊的可獲性、角色的可近性、角色的誘因及促進因素）（Morrow-Howell, Hinterlong, and Sherraden, 2001）。在此主張下，老人社會工作者需承擔非傳統的角色，如：工作場所職涯的諮商師、志工服務方案的規劃者、退休方案的規劃者、社會大眾教育工作者及環境改變倡導者。至於社工員的技術及介入觀點也會有所不同，譬如：（1）在介入時採取主動積極（proactive）之取向；（2）尋求創意性的問題解決方法；（3）扮演跨專業／跨領域團隊成員的角色（Kaye, 2005）。

（五）充實社工教育

隨著人口結構老化和家庭結構之改變，加上老人福利服務措施的更加多元化，以及目前刻正積極推動的長照十年計畫 2.0，將會創造更多社工員的就業機會，如何讓社工教育回應此發展趨勢，更是一項挑戰（呂寶靜、黃泓智，2010：103），建議除了鼓勵各校社工系所開授「老人福利政策」、「老人福利服務」和「老人社會工作」等課程外；另增加學生具備「高齡社會」、「老人照顧」或「長期照顧」之相關知識，也有其必要性。此外，相關課程內容可加入社區服務經驗，因社區服務經驗可統整理論

與實務技巧，也能增強學生畢業後投入社會工作的信心與能力（陳伶珠，2013）。

結　語

　　近年來，活力老化的政策理念愈來愈受到重視。活力老化的意涵為：促使健康、參與和安全維護以達到最適化的機會過程。其實施策略包括：健康促進、社會參與和安全維護。因此，除了依循此理念來針對老人人口群提供服務外，打造高齡友善城市和社區之工作也同步重要。國內在營造高齡友善環境方面的作為有：推動高齡友善城市計畫以及建立失智友善社區等。目前此項工作是由衛福部國健署主責，然因高齡友善城市的指標包括：（1）戶外空間與公共建築；（2）交通；（3）房屋住宅；（4）社會參與；（5）尊重及社會包容；（6）公民參與及就業；（7）傳播與資訊；（8）社區與健康服務，故中央相關部會的協同合作是需要更加努力的。

　　在政策制定或服務方案規劃時應正視老人被社會排除（social exclusion）的現象，因此應倡議和保障老人的權益，秉持促進社會融合的目標，並採取對策來避免老人被排除，如提高服務的可近性。此外，可更積極進一步採取對策來處理社會對老人的負面態度與歧視行為，如訂定「反年齡歧視法」。

　　不論成功老化、活力老化、生產力老化的概念中都強調老人生活參與的重要性，從事活動、維持與他人關係，並獲得生活意義感是個體在老年期可過著安好、有品質的生活要素。為增進進老人社會參與，國內目前辦理的相關活動頗為多元，如：勞動市場參與、高齡志願服務參與、社區關懷據點活動、巷弄長照站預防及延緩失能計畫、學習活動參與（長青學院、樂齡學習中心、樂齡大學）及社團參與（老人會、社區發展協會等）。藉由活動參與可提供老人多元角色有利其社會整合；且在過程中可建立社會連帶與社會支持；而參與活動、社會連帶與社會支持、及社會整合等均是主觀幸福感的預測因子（呂寶靜、陳正芬、李佳儒、趙曉芳，2015: 284-285）。因此，建議社工人員在活動規劃與辦理過程，積極促成老人產生社會連結，以提升幸福感。

問題與思考

1. 在臺灣的社會變遷趨勢下，家庭支持老人的功能會產生什麼樣的改變？

2. 你覺得老人長期照顧服務等同於老人福利服務嗎？

3. 社會工作者進入老人服務領域工作需要具備的知能為何？又如何儲備這些知能？

4. 你對「高齡友善城市」之想像為何？又如何才能打造出如此的環境？

建議研讀著作

1. 楊培珊、梅陳玉嬋（2016）《臺灣老人社會工作：理論與實務》（第三版）。臺北：雙葉。

2. 呂寶靜（2012）《老人福利服務》。臺北：五南。

第 **6** 章

身心障礙福利服務

王育瑜 |

前　言

　　臺灣的身心障礙者，歷年來人口數不斷增加，至民國 108 年底止，已近 120 萬人（1,186,740 人），占全國總人口數約 5.03%（衛生福利部統計處，2020；內政部統計處，2020）。福利政策方面，自 1980 年公布第一版「殘障福利法」以來，經歷多次修法，1997 年更名為「身心障礙者保護法」，2007 年更名為「身心障礙者權益保障法」，政策目標由扶助障礙者「自力更生」，轉變為強調障礙者「平等參與社會、政治、經濟、文化等之機會」以及「促進其自立及發展」。如何確保這二十分之一的人口，其平等權益受到充分保障，應該是身心障礙福利最核心的問題。

　　聯合國於 2007 年制定公布「身心障礙者權利公約」（Convention on the Rights of Persons with Disabilities, CRPD，以下簡稱「身權公約」），用以引導世界各國，使得聯合國自 1948 年公布「世界人權宣言」、1966 年公布「公民權利政治權利國際公約」與「經濟社會文化權利國際公約」以來所建立的國際對於「人權」的共識，能具體落實於身心障礙群體，使之獲得平等的人權保障。而我國也於 2014 年制定公布「身心障礙者權利公約施行法」，因此，不論是國際或國內層次，身心障礙福利皆應以身權公約為依歸。

　　身心障礙領域的社會工作者必須對於身心障礙人口現況與需求有充分的認識，也必須具有人權的概念、瞭解身心障礙者的人權該如何被確保，如此，不論是在行政部門或是民間部門工作，才能認清自己的角色，在自己的職責與影響力能夠發揮的範圍，致力於身心障礙者人權的推動與實踐。

　　因此，本章首先分析我國身心障礙人口現況與需求。其次，回顧過去 40 年來，我國身心障礙福利有顯著發展，鑑往知來，因此第二部分將介紹我國身心障礙福利內涵與歷史演變，包含身心障礙者權利公約的重要概念與內涵。第三部分將進一步檢視我國身心障礙福利實施現況與省思。最後再探討身心障礙社會工作的理論觀點演變與社會工作者角色省思。

第一節　我國身心障礙人口現況與需求分析

綜觀我國身心障礙人口統計與調查結果，可發現幾個值得特別注意的特徵：首先，以 2019 年底的資料為例，身心障礙人口中男性（55.8%）多於女性（44.2%）。年齡方面，超過四成為 65 歲以上（43.3%），將近三成為 50 至未滿 65 歲者（占 28.2%），換言之，身障人口中，七成左右（71.5%）為 50 歲以上（衛生福利部統計處，2020）。另 2016 年的身心障礙者生活狀況調查顯示，在女性身心障礙者中，65 歲以上者占了 46.2%，而男性身心障礙者則以 45 至未滿 65 歲者最多（37.8%）。有些障礙類型以女性較多（失智症、慢性精神病患者），有些則以男性較多（自閉症）。女性身心障礙者無論在日常生活活動（ADL）或工具性日常生活活動（IADL）有困難的比例均較男性身心障礙者高，且「無法獨立自我照顧」、「有定期就醫」、「有就醫困難」的比例也較男性身心障礙者高（衛生福利部統計處，2018）。

在障礙類型方面，2012 年起由於新制身心障礙鑑定評估的實施，舊制的身心障礙手冊逐步換發新制身心障礙證明，障礙類型舊制與新制不同，因此，自 2012 年起身障總人口是領有舊制身心障礙手冊者人數加上領有新制身心障礙證明者人數。領有舊制身心障礙手冊的人數自 2012 年起逐年減少，到 2020 年第三季即全面換發完成。

新制的身心障礙類別包含：（1）神經系統構造及精神、心智功能。（2）眼、耳及相關構造與感官功能及疼痛。（3）涉及聲音語言與構造及其功能。（4）循環、造血、免疫與呼吸系統構造及其功能。（5）消化、新陳代謝與內分泌系統相關構造及其功能。（6）泌尿與生殖系統相關構造及其功能。（7）神經、肌肉、骨骼之移動相關構造及其功能。（8）皮膚與相關構造及其功能。新制第 1 類包含舊制的智能障礙者、植物人、失智症者、自閉症者、慢性精神病患者及頑性（難治型）癲癇症者；新制第 2 類則包含舊制視覺障礙者、聽覺機能障礙者及平衡機能障礙者；新制第 3 類則對應到舊制的身心機能或語言機能障礙者；新制第 4 類則包含心臟、造血機能與呼吸器官等 3 種重要器官失去功能者；新制第 5 類則包含舊制吞嚥機能、胃、腸道、肝臟、腎臟、膀胱等重要器官失去功能者；新制第 7 類則對應到舊制肢體障礙者；新制第 8 類對應舊制顏面損傷者。

新制分類乃依據身體構造功能系統進行分類，較難從類別中直接判

斷障礙者的狀況，因此，新制與舊制類別的對應往往具有參考價值。根據 2019 年底的資料，身心障礙者以肢體障礙者人數最多，占 30.35%；其次為重要器官失去功能者，占 13.00%；第三及第四多者為多重障礙者（11.27%）及慢性精神病患者（10.94%）；第五則為聽覺機能障礙者（10.50%）。詳如表 6-1。

表 6-1　各類別身心障礙者人數與百分比		單位：人
障礙類別	人數	%
視覺障礙者	56,209	4.74
聽覺機能障礙者	124,485	10.50
平衡機能障礙者	3,322	0.28
聲音機能或語言機能障礙者	15,274	1.29
肢體障礙者	360,234	30.35
智能障礙者	102,127	8.60
重要器官失去功能者	154,258	13.00
顏面損傷者	4,666	0.39
植物人	3,002	0.25
失智症者	61,705	5.20
自閉症者	15,439	1.30
慢性精神病患者	129,885	10.94
多重障礙者	133,764	11.27
頑性（難治型）癲癇症者	4,753	0.40
因罕見疾病而致身心功能障礙者	1,763	0.15
其他障礙者	4,149	0.35
新制類別無法對應舊制類別者	11,705	0.99
總計	1,186,740	100.0

資料來源：衛生福利部統計處，2020。

從上述人口統計資料可以看出，我國身心障礙人口以 50 歲以上者為多數、男性較女性為多，而女性障礙者在日常生活活動與就醫方面的協助需求較高。人數最多的前五種障礙類型是：肢體障礙者、重要器官失去功能者、多重障礙者、慢性精神病患者、以及聽覺機能障礙者。

根據 2016 年身心障礙者生活狀況調查顯示，我國身心障礙者多數居住於家宅之中，占 94.66%，住在機構者占 5.22%。居住於機構的原因

以「家人或親屬無法照顧」為主，居住的機構類型以護理之家或長期照護機構，以及養護機構最多，占約六成；其次為醫療機構，占約二成；再其次為身心障礙福利服務機構占約一成二，精神復健機構占 7.27%。而身心障礙者住在機構傾向長期，而非暫時性的安排，居住七年以上者占 33.02%，三年至未滿五年者占 15.47%。

居住於家宅的身心障礙者住家類型屬於無電梯者占相當大的比例，在北部區域以「無電梯集合住宅」最多，占 44.55%；而中部、南部、東部、金馬地區居住於「無電梯透天樓房」者占 52.65%。居住於家宅的身心障礙者需要至少一項居家無障礙設施者約二成（19.54%），最需要的居家無障礙設施為「衛浴設備」及「室內扶手」，已改裝的比例分別為 47.27% 與 27.31%。七成以上（74.83%）身心障礙者需要定期就醫，有 31.82% 表示有就醫困難，就醫困難的主要原因是醫療院所距離太遠、交通不便、沒有人可接送。此外，無障礙計程車或復康巴士使用困難以「預訂或叫不到車」為最多。此外，身心障礙者從事休閒活動所遭遇的困難，也以「沒有無障礙設施」、「設計不良難以使用」及「休閒設施無協助操作人員」為主（衛生福利部統計處，2018）。因此，居家無障礙設施、就醫協助、交通工具及休閒娛樂場所等外在環境的可近性，是居住於家宅的身心障礙者迫切的需求。

身心障礙者申請福利資源常因為對於申請程序不瞭解，以及缺乏相關資訊，而遭遇困難。住在家宅且無法完全獨立自我照顧的身心障礙者有 15.38% 需要居家照顧服務，其中，有 51.32% 有申請過，沒有申請或申請未符合需要的原因，以「不知道如何申請」占 46.58% 最多，其次為「不知道這項服務」，占 25.43%，再其次為「費用太貴」，占 11.71%。身心障礙者使用福利服務時有 55.24% 有遭遇困難，所遭遇的困難以「請領資格太嚴格」（31.38%）、「相關資訊取得不夠」（23.82%）、「申請手續太麻煩」（18.21%），以及「補助金額不足」（17.5%）為主。

第二節　我國身心障礙福利的內涵與歷史演變

「身心障礙者權益保障法」與「身心障礙者權利公約施行法」是目前國內身障福利主要依據的法規。身心障礙者權益保障法範訂我國身心障礙

福利之推行目標、身心障礙者的認定、業務主管機關與權責，以及各項身心障礙福利業務，內容分為八章：第一章總則、第二章保健醫療權益、第三章教育權益、第四章就業權益、第五章支持服務、第六章經濟安全、第七章保護服務、第八章罰則。以下介紹身心障礙者權益保障法各章主要內容與政策演變。

一、身心障礙福利的目標

我國身心障礙福利的目標，歷經多次修訂，由數次修訂的內容來看，可以窺見社會變遷的軌跡。第一版的「殘障福利法」於 1980 年公布，立法目的是：「政府為維護殘障者之生活，舉辦各項福利措施，並扶助其自力更生，特制定本法。」到了 1990 年，立法目標改為：「為維護殘障者之生活及合法權益，舉辦各項福利及救濟措施，並扶助其自力更生。特制定本法。」（周建卿，1992）此二者最大差別是 1990 年版本加入維護殘障者「合法權益」的概念，然而，二者的重點都在維護生活與救濟，以及促使自力更生。

到了 1997 年的「身心障礙者保護法」，開始出現與國際障礙福利發展概念接軌的現象，強調身心障礙者公平參與社會生活之機會，與 1980 年代聯合國提倡障礙者「機會平等、全面參與」（full participation & equality）的概念相呼應（Lord, Guernsey, Balfe, Karr, and Flowers, 2007）。身心障礙者保護法的立法目標為：「為維護身心障礙者之合法權益及生活，保障其公平參與社會生活之機會，結合政府及民間資源，規劃並推行各項扶助及福利措施。」而到了 2007 年版本的「身心障礙者權益保障法」，更具體將國際有關「平等參與社會」的概念，清楚指明包含社會、政治、經濟、文化等面向，以避免將「社會」一詞狹隘化。「身心障礙者權益保障法」第一條開宗明義指出身心障礙福利的目標：「為維護身心障礙者之權益，保障其平等參與社會、政治、經濟、文化等之機會，促進其自立及發展，特制定本法。」

身心障礙者保護法與身心障礙者權益保障法對於「權益」的描述，在文字上有些微不同，前者特別限定「合法權益」，後者則僅點出「權益」，因而能較為廣義地解釋「權益」之內涵。而國際趨勢對於身心障礙者議題的界定，也由對福利的強調，轉而將焦點置於人權保障（Lord, Guernsey,

Balfe, Karr, and Flowers, 2007），評估身心障礙服務的成果，也由著重「保護、健康與安全」，轉而以「賦權、融合、以個人為中心的計畫、生活品質」為焦點（彭心儀譯，2010）。聯合國 2006 年年底公布的「身心障礙者權利公約」之目的，即為：「促進、保護、與確保所有障礙者充分且平等地享有所有的人權與基本自由，並促進對障礙者與生俱來之人性尊嚴之尊重」。身權公約建立在社會模式的觀點，並進而提出「人權模式」觀點看待障礙，將障礙視為人類多樣性的一部分，每個人不論其差異，都應該有一樣的人權（Quinn, Degener, Bruce, Burke, Castellino, Kenna, Kilkelly, and Quinlivan, 2002）。我國於 2014 年訂定公布「身心障礙者權利公約施行法」，即明確規定身權公約所揭示保障身心障礙者人權之規定，具有國內法律效力。因此，前述身權公約之目的，即應為國內身障福利之目標。

二、對身心障礙者的界定：誰是身心障礙者？

社會政策透過對於特定人口群的界定，使該群體的成員取得相關福利資格，因此，探討誰被界定為身心障礙者，具有福利資源分配上的意義。我國對於身心障礙者的定義，一直以來傾向以特殊化的方式，將身心障礙者視為具有與他人不同特徵的一群，因此，法規上將身心障礙者分類並條列類別，身心障礙者經鑑定後取得身心障礙手冊，進而享有法規所訂之各項福利與權益保障措施。「殘障福利法」第一個版本（1980 年）的定義為：「本法所稱殘障者，以合於中央主管機關所定等級之左列殘障並領有殘障手冊者為範圍：一、視覺殘障者；二、聽覺或平衡機能殘障者；三、聲音機能或言語機能殘障者；四、肢體殘障者；五、智能不足者；六、多重殘障者；七、其他經中央主管機關認定之殘障者。」10 年後到了第二版本的殘障福利法（1990 年），則僅新增重要器官失去功能者、顏面傷殘者、植物人、老人痴呆症患者、自閉症者等類別，特殊化定義方式並未改變。障礙類別的擴充，反映臺灣政治民主化過程中，更多群體爭取福利資源分配，以及更多弱勢群體受到關注的現象。然而，不論第一版或第二版的障礙定義，皆是單純行政目的考量，關心的是哪些人得以享有相關福利，而對於障礙的認識，也以資源分配為主要考量，甚至有「癡呆」的歧視用語。

到了 1986 年的「身心障礙者保護法」，對身心障礙的界定則除了行政

目的外，有了較為明確的界定：「本法所稱身心障礙者，係指個人因生理或心理因素致其參與社會及從事生產活動功能受到限制或無法發揮，經鑑定符合中央衛生主管機關所定等級之下列障礙並領有身心障礙手冊者為範圍：一、視覺障礙者。二、聽覺機能障礙者。三、平衡機能障礙者。四、聲音機能或語言機能障礙者。五、肢體障礙者。六、智能障礙者。七、重要器官失去功能者。八、顏面損傷者。九、植物人。十、失智症者。十一、自閉症者。十二、慢性精神病患者。十三、多重障礙者。十四、頑性（難治型）癲癇症者。十五、經中央衛生主管機關認定，因罕見疾病而致身心功能障礙者。十六、其他經中央衛生主管機關認定之障礙者。」這個定義提供了障礙人口群定義背後的原因，不僅行政上認定具取得福利資格，背後考量主要是這些人在社會參與上受到限制。而值得注意的是對於社會參與的限制之歸因，採取個人歸因，也就是 Oliver（1986, 1990）所批判的醫療模式的觀點，將個體參與社會的阻礙，歸因於其個人生心理因素所導致，屬於個人悲劇，忽略了社會環境對個體所造成的阻礙與限制。而事實上，社會環境對障礙的定義，其實也深深影響著障礙者與環境間的關係（Fine and Asch, 1988）。當「障礙」被視為是個人問題，環境阻礙就不易被撼動，障礙者參與社會就更加困難。

　　根據 2007 年公布的「身心障礙者權益保障法」定義：「本法所稱身心障礙者，指下列各款身體系統構造或功能，有損傷或不全導致顯著偏離或喪失，影響其活動與參與社會生活，經醫事、社會工作、特殊教育與職業輔導評量等相關專業人員組成之專業團隊鑑定及評估，領有身心障礙證明者：一、神經系統構造及精神、心智功能。二、眼、耳及相關構造與感官功能及疼痛。三、涉及聲音與言語構造及其功能。四、循環、造血、免疫與呼吸系統構造及其功能。五、消化、新陳代謝與內分泌系統相關構造及其功能。六、泌尿與生殖系統相關構造及其功能。七、神經、肌肉、骨骼之移動相關構造及其功能。八、皮膚與相關構造及其功能。」根據該法，此制度於法案公布後五年（亦即 2012 年）實施。雖然這套制度乃依據聯合國世界衛生組織所提出之「功能、障礙與健康國際分類系統（International Classification of Functioning, Disability, & Health, ICF，以下簡稱 ICF）」，然在國內的實質運作上，卻與 ICF 的概念有所落差。

　　ICF 對障礙經驗的理解，乃採取「普同主義」的觀點（World Health Organization, 2002）。社會模式觀點將障礙定義為環境阻礙（Abberley,

1987, 1989; Barnes, 1991; Finkelstein, 1980, 1993; Oliver, 1990, 1993, 1996; UPIAS, 1976），雖然指出了環境不正義的問題，然而，障礙仍被視為是特殊群體的問題，而普同主義（universalism）觀點則將障礙視為所有人都可能在生命歷程中發生的生命經驗（Zola, 1989；王國羽，2008），因此，障礙是流動的概念，而非固定於某些群體身上的特徵，應從動態的個人與環境互動角度理解障礙。這種觀點的好處是將障礙議題指向所有公共政策，而非將障礙者的需求特殊化。

ICF 模式中所謂環境因素包括物理的與社會環境，以及社會態度等向度，具體而言，包括：產品與科技、自然環境與環境中人為改造、支持與關係、態度、服務、制度與政策（李淑貞，2009）。若欲理解障礙者在活動與參與的限制，必須考量這些環境因素的影響，進而去除前述諸多面向環境因素的阻礙，使整體環境能將障礙者的差異納入考量，以免成為限制障礙者活動與參與之來源。ICF 對於身心障礙的概念圖，如圖 6-1 所示，由動態的角度瞭解障礙現象，視障礙為個人健康狀態、身體構造與功能，與環境因素及個人因素間互動之結果。以能力（capacity）與表現（performance）來衡量個體活動及參與的情形，包含：學習與應用知識、一般任務與需求、溝通、行動、自我照護、居家生活、人際互動與關係、主要生活領域，以及社區、社交與公民生活等面向。環境因素則由促進或阻礙二個向度進行評估（李淑貞，2009）。

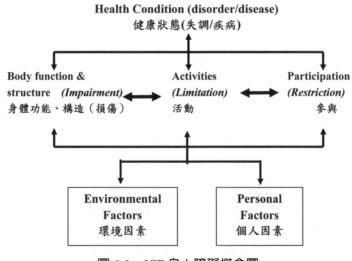

圖 6-1　ICF 身心障礙概念圖

資料來源：World Health Organization (2002)。

　　身權法對於障礙的定義，從先前引述的法規文字上看來，仍是比較個人化模式的觀點，將障礙者視為是個人身體構造功能損傷導致之活動與參與社會生活上的限制。這套制度在實際的運作上，也確實與前述 ICF 強調個人與環境因素的概念有所落差，例如監察委員糾正指出，活動參與及環境因素並未納入身心障礙等級的判定（衛生福利部，2020a）。周宇翔、李淑貞、謝東儒、張聿淳（2015）對於這個問題則舉法國為例，認為國內可加以參考。他們指出，法國的身心障礙者福利需求評估工具中，環境因素包含「人力支持環境」、「技術環境」、「住屋」、「服務」及「動物環境」，藉以評估這些因素對於活動和參與的「促進或阻礙」影響。國內新制身心障礙鑑定評估，需要將環境因素分成更細緻的面向，從障礙者的生活脈絡中瞭解其狀況與需求。

　　需求評估新制的作用，是評估身心障礙者的實際需求，抑或是福利資格審查，也是學者關心討論的焦點。王育瑜、謝儒賢（2015）指出，身心障礙者福利需求評估新制中所謂「需求評估」，其實僅是假象，並難以評估出障礙者的實際需求，制度的運作反而透過複雜的福利資格審查程序，產生對障礙者生活不斷侵入與社會控制的效果。陳政智、許庭涵（2015）甚至主張「需求評估專員只做好確定服務使用的資格即可」，他們認為畢竟後續可由個管中心及各項福利提供單位依據需求評估結果，再次確認個案需求，據以提供服務。因此，身心障礙鑑定評估新制，如何讓程序更為便利，以及如何避免將「資格審查」與「需求評估」混為一談，將是未來政策需要謹慎考慮的議題。

三、身心障礙福利的內涵

　　1980 年版的「殘障福利法」的福利內涵包括：合法權益應受尊重與保障、設立殘障福利機構、特殊教育、醫療復健及重建補助、輔助器具補助、定額進用、按摩職業保留、優先於公共場所開設零售商店或攤販、公共交通工具半價優待、優先採購殘障福利機構生產物品、公共建築與活動場所無障礙設備等，項目多元但未訂定罰則，因而僅是西方諺語所謂「沒有牙齒的老虎」，法案所能發揮的功能有限。解嚴後國內民主政治發展，民間社團發揮影響力，在教育權、應考權、工作權、社區居住權、參政權、行動權等等方面，極力挑戰行政部門並爭取相關權益（邱慶雄，

1998；馬家蕙，1995；陳俊良，1992；謝宗學，1996；謝東儒、張嘉玲、黃珉蓉，2005），催生了1990年版本的「殘障福利法」。

　　1990年版的「殘障福利法」對於各項措施有較細緻的規定並增列罰則（例如定額進用制度與公共設施、建築物、活動場所與交通工具的相關規定），使相關規定具強制性。此外，明訂入學、應考、雇用等不應有不公平之待遇。另外，也增訂國民住宅與停車位保留名額規定。福利措施也更加多元化，包括（1）稅捐減免；（2）將原本限於醫療復健重建與輔具補助，擴大至職業重建、教養補助、收容養護、生活、教育、健康保險等補助；（3）就業輔導。

　　1997年公布的「身心障礙者保護法」更細緻化各項服務內涵，也擴大了主管機關範圍。除了社政主管機關外，各目的事業主管機關包含衛生、教育、勞工、建設、工務、國民住宅、交通、財政等等皆予以納入職責規範，各項權益保障業務也有了較多元與專門的分工，相關措施的推展也因而有更多資源挹注。身心障礙者保護法在福利內涵上，增列了通報、建立個別化專業服務制度、嬰幼兒健康檢查、早期療育、就學交通工具提供或交通費補助、教育與應考無障礙輔助措施、職業重建與多元化就業服務、公務人員身障特考、同工同酬、多元的居家服務與社區服務、生涯轉銜、安養監護、財產信託、保留名額優先核准及低利貸款購買或承租公有商店攤販國宅及停車位、公共停車場具體保留比例與地點空間等相關規範、休閒文教場所優惠、導盲犬陪同自由出入公共場所、多元措施豐富障礙者文化體育休閒等生活、強調身障服務機構以社區化和小型化為原則等諸多項目。藉由提供多元服務創造障礙者更多社會參與機會，且強調專業服務與小型化及社區化的服務模式。

　　「殘障福利法」經過了前述1990年、1997年二次大修後，第三次大修是在2007年，更名為「身心障礙者權益保障法」（以下簡稱「身權法」），將更多目的事業主管機關納入：金融、法務、警政、體育、文化、採購法規、通訊傳播、科技研究事務、經濟等，將障礙議題普同化。福利內涵方面，有許多新增措施。「身權法」共分為九大章：總則、保健醫療權益、教育權益、就業權益、支持服務、經濟安全、保護服務、罰則、附則。

　　由上述對於我國自第一版殘障福利法制定直至今日，這段期間的主要修訂內容，可以觀察到幾個主要的現象：（1）取得福利資格的人口不斷擴

充，歷年來障礙類別不斷擴充，直至 2012 年實施新制身心障礙鑑定後，改變了身心障礙類別分類方式。（2）福利措施由照顧取向轉為支持取向，內容更趨多元，強調障礙者權利保障與全面參與社會，以及個別化與連續性的服務。（3）障礙議題非特殊人口群的特殊需求，應被視為普同性議題，各項制度皆應考量障礙者需求，因此，各目的事業主管機關皆應本其職責，確保身心障礙者權益受到合理保障。（4）由醫療為主的障礙鑑定與一本身心障礙手冊適用所有福利，轉為跨專業團隊的身心障礙評估，並強調依據跨專業團隊需求評估結果提供所需福利。（5）賦予專業工作者極大的資源分配權威，忽略障礙者主體對於切身相關之政策制定、服務需求評估與服務提供的參與權利。

　　2014 年訂定公布「身心障礙者權利公約施行法」後，「身權公約」成為國內身心障礙福利的必要依歸，「身權公約」提出八大基本原則：（1）尊重個人固有的尊嚴與自主，包含自己做選擇的自由以及個人的自立。（2）不歧視。（3）充分有效參與和融入社會。（4）尊重差異，接受障礙者是人類多樣性的一部分。（5）機會平等。（6）可近性。（7）男女平等。（8）尊重障礙兒童逐漸發展的能力與維護認同的權利。這幾個原則強調應禁止社會上對障礙者的各種歧視，確保環境的可近性、障礙者享有平等的機會參與及融入社會，尊重障礙者的差異性與自主、選擇，並關注障礙群體的差異性，包含性別與年齡的差異（United Nations, 2006）。

　　為了尊重障礙者的差異性與主體性，「身權公約」許多條文都不斷強調「可近性」、「合理調整」與「障礙者自我發聲及參與」。而在服務提供上，有別於過去專業人員和家長容易替代障礙者做決定，「支持決定」成為重要的服務趨勢，以障礙者為中心，透過許多機會的創造，讓障礙者在嘗試錯誤中累積經驗，成為自己生活與人生的主人。

第三節　我國身心障礙福利實施現況與省思

　　國內目前追蹤我國身障福利實施現況的二大機制，其一是每四年一次的身心障礙者權利公約國家報告審查，另一個則是每二年一次的中央對於地方的社會福利績效考核。我國於 2016 年 12 月 2 日發布「身權公約」初次國家報告，並於 2017 年 10 月 30 日至 11 月 1 日共三天，邀請國際專家

進行國家報告審查。

　　國際專家在初次國家報告審查會議結論性意見中，提出之主要疑慮與建議如下：（1）仍將身心障礙者視為有待保護對象，而非權利主體。（2）承認身心障礙者擁有完整人權及基本自由，加速法規政策修訂，以促成典範轉移。（3）忽略環境因素造成的阻礙，且未承認在身權公約中，身心障礙屬於不斷演變的概念。（4）建議將人權模式納入國家立法，關注所有身心障礙者的人格尊嚴與阻礙其平等參與社會的阻礙。（5）應明確定義「通用設計」，並據以規範教育、衛生、交通、司法近用，及建築環境，包含公私部門等領域。（6）建議國家修訂政策措施及法律，以全面施行第 3 條各項一般性原則規定。（7）建議中央與地方層級建立身心障礙者及其代表組織，在國家擬定、施行與監督影響其生活的法規、政策、預算與行動計畫時的正式參與機制。（8）建議國家將合理調整納入法規，確保法律規定拒絕合理調整即構成歧視，並建立身心障礙者救濟及損害賠償機制。（9）建議國家積極促進身心障礙婦女及女童的權利。（10）應區分法律能力與心智能力，並加強公務人員訓練。（11）加強司法體系對身心障礙者的認識、調整與支持措施。（12）修正法規，禁止以障礙為由進行非自願安置，並設置程序保障機制，提供立即法律協助，以及避免對身心障礙者強制醫療處置，而應協助身心障礙者充分獲得有關醫療程序及治療相關資訊下進行決定。（13）加強針對身心障礙受刑人進行合理調整。（14）發展去機構化與充足社區支持及符合第五號一般性意見的個人協助之有規劃期程計畫，以確保身心障礙者於社區中自主選擇及融入社區。（15）肯認手語為正式語言，並推動手語教育。（16）提供身心障礙父母履行親職責任的適當支持。（17）確保身心障礙兒童於普通教育設施內接受教育，並且開放身心障礙學生參與擬定與監督本身的個別化教育計畫。（18）確保身心障礙者平等納保、確保身心障礙受刑人平等取得健康照護服務。（19）確保偏鄉地區及身障受刑人取得復健服務。（20）建立獨立於家庭經濟狀況之外的身心障礙者取得津貼與補助資格、推動可負擔的無障礙住宅。（21）確保所有投票所均為無障礙環境，並提供身心障礙選舉人所需的輔助決定支持。（22）加強公園、兒童遊樂設施、體育場館等休閒近用。

　　回應上述結論性意見，在法令政策上目前為止重大的改變包含：（1）將通用設計及合理調整納入身心障礙者權益保障法修訂草案。（2）於2021 年社福績效考核指標納入「身心障礙者擔任各縣市身心障礙者權益

推動小組委員比率須達 25％」，並且於身心障礙者權益保障法修正草案中修正身心障礙者參與比例，未來各級政府身心礙者權益推動小組設置要點須配合修正。（3）民事訴訟法修正草案中修正如當事人所在與法院間有聲音及影像相互傳送之科技設備時，得聲請法院以遠距訊問方式審理，以兼顧其到庭之不便及審理之迅捷。（4）完成修正監獄行刑法和羈押法，保障身心障礙受刑人在監獄內之無障礙權益，並採取適當措施為合理調整。（5）完成修正刑事訴訟法，被告、犯罪嫌疑人、證人、鑑定人、鑑定證人等，為聽覺或語言障礙或語言不通者，應由通譯傳譯之，必要時並得以文字訊問或命以文字陳述。（6）精神衛生法修正草案納入知情同意規定，並將強制住院、延長強制住院及強制社區治療改由法院審查及裁定，2019年 5 月 31 日函送行政院審查。（7）已訂定國家語言發展法，將手語列為國家語言，並於 111 學年度開始，於國民基本教育實施手語教學。（8）2020 年身心障礙福利機構評鑑指標規範（2021 年辦理）中明列，服務對象有參與決定下列與自身有關事項之機會，包含財務自主、權益申訴、居住或活動空間安排、生活作息或伙食安排、其他任何與服務對象有關之決策和活動設計與舉行方式。（9）已訂定「行政院身心障礙者權益推動小組處理涉及違反身心障礙者權利公約申訴案件作業原則」。（10）已修訂「監察院組織法」與「監察院各委員會組織法」，監察院並據以明定「監察院國家人權委員會組織法」，於 2020 年 5 月 1 日施行。監察院國家人權委員會自 2020 年 8 月 1 日第 6 屆監察委員就任日起正式運作，有 7 位來自多元人權領域之委員（衛福部社家署，2020）。

　　第二次國家報告的提出是 2020 年 12 月 2 日，預訂於 2021 年邀請國際專家進行審查。身權公約國家報告的提出與審查，有助於檢視國內身心障礙相關的各項法規、政策與措施，以及對於身心障礙者人權的保障情形。而中央政府對地方政府的社會福利績效考核，考核結果除對於個別縣市提供建議以外，亦依評分結果作等第排序，並據以增加或減少各地方政府當年度或以後年度所獲得之一般性補助款。歷次身權公約國家報告與審查相關資料，以及歷次社會福利績效考核相關資料，皆可於社家署網站取得。

　　身心障礙者權利公約強調身心障礙者具有平等的權利，應能自主選擇與融入社區，而本文先前也提到，國內身心障礙者約 95% 居住於家宅，而且所居住的房子有很高的比例具有障礙，而身心障礙者對於居家無障礙

設施設備，也有相當高的需求。身心障礙者在一般住宅市場中，往往礙於住宅缺乏無障礙，障礙者即使經濟可負擔卻難以購買合適的住宅，而租屋方面，身心障礙者往往因為房東對於身心障礙者的刻板印象或偏見，不願意租屋給身心障礙者。因此，補助身心障礙者居家無障礙環境改善，以及無障礙社會住宅的提供，並且鼓勵建造無障礙住宅，將是政策上應努力的方向。在居家無障礙補助方面，自 2016 年至 2019 年，受益人次並無太大變化，2019 年則是不升反降。詳如表 6-2。

表 6-2	全國身心障礙者居家無障礙補助經費支出及受益人次	
		單位：人次；千元
年別	受益人次	補助金額
2016	2,027	8,612
2017	2,526	11,281
2018	2,355	9,218
2019	1,711	6,330

資料來源：衛生福利部（2020b）。

而在社會住宅方面，至 2019 年底，全國社會住宅總量共 8,924,938戶，而至 2020 年 8 月底止，存量共 17,392 戶，存量比率為 0.194%。而社會住宅的興辦方面，目前除了六都以外，僅臺東縣與連江縣有興辦社會住宅。社會住宅包租代管方面，除了六都以外，則僅有基隆市、苗栗縣、新竹市、新竹縣、嘉義市、屏東縣等縣市辦理（內政部不動產資訊平台，2020）。因此，社會住宅的數量顯得不符所需。此外，依據住宅法規定，社會住宅應提供至少 30% 以上比率出租給經濟或社會弱勢者，然而此群體包含範圍廣泛，除了身心障礙者以外，尚且包括低收入／中低收入戶、特殊境遇家庭、育有未成年子女三人以上、於安置教養機構或寄養家庭結束安置無法返家，未滿 25 歲、65 歲以上之老人、受家庭暴力或性侵害之受害者及其子女、感染人類免疫缺乏病毒者或罹患後天免疫缺乏症候群者、災民、遊民等。這麼多不同群體共同參與抽籤分配這 30%，身心障礙者能分配到的機會就更小了。

儘管身心障礙者權利公約要求世界各國必須「去機構化」，然而從2016-2019 年住宿式身心障礙福利機構服務家數與人數看來，並沒有明顯下降的趨勢。詳見表 6-3。

表 6-3　2016-2019 年住宿式身障服務機構服務情形

單位：機構數；人

年別	全日型住宿機構		夜間型住宿機構		合計	
	家數	服務人數	家數	服務人數	家數	服務人數
2016	167	13,182	7	229	174	13,411
2017	167	13,104	7	216	174	13,320
2018	168	12,997	7	200	175	13,197
2019	169	13,132	6	179	175	13,311

資料來源：衛生福利部（2020b）。

上述資料顯示政府並未計畫性地協助居住在機構之中的身心障礙者移入社區中生活，儘管社區服務的量能逐漸提升（詳見表 6-4）。

表 6-4　2017-2019 年居住社區且有照顧需求者之服務涵蓋率

單位：%；人

年別	服務涵蓋率 (=B/A*100%)	居住社區且需被照顧者人數 (A)	服務量能					
			長期照顧服務	日間照顧（含家庭托顧）	社區居住	自立生活支持服務	生活重建	合計 (B)
2017	14.87	496,157	58,745	11,153	532	607	2,726	73,763
2018	22.33	498,932	96,224	11,506	534	614	2,540	111,418
2019	32.05	504,355	146,591	11,769	568	667	2,069	161,664

資料來源：衛生福利部（2020b）。

註：1. 居住社區且需被照顧者人數之計算方式：當年底身心障礙人口數 × 居住在社區比例（94.66%）× 身心障礙非勞動參與人口比率（79.59%）× 無法完全獨立自我照顧比率（56.41%）。

　　2. 日間照顧及社區居住服務量能係以可服務人數（核定服務人數）計算。

社區式服務的發展固然是支持障礙者社區生活的重要作法，對於相對少數居住在住宿型機構的障礙者，政府也應有具體措施，協助障礙者在社區中取得自立生活的支持，以確保所有人不因其經濟狀況或是家庭支持功能狀況，在社區生活的平等機會與權利遭受忽視。我國自從 2011 年將自立生活支持服務納入「身心障礙者權益保障法」以後，2012 年開始，中央運用公彩回饋金，補助地方政府辦理自立生活支持服務。自立生活支持服務以支持障礙者自主選擇、決定與負責為目標，包含個人助理服務、同儕支持與社工服務。

飽受爭議的是，許多專業人員以及縣市試圖將個人助理與居家照顧服

務嚴格區隔，導致個人助理被解讀為僅限於「外出」及「社會參與」協助，使得所謂自立生活支持，是在經過專業人員設定框架後的有限範圍支持。王育瑜、謝儒賢、邱大昕（2019）以及周月清、陳伯偉、張家寧（2019）都質疑此種區隔的必要性，應以障礙當事人的需求為中心，讓障礙者對於個助與居家照顧的服務使用有更大的彈性，才能真正支持障礙者自立生活。而周月清、張家寧、陳毅、呂又慧編（2019）的《我要我的自立生活》一書中，十三位障礙者生命故事的敘說，呈現了障礙者在機構中被不良對待、在學校與社區中個人支持不足、在家庭中受到過度禁止與保護，以及社區環境阻礙等實際的生活處境，透過障礙同儕相互支持與共同倡議，才有逐步突破限制的可能。

我國身心障礙者權益保障法涵蓋了醫療復健、教育、就業、支持服務、經濟安全、保護服務等諸多政策措施，由於篇幅的關係，無法一一說明現況，建議讀者可以查詢社家署網站「身心障礙者權利公約專頁」（https://crpd.sfaa.gov.tw/），可下載國家報告，將能更細緻瞭解目前上述諸多面向的實施情形。

第四節　身心障礙社會工作

一、身心障礙領域社會工作實施場域、職務與角色

身心障礙領域社會工作實施場域，可以從公部門與民間二個部門略分。公部門方面主要包含社政與勞政主管機關。目前現金給付由政府部門自行辦理，多數的福利服務業務則委託民間單位辦理。因此，政府部門的社會行政／勞工行政人員，在規劃與推動業務時，必須與民間單位密切合作，並進行相關監督工作。此外，公立醫院社會工作師、公立身心障礙者全日型住宿／生活照顧機構，亦是公部門社會工作者的工作場域。有些公立醫院例如兒童心智科、精神科，設有社工師職務，社會工作者在以醫療、復健與護理等人員組成的專業團隊中，發揮社工專業，為發展遲緩兒童、身心障礙兒童、精神疾病患者及其家庭提供支持。

依據「身心障礙福利機構設施及人員配置標準」（衛生福利部，2016），身心障礙福利服務機構分為三類：住宿機構、日間服務機構、

福利服務中心。住宿機構提供 24 小時生活照顧與訓練，或僅夜間住宿服務。身心障礙全日型住宿生活照顧機構，亦規定依住民人數比例設置社會工作人員，在與護理人員、教保員、生活服務員等其他專業人員共同組成的跨專業團隊中工作。服務對象的個別化服務計畫，往往是跨專業團隊與個案及家屬共同討論擬定而成。尤其目前社會工作實務界廣泛運用個案管理的服務模式，社會工作者除了需具備服務個案與家屬的能力以外，也必須具有跨專業間溝通協調與資源整合的能力。

日間服務機構提供經需求評估需參與日間作業活動、技藝陶冶、生活照顧、訓練之身心障礙者日間服務。日間服務主要分為二種類型，一種是著重生活自理能力及社區生活能力訓練的日間照顧，另一種則是社區日間作業設施，提供每周能進行 20 小時作業活動者，進行作業能力的培養，此外也提供社區生活的能力訓練。另外，日間服務還有家庭托顧服務，由家庭托顧服務員以其住所，提供身心障礙者身體照顧、生活照顧與安全照顧服務，分為全日托（8 小時）與半日托（4 小時）。前述日間照顧、社區日間作業設施、家庭托顧等服務，社會工作者扮演的角色包含服務方案撰寫、個案及家庭評估及處遇、服務計畫擬定、資源連結、與教保員／家托員溝通協調等等。此外，福利服務中心則提供身心障礙者及其家庭多元的支持性服務，服務方式包含外展或機構內服務，社會工作者所服務的對象是居住於社區中具有多樣性需求的身心障礙服務對象，因此除了對於各種障礙類型、各種年齡層、性別等等差異的障礙者需有較多的認識以外，對於社區中各類資源也必須熟悉，以提供個案適切的服務。

自 2003 年起，內政部開始實施「成年心智障礙者社區居住與生活實驗計畫」，服務人數比前述小型機構更少，設定在六人以下，並且盡量在管理模式上採更人性化管理，以追求住民更多自主與選擇（李崇信、周月清，2006；周月清，2005）。社區居住方案以「家」的型態，提供社區中居家式的夜間住宿支持，服務對象白天可能在工作，或是參與社區日間作業設施為主，日常生活由教保員提供支持，此外，通常一個社工工作者負責二個「家」，除了與教保合作共同提供服務對象個別與團體支持，促進服務對象在社區中自立生活的能力，也需與家屬溝通協調，並積極連結個案與案家所需各項資源。

社會工作者也可能於下列場域提供身障相關服務：（1）各縣市發展遲緩兒童早期療育通報轉介中心設置社工人員，辦理通報轉介相關業務。

（2）各縣市發展遲緩兒童早期療育個案管理中心設置個案管理員，實施早期療育個案管理服務模式，與專業團隊中其他成員如物理治療師、語言治療師、職能治療師、心理師、專科醫師、特教老師、教保員等等，溝通協調以提供服務，個管員並提供發展遲緩兒童家庭支持。（3）特殊學校設置「學校社工師」職務，負責身心障礙學生輔導與家庭服務等相關事項。（4）民間社團聘用社會工作者，辦理身心障礙福利服務。（5）民間單位辦理社區化就業服務，社會工作者擔任社區化就業服務人員，負責與雇主聯繫開發就業機會、提供身心障礙者就業服務與追蹤輔導。或者，擔任職業重建個案管理員，辦理就業轉銜、職業重建諮詢與職業重建個案管理服務。另外也可經專業訓練之後，擔任職業輔導評量員，為身心障礙者評量其就業能力。

綜上，社會工作者在身心障礙領域，經常運用個案工作、團體工作、社區工作與個案管理等工作方法，為身心障礙者個人與其家庭提供服務，擔任的職務包括機構主管或督導、社會工作者、社會工作師、個案管理師（員）、就業服務員等，工作模式強調專業團隊合作。而扮演的角色除了提供身心障礙者個人與家庭一般性的支持及協助外，對於受監護宣告或輔助宣告的身心障礙者，也可能經法院選定，扮演「監護人」或「輔助人」。依據「社會福利機構執行身心障礙者監護或輔助職務管理辦法」，監護人的服務包括生活照顧、護養療治、財產管理或協助遺產處理。輔助人則依民法第 15 條之 2 第 1 項或其他法律規定應經「輔助人」同意之法律行為執行職務。

依據「專科社會工作師分科甄審及接受繼續教育辦法」，身心障礙領域的社會工作者，只要領有社會工作師證書，並完成依據此辦法所定專科社會工作師分科訓練者，得參加身心障礙領域專科社工師甄審。呂寶靜（2010）研究發現，國內社會工作各領域中，社會工作者以在身心障礙領域工作的占最大比例（24.37%），近年來隨著身心障礙鑑定評估新制的實施以及各項福利的擴充，身心障礙領域的社會工作人力需求也是持續增加的。而由前述關於身障社會工作實施的場域與角色的介紹，也可以發現，身心障礙社會工作是豐富而多樣的，往往也必須具有跨專業合作與資源整合的能力，對於服務對象，則應以支持其自立生活、融入社區為目標。

二、身心障礙社會工作：理論觀點演變與社會工作者角色的省思

社會工作理論對於人所面臨的困境或問題，提出解釋，並指引助人者協助策略。身心障礙領域的社會工作者，會運用既有諸多社會工作理論觀點，於個案服務工作中。然而長久以來，社會工作理論卻較乏對身心障礙者所面臨之問題的分析，直到充權與批判社會工作理論融合了多元弱勢群體受壓迫的相關理論，包含對於「障礙」的社會模式的論述，開啟了社會工作理論理解與回應身心障礙者的社會處境之理論思考。而批判社會工作的發展，事實上也融合了身心障礙運動對於個人化模式的批判，及其所提出之對於障礙的「社會模式」觀點（Payne, 2014）。

ICF 的發展反映障礙模式觀點的轉變。世界衛生組織自 1980 年提出第一版的「損傷、失能與殘障國際分類系統」（International Classification of Impairments, Disability, and Handicap, ICIDH）之後，在各國代表的參與下，不斷修訂成目前的 ICF 。世界衛生組織說明 ICF 的發展背景時指出，既有解釋障礙的模型，包括個人模式與社會模式，前者認為障礙是個人損傷與失能造成，後者則強調社會阻礙才是障礙的來源，而 ICF 則企圖綜合前述二極端的觀點，強調應由生物心理社會（Biopsychosocial）的多元觀點，理解障礙經驗及意涵（WHO, 2002）。如先前所述，ICF 的觀點立基於普同主義，認為障礙經驗不是特殊群體的特殊經驗，而是每個人生命歷程中都可能經歷的，因此，障礙議題不應被界定為特殊議題，而是整體社會政策制度皆應含括考量障礙者的差異需求。這是社會工作者應有的基本認知。自從身心障礙鑑定與需求評估新制實施以來，許多社會工作者於各縣市擔任身心障礙福利需求評估專員一職，這個角色不僅需對於各項身心障礙福利措施有充分的認識，更應能從多元差異、重視個人與環境脈絡的角度，理解身心障礙者的狀況與需求。

前述由個人化、醫療化模式，演變至多元綜合觀點的發展，對社會工作者的角色，有一個重要的意涵，亦即社會工作者必須在專業團隊合作中工作，並且必須關注障礙者多面向的需求。此外，社會模式看待障礙的方式，對社會工作者的角色提出挑戰，也使得社會工作者必須進一步省思自身的專業角色功用與限制。Oliver（1996）提出個人模式與社會模式的對照如表 6-5。

表 6-5　個人模式與社會模式觀點對照	
個人模式	**社會模式**
個人悲劇理論 個人問題 治療個人 醫療化 專業控制 專家經驗 調適障礙 個人認同 偏見 態度 照顧 控制 個人適應	社會壓迫理論 社會問題 社會行動 自助 個人與集體責任 經驗的正向肯定 集體認同 歧視 行為 權利 選擇 社會變遷

資料來源：Olvier (1996), Table 2.1, p.34.

　　根據 Oliver 的比較，個人模式認為障礙是個人的缺陷、悲劇，是個人的問題。為了減輕個人的悲哀，應由專家（尤其是醫療復健專家）給予障礙者治療，並協助障礙者心理調適，使之對自己產生正向認同。障礙者需要他人照顧，因此，應促使社會態度能更同情障礙者，不要對障礙者產生偏見。相對地，社會模式主張，障礙不是個人問題，而是社會問題，應由集體方式解決，是集體的責任而非個人責任。障礙的產生是社會中多數群體忽略少數群體的差異性所造成，反對專業控制，強調障礙者具備障礙經驗，本身才是專家，因此，重視障礙者集體認同，透過自助互助、社會行動，促使根本的社會變遷，使障礙者能有更多的自主與選擇。此外，對於社會態度，認為歧視並不一定來自偏見，也可能來自無知等其他因素，因此不主張以道德勸說的方式改變社會態度，主張以制定禁止歧視障礙者的法令，去規範與減少歧視行為，以保障障礙者的人權。

　　而隨著身權公約將「社會模式」進一步推展為「人權模式」，人與人之間的差異，以及障礙者作為「人」的主體發聲和參與，成為政策與實務的重要取向。社會工作者也必須瞭解，個人模式的障礙觀點已經過時，社會工作者不應自詡為專家，一味的要求障礙者個人心理調適、適應社會，而應積極思考如何透過政策制度與環境的改變，建構可近（accessible）與融合（inclusion）的社會環境，以尊重與支持障礙者的差異性，社會工作者對於政策制度是造成更多的專業控制，或是個人選擇應有更多的省思。

此外，障礙者本身及其家庭，作為當事人，長時間所累積的一手經驗與知識，很多是非障礙的社會工作者所欠缺的，社會工作者不應高高在上認為自己才是專家，忽略了障礙者的經驗智慧，以及自助互助所能發揮的巨大力量。

總統於 2011 年 2 月 1 日公告的身心障礙者權益保障法修正條文中，第 50 條將原本僅強調個人照顧的條文，改為強調提供障礙者「支持及照顧，促進其生活品質、社會參與及自立生活」，並於服務項目中新增「自立生活支持服務」。檢視他國經驗，自立生活支持服務乃根源於障礙者自立生活運動。障礙者自立生活運動始於美國 1960 年代末期，自從美國 1972 年加州成立柏克萊自立生活中心，各國亦紛紛設立：1970 年代芬蘭；1980 年代英、德、瑞典、加拿大、日本、巴西、捷克；1990 年代及以後，挪威、愛爾蘭、韓國及法國，皆陸續成立障礙者自立生活中心，因此，障礙者自立生活，乃是世界趨勢。而各國自立生活中心的性質，皆強調應為障礙者主導組織，亦即，具有決策權的理監事會應有超過半數的成員為障礙者，強調障礙者提供障礙者服務，且服務應為跨障別融合（Martinez, 2004）。

國內近年來障礙者已於 5 個縣市成立自立生活協會，並且 2018 年成立「臺灣身心障礙者自立生活聯盟」，這些都是障礙者主導的組織，但是皆面臨財務困頓限制組織發展的困境。而另方面，自 1995 年起，國內多個心智障礙服務單位發展心智障礙者的「自我倡導」，中華民國智障者家長總會也於 2008 年成立平台，串連各單位共同推展心智障礙者的自立生活與自我倡導。但這些以障礙者為主體的聲音之發展，也往往面臨經費困境（王育瑜，2016）。身心障礙者權利公約強調身心障礙者是自己問題的專家，未來在政策上應支持身心障礙者主導的團體，使之能具備較為充足的資源，發揮自我倡議的力量。而專業工作者需誠實反省與面對自身角色功用的局限，尊重障礙者自我選擇的權利、障礙經驗的重要性，以更謙卑的方式，採取充權與批判社會工作取向，與障礙者建立合作的夥伴關係、支持障礙者發展批判性的觀點、自我發聲與倡議，扮演障礙者的協同者或協助者，共同推動社會改革。

國外推動自立生活運動，發現心智障礙者的參與相對較少，可能因為心智障礙者在進行自主決策時，需要較多的支持。國內自 2012 年起，自立生活支持服務於各縣市實施以來，也較少提供心智障礙者及精神障礙者

服務。美國依據 1975 年心智障礙者權利及救助法案，每州委託或自行設立一個心智障礙者權利保障及倡導單位，精障保護與倡導系統亦於 1986 年建立。英國自 2002 年起，將倡導服務的發展與支持，列為心智障礙者發展基金優先項目，2007 年修訂公布之精神衛生法亦規定，精障者有權取得獨立倡導者（Independent Mental Health Advocate）協助。蘇格蘭 2003 年精神健康（照顧與治療）法案（Mental Health [Care and Treatment] [Scotland] Act）亦保障精障者取得獨立倡導服務的權利（Goodbody Economic Consultants, 2004）。「獨立倡導者」不屬於政府部門，也不屬於提供服務的民間單位，而是獨立的角色，與精障者間無利害關係，是協助精障者瞭解自己的權利、倡議自己的權利，或是為精障者倡議的專門角色。當精障者被強制住院或強制社區治療時，獨立倡導者便可成為告知其權利與維護其權利的重要支持者。國內目前當精障者被緊急安置及強制住院或強制社區治療時，是由執行緊急安置與強制住院或強制社區治療的醫院相關專業人員包含醫師、護理師與社工師，負責告知精障者聲請提審及抗告的相關權益，但是這個作法有「球員兼裁判」的角色不中立問題，是現行制度較為人詬病之處。國內依據民法新修訂的監護及輔助規定，有輔助人之相關規定，且 2019 年更修法新增「意定監護」制度，使受監護者得事先擇定未來的監護人，增進了受監護人的自主選擇權。然而，對於個別障礙者提供獨立倡導者或其他倡導服務，是未來協助心智障礙者與精神障礙者實現自主權利，可積極努力的服務發展方向。

　　此外，在專業工作者的服務模式上，尤其在心智障礙領域，近年來相當受到重視的「以個人為中心的計畫」（person-centred planning），也是未來國內障礙領域社會工作者可以更加努力的方向。英國自 2001 年的白皮書即強調要使心智障礙者對自己的人生有最大的選擇與控制，倡導之外，還有以個人為中心的計畫（Department of Health, 2001）。以個人為中心的計畫，有以下幾個特色：（1）將服務由提供者主導，轉為使用者主導，強調讓個人，和其最親近的人來定義對他們而言最重要的生活品質成果，個人和支持者一起界定能協助達成這些成果的策略。（2）考量個人環境與人生歷程脈絡，並著重在能加以改善的關鍵生活面向，有清楚、實際的目的，支持個人朝更好的人生前進。生活品質成果，和協助達成成果的策略，都不應局限在服務提供者本身的提供範圍，應擴大思考。（3）應提供當事人嘗試各種經驗的機會，使之從經驗中學習、表明偏好、並獲得持續

的支持。支持提供者、家人和朋友儘可能提出各種創意的經驗。（4）透過面對面訪談，以界定個人重視的生活品質指標，強調個人的夢想與優先事項，而不只是個人生活功能能力，或是症狀（介入目標在滿足個人夢想與優先事項，而非功能能力提升與症狀緩解）。（5）鼓勵當事人邀請信賴的朋友和家庭成員一起參與面對面訪談。（6）對無法表達自己意見者，採觀察和參與觀察，或是代理人陳述，記錄必須明確指出是他人角度表達的看法，且代理人必須是非常熟悉當事人的人（NSW Department of Ageing, Disability and Home Care, 2009; Sanderson, 2000）。

目前國內已有些許心智障礙服務單位試圖運用「以個人為中心的計畫」於工作之中，不過較常見的是由專業人員協助心智障礙者探索自己的目標與夢想，較少由當事人邀請其信賴的朋友和家人一同參與討論與擬訂計畫，建議未來可參考前述六點，更進一步推展「以個人為中心的計畫」之服務模式。

結　語

身心障礙者占我國 20 分之 1 的人口比例，其中，約 95% 居住於家宅，且家宅無電梯者為多。障礙者對於居家無障礙、就醫協助、交通及休閒可近性都有很高的需求。然而，對於居家照顧等福利資訊卻相當缺乏。身心障礙者對於社會福利的資訊缺乏以及不瞭解如何申請，是取得福利資源最大的阻礙。儘管社區式服務的相關資源擴充，服務涵蓋率增加，仍需要克服的挑戰是如何將資訊傳達給有需求的潛在服務使用者。另外，長期安置於機構者主要乃因家人或親屬無法照顧。因此，主動提供住在機構的障礙者及其家人社區各項福利資源的資訊、藉由同儕支持開啟其自立生活的想像、提升社會住宅的量與質並降低租金，或許能讓原本住在機構的障礙者，有與其他人同等的社區生活之選擇。

此外，身心障礙人口中，50 歲以上的障礙者逾七成，且女性障礙者65 歲以上者較男性障礙者 65 歲以上的比例高，日常生活需協助的比例也較高。因此，中高齡及老年身心障礙者的健康與照顧，以及性別敏感的福利政策與服務，將會是未來身障福利需特別關注的議題。此外，可近的交通與適當的協助，以及社區設施環境可近性的提升、社區活動資源的連

結，才能使中高齡的身心障礙者，維護其健康與增進其自立生活與社區融合。

我國的身心障礙鑑定評估新制，目的之一即是主動提供身心障礙者福利資訊與資源連結，然而，單靠鑑定評估時提供福利資訊與資源連結效果有限，政府對於各項身障福利的在地化宣傳仍須加強。另外，新制身心障礙鑑定評估制度誠如監委糾正所言，仍傾向醫療化／個人化模式看待障礙問題，未能適當考量環境脈絡因素對個人所產生之影響。我們不能僅一味地認為障礙是個人特質，而是必須考量環境特性，障礙的存在是個人與環境特性交互關係下的產物。聯合國於 2006 年公布的「身心障礙者權利公約」，也反映世界各國對於障礙者人權的共識，將障礙議題由個人化與醫療化的角度，進一步推向人權取向的觀點界定障礙問題，強調人與人之間本來就存在各種差異，但不論任何的差異，人權乃與生俱來，且是平等的。因此，障礙者不應被視為被動接受他人照顧、被專業強行介入的客體，而是具有自主與選擇權利、是自己問題與需求的專家。

社會工作者推動身心障礙福利的大目標與大方向，應該在於人權的保障，抱持著人權觀點看待障礙問題，我們便必須瞭解差異、尊重差異。社會工作者應將自己定位為障礙者的夥伴，協助障礙者發展權利意識、創造並支持障礙者自我發聲、發展障礙者集體力量，以充權和批判社會工作的觀點，成為障礙者的同盟者，一同促動社會改革，去除不必要的環境阻礙、創造尊重差異之正義的社會，並且讓更多障礙者得以在取得適當支持下，過自主的生活。

我們需要擴大障礙者在政策與服務、以及所有與障礙有關的事務上的參與。讓更多障礙者成為政策制定過程中的參與者，讓更多障礙者可以進入服務系統成為服務提供者、提供其他障礙者同儕支持。而社會工作教育，也需培育社會工作者反省與批判能力，承認自己的不足並且向服務對象學習，尊重當事人經驗累積的「專業」。

問題與思考

1. 請舉實例說明個人模式觀點、社會模式觀點、人權模式觀點如何看待「障礙」，並說明您對這三種觀點的看法。

2. 請討論身心障礙鑑定與評估新制的優缺點。

3. 社會工作者可以透過哪些方式，促動與支持障礙者發聲、障礙者在政策與服務中發揮影響力、障礙者相互支持，以及障礙者集體行動的展現？

4. 身心障礙者權利公約要求世界各國必須「去機構化」，您贊成嗎？您認為臺灣該怎麼做，以回應此項規定？

5. 哪些狀況下，社會工作者自身的利益，可能與服務對象的利益產生衝突？當此種狀況發生時，社會工作者該如何面對與因應？

建議研讀著作

1. 王國羽、林昭吟、張恆豪（編）（2019）《障礙研究與社會政策》。高雄市：巨流圖書。

2. 王育瑜、謝儒賢（2015）〈需求評估的假象，社會控制的事實：身心障礙鑑定評估新制的批判〉，《社區發展季刊》，150: 123-133。

3. 周月清、張家寧、陳毅、呂又慧編（2019）《我要我的自立生活》。台北市：松慧。

4. 周月清、陳伯偉、張家寧（2019）〈「個人助理是居服的補充包」？地方政府執行身心障礙者自立生活支持／個助服務的迷思與困境〉，《臺灣社會福利學刊》，15(2): 1-56。

5. 王育瑜（2016）〈心智障礙者自我倡導團體的發展——八個單位比較〉，《東吳社會工作學報》，31: 77-115。

第 **7** 章

婦女福利服務

游美貴 |

前　言

　　婦女與社會福利的關係，可以分為三種狀態：社會福利的使用者、社會福利的提供者及參與政治過程影響社會福利者（Hernes, 1987）。Hallett（1996）進一步說明，婦女是社會福利的使用者，例如因社會不平等與結構上的弱勢，使得婦女在勞動市場參與低，導致婦女易陷於貧窮，而需要仰賴政府的扶助；以婦女是福利的提供者而言，在於許多福利服務輸送過程，婦女都是主要提供服務者，像是如家庭照顧、社會工作、社區照顧等等；當婦女參與社會運動，組織婦女團體為婦女發聲，參與政治改革影響社會福利等等，都是婦女參與政治過程對於社會福利的貢獻。

　　然而，傅立葉（2002）指出，女性的需求與權益在早期國內外社會工作教育中被邊緣化，一般社會工作教科書缺乏婦女或性別議題的討論，少數將性別納入討論的教科書，內容皆以探討性別歧視與婦女運動為主。環顧國外有關社會工作概論的教科書，對於各種服務人口群的福利服務均有討論，唯獨缺婦女福利服務的討論（Ambrosino, Heffernan, Shuttlesworth, and Ambrosino, 2008; Farley, Smith, and Boyle, 2006; Segal, Gerdes, and Steiner, 2010）。再搜尋國內社會工作概論等相關書籍，與國外類似缺乏婦女福利服務的討論（如黃源協主編，2020）；論及婦女福利服務，但並未如其他案主群列有專章，僅列有一節討論之（如李增祿主編，2009；林勝義，2013）；或以論述受暴婦女社會工作為主（如謝秀芬主編，2018）；另外則是以婦女社會工作論述（古允文總校閱，2019）等呈現方式。

　　但根據社會工作辭典的界定，「婦女福利」在於消除或預防婦女問題，透過制度和政策的改變來確保所有婦女的福利（內政部，1990）。臺灣於 2011 年頒布性別平等政策綱領，[1] 2017 年函頒修正，其政策內涵分為七篇，分別為「權力、決策與影響力」篇、「就業、經濟與福利」篇、「人口、婚姻與家庭」篇、「教育、文化與媒體」篇、「人身安全與司法」篇、「健康、醫療與照顧」篇、「環境、能源與科技」篇等，作為性別平等政策基本藍圖（行政院性別平等會，2017）。若從方案的角度而言，大至經濟所得的維持，小至女性自覺成長團體的實施；若從婦女的人權問題與社會政策角度，則擴及各種層面，從婚姻家庭、人身安全、福利、救助、經

---

[1]　行政院婦女權益促進委員會第 36 次委員會議原則通過（2012.12.19）。

濟安全、就業到政治與社會參與等等（傅立葉，2002；游美貴，2011）。依據衛生福利部在 2020 年執行我國婦女福利指標考核，則包含辦理婦女福利服務、強化婦女福利服務中心功能、特殊境遇家庭扶助、單親家庭個案服務、社會（家庭）福利服務中心辦理家庭支持服務推動成效、新住民（外籍配偶）支持性服務、創新服務等等（衛生福利部社會及家庭署，2020a）。

　　本章考量臺灣婦女福利發展情況，綜合歸納整理及與本書其他章節區隔，聚焦在婦女就業平權措施、婦女福利與脫貧、婦女人身安全福利服務等為主要探討方向。本章討論有：（一）說明臺灣婦女福利發展沿革及婦女性別平等；（二）臺灣婦女在社會參與、婚姻與家庭、人身安全、救助與福利等面向的描述；（三）臺灣社會婦女福利服務實施情形，就政策、法規、福利服務辦理；（四）婦女社會工作的實施，其中包括實施場域、服務內容及可能的挑戰；最後以臺灣在婦女福利服務辦理之省思及未來展望為主題討論之。

第一節　臺灣婦女福利發展沿革

一、婦女福利發展

　　臺灣至今因為沒有婦女福利的專屬法規及法定定義，有關婦女社會政策發展則可追溯至臺灣婦女運動。解嚴前後是臺灣婦女運動的重要分水嶺，解嚴前婦女運動以挑戰性別不平等的意識型態為主，如爭取政治上婦女保障名額，爭取墮胎合法化等等；1987 年政治解嚴後，臺灣婦女組織發展蓬勃，積極參與政治活動與社會運動的婦女團體紛紛成立；婦女團體從單一議題的推動，也逐漸發展成分工專業的運動路線，運動議題包括：救援雛妓、性別工作平權、性別平等教育、政治改革、家庭暴力防治、性侵害犯罪防治、性騷擾防治和性剝削防制等等（梁雙蓮、顧燕翎，1995；傅立葉，2002；游美貴，2020）。

　　政府單位自認推動婦女政策及措施，主要是依據憲法增修條文第 10 條第 6 項「國家應維護婦女之人格尊嚴，保障婦女之人身安全，消除性別歧視、促進兩性地位之實質平等」之憲政精神；婦女福利相關規定，散見

於不同的法規、辦法和行政措施中。或許是性別區隔社會政策的政治陷阱，使得社會事件引發連動效應與婦女運動影響下，父權國家的政府與男性民意代表不得不重視婦女福利與權益議題（唐文慧，1999）。有關國家在婦女權益促進與性別平權，則是起於 1997 年 5 月行政院成立任務編組的「行政院婦女權益促進委員會」，負責婦女與性別相關政策之監督與倡議；另於 1999 年成立半官方的「財團法人婦女權益促進發展基金會」；後於 2012 年 1 月 1 日，行政院組織改造，為強化推動性別平等工作之措施，並呼應國際重視性別平等議題，於行政院內成立「性別平等處」，為臺灣第一個性別平等專責機制（行政院，2012）。

　　再者，政府社會福利經費是從 1991 年起，才單獨編列婦女福利專款預算。至 2000 年 8 月於內政部社會司中設立「婦女福利科」，婦女福利正式有專責單位負責各項婦女福利業務；2013 年衛生福利部成立，將原本婦女福利科併入社會及家庭署（簡稱社家署），衛生福利部社家署規劃及執行老人、身心障礙者、婦女、兒童及少年福利、家庭支持等事項（衛生福利部社會及家庭署，2014）。在人身安全部分，1997 年 5 月 9 日依性侵害犯罪防治法成立「內政部性侵害防治委員會」；隨後 1998 年家庭暴力防治法通過，依法在 1999 年 4 月 23 日成立「內政部家庭暴力防治委員會」；2002 年 7 月 24 日將「內政部性侵害防治委員會」及「內政部家庭暴力防治委員會」二委員會合併為「家庭暴力及性侵害防治委員會」；衛生福利部成立後，將原內政部家庭暴力及性侵害防治委員會、社會司、內政部兒童局等單位，有關各項被害人保護工作，整合由衛生福利部保護服務司（簡稱保護司）統籌辦理；加強推動婦女人身安全權益，也由保護司專責處理（衛生福利部，2014）。

　　而婦女福利發展另一個重要分水嶺，是「性別主流化」，以及「消除對婦女一切形式歧視公約」（The Convention on the Elimination of All Forms of Discrimination against Women, CEDAW）國內法化的推動。從 1995 年聯合國確認「性別主流化」，為各國政府政策行動綱領，以性別平等作為政策的主流；各項目標的工作包括：（1）建立或強化國家級機構及政府組織；（2）性別觀點納入立法、公共政策、政府施政及計畫；（3）建立及發布性別區分統計與資訊，以供政策規劃及成效評估之用。臺灣 2005 年通過推動性別主流化政策，內容包括性別統計、性別分析、性別預算、性別影響評估、性別意識培力及性別平等機制等六大推動主軸（曾

中明，2008）。黃淑玲（2008）認為，性別主流化強調男女在人生經驗、社會角色、生活處境、資源享有等面向都存在明顯差異；這些差異會影響到在家庭、教育、職場就業的參與機會與成就表現；性別主流化特別強調介入行動需要回應不同性別的關注與需求，而且須兼顧弱勢者的多元與差異。

CEDAW 是 1979 年聯合國大會通過，1981 年正式生效，內容闡明男女平等享有一切經濟、社會、文化、公民和政治權利；締約國應採取立法及一切適當措施，消除對婦女之歧視，確保男女在教育、就業、保健、家庭、政治、法律、社會、經濟等各方面享有平等權利；鑑於保障婦女權益是國際人權主流價值，臺灣為提升性別人權標準，落實性別平等，於 2007 年為明定 CEDAW 具國內法效力；2009 年辦理 CEDAW 首次國家報告國際審查開始，CEDAW 成為執行最多次國際審查的公約；行政院也於 2010 年函送 CEDAW 草案，經立法院 2011 年三讀通過，自 2012 年 1 月 1 日起施行（行政院性別平等會，2020d）。正如陳芬苓（2017）指出，CEDAW 對臺灣在性別政策的影響，是由國際組織影響國內政策推動的新典範，順應每四年國家報告撰寫，使得法案或政策開始有突破；再者撰寫國家報告的過程，帶動具體法案修改的成效；還有透過層層國內外的審查，讓國家的政策品質能夠與國際真正的接軌，能夠真正達到促進國內性別平等的方向。

舉例而言，2018 年第 3 次國家報告的結論性意見，就本章關注在性別暴力、就業、照顧、經濟議題，指出國家還需要努力之處：（1）如對女性暴力行為比率居高不下，包括身體、心理、性、經濟方面暴力，及發生於網路、其他數位環境之暴力形式；（2）校園中持續發生性騷擾、性侵害和性霸凌，尤其是針對女孩、身心障礙、同性戀、雙性戀、跨性別、雙性人及外國籍學生等；（3）勞動市場垂直與水平性別隔離現象十分顯著，缺乏促進同工同酬之政策；（4）政府應更積極為女性提供工作與家庭生活平衡之可能性，如缺乏易取得、可負擔及可靠之托育服務；（5）福利政策不足，影響高齡婦女，尤其是為家庭從事無償照顧工作的婦女；（6）現行立法無法解決勞動市場之性別隔離、薪資差距，及婦女擔任大部分無償工作所導致配偶間經濟不對等問題（行政院性別平等會，2020e）；而這些也成為當前婦女福利服務提升與精進的方向。

總之，性別主流化和 CEDAW 的推動，回應介入策略對於不同性別需

求的重要性，促使社會政策設計機制正視性別的考量，此舉也奠立婦女福利朝向婦女權益促進與性別平權的發展基礎。

二、女性主義與婦女性別平等

以女性主義的觀點而言，女性在社會中呈現弱勢地位，源自於社會對女性的性別偏見與歧視，也就是所謂的 sexism 。而女性主義的派別很多，但是在社會政策與社會工作討論婦女性別平等時，不同派別的女性主義主張也有不同；以下說明女性主義幾個主要流派，以及其對性別平等的主張（傅立葉，2002；Dominelli, 2002；Payne, 2014）：

（一）自由的女性主義

自由的女性主義（liberal feminism），是英美發展最早的女性主義，其強調理性、個人主義、民主與平等。認為社會對待女性的方式，破壞自由、平等、正義等價值，使得女性遭受正式和非正式的歧視，未能享有與男性同等的自我發展機會。所以需要改變人們對於兩性的態度與價值，透過教育與學習建立兩性平等的認知，就可以建立兩性平等社會。解決不平等的問題，是通過立法促進平等機會，改變社會慣例以使性別喪失強大影響力。不過自由的女性主義被批判的弱點，在於爭取平等常對中產階級女性有利，但對弱勢階層和少數群婦女注意不明顯。

（二）社會主義的女性主義

社會主義的女性主義（socialist feminism）是從馬克思主義思潮中發展出來的，並批判自由派的女性主義。女性的壓迫來自階級社會內在的社會結構，固有的不平等。不僅質疑社會制度下男女是否擁有相同機會，深入批判這些制度的社會結構與社會關係，更細緻的探討造成兩性角色與兩性不平等的機制，提出「父權」的社會結構和基礎在於性別角色分工，女性成為無酬家庭勞務者，使得女性需要依賴男性，受到男性控制。所以改革是聚焦社會關係的改變，是制度形成的社會結構，而不只是制度不平等而已。社會主義女性主義還強調婦女的壓迫，如何與種族或身障等其他形式的壓迫相互作用。這種女性主義思維方法提出，應該分析和理解社會關係的壓迫特徵，因此可以成為社會政策制定的論述基礎。

（三）基進的女性主義

基進的女性主義（radical feminism）以性（sexuality）和兩性關係，作為思考架構的中心，認為性壓迫是其他壓迫的來源。主張要追究父權如何創造壓迫形式發展的條件，基進女性主義者特別重視男性對於女性的暴力問題。這派的女性主義者是尋求女性的自主，並且拒絕男性社會的制度與文化，認為問題不在於女性比男性缺乏機會，而是女性被迫採取為男性利益服務的思考方式。基進的女性主義批判父權制度，父權是賦予男人權力和特權的社會制度。所以採取的改革策略，是拒絕參與男性的秩序文化，女性應該重新發覺女性自身的感覺與利益，尋找女性自身的文化。基進的女性主義被應用於許多福利服務方案，如婦女中心和婦女團體工作上。

（四）後現代女性主義

後現代女性主義（postmodern feminism）的重要特徵之一，是關注問題而不是只理所當然接受性別不平等狀態。後現代女性主義關注社會關係中的強勢群體，是如何透過監視和紀律的社會控制形式，以維持強勢支配群體利益的社會秩序。社會工作介入需要反思，是否服務介入也成為監督和紀律的一部分。後現代女性主義更重視受到面臨多元壓迫情勢的社會邊緣女性，在父權社會體制下的受壓迫情形；能夠傾聽和促進受壓迫女性的聲音被聽見，是很重要的服務策略。

綜合上述，從女性主義觀點而論，首先需檢視女性平等參與公領域的機會是否足夠；再者，保護女性免於暴力與貧困的政策作為是否充足。前者，有必要提高女性進入決策職位，並有效提升女性勞動參與及性別平等的就業機會。後者，如特殊境遇婦女的經濟補助，除殘補式的現金補助為主外，則需要搭配積極性的福利服務措施。其次，婦女在公私領域遭遇暴力的防治法規，如家庭暴力防治、性侵害犯罪防治、性騷擾和性剝削防制等法令，但仍要檢視通報案件數，背後隱藏的意涵，是否因為父權社會的思維影響，使得男性擁有比女性更多支配權力，繼續在公私領域威脅女性的人身安全。劉曉春（2017）認為，性別同時也會與階級、族群、文化等不同的社會類別交織運作，面對社會群體的多元化時，需看到社會結構在

服務對象的多層次和多元的複雜壓迫力量。所以，婦女社會工作可藉由婦女分享被壓迫經驗，如生活中及職場上歧視和不利條件；關注於確認和回應婦女多元需求；傾聽受壓迫女性不同聲音，支持女性有價值和有能力去辨別和回應多元化的社會。

第二節　臺灣婦女概況

截至 2019 年，臺灣總人口數為 23,603,121 人，其中女性人數為 11,897,935 人，約占總人口數的 50.4%（內政部統計處，2020）。本節參考行政院性別平等會七項性別統計資料分類（2017）及傅立葉（2002）的分類，從社會參與、婚姻與家庭、人身安全、救助與福利方面，以瞭解臺灣婦女概況。

一、婦女社會參與方面

儘管臺灣婦女在社會參與面向相關數據似乎都有增加，但是女性的社會參與，仍較屬於基層部分，管理位階仍然與男性的差異有距離。以下分成有婦女勞動參與、政治參與、政府行政參與、教育服務參與等等面向，予以說明。

（一）在勞動參與方面

臺灣國人的勞動參與率在 2019 年平均為 59.17%，女性勞動參與率為 51.39%，男性則為 67.34%；女性勞動參與率在近五年（2015-2019），除 65 歲以上就業人口有小幅度往下，各年齡層相較都有逐年成長的趨勢，但女性與男性相較仍有一段差距（相差 15.95%）；若與主要國家比較，則與日本（53.4%）及南韓（53.5%）相近，但與美國（57.4%）及加拿大（61.5%）則差距較大；臺灣男女勞動力參與率一直有差距，顯示女性人力資源尚具開發空間（中華民國統計資訊網，2020a）。

（二）在政治參與方面

2020 年的立法委員選舉，女性當選 28 人，只占當選人數 35.44%；另

外，2018 年縣市首長，女性當選 7 人；2018 年五都直轄市長（臺北市、新北市、臺中市、臺南市、高雄市）選舉，當選女性 1 人；2018 年直轄市的市議員選舉，女性當選 307 人，占當選人數 33.66%（中央選舉委員會，2020）。

（三）在政府行政參與方面

至 2019 年女性公務人員共 152,235 人，占全體公務人員 42.1%（行政院性別平等會，2020a）。依據銓敘部統計（2020），2019 年公務人員按官職等分，職等越高女性所占比例越低，如在簡任職占 35.5%，在政務官中女性只占 11.90%；大多女性是在委任職（占 56.7%）和薦任職（占58.0%）。

（四）在教育服務參與方面

2019 年各級學校的女性教師人數為 202,738 人，雖然占全國總數的68.24%；但是女性教師所占比例，隨著學校層級越高，女性教師占比越低；如女性教師在幼兒園占 98.41%、在國民小學占 71.68%、在國民中學占 68.86%、在高級中學則為 58.36%、大專院校則是 36.31%（行政院性別平等會，2020b）。

二、婦女的婚姻家庭方面

據中華民國統計資訊網（2020b），2019 年全國有 54,473 對離婚，粗離婚率則是 2.31‰，女性喪偶人數約有 1,123,327 人左右；2018 年女性離婚人數約有 54,443 人。有關家務分配方面，一般家務工作分配及處理家務時數，最主要還是由婦女負擔；至於家庭照顧情形，婦女多是主要照顧者，約 24.2% 的婦女家有 12 歲以下的兒童，婦女每天平均花 4.28 小時照顧 12 歲以下兒童，無工作婦女平均每天照顧兒童時間為 6.45 小時；約9.8% 的婦女家有 65 歲以上需照顧的老人，主要照顧者有 42.5% 為婦女本人，婦女每天平均需花 2.40 小時照顧老人；約 4.2% 的婦女家中有 12到 64 歲需照顧的成員，主要照顧者 62.8% 為婦女本人，婦女每天平均花2.38 小時的照顧時間（衛生福利部統計處，2020a）。

上述資料顯示，婦女仍是家庭成員的主要照顧者。當婦女擔負、分攤

家庭經濟的同時，其平均花費在照顧家人的時數仍很高。顯見婦女在家庭照顧的角色吃重，突顯照顧工作私領域化，此情形值得更多的重視。

三、婦女人身安全方面

依據衛生福利部保護服務司統計資料顯示（2020a），2019 年家庭暴力事件通報案件數有 160,944 件，為 10 年前的 1.7 倍。其中結婚／離婚／同居關係暴力，就占所有案件數 49.85%；女性被害人約占 67.70%，是男性被害人的 2 倍。而 2019 年性侵害犯罪案件女性被害人就占 82.34%，是男性被害人的 4.8 倍；是 10 年前的 1.47 倍（衛生福利部保護服務司，2020b）。性騷擾案件也是逐年增加之勢，2019 年性騷擾申訴成立案件為 672 件，被害人數 647 人，而女性占 95.52%；相較 2009 年的成立案件數為 207 件，被害人數 196 人，呈現成長的趨勢（衛生福利部保護服務司，2020c）。

臺灣近 10 年來，不斷促進女性人身安全。然而，數據顯示無論是私領域的家庭暴力及性侵害事件，公領域的性侵害和性騷擾事件，都有增加的趨勢，女性無論在公領域的公共空間人身安全，以及私領域的人身安全，仍是需要繼續關注與回應的議題。

四、婦女在救助與福利方面

在救助與福利方面，與婦女有直接關係的部分，包括有低收入戶社會救助、特殊境遇婦女、婦女福利措施需求等等。就低收入戶統計，以女性為戶長者，有增加之勢。如 2019 年低收入戶家庭計有 144,863 戶，其中女性戶長為 55,314 戶，約占有 38.19%，比起 2009 年女性戶長有 44,283 戶，就增加有一成之多（衛生福利部統計處，2020b）。

再者，衛生福利部統計資料顯示（2020c），2009 年申請特殊境遇家庭戶數為 20,079 戶，其中以女性為申請人的戶數高達 17,705 戶，占 88.18%。而女性申請人的婚姻狀況，以喪偶和離婚者二者占有 73.36%；族群別以本國籍非原住民婦女居多（18,784 人），本國籍原住民婦女（888 人）次之，再來為大陸籍及外國籍者（407 人）。在 2019 年婦女生活狀況調查顯示，對婦女福利措施的期望，婦女期待政府應加強提供的服務項

目，以「增加幼兒托育及老人照顧服務」比例達 32.7% 最高（衛生福利部統計處，2020d）。

在婦女經濟安全的部分，仍呈現有弱勢之情事；而以女性為戶長的家庭，面臨貧窮也有增加情形。因此，正視貧窮婦女的經濟保障及福利服務的需求，仍是婦女福利重要的一環。

第三節　臺灣社會婦女福利服務實施

本節針對現今臺灣的婦女福利政策部分，討論與性別平等相關福利措施；且檢視婦女福利相關法規，包括與工作平權、特殊境遇家庭扶助與人身安全有關的法令；探討婦女福利措施，則分成一般婦女和弱勢婦女福利服務措施，以及婦女人身安全服務措施兩大部分論述之。

一、臺灣的婦女福利政策

婦女政策具體宣示於 2000 年的「跨世紀婦女政策藍圖」，直至 2004年通過「婦女政策綱領」、「婦女政策白皮書」兩項行動，為婦女政策及措施的確立依據；2016 年依據 2004 年婦女政策綱領，修正通過「性別平等政策綱領」（婦女權益促進發展基金會，2020）。性別平等政策綱領包含三大基本理念、七大核心議題；三大基本理念分別為：「性別平等是保障社會公平正義的核心價值」、「婦女權益的提升是促進性別平等的首要任務」、「性別主流化是實現施政以人為本的有效途徑」；以下就性別平等政策綱領與婦女福利服務較直接有關部分，予以說明（行政院性別平等會，2020c）：

- （一）在「就業、經濟與福利」篇：（1）關注強化職業訓練培力女性就業；（2）增加融資；（3）創業輔導資源管道與服務窗口；（4）鼓勵企業建立性別友善職場。
- （二）在「人口、婚姻與家庭」篇：（1）加強推動居家托育服務及幼兒托育公共化；（2）建立優質、平價、可近性的生育及養育環境；（3）正視多元文化與家庭型態，打造尊重和諧之友善環境。
- （三）在「人身安全與司法」篇：（1）強調落實建構對性別暴力零容

忍的社會意識；（2）提高司法及檢調單位處理婦幼案件的性別意識；（3）在司法與警察體系普設被害人保護服務機制與方案，打造安全無虞的生活環境。

　　綜合上述，若要政策落實，則需要包括三大部分的因應：（1）提升婦女參與勞動市場，保障婦女就業平等與勞動權益；同時要減輕婦女在家庭照顧的負擔，推動各項照顧福利措施，對女性照顧者的支持極具重要。然而，仍要聚焦調整社會文化，如何從男性養家、女性照顧的分工模式，逐漸到家內性別平衡分擔經濟、照顧責任普及平等分工模式（王兆慶，2019）。另外，政府要重視和處理勞動權益被打壓的情勢，不然「支持女性就業」政策，則可能使婦女去承擔工時更長或更片段、薪資更低的工作，恐怕也難讓女性取得真正的經濟獨立地位（覃玉蓉，2019）。（2）弱勢婦女的協助，減少婦女陷入貧困，以回應貧窮女性化議題。如李萍（2020）舉例中高齡婦女需求指出，建議政府關注中高齡婦女各種需求，檢視中高齡弱勢婦女福利服務，設立更積極作為，提供可幫助中高齡婦女的措施與方案。（3）讓婦女在公領域與私領域免於恐懼與威脅，使婦女人身安全得到保障。2018 年起推展的「強化社會安全網計畫」（簡稱社安網）策略提及，中央與地方政府須致力促進多元整合策略，並優化保護服務輸送體系，加強公部門與私部門跨專業網絡合作工作，以保障婦女人身安全（張秀鴛、郭彩榕、張靜倫、王心聖、張又文，2020；衛生福利部，2018）。

二、婦女福利相關法規

　　在婦女福利相關法規的部分，本文討論有屬工作平權的性別工作平等法；屬社會救助性質的特殊境遇家庭扶助條例；與人身安全有關的家庭暴力防治法、性侵害犯罪防治法及性騷擾防治法等。

（一）性別工作平等法

　　2002 年性別工作平等法制定，是為保障性別工作權之平等，貫徹憲法消除性別歧視、促進性別地位實質平等之精神（游美貴，2011）。後經過多次修正，於 2016 年修正性別工作平等法與施行細則中，有關支持婦

女就業的主要措施：[2]

1. 生理假：（1）女性受僱者因生理日致工作有困難者，每月得請生理假一日，全年請假日數未逾三日，不併入病假計算，其餘日數併入病假計算。（2）前項併入及不併入病假之生理假薪資，減半發給。

2. 產假：（1）雇主於女性受僱者分娩前後，應使其停止工作，給予產假八星期；妊娠三個月以上流產者，應使其停止工作，給予產假四星期；妊娠二個月以上未滿三個月流產者，應使其停止工作，給予產假一星期；妊娠未滿二個月流產者，應使其停止工作，給予產假五日。（2）產假期間薪資之計算，依相關法令之規定。（3）受僱者經醫師診斷需安胎休養者，其治療、照護或休養期間之請假及薪資計算，依相關法令之規定。

3. 陪產假：（1）受僱者於其配偶分娩時，雇主應給予陪產假五日；產檢假及陪產假期間，薪資照給。（2）受僱者應於配偶分娩之當日及其前後合計十五日期間內，擇其中之五日請假。

4. 家庭照顧假：（1）受僱者於其家庭成員預防接種、發生嚴重之疾病或其他重大事故須親自照顧時，得請家庭照顧假；其請假日數併入事假計算，全年以七日為限。（2）家庭照顧假薪資之計算，依各該事假規定辦理。

5. 育嬰留職停薪：（1）受僱者任職滿六個月後，於每一子女滿三歲前，得申請育嬰留職停薪，期間至該子女滿三歲止，但不得逾二年。同時撫育子女二人以上者，其育嬰留職停薪期間應合併計算，最長以最幼子女受撫育二年為限。（2）受僱者於育嬰留職停薪期間，得繼續參加原有之社會保險，原由雇主負擔之保險費，免予繳納；原由受僱者負擔之保險費，得遞延三年繳納。（3）依家事事件法、兒童及少年福利與權益保障法相關規定與收養兒童先行共同生活之受僱者，其共同生活期間得依第一項規定申請育嬰留職停薪。（4）育嬰留職停薪期間，每次以不少於六個月為原則，申請低於六個月的育嬰留職停薪時，須勞資雙方協商。（5）若雇主同意任職未滿六個月的受僱者申請育嬰留職停薪，該受僱者育嬰留職停薪期間，可繼續參加原有的社會保險。

2　資料來源：作者整理自施銀河（2008）；性別工作平等法；性別工作平等法施行細則。

（二）特殊境遇家庭扶助條例

「特殊境遇家庭扶助條例」前身是 2000 年 5 月制定的「特殊境遇婦女家庭扶助條例」，此條例成為婦女社會救助和相關扶助措施的重要依循。後於 2009 年修正，將「特殊境遇婦女家庭扶助條例」，更名為「特殊境遇家庭扶助條例」；更改為以特殊境遇家庭為主要扶助對象，所定特殊境遇家庭扶助，包括緊急生活扶助、子女生活津貼、子女教育補助、傷病醫療補助、兒童托育津貼、法律訴訟補助及創業貸款補助等等。

特殊境遇家庭是指申請人及其家庭總收入，每人每月未超過政府當年公布最低生活費 2.5 倍及臺灣地區平均每人每月消費支出 1.5 倍，家庭財產未超過中央主管機關公告之金額，且有下列情形之一：（1）65 歲以下，其配偶死亡，或失蹤經向警察機關報案協尋未獲達六個月以上；（2）因配偶惡意遺棄或受配偶不堪同居之虐待，經判決離婚確定或已完成協議離婚登記；（3）家庭暴力受害；（4）未婚懷孕婦女，懷胎三個月以上至分娩二個月內；（5）因離婚、喪偶、未婚生子獨自扶養十八歲以下子女或祖父母扶養十八歲以下父母無力扶養之孫子女，其無工作能力，或雖有工作能力，因遭遇重大傷病或照顧六歲以下子女或孫子女致不能工作。（6）配偶處一年以上之徒刑或受拘束人身自由之保安處分一年以上，且在執行中；（7）其他經直轄市、縣市政府評估因三個月內生活發生重大變故導致生活、經濟困難者，且其重大變故非因個人責任、債務、非因自願性失業等事由。

（三）家庭暴力防治法

家庭暴力防治法（以下簡稱家暴法）在 1998 年通過，為亞洲第一部家庭暴力防治特別法規，當時在法規訂定中央與地方之相關職權、民事保護令、家庭暴力加害人處遇計畫、未成年子女會面交往交付及全國家庭暴力資料庫建置均是前所未有。為使家暴法更符合時代變遷與保障被害人的權益需求，經過多次修正，於 2015 年完成較全面修正。

2015 年家暴法主要修正重點在於：（1）目睹家庭暴力的兒童少年納入保護令範疇，以及明定由教育主管機關權責目睹家庭暴力兒童及少年之輔導措施；地方政府需要辦理，經評估有需要之目睹家庭暴力兒童及少年身心治療、諮商、社會與心理評估及處置。（2）明訂中央主管機關設

立家庭暴力防治基金；以及每四年進行家庭暴力問題調查及定期公布統計分析。（3）地方政府需要辦理危險評估，並召開跨機構網絡會議，亦即家庭暴力高危機個案網絡會議（Multi Agency Risk Assessment Conference, MARAC），促進網絡協同合作。（4）延長通常保護令效期由 1 年修正為 2 年，並取消延長次數的限制。（5）矯正機關應將家庭暴力罪或違反保護令罪受刑人預定出獄之日期通知被害人、其住居所所在地之警察機關及家庭暴力防治中心。（6）媒體不得報導被害人及其未成年子女身分資訊，並訂有罰則。（7）被害人年滿十六歲，雙方是以情感或性行為為基礎，發展親密之社會互動關係，遭受現有或曾有親密關係之未同居伴侶，施以身體或精神上不法侵害之情事者；無論異性或同性親密伴侶，不管是否有同居關係，皆可申請保護令。

（四）性侵害犯罪防治法

為維護婦女在公領域的人身安全，「性侵害犯罪防治法」扮演非常重要的角色。1997 年通過時立法目的，是藉由中央與地方政府設置專責單位，以有效防治措施與服務，使得性侵害被害人得到保護，免除二次傷害。「性侵害犯罪防治法」自 1997 年公布施行，經過多次修正，於 2015 年完成較全面修正。

2015 年共計修正 12 條，修正重點：（1）明訂各中央目的事業主管機關之權責事項。（2）通報人員擴大，司法人員、矯正人員及村里幹事皆為性侵害案件責任通報人員。（3）增訂通報案件分級分類之規定。（4）兒童或心智障礙之性侵害被害人於偵查或審判階段，經司法警察、司法警察官、檢察事務官、檢察官或法官認有必要時，應由具相關專業人士在場協助詢（訊）問；確立專家證人之法定地位。（5）任何人不得以媒體或其他方法公開揭露性侵被害者的姓名或足以辨別身分的資訊，無正當理由違反規定者，處 2 萬元以上、10 萬元以下罰鍰；若媒體以宣傳品、出版品、廣播、電視或網際網路等媒介報導或記載被害人資訊，可處 6 萬元以上、60 萬元以下罰鍰。（6）司法審判過程禁制被告、辯護人對被害人有性別歧視之陳述及舉止等相關條文。（7）周延性侵害被害人個人身分隱私之保護等等。

（五）性騷擾防治法

　　為有效解決性騷擾的問題，加上性別工作平等法，性別平等教育法只有處理工作及教育場域的性騷擾議題，為擴大保護人身安全及有效促進性騷擾防治，性騷擾防治法於 2005 年制定通過，另於 2006 年及 2009 年兩次修訂少數條文。性騷擾防治法立法精神有（1）明揭立法目的在於防治性騷擾及保護被害人之權益，並與現行相關法規區隔，避免法令疊床架屋；（2）擴大性騷擾法規的保護範圍；（3）增設性騷擾防治規定；（4）明定強制觸摸罪等等。有關於性騷擾防治在法規下主要包括有：（1）各級地方政府應設立性騷擾防治委員會主責性騷擾防治事宜；（2）明訂受僱人或受服務人員人數達 10 人以上者，應設立申訴管道協調處理；其人數達 30 人以上者，應訂定性騷擾防治措施；（3）中央主管機關應訂定性騷擾防治之準則；其內容應包括性騷擾防治原則、申訴管道、懲處辦法、教育訓練方案及其他相關措施；（4）廣告物、出版品、廣播、電視、電子訊號、電腦網路或其他媒體，不得報導或記載被害人之姓名或其他足資識別被害人身分之資訊；（5）明訂申訴、調查、調解程序等等。

　　綜合上述，雖然特殊境遇家庭扶助條例，並不是只限婦女申請，但婦女仍占申請家戶中的多數。然而，這些措施仍屬緊急救助性質，以現金給付的補助方案，較無法有效防止婦女遭遇變故時落入貧窮，若要能真正協助婦女仍需要相關福利服務方案配搭。家庭暴力防治法和性侵害犯罪防治法的修訂，是為提供被害人更完善的保障，擴大保障的範圍；修訂後的法令再次重申家庭暴力防治及性侵害防治是需要各網絡共同合作推展，才能有效保障婦女公私領域的人身安全。

三、婦女福利措施

　　在衛生福利部 2020 年度施政計畫中，提及要強化婦女培力、自立與發展，發展雙重弱勢婦女服務模式，鼓勵社會參與，提升權益與福利，建構友善賦權環境（衛生福利部，2020）。以下將婦女福利措施主要分成一般婦女和弱勢婦女福利服務措施，以及婦女人身安全服務措施兩大部分論述。

（一）婦女福利服務措施

有關政府辦理婦女福利服務推展，常委託獲補助民間團體辦理。以下整理歷年婦女福利社會福利績效考核項目，並參考相關文獻，提出以下幾類婦女福利服務措施（詹子晴、韓意慈，2018；簡慧娟、江幸子，2020）：

1. 一般性婦女服務方案

以一般婦女為服務對象，重視權益倡議、培力、成長與社會參與、強化女性數位能力及多元就業等等，這些服務方案內容涵括：婦女權益、促進性別平等、女性成長、宣導、知性講座、研習觀摩、婦女數位學習、婦女團體培訓、婦女成長學苑等等。

2. 弱勢婦女服務方案

（1）特殊境遇婦女扶助：緊急生活扶助、子女生活津貼、子女教育補助、傷病醫療補助、兒童托育津貼、法律訴訟補助、創業貸款補助等等。

（2）單親婦女及家庭服務：單親家庭福利服務中心的個案管理服務、喘息活動、關懷訪視、團體輔導、準備性就業、支持性就業、子女課後照顧、單親培力、育兒指導、自立家園等等。

（3）弱勢婦女福利服務：辦理婦女福利服務中心、未婚媽媽成長團體及親職講座、婚姻困境婦女服務、中高齡婦女服務、身障婦女服務方案、年輕女性支持性服務方案、單身女性支持性方案、受暴婦女準備性和支持性就業等等。

3. 多元族群婦女福利服務方案

（1）新住民婦女及家庭服務：辦理新住民服務中心及社區服務據點、新住民子女培力、權益保障、關懷訪視、生活適應、據點服務、支持性就業、通譯服務等等。

（2）原住民婦女及家庭服務：辦理原住民家庭服務中心、家庭關懷訪視、個案輔導服務、團體工作、社區工作及志願服務等等。

4. 專業訓練與權益推動

辦理婦女福利工作人員專業訓練、設置婦女權益促進委員會推動婦女

權益等等。

　　整合上述，依據社會福利績效考核有關婦女福利服務推展資料顯示，婦女福利預算編列雖然有些縣市是成長，但有些縣市減列。整體而言，2020 年婦女福利預算編列較 2019 年減少 2%；再者，許多婦女福利服務措施各縣市差異仍大，即使同一項福利服務措施，可能地方政府辦理情形仍然有所差距，如婦女福利服務中心。另外，就福利服務輸送過程所重視的議題——可近性而言，更明顯呈現婦女福利服務輸送不足的普遍情形（衛生福利部社會及家庭署，2020b）。婦女福利服務措施的推行，當然與地方政府在婦女福利民間資源的分布有很大的關聯。因此，衛福部社家署為強化各地方政府對於在地婦女團體資源掌握，精進婦女團體資訊平台功能，優化資訊視覺化圖像，串聯相關資源網絡，策略性培力婦女團體之領導及組織能力，以強化各區域之婦女福利資源建構，有效回應在地婦女多元需求（簡慧娟、江幸子，2020）。

（二）婦女人身安全保障的措施

　　在中央和地方政府的重視與推展，保障婦女人身安全措施隨著社會變遷、法規修訂、服務對象多元性、網絡合作方式（游美貴，2014），以及因應社安網計畫推動等等，而有所調整和精進。以下針對全國性的措施予以說明。

1. 成立集中派案窗口

　　因著 2018 年推動強化社會安全網計畫，目前各地方政府均已成立集中派案窗口，統一受理所有疑似保護性案件及脆弱家庭通報案件，並透過一致性篩案標準，妥適評估判斷案件風險程度，以迅速地案件分流至合宜的受理單位，減少過去因分工或跨單位協調問題而影響服務之提供，以 2019 年各地方政府總計受理 260,681 件保護性或脆弱家庭通報案件，其中 98% 案件於 24 小時內完成派案評估（張秀鴛、郭彩榕、張靜倫、王心聖、張又文，2020）。

2. 家庭暴力防治安全防護網

　　為落實高危機案件的評估、預防相對人再犯、整合網絡服務介入，以保護被害人及其子女權益，故透過社政、警政、教育、衛生、司法、勞政

等跨單位間網絡合作，推動「家庭暴力防治安全防護網」。本方案 2009 年具體推動，初期結合學者專家組成推動督導小組，至各縣市協助辦理；本方案在 2015 年於家庭暴力防治法修正時納入法規，正式確立其在法定服務方案的地位；在地方政府最顯著的具體措施，即是使用臺灣親密關係暴力危險評估量表（以下簡稱 TIPVDA 量表）、召開家庭暴力高危機個案網絡會議（簡稱高危機會議，MARAC）、網絡共識營及成效評估研究等等（游美貴，2014, 2020；劉淑瓊、王珮玲，2011）。隨著 2018 年因應社安網的推動，也將心理衛生社工所服務的合併精神疾病與自殺防治服務家庭暴力相對人，屬於 PMH-A 級案件（高危機），由心理衛生社工提列高危機會議討論，透過跨網絡合作，減少風險再發生。

3. 地方法院家庭暴力事件服務處

地方法院家庭暴力事件服務處（以下簡稱法服處）是結合司法與社工專業體系，提供家庭暴力被害人有關法律、訴訟程序及社會資源連結的服務。全國第一個法服處是 2003 年由臺北市政府委託現代婦女基金會辦理，2007 年納入修正通過之家庭暴力防治法規定，直轄市、縣（市）主管機關應於所在地地方法院自行或委託民間團體設置家庭暴力事件服務處所，法院應提供場所、必要之軟硬體設備及其他相關協助（台北市家庭暴力暨性侵害防治中心，2014a）。截至 2020 年 10 月，除金門縣、連江縣等因案件量少，尚無成立需求外，臺灣本島及澎湖縣政府皆已委託民間團體進駐當地地方法院成立法服處，共計 19 處地方法院辦理本方案（衛生福利部保護服務司，2019）。

4. 性侵害案件減少被害人重複陳述

為解決性侵害案件處理實務上遭遇的困境，諸如多次重複訊問、訊問品質不佳、偵審程序冗長等問題，原內政部家防會推動「性侵害案件減少被害人重複陳述作業方案」（簡稱減述方案），此方案從 2000 年開始正式實施，並制定有性侵害案件減少被害人重複陳述作業要點；至今已全國辦理，成為保護性侵害被害人免於二度傷害，以及提升被害人人權非常重要的方案之一。該方案主要目標有（1）整合服務體系：整合檢察、警察、社政、醫療四大體系，使被害人感受到保護是整體且合作的，以減少體系間斷層所帶來的傷害。（2）減少被害人重複陳述：作業的操作，是藉著檢察、警察、社政與醫療四大體系的緊密合作，透過會同詢（訊）問的方式

減少被害人在各單位加總起來陳述的次數，以降低對被害人的傷害。（3）提升偵辦時效與品質：檢察官提前指揮進入詢（訊）問，並有社工人員或專業人員在場，以全程錄影（音）進行，避免被害人日後因距案發時間久遠，而記憶不全或喪失至無法陳述或陳述不完整，對提升性侵害案件偵辦的時效與品質，有所助益（衛生福利部保護服務司，2018）。

5. 性侵害被害人一站式服務方案

原為 2008 年辦理稱為「性侵害案件整合性團隊」，後為更貼近性侵害被害人的服務，則以「性侵害被害人一站式服務」為主要服務方案，此方案以「專責處理」及「全程服務」的核心概念。強調一站式服務是將驗傷及筆錄流程整合在醫療院所一起完成，除可以減少被害人舟車勞頓、無所適從的困擾，更能讓被害人在醫院驗傷及筆錄製作環境中，獲得安全、信任、隱密及團隊的協助（台北市家庭暴力暨性侵害防治中心，2014b）。持續改善性侵害案件驗傷診斷、採證處理及偵查流程，強化偵辦性侵害犯罪案件之證據能力，落實性侵害防治網絡間專業服務品質之要求，以提高性侵害案件司法機關之起訴及定罪率。

第四節　婦女社會工作的實施

一、以婦女為中心的婦女社會工作

雖然婦女與家庭常被視為密不可分關係，求助時也以母親、女兒和妻子等等身分尋求社工人員協助；社工人員若是以一個家庭為案主，往往關注處理家中被照顧者的需求，而忽視女性照顧者的處境與問題（傅立葉，2002）；正如處理家庭暴力併兒童保護問題時，處置過程可能忽略女性遭遇暴力影響其母職角色，而使女性受到更多未善盡保護子女之指責等情事發生（游美貴，2004）。另外，往往服務婦女的社會工作者也多數是女性，因此社會工作者以己身出發，瞭解女性案主與其共通性和差異性；並從婦女的角度思考，成為服務女性案主非常重要的認知與準則（Hanmer and Statham, 1999）。

為此，社會工作在婦女領域的實施，是以婦女為服務主體，視其為獨

立自主有能力和優勢的個體，故服務的過程不以弱勢者看待，而是充權婦女的能力，以支持性服務提供婦女更多樣的選擇（Daly and Rake, 2003; Hanmer and Statham, 1999; Lieb and Thistle, 2005）。為避免忽視婦女主體性，也為回應婦女多面向的問題，強調以婦女為中心的社會工作實務原則因運而生（Hanmer and Statham, 1999）。

Hanmer 和 Statham（1999）認為可以分成幾個面向，實踐以婦女為中心的社會工作實務方法和原則，包括（1）對於婦女多面向問題的回應，包括社工人員應準備及發展專業知能；視婦女為服務使用者，而不以其社會角色看待；最根本的服務原則是接納婦女及其所帶來的問題；增強婦女自我掌控及因應；任何服務方法需要與性別連結等等。（2）與個別婦女服務時，評估婦女所受到的壓迫和缺乏的選擇；開拓機會給婦女及對於缺乏的服務提出挑戰；發展有效的溝通模式，使用婦女認為最自在的語言提供服務等等。（3）以團體的形式服務婦女，透過婦女在團體的參與，讓權力由服務提供者移轉至團體成員；催化在團體中婦女需求的各種服務和支持；讓婦女在團體中體驗自主經驗，以及處理社會孤立的情形等等。（4）經由社區的形式與婦女工作，應在社區中有以婦女為中心的服務被提供；增加資源給各種不同年齡層婦女，並減少她們取得服務的限制；政策制定與決策過程，應該讓婦女參與，以實際回應婦女的需求等等。

二、婦女社會工作者實施場域及服務內容 [3]

若採社會工作介入層次，初級、次級和三級服務的概念，則婦女社會工作的功能有：（1）初級服務主要對象為一般性婦女，促進婦女成長、性別平權及提升婦女權益為主要活動。（2）次級服務主要對象為弱勢婦女的支持性服務，介入目標以解決婦女所遭遇問題，預防婦女落入弱勢的措施和制度，保障弱勢婦女權益，減少社會排除。（3）三級服務對象則是受家庭暴力及性侵害婦女，因為其人身安全受到威脅，介入目標在使其免於暴力侵擾、保護人身安全及治療婦女所受到創傷服務等等，以恢復其應有的功能。以下從婦女福利服務中心及人身安全服務場域兩大部分，說明社工

---

[3] 資料來源：呂寶靜、黃泓智、莫藜藜、鄭麗珍、陳毓文、游美貴、林惠芳、吳玉琴（2010）《推估未來十年臺灣社會工作專業人力需求》。98 年度公益彩券回饋金補助計畫社會工作人力資源發展及研究結案報告。

的工作場域與服務。

（一）婦女福利服務中心

1. 弱勢婦女福利服務中心

服務對象多為弱勢婦女，如單親婦女、中高齡婦女、未婚懷孕婦女等等及其家庭的協助。目前以婦女暨家庭福利服務中心、單親家庭服務中心或婦女館為主要服務機構；以服務單親婦女中心為例，社工人員工作職責有單親婦女個案管理服務；婦女成長團體；法律諮詢服務；就業輔導；福利諮詢及轉介；婦女服務方案規劃、執行與評估；社區資源結合；記錄及相關行政工作；宣導與刊物；設施設備申請維修；志工帶領；場地租借管理等等工作。儘管目前婦女福利服務的辦理多元，但簡慧娟、江幸子（2020）指出，臺灣在強化以婦女為中心之福利服務輸送體系，仍需要關注中高齡、身心障礙婦女等雙重弱勢婦女之處境，需要發展多元弱勢婦女培力及服務方案，逐步建構完整及多元的婦女福利服務網絡，照顧處於不同生命週期、族群、處境的婦女需求。

2. 新住民服務中心

外籍配偶服務中心服務項目，主要有新移民婦女及其家庭的個案管理、各項支持性方案服務、心理諮詢與法律諮詢等等。社工人員主要工作職責為：個案管理、方案執行及行政工作等等。潘淑滿、劉曉春（2010）指出，服務新住民女性，社會工作者需要扮演傾聽者、陪伴者、問題解決者、激發者、評估者與倡導者等等角色。新住民社會工作實務可以鼓勵與促進新住民女性參與志願服務，且發展合適支持性方案或措施，以鼓勵新住民社會參與（王翊涵，2018）。

3. 原住民家庭服務中心

原住民家庭服務中心為原住民部落地區保護個案及一般家庭之服務窗口，提供原住民家庭福利服務之輸送及轉介社會福利服務資訊，並建構原住民部落地區資源網絡。社工人員的工作內容如下：建立部落資料及輔導人口群統計資料（建立每一部落資料）；個案管理與轉介（應建立完整個案紀錄與個案登記本）；專案服務（主動規劃、並整合當地相關團體單位，推動以全鄉或部落為服務對象之具教育性、輔導性、發展性的團體、社區工作）；建立資源網絡；其他（開創性之社會工作或行政院原民會交

辦事項）。

　　莊曉霞（2020）指出，原住民家庭服務中心的原住民社工，藉由提升專業知能在關係中進行自我充權，同時透過部落女性和原住民社工互動，將社會工作轉化成為對個人、家庭和族群的實踐場域。相關研究顯示，社工服務部落原住民族婦女時，需以部落主體來理解文化意涵和互動關係；注重原住民族的優勢、復原力、夥伴關係、自我決定與自我效能；強化婦女在部落的社會網絡、強化自尊、增加自我效能及發展集體意識（王翊涵、吳書昀，2020；許俊才、黃雯絹，2013）。

（二）人身安全服務場域

　　人身安全服務場域主要分成公部門的家庭暴力及性侵害防治中心，以及地方政府委託民間單位辦理服務方案的場域，以下就這兩大部分說明。

1. 家庭暴力及性侵害防治中心

依家庭暴力防治法第 8 條及性侵害防治法第 6 條之規定，各地家庭暴力及性侵害防治中心（簡稱家防中心），家庭暴力防治主要辦理事項為：（1）提供 24 小時電話專線服務；（2）提供被害人 24 小時緊急救援、協助診療、驗傷、採證及緊急安置；（3）提供或轉介被害人心理輔導、經濟扶助、法律服務、就學服務、住宅輔導，並以階段性、支持性及多元性提供職業訓練與就業服務；（4）提供被害人及其未成年子女短、中、長期庇護安置；（5）轉介被害人身心治療及諮商；（6）轉介加害人處遇及追蹤輔導；（7）追蹤及管理轉介服務案件；（8）推廣各種教育、訓練及宣導；（9）其他家庭暴力防治有關之事項。

　　性侵害犯罪防治需辦理事項有：（1）提供 24 小時電話專線服務；（2）提供被害人 24 小時緊急救援；（3）協助被害人就醫診療、驗傷及取得證據；（4）協助被害人心理治療、輔導、緊急安置及提供法律服務；（5）協調醫院成立專門處理性侵害事件之醫療小組；（6）加害人之追蹤輔導及身心治療；（7）推廣性侵害防治教育、訓練及宣導；（8）其他有關性侵害防治及保護事項等等。

　　正如張秀鴛、郭彩榕、張靜倫、王心聖、張又文（2020）提及，為因應龐大的家庭暴力及性侵害的通報案件，多數公部門社工花較多的時間，處理前端危機階段，有關被害人的後續復原、家庭關係修復及相關支持性

服務等較無法深入。因此，結合民間單位發展多元化服務方案，強化對個人與家庭的支持，則是目前發展有效能的保護社會工作之重要方法。

2. 委託民間單位辦理多元服務方案

由於各縣市家防中心人力有限，故與民間單位合作，由民間單位協助後續服務。社工人員主要工作內容有：（1）個案管理服務：危機處理，如通報警察、陪同報警、驗傷；持續性的暴力指認、諮商，並協助訂定安全之相關計畫。（2）協助連結資源，如法律諮詢、心理諮商、轉介支持團體、申請各項補助（經濟、法律、托育、房租等）、安排庇護、提供就業資訊等等。（3）陪同個案解決暴力所引發的相關問題，如陪同就醫、遞狀、出庭。（4）服務方案辦理：受虐婦女自立、支持性就業、目睹暴力兒少服務、相對人服務、社區宣導等等。（5）地方法院家庭暴力事件服務處，因其服務屬於較短期的駐點服務模式，社工人員工作職責包括：法院服務處遇（法律諮詢、保護令申請、出庭陪同、短期追蹤）；研究協助；方案規劃與執行（員工訓練與個案研究等等）。

為有效因應被害人之多元服務需求，透過公私協力機制，發展布建多元服務方案及專精深化的中長期服務，如非權控型親密關係暴力服務、促進家庭關係修復、未成年相對人服務、擴展一站式服務多樣化、開展中長期庇護服務及自立方案等等（郭彩榕、陳怡如、潘英美、李玟慧、張家禎、劉庭妙，2020；游美貴、鄭麗珍、張秀鴛、莊珮瑋、邱琇琳，2016）。然而，面對具多元文化背景的被害人，如年輕被害人、原住民、新住民、多元性別、男性、老人、身心障礙者等等，社工則需有多元文化敏感度，介入服務時需考慮被害人所處情境和主流文化的服務差異，促進友善服務輸送（游美貴，2020；潘淑滿、游美貴，2016）。

三、婦女社會工作的挑戰

目前婦女社會工作的介入，可以看到婦女與家庭常常密不可分，若社工人員過度強調婦女在家庭的責任，則會陷婦女於刻板化性別角色中，無疑是使婦女的需求不被看見。身為婦女社會工作人員在服務婦女時，應該抱持的信念是以婦女為中心的社會工作，聽見婦女的聲音，鼓勵婦女主動表達需求，並且讓婦女參與服務方案設計的機會。

再者，因為婦女在生命歷程之中會有不同的需求，不同服務介入的層次，需要能夠相互連結。如果各級服務介入的層次無法互相的連結，容易造成服務層次的自我限制與窄化，使婦女服務片斷化和瑣碎化。因此，兼顧不同介入層次和暢通服務輸送的婦女社會工作，是婦女社會工作推展非常重要的方向。

現今婦女社會工作中，可以明顯看出政府在婦女人身安全的投入甚深。然而，若過度強調三級服務，而忽略初級和次級服務的人力布建，將無助於婦女社會工作的推動。為此，強化社會安全網的推動，可補強婦女社會工作在各級服務人力合理分配，以平衡推動各級的婦女社會工作。

結 語 臺灣婦女福利服務辦理之省思及未來展望

對於婦女福利服務要有整體性政策回應，發展多元弱勢婦女培力及服務方案，需要因應婦女處於不同生命週期、族群和處境，提出合適的服務方案。未來政策方向可繼續朝向（1）減少婦女的社會排除；（2）減少婦女在家庭的照顧負擔；（3）繼續降低婦女在各方面的歧視情形；（4）提升婦女經濟安全等等相關措施。落實婦女福利政策，國家要提倡性別平等，降低婦女的照顧負擔。對於婦女的人身安全不僅除法規規範，根本改變需在教育上繼續教導性別尊重的知識與態度；更需要在公領域與私領域，營造讓婦女免於暴力傷害的環境。

至於社會工作在婦女領域的實施，可以從婦女人身安全維護、友善多元性別被害人服務輸送，以及社工在婦女社會工作實務精進等方面提出建議：

一、家庭暴力案件責任通報制度的檢視，即便 2018 年政府推行「強化社會安全網計畫」，在家庭暴力案件通報後，經過集中篩派案的機制，將高危機案件由公部門處理，中低危機由民間協助處理的分流，提高通報案件後處理時效性；而且政府也提出多元處遇服務方案，讓婦女人身安全議題有更多元服務。但因為通報後由社政體系主責所有家暴案件的處置，容易造成社政體系過度承擔家暴案件人身安全議題，未

能真正回歸人身安全維護應由警政體系主責情事。另外，過度偏向人身安全性的考量，有時也造成未能充分滿足被害人的需求，降低被害人接受服務的意願等情形發生。還有，各網絡人員的合作，以暢通服務輸送與深化多元處遇的服務介入，也是目前應該持續精進努力的方向。

二、因應司法院釋字第七四八號解釋施行法（簡稱《748 施行法》[4]）的通過，家庭暴力和性侵害防治服務輸送需具友善多元性別被害人的作為。這些包括各網絡人員在受理通報時，要有性別敏感度，避免歧視；表單上需要有具體的多元性別選項；收集資料時，保護被害人隱私，避免和防止被動出櫃；開發多元性別服務資源等等。

三、社會工作人員在婦女領域的未來努力方向建議有：（1）以婦女為服務主體，視其為獨立自主有能力和優勢的個體，在服務過程不要將婦女與弱勢劃一等號，即使陷於困境的婦女都有其正向的能力。建議從婦女的觀點出發，以充權婦女的能力；（2）開發社區在地資源，提供婦女多元的支持性服務，增加婦女更多樣的服務選擇；（3）提升專業訓練，對於提供具有多元文化背景的婦女（族群、性別、性傾向、年齡、身心狀況、居住地區等），社工人員應該要具備多元文化敏感度，以及重視不同生命歷程婦女的需求等等。

　　從目前臺灣社會工作教育的內容來看，學校幾乎都開設有婦女福利服務或婦女社會工作等相關課程，選擇婦女福利機構作為社會工作實習的學生也有一定比例。然值得注意的議題是婦女需求常是多面向的，跨網絡的協同合作，是婦女社會工作者重要能力之一。學校在訓練學生時，可以鼓勵學生跨域選修，提早在養成教育過程中學習跨領域的整合；例如勞動、財務、住宅、性別、法律、心理健康、媒體和人權等等。如此可以強化社工人員跨領域協商技巧和協同合作能力，這些都是未來可以繼續不斷努力的方向。

---

[4]　也是俗稱的同婚專法。

問題思考

1. 你覺得臺灣在推動性別平權工作的努力，有哪些積極性的作為呢？

2. 你覺得社會工作者在婦女福利服務領域，實施的場域與工作內容為何？

3. 你覺得「強化社會安全網計畫」的實施，對婦女人身安全的保障有什麼樣的影響？又仍需要努力的方向為何？

建議研讀著作

1. 黃淑玲、游美惠主編（2018）《性別向度與臺灣社會》（第三版）。高雄市：巨流圖書。

2. 顧燕翎主編（2020）《女性主義理論與流變》（完整修訂版）。臺北市：貓頭鷹。

3. 游美貴（2020）《家庭暴力防治：社工對被害人服務實務》（第二版）。臺北市：洪葉。

第8章
原住民族社會工作

王增勇 |

前　言

　　2020 年 10 月止，臺灣地區原住民人數 57 萬 5,967 人（原住民族委員會，2020），雖然僅占臺灣總人口的 2.44 %（主計總處，2020），但因為原住民族獨特的文化與被殖民歷史過程，使得原住民族在臺灣社會有著截然不同於漢人的生命歷程與社會處境。雖然原住民的劣勢處境文獻早有記載，但以服務弱勢為職志的社會工作專業對原住民族仍是陌生的，原住民族社會工作在臺灣更是剛萌芽的領域。本章目的在於解析臺灣原住民族社會工作的發展，分析架構採取社會建構觀點，認為所謂「原住民族社會工作」並不是可以放諸四海皆準的普世性定義；相反的，原住民族社會工作的定義與內涵是受到社會經濟政治等眾多外力因素與參與者行動之間交互影響下所建構的產物，其內涵會隨著時間、情境、地點而有多元詮釋，包括這篇文章在內。如此「原住民族社會工作」是一個知識競逐的公共空間，讓不同的聲音相互對話。因此，本文的提問就不是「什麼是原住民族社會工作？」，而是「為什麼臺灣原住民族社會工作會呈現如今的面貌、是怎樣的政治、經濟、歷史條件形塑臺灣原住民族社會工作的發展，並進一步反思誰在定義原住民族社會工作？誰的聲音被忽略？」。本文將現有的原住民族社會工作的發展放在臺灣原漢族群關係與社工專業發展兩個脈絡下進行討論。

第一節　原住民處境的社會歷史脈絡解析

一、誰是原住民？

　　「原住民族社會工作」一詞意涵著原住民作為社會工作專業服務、研究與探索的對象，這裡我稱「原住民族」而不是「原住民」是因為「原住民族」提醒我們面對的不只是原住民個人，而是具有相同文化與認同的集體原住民族。這件事提醒我們語言的權力效應，指出社工專業過度個人化的理解視框不足以捕捉原住民族的生活經驗。「誰是原住民？」涉及自我對他者之間相對位置的觀照，社會認識原住民的視框是隨著歷史情境所形

塑，因此我們看待原住民的角度都無法避免地受到當下社會權力關係的影響，因此敏銳地自覺自己是如何看待原住民是原住民族社工需要時時反思的問題。

國家如何「看見」原住民反映在不同時期官方對原住民所做的分類，原住民分類的演變歷程就說明「誰是原住民」是個歷史與社會建構的產物。清朝將原住民分為生番與熟番，日本政府改稱平埔族與高砂族，國民政府則更改為平地山胞與山地山胞，解嚴後的原住民族正名運動，促使國民大會修憲改「山胞」為「原住民」。這個過程是從被別人命名的他者觀點到爭取回自我命名的過程，象徵臺灣原住民族從被殖民的狀態爭取自身話語權的解殖歷程，而同樣的解殖過程也在社工專業實踐福利政策的過程中發生。

過去原住民無法決定自己的名字，而是在政權更迭中一再隨著執政者的意志而被任意更改。因此，民主化之後，原住民族積極爭取族群正名的運動此起彼落，不僅希望被國家看見，更希望族人可以藉此重新肯定自己族群的存在。至今仍有尚在爭取正名的原住民，例如已經漢化的平埔族（如凱達格蘭族、鬥葛族、巴宰族）和半平地與半原住民的族群（如西拉雅族）。這個歷史過程充分說明了原住民族論述中主客體相互建構的流動性，「原住民是誰？」將永遠是個充滿張力的政治課題。

二、原住民族的被殖民歷史

社工必需要能從原住民族的角度關照原漢族群的接觸過程，原住民近代歷史是一部外來強勢民族掠奪原住民族的武力、土地、勞動力與文化的血淚史。從事原住民族社會工作人員需要在此歷史脈絡的理解下，反省我們對原住民的認識是如何受到歷史的影響，進而對於當下社會看待原住民的視框產生反思與批判能力，才能對所服務的原住民有充分的同理與更深層的自覺，真正幫助原住民。

謝世忠（1987: 15-25）從原住民的立場，以其族群地位的轉變為標竿，過去四百年的歷史是一部從自己的主人變成被外來者統治的殖民史，分為四個階段。第一階段：原住民是臺灣唯一的主人，自南島系族群遷至臺灣至荷蘭人有規模的侵入臺灣為止，原住民是臺灣島上唯一的主人，原住民完全掌握對自我世界的詮釋權。第二階段：原住民是臺灣的主人之

一，從 17 世紀 20 年代荷西入臺起，臺灣原住民的自主性開始受到外來政權的威脅，原住民從唯一的主人淪為島上的主人之一。這階段大量外來人口來到臺灣，16 世紀末漢民族大規模移墾入臺，為了爭奪耕地，漢人以武力和土地契約買賣詐欺的方式強取豪奪原住民土地，原住民被迫大量遷徙退居至深山中。退入深山的高山族在絕少與外在接觸的情形下，仍擁有自己詮釋下的世界（謝世忠，1987）。日據時代，大規模以國家力量進入山地進行經濟開發。1895 年日本人開始「討番事業」，執行教化與同化政策，在島內漢人被安撫後，日本政府開始採取積極進攻策略，尤其高經濟價值的北番（泰雅族地區）。直至 1930 年霧社事件，賽德克族頭目莫那魯道反抗不敵自殺，至此，原住民所保有的自主性到霧社事件則完全喪失，淪為「被統治者」。

　　第三階段：原住民不再是臺灣的主人，從霧社事件開始，原住民完全淪為被殖民者的地位。國民政府之後，基督宗教大量進入山地，填補原住民社會日益瓦解的信仰組織所造成的中空，但卻也加速原住民族泛祖靈信仰被邪惡化而消失（麗依京・尤瑪，1998）。傳統部落社會組織被公部門行政體系（公所）與民意代表（鄉代表、縣議員、立法委員）所取代而沒落；傳統祭祀淪為觀光活動而失去其原有的文化傳承意義（徐世怡，1989；謝世忠，1996）。人類學者謝世忠回顧原住民與外來政權接觸的歷史，「原住民在這連續的外來勢力遞嬗中，則一直沒有形成一整合的力量來與他們競爭，從而也注定其族群地位的日益衰微。」（1987: 18）這樣的殖民過程導致臺灣社會原住民成為一個被污名化的種族符號，稱為「污名化的族群認同」（謝世忠，1987）。

　　原住民殖民史的第四階段要從 1984 年原住民權益促進會的成立開始，代表著臺灣原住民族開始對殖民過程進行集體抵抗，希望恢復自己作自己的主人地位，也就是自治。如果殖民的定義是一個族群無法參與和自己生活息息相關事務的決策過程，臺灣原住民族至今在諸多事務上，仍然必須按照漢人的方式生活，那原住民族仍處於被殖民的狀態。

　　上述歷史說明原住民當前的社會處境是因其獨特的歷史經驗使然，歷史學者戴國輝提醒處於主流地位的漢人：「我們客家人和福佬人的雙手充滿了血腥，尤其是參與掠奪開拓的父祖先輩們都是侵占原住民土地的先鋒隊，我們應該保有原罪感。」（引自麗依京・尤瑪，1996: 52）這樣的歷史應被肯定且納入原住民族社會工作的基礎，因此李明政（2001: 12）主張

的「文化福利權」，認為「原住民族作為受侵略剝奪的族群，有要求補償的權利；原住民族作為堅決維護祖傳文化的族群，應享有特殊族群的文化權；而原住民族作為人口、政治、經濟、社會上的少數族群，應有要求積極性差別待遇的權利。」缺乏歷史理解的漢人很容易忽略原住民族的獨特性，容易落入以「人人平等」為名的主流觀點，忘了漠視實是更大的歧視。

三、雙重邊陲地位下的原住民社會福利政策

80 年代之前，國民政府所採取的同化政策下，原住民的特殊性在「大家都是中國人」的中國統一目標下被抹滅，因此針對原住民的弱勢處境，國家未有系統性介入（李明政，2001；許木柱，1992；謝世忠，1996）。在社會福利與原住民族的雙重邊陲下，原住民社會福利鮮少被視為政府應獨立作為的政策議題。

直至政治民主化，原住民在代議政治邏輯中以「關鍵性少數人」的優勢，透過社會運動的方式，開始有了轉變，間接促成國家政策的轉變以及山地行政在國家組織內的轉型。透過正名運動，1994 年憲法納入「原住民」取代「山胞」名稱，第 10 條修正文納入「尊重多元文化及原住民相關權益事項」。1996 年中央政府成立原住民委員會（簡稱「原民會」）並設置社會福利處，負責推動原住民社會福利與健康事務，成為中央政策決策中以原住民為主體的代言人，宣示原住民政策進入文化多元主義的階段。李明政（2001: 94-101）將原民會的設置作為重要的分野。但是原民會的設立並未促使以原住民作為獨立身分的福利制度，而採取加碼式福利，在一般國民的社會福利體制上提供原住民額外的福利（鄭麗珍、李明政，2010: 183），並沒有根本地從原住民族的文化邏輯改變社會福利的邏輯，以致原住民族的觀點在使用社會福利過程中不斷遭遇漢人中心主義的制度所排除（王增勇，2013）。

原民會成立後，即欲嘗試建構另一層專屬原住民的社會福利體制（鄭麗珍、李明政，2010），以提供原住民族群符合原住民文化與需求之福利服務，並積極協助原住民族家庭及原住民婦女所遭遇之問題。在預算有限的情況下仍嘗試建立以原住民為主體的福利制度，其中以原住民族家庭服務中心（簡稱「原家中心」）與文化健康站（簡稱「文健站」）兩項制度最

為重要，也是目前原住民族社會工作發展與實踐主要場域，但過程不斷遭遇主流社福政策的質疑與干預。1998 年原民會於交通偏遠之原鄉部落開始設置原家中心，2009 年擴及都會區，至今全國有 62 處原家中心，聘用 210 位原住民社會工作者，成為原住民進入社會福利最關鍵的介面，以及原住民族與社會福利之間的文化轉譯者。但原家中心的文化可近性卻不被肯定，不斷遭遇被其他社福體系「工具化」的危險，只要是原住民個案就轉給原家中心，甚至質疑原家中心的功能可以被社會福利中心所取代。

　　在老人照顧上，原民會於 1998 年開始推動「原住民族老人暨兒童六年照顧實施計畫」，結合民間團體與教會，提供居家照顧及送餐服務，以志工媽媽的名義組織原住民婦女提供居家服務，並自 2000 年起在原鄉推動「部落多元福利四年計畫老人居家送餐服務計畫」，深化部落長期照顧服務。但 2002 年行政院推動「照顧服務產業發展方案」，由於業務性質重疊，原民會在原鄉的長期照顧被要求移轉到內政部，於是原鄉長期照顧從專司原住民族事務的原民會移轉到主管全國老人福利業務的內政部社會司，原住民族文化特殊性的考量不再成為長照政策推動的重要考量。從原民會到內政部，代表著居家服務邏輯的巨變：原民會將服務定位為部落年輕人對長輩的「關懷」，而內政部強調的是受訓過的照服員提供失能長者的「照顧」，一端是「在地情感的照顧」，而另一端是「專業規範的工作」；其次，在工作型態上，原民會時期部落志工媽媽享有相當大的自主性，採用原住民族傳統一起工作一起分享的集體決策與集體勞動型態，而不是社政體系要求的一對一服務模式。直到 2009 年推出使用者付費，不僅造成原鄉案量的銳減，也將居服員與案主間的關係加以商品化（王增勇、楊佩榮，2017）。

　　當 2002 年原民會在原鄉的老人居家照顧被移轉給當時的內政部之後，2006 年原民會開辦原住民部落老人日間關懷站（後改名為文健站），類似平地普設的老人社區關懷據點，以村內健康老人為主，設置在教會或社區活動中心，以每週三天的活動頻率運作，聘用兩個兼職服務員的人力經營。在 2016 年蔡英文政府長照 2.0 之前，文健站不到 100 個，每年申請公益彩券經費約 9,000 萬，受限於經費，全台 743 個部落，2014 年的涵蓋率僅 14.4%。但 2016 年長照成為蔡英文政府的施政重點，文健站成為長照 2.0 在原鄉長照的施政重點，在原住民族地區、都會原住民族聚落推動設置文化健康站，成為目前原鄉地區最普遍的福利方案。經費從原本的

9,000 萬暴增到目前（2020）的 10 億 6,586 萬，2020 年布建已達到 432 站，其中原鄉地區 367 站、都會區 65 站，照服員人數達 1,140 位（葉冠好，2020/06/05）。現有社會福利制度要落實原住民族自治的精神，仍有相當距離。

　　儘管憲法增修條文第 10 條已明訂國家對「原住民族的醫療衛生與社會福利事業應與以保障扶助並促其發展，推動過程應依原住民族的意願進行」，或是原住民族基本法第 24 條要求國家應依「原住民族特性……，建立完善之長期照護、緊急救護及後送體系，保障原住民健康及生命安全」，但是現行福利政策決策過程都是以「全體國民」作為規劃對象，並未針對「原住民族」有特殊考量；也沒有原住民族參與決策的機制，因此憲法規定的「原住民族意願」或是原基法所要求的「原住民族特性」都無從表達。原家中心與文健站的發展都說明，原住民族社會福利在目前國家政策中沒有自主性，並未當成獨立的政策進行規劃與落實，而是必須依附在其他政策（如長照、社會安全網）下，證明自己的價值才會獲得資源。

四、福利作為殖民手段

　　現有福利排除原住民以自己傳統知識解決自己的問題，而被迫進入殘補式福利框架，以一種「加碼式」的福利解決原住民的「問題」，這種社會福利政策將會成為耗損「靈魂」的毒藥。因為原住民傳統文化所具備的解決社會問題的能力與知識被排除，原住民無法從過程中肯認自己的族群文化與認同，將原住民問題化的社會福利將複製原住民是需要外人救助的「依賴對象」，鞏固原住民族被殖民者的位置，因此社會福利被質疑是主流社會用來弱化原住民社會力量的文化滅種手段（Thomson, 1988: 434）。福利不僅僅只是資源的重新分配，福利背後帶有特定的生活與文化價值，因此以漢人邏輯設計的福利將否定原住民族自助助人的在地文化，同時要求受助的原住民內化漢人助人者的文化價值，因此「福利殖民」成為當代原住民族面臨的新殖民手段（王增勇，2010）。

　　日治時期的理蕃政策以掠奪原住民武力、土地與勞動力為目標（藤井志津枝，1997），除了後期以蕃童教育所的文化改造外，以福利為形式的文化殖民並不常見。最明顯的例子是 1966 年到 1980 年，政府實施「改善蘭嶼山胞生活四年計畫」，在蘭嶼以大量興建代表「新技術」的現代國宅

取代傳統達悟半穴居家屋，改變了傳統村落與聚落元素的關係，強行植入達悟人的生活空間，意圖改造達悟人的生活面貌（侯志仁，1994；黃旭，1995）。這種空間的改變造成文化實踐與空間分配的錯置，對原住民的日常生活影響十分深遠。因為惡靈信仰的影響，老人不與子女同住時可選擇居住的工作房與臨時屋，因為國宅改建而消失，造成達悟族老人獨居（同住但不同屋）的養老文化無法實踐，導致目前達悟老人只能在路邊搭建的臨時房屋中居住，這種作法卻又招致漢人認為達悟人不孝敬長輩的批評（張淑蘭，2009；蔡昇倍，2015；Wang & Tsai, 2019）。

　　70 年代末保釣運動後，政府為避免學生運動的擴大而刻意將學生對國事的關注引導到社會服務，造成風行大專院校將近 30 年的山地服務隊，福利殖民也以大專學生志願服務的型態出現，謝世忠（1993）稱此為都市漢人對原住民族的「文化觀光現象」。泰雅族作家瓦歷斯・諾幹形容山地服務是一支「溫柔的箭」，表面上是溫馨的服務，實則傷害原住民族的自尊，他認為山地服務「不要把你們那套生活方式（帶）到山上來，把他擺在一邊，來學習我們的文化，在這裡有你們在都市所學不到的」（陳俊杰，1993: 74）。原住民族期待的助人行為是基於互為主體的跨文化尊重，而非將原住民客體化為受助對象。八八風災期間慈濟為災民所興建的杉林慈濟大愛村，由於聚落裝置、建築形式與街道命名都反應慈濟文化，因為接受幫助，原住民被迫入住不屬於自身生活形態的空間裡，慈濟因此被稱為「善霸」（王增勇，2010），反應原住民在受助過程中被剝奪主體性的殖民過程。排除原住民主導參與的助人形式預設了原住民是無能解決自己問題的弱勢者，正是這種弱化原住民主體性的助人心態對原住民最具傷害，但許多助人者卻不自知。

第二節　原住民族社會工作的意涵、理論與實施

一、社會工作者的雙重角色

　　在福利殖民的反省下，我們看清楚社工在國家體制中所處的矛盾位置以及雙重角色，那社工如何避免成為「以福利之名、行殖民之實」的共犯？這樣的矛盾往往是原住民族社會工作發展的起點。例如 90 年代中期

建立的兒童保護體系被視為落實兒童權益的重要成就，但因為原住民的文化差異並未在保護性服務中被充分尊重，受助的原住民兒童反而受到傷害。林津如、黃薇靜（2010）發現兒童保護社工本身以漢人家庭觀念處遇原住民家庭時，因為缺乏對原住民家族集體照顧傳統的理解，往往忽略家族其他可以照顧的成員而過早將兒童安置。范家榮（2001）探討接受慈濟救助的原住民「照顧戶」時，發現慈濟委員持有中產階級對原住民「愛喝酒、樂天單純、環境髒亂、不工作、依賴心重」的刻板印象。袁志君（1999）研究花蓮秀林鄉原住民貧窮家庭發現，社會救助的實施對原住民造成污名化，使原住民被誤會為懶惰、不工作、喜歡不勞而獲、依賴福利供養的人，忽略了原住民貧窮的結構性因素是工作機會的缺乏，也忽略了原住民在福利的使用上其實是充滿文化與行政的障礙。

社會工作者可以同時扮演原住民的協助者與控制者兩種相互矛盾的角色。當社工看清楚自己所處的社會矛盾，才可能做出有自覺的選擇，而不致落入盲目的社會控制機制之中，促進原住民結構性弱勢地位的改善。如果社工只是申請補助解決原住民個人生活困境，卻不嘗試解決原住民在就業市場的次級地位，社會工作將只是強化資本市場的控制邏輯、造成原住民在經濟上依賴政府，並將導致部落文化的解組與部落自尊的喪失。如果社工的角色只是社會控制的工具，那原住民是不需要社工的。如果社工是社會改革的觸媒，協助部落的組織發展，在尊重部落的自覺下，提供他的專業知能，促成原住民在社會結構劣勢地位的改變，那原住民是需要社工的。原住民族社會工作的內涵必須以改變原住民族所面對的不公平體制的社會改革為導向，因此原住民族社工的本質必須是基進的。

二、什麼是原住民族社會工作？

依照社工與原住民的主客關係，我們可以區隔兩種不同的原住民族社會工作思維模式：（1）以醫療模式為主的社工是以原住民為客體的模式，即原住民作為社工實施的對象，社工具有專業知識的優勢，而原住民身處案主的劣勢，這是主流社工面對原住民的方式；（2）以改變原住民所處的不公平體制為目的的基變社工，是以原住民為主體的社工模式，將原住民視為原住民族社會工作的主體，因此原住民是社工對話與學習的協力伙伴，社工專業與原住民雙方之間是互為主體的關係。Menzies（2001）定

位原住民族社會工作的功能，在於改變造成原住民社會劣勢地位的不平等關係，因此原住民族社會工作的範疇是「只要是原住民經驗到結構性不平等待遇之處，就是社工要進行介入的切入點」。相同地，李明政、莊秀美（2001）在討論原住民族社會工作倫理議題時，將原住民族社會工作的目標定位在「消除各種形式之種族歧視」與「追求原住民族集體文化權」的實踐。

　　Sinclair（2004）指出社會工作專業從未從殖民陰影中解放出來，目前主流社會工作最大的問題是忽略了原住民族殖民社會的歷史脈絡，許多原住民社工學者（Castellano, Stalwick, and Wien, 1986; Morrissette, McKenzie, and Morrissette, 1993）運用現有處遇社會結構問題的社工理論為主，如基變社會工作（radical social work）（Bailey and Brake, 1980; Fook, 2002）、結構社會工作（Mullaly, 1993）以及 Freire（2000）的成人教育理論對原住民族社會工作模式的內涵，做出較完整的分析。Morrissette 等（1993）提出原住民族社會工作的四項原則：（1）肯定原住民世界觀的獨特性；（2）發展原住民本身反殖民主義的意識；（3）運用原住民傳統文化來保存原住民認同與集體意識；（4）以充權（empowerment）作為實務工作方法。這四項原則的前提預設了原住民的劣勢地位是社會結構與文化結構的不平等關係所造成的，因此原住民族社會工作必須以改變原住民在政治經濟文化結構中的劣勢地位為目標。以下說明這四項原則的重要性。

　　社工是國家體制的一分子，因此其所內化的言行思考都反映主流文化的價值。如果要脫離社會控制的角色，社工必須先肯定原住民文化的價值與特殊性，提升自身的反省能力。因此第一項原則指出社工作為主流社會成員所繼承的文化盲點，往往在不自覺的情況下，從主流文化去詮釋原住民的生活經驗，透過社工專業的不平等關係，再次深化原住民的邊陲地位。原住民學者孫大川（1995: 62）以生活輔導員為例，強調社工要「覺悟到每一個人不只是其個人歷史的承載體，更是其族群文化、歷史的承載者。因而深入其文化、歷史之過去、現在與未來，是任何從事原住民生活輔導工作者不可懈怠的工作」。

　　第二個原則要求社工扮演激發原住民內在動力的觸媒角色。原住民在漢文化的強勢主導下，將自己的劣勢地位歸因為個人因素所造成的，形成內化的無力感。這種意識覺醒是弱勢族群掙脫長久以來內化學習而來

的無力感的第一步，也是弱勢族群發展集體行動，進行社會變革的基礎（Freire, 2000）。因此，社工應運用原住民被殖民過程的歷史性反省，以結構性的反省取代常見的「原住民就是比漢人差」的個人歸因觀點。

例如原住民土地流失的問題以往多被歸因為原住民不懂得儲蓄、不努力工作，因此一旦遇到生病或急難，就只好把土地質押給漢人。但是，泰雅族人多奧・尤給海（2001）從國家政策的歷史出發，重新理解原住民土地流失的問題，他認為土地大量流失的結果鬆動原住民文化所賴以維生的生計，進而造成原住民社會制度與文化的崩解。他對原住民社會貧窮問題的歷史解釋讓原住民對自身問題跳脫個人歸因的理解，看見原住民共同面對的結構性問題，成為日後還我土地運動的理論基礎。

第三個原則強調與原住民工作時應融入原住民傳統文化，以強化原住民的文化認同與集體意識。福利之所以對原住民成為殖民手段是因為福利背後否定原住民文化的存在，因此將原住民傳統文化納入社工處遇的重要性在於復振原住民的文化與認同。在原住民成為「污名的認同」的背景下，這種將文化納入社工處遇的作法是希望藉由改變原住民內在負向態度、建立正向的自我觀念，以至於建立社區生命共同體的團體認同，發展可採取集體行動的組織。九二一地震後，臺中和平區達觀部落臺中市德瑪汶協會透過詮釋泰雅傳統祖訓 Gaga 與共食團體（Utux ni'an）發展成立大安溪達觀部落廚房（黃盈豪，2014: 187-208），以泰雅族 Gaga 互助合作精神，確定共同照顧、部落貨幣、福利經濟三個理念為部落廚房的運作原則，希望藉由災後重建歷程恢復泰雅部落的互助傳統。雖然同樣的作法可以用其他語彙，但使用「Gaga」對於參與的泰雅族人而言，其意義與效果卻是截然不同，因為接受外來社福組織提供的午餐是施捨的慈善，但部落共同廚房恢復部落共食共享傳統的訴求召喚的是泰雅族人對祖靈的共同記憶，不只是提供餐食，更成為復振原住民文化的集體凝聚力。莊曉霞（2019）訪談原住民對社工的期待，受訪者強調以原住民族文化為中心的社會工作，希望針對原住民的特性去設計適合原住民的社會工作，並認為社會工作必須納入部落文化、族語和生活慣習，才有資格叫「臺灣原住民的社工」。

第四項充權原則則是貫穿所有原則的主題：第一項原則是要社工反思自身內化的文化價值觀，讓自己可以「重新看見」原住民；第二項原則是要從歷史角度解構社會對原住民既有的問題化視框，讓原住民看見彼此共

同的結構性處境；第三項原則是要讓社工將專業處遇的詮釋權交給所服務的原住民，讓社工處遇展現原住民的文化，讓原住民看見自己，而不是萬能的社工。充權必須發生在不同層面，從最基本自我認知的轉變，看見自己是有力量的；在集體層面，原住民要從自身經驗認知到自己所經歷的原住民集體經驗的縮影，因此催化集體認同的產生，使原住民自身產生力量，改善自身所處的情境；在政治經濟結構上，原住民必需要能在政策上集結與發聲，改變結構上對原住民的限制。這些層面的改變都是原住民社工需要投入的領域。

三、原住民族的文化特殊性

對於以人際關係作為工作媒介的社工專業而言，掌握所服務案主所處的文化才能深入案主的生活世界，以建立良好的關係，因此瞭解案主的世界觀往往是社工處遇是否成功的關鍵。在原住民族社會工作實務中，最關鍵的是理解原住民特殊的世界觀，社工才得以進入原住民的世界。原住民文化相較於西方工業革命後的現代化資本社會的差異表現在個人與世界的關係、個人與社會的關係與思考方式等三方面。

（一）在個人與世界的關係方面，原住民文化的特點包括：與大自然共融的靈性意識（Castellano et al., 1986; Hudson and Taylor-Henley, 1995; Morrissette et al., 1993）、循環不息的整體世界觀（McKenzie, 1985; Morrissette et al., 1993）、活在當下的存有意識（Cairns, Fulcher, Kereopa, Nia, and Tait-Rolleston, 1998; Morrissette et al., 1993）。這些特性在西方現代文明中的科學主義、身心二元對立、以未來為導向（becoming）的存有方式下常被誤解或忽略。原住民相信人與世界是一體的，人應敬畏創造世界的神祉，行起坐臥間都在敬神的心情下進行。這種天人一體的世界觀，使得原住民的世界觀強調整體性，任何一部分的變化都將影響整體。缺乏文化敏感度的社工在接觸原住民時，常對原住民的靈性意識貼上「迷信」的標籤而加以排斥，忽略了靈性意識是原住民在創傷後重要的復原力量。如何將傳統的信仰與社工助人模式相結合是未來應加強的地方。學者萬育維、曾梅玲、鄭惠美（2009: 90）指出不符合部落文化特性的社會工作，不但沒有解決問題，反而強化部落內部甚至案家人彼此間的衝突。陳文華（2014）就發現泰雅族 gaga 規範與社會工作實踐因世界觀差異，引起了家

庭暴力防治法成為破壞家庭和諧的法令的質疑，社工不但沒有成為部落整合的力量，反而造成受暴婦女拉扯在部落、社工公權力和長老權力之間。社工常將原住民的問題視為個人事件處理，而忽略原住民強調社會集體遠勝於個人。例如家庭暴力在原住民的眼中，暴力不僅僅傷害夫妻間的關係，也對社區造成傷害，更造成施暴者與神靈之間關係的失衡。所以對施暴者的治療必須包括他與妻子、家人、社區、與祖靈之間的和好才算完成（王增勇，2001）。加拿大原住民社工開始學習將原住民傳統復原的儀式與場所，例如淨化靈魂煙草儀式以及與靈界和好的治癒所（healing house），加以運用在社工處遇上，成為原住民族社會工作的普遍模式。

原住民活在當下的存有意識與西方人活在未來的存有意識導致不一樣的生活態度。對原處於狩獵文化的原住民而言，食物是天地所提供的，要吃時才取用，沒有冰箱的時代也就沒有所謂儲存的概念。延續至今，原住民活在當下的存有意識表現在外的是他們天性樂觀，同樣的他們也被批評是「不知儲蓄以備不時之需」的及時行樂派。現代化過程中，西方人一直想要征服自然，潛意識是與自然為敵，深藏著濃厚的不安全感；但原住民的世界中，大自然提供豐盛的野生世界，孕育生命之所需。活在當下所表現的是對自然的信任與敬畏。這兩個世界的鴻溝在社會工作與原住民文化相遇中自然產生諸多誤解與判斷。

（二）在原住民的人與社會關係上呈現高度的集體意識，例如以家庭及社區為依歸的自我認同、強調相互依賴與共同照顧的社會倫理（McKenzie, 1985; Cross, 1986），這與西方現代資本主義文明所強調的個人權益的自我意識、獨立自主的競爭邏輯大相逕庭。這對於進行個案輔導或是社區動員，都是非常重要的基本認知。

林鳳珠（2005）研究阿美族男性的勞動經驗，發現他們到都會的工作型態與網絡是受到傳統年齡階層的關係影響，從事建築業的包工制度允許阿美族男性雖然到都會但仍維持部落傳統的人際互助關係。這種年齡階層制度的集體是阿美族男性生活中重要的社會支持，從這個角度來看，進入建築業不是原住民受限於學歷的被動選擇，而是原住民主動保留傳統部落生活形態的積極決定。同樣的，陳永龍（2010）認為新店溪旁的原住民聚落不應只被視為都市法規中的違章建築，而是原住民傳統社會互助的自助體系，具有降低原住民對福利依賴的功能，但國家卻沒有看見都市原住民聚落的積極功能，反而以公權力破壞部落，讓原住民成為需要國家救助的

個體。這些文獻都顯示臺灣福利制度沒有看見集體在原住民世界中的關鍵性。

（三）在思考方式與行為方面，專業工作者都發現原住民有許多特性是與眾不同的，造成專業人員在面對原住民案主時，會有許多文化盲目的現象（潘英海，1996）。例如 Brant（1990）發現精神科醫生常因不瞭解原住民的情緒表達往往十分含蓄（Brant, 1990; Nelson, Kelley, and McPherson, 1985），因而誤會原住民兒童是被動、缺乏動機，進而將其診斷為有問題的。原住民不輕易表達個人情緒是因為直接表達強烈情緒會被視為自我放縱與軟弱的表現，Lee（1997）認為原住民壓抑情緒可能與原住民過去受到大量創傷經驗有關。會談中許多專業人員發現原住民案主常常沈默，因而認為原住民是沒有意見或被動的，事實上，原住民的沈默所代表的文化意義可能不像西方社會所認為的沒有意見或是被動，相反的，沈默是具有多元意義的，可能表示案主在表達尊敬、形成想法、等待可以說話的暗示（Herring, 1999）。

助人專業者也發現原住民的表達非常間接，因此需要花長時間才能進入主要議題。另外，原住民經常使用幽默作為面對問題的防衛機轉（Lee, 1997）。原住民也常以物質或環境作為意義歸因的依據，例如馬宗潔（2001）發現原住民的時間觀是以大自然運行為依據，而非我們所慣用的時鐘，因此原住民常被誤認為不守時、缺乏時間觀念。其次，原住民強調合作，避免競爭，這使得原住民兒童在現有強調打敗同儕、爭取第一名的教育體系中感到極度不適應。又如，原住民不擅於將感謝與稱讚形諸語言（Brant, 1990），因為感謝對原住民而言是多餘的，做好分內的事是應該的，公開稱讚可能導致原住民兒童感到不知所措。作者在臺灣原住民泰雅部落工作時，曾經嘗試以在公開場合表揚原住民志工的方式，強化部落年輕人參與社區工作的意願，卻遭到部落年輕人的婉拒，因為在部落年輕人做事是應該的，當有長者在時，基於長幼輩份倫理的尊重，年輕人受到表揚是會造成年輕人的社會壓力。這些都在在顯示社會工作慣用的思維與原住民文化之間是有差異的，社工必需要敏感察覺到這些文化差異，才能有效的進入原住民的世界中。

四、文化轉譯作為原住民族社會工作的核心能力

在引用原住民族文化進入社工處遇的過程，並無法直接套用，而是需要社工進入雙方的脈絡下，進行文化轉譯的工程。楊弘任（2011: 12）如此定義「文化轉譯」：即是不同興趣取向的行動者之間，相互以自己的語言，說出對方的興趣；亦即讓在地圈內人與外來圈外人相互轉譯對方的行動興趣，而仍在自身邊界內形成對外來刺激有意義的挪用與改變。例如原民會在原鄉推動居家服務時，以 80 元時薪聘僱部落婦女擔任照顧服務員，這些婦女都自稱為「愛心媽媽」而不稱「照服員」，免費服務部落老人；老人認為部落傳統本來就是年輕人照顧長輩，因此理所當然接受愛心媽媽的照顧。換言之，原民會的居家照顧是透過「愛心媽媽」轉譯為老人理解的部落照顧。直到長照實施自付額制度，老人必需要自費時，老人才發現「原來你們不是免費的愛心媽媽，而是要收費的」，這樣的文化轉譯才宣告失效（王增勇、楊佩榮，2017）。

又例如，總統府秘書長姚人多在談論原住民族轉型正義時使用泰雅族的 Sbalay 概念代表「和解」之意。生態學者林益仁（2020）隨後投書評論政府使用泰雅族的 Sbalay 概念時，需要回歸原住民族文化的內涵，才能落實。他指出雖然 Sbalay 字義是「追求真相」，引申義為「和解」，通常展現為一個儀式，但更重要的是「促成儀式的社會過程」，「完整的 Sbalay 有必要儘可能容納事件的利害相關者，公正第三方立場的見證人出席，也是很重要的一部分」，從而批評政府在挪用原住民族傳統文化之際，需要進入原住民族的文化脈絡，更需要原住民族的觀點參與其中。因此楊弘任（2011: 25）提醒，當行動者嘗試引進「專家知識」與「外來範疇」時，一定會與既存的地方知識與在地範疇產生矛盾甚而引發衝突。一個永續的、有活力的對應方式則是，我們應該站在地方知識與在地範疇的基礎上，「相互以自己的語言，說出對方的興趣」，以文化轉譯的態度與方式，藉助專家知識與外來範疇的刺激，形成邊界內具有自身風格的新的地方知識與新的在地範疇。

八八風災受災嚴重的高雄市那瑪夏區達卡努瓦村是卡那卡那富族聚集之地，在地組織女窩負責人阿布娪在八八風災後返鄉重建（林津如，2018），為了要安定老人的不安，從復振卡那卡那富族的文化開始，而不是向政府申請方案開始。阿布娪（2015/12）對當時部落老人的處境有如

下分析：老人雖是部落知識與文化的傳承者，但其知識卻常被當代社會所遺落，耆老往往沒有聲音，只是祭典中的樣版，文化並沒有融入生活中。阿布姆認為要復振傳統文化是要找回與自然生態的連結，而卡那卡那富族的重要祭儀——米貢祭，在日據時代被官方要求改到每年元旦，其實米貢祭的真正意義在於感恩豐收，但是豐收的季節在秋天，不是元旦。阿布姆思考如何讓部落的重要祭典再回到與大自然的韻律中，於是商請他弟弟捐出屋前的私有土地，供給卡那卡那富族的老人指導族人開始種小米。於是小米田開始運作，族人開始透過小米田的耕作開始重新向老人學習自身的文化。例如，老人教導族人要對大自然的力量起敬畏之心，並從心裡認真地面對傳統祭祀所帶來的部落制約力量。每個人要在傳統文化中，從每個禁忌中體會到祖靈與大自然的力量。例如，在播種小米食，老人家說：要安靜，要全心全意，要存著敬畏之心，而不是嬉鬧玩耍。在敬畏的狀況下，從一粒小米去體會整個宇宙的存在。小米田被命名為 Toona Tamu，卡那卡那富語代表「有老人在的地方」，中譯「耆老智慧田」。這塊小米田成為部落老人恢復文化傳承者的身分，在跟土地連結中身心靈獲得療癒之地，也是部落老人智慧得以傳承給下一代的空間。透過小米田，阿布姆以老人家及其智慧作為凝聚族人的地方，確立尊重傳統的精神，再以此為基礎要陸續開展兒童與婦女的共同照顧體系。耆老智慧田從老人傳承文化開始，後續發展成婦女一同工作生產的烘焙窯，將小米田生產的作物製作麵包，發展成部落企業「深山裡的麵包」，同一個空間同時提供學童課後輔導的文化課程。這個方案完全從原住民在地文化出發，綜融了現有社福體系的文化健康站、課後輔導、族語教學、社會企業，卻又無法被歸類在其中任何一項方案。過程中，耆老智慧田申請了許多政府方案與民間社福組織的補助，但都經驗到原住民族文化被尊重與理解的障礙，以致阿布姆曾說：接受幫助的人沒有說話的權力！這個過程就是文化轉譯的角力，雙方都需要從對方的立場提出對彼此有意義的詮釋。重點是耆老智慧田以文化為中心，凝聚了部落族人的認同，建立了族群自信與經營能力，因此有自主性決定是否要與政府方案合作，而不依賴並受限政府方案的框架，成為他們在文化轉譯過程中的籌碼。

第三節 原住民族社會工作的發展方向與議題

一、從被殖民歷史觀點重新檢視既有社工論述

發展原住民的解殖民歷史意識，並非要原住民仇視非原住民，而是要協助原住民重新認識自己族群所處的困境，而重寫歷史是被壓迫者進行反抗的重要依據（Freire, 2000）。我們對原住民的提問方式必須將原住民殖民歷史的脈絡納入我們的理解。以家庭暴力為例，加拿大皇家原住民事務委員會在經歷四年的全國諮詢後所發表的報告中（RCAP, 1996: 57）特別指出，雖然原住民家庭暴力現象雖有許多相似之處，但其發生原因至少有三項基本不同。（1）原住民家庭暴力現象不僅是特定夫妻或家庭中的傷害事件，家庭暴力更傷害整個部落。（2）原住民家庭的問題根源可以追溯到以往國家對原住民所執行的不當同化政策。（3）原住民部落內部的暴力問題其實反映了一個充滿種族歧視的社會環境，尤其是對原住民婦女的貶抑，剝奪了她們作為人的基本尊嚴與權利。Herbert 與 McCannell（1997）從全球化的角度來理解原住民的問題，他們指出酗酒、家庭暴力、自殺是全球原住民社會的共同現象，這樣的情形不是巧合，不是因為原住民族的民族性所致，而是基於他們共同的結構性歷史遭遇，那就是他們都是被殖民的社會，酗酒、家庭暴力、自殺都只是殖民經驗的後果。如果掌握專業知識權力的專家學者仍一味以個人化歸因的醫療模式理解原住民問題，將只是成為以知識權力相結合的統治結構的共犯罷了。

除了家庭暴力，自從九二一地震與八八風災之後，創傷也是一個原住民族社會工作論述的重要論述戰場。面對創傷往往被醫療化為個人生心理適應問題的趨勢，「創傷後壓力症候群」成為社工認識原住民受災後的重要視框，這樣的醫療視框侷限在個人心理層次，忽略了災難傷害的更是集體，Erikson（1976）用「集體創傷」的概念來描述社區在極度壓力事件過後社區受到創傷後所呈現社區肌絡剝離的現象。他指出集體創傷不是指個人所遭受的創傷，而是社區生活組織所遭受的創傷，這些創傷損壞了人與人相互歸屬的連結。就像一個處於地心引力的重力場域，所有個人就像粒子被各種人際關係、文化認同、社會參與、社區生活等力量所穩固著。當外來災難足夠強大時，這些力量會被瓦解，人與人之間就會開始分散。

婚姻會瓦解、朋友相背棄、手足反目、甚至父母失去照顧自己子女的能力。因此「集體創傷」被提出來，彰顯部落是原住民族生存重要的基本單位。創傷不只是個人，更會遞延至下一代，產生「跨世代傳遞」的現象，這是指過往的殖民、屠殺、暴力衝突等創傷，跨越了當事人的世代，而傳遞給後代子孫，使得那些沒有經歷過實際創傷事件的第二代、甚至是第三代，依然受到過往創傷的影響，甚至產生種種精神症狀。因此代間創傷的概念也被提出，幫助社工看見家族內部的動力如何複製創傷。原住民學者 Yellow Horse Brave Heart（1999）提出「歷史創傷」的概念，提醒世人，一個族群集體受到創傷，不僅是集體的，更是世代遞延的過程。遭受文化滅族的人們及其後代不只是認同過去的痛苦，更會在當下重新經歷這份痛苦。這些後代對其祖先與親人有高度的忠誠度，以致在自己的生活中繼續這樣的痛苦，並無意識地複製這樣的創傷經驗，以保持與先人的情感連結，因此歷史創傷具有世代傳承的性質。最常被提及的原住民族歷史創傷就是在加拿大與澳洲執行的寄宿學校政策，當時政府為了教化原住民，強制將原住民兒童帶離部落，收容在教會學校的政策。這些原住民兒童在學校缺乏親情的滋潤，甚至受到暴力與精神虐待，失去文化認同，長大後雖成為父母卻缺乏愛人的能力而成為施暴者。當家庭暴力行為開始產生時，母親與小孩的創傷會嚴重影響小孩的成長以及他們未來為人父母的愛的能力，而他們的創傷又會影響到下一代，甚至如果三代同住，第三代還可能成為受害者。因此一位原住民社工曾估計，要停止一個家庭暴力產生的代間惡性循環至少需要三代的復原歷程（Herbert and McCannell, 1997）。因為這些創傷是高度污名化、多半是被外人掌握詮釋的權力，因此原住民自身缺乏屬於自己的語言去陳述創傷經驗，所以這些創傷往往處於無法處理與面對的冰凍狀態。Wesley-Esquimaux 與 Smolewski（2004）認為要解殖民化，必需要讓原住民重新開始敘說自己的故事，讓創傷經驗成為可以再詮釋的過程，這樣就有機會從受害者的失落與悲傷中走出，重新掌握自己對自我經驗的詮釋權，也就是「重掌文化宣示」。

　　Ciwang Teyra（2016）從歷史創傷角度探究太魯閣族長期殖民壓迫形成的生活限制已成為族人日常生活中的壓力源，原本有助於壓力調節及健康促進的文化慣習，例如打獵，又受到國家法律的約束及主流社會的污名，使得傳統文化實踐受到壓抑，造成飲酒成為壓力舒緩的方法。王增勇、郭孟佳（2020）也運用歷史創傷透過具體烏來原住民族女性的家暴經

驗，看見家暴背後是烏來在 60 年代成為越戰美軍休假的特定觀光區所造成的經濟改變下，當應該在家照顧的女性成為觀光產業的主要勞動力，而男人賦閒在家，造成原住民文化定義的性別角色與實質經濟上的勞動工作之間錯置所引起的後果。但現有家暴將加害人視為家庭暴力的問題來源，無法看見加害人實則是觀光經濟結構（男人沒工作可做）下的受害者，因此無法有效進入原住民家庭暴力的根本問題。

　　另一個長期被助人專業問題化的例子是原住民酗酒問題，長久以來公共衛生學者對酗酒防制的策略都是以醫療模式的視角，將原住民視為無知的病人，以疾病資訊告知的介入模式進行，甚至去脈絡地發明以漢人生活中的茶取代酒的介入方式，其效果當然不彰；其中的盲點在於公共衛生學者自身的族群盲目，將酗酒視為個人問題，無法看見原住民所面對的體制壓迫根源（王增勇，2009）。陳慈立（2007）與夏曉鵑（2010）從酒的商品化歷程勾勒出原住民酗酒問題背後的政治經濟結構，指出菸酒公賣制度改變了原住民部落傳統禮酒的文化，將酒變成隨手可得以致創造出成癮的環境條件。顏婉娟（2000）以人類學的田野研究貼近烏來婦女的飲酒經驗，看見飲酒經驗的多樣性，發現飲酒者將喝酒者分成酒鬼與酒仙，以人是否能掌控酒作為區分的界線，這種理解開展了助人專業貼近原住民婦女生命經驗的可能，並試圖從復振泰雅族小米文化對酒的尊重，找到原住民文化中對酗酒的節制力量，同時也打破傳統醫療模式以戒酒為單一介入的模式。戒酒之所以無效是因為戒酒是從醫療觀點出發，對原住民沒有切身關係。但當部落從原住民殖民歷史中發展對酗酒的新詮釋，當「酒」成為原住民族群存亡的導因時，原住民彼此相互告誡著：是什麼讓我們失去祖先留給我們的土地？是什麼讓我們妻離子散？是什麼讓我們遠離家園？當戒酒在民族存亡的歷史脈絡中被賦予「為下一代子孫盡一分力、為民族存亡盡一分心」的歷史意義時，原住民會重新獲得力量，抗拒酗酒所帶來的惡果。這就是從歷史結構角度理解原住民社會問題的最佳例證，因為它使弱勢者看清楚自己與自身環境之間的關係，並且開啟行動與為自己負責的可能性。這種對原住民被問題化的全面檢視是目前原住民族社會工作迫切需要做的反省。

二、讓原住民族社工成為協助發聲的助力

　　面對自身民族崩解的危機，原住民並非一味的承受，透過集體的行動，原住民族運動在近年來對臺灣社會提出嚴正的控訴，並獲得重大成就。謝世忠（1987: 61）將要重新作自己的主人的「原住民運動」視為原住民歷史的第四個階段，他定義原住民運動為「一種某國家或地區內之原先被征服土著後裔的政治、社會地位與權利的要求，以及對自己文化、族群再認同的運動。他的訴求對象是當地現今的優勢或統治民族。」霧社事件後，原住民一直處於被統治者的身分，但在 1980 年代國民黨政權在島內合法性開始受到民主運動挑戰之際，原住民始有以集體形式向國家要求自我民族權益的機會。1984 年成立的原權會，揭開臺灣原住民運動的序幕。臺灣原住民各族雖有受到外來政權的殖民經驗，但是多以各族各自的反抗為主，從未曾有共同以「原住民」的認同進行集體反抗。因此，原權會是由各族知識份子匯集所推動的一次泛原住民運動，其背後代表著一個新的族群認同的形成。原住民族社工應該是原住民運動的培力者與支持者。

　　如上所云，原住民族社會福利在目前國家體制內雖有憲法保障自治權，但其實並未取得獨立自主性，仍依附在主流社福制度內。原住民族在現有公共政策討論過程中，原住民發現爭取自治最大的障礙是公共事務運作機制尚未成熟，部落的人才不足使得部落沒有信心取得自治權（盧幸娟，2001）。正如 Freire（2000）所言，被壓迫者對於獲得自由往往是恐懼的，因為在他們的認知中，掌握自己的命運彷彿是遙不可及的經驗。要使原住民重新得到力量，作為自己的主人，需要一段反思與行動的過程，而社工必需要在其中扮演觸媒的角色，協助原運的發展，作為原住民發聲的管道。協助所有福利方案導入原住民族自治原則，成為目前原住民族社會工作的重要挑戰。廖貽得（2013）所記錄的部落互助托育行動聯盟就是一個例子。

　　原民會於 2008 年 10 月正式開辦「原住民族地區幼托服務暨保母訓練與輔導試驗計畫」（簡稱部落托育班），與一般平地托兒所不同的是，此計畫鼓勵部落組織申請，放寬保育員的資格標準，希望能結合部落文化的教學方式，讓部落的家長可用較低費用把小孩交給熟識的部落婦女來照顧，也希望能夠提供部落婦女就業機會。從原鄉部落的角度來看，此計畫正好

彌補了原鄉缺乏托育資源的困境，解決了原鄉家庭的孩童送托需求，也能讓部落婦女就業，提升家庭收入，是部落亟需的服務。計畫裡的保母培訓方案，讓部落內有志從事幼保工作的年輕人，能夠獲得留在部落服務族人的機會。因此，此計畫一公布，便吸引了苗栗、南投、屏東等有托育需求的原鄉部落申請。但是，此計畫執行不久，部落托育班即因為托育班收托人數超過五人，開始被地方社政主管機關取締，因為依照當時規定需要依照「兒童及少年福利機構設置標準」立案後才能繼續營運，否則就必須停辦。原民會計畫因此暫停發放人事費補助，導致許多部落托育班因為無法支撐經費而陸續停辦。於是這群保母開始集結發聲，在一群熱心的漢人工作者協助下，2009 年成立了「部落互助托育行動聯盟」，展開了他們爭取部落用自助方式辦理照顧兒童的權利（廖貽得，2013）。這個過程中，他們經歷部會的行政協商爭取實驗計畫的通過、再爭取 2011 年 6 月幼照法母法修改納入社區互助幼兒園、進而爭取參與教育部研商「幼照法」子法修改第 10 條「社區互助式教保服務」，直到 2012 年 7 月 20 日正式公布了「社區互助式教保服務實施辦法」，經歷三年的抗爭，才讓現有的部落托育班，得以「社區互助式教保服務機構」的方式合法存在。聯盟的運作過程充分展現原住民族社工所需要的各種能力與知識，才能爭取到原住民「用自己的方式照顧自己的兒童」的權利。

類似的案例也發生在長期照顧領域，原住民族長期照顧聯盟在 2014 年成立，集結原住民部落工作者、學者與關心此議題的漢人專家學者，致力監督政府在長照政策中納入原住民族觀點，並在過程中培力部落發聲。

三、部落產業發展納入社工介入範疇

原住民族的經濟困頓來自於主動或被動地嵌入國際資本主義經濟體系下的運作中，一步步成為國際的邊陲，同時矮化其發展並促成內部殖民。當原住民愈進入全球資本市場經濟體系，原住民族部落經濟的發展愈受制於外力因素的掌控，而顯得脆弱。如何讓部落經濟不僅發展，而且是讓部落掌握經濟自主權是解決原住民族經濟劣勢的根本議題。以消極的殘補式福利，不足以根本改善原住民族的處境，因此必須以積極的經濟發展介入。多年來，原鄉部落有許多部落經濟發展的案例，如尖石斯馬庫斯（洪廣冀、林俊強，2004）、阿里山山美社區達娜依谷（湯宏忠，2001）等，

讓部落經濟獲得部分改善，使得年輕人回流，雖然發展過程中仍遭遇諸多困難，但至少為原住民族的發展提供一種可能。投入原鄉服務的社會福利組織，如世界展望會（陳維智，2009；鄭桂芳，2007）、至善基金會（陳淑妃，2005；黃盈豪，2004；廖秀玲，2004）、蘭恩基金會也都分別有部落經濟發展。但是追求經濟發展的同時，如何平衡部落自主、公共參與以及利益重新分配的集體決策是相當大的挑戰。

四、建立社工專業與原住民族互為主體的對話關係

社工專業近年經歷證照化的專業建制歷程（王增勇、陶蕃瀛，2006），學術知識的生產與實務經驗的智慧透過國家考試形成從屬關係，而非平等的對話關係，山地社工也在學歷主義的要求下被排除在社工師證照制度之外（林翰生，1997）。隨著證照制度而來的是，原住民福利體制系統性排除了原住民傳統助人者參與福利提供的管道，導致社工專業體制向原住民傳統助人者學習的管道隨之封閉，讓臺灣社工教育極可能陷入福利殖民的共犯結構中。在缺乏理解臺灣原住民族傳統助人文化的情況下，這將導致社工教育體制培育出的原住民社工，必須在進入職場後才有機會重新學習認識原住民文化。原住民族社工專業化是否仍應依附在現有社工證照制度下，成為另一種專科社工，或是應該獨立建立符合自身文化邏輯的專業制度？這將是未來原住民族社工社群需要思考的議題。

長久以來原住民社工人員的實務經驗受到行政界與學術界的漠視，以致人員不斷流失，經驗無法傳承。在現有的社工知識領域中，有關如何與原住民工作的文獻大多闕如。已經推行 20 餘年的原家中心與文健站，累積著臺灣原住民族社會工作重要的經驗，系統性整理與分析其中的實務知識將有助於發展臺灣原住民族社工的知識體系。可是，原家中心與文健站都有以社工專業化作為服務品質提升的手段，工作人員發現既有的教育訓練多以上對下的方式進行教學，缺乏用互動與對話的方式，針對這些有經驗的工作者進行經驗整理（莊曉霞、陳鈺芳、黃瑞鳳、劉弘毅，2020），造成工作人員「越社工就離部落越遠」的反效果出現。

隨著社福政策的推動，原住民族與社工專業的對話仍將持續開展，未來研究方向應對現有資深原住民族福利服務工作人員（包括公立機構的山地社工、生活輔導員等、民間團體的工作人員、牧師等等）進行研究，記

錄整理其工作經驗，作為未來教材之用。而分析重點應著重原住民與漢人在世界觀、人際關係、家族關係、思考模式的差異，以及此差異在社工實務應用上的意涵，以提升非原住民社工的文化敏感度與文化能力。

臺灣原住民族社會工作與社會福利尚屬於發展階段，在回顧原漢歷史中，我們必須懷著原罪，省思自身族群身分在專業關係中所帶來的影響，檢視社會工作專業所隱藏的偏見，改善臺灣原住民的劣勢社會位置。在與原住民互動中，我們不僅達成服務弱勢案主的專業價值，同時也豐富社會工作的內涵。社會工作也如同與魔鬼打交道的浮士德一般，要在靈魂與現實之間掙扎，透過反思與行動的辯證過程中，隨著時空的轉變不斷重新定義原住民族社會工作的內涵。

問題與思考

1. 閉上眼睛，你所立即聯想到的原住民圖像是什麼？反思你的認知是如何受到你的成長經驗所影響？

2. 臺灣原住民族的劣勢處境是如何在原漢族群歷史演變中形成？社會工作扮演的角色是解放還是控制原住民族的反殖民行動？

3. 社會工作與原住民族文化之間如何可能有效地進行文化轉譯？

建議研讀著作

1. 謝世忠（1987）《認同的污名——臺灣原住民的族群變遷》。臺北：自立晚報社。

2. 王增勇、楊佩榮（2017）〈夾在國家政策與原住民族文化之間的原鄉居家服務〉，《中華心理衛生學刊》，30(1): 7-36。

3. 夏曉鵑（2010）〈失神的酒——以酒為鑑初探原住民社會資本主義化過程〉，《臺灣社會研究季刊》，77: 5-58。

4. 廖貽得（2013）《從失語到歌唱：部落互助托育行動聯盟的實踐歷程》。臺北：國立臺灣大學社會工作研究所碩士論文。

第 **9** 章
新移民與社會工作

潘淑滿 |

前　言

　　全球化發展趨勢不僅影響我國經濟發展與產業結構，對我國人口與家庭結構也產生巨大衝擊。過去 20 年來，我國人口與家庭結構的變遷趨勢，除了少子與高齡化，新移民家庭也成為新興家庭型態。新移民及其家庭服務逐漸成為政府政策制定與福利服務規劃重點，而社會工作人員在新移民及其家庭相關服務輸送過程也扮演重要角色。面對新移民發展趨勢，如何幫助社會工作學生與實務工作人員具備多元文化素養，讓社會工作人員對多元文化更具敏感度，並提升社會工作實務對新移民及其家庭服務的效能，是本章關心重點。

　　本章分為五部分：第一部分釐清新移民之定義及其發展趨勢，第二部分著重於新移民現況與福利服務需求，第三部分聚焦在新移民及其家庭相關政策與福利措施，第四部分探討社會工作在新移民及其家庭相關福利服務過程之現況、扮演的角色與困難，第五部分說明社會工作教育如何增進多元文化能力。

第一節　新移民之定義與發展趨勢

　　討論新移民發展趨勢與相關政策前，應針對「新移民」一詞明確界定，方能釐清新移民及其家庭福利需求與範疇。

一、新移民的定義

　　「移民」是指有長期定居傾向的移入與移出人口。根據我國「入出國及移民法」（2016.11.16 修正公布）第 9 條規定，「移民」包括親屬、經濟、專業與技術等四種類型。長期以來，受到高生育率影響，政府並不鼓勵新移入人口，導致新移入人口成長緩慢，反而是國人以經濟與專業技術移民移出居多。

　　近年來，政府鼓勵經濟與專業技術移民移入，可是移入人口仍舊是以婚姻移民居多，且自 1995 年以後呈現快速增加的趨勢。「婚姻移民」

（marriage immigrants）一詞，主要是根據「入出國及移民法」第 9 條第 1 款「有直系血親、配偶、兄弟姐妹或配偶之父母，現在在臺灣地區設有戶籍……」中，因配偶設籍臺灣而產生的移民行為。

1990 年以前，臺灣在二次戰後曾有大量移民移入。主要是因為國共內戰後國民黨戰敗而大量軍隊移居臺灣，推估當時約有一百萬左右軍人移居臺灣。1980 年代後期，受到全球跨國人口流動趨勢影響，加上我國婦女接受高等教育和勞動參與率提升，女性對婚姻有更多自主抉擇，讓許多在婚姻市場處於較不利地位的男性，只能透過仲介或親友媒合形成跨國婚姻關係，進入戰後第二波移民移入潮。

這波移民型態與上一波移民不同，也與歐美國家傳統移民型態不同，許多學者稱之為「新移民」（new immigrants）。「傳統移民」是指 1970 年以前男性因工作或經濟需要移居歐美國家，這些男性在移居國的工作逐漸穩定，經濟與生活條件改善後，將母國其他家庭成員移居定居。傳統移民型態大都屬於家族跨國遷移，容易產生來自相同國家或文化背景的移民聚居，日常生活也是以母語溝通，保留母國文化記憶與生活習慣，逐漸形成與主流社會不同的特殊文化生活圈，例如：美國的「華人街」（China Town）與美國賓州的 Amish 。[1] 許多學者也指出，傳統移民家庭第一代移民較容易與主流社會產生疏離感，也容易因文化傳承與生活習慣不同而與第二代產生文化認同的衝突（Congress and Kung, 2005; Parekh, 2002; Phillips, 2007; Sue, 2006）。

1970 年後的移民型態主要有兩種，跨國婚姻移民（transnational marriages）和移工（migrant workers）。前者是指兩個來自不同國家的人，因婚姻關係而形成移民行為，通常來自經濟弱勢一方會選擇移居到經濟優勢一方。跨國婚姻移民往往隨著配偶散居各地，不易發生傳統移民的文化聚居現象，婚姻移民面對歧視的社會環境，為了融入主流社會，會選擇放棄或隱藏自己母國文化，第二代傾向以認同主流文化為主（許雅惠，2009；夏曉鵑，2001；葉郁菁，2007；廖元豪，2006；潘淑滿，2004a, 2008b；鍾鳳嬌、趙善如，2009）。

---

[1] 阿米希人（Amish）是美國和加拿大安大略省的一群基督新教再洗禮派門諾會信徒（又稱亞米胥派），以拒絕汽車及電力等現代設施，過著簡樸的生活而聞名。阿米希是德裔瑞士移民後裔組成的傳統、嚴密的宗教組織，過著與世隔絕的生活，是 1525 年來自瑞士，從門諾派或是重洗派分裂出來的宗派（維基百科）。

　　「移工」（migrant workers）是指來自第三世界經濟發展條件較差的國家，女性為了改善家庭經濟與生活品質，選擇進入第一世界或經濟條件較好的國家，擔任底層勞力密集或照顧服務工作。這類型移民主要是由母國遷移到某一移居國，再由該移居國遷移至第二或第三移居國，成為國際間多元文化傳播者，形成在地國際化現象（邱淑雯，1999, 2003；藍佩嘉，2002, 2003, 2004；Anthias, 1998；Lan, 2003；Vertovec, 1997）。無論是透過跨國婚姻關係或工作產生的跨國移民行動，都是以女性為主，因此有「遷移女性化」（feminization of migration）的發展趨勢（藍佩嘉，2007）。[2] 本章將聚焦於因跨國婚姻關係而產生的新移民類型。

二、新移民發展趨勢

　　我國新移民人口增加主要來自跨國婚姻移民。[3] 跨國婚姻移民現象大致可以追溯到 1980 年代後期，直至 1995 年左右進入高峰期。根據內政部移民署統計資料顯示（2020a），過去 25 年來我國新移民人數明顯增加。2004 年新移民人數約有 336,483 人，2019 年已增加到 557,450 人，約占全國總人口數的 2%。

　　其中，來自中國新移民（366,714 人）約占移民總人數 65.78%，其次為東南亞國家（163,047 人）約占 29.25%，來自其他國家如日本、韓國與歐美等國新移民，占不到一成（27,689 人，4.96%）（圖 9-1）。女性約占九成左右，男性則占不到一成。

---

[2]　根據聯合國估計，全球約有一億七千五百萬人居住在非出生地國家，包括取得移居國國籍或長期居留的移民、因工作或教育需要的短期遷移、循非法管道的遷移與人口販運、受庇護的難民等。近半數為女性，明顯和傳統以男性為主要遷移人口的現象不同；換句話說，全球經濟的發展趨勢帶動了「遷移女性化」（feminization of migration）的趨勢（藍佩嘉，2007）。

[3]　我國婚姻移民主要來自中國與東南亞國家，少數來自日本、韓國與歐美等國。

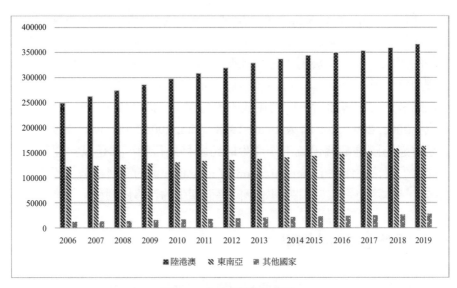

圖 9-1　新移民發展趨勢

從新移民國籍別分布分析，中國籍新移民人數約占三分之二左右，所占比率也逐年攀升，從 2004 年的 214,679 人（63.8%），增加到 2019 年的 366,714 人（65.78%）。雖然東南亞籍新移民人數略有增加，所占比率從 2004 年 33.13% 降到 2019 年 29.15%。東南亞籍新移民主要來自越南（108,997 人，19.55%），其次為印尼籍（30,483 人，5.47%），柬埔寨、泰國與菲律賓人數並不多（內政部移民署，2020a）（圖 9-2）。

不同國籍別的新移民居住臺灣的地理分布略有不同。中國籍新移民主要集中在北部與都會區，東南亞籍新移民則以居住在中南部與非都會區為主。區域與城鄉，無論是日常生活形態、家庭價值觀、產業結構或地方政府財政狀況有相當大差異，這些差異可能影響新移民日常生活經驗，也可能影響縣市政府提供新移民及其家庭服務的內涵。

過去以婚姻仲介媒合為主的跨國婚姻移民，在 2006 年經濟部廢除婚姻仲介業，取代以非營利性質的跨國（境）婚姻媒合協會提供婚前婚後的輔導與協助。加上全球化促使跨國人口流動頻繁，跨國婚姻形成背景逐漸多元，有些透過移居臺灣親友介紹；有些以移工身分來臺，與本國人談戀愛、結婚轉為移民身分；有些透過跨國經商或旅遊認識；有些則是赴外求學或來臺求學認識結婚；有些則是透過網路認識。除此之外，過去新移民

來臺前的教育程度以國、高中為主，但是最新調查報告顯示，新移民的教育程度有顯著提升，具有大專以上高教育程度的人數愈來愈多。目前新移民具有高教育程度者占 18.1%；來自中國與港澳新移民具高教育程度者占 19.8%，東南亞新移民具高教育程度者占 6.2%（內政部移民署，2020b）。政府為加強延攬外國專業人才來臺，提升國家競爭力，於 2017 年訂定「外國專業人才延攬及雇用法」，強化對科技、經濟、教育、文化、藝術等特殊專長之專業人才的延攬，給予專業人才「專業金卡」，依情況與需要，在符合移民規定下，提供「永久居留」身分申請之機會。

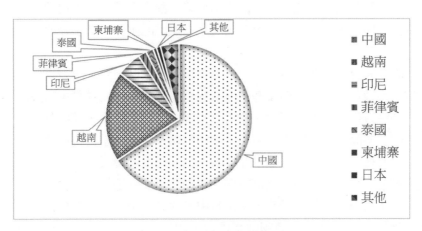

圖 9-2　新移民國籍別分布

第二節　新移民現況與福利服務需求

　　跨國婚姻在臺灣的普遍性，加上臺灣社會並未準備好進入多元文化社會，傳播媒體對於新移民經常性負面報導，導致國人對新移民存有許多負面刻板印象與不信任。使得新移民移居臺灣後，不僅要面對語言溝通、生活與文化適應壓力，同時要兼負子女照顧與家庭經濟雙重壓力，更需對抗不友善或存有敵意與歧視的社會環境。彙整國內相關研究資料與實務工作提供服務之經驗，歸納新移民及其家庭發展之現況與福利服務需求。

一、生活適應之現況與福利服務需求

　　大多數東南亞籍新移民移居臺灣初期，都會面臨語言而產生的人際隔閡、日常生活受到限制與社會孤立現象（潘淑滿，2004b）。雖然中國新移民比較少經驗到語言隔閡，但是中南部居民使用臺語習慣，也會導致溝通困難。雖然都是使用普通話，各地口音不同、加上兩國生活經驗不同，導致日常生活語彙使用，也會產生人際互動與溝通困擾（韓嘉玲，2003；潘淑滿、陳冠伶、王詩涵、曾淑欣、張凱婷，2010）。語言溝通困擾可以藉著中文學習與居住時間改善，因生活形態、飲食習慣、風土民情、價值觀念或宗教信仰差異，形成人際互動與生活適應的困擾，卻很難改善（張鈿富，2006）。

　　許多人對東南亞存有迷思，以為同在亞洲區域，除了語言之外，飲食習慣、宗教信仰、性別與家庭制度都應有高度相似性。其實東南亞國家，無論是宗教信仰、家庭制度、政治體制或經濟發展條件，都極為不同。在政治體制方面，越南與柬埔寨是共產獨裁國家，無論是言論或宗教信仰，仍受到某種程度箝制與管控；菲律賓、印尼與泰國屬民主政治體制，但民主化程度不算高。在家庭制度方面，泰國與柬埔寨是母系社會，較少婆媳紛爭，不重視長男傳承價值，父母是由子女共同照顧。在宗教信仰方面，菲律賓以天主教為主、泰國信奉佛教、印尼是伊斯蘭教、而越南則是以佛教為主。在節慶方面，越南受漢文化影響深，「新年」是以農曆春節為主；印尼則以回曆九月為齋月（大約是公元的八月到九月），慶祝新年前一個月為齋月，在齋月期間從日出後到日落前都不得進食，違反教規將會受到嚴厲懲罰。在飲食方面，東南亞屬亞熱帶氣候，烹調重視酸甜辣，臺灣烹調則較油膩與重鹹。印尼屬於伊斯蘭社會，不允許公開販售酒精，日常生活也禁止飲酒行為（潘淑滿等人，2010；鍾鳳嬌、趙善如、王淑清、吳雅玲，2010）。

　　潘淑滿等人（2010）訪談經驗發現，進入臺灣社會後最難適應的是飲食習慣。林開忠（2006）和王志弘（2006）認為食物和語言一樣，是新移民展現「文化邊界」的標誌，濃厚家鄉味食物與布置風格，都是新移民透過飲食消費符碼，達到族裔認同的身體實踐。

　　雖然中國新移民與臺灣同文同種，並不表示移居臺灣後就沒有生活適應困擾。在政治體制方面，中國共產黨一黨獨裁專制，與臺灣言論自由及

政黨百花齊放明顯有別。中國婦女解放運動後，女性與男性都參與勞動市場與公共事務，兩性關係較為平權，但是儒家文化強調「長幼有序」、「內外有別」和「重男輕女」等父權意識，仍深入日常生活與家庭關係（韓嘉玲，2003）。文化大革命（簡稱「文革」）興起的「破四舊」運動，不僅將漢字由繁體改為簡體，傳統宗教信仰也遭受箝制，與臺灣宗教信仰世俗化發展趨勢大不相同。

　　韓嘉玲（2003）在臺灣訪談中國新移民婦女經驗指出，中國新移民生活適應的困境是缺乏支持系統與家屬支援。臺灣社會普遍瀰漫對中國新移民的刻板印象與偏見，習慣以「大陸妹」稱呼中國新移民，而「大陸妹」一詞隱含著這些中國新移民是「為了錢」與「愛慕虛榮」，才會與臺灣男性結婚的污名。

二、離婚與單親家庭之現況與福利服務需求

　　由於婚前欠缺認識與戀愛基礎，使得原本不太穩定的婚姻關係，在面對不友善社會環境與缺乏社會支持下，加上雙方對婚姻期待、價值觀與生活經驗的落差，很容易產生溝通不良進而演變成婚姻衝突（夏曉鵑，2001；葉郁菁，2007；彭德富，2007；蕭昭娟，2000）。根據「內政部戶政司」統計資料（2020），離婚率已從 1990 年 1.36‰ 攀升到 2019 年 2.3‰。在 2019 年，約每六對結婚新人中就有一對（16%）是跨國婚姻；離婚對偶中，約每六對就有一對（17.88%）是跨國婚姻。就整體人口結構中新移民所占比率（約 2%），跨國婚姻的離婚率明顯高於本國籍離婚率。

　　新移民單親家庭，除了需面對經濟安全議題，也需面對子女照顧的壓力（Pan, Lin, and Yang, 2010b）。部分喪偶新移民，考量租屋負擔與子女照顧需要而選擇與夫家家人同住，有些則是選擇離開夫家在外租屋。相較之下，喪偶新移民比較能獲得夫家家人提供子女照顧、家務勞動或經濟方面等協助（如長輩協助子女上下學接送），若因家庭暴力或個性不合離婚，很難獲得夫家家人協助。有些單親新移民家庭會發展相互支持系統，日常生活中相互扶持；有些考慮工作時間長、薪資低、托育費用高，選擇將學齡前子女送回原生國由娘家家人照顧，等子女進入國小階段，再接回臺灣同住。潘淑滿、楊榮宗（2013）訪問 20 位新移民單親母親的生活與照顧經驗，發現跨境協商十分普遍，跨境協商也讓新移民單親母親的「親

職」呈現多元。

三、婚姻與家庭暴力之現況與福利服務需求

透過婚姻仲介媒合的跨國婚姻，的確存在著較高支配關係與婚姻／家庭暴力風險（沈慶鴻，2011；唐文慧、王宏仁，2011a, 2011b；潘淑滿，2004b；謝臥龍、黃志中、吳慈恩，2003；Menjivar and Salcido, 2002；Narayan, 1995）。根據 Narayan（1995）的觀察，源自於公民身分的不確定，為了取得永久居留身分，跨國婚姻移民女性容易落入配偶暴力操控的暴力循環。在本籍婦女親密暴力事件中，主要施暴者為配偶或同居人，婆媳或妯娌的施暴行為不常見；在新移民親密暴力事件中，其他家庭成員卻經常也是暴力導火線或幫兇。

由於新移民居留身分與本籍配偶扣連，未取得身分證或未成年子女監護權新移民，婚姻關係消失就必須被迫離境，導致新移民遭受婚姻或家庭暴力時，擔憂若求助或通報相關單位後，將會失去合法居留身分，或因長期居留期滿或保護令期滿，而面臨強制遣返或離境的命運，只好選擇隱忍暴力（陳淑芬，2003；潘淑滿，2004b；韓嘉玲，2003）。第一線實務工作者，結合人權、婦女與移民等團體共同推動修法工作，在 2007 年將「入出國及移民法」第 31 條修改為因受暴而失婚的新移民可申請延長居留而不會被迫離境，但是居留期滿仍必須返回原生國（除非取得未成年子女監護權）。

四、子女教育與親職關係之現況與福利服務需求

跨國婚姻關係中男性年齡比平均婚齡略高，許多新移民女性在嫁入夫家初期，被期待生兒育女（王宏仁，2001；王明輝，2006；夏曉鵑，2000；潘淑滿，2008b；劉珠利，2004）。統計資料顯示，新移民第一胎時間為來臺 1.2 年，緊接著生第二胎；子女照顧成為東南亞新移民日常生活重心，直到子女上幼稚園或國小後，才有機會接觸外界（李明臻，2006；李明堂、黃玉幸，2008）。

2000 年初期，曾有學者引用「高雄長庚醫院」就診的東南亞籍產婦資料，標籤化跨國婚姻家庭子女有高比率為發展遲緩兒童，在「衛生署國

民健康局」針對跨國婚姻家庭中未滿六歲子女篩檢結果，並未高於本籍家庭之六歲以下子女（內政部兒童局，2004）。多項研究（王秀紅、楊詠梅，2002；鍾鳳嬌、王國川、陳永朗，2006）也指出，跨國婚姻家庭兒童發展遲緩大都屬於語言發展遲緩，導因於文化刺激不足，語言表現隨著年齡增長會跟上一般學生。

　　根據「教育部」（2019）統計資料顯示，目前每十位新生入學中，就有一位來自跨國婚姻的家庭。107 學年度，就讀中小學跨國婚姻家庭的子女人數已將近 16.7 萬人，來自東南亞籍跨國婚姻家庭子女將近九萬人左右（國小 46,024 人、國中 42,225 人）。陳毓文（2010）以 95 學年度全國六千多名東南亞新移民國中子女為研究對象，運用分層隨機抽樣方法，比較本籍與新移民家庭青少年子女，在學業表現、同儕關係、心理困擾或行為問題等生活適應狀況與學業表現，研究結果發現新移民家庭青少年子女與本籍家庭子女，無論是在生活適應或學業表現並無差異。陶宏麟、銀慶貞、洪嘉瑜（2015）以國小四、六與國二學生為研究對象，評量本籍與非本籍學生在國語文、英語文、數學成績，在控制父母親教育程度後，發現若母親來自中國，子女的成績與本國籍子女成績無差異；若母親來自東南亞國家，子女成績表現明顯比本籍子女差，尤其是在英語文最嚴重。

　　許多新移民會將學齡前或國小階段子女送回原生國，委請娘家家人照顧，國小階段再接回臺灣接受教育，導致轉銜困難。為協助新移民子女融入國內教育環境，教育部國教署於 2015 年訂定「新住民子女教育發展五年中程計畫」，推動高中以下新移民子女各項教育方案，協助跨國轉銜學習；這些策略包括：（1）編入適當班級／原班，但部分時間抽離原班；（2）內部支持，輔以學校課程或寒暑假輔導；和（3）外部支持，結合社區資源與通譯人員輔導學習（黃昭勳，2018；虎尾科技大學，2018）。隨著我國經濟與產業結構邁向科技與服務產業兩極化趨勢，將不利於大多數來自中下或底層階級跨國婚姻家庭第二代子女的教育與學習。如何縮短城鄉間教育資源分配的不公平，降低跨國婚姻家庭第二代子女因家庭經濟而剝奪高等教育機會，挑戰我國教育與家庭政策發展方向及相關服務措施之規劃。

五、就業與貧窮之現況與福利服務需求

新移民來臺初期，一方面需融入臺灣社會與擔負生育責任，另一方面需外出工作，賺錢貼補家用或改善家庭經濟（王永慈、彭淑華，2005；夏曉鵑，2000）。進入勞動市場後，受到文字隔閡限制與對就業市場不熟悉，只能從事低階、勞力密集與非技術性工作，經常都是低於基本薪資，且不提供基本工作保障（翁毓秀，2006；夏曉鵑，2000；Pan, Lin, and Yang, 2010b）。

2007 年以前，移民法規對新移民居／停留身分與就業權規定嚴格，導致新移民就業率偏低（尤其是中國新移民）。王燦槐、林艾蓉（2009）根據「內政部 92 年外籍與大陸配偶生活狀況調查」資料分析顯示：新移民勞動參與率明顯低於本國籍，中國新移民勞動參與率低於東南亞新移民。新移民工作大都屬於臨時性質，工時不足，收入也不高。2003 年以後，「就業服務法」逐步放寬新移民工作權，[4] 新移民勞動參與率也略提升至 54.4%；2019 年更大幅提升到 70.9%。不過，主要還是擔任服務與銷售人員及基層技術工與勞力工為主，每月工作收入仍以「2 萬至未滿 3 萬元」（52.1%）居多（內政部移民署，2020b）。

潘淑滿等人（Pan, Yang, and Lin, 2010a, 2010b）透過訪談，發現受限於語言能力、教育程度、工作經驗、職業技能、照顧壓力、居住地區與移民身分，新移民大都只能從事勞力密集（加工廠）、照顧服務（看護、清潔打掃）、結合地方產業（挖蚵、疊檳榔葉、跑桌、喪葬樂團）或餐飲業（擔任小吃攤洗碗、包便當、或自營小吃攤）。這些工作大都缺乏勞工權益及相關福利配套，雖然可以舒緩短期家庭經濟壓力，卻無法改善生活品質。王宏仁（2001）的研究指出，新移民已成為當前臺灣社會低階勞動的主要人力來源，而陳小紅（2006）也發現中國與東南亞籍新移民的配偶，有較高比例是屬於經濟弱勢（如身心障礙或老榮民），若新移民的配偶無法工作，而新移民又從事低階勞動工作，很容易讓家庭經濟陷入困境。許雅惠（2009）從社會資本觀點分析新移民勞動參與的社會意涵，新移民參與勞動市場之經驗，除了獲得經濟方面的實質回饋，也讓新移民感受到受

---

[4] 東南亞籍新移民只要取得合法居留權，就擁有合法工作權；而中國籍新移民自 2008 年以後，只要取得依親居留身分就擁有合法工作權。

尊重與被社會接納的喜樂，無形中也產生培力作用。

　　從王燦槐、林艾蓉（2009）的研究報告顯示，新移民較不重視在職訓練，但我們應更進一步思考跨國婚姻家庭在經濟方面的迫切需求，加上公民身分、兼顧照顧需要與在職訓練地點與交通便利性等因素，可能對新移民參與在職訓練意願的影響。

第三節　新移民相關政策與福利服務

　　我國並非移民型國家，加上殘補式福利思維，導致社會福利制度的設計明顯忽略了新移民的居留與公民身分，可能對其社會福利權的影響。雖然居留身分並非社會福利範疇，可是提供新移民及其家庭相關服務過程，通常都會經驗到居留身分對新移民福利資源使用的影響。因此，在討論新移民及其家庭相關政策時，同時也應說明居留身分與社會福利權的關聯。

一、居留與公民身分

　　我國目前仍無單一移民政策，適用於不同國籍移民之居留與公民身分之申請。新移民居留與公民身分，散見於「國籍法」、「入出國及移民法」、「臺灣地區與大陸地區人民關係條例」（簡稱「兩岸條例」）與「香港澳門關係條例」（簡稱「港澳條例」）等相關法規中（蔡明璋、曾瑞玲、潘淑滿、廖培珊、汪淑娟，2007；潘淑滿，2008a）。

　　「移民署」於 2007 年 1 月 2 日成立，但外國人與大陸地區移民事務仍舊採「雙軌分行」機制運作。外國人簽證事務，由行政院「外交部」負責；而大陸地區移民事務主管單位，則由行政院「大陸委員會」（簡稱「陸委會」）負責。大陸地區人民進入我國國境之申請與審查，必須依據「兩岸條例」規定辦理，入境後管理也由「移民署」負責；外國人移民部分，則是依據「國籍法」與「入出國及移民法」規定辦理。入境後，入出境審核與管理相關事務都是由「移民署」負責（陳小紅，2006；廖元豪，2004, 2006；趙彥寧，2005, 2006；潘淑滿，2004b）。

（一）中國籍移民之居留與公民身分

關於中國籍人士移居臺灣之居留與定居相關規定之修訂，可以區分為四階段：

1. 第一階段（1992-1999 年）：「探親→居留→定居」制度

完成結婚手續即可申請來臺探親，每次停留 3 個月，每年最長停留 6 個月。結婚滿 2 年或已生產子女者，得申請居留，取得居留權後得在臺工作，然每年居留有數額限制。居留滿 2 年且 2 年出境不得逾 120 日者，可申請定居。

2. 第二階段（2000-2003 年）：「探親→團聚→居留→定居」制度

相較於前一階段，結婚滿 2 年且婚後在臺住滿 300 日，或臺灣配偶年齡在 65 歲以上或中度以上身心障礙，或中國大陸配偶與現任臺灣配偶育有子女者，可申請團聚，每 6 個月延期 1 次，可停留 1-3 年。核准定居之後，方能取得身分證，每階段核准人數均有配額限制。大約合法居留 8-10 年以上方能提出申請，唯有取得身分證才能擁有合法工作權。

3. 第三階段（2004-2009 年）：「團聚→依親居留→長期居留→定居」制度

長期居留者不用申請工作許可，得在臺工作，無數額限制。依親居留階段的工作權，則必須符合「就業服務法」申請資格要件，提出申請獲得核准後，方具備合法工作權；在團聚階段，若外出工作則是違法行為，可能面臨驅逐出境的處罰。

4. 第四階段（2009 年以後）：「依親居留→長期居留→定居」制度

基於人道及家庭經濟考量，將「團聚」調整為申請來臺過渡階段。亦即通過面談來臺，在臺換發依親居留證件後，即可工作。提出申請定居的時間，則縮短為六年，並取消了團聚階段配額限制，依親入境也不再受財力限制。

（二）外國籍移民之居留與公民身分

外國籍移民之居留與定居之規定，明顯與中國籍移民之規定不同，主要分為兩階段：

1. 停留與居留階段

當外國籍人士與本國國民結婚，並取得合法居留簽證入境臺灣後 15 日內，必須向各地「移民署」服務站申請更換「外僑居留證」。當外國籍移民取得合法居留權之後，不需申請就可以擁有合法工作權。

2. 定居階段

依據「入出國及移民法」及「國籍法」之規定，當外國人與本國國民結婚，經過駐外單位包括：「領事館」或「臺北經濟文化辦事處」確定婚姻關係的真實性後，就可以立即申請依親居留而移居臺灣。在臺灣居住滿三年以上、每年居留臺灣 183 天以上，並通過歸化考試，且符合相關規定，就可以向「移民署」提出歸化申請（放棄原國籍）。申請歸化後若居留一年皆不出境，就可以申請定居、並取得國民身分證；或居留兩年每年至少居住九個月，就可以申請定居、並取得國民身分證。外國籍也可以不申請放棄原國籍（歸化），而直接申請永久居留。

二、新移民及其家庭相關政策

我國對於新移民及其家庭相關福利服務可追溯至 1999 年「內政部」訂定的「外籍新娘生活適應輔導實施計畫」，主要以補助地方政府及民間團體辦理「外籍新娘生活適應輔導班」，著重於中文學習、協助外籍配偶日常生活適應、及融入主流社會。在 2003 年進一步訂定「外籍與大陸配偶照顧輔導措施」，並於 2016 年更名為「新住民照顧服務措施」，成為我國各級政府提供新移民及其家庭相關服務的法源依據。

2004 年「行政院」成立了「外籍配偶照顧輔導基金」，並於 2016 年更名為「新住民發展基金」，每年挹注 10 億元，作為提供新住民發展推動與相關服務之經費。根據「新住民照顧服務措施」之規定，新移民及其家庭服務有八項重點工作，包括：

（一）生活適應輔導：協助解決新移民因文化差異所衍生之生活適應問題。

（二）醫療生育保健：規劃提供新移民相關醫療保健服務。

（三）保障就業權益：保障新移民工作權，協助其經濟獨立、生活安定。

（四）提升教育文化：加強教育規劃，協助提升新移民教養子女能力。

（五）協助子女教養：積極輔導協助新移民處理其子女之健康、教育及照顧工作，並對發展遲緩兒童提供早期療育服務。

（六）人身安全保護：維護受暴新移民基本人權，提供相關保護扶助措施，保障人身安全。

（七）健全法令制度：加強查處違法跨國（境）婚姻媒合之營利行為及廣告，並蒐集新移民相關研究統計資料。

（八）落實觀念宣導：加強宣導國人建立族群平等與相互尊重接納觀念，促進異國通婚家庭和諧關係，並建立必要之實質審查機制。

　　2015 年 11 月 30 日「行政院」修正之「新住民發展基金收支保管及運用辦法」，全文共 17 條。第 1 條開宗明義說明新住民發展基金設置之目的，主要是「協助新住民適應臺灣社會，並推動整體新住民與其子女及家庭照顧輔導服務，人力資源培訓及發展，建構多元文化社會」。第 4 條規定，「內政部」補助全國各縣市規劃並設置「新住民家庭服務中心」，廣設社會工作人力，提供新移民及其家庭關懷訪視、個案管理、及家庭相關服務。為就近提供新移民及其家庭相關服務，衛福部社家署鼓勵各縣市連結在地資源，設置社區關懷據點，以達到對新移民及其家庭全面關懷與照顧的目的（潘淑滿、劉曉春，2010），依據統計資料，目前全國共有 37 個「中心」、140 個「據點」（衛生福利部社會及家庭署，2013, 2020）。

　　我國新移民及其家庭相關服務，主要以公部門為主，整合民間團體與資源共同提供，服務類型與內涵如下：

（一）公部門

中央與地方政府提供新移民及其家庭相關服務之方案，包括：

1. 就業服務：提供新移民就業支持與鼓勵方案。[5]

2. 居留證件服務：提供新移居之新移民有關居停留法令、在臺生活常識等生活適應輔導方案。

3. 中文學習服務：提供中文學習和母語諮詢服務。

---

[5]「協助外籍大陸配偶就業方案」。

4. 子女與親職教育服務：提供新移民子女教育改進方案。

5. 家庭暴力與人身安全服務：提供新移民人身安全、婚姻與家庭暴力等相關服務。

6. 成長團體與社會參與服務：提供新移民成長團體、社會參與（志工、通譯人才與多元文化種子教師）等服務。

7. 醫療與衛生保健服務：提供新婚新移民、新移民產前、產後子女衛教訪視，並設置多國語言就醫諮詢服務。

8. 生活適應服務：透過關懷訪視（一般性電訪及家庭訪視）、個案管理服務、整合與連結社區服務據點、建構資源支持服務網絡等，提供新移民生活適應之服務（曾中明、楊筱雲、王琇誼，2007）。

9. 其他。

（二）民間團體

除了承接各縣市「新住民家庭服務中心」業務，提供新移民及其家庭相關服務之外，有許多民間團體都會進一步連結相關資源，共同提供新移民及其家庭相關服務，服務內涵包括：（1）個案管理服務；（2）新移民法律、婚姻、生活適應等諮詢服務；（3）生活適應、親職教育、健康課程；（4）臺灣語言學習；（5）培養親子關係服務；（6）新移民子女課後輔導服務；（7）就業技能培訓；（8）經濟、教育、急難救助等服務。

三、現行福利政策之反思

各國對於新移民是否能享有社會福利的立場明顯不同，大致可以歸納出兩派主張（Castles and Mills, 2003，引自蔡明璋等人，2007）：

（一）社群模式（ethnic model）

不贊同新移民領取社會福利，強調福利國家的資源分配邏輯應該限於該國成員，重視每個成員對社群的忠誠與認同，強調社群成員之間的依附與承諾（attachments and commitments）。

（二）共和模式（republic model）

贊成新移民可以領取社會福利，認為社會權不應局限在特定社群成

員，社會權應該是政府基於集體政治社群身分，且在法律允許下給予新移民相當權利，但是新移民被要求必須同化。

有關新移民社會福利權的部分，若從社會福利政策的角度切入，也有兩派爭論（Castles and Mill, 2003，引自蔡明璋等人，2007）：

（一）限制非公民使用社會福利

主張對非公民身分的移民，嚴格限制社會福利使用權，理由：（1）基於已開發國家與開發中國家的所得差距，接收國若提供大方的社會福利給付，將會形成一種吸力（magnet），吸引貧窮的移民前來，其得以申請政府給付，如此會使移民的品質下降；（2）移民會成為主要的福利使用者，加重納稅人的負擔，如此會使用大量資源，威脅到福利國家的運作；也導致民意進一步反對融入性的移民政策，也會將照顧移民的責任歸屬於其保證人（家人或是雇主）；（3）限制非公民使用社會福利也可提供歸化的誘因，因為歸化過程有其融入效果，移民需要先學習語言以及一些接收國的基本歷史、政治、文化等。

（二）揚棄公民身分改為重視個人身分

主張社會福利權的使用不應過度強調公民身分，移民與公民一樣都需要遵守法律、繳費及擔負社會責任，移民也與公民一樣面對同樣的社會風險，生活也缺乏適當保障，基於公平原則應給予移民應有的社會福利保障。

近年來，民主國家對誰能擁有社會權的思考，也逐漸由公民身分考量轉為個人身分（personhood）考量，或將永久居留（presumptive permanence）納入考量（Fix and Laglagaron, 2002，引自王永慈、彭淑華，2005；蔡明璋等人，2007；潘淑滿，2008b）。

從上述無論是有關我國居留與公民身分規定之變遷，或是社會福利政策的發展趨勢，都顯示整體移民政策的發展，逐漸由封閉性與排他的「社群模型」轉移為開放與接納的「共和模型」。

目前工業民主國家對於新移民社會權（social rights）的實踐，大致可以歸納為四種類型：不須繳費的社會福利方案（noncontributory social welfare programs）、須繳費的社會福利方案（contributory social welfare programs）、社會投資方案（social investment programs）及勞動市場的工作權（Fix and Laglagaron, 2002，引自王永慈、彭淑華，2005）。進一步根據此分類架構，將我國目前提供新移民及其家庭相關福利之法規、措施、目標與資格等規定，彙整如下（表 9-1）。

　　由於我國社會福利制度的設計是建立在身分證、落籍制度及家屬連帶三項原則，當新移民未取得身分證時是無法獨立成立戶口，必須依附在臺灣配偶或其他成年中華民國國民之親屬戶籍下，在同一戶口下的家庭成員彼此之間負有連帶責任（潘淑滿，2008b；鄭麗珍，2001）。當身分證與戶籍制度扣連成社會福利制度實施的基礎時，對本國籍人士形成的不便或

表 9-1　新移民及其家庭相關福利服務對於資格限制之比較			
類型	**法案或措施**	**目標**	**資格[6]**
不須繳費的社會福利方案	社會救助法	著重於中低收入戶之經濟安全。	○
	特殊境遇家庭服務條例	針對特殊境遇之家庭短期的生活安定、子女生活與照顧、及經濟安全之協助。	×
	單親家庭補助辦法	針對未滿 18 歲子女之單親家庭提供醫療補助、生活與教育津貼、托育補助和緊急生活補助。	△
	家庭暴力防治法	提供人身安全的保障，提供包括緊急救援、醫療、法律、安置、諮詢、短期生活與經濟協助等服務。	×
須繳費的社會福利方案	國民年金法	保障國民老年或發生身心障礙時之基本經濟安全，及遺屬生活安定，提供退休後個人與家庭經濟安全保障。	×
	勞、健保	提供日常生活中之醫療與健康服務，及部分退休後之經濟安全保障（勞保）。	×
社會投資方案	中文學習與生活適應	協助融入主流社會、生活適應與社會參與。	×
	職業訓練	協助進入勞動市場之準備與社會參與。	×
勞動市場的工作權	就業服務法	勞動參與和在職場上權利的保障。	×

註：○有身分資格規定；△ 具有特殊情況，未取得身分證，確實居住在該縣市，不受限制；× 沒有身分資格規定。

資料來源：本文作者自行整理。

---

[6]　指服務使用者是否需要身分證及戶籍規定。

許不那麼明顯，但對新移民則可能產生巨大衝擊。新移民因公民身分的限制，不僅影響社會福利資源的使用，也影響勞動參與的權利，[7]讓原本屬於弱勢的新移民或新移民家庭陷入婚姻生活、經濟安全與基本人權被剝奪的多重困境。

表 9-1 可以看出，我國對於新移民及其家庭在使用不需繳費型的社會福利資源之規定，明顯比使用需繳費型的社會福利資源、社會投資方案和勞動市場之工作權等更為嚴格。不需繳費型社會福利類型大都偏重於保障基本生活所需，或是因特殊事故／件而給予緊急或短期之協助，幫助接受服務對象能穩定生活或度過危機為主，應該更具彈性考量。

第四節　新移民社會工作的實施與挑戰

目前我國對於新移民及其家庭提供的服務，大致可以區分為兩大類型：（一）新移民及其家庭個案管理服務，和（二）遭受婚姻及家庭暴力新移民個案管理服務。下列說明兩項服務模式實施現況、社會工作人員扮演角色與功能、及其問題與困境。

一、新移民及其家庭服務

（一）實施現況

各縣市「新住民家庭服務中心」提供新移民及其家庭服務，主要以社會工作人員為主力。社會工作人員主要是運用個案管理方法，提供新移民及其家庭全方位服務，並加強社區居民對新移民的接納，促進多元文化社會為目標。根據潘淑滿、劉曉春（2010）的調查資料顯示，「新住民家庭服務中心」社會工作人員提供之服務，可區分為三大類型：諮詢服務、個案管理和方案服務。

7　2003 年「就業服務法」第 48 條修定前，新移民必須取得身分證，方能進入勞動市場工作；換句話說，工作權與公民身分是結合的。

1. 諮詢服務

（1）家庭關係：家庭成員溝通問題、價值觀差異、親職教育及子女教養等問題。

（2）生活適應：經濟問題、生活適應、就業權益、人身安全和文化差異等問題。

2. 個案管理服務

（1）家庭問題：家庭溝通、價值觀差異、子女教養及親職教育等。

（2）生活適應：經濟問題、就業權益、生活適應、人身安全、文化差異及醫療優生保健等。

3. 方案服務

（1）生活適應服務方案：生活適應輔導班、通譯服務、考機車駕照、就業、技藝學習、語言學習、親子成長團體和課後學習輔導等。

（2）就業服務方案：提供轉介就業服務、就業諮詢與媒合和職業訓練。

（3）多元文化教育和社會推廣服務方案：多元文化認識、家庭教育和宣導、培育多元文化師資和傳遞正確跨國觀念。

（4）人身安全服務方案：事前預防和事後協助。

　　各縣市大都將「新住民家庭服務中心」定位為「個管中心」，由社會工作人員擔任個案管理人員，提供新移民及其家庭成員相關服務。社會工作人員在提供新移民及其家庭個案管理服務過程，主要是運用「問題解決」與「生態系統」工作模式為基礎，偶爾擴及優勢觀點與充權模式，在促進多元文化交流目標的努力略顯不足（潘淑滿、劉曉春，2010；戴世玫、黃于珊、洪安琪，2015）。

（二）社會工作人員之角色

　　社會工作人員在提供個案服務過程，經常扮演的角色（潘淑滿、劉曉春，2010）：

1. 傾聽者：由於語言隔閡與文化差異影響，加上缺乏支持系統及對資源網絡的不熟悉，使得新移民在面對生活適應或家庭互動關係問題時，往往需要社會工作人員提供更多的陪同與協助。

2. 陪伴者：新移民離鄉背井，加上缺乏支持系統，當遭遇婚姻／家庭問題時，往往會經驗到更多困難，此時社會工作人員不僅需要連結資源協助新移民調適之外，在協助過程也經常必須扮演陪伴者的角色，陪伴過程必須透過同理心與接納技巧的運用，幫助新移民逐步走出困境。

3. 問題解決者：由於新移民對我國移民或相關福利法規較不熟悉，經常無法有效連結資源幫助自己或家庭面對的問題，甚至求助時已經面臨危機或有急迫性需求，此時社會工作人員都必須扮演較直接的角色，協助問題解決。

4. 激發者：在面對新移民及其家庭時，社會工作人員無法永遠扮演問題解決者，問題解決必須回歸家庭所有成員，當家庭成員有較高意願產生改變時，才能產生改變的動力改變目前家庭互動關係與處境。在良好專業關係的前提下，社會工作人員可以進一步扮演催化者角色，激發新移民及其家庭成員共同面對問題與尋求改變契機。

5. 評估者：為了瞭解新移民家庭與生活概況，社會工作人員經常需要進入新移民家庭進行家庭互動關係之評估，此時必須增加對家庭動力與多元文化的敏感度，方能有效進行家庭問題與需求的評估。

6. 倡導者：社會工作人員從經驗累積過程，促進新移民與主流社會的對話，幫助社會大眾對多元文化有進一步認知與瞭解。

（三）實施之困境

在提供新移民及其家庭相關服務過程，主要之困境與問題包括（潘淑滿、劉曉春，2010）：

1. 家庭動力評估

通常社會工作人員會運用「家庭中心工作模式」（family-centered approach）進行家庭動力與家庭需求之評估。由於文化與價值衝突、語言溝通困難，甚至新移民或其家人對社會工作人員的不信任，導致無法有效評估家庭動力及家庭問題與需求，而影響個案管理服務成效。楊玲芳（2012）認為不一定要尋求新的理論觀點或工作模式，主張社會工作人員在提供新移民家庭服務時應重視家庭互動關係，亦即回歸「人在情境中」的基本理念；她認為「心理暨社會學派」模式，適合運用於新移民家庭評

估，主要原因包括：（1）重視個人的生心理與行為狀況；（2）重視社會事件對個人心理與行為的影響；（3）重視社會工作介入的會談技巧；及（4）有明確的工作程序。

2. 個案服務之定位

新移民家庭因為語言隔閡、文化差異和認知不同，經常會經驗到溝通互動方面的困難與問題，這些問題往往會不斷衍生，當一項問題解決了，沒多久又發生另一項問題。由於新移民在臺灣較缺乏社會支持系統，社會工作人員經常成為主要的支持來源，甚至對社會工作人員產生依附關係。在這種情況下，社會工作人員經常會面對「何時結案」的困擾。

3. 多元文化能力

目前各縣市「新住民家庭服務中心」提供新移民及其家庭相關服務之社會工作人員，無論是年齡或工作年資都偏輕，欠缺生活經驗，加上缺乏對多元文化敏感度，導致在提供服務過程，經常因為多元文化敏感度不足而影響服務成效。

二、新移民婚姻與家庭暴力之服務

（一）實施概況

許多研究（陳淑芬，2003；潘淑滿，2004b）指出，家庭暴力防治體系第一線工作人員（如：警政、境管局、司法或社福工作人員）對遭受婚姻或家庭暴力新移民，仍存有歧視，甚至懷疑受暴新移民是否「值得」幫助。不少實務工作者（包括：法官、檢察官、警員與社會工作人員）在提供受暴新移民服務時，經常陷入個人主觀價值判斷的迷思，擔心提供受暴新移民協助，將有利新移民在離婚訴訟過程取得子女監護權，進而可以合法留在臺灣，或是認為受暴新移民無意照顧身心障礙的配偶或扮演妻子角色，只是透過跨國婚姻之名，行留在臺灣工作之實，而陷入該不該幫助的兩難，忽略了助人專業的本質與角色。

對於遭受婚姻或家庭暴力之新移民，社會工作人員主要是運用個案管理方式，連結相關網絡資源共同提供個案服務。服務內涵包括：

緊急救援與危機處置：包括提供緊急救援、驗傷與醫療協助、安置服

務、法律諮詢、陪同出庭、短期生活補助及其他等服務。

後續服務：諮商輔導與心理治療、中長期居住、居留身分、生活補助、托育與子女照顧、子女轉學、就業與經濟安全及其他等服務。

（二）社會工作人員之角色

社會工作人員在提供受暴新移民個案相關服務過程，扮演的角色與前者大同小異，包括：傾聽者、陪伴者、問題解決者、資源連結者、問題評估者和激發者角色。

（三）實施之困境

社會工作人員在提供受暴新移民服務過程，面臨之問題包括：

1. 專業知能不足

雖然婚姻與家庭暴力防治工作在臺灣推動 20 餘年，無論是資源網絡或暴力防治理念都漸臻成熟。但是許多縣市對遭受婚姻或家庭暴力之新移民個案，大都委託民間單位提供，這些民間團體並無提供婚姻暴力服務之經驗，無論實務經驗、職前或在職訓練明顯不足，這些都可能影響對受暴新移民個案服務之成效。

2. 專業價值的迷思

在實務研討會中經常聽到第一線實務工作者表達，對於提供受暴新移民相關服務及服務到何種程度的困擾。例如：在服務過程意外知道新移民想藉由取得保護令，延長合法居留臺灣時間，並藉此訴請離婚，導致社會工作人員陷入是否要幫新移民申請保護令的兩難。有些社會工作人員認為，新移民在婚前就知道配偶是身心障礙者，婚後卻不願意留在家中照顧配偶，太過積極外出工作才引起其他家庭成員施暴，認為新移民不應該違反當時承諾。這些都是社會工作人員在提供受暴新移民服務過程經常的經驗，這些兩難導因於社會工作人員對於專業角色認知不清，才會陷入個人主觀價值凌駕專業價值的矛盾。

3. 多元文化能力或文化覺察

國外研究（Ko and Brownell, 2005; Narayan, 1995; Wallace, 1999）指出，受暴新移民向外求助時，往往會經歷到經濟、社會、居留身分、文化

與家族等多重壓力，社會工作人員介入處理時，經常會忽略新移民本身對婚姻暴力的認知，其原生國文化對於公權力介入處理家庭暴力、向外求助和接受服務的反應，單純從移居國主流社會觀點理解受暴新移民的反應、態度，導致無法理解受暴新移民所面對的結構性困境為何。例如：韓裔受暴新移民，通常會選擇不通報，盡量避免讓警察介入家務事，對韓國人而言，警察介入處理家庭事務會讓家族蒙羞（Shim and Hwang, 2005）；日本則是更重視「恥」的社會，認為家醜不該外揚，即便新移民遭受配偶施暴，大都選擇不向外求助，甚至不告訴娘家家人（Yoshihama, 2002）。

　　我國家庭暴力在高個案負荷量下，加上保護性業務人身安全壓力，使得第一線社會工作人員流動率偏高。當社會工作人員流動率高，只能不斷重覆新聘社會工作人員職前與在職的訓練，無法從實務經驗累積發展出專業自信，更無法覺察跨國婚姻家庭，婚姻或家庭暴力事件背後隱藏著複雜的性別、階級、族群與文化等交織的權力互動關係，及來自多元文化背景的受暴新移民如何理解自己的受暴經驗，使得目前家庭暴力防治體系對於受暴新移民服務，仍舊瀰漫在缺乏多元文化內涵的性別權力觀點。

第五節　如何增進社會工作人員的多元文化勝任能力

　　最後一節中，將透過「美國社會工作人員協會」（NASW）對專業倫理規範的討論，提出我國社會工作應如何增進社會工作人員多元文化敏感度，與提升社會工作人員多元文化勝任能力（cultural competence）。

一、美國社會工作專業人員多元文化的規範

　　所謂「文化勝任能力」（cultural competence）是指：在提供服務過程，助人工作者有能力覺察到，案主可能因其種族、性別、年齡、宗教信仰或身體功能等差異，而影響其對事件或經驗的認知、行為與態度反應的不同，覺察到不同文化背景的案主，可能因其性別或文化差異而在家庭關係中經驗到權力不平等或甚至遭受壓迫的事實（Ferrer, 1998; Ko and

Brownell, 2005; Sue, 2006）。

「美國社會工作教育協會」（Council on Social Work Education, CSWE）在 2000 年修訂了「專業倫理守則」（Code of Ethics），將多元文化（multiculture）納入專業倫理規範，提出文化能力作為社會工作實務的規範，強調社會工作人員必須具備三層面多元文化能力（NASW 1999，引自 Sue, 2006；包承恩、王永慈主譯，2000；林木筆，2007）：

1. 瞭解文化及其對人類行為和社會的功能。
2. 具備服務對象文化背景的知識基礎，在提供服務過程能展現對服務對象文化及不同族群服務對象文化差異的敏感度。
3. 透過教育過程，致力於對多元文化及權力壓迫的瞭解。

上述規範，主要是幫助社會工作人員能達到四項目標：

（一）自我覺察

透過自我反省，覺察自己對特定文化族群的刻板印象、偏見或歧視，並檢視社會工作理論、方法、策略的價值。

（二）理解案主的文化觀點

理解文化觀點與日常生活經驗息息相關，在提供服務過程中必須能與來自不同背景之服務對象分享不同文化觀點，瞭解服務對象對事件的認知、反應、行為與態度的文化意義。

（三）發展適切的服務策略與技巧

發展適切的服務策略與技巧，在提供服務過程包容不同背景服務對象的觀點，讓服務對象有機會對自己的問題與需求表達意見，並能與服務對象討論服務目標，而非單方面的專業凌駕個人權利。

（四）覺察組織與制度內部促進或抑制的力量來源

覺察到組織內部對於多元文化是站在支持或反對的立場，同時對社會制度是強化或抑制多元文化發展的事實有覺察能力，必須適度的挑戰這些不正義與錯誤的迷思。

二、如何增進多元文化勝任能力

（多元）文化勝任能力絕對不是一蹴可及，需要長期教育、自我反思、及生活與實務經驗的累積，才能逐漸提升多元文化覺察能力。Sue（2006）提出自我檢視架構：

（一）覺察（awareness）層次

屬於態度和價值信念（attitudes and beliefs）的層次，具有文化勝任能力的社會工作人員，不僅要能敏感覺察自己對特定文化背景的群體的刻板印象與偏見，可能在服務過程對服務對象產生影響，同時能覺察到自己與服務對象對於特定事情的文化信念與價值觀的差異可能對服務的影響。

（二）知識（knowledge）層次

屬於知識的層次，具有多元文化勝任能力的社會工作人員，必須對服務對象的文化背景或價值信念有所瞭解，並覺察到這些文化價值信念是如何影響服務對象對事件的認知與看法，甚至可能影響服務對象對接受服務的反應與詮釋。

（三）技巧（skills）層次

屬於實作的層次，具有文化勝任能力的社會工作人員，必須能夠透過會談與訪視，運用各種溝通技巧與工作方法達到充分雙向溝通，在互動與溝通過程必須回歸服務對象的社會與生活脈絡，才能充分瞭解服務對象的問題與需要。

許多多元文化學者（Dana, 2005; Congress and Gonzalez, 2005; Phillips, 2007）強調，若不涉及權力（power）的本質，只有討論文化之間的差異（differences），那麼這樣的多元文化論述，充其量也只不過是建立在強勢文化的多元文化主義，缺乏對弱勢文化的理解。多元文化的本質不僅是不同文化並置在社會的事實而已，同時也關注來自不同文化背景的族群與團體，在互動過程中是否遭受歧視或壓迫的權力不平等（inequality）事實。

表 9-2 彙整美國社會工作專業人員倫理守則中對於多元文化倫理規範，和 Sue（2006）檢視社會工作人員多元文化勝任能力的架構。

層次	重點	教育訓練內涵
覺察	特定團體或族群的刻板印象或偏見	1. 透過文化系譜（culturagram）分析過程，瞭解家庭、社區與社會文化的影響。 2. 反思社會脈絡的位置與經驗。 3. 檢視對特定文化背景（如性取向、族群、年齡、階級、國籍、宗教信仰）的刻板印象與偏見。
知識	多元文化的認識	1. 參與不同文化團體或族群的活動，體會文化活動對多元族群與團體的認同的價值與意義。 2. 瞭解不同文化團體或族群，對於宗教信仰、家庭價值、性別角色、權威體制、權力、法律制度、健康信念、子女教養、照顧與工作等認知與詮釋。 3. 瞭解不同文化團體或族群的禁忌行為與意義。 4. 透過技巧演練提升會談與訪視能力。 5. 評估多元文化族群與團體的社會位置與被壓迫的事實。
行動	社會教育與倡導的實踐	1. 針對服務對象發展出多元服務方案之內涵，建立以強調服務對象主體性。 2. 檢視各項制度與服務方案隱藏的刻板印象與權力不平等，提出積極改變策略。 3 解構社會大眾對於多元文化族群與團體錯誤的認知，進行社會教育與倡導工作。 4. 從實務經驗累積建構多元文化福利政策之基礎。

表 9-2 增進社會工作人員多元文化勝任能力

　　雖然新移民發展趨勢在臺灣約 20 多年，多元文化社會工作仍屬新興領域。李明政（2011）表示，臺灣社會工作教育雖然未對多元文化教育有明確規定，但是社會工作系所普遍都已將多元文化納入課程科目，較需要關注的是如何確立教學方式與內容。另外，從游美貴（2012）在〈反思與實踐——連結多元文化的社會工作教育〉一文中，也提及「臺灣社會工作專業目前對於文化能力，尚無明確的規範」，不過臺灣社會工作教育無論是多元文化師資或開課數明顯略有增加，且臺灣社會工作專業人員協會已陸續規劃與舉辦的各類分科分級專業訓練中，皆將多元文化課程納為重要訓練課程之一。

結　語

　　我國已經邁入多元文化社會。隨著多元文化社會的到臨，政府對於新移民的居留與公民身分，也逐漸由封閉、排他，朝向開放、接納的態度；對於新移民及其家庭相關福利政策與服務輸送，也逐漸擺脫過去保守與殘補思維，轉為彈性開放與融入的立場。2016 年蔡英文政府上任後更提出「新南向政策」作為國家發展主要政策之一，無論在經貿或教育文化都更重視東南亞新移民及其二代子女擁有的社會文化資本與人力資源對臺灣社會的貢獻，這些政策無形中也帶動了整體社會對於新移民的刻板印象的翻轉。除此之外，我們也發現，提供新移民及其家庭服務的社會工作人員，開始能回歸新移民主體立場，從充權與培力觀點，幫助新移民融入臺灣社會。然而，無論是社會工作教育界或實務界皆強調多元文化教育訓練的重要性，可惜無論是教育訓練的數量上、教育內涵或策略上，仍有待加強。因應多元文化社會發展趨勢，社會工作必須正視多元文化的重要性，發展出一套具有本土色彩、且符合本土經驗之多元文化教育的重點與內涵，增進社會工作人員多元文化覺察能力，讓實務工作人員都能成為具有文化勝任能力的助人工作者。

問題與思考

1. 目前社會上大多數人對於新移民的刻板印象為何？這些刻板印象與十年前有何不同？為什麼會不同？妳／你覺得可以透過哪些行動策略改善社會大眾對於新移民的刻板印象？

2. 新移民對於臺灣社會發展的貢獻有哪些？請列舉五項，並說明之。

3. 妳／你覺得多元文化社會工作課程應該包括哪些內涵，及透過哪些教學策略運用，才能幫助學生成為具有多元文化素養的社會工作人員？

建議研讀著作

1. 夏曉鵑、陳信行、黃德北（2008）《跨界流離：全球化下的移民與移工》。臺北：臺灣社會研究雜誌社。

2. 沈慶鴻（2011）〈社會工作者跨文化服務經驗之探討〉，《心理衛生學刊》，24(3): 457-484。

3. 潘淑滿、楊榮宗（2013）〈跨國境後之主體形成：婚姻移民單親母親的在地與跨境協商〉，《臺大社工學刊》，27: 135-184。

第 **10** 章

醫務社會工作

宋麗玉 |

前　言

　　醫務社會工作（medical social work，以下簡稱醫務社工）顧名思義是在醫療單位進行的社會工作實務，一般人想到醫院這個場域，腦中最可能浮現的圖像是就醫者、醫師和護士的互動。對一個就醫者而言，關心的是生理狀況的復原，而醫師與護士是他們所熟悉的醫療專業人員；除非經由醫師轉介，否則大多數就醫者很少知道醫院中還有社工師、心理師、復健治療師、職能治療師、語言治療師等專業人員存在。

　　現今醫療界普遍瞭解疾病的發生、治療成效與復健，並非只取決於生理因素，而是受到生理—心理—社會（bio-psycho-social）三方面交互作用的影響；如 Mason 等人（1980）的研究發現，在住院病患中 21% 主要是基於社會因素；Glass 等人（1977）發現 18% 的住院天數是因社會因素所致，同樣地 Boaz（1979）也提到社會因素對緊急住院者其住院天數的影響（引自 Boone, Coulton, and Keller, 1981）。一般的生理疾病，除了疾病治療之外，著重於病人對於疾病的心理反應、家庭、經濟與工作之影響。有些病患住院之後立即產生的是經濟問題，因此需要專業人員協助。

　　醫務社工特別關注的是個人心理狀況和因應疾病的能力，以及其所處環境對於病患出院之後復健和治療的影響。而醫院在病患可以出院但是卻滯留醫院時，特別關心病患心理的準備程度與家庭是否準備好病患出院後照顧上的安排。精神疾病方面，除了關注心理暨社會因素對於治療及復健效果的影響之外，還強調瞭解心理和社會兩方面與病患罹病的關聯。

　　根據上述疾病發生和處遇的生理—心理—社會觀點，社會工作師在整個醫療過程中所扮演的角色即是在協助病患與家屬解決社會層面，以及社會心理兩方面因素互動所產生的問題。莫藜藜（2020: 17）指出醫務社工的綜合定義：「社會工作者運用社會工作知識與技術於醫療衛生機構，從社會暨心理層面來評估並處理案主的問題，以醫療團隊之一分子的身分，共同協助病患及家屬排除醫療過程中之障礙，不但使疾病早日痊癒，病患達到身心平衡，並使因疾病而產生之各種社會問題得以解決，同時促進社區民眾之健康。」由其定義又指出社會工作在疾病預防和治療以及社區居民健康促進當中的角色。莫藜藜（2020）強調其採用「醫務社會工作」而非「醫療社會工作」的原因在於醫務社工不僅是扮演「治療」的角色，並

且亦承擔「行政事務」，如基金募集、社區資源聯繫和倡導等。

醫務社工在臺灣的發展，開始於 1949 年國民政府遷臺之後，省立臺北醫院（現今的臺北市立中興醫院）首先成立社會服務部，之後各醫院也相繼成立社工部門。1985 年，行政院衛生署（當今為衛生福利部）將社會工作納入醫院評鑑項目之一，正式肯定社會工作在醫療體系中的重要性（莫藜藜，2020）。基於當今對於疾病促發因素和影響處遇結果之因素的瞭解，社會工作專業在醫療過程的重要性似乎是無庸置疑的，臺灣的實施已 70 多年，然而這個領域的發展如何？是否受到醫院管理階層以及主要的醫療專業（即醫師）的重視？其工作內涵與發揮的功能又有哪些？事實上，由相關研究和筆者實際接觸所得，醫務社工一直存在姜身未明的問題，普遍認為這個專業未受到足夠的認可，實際工作內涵與理想預期有很大的差距，在這個過程中，難免有內心的價值衝突和工作團隊成員間的衝突，致使工作人員心疲力竭。

立基於此，本章的重點不在醫務社會工作內容的詳細介紹，而是著重於使用既有的研究發現，呈現和討論醫務社會工作的現況和所面臨問題，同時也思考未來的發展方向。在論及這個領域的現況和問題之前，筆者首先探討醫務社會工作實施的環境脈絡，進而概略呈現目前醫務社會工作實施的範疇、實施現況、實施模式，最後討論一些相關議題與思考未來展望。

第一節　醫務社會工作實施之環境脈絡

在探討醫務社會工作實施的範疇與內涵時，必須檢視醫療環境的脈絡，以及參與其中的人。Payne（1997）在 *Modern Social Work Theory: A Critical Introduction* 一書當中，從社會建構的觀點出發探討社會工作理論的運用，他引用 Berger 和 Luckmann（1971）的論述，認為人們對於「事實」（reality）有不同的詮釋和觀點，而且個人依其對事實的解釋決定行為。基於這個觀點，Payne 認為社會工作的發展會受到下列四項因素影響：(1) 社會需求；(2) 政治或大眾對於個人需求的觀點；(3) 機構的組織、立法和經濟力、管理技巧決定社會工作施行的範圍；(4) 其他職業團體對於社會工作理論和實務的認定。

　　那麼醫務社會工作者所處的脈絡是什麼？在這個脈絡中有哪些要素？無論中外，左右醫療行為的最重要因素是醫療保險制度；另外是醫療單位對此保險制度的回應，因此醫療組織行為是另一要素；再者，醫療服務是一團隊工作，專業人員對於彼此專業內涵的認識也影響社會工作的實施內涵。因此筆者將由這三方面探討醫務社會工作的環境脈絡。

一、健康保險制度與醫務社會工作

　　醫療保險給付制度影響醫院的經營策略，包括給付項目與給付額度，原因在於醫療單位謀求生存與醫院的利益；臺灣於 1995 年 3 月開始推動全民健康保險制度，其優點是擴大保險對象範圍，成為全民健保；另一方面則是使用者部分負擔費用，讓使用者能共同承擔節制醫療支出的責任；整個經營的方向乃採行總額支出制度，試圖控制健保支出。目前的給付採用論件計酬（fee for service）為主，給付項目包括：門診、住院、中醫醫院和診所、分娩、復健服務、預防保健服務、居家照護服務、慢性精神疾病復健（莫藜藜，2020: 43）。筆者認為健保制度與醫務社工在醫院的地位息息相關，健保給付項目或是民眾自費的醫療以及評鑑制度規範的項目往往是醫院重視的工作內涵；基於醫務社工乃屬於輔助專業，其工作內涵可以申報健保給付者有限，例如與病患家屬和網絡單位的聯繫、諮詢、和諮商等工作都不屬於健保給付範圍，因此影響社會工作在醫院眼中的「績效」。

二、醫療機構之組織特性與行為

　　醫院是一種什麼樣的組織？在類型上，它屬於非營利組織；不同於營利組織之處在於它可享有免除政府所徵收的所得稅。在美國，醫院這類非營利組織還可享有組織所有物或財產的免稅。另一不同處是收入運用之限制，也就是組織運作所得之收入，不得被組織的管控者、指導者及成員或會員所獨占。這項限制理論上使得非營利組織比較沒有必要在產品方面對消費者欺詐，因為欺騙也無法獲得相當的盈餘（孫碧霞、廖秋芬、董國光譯，1995, 2001）。但是實際上是否如此呢？其所謂不可獨占並不意涵不可分配利潤，只是不可分配所有的利潤罷了；醫院仍將盈餘化為紅利分發給

院內員工，其中醫師占絕大部分。

張苙雲（1998: 237）提及：「類似醫院這類專業組織，往往以服務和非營利為宣示目標，但是這種目標在本質上往往是一種意識型態，不容易化約成為具體的行動，成為眾人的共識和行為標竿。真正具體表達出來的行動，又因為現實利益和組織生存的考量，不見得能反映組織的理想目標，故經常出現組織行動和組織目標各行其道，成為各說各話的局面。」這段話隱含醫院掛著非營利組織招牌，謀求利益之實的現象；當組織行動是以現實利益與組織生存為重時，醫療倫理和病患最佳利益可能被犧牲，尤其當健保給付是採按件計酬制。

醫院是一種雙軌的組織設計，它既是科層組織，也是一個專業組織。科層組織的特徵有五項（張苙雲，1998）：非私人性原則（impersonal）、權威層級體制的設立、用人唯才原則、專職觀念的建立、文件檔案制度化。醫院也是一個專業組織，這種組織以從事醫療為主體，依照疾病科別和醫療處理流程，安排職位與專業分工。既然是醫療行為，在層級上是以醫師為主軸，護理人員又是主要的輔助專業，心理師、社工師、職能治療師、語言治療師，其他復健人員又是較為邊陲的輔助專業人員。在組織層級上通常分為兩部分，一部分以醫務為主，包括院長、醫務長以及以下的各科主任、主治醫師、住院醫師、實習醫師、護理長、護理人員等。另一方面則是行政部門，包括行政副院長與其下的財務部、事務部、社會服務部等。

在醫院的層級與分工方面，社會工作乃被歸在行政部門，而非醫務部分，這也是造成醫院其他人員對社會工作內容之期待，與社工人員有差距的原因。此種現象長期存在醫務社工領域，近期的研究發現可見一斑，童伊迪（2019）深度訪談臺灣中部 10 位具有 5 年以上工作年資者，受訪者認為其角色主要為：病患與家屬之關懷、經濟補助、相關專業工作（配合醫院）與志工管理、行政類工作（如接申訴電話、巴斯量表彙整、重大傷病登錄上傳資料等）。對於較為深度的社會心理處遇則認為難以執行，原因包括：時間不足、才能不足、學校教育訓練不足、和非屬社工的工作範疇。

在科層組織中一切都制度化之後，專業人員是否仍具有自主性？專業人員是否都認同組織的目標與方法呢？林家德（2007）以 6 間企業型財團法人醫院中 11 名社工進行深度訪談和焦點團體，其研究發現此類醫院

具有濃厚企業色彩和內外在豐富資源，醫院社工的自主性並非如想像的受限，反而在臨床個案處遇上擁有自主性，然而在行政管理方面則遭受干擾，包括來自管理者、專業之間和社工自身。儘管如此，社工人員仍會根據其專業知識和堅持發展出「積極和被動兼具」的因應方式。

　　就現況而言，醫療組織的設計在權力分配和職責劃分上仍舊有模糊地帶，實務上的文件檔案也未必有一定的規範。林毓芸和曾敏傑（2018）的調查研究顯示，在九項醫務社工之工作向度中，以「個案工作」及「資源整合與運用」最受重視。而組織特性與醫務社工之內涵息息相關，組織特性當中，「是否有企業財團支持」、「是否為教學型醫院」、「醫院層級別」、和「醫院規模別」與醫務社工之工作內容達到顯著相關，其中尤以「是否為教學型醫院」與「醫院層級別」兩項組織變項與醫務社工工作之關聯性為高。非企業財團支持的醫院在社區工作方面更加著力；有教學義務之醫院其醫務社工在下列幾方面的執行程度較非教學醫院高，包括個案工作、資源整合與運用、行政庶務、教學研究與訓練、以及特殊服務項目（如ICF 鑑定、安寧療護、路倒病人處理、器官捐贈等）等五項；醫院規模大小在「個案工作」以及「資源整合與運用」的執行比重有顯著的差異，500 床以上的醫院投入較多；醫院層級可分為醫學中心、區域醫院、和地區醫院，在個案工作、團體工作、資源整合與運用、行政庶務、教學研究與訓練、和特殊服務項目比較中，發現其平均數多數依層級由高到低而遞減。林毓芸和曾敏傑（2018）認為這些差異可能因利潤考量、健保給付制度、醫院的教學任務、評鑑制度、醫院經濟規模等因素有關。筆者認為其背後確實的原因仍需要透過質性研究持續探究。

　　醫院組織與醫務社工的壓力、負荷感受、和自我效能息息相關；鄭怡世、巫麗雪、葉秀芳（2017）針對區域醫院醫務社工員的調查研究發現醫務社工員整體的工作負荷感受偏高，其中以參與教學督導與研究工作的負荷最高，團體工作次之，醫療團隊工作再次之；自陳擁有專業核心能力程度越高者，其整體的工作負荷感也越高，同時在績效期許上也較高。鄭怡世等（2017）倡導將醫務社工的工作內涵納入健保點數計算以呈現其實質績效，以回饋其付出；另一方面則鼓勵醫務社工自靈性途徑調整內在身心感受，對工作持續抱持熱情，賦予可滋潤內心的意義。醫院提供之督導和訓練則為社工人員自我效能和權能的相關因素之一（李惠英，2009；韓麗年、游美貴，2019），醫務社工在面對種種工作負荷，除了持續倡導醫院

給予社工相關工作應有的點數計算之外，亦可藉由督導和知能提升提供不同的觀點和視角詮釋其工作中的種種遭遇。

由此顯示組織環境對於社工人員福祉的重要性，組織應致力於建構組織內部明確的層級分工與工作流程，並且與醫院工作人員溝通組織目標，創造一個能夠相互協助的團隊工作模式，以及有明確的績效標準與獎勵措施，以增進工作人員的正向發展。

三、醫療團隊之專業分工

若由生理—心理—社會觀點來看病患的治療與復健，其過程中必然不只涉及生理疾病的診斷與治療，還有心理與社會層面的因素需要考量並進行處理；因此在醫療過程中必須含納具有其他專業訓練的人員，也就是形成一個團隊工作（team work）處理病患的疾病以及與疾病相關的問題，團隊必需要形成共同的目標，並且能夠共同計劃行動和協調溝通。

秦燕（2009）認為近幾年強調瞭解案主與其家屬的優點和能力，並且在處遇過程中考量他們的觀點與運用家屬的協助，因此團隊的成員除了正式體系的專業人員之外，的確需要含括病患的主要照顧者。以團隊的方式執行任務，乃希望借重各專業的知識與技巧，充分發揮不同的功能，以更有效率的方式達成目標。但是團隊成員對於分工是否具有共識？

鄭佩芬（1990）的研究發現院長與醫師對於社工員的直接服務、部門發展和研究的功能，採取保留的態度；與社工員本身的認知有很大的差異。例如在工作目標的優先順序方面，院長們重視的是服務產出及產量，包括社工部門的服務量、醫療費的代償、醫療賠償與給付等行政事項。宋麗玉（2000）的一項實驗研究，以一個精神醫療專科醫院為場域，針對急性病房的病患進行「早期且完整之干預」，包括病患住院期間之評量、訊息傳達與教育、訂定出院計畫與轉介，與出院後對病患復健服務使用、病患功能與主要照顧者負荷程度之追蹤。研究的結果發現，整個實驗的執行不夠徹底，只有非常少數的實驗組病患出院後接受轉介使用復健服務。究其原因，除了外部精神復健資源欠缺之外，另一因素為專業團隊之間的角色分工，醫師往往被賦予絕對的病患醫療決策權，因此病患出院的安排乃取決於醫師，此種現象使社工員感到無力；再者，其他專業人員也未必認同社工員擔任資料彙整和建議出院計畫的角色。

　　臺灣的醫療團隊或許不認為出院準備計畫是社工人員的主要權責，那麼介入醫療爭議事件呢？社工人員具有為案主權益倡導的正義角色，但是又受僱於醫療組織，需要對組織忠誠，介入爭議的醫療糾紛，是否面臨角色衝突？張志豐（2008）針對 17 位北部醫務社工人員的焦點團體訪談發現，他們所面臨的衝突與壓力包括：趨避的情緒、專業倫理、角色期待、角色內和角色之間的衝突。然而，此項工作職責亦能提高專業能見度、促進與團隊關係、自我成長和自信心增強；不過，因此排擠其他專業服務則在所難免。陳武宗、賴宛瑜、郭惠旻、林東龍（2009）的研究發現社工人員認為只要給予完善的訓練和權責劃分，他們願意介入處理爭議事件，認為此角色對於提升專業地位有所幫助。而面對此項角色的份量逐增，陳武宗等人（2009）亦呼籲需要增加相關知能之裝備和訓練，包括：危機管理、衝突處理、情緒管理、壓力管理等。

　　由上述幾項研究發現，驗證了在醫療團隊當中，呈現角色重疊和角色衝突現象，而醫師對於社工人員的角色範定是決定社會工作角色的關鍵因素，陳奎林（2005）的質性研究發現亦反映出此種現象。社會工作員所能扮演的角色和發揮的功能，絕非社工人員自己宣稱，即可付諸實行，需要獲得其他專業的認可，因此社工人員自身除了應具備良好的專業知識與技能之外，更需主動積極地讓其他專業瞭解社會工作的內涵，並且尋求機會拓展工作內涵；包括拜訪醫院主管及各部科主任、選擇重點科及重點工作以求有良好的表現、著重工作成果的展現、參與個案討論、掌握非正式溝通的機會等（秦燕，1992）。

第二節　醫務社會工作在臺灣之實施模式

　　生病住院對個人的生活而言是一重大生活事件，可能對個人與其家庭產生負面影響，而在情境中的相關人如何因應，關係到病患的治療與復健。醫務社會工作在理論上應涵括的範疇為何，以及運用哪些方法？社會工作人員需要具備這些相關知識，有了應然面的理想圖像，方能在實然的限制當中，致力於在二者間尋求平衡，並朝向理想的醫務社會工作內涵邁進。

　　莫藜藜（1998）提出三種醫務社會工作的理論基礎，分別為生活壓力

與疾病調適模式、社會醫療診斷模式、危機調適理論；劉瓊瑛（1992）提出家庭取向的工作模式；近年來則有復元與優勢觀點於臺灣推廣運用（宋麗玉，2009）。

一、生活壓力與疾病調適模式

在這個模式當中有三個主要概念，即壓力（stress）、因應（coping）和調適（adaptation）（Germain, 1984，引自莫藜藜，2020），疾病作為一項生活事件可能成為個人的壓力，而個人與其家庭若未能適當因應，則可能造成調適不良。Germain 與 Gitterman 所提出的 Life Model 中認為個人一生當中的壓力源有三方面（引自 Payne, 1997）：

（一）生活的轉變（life transition）——隨著生命週期帶來的演變，如子女成長離家、失業、離婚、罹患重大疾病等。

（二）環境的壓力（environmental pressures）——如就業機會不均。

（三）人際過程（interpersonal process）——如人際間的剝削利用、不一致的期待等。

調適乃是個人與環境互動的結果，因此努力的方向有三方面：（1）透過增進個人技巧，改善個人對於壓力的處理能力；（2）促進環境方面的改變，如尋求新的資源或制定新政策，以滿足案主的需求；（3）增進案主與環境的互動關係（引自 Payne, 1997）。另外，根據壓力因應模型，環境系統（生活壓力源和社會資源）與個人系統（人口與個人因素），影響生活中壓力危機和變遷狀況，進而影響個人對壓力的評量與因應行為，最後會影響個人的健康與福祉；而這些變項間的關係形成一個循環，亦即最後的依變項又反過來影響環境系統與個人系統（Moos and Schaefer, 1993）。

運用於醫務社會工作，工作人員需要針對病患與其家屬之個人與環境資源進行評量，並且瞭解他們與環境的互動狀況與模式；需評量的面向涵括：（1）病患與其家屬的個人資源狀況，包括對壓力的認知、慣用的因應方法、人格特質等；（2）病患與其家屬的家庭與社會資源，包括家庭內部的支持系統、個人人際網絡、家庭外社會支持狀況。努力的方向除了針對個人與家庭的缺失著手改善之外，還需增進案主與外界的互動關係，並為他們尋求社會資源。在強化案主與環境互動與資源的獲得方面，可透過協助案主維持和拓展人際網絡，以及運用網絡中的資源，發揮工具性、訊息

面和情感性的社會支持功能。

二、社會醫療診斷模式

這個模式著重在病患疾病、個人、其所處環境、文化等面向的評量和診斷，至於考量的面向與前一個模式有相同之處。整體上分為兩部分（莫藜藜，1998）：

（一）病人和疾病的瞭解與分析

包括（1）疾病方面：由疾病的治療預測可能對生理或心理造成的影響；（2）文化方面：瞭解病人的宗教習俗等文化背景，對於疾病態度的影響；（3）社會方面：瞭解社會對此種疾病的反應。

（二）疾病對病人和其社會環境影響之分析

這部分涵括：（1）疾病對於病患角色扮演的影響；（2）病患對於此疾病的情緒反應和態度，包括因應方法與因應現況的瞭解；（3）疾病對病患社會關係的影響；（4）資源狀況，含括財物、環境、個人的社會資源。

至於執行過程可分為六個步驟：（1）包括確定病患與工作人員共同關心的問題和需求；（2）由各方面蒐集相關資料；（3）分析相關資料訂定暫時性的假設；（4）設立短期目標與長程目標；（5）決定干預方法以達成目標；（6）觀察處遇的效果以檢驗之前設立的假設，接著再重新由第一個步驟開始。

三、危機干預理論

疾病是一個危險事件（hazardous events），罹患疾病者本身處於脆弱狀態（vulnerable states），個人會尋求方法解決因疾病產生的問題，若方法失敗則會有緊張或壓力產生，此時如有其他促進因素（precipitating factors），可能引發病患或其家屬求助，這時病人處於當下危機（active crisis），透過工作人員協助之後，若有成效則可重新獲得個人的統整（reintegration）。因此並非所有的病患都會陷入危機，只有當疾病對個人與其家庭的影響超過他們原有的個人內在與外在資源可以因應時，才會產

生危機，如經濟危機或自殺意圖等。

　　危機干預理論著重個人對事件的情緒反應，干預的目的在幫助個人重新適應，尤其是情緒方面；長期目標則是增進個人處理危機事件的能力。至於危機干預之處置步驟如下（Payne, 1997）：

（一）情況評量——著重當下（here and now），引導案主表達其情緒、探索危險事件、案主脆弱狀態、促發事件、生活中受干擾的程度；當情緒稍平復之後與案主共同決定問題的先後順序。

（二）設定處置目標——重點在減輕個人對事件的情緒反應，並增強因應能力。

（三）進行處置——涉及一連串的任務；這裡的任務乃是使個人重新獲得平衡的必要工作。工作項目涵括：（1）給予支持（確認、鼓勵、給予愛）；（2）給予意見，包括行動之選擇、倡導某些行動、警告事情的可能結果等；（3）協助行為改變，包括預期結果的引導、角色演練、現實演練、正增強等；（4）協助重整，涉及與案主相關之人和其所在之環境；往往須協助建立其在社區中自然的互助網絡。

（四）干預之結束——回顧案主的進展、強調已達成的任務、新發展的因應與適應模式、與社區中的個人與資源所建立的連結、未來個人自己要採取的行動。強調當案主未來再有危機產生時仍可再回來。

四、家庭取向的工作模式

　　家庭對個人疾病的發生有直接的影響，另一方面家庭的資源狀況與因應能力也關乎病患的治療與復健過程，因此在醫療過程中家庭是不容忽視的一環。另一方面，家庭成員生病也會影響家庭系統的平衡，特別是家中的父母生病時。現今醫療單位涉入家庭於醫療過程中，強調的是消除家庭中致病的危險因子，更重要的是增強家庭的因應能力與減緩疾病對家庭造成的負面影響，進而運用家庭的資源協助病患的治療與復健。劉瓊瑛（1992）認為家庭取向工作模式有兩個主要的目標：一是協助病患及家人應付疾病所帶來的壓力，二為增加適應與決策能力以有效處理疾病所帶來的問題，並能滿足病患及家人的各種需求。在工作過程中需要運用家庭成

員的個人資源（如經濟能力、問題解決能力、健康狀況）、家庭系統資源（如良好的互動與溝通關係、有彈性的家庭角色等）、社會支持（家庭成員相互的工具性、情感性、自尊支持等）。

Ell 與 Northen（1991）論及醫務社工的家庭取向工作內容在於協助家庭成員建立各項能力以達到 10 項目的（引自劉瓊瑛，1992）。筆者將這10 項家庭取向的工作能力歸納為下列幾類：（1）獲得疾病訊息與知識，（2）提供家庭內部的支持，（3）減輕家人各種負面的感受，（4）建立良好的家庭互動系統，（5）協助建立家庭的社會網絡，（6）協助資源之運用。

劉瓊瑛（1992）提出三種常用的家庭取向工作模式，包括危機調適（crisis intervention）、家庭治療、家屬團體。危機調適即運用前述的危機干預理論；家庭治療屬於深度治療，於精神醫療當中運用較為普遍；家屬團體則普遍運用於各種疾病，目前多採用心理教育團體（psycho-education group），即同時具有衛教和情緒支持兩種功能，中外都有研究顯示這種團體可減緩病患家庭成員的情緒問題（Greene and Monahan, 1989；Kahan, Kemp, Staples, and Brummel-Smith, 1985；蕭真真，2000）。

五、復元與優勢觀點

復元和優勢觀點皆於 1980 年代萌芽並逐漸形成一個典範，由精神障礙治療和復健領域開始運用，進而逐漸推廣於其他人口群（宋麗玉，2005, 2009）。從復元者的角度觀之，復元並非指疾病的痊癒，而是指在過程中重新找到自己、找到方法處理疾病、找到希望並且有意願和行動重新發展和追求生命的目標。Song 與 Shih 以質化研究方法，在兩年期間深度訪談 15 位精障者兩次，以確保其復元狀態穩定度，根據訪談資料與文獻建構出精障者復元之統合模式（Song and Shih, 2009）。此項研究驗證精障者復元之可能性、實際行動和多元的復元狀態。

復元機制的核心在於努力朝向自主（autonomy），包括心理和社會的生活範疇，所謂自主乃展現在基本生活功能之自立（independence）與勝任度（competence），自立即指個體能夠在其生活的範疇中看到多元選擇並做決定，在其中有掌控感以及在社會脈絡中調整自己並且感到滿意；勝任度則是指在日常生活中的效能和成就，即日常生活基本自我照顧與照顧他人之能力。此功能狀態含括主觀的復元結果指標（自己內在的力量）

和客觀的復元結果指標（外在事務表現），以及二者之間的互動關係。在復元過程中需要三大基石：症狀減緩、心理能量（自賴、堅毅、與復原力）、與家庭支持，這三項基石整合身、心、社會三種力量支撐精障者的復元旅程，形成三個支架，缺一不可。

復元的過程要素則有三：自己感、障礙處理度、和「希望、意願、和負責的行動」。主觀復元結果指標包括自我效能、生活品質、和生活滿意度；客觀部分則有與家人之關係、與他人之互惠關係、人際與職能技巧、參與社交活動、和展現有意義的角色扮演。復元結果與過程之間形成互動回饋關係，然而外在環境因素可以進而影響此回饋關係，包括非正式支持和正式支持資源。此項研究驗證了精障者復元的可能性和多元性。精神醫務社工人員可依循復元統合模型協助案主治療和復健，發掘案主個人內在和外在環境的優勢，激發希望感和行動力，促進正向的復元成果，形成一種向上的改變循環（宋麗玉、施教裕、徐淑婷，2015）。

優勢觀點則是一種介入的策略，在本體論方面，其對人抱持正向觀點，兩大基本假定肯定每個人的改變潛能和每個人都有優勢可被發掘和運用。在方法論方面，則有下列特點：（1）激發改變動力之來源——對於案主之正向對待與優勢反映可以激發其希望，點燃改變之動力。（2）基本策略——評量部分強調案主全人優勢之發掘，並且視之為工作的策略，包括激發改變動力、增強權能、達成目標之方法。（3）基本要素——服務過程的基本要素為專業人員與案主建立之信任、真誠、親善之關係，以及案主為指導者。（4）工作依據——評量過程重要的事項之一在於瞭解案主的真正想望，此為後續工作的依據，以建立短期與長期工作目標。（5）終極目標——根本而言，優勢觀點的終極目標強調「人之復元」，即找到自己並建立滿意、具品質、有意義的生活。（6）介入途徑——工作過程中透過不斷地對話和合作，專業人員與案主互為主體，促進案主解構與重構對自己、他人與世界之觀點，討論目標和行動策略方法。（7）工作場域——強調更人性化與親近案主生態的接觸過程。（8）中介目標——透過優勢策略運用，增強案主權能，進而達到案主復元。（9）復元歷程——過來人的經驗指出復元乃是一個來來回回，螺旋上升的歷程，專業人員需有此體認，當案主後退或停滯時，仍對案主抱持信心。（10）重建依歸——復元狀況之穩定需要經由持續鞏固案主之優勢，協助建構非正式支持網絡，使得案主得以在社區重建正常化的生活，在其生態中安身立命。運用優勢觀點促

進復元之成效可見於第三節精神醫療領域之相關研究。

第三節　臺灣醫務社會工作之實施範疇

　　醫務社工的內涵有兩項常會涉及的業務，一是急診室病患的社會暨心理處遇，二為出院準備。而醫務社工涵括的科別相當多，社工人員執行工作時需加強各科的相關醫療知識，以便協助病患與家屬瞭解醫療過程與解決其疑慮。儘管科別眾多，不過其工作原則與內涵大致相同，筆者在前面已概略介紹，在其他的教科書中也有更詳盡的說明。比較特殊的發展為 1970 年代興起的安寧照顧（善終服務〔hospice service〕）與 1980 年的對愛滋病患處遇，以及近幾年因應保護案件增加，醫院被委託針對受虐兒童、受暴婦女與加害人進行處遇；另外，精神醫務社會工作乃是醫務社工領域較特殊且具專精知識者，因此筆者僅就這六個領域介紹實施內涵。

一、急診室的醫務社工

　　由於全民健保給付住院費用，導致有些病人延長住院時間，有些需住院的門診病患往往要等待多日，在病情需要下有時會住進急診；另一方面，急診室病患需要住院者，有時需要待床二、三日，許多病患的問題在這過程中惡化，衍生一些社會暨心理問題，因而需要投入社工人員於急診室協助處理這些問題。另有不需住院但需要轉介者，也需要社工人員處理。呂佳容、蕭志邦（2016）的研究深度訪談急診室的專業團隊成員，包括中南部的急診社工、醫師、專科護理師、及護理師各三名。研究中顯示其他專業團隊成員期待社工協助處理急診病患的心理和社會的議題，對外與家屬和社會福利單位之聯繫工作，以及其他非醫療的事務之統籌（如代理家屬）。醫務社工員對自身的期待，除了醫院賦予的任務之外，還期許自身能夠「以病患為中心」提供更深入的服務，扮演的角色含括：個案管理者、深度評估者、需求評估者、福利諮詢者、情緒支持者、陪同就醫者及協助者、潤滑劑、福利資料庫、教育者、和倡導者。

二、出院準備

　　出院準備對病患出院後的身體復健和復元是相當重要的一環，對於長期住院的病患，他們需要心理建設以重新適應外界的生活，同時需要知道出院後的門診、復健及自我照顧的一些訊息，病患家屬則需要有照顧病患的知識和教育，必要時也需要針對家屬的情緒反應與資源需求給予協助。出院準備需要在病患住院之初即開始蒐集病患與家屬心理暨社會的相關資料，也是社會工作領域期待的專業服務之一（胡庭禎、王朝明，2000）。但是，在過去的臺灣醫療界，院方未必重視這項工作，也不認可社工在這當中的重要角色（宋麗玉，2000）。

　　完善的出院準備計畫可以促進病患在病情穩定後順利出院，避免因其他社會因素而超時住院。出院準備計畫需要與家屬建立良好的溝通，並且回應其需求以及協助排除照顧病患的阻礙。林鴻玲、侯建州、吳欣儀、李明峯、鄭惠心（2017）以神經功能障礙者的 10 位家屬為研究對象，透過質性訪談發現出院準備讓家屬受益良多，家屬得免奔波之苦；家屬獲得資源使問題獲得解決後可使態度更為積極正向，亦可提高家屬與病人的生活品質，醫務社工人員也讓家屬得到心靈上的支持。該研究建議應提供以病人為中心的全人照顧服務模式；醫院可以針對新進醫護人員進行關於出院準備的訓練，讓他們瞭解社工在出院準備的角色進而願意轉介。

　　在目前政府推動的長照 2.0 相關政策當中，與醫務社工最直接相關的即是出院準備服務。藉由此項服務完成完整的身體、經濟、心理和情緒的照護需求評估，轉介至各縣市長期照顧管理中，即時連結社區照護服務，包括居家服務、居家復健、居家護理等。為增加醫院辦理此項業務之誘因，健保署於 2017 年新增每位病患 1500 點的給付（每點 0.9 元）（莫藜藜，2020）；由此可見，此乃醫務社工可以展現專業和提升重要性的服務項目。

三、安寧照護

　　安寧照護乃是長期照顧服務的末端，是以「病人為中心」的照顧模式，其特性為透過全人、全家、全程、全隊、全社區的五全照護，目的在提升末期病人生活品質和生命尊嚴，同時也針對家屬進行適當的哀傷輔

導。此乃為團隊合作的服務，含括醫師、護理師、社會工作師、心理師、宗教師與志工等人員。社會工作在安寧團隊中扮演著支持、協調、資訊提供、賦權與輔導者的角色（田麗珠、吳怡伶、劉靜女、林素妃、陳靜琳、林欣儀、李慶真、王實之，2015）。服務內容含括：（1）社會工作者協助病人及家屬增加對於疾病的瞭解，隨著病程變化，協助病人及家屬做醫療的選擇與準備，減輕焦慮感；（2）協助病人及家屬處理因疾病引起的情緒困擾；（3）運用資源協助生活與照顧所需，協助建立社區支持網絡；（4）支援團隊成員，促進溝通、協調；（5）提供給不同族群與文化背景的病患服務（田麗珠等，2015）。

　　安寧照護的地點可以是在醫院也可以在社區；健保署於 2014 年開始推動社區安寧療護，居家安寧療護模式的優點包括：如病人在家對環境的掌握性與自主性高，隱私性與自在程度亦較高，然而同時亦衍生壓力，如病人與照顧者的衝突，照顧者的負荷較重，社區資源的有限性，以及疾病影響病人自主的能力，照護計畫需要配合病程的改變而不斷修正等（田麗珠等，2015）。

　　蔡佩真（2013）的調查發現 32 家安寧病房中，21 家（65.6%）有專職社工人員負責，11 家則是有兼職社工人員；由此可見此項服務普遍受到重視。社會工作者需要具備更多專業知能，才能協助病人及家屬面對疾病的衝擊、走過瀕死與死亡歷程、以及遺族的哀慟輔導；也需要有自我覺察及自我照顧的知識能力，才能協助自己處理在陪伴過程中所產生的情緒失落與哀傷感受，並從中找到持續的力量與意義；另也需要培養團隊溝通能力、團體動力觀察與催化能力，以促進跨團隊溝通與合作的能力。這些能力都是安寧社會工作者需要不斷充實與精進的專業能力（田麗珠等，2015）。

　　長期失能者可能面臨自身無法表達個人自主意志的時刻，預立醫療照護的指引在西方早已盛行。臺灣在 2015 年 12 月 18 日立法院三讀通過「病人自主權利法」，2016 年 1 月 6 日正式施行，病人可以透過預立醫療照護諮商（Advance Care Planning, ACP）程序，事先簽署預立醫療決定書（Advance Decision, AD）。預立醫療照護諮商之目的在於在病人意識清晰時，經與專業人員討論，依其價值觀和想望為自己失能時的醫療處置預作規劃。醫務社工在 ACP 中扮演了宣導與啟發者、準備者、引導對話與溝通者、行政協調與倡議者的角色（林素妃、蔡佳容、陳香岑、林秋蘭、王

美几、朱偉汝、蔡宗達、黃遵誠、洪士奇，2020）。綜合林芳如（2017）和林素妃等（2020）探究專業人員實踐 ACP 的經驗，在病人家屬層面呈現出幾項發現：（1）法定參與者眾多，時間調配上困難；（2）意願人與家屬的意見不一，需要較長的時間溝通；（3）意願人對於預立醫療決定能否執行感到擔憂；（4）嚴重病人對於預立醫療決定的內容有更具體的想法；（5）病程後期會有不易表達或者意識改變者，應儘早完成諮商；（6）心智能力缺損之意願人或家屬對於 ACP 有較多期待，也需要更關注意願人的自主能力（林素妃等，2020）。林芳如（2017）的研究也指出與醫療組織相關的議題：院方施予團隊時間壓力和收案來源的不穩定性。

喪慟服務是安寧照護的延伸，經常採用的關懷活動包括瀕死的悲傷支持、逝者追思會、喪親支持團體、悲傷諮商、友誼式的支持、電話支持、不定期慰問、建構回憶、週年卡等（蔡佩真，2013）。喪親遺族之追蹤期間由病人死後一週至數個月，甚至是一年半載，大部分是由社工人員負責，其次是志工協助追蹤，再其次是護理人員。調查結果顯示家屬接受度最高的服務是郵寄慰問信和電話聯繫，接受度最低的是轉介精神科醫師、轉介諮商或臨床心理師及喪親遺族自助團體。由此可見醫療專業人員應接受喪慟乃是家屬面對死亡的常態反應，不應予以病態化，而是視家屬的狀態提供支持、教育和治療，同時建構社區支持系統，不以安寧病房為喪慟關懷唯一平臺，進而學習國外的經驗，發展由社區非營利組織和團體所建構的喪慟關懷服務（蔡佩真，2013）。

四、愛滋病患之照顧

愛滋病患的照顧也逐漸成為醫務社會工作的一項專精領域，這項疾病不同於其他者在於它具有濃厚的社會與宗教意涵，以及因疾病惡化病人須面臨死亡和種種的失落。需要面對的議題涵括病患的心理反應、病患身分的隱瞞、是否告知家屬，以及家屬的反應、社會的烙印、醫療人員本身價值觀的衝突等。黃嘉玲（2000）以深入訪談方法探究八位從事愛滋病患醫務社會工作者的價值觀與反應，同時也瞭解其工作內涵與困境；其歸納出的服務現況，在臨床服務方面有提供情緒支持、進行病患的心理評估、加強患者的疾病知識、轉介居家照顧；在社會資源運用方面則包括：運用民間團體力量、轉介志工心理慰問、轉介至中途之家、提供經濟補助。這些

社工人員遭遇的困境，含括：

（一）家屬與病患方面——家屬排拒病患、家屬惡意遺棄、家屬配合度不佳、病患過度依賴。

（二）資源不足——缺乏安置機構、機構拒收、家庭支持不足。

（三）社工人員個人的困擾——包括對於協助病患的程度難以拿捏、與病患之關係不易建立、倫理的困境（如：告知與否的兩難、實務與倫理的衝突、個人理念與機構立場的兩難等）、個人情緒受影響、人生意義的衝擊等。

（四）團隊專業間理念差異。

（五）實務層面——病友團體成立不易、處遇計畫不易實踐。

（六）服務輸送面——轉介資源顧忌多、後續服務不易持續、服務中斷。

（七）專業性未獲肯定——專業評估未獲採納、服務未能獲得肯定。

（八）體制的缺失——醫院不支持、設備缺乏、缺乏專業團隊。

　　面對這麼多的困境，社工員如何解決呢？八位受訪者提出的因應之道包括：對於依賴心重的病患，在自助人助的基本助人理念之下，提供有限度的協助；面對大環境的限制，個人盡力而為；有工作人員強調自我反省，以面對工作的挑戰與困難；連結其他社會資源以改善資源匱乏的困境；調整個人心態以面對工作中的不愉快經驗和感受；藉助於信仰以克服心理的障礙、掙扎與擔心，使自己更有勇氣面對；增強團隊合作，彼此支持與鼓勵；同儕彼此支持，相互討論與腦力激盪；考量現實情況，調整工作目標；坦誠面對自己的情緒。面對這些挑戰和困境，有的工作人員投入倡導的工作以對抗社會烙印，爭取更多的資源。

五、保護工作

　　近年來兒童、婦女與老人的保護工作倍受重視，尤其是前二者。在政府設計的保護體系當中，醫院被賦予通報、鑑定與後續治療的角色，因此社工人員必然涉入其中。在通報之決策方面，郭玟雅（2018）訪談北中南九位醫務社工，發現有三種模式：醫療團隊共同決策、醫師決策並由醫務社工或護理師執行通報，以及醫務社工自行決策；然而醫務社工亦會依個案狀況選擇適當的決策模式，不會僅採用一種模式來決定通報與否。影響社工通報決策的因素包含是否有明確的醫療診斷、兒童是否曾有被主管機

關「家庭暴力暨（及）性侵害防治中心」列管追蹤的紀錄、兒童是否正在接受社政兒少保護社工服務、及兒童受傷情形是否符合「兒童及少年福利與權益保障法」中必須通報的範疇。

陳怡佩和邱獻輝（2019）的研究發現醫務社工於性侵害被害者驗傷採證過程可提供之專業服務包括：提供情緒支持以協助被害人情緒適應和連結資源以因應各方面的需求，以使其身心得以獲致平衡，方能進行應有的檢查或治療；另一方面則是維護被害人之就醫權益和獲得公平的對待。醫務社工所扮演的角色含括：

（一）個案管理者——在醫院內部醫務社工要確認流程順暢度、確保採證品質，對外則需掌握證物交接的準確性。

（二）諮詢者——社工為專職負責此項業務，具有完整的相關的教育訓練和經驗，其他團隊成員則是輪值，因此在團隊中社工成為他人諮詢之對象。

（三）資源連結者——就被害人自身及伴隨而來的家庭和其他社會議題進行處遇和連結其所需的資源。

（四）風險評估者——評估風險狀況以決定是否安置或轉介高風險家庭處遇單位。

在執行此項業務的困境方面，於醫院內部主要在醫師對於被害人和其他專業人員之態度不佳，護理人員不熟悉業務因而醫務社工為主要承擔者；外部困境則是與檢警單位合作時，可能因其對此業務之熟悉度不足而產生衝突；因其他干擾而使得工作過程費時且耗費心力；在專業方面則有法律知識不足、難以判斷真偽或是處遇判斷的兩難。其根據研究發現建議採證行為屬於醫療行為，應該回歸由醫療專業人員執行，醫務社工的專業訓練在協助個案面對醫療環境所產生的情緒、照顧、經濟……等問題，以及維護醫病關係，因此服務內容應著重在個案工作上（陳怡佩、邱獻輝，2019）。此乃回到醫務社工長久存在的角色定位議題，社工人員希望從事助人工作而非事務性工作。

在老人保護方面，林宛諭（2009）針對醫院人員對於老人虐待議題進行量化研究，發現其知識不足，然而在態度方面則傾向正向。另外，過去專業養成的價值和知識不足，會影響其處理老人虐待問題的意願。可見醫院作為保護服務之重要網絡成員，需要裝備醫護和社工人員相關知識與重視其價值和態度，以竟其功。

六、精神醫療

　　精神醫務社會工作乃始於 1950 年的臺大精神科，成為醫療團隊的一員，從事門診與病房社會個案工作（黃梅羹，1992）。精神醫療單位分為醫院治療與社區復健兩部分，前者又分為門診、急診、日間留院與住院。有的醫院要求社工員參與門診新案的接案工作，有的則因人力較少，只有針對有需要的個案才轉介給社工員處理。精神科急診的病患包括有暴力攻擊傾向或行為者、物質濫用者、嚴重憂鬱及其他精神症狀、經歷嚴重創傷者等。張如杏（1992）認為在精神科急診工作需要快速和正確地評估與干預行動，並且要具備忍受焦慮的能力。她提及在急診中社會工作者的角色與功能包括：協助不符合住院條件者轉院、協助處理家屬的情緒和提供各種社會資源。她同時也根據個人經驗，整理出在急診處理過程中常見的問題：如團隊工作立場不一致、醫療資源分布不均造成急診的負擔、缺乏主動協助社區病患就醫、藥物濫用者與路倒病人之處理問題。

　　整體而言，精神疾病是容易傾向慢性化的疾病，需要長期的醫療與照顧，因此處遇的對象更應含括病患家屬，特別是主要照顧者；然而，如前所述受到健保給付的限制，醫院並不重視家屬的工作；另一方面，因人力的欠缺，社工員也無力針對家屬進行積極的處遇。對於住院病患，尤其是急性病房，社工員都會參與接案工作，接案的會談內容大致包括：瞭解病人病情、家庭概況或待協助事項；與家屬建立關係，並協助醫療團隊蒐集資料，如病人病史與診治經過、病人及家屬對疾病的認識與態度、病人與家屬之背景、家庭結構與經濟能力、病人或家屬的主要問題與需要。至於精神醫務社會工作之內涵，若從雙重案主的角度觀之，筆者認為應包括下列幾項：病患與家庭狀況（功能）評量；家屬對病患處遇問題之解釋；作為病患、家屬與醫療團隊溝通之橋樑；對病患與家屬提供與治療及復健相關的訊息；為病患尋求社會資源；轉介病患至適當的社區復健機構；病患出院之後的追蹤；協助家屬解決照顧病患所衍生的問題；協助照顧者解決其自身的問題。除了個案工作之外，目前社工員較多採用團體工作方法，如家屬的衛教團體、情緒支持團體、家族治療或心理演劇等。家屬是醫務社工應著重的一部分，宋麗玉的研究（1998, 1999）整理了家屬經常碰到的問題，特別是負荷和憂鬱兩方面；其調查研究（1998）發現有 45% 的照顧者可能有嚴重的憂鬱問題。儘管如此，醫院對於病患家屬的協助並不

多，前述的衛教團體可能是一個月一次，有的醫院甚至沒有這類團體，情緒支持團體的舉辦也並不普遍。

至於社區復健部分，醫院社工人員所作的多是於病患出院後轉介至相關的社區復健設施，不過由於相關設施缺乏，加上醫師所作的出院後的處遇計畫未必是參與社區復健，因此這方面的轉介相當少。另一方面，由於人力不足，加上院方未必重視，病患出院後的追蹤也相當欠缺，因此許多病患出院後即失去聯絡。對於社區復健的參與，多是由專業人員協助鄰近地區的病患與家屬成立康復之友協會，擔任協會的幹部，籌畫並扶植協會的運作。當然實務界也不乏社工員積極推動病患的社區復健，如花蓮玉里榮民醫院經由醫師、社工師和職能治療師所推動的病患職業復健已多年（黃嬡齡、林知遠、高美雲，1999）。

余漢儀（2009）的一項研究探究醫院配合臺北市勞工局2001年啟動之「永續精贏」，投入精神障礙者（精障者）支持性就業服務之政策脈絡，以及社區復健對於精障者之影響。其研究發現勞工局方案乃是一時，若醫院後續未能持續以自身資源雇用精障者，則醫院復健和就業服務的連結僅止於表象。社區復健對於精障者而言乃是一種社區參與和社會關係的建立和拓展，可紓解與家人之緊張關係、並可藉由學習社交和獨立生活技巧建立自信。協助精障者持續工作角色的助力包括社區復健過程中遇到的貴人、個人學習與疾病共存之方法、作為復元過程的一個緩衝場域、以及在工作中發現個人的價值和成就感。此項發現亦能與 Song 與 Shih（2009）的復元統合模式（Unity Model）相呼應。

宋麗玉、施教裕、徐淑婷（2015）於日間留院以優勢觀點個案管理模式（簡稱優點個管）促進學員復元，經過三年的介入及量化與質化資料分析，發現學員於障礙處理／負責任、重獲主體性、社會功能／社會角色、和整理安康／人生滿意四方面有顯著的成長，前兩者為復元過程指標，後兩者則為復元結果指標。此研究結果支持優點個管之成效，值得相關專業人員參考和運用。

第四節　醫務社會工作在臺灣之展望

　　醫務社會工作涉及多項專業，以及面對健保制度的限制，因此社工人員長久以來面臨一些困境。受限於健保給付制度與項目，社會工作之工作內容在這個制度內未能受到足夠的重視，使得社工人員在醫院內部處於邊陲地位。另一方面限制來自醫院組織因應健保制度的行為，規範了社會工作內涵，在當中可能產生醫院利益與案主利益的倫理衝突。醫院團隊中，社工人員歸屬於行政部門，負責病患經濟補助與協助尋求相關資源，因此一般不被主管單位和醫師視為專業人員；再者，團隊成員對於社工員的角色和功能與社工員自身的認定有相當大的差距。最後，儘管社工人力已被列入醫院評鑑的項目之一，不過所占分數些微，因此各醫院的社工人力普遍不足，造成社工員疲於應付繁重的工作，有時必須犧牲所想發展的專業服務。

　　面對這些困境，醫務社工員有何展望？如前面所呈現的研究發現，在目前醫院業務拓展之際，有關保護性業務、長照 2.0、安寧服務、預立醫療服務等制度，社工員可以思考如何掌握契機，順應醫院的轉變，展現社工的角色與功能。

　　就制度面而言，社工員本身能夠改變的空間有限，唯一的管道是透過家屬團體或醫務社會工作組織倡導給付項目與給付額度的改變。至於組織面的限制，如何尋求空間為案主利益而倡導，的確需要智慧；也需要社工員不斷提醒自己案主最佳利益之考量；組織之運作，除了正式的規章制度外，仍有個別關係的影響，因此社工員需要與其他專業人員建立良好的工作關係，方能有利於工作的推展。

　　至於社工員專業角色的確立，需要社會服務部門所有社工員共同努力倡導自己的專業角色，其中尤其需要部門主管的帶領，透過溝通與工作的表現，爭取院長與醫師們的認可。在人力欠缺與專業認可不足的情況下，工作人員該如何展現自己的專業能力？筆者認為應把握「知為何」（why）、「知如何」（how）、「知作何」（what and who）三項原則。

　　社工員經常在疲於應付每日的行政工作與個案問題，無暇思考工作的方向與方法，陷入惡性循環，無法展現工作的專業度。社工部門的督導或主任應尋找時間，帶領工作員共同思考與研擬方向。首先要思考的便是協

助案主的重點，其背後的理論與實證基礎為何？筆者認為醫務社工人員需要有關社會支持與因應方法，以及個案管理的知識。各領域的醫務社工員必須裝備各類型案主問題的特質、影響範疇、現象的相關因素、相關的處遇理論和模式，以及各種模式的運用狀況與成效等。若工作人員能內化這些知識，並運用於個案討論中，於評量和處遇計畫方面有理論依據與架構，必然能贏得團隊成員的認可。

接著是知道如何進行擬定的計畫與方法，社會工作方法的運用並非只是經驗的累積，國內外都有實證研究，探討各種理論之下的處遇重點與方法，社工員需尋求相關知識，配合自身經驗與偏好，發展出一套方法，並加以評估，以展現工作的成效。目前醫務社工的研究於服務模式的探究幾希，而當今強調以實證為基礎之實務（evidence-based practice），社工人員要彰顯專業性和重要性，仍須在此部分努力。

另一方面，面對眾多的案主與繁重的工作，工作員不可能對每位案主進行深入的處遇，如何篩選最需要的個案，成為一重要議題（知作何？）。這涉及評量工具的使用，以瞭解案主各方面的優缺點，找出需處遇的面向與特定的病患及其家屬。

在工作重點方面，筆者認為工作員應致力於病患與家屬之互動、家屬之協助，以及資源的整理與轉介，這對於長照 2.0 政策之下的出院準備服務尤其重要。在方法上需強調個案管理的運用，回歸社會工作的特色，「人在環境中」的處遇重點，強調個人與環境的互動，包括病患與家庭的互動、對於家屬的情緒支持、社會支持網絡的建立、資訊的提供和資源的轉介、病患的追蹤等，需要個案工作、團體工作、資源開發與運用、個案管理的知識，若能成功地協助病患和家屬適應疾病的事實、獲得所需的訊息和資源、在家庭和鄰里能得到支持，就能展現社會工作的專業度。

在社會福利業務擴張的環境之下，醫院成為服務網絡的重要一環，舉凡家庭暴力、性侵害、失能老人的長期照顧、安寧療護等，都是醫務社工展現專業的契機。溫信學（2014）提及醫務社工需要「專精化」以及強調服務應以「病人為中心」，並應發展醫務社工實務模式。因此在學校相關教育方面，應納入醫務社工新興服務內涵的知識，亦須加強實務模式的才能。在研究方面，醫務社工需強化評估研究的能力，透過實證資料探究能夠產生較佳效率和效益的實務模式，以增強醫務社工專業的知識累積和專業發展。

問題與思考

1. 醫務社會工作之實施深受環境脈絡的影響，那麼臺灣健保制度對醫院的組織行為有何影響？對病患的就醫行為又有何影響？醫院的組織目標與管理策略對醫務社會工作之內涵有何影響？

2. 醫院為何要以團隊方式運作？影響團隊運作功能的因素有哪些？

3. 下列理論如何運用於醫務社會工作當中？

   生活壓力與疾病調適模式

   社會醫療診斷模式

   危機干預模式

   家庭取向的工作模式

   復元與優勢觀點

4. 醫務社會工作可著重的內涵為何？

5. 「預立醫療照護」之實施，如何確保體現病患的自主決定？

6. 醫務社工人員推展保護業務時，在相關服務網絡中如何成功扮演其角色？

建議研讀著作

1. 宋麗玉（2005）〈精神障礙者之復健與復元——一個積極正向的觀點〉，《中華心理衛生學刊》，18(4): 1-29。

2. 宋麗玉、施教裕、徐淑婷（2015）《優勢觀點與精神障礙者之復元：駱駝進帳與螺旋上升》。臺北：洪葉文化。

3. 田麗珠、吳怡伶、劉靜女、林素妃、陳靜琳、林欣儀、李慶真、王實之（2015）〈社會工作者在社區安寧療護之角色〉，《北市醫學雜誌》，12: 35-45。

4. 林素妃、蔡佳容、陳香岑、林秋蘭、王美几、朱偉汝、蔡宗達、黃遵誠、洪士奇（2020）〈醫務社工在預立醫療照護諮商之角色建構〉，《北市醫學雜誌》，17（附冊）：49-58。

5. 蔡佩真（2013）〈臺灣安寧病房喪慟關懷服務之調查研究〉，《生命教育研究》，5(1): 57-90。

6. 余漢儀（2009）〈從社區復健到社區就業：以臺北地區醫院的支持性就業為例〉，《東吳社會工作學報》，20: 33-62。

第11章
心理衛生社會工作

吳慧菁 |

前　言

　　心理衛生社會工作在歐美各國實施多年，由最初在醫療機構中的醫護助手模式之精神醫療社工，隨著 1960 年代精神醫療去機構化理念與照護系統轉化，慢慢以社區服務為取向，服務對象擴展至有心理適應困難之個人與家庭，近來更強調賦權觀念以發展案主能力為基礎、激發案主潛能與長處、及社區融合為服務工作目標，爰此，精神醫療社工領域從臨床直接服務擴展到社區。至於心理衛生服務範疇狹義指精神疾病的治療與預防，廣義則包括促進心理健康的一切服務。臺灣心理衛生以精神醫療為基礎，配合政府政策拓展至精神疾病社區復健、精神疾病長期照護、酒藥癮戒治、自殺防治、災難重建、兒童早期療育、司法精神鑑定及矯治、家暴與性侵害防治、學校等，心理衛生社工專業人力的角色地位日益重要。

　　精神疾病對個人、家庭及社會產生巨大衝擊及耗損。依據《精神疾病診斷與統計手冊第五版》（*Diagnostic and Statistical Manual of Mental Disorders*，簡稱 DSM-5），精神疾病定義為一種症候群，其特徵為個人在認知、情緒調節或行為中有臨床顯著的困擾、此困擾表現在心理、生物或發展過程上之精神功能不良（臺灣精神醫學會，2014）。臺灣「精神衛生法」第 3 條則定義精神疾病係指思考、情緒、知覺、認知、行為等精神狀態表現異常，致其適應生活之功能發生障礙，需給予醫療及照顧之疾病。疾病產生的障礙常受到專業領域或差異而有不同定義。在臺灣嚴重的精神疾病盛行率為千分之三至四之間，以思覺失調症最多，其次為情感性精神病（楊延光，1999）；而精神科急、慢性住院病患中思覺失調症病患者占 50-60%。根據衛生福利部中央健康保險署 2021 年 1 月累計領有慢性精神病之重大傷病卡者 199,307 人，列居第二位，占 20.49%（衛生福利部中央健保署，2021）；該部統計處 2020 年身心障礙者人數統計慢性精神病患者 131,624 人，占身心障礙者總人數的 10.99%，與 10 年前 110,809 人相比，增加 18.78%（衛生福利部統計處，2021）。在年齡分布上，慢性精神病患者在 30-59 歲為 86,289 人，約占當年度臺灣總人口 23,561,236 人之 0.37%，占慢性精神疾病障礙者人口之 65.56%；60 歲以上為 39,805 人，占當年度臺灣總人口之 0.17%，占慢性精神疾病障礙者人口之 30.24%（衛生福利部統計處，2021）。2016 年身心障礙者需求調查報告發現，慢

性精神病患者居住地點仍以家宅最高，占 87.60%；且其中與母親同住者為最多數，占 41.41%，其次為與子女同住，占 33.985%。慢性精神病患者居住教養、養護機構的占比率為 12.40%，與其他障別相比，僅次於植物人、失智症、及多重障礙（衛生福利部統計處，2017）。這些資料意謂著精神疾病直接、間接造成個人失能、家庭負荷、國家生產力損失、健保醫療費用耗損、長期照顧等實質及潛在問題甚鉅。

隨著重大精神醫療政策改變與醫院精神病床大量增加，衛生署統計從 2001 至 2019 年，急性精神病床從 5,097 床增加為 7,381 床，增加 44.81%；慢性精神病床從 9,951 床增加為 13,549 床，增加 36.15%（衛生福利部統計處，2020）。病床服務量的需求性增加，相對帶動對精神醫療專業人員需求，促成醫療專業成熟與轉型。

此外，社會環境資訊化，社會重大事件議題流通迅速，獲得公眾的矚目，心理衛生議題相繼衍生，如：災難創傷、物質濫用、憂鬱、焦慮、厭食、自殺、性侵家暴、跨性別。

這些議題往往讓缺乏相關知識與實務背景的社工者束手無策，只能成為精神科醫師的次等助理，或僅流於遊說案主服藥、強迫案主接受診斷治療、入院、回診、規律遵從醫囑的控制者。服務過程中已經常違悖於社工專業倫理的尊重案主、聆聽理解、尋求相關資源、運用發展能力因應環境挑戰、助人自助精神，甚至影響案主康復與自立回歸社區生活機會（葉錦成，2011）。心衛社工隨著 1960 年代後現代主義思潮與社會醫療保險制度的結構變化，在重視和提倡多元論與多元化下的權力解構而受到忽視，許多社會工作學者與實務工作者更經常誤解心理衛生社工理念與價值而受到醫療模式主導影響，失去核心價值呈現（葉錦成，2011）。當心理衛生社工人力與專業知能培訓需求增加，也面臨與價值倫理的爭議兩難，須從心衛社工的發展階段瞭解其如何受到當代社會與衛生政策制度的影響，時代定位與未來性。

第一節　心理衛生社會工作的發展脈絡

臺灣心理衛生社工與其他精神醫療專業團隊同步開始發展，初期較強調於醫院體系下工作的精神醫療社會工作，是臺灣的社會工作發展史上，

一個起步較早、具備專業條件的社會工作實施場域，相關文獻（如：張玲如，2002）將心衛社工發展分為以下四個階段：

一、萌芽階段：1947-1985

　　心理衛生社會工作萌芽於 1947 年醫療系統，源於臺大醫院精神科草創期，開始時有社會服務員的編制；1956 年，世界衛生組織支持成立臺北兒童心理衛生中心，設立三名專職社會工作人員，負責該中心社會工作，以當時美國社工師的治療模式，進行對兒童與家庭的評估診斷與治療。當時社工紀錄列入病歷、並參加精神醫療分組指導會議、進行社區服務，奠定社會工作者在醫院體系下精神醫療團隊工作的基礎（黃梅羹，1996；李雲裳，2005）。此時期，精神醫療體系以精神分析學派為主流，重視病人之生理－心理－社會層面治療，強調社會人文關懷，契合個案工作心理暨社會學派之應用，團隊成員彼此間的業務無明確的規範，團隊成員皆可自由發揮、著力於其興趣主題，可謂心理衛生社會工作的萌芽期。

二、專業平等團隊合作階段：1986-1994

　　臺灣精神科醫院評鑑自 1986 年開始，平均每三年評鑑一次，由精神醫療模式五大專業：醫師、護理、職能、心理、社工，共同組成評鑑小組，其中召集委員為醫師，主要針對醫院整體行政，另外委員就各自在專業領域之軟體、硬體設施、設備評量。每位評鑑委員角色地位與發言權均等，各領域所占評鑑分數比率等值，團隊專業彼此尊重、關係和諧，共同致力於精神病人之服務品質提升。醫院評鑑制度促使社工在醫院內角色更加活躍，並在家族治療業務當中擔任重要治療角色。70-80 年代世界重視精神障礙去機構化趨勢，強調精神病人回歸社區理念，行政院衛生署在臺灣規劃七大精神醫療網區域，令各地區核心醫院積極推展精神醫療社區復健模式。隨後 1990 年「精神衛生法」頒布，其中第 11 及 30 條提及社會工作人員的職稱及任務，可謂社會工作者在社區心理衛生工作蓬勃發展期。

三、新管理主義醫療體制階段：1995 迄今

1995 年全民健康險實施，改變過去醫療體制的運作，亦針對精神醫療社工實施業務提供健保給付標準，作為績效表現的核實依據。為抑制醫療費用的膨脹，嚴格審查醫療操作流程，醫療自主性與個別化因健保給付制度而改變，總額制度衝擊整個醫療專業結構，影響醫療生態及精神醫療專業間之合作。此時，新管理主義浪潮襲捲整個醫界，尤其是公立醫院在政府要求法人化、民營化呼聲及經費自負盈虧下，強調效率、彈性、市場及消費者導向的信念，使得社會工作專業受到了巨大的影響。醫院重視經營績效，積極爭取收費與增加服務項目，服務輸送並非以病人需求為主要考量，而以醫院所訂定的優先順序或績效指標為主要導向。1997 年，社會工作師法頒布，社會工作師證書由內政部頒發（現為「衛福部社會救助及社工司」），與主管醫事人員的衛生署單位（現為醫事司）有所不同，而不被納入為「醫事人員」。心衛社工人力在機構中雖然專業條件具備，醫療法中卻以「行政人員」定位，而在健保收費點數實施後漸漸失去專業空間，在健保有限資源之協調及績效力求下倍受壓力，社會工作者在工作領域雖被賦予專業技術人員任務，但專業角色定位曖昧，從精神醫療相關專業漸漸偏向醫療行政；另在相關的福利與績效獎勵上亦有差異，影響工作士氣與工作範圍，社工成為精神醫療團隊中的專業弱勢（張玲如，2002）。加上生物精神醫學的抬頭，強調病人藥物治療，忽視社會心理動力，限縮心衛社工的專業舞臺，各個專業角色地位在團隊競合中充滿競爭、危機，此時面臨心衛社工在醫療體系下的衰弱期，更值得省思社工在精神醫療領域專業角色與社區復健服務發展空間。

四、社安網計畫特定對象服務階段：2018-2022

2014 年，臺灣無預期殺人事件頻起，如：北捷鄭捷隨機殺人、小燈泡事件案，造成人心惶惶，社會生活安全保障受到疑慮。2018 年行政院核定「強化社會安全網計畫」，提出結合政府各部門的力量，建構綿密的安全防護網，扶持社會中的個體，面對生活危機時，仍能保有生存所需的基本能力，培植韌力去面對各種問題（衛生福利部，2018）。社安網計畫下的心理衛生社工服務對象係針對符合衛福部精神照護資訊管理系統與保

護資訊系統，同時及曾經在案之精神疾病個案合併有兒少保護、家庭暴力、性侵害事件加害人與自殺意圖／行為之身分者（衛生福利部，2018）提供服務；著重於協助加害者之精神病情穩定，降低自殺與暴力風險、提升家庭功能、促進社區生活需求能力。

第二節　心理衛生社工在臺灣之實施現況

一、精神衛生相關政策與法規

　　1950 年代抗精神病藥物發明以前，各國對精神病患均採隔離收容方式，我國亦然，精神病患多數長期滯留精神科醫院慢性病房或收容療養機構，甚至長達數十年之久（胡海國、楊世賢，1988），導致精神醫療機構一床難求，家屬也不願病人出院，尤其當時出入院均須家屬同意，病人毫無決定權。當時，全國約有 27% 可以出院而未出院（胡海國、楊世賢，1988），導致病床無法有效運用，加上社區支持服務不足，家屬難以長期承受照顧病患之精神壓力與經濟負擔，開始尋求龍發堂、大千堂等非醫療之收容機構（文榮光、張笠雲、陳正宗，1985）。因精神醫療資源普遍不足，加上國人對精神疾病普遍認知不足或誤解，導致社區精神病患未能得到妥適之照顧，不僅造成家庭之負擔，甚至危及社會安全。1984 年發生螢橋國小精神病人嚴重傷人事件，以及政府部門關政司長遭其精神病配偶殺害，暴露了長期精神病患遭到忽視的嚴重問題（楊素端、詹玉蓉、許芝綺、黃達明，2005），也促使社會及政府警覺到精神衛生政策之重要性。

　　數十年來，臺灣精神衛生政策有很大的變革，1987 年後，行政院衛生署（現衛福部）強調精神疾病患者應以社區照顧為導向，促進社區賦歸與人權保障。1990 年「精神衛生法」公布實施，不啻是臺灣精神衛生發展之重要里程碑，其宗旨為保障精神病人得到妥適之醫療照顧，同時也維護社會安全，內容將政府已實施或具試辦成效之政策正式入法，且明訂政府、醫療照護機構及家屬的責任。立法精神盡量朝向減少對病人自由之限制，並維護他們在社區之地位及權益，也規定衛生署應成立精神疾病防治諮詢委員會，成員包括社工師及病患家屬代表；地方衛生局須附設社區心理衛生中心，並應有專責人員；照護機構除現行精神醫療機構外，政府需

獎勵設置精神復健機構（社區復健中心及康復之家）及精神護理之家，並推展居家治療；限制嚴重病人強制治療之條件，除非有傷人、自傷之虞，病人將擁有醫療自主權及申訴權，但病人常因缺乏病識感而影響就醫意願，家屬則需協助病人接受適當醫療照護，否則需負連帶賠償責任，保護人制度因而產生。

　　「精神衛生法」保障精神病人就醫權益，惟病人康復尚須建制完善之社會服務支持系統。「殘障福利法」源自於 1980 年初期至 1987 年，由基督教組織與身心障礙相關專業提供服務和資金，支持推動身心障礙權利運動，卻將精神障礙者排除，在民間團體及專業人士努力奔走下，直至 1995 年 6 月才將慢性精神病患及自閉症納入，強調病人權益維護，內容包含不得歧視、維護隱私、正式享有就醫、就養、就學、就業之福利服務、所得稅減免等，減輕家庭負擔，1997 年更名為「身心障礙者權益保障法」，同年，衛生署與內政部（現為衛福部）共同研訂「病患照顧體系權責劃分表」，依照病患精神疾病症狀、社會功能、家庭支持等因素分成六類，作為服務機構與衛政及社政權責劃分的依據，以因應「身心障礙者保護法」的修正（黎嘉欣，2011）。由於慢性精神疾病長期醫療常造成家庭沈重負擔，也是導致醫療持續度不佳之主因。1995 年行政院發布「全民健康保險法」正式施行，舉凡各類精神醫療服務模式均由健保負擔費用，對精神醫療影響甚鉅，包括：門診、急診、急性或慢性住院、日間留院、居家治療、社區復健中心及康復之家，對病患及家屬乃一大福音，許多因無力醫療而遭監禁家中的慢性病患，得以獲得適當就醫的機會，對精神病患人權不啻邁進一大步，家庭的支持意願也相對提升。

　　2007 年「身心障礙者權益保障法」與「精神衛生法」同時大幅修訂，使我國精神衛生政策及精神障礙者社會福利權益更臻完善。「精神衛生法」的修訂內容主要有：（1）刪除維護社會安全字句，以去污名化，並強調應支持並協助病人於社區生活；（2）強制治療除住院方式外亦增加社區方式；（3）強制住院鑑定由二位精神專科醫師決定，改為中央主管機關設置審查會決定，委員會成員共七名，包括醫師、護理師、社工師、職能治療師、臨床心理師、律師、與病人權益代表；（4）保護人則原依親等產生，改由監護人、法定代理人、配偶、父母、家屬互推之；（5）取消舊法家屬須負連帶賠償責任，改比照身心障礙者權益規定；（6）會同社政、勞政、教育主管機關建構精神病人社區照顧、支持及復健體系；（7）中央政

府應獎勵精神衛生相關機構、團體從事病人社區照顧、支持與復健服務；
（8）相關照護機構增加心理治療所及心理諮商所等。爰此，政府推動精神
復健機構之普遍設置，並每年補助各縣市衛生局推展社區精神病患追蹤訪
視服務，建立社區精神病患個案管理制度，且獎勵社區發展多元支持性或
復健性服務，避免慢性病患長期滯留醫院，得以順利回歸家庭社區生活。
2014 年「提審法」制定，因「精神衛生法」受強制治療之精神疾患，醫
院的心衛社工師或護理師能協助提出提審抗告。

　　近幾十年來精神衛生服務範疇已不限於精神醫療，更包括物質濫用、
自殺防治、家庭暴力防治、性侵害防治等，且為解決日益嚴重的社會問
題，國民心理健康促進逐漸成為政府施政之重要項目，2013 年政府組織
再造，整合衛生醫療及社會福利，成立衛生福利部並設置心理及口腔健康
司，心理衛生、精神醫療、物質濫用及家暴性侵加害人處遇業務各有主管
科室，我國由精神衛生防治正式進入心理健康促進之新紀元。

二、心理衛生社會工作者服務內涵

　　心理衛生社會工作內涵，除提供機構內精神病人與家屬服務到社區居
家治療的三級預防與心理衛生教育初級預防工作推展外，隨著社會問題衍
生與國家政策訂定，另包括（1）司法精神鑑定，（2）性侵害加害人評估
與個別心理輔導，（3）家庭暴力加害人個別心理輔導與家庭治療，（4）毒
品施用者個別、家庭、與團體治療，（5）災難心理重建，（6）緊急醫療
轉介服務，（7）心理衛生中心暨自殺防治諮詢服務，與（8）志工召募及
管理、仁愛基金管理。從上列項目，心理衛生社工服務內涵和 Johnson &
Schwartz（1991）、Lin（1999）及 DuBois & Miley（2002）建議的心衛社
工師或稱臨床社工師工作內容與模式相近，運用社會工作的理論與方法以
預防並治療社會心理障礙或情緒性疾病，強調對家庭進行深度治療服務或
短期服務，包括直接性處遇服務或間接服務。臺灣心理衛生社工者亦需與
醫療團隊相輔相成，參與教學研究。

　　心衛社工者經常被賦予多項工作任務，尤其著重在精神障礙者家庭評
估，促進家庭照顧者的正向及支持功能，並在需要改變的重要系統中，進
行協調與溝通，發揮系統連結與資源轉銜。心衛社工者在司法矯正系統過
程中，則常被期待扮演聯繫窗口，協調個案參與處遇的流程；提供個別、

家庭或團體身心輔導與治療；或個案有多元需求，協調較多的資源協助（如：勞政、社政、衛政），以及協助戒治個案出獄轉介至社區服務機構，因應個案複雜及全面性生活適應困難。吳慧菁、賴擁連、胡淳茹、李思賢（2018）研究發現司法矯正處遇的收容人或更生人服務面向包含心理層面的治療與社會適應問題的改善，心衛社工師在治療團隊中常需扮演的任務，包括加害者／受刑人的人際關係、自我成長、健康照顧、情緒管理、身心輔導教育與治療、經濟扶助、就業輔導、家庭支持等協助，以強化治療輔導的成效，找到安定的工作，重建家庭關係與社會支持網絡，復歸社會正常生活。面對多樣態的加害人（如：家暴、性侵、人口販運）或受刑人（如：藥癮、酒駕），專業人員在長期持續的照顧相當重要，而工作理念與態度，易影響彼此互動關係、處遇成效、與服務品質。

因此，心衛社工服務過程中要能提供處遇（如：臨床治療輔導、教育、催化、支持）、發展維持（如：顧問、合作、調停仲裁、倡導）、協調社區服務輸送系統與連結整合（如：社區處遇、資源管理、政策發展），也需倡導生理心理社會的服務輸送，注重服務品質以及參與醫療團隊服務精進的實證研究。在當代衛政、司法矯正體系提倡將機構式照顧轉向持續性的社區照顧政策下，需提供充足且適當資源，心衛社工師被賦予多元個案管理的角色，包括「參與者、使能者、中介者、協調聯繫者、動員者（Mobilizer）、倡導者、催化者（Facilitator）、教育者、監護者、諮商者、甚至研究者等」，承擔的任務相當繁重。

三、照護場域與服務對象

心理衛生社工師的工作場域包括精神醫療院（所）、兒童心衛中心、精神復健中心、社區心理衛生中心、康復之家、會所、學校諮商輔導中心、長期照護機構、心理衛生教育推廣等。1990 年「精神衛生法」明定了精神醫療服務包括門診、急診、全日住院、日間留院、社區復健以及居家治療，在法令上建立支持與協助病人於社區生活的國家方向，並且藉由「精神復健機構設置管理及獎勵辦法」，1994 年鼓勵醫院或民間機構依循立案設置復健機構，包括社區復健中心與康復之家。

因此，心衛社工師服務對象除了在傳統精神（療養）院所常服務的嚴重精神疾患（如：思覺失調症、重鬱症、躁鬱症等）與家屬之外，門診也

常服務精神官能症患者（如：情緒、睡眠、飲食、與行為障礙等）。為因應多樣態社會議題、服務對象多元化、與新興法規需要，達到 WHO 重視全球健康的理念，國民心理健康促進逐漸成為政府施政之重要項目。以下就目前主要的心理衛生照護場域、服務對象、及服務目標進行探討。

（一）醫療院所照護：老人、成年、兒童罹患精神疾病的照護

醫療模式照護是以醫院為中心，採醫療復健取向，其對象是症狀嚴重或剛出院之患者。臺灣精神醫療院（所）的屬性及服務資源不同，對病患所提供的服務也不盡相同，例如綜合醫院精神科，可能只有門診，或有急性、日間、慢性病房不一。大型精神科專科醫院，考量不同年齡、診斷或治療目的，開立專門病房如兒童青少年、老人或高齡全日型、日間病房等，甚至與教育部合作在醫院開設情緒障礙班，幫助無法返校的病友接受特殊教育。在不同醫療服務單位，社工師角色功能也更趨多元化，需經常在病患、家屬、醫療團隊中，甚至社區、資源機構間扮演溝通協調、資源連結，協助因疾病所帶來各種個人心理、家庭及社會層面等問題。每位病患及其家庭都是獨特的，依病患年齡、診斷、病程、疾病適應及復原力、家庭支持、資源及問題解決能力等不同，因疾病產生的問題各有差異，對治療期待、醫療資源運用動機及合作也不盡相同。

精神障礙者的四大需求為：（1）醫療層面：早期診斷、疾病和治療資訊、醫療照顧、心理支持及住院；（2）復健層面：情緒與社會支持、教育、職業訓練、日間或長期照顧；（3）家屬層面：照顧技巧、家庭凝聚與網絡、危機與經濟協助、喘息照顧；及（4）社區層面：免於標籤與歧視、社會參與及人權（WHO, 2001）。精神疾病早期發現、診斷及治療相當重要，心衛社工師旨在協助精神科病友在復原歷程中的需求，提供延續性與整合式的個人與家庭照顧服務；協助社區復健、長期照顧、資源挹注等，僅靠醫療幫助有限，可能造成病患、家屬、社會對醫院資源的依賴，造成旋轉門效應，病患不斷反覆住院或留滯醫院。

（二）社區復健照護：日間留院、社區復健中心、康復之家、會所模式、居家治療、社區關懷訪視

社區復健照護是以社區為中心，其對象適合症狀相對穩定者，應用資

源為部分醫療與社區支持系統。心衛社工師經常協助精神疾患症狀緩解或穩定出院後，因安排日常生活能力仍有問題時，但須促進回歸社區生活與社會融合，而轉介至社區復健機構，其中包括日間留院、社區復健中心、康復之家、居家治療、社區關懷訪視、與會所。日間留院藉由參與日間的活動、透過開放性的環境，專業團隊的評估，以團體治療為主、個別治療為輔的方式，藉由日常生活功能訓練、社交技巧訓練、工作技能訓練、休閒活動安排以及健康維護，建立精神障礙者的病識感及藥物遵從性，培養規律生活作息，運用社交溝通技巧增加生活壓力處理的能力與工作能力，以適應社區生活，達到自我成長與積極之職業功能。

70-80 年代受去機構化世界潮流影響，不斷縮減慢性病床的床位與關閉大型養護機構，將以往長期住院的病患回歸社區，減少消極收容與養護，降低醫療資源的浪費，投入積極治療與發展社區精神復健，強調社區化的照顧模式以符合人道精神（韓青蓉，2013）。此時，家屬與社福團體陸續投入社區照護而不限於原先以醫療為主軸的服務體系，這些轉變反應出政策的轉向、多元與友善，衛政、社政與勞政資源的結合，同時以勞政就業基金的補助與衛政全民健保的支付，增加社區精神復健服務提供的管道（黎嘉欣，2011）。社區復健中心即是在社區中提供病患有關工作能力、工作態度、心理重建、社交技巧、日常生活處理能力等復健治療，讓病患能維持正常作息，白天到社區復健中心參與復健訓練課程，以提升生活功能、環境適應能力，儘早自立於社區環境，獨立面對未來。心衛社工師在社區復健中心促進病患在社會上重新扮演具有意義與貢獻性的角色，對生活復原充滿希望感，有助於病情穩定及其功能提升。然而，從 2010 至 2020 年，社區復健中心設置從 75 間，下降為 68 間（衛生福利部，2020），與健保給付相關，影響精障者社區復健資源的布建。康復之家是在病患出院後重回家庭與社區生活前的一個中途站，透過模擬化家庭生活，依據住民功能與住民共同擬定一個個別化的復健計畫，提供一個暫時性、半保護性、支持性的居住環境，協助其社區獨立生活。1979 年由臺北市立療養院開始院內增設康復之家（half-way house），兩年後向臺北市社會局借用安康平宅，康復之家正式走入社區，成為國內首創。住宿型精神復健機構（康家）近十年增加 53%，從 100 家增至 153 家，成長趨勢呈現精障者有明顯社區居住需求（衛生福利部，2020）。

會所（Clubhouse）由伊甸社會福利基金會引進，於 2004 年推動精障

者的社區服務，籌劃成立「活泉之家」，該模式主要是以社福團體、家屬和病友倡議團體成立。會所模式是以恢復精障者自信與建構一個促進生活技能的支持性環境，達到回歸職場與社區生活目標。會所強調精障者自主自助，透過「去病人化」，甚至是「去個案化」，改用會員的身分，社工與會員打破幫助與受助關係，以夥伴關係作為基礎，建立工作日（work-order day）共同經營會所的日常運作與發展。會所同時亦提供過渡性就業作為職前準備，致力於精障者多元社區復健服務的需求。臺灣目前的會所包括伊甸社會福利基金會附設臺北市活泉之家、臺北市真福之家、臺北市康復之友協會附設的興隆與向陽會所。

　　主動式社區關懷的居家治療是滿足精神障礙者在社區生活的重要因素，居家治療不只是藥物諮詢、生活指導，並包括教導活動設計與安排。服務照顧個案數的多寡是有彈性的、在服務上是具有機動性及主動性，以個案管理、多專業團隊治療模式的延續性照顧。其服務對象是有明顯精神症狀、干擾家庭生活及社區、未能持續接受治療之慢性精神病患。而社區關懷訪視工作則是提供精神障礙者與案家屬心理上支持、建立病患之病識感、衛教家屬關於精神疾病的照護、協助病患規律回診服藥，心衛社工者旨在運用個案管理模式，整合醫療復健、規劃健康生活、居住安排，社交生活、過度性與支持性的就業，福利資源，促進案主因應日常生活問題能力（劉竹瑄、鄭惠心、侯建洲，2017）。

（三）長期照顧機構：精神護理之家、日間照護中心

　　精神疾病患者需要接受長期照顧的潛在風險和需求與其疾病是相連的，精神疾病常與其他疾病有共病現象，例如，思覺失調症病人最常見合併有糖尿病、代謝症候群、冠心病、慢性阻塞性肺病；憂鬱症病人也較一般人罹患心血管疾病之盛行率高出 1.5 至 2 倍，雙極性疾患與病人罹患心血管疾病及循環方面疾病風險增加也有關。慢性精神疾患者，不僅是心智方面產生障礙，在罹患內外科疾病、其他慢性疾病的風險也較一般人高出許多，一旦風險發生，照護需求隨之而來（邱琬育，2014）。因此，精神病患的長期照顧成為社會關注的議題，精神科護理之家近 10 年來，從 28 家增至目前的 48 家（衛生福利部，2020），心衛社工師（員）需求量增高，在服務過程中常扮演多元需求資源協調與管理之角色。

（四）家暴性侵防治

　　社會結構改變、外來文化衝突以及價值觀的混淆，導致犯罪問題層出不窮。其中，家暴與性犯罪的議題更在媒體廣泛揭露下，成為社會關切焦點，重視家暴與性犯罪問題的存在及生活安全保護的需求。臺灣於 1998 年公布「家庭暴力防治法」後，陸續修法，最近一次為 2015 年，修法目的在於防治家庭暴力行為及保護被害人權益，刪去了促進家庭和諧，並加入對於家暴相對人親職教育處遇項目。家暴法公布之後，首先推動有關受害人的保護與協助的各項業務，2001 年開始正式推動家庭暴力加害人處遇工作，並依據「家庭暴力防治法」第 54 條訂定家庭暴力加害人處遇規範計畫的執行機關（構），提供處遇項目包括精神治療、戒癮治療、戒酒教育、認知輔導教育、心理輔導及親職教育，由心理衛生相關背景的專業人員執行，這些專業人員需取得處遇資格的核心課程及進階課程，醫院中的心衛社工師依據此規範而開始參與家庭暴力加害人處遇工作，亦有資深心衛社工師參與的高危機會議，針對服務網絡提出高危機家暴個案相關資訊（廖靜薇、楊淵勝，2019）。

　　我國自 1997 年制定「性侵害犯罪防治法」，依該法第 20、21、22 條規定，性罪犯自獄中回到社區，不論是假釋、緩刑、執畢、赦免、緩起訴或免刑，仍應接受社區安排最長三年之身心治療或輔導教育。性罪犯於獄中接受強制治療的表現，輕則影響其假釋機會，重則影響回到社區後是否繼續接受最長可達四年的治療，更嚴重者則終身拘束於公、私立醫療機構執行刑後強制治療，「強制治療」係決定其是否可以順利復歸社會的核心處遇（鍾志宏、吳慧菁，2012）。針對「性侵害犯罪加害人身心治療及輔導教育辦法」第 3 條規定身心治療或輔導教育之實施，由加害人戶籍所在地之直轄市、縣（市）主管機關得聘請或委託下列機構、團體或人員（以下簡稱執行機構或人員），進行身心治療或輔導教育：（1）經中央衛生主管機關評鑑合格設有精神科門診或精神科病房之醫院。（2）經中央衛生主管機關評鑑合格之精神科專科醫院。（3）領有醫事、社工相關專業證照或具有性侵害犯罪防治實務經驗之專業人員。（4）經政府立案且具性侵害防治實務經驗之機構、團體。心理衛生社工師面對家性暴對象，工作地點可能在監所、醫院、或社區私人工作室提供身心治療與輔導處遇，以預防再犯。

（五）物質濫用戒治

酒精與藥物濫用的問題涵括了個人、環境、社會結構、甚至國際關係等層面，社會工作者藉由在個人、家庭與社區和社會政策層面的訓練為基礎，協助藥物濫用者減少物質使用所帶來的問題與傷害性，甚至改變物質使用的習性。物質濫用所造成的傷害十分具有連動性，例如家庭暴力加害人中，酒精使用的比率多在一半以上。由於大多數的物質使用經驗都開始於青少年時期，因此，心衛社工者須具備評估和處置個人和家庭兩個不同面向的能力（陳怡青，2016）。對於酒藥癮者的工作最重要的關鍵在於建立關係，很少成癮者會因為其物質濫用的問題而來求助，原因在他們的印象中，物質濫用的正向經驗遠遠大於負向經驗，因此，與物質濫用者共同工作時，必須有信任與友善的關係為基礎，工作者能從他們關切或感興趣的議題發展對話意願。酒藥癮者可能關切的問題包括健康、醫療、經濟、家庭關係、法律……等等，這些問題是工作者與酒藥癮者共同關切與需要介入協助的議題。與酒藥癮者工作是一種長期性的工作與挑戰，大多數的成癮者都歷經了數十年不同的物質濫用經驗，因此改變並非短時間可達成的，工作者必須對物質的特性有所理解，並且從工作過程中仔細體察工作成效，促進工作者與服務對象從中得到具體的回饋。

吳慧菁、賴擁連、陳怡青、胡淳茹（2019）研究，藥癮者復歸社區的成功因素，需藉由個人特質（意志力、持續性、生活目標）、家庭親友關係、社區的接納性、與宗教資源的陪伴功能，通常非正式資源扮演重要的關鍵角色，而觀護與更生保護系統的持續協助對於穩定藥癮者的社區生活，也不容小覷。臺灣目前協助藥癮者復歸社區的心理衛生專業人力與知能相當有限，少數在醫院中搭配法務部實施緩起訴戒癮治療，新世代反毒策略行動綱領修正版（衛生福利部，2020），強調應發展多元藥癮醫療與心理及社會復健治療方案，擴大藥癮治療及處遇人才培訓制度，此政策促進社區心理衛生專業發展與投入。

（六）災難創傷復原

人類生活成長過程中或多或少經歷過一些可控制或不可控制性的災難事件。事件來源區分為人為的（man-made）或自然的（nature-made）因素：人為性的災難來自與人相關的成因，如車禍、墜機、911 空難事件、

戰爭、凶殺事件、家暴、或性侵害等；自然災難則來自於一些不易控制或無法預測的天然成因，如颱風、SARS、地震、水災、生物病源、疫情等。無論災難是否帶來身體上的受創，經歷創傷者心理上通常會產生共同的特點：如極度恐懼、無助、與失去控制的感受，隨時擔心面對死亡，失落感維持一段時間，或常感受周遭生活事件出乎預期狀況（吳慧菁、唐宜楨，2008）。人們面對意外災難後，生理或心理經常會受災難影響而產生壓力，這些壓力透過「危險」與「失落」方式來傷害個人，前者衍生焦慮，後者衍生憂鬱，人類防衛系統在面對這些「壓力」時，會產生調適策略與心理防衛機轉。心衛社工必須具備創傷知情照護的知能，提供安全保障、信任感、選擇權、協力合作、與增強權能五大原則。

心衛社工師協助個人經歷過生活意外事件時，必須同時瞭解意外事件如何帶來生活的危機與影響。重大災難重建及恢復災難被害人或遺（家）屬生活功能的同時，需整合政策面、專業面、非正式系統支持、促進早日走出陰霾，儘快重返正常社會生活軌道。被害人與其家屬的心理復原、生活重建，必須適時運用醫療服務、法律協助、正式系統（如：法務部保護司、衛福部、縣市社會局等）的社會救助或安全保護、心理衛生相關專業人員、宗教信仰、及親友鄰里等全面性的協助。如：921震災時期，心衛社工者提供受災個人與家屬的支持、預防災民產生更嚴重的身心健康問題與家庭系統瓦解、並促進災民（戶）資源的連結與挹注多元資源的協助（周月清，2001），也提供病患與傷亡者家屬的治療與持續性照顧（林萬億，2002）。

每一起重大意外傷害的背後並不是只有一位被害人，被害人的家庭往往因驟然喪失親人或家庭成員的受重傷而頓失依靠，逼迫家庭結構面臨改變，引起家庭角色重新分配、角色危機、或心理調適危機等。有時更因為面對司法訴訟程序的無力及無知、偵訊及審判法庭的延誤，媒體報導而導致被害人及其家屬二度心理傷害（Wu, 2011）。因此，強化重大傷害被害人及其家屬心理輔導工作，協助撫平心靈創傷及促進心理調適，積極面對未來人生，係為心理衛生社會工作者所要面對之重要課題。

（七）自殺防治

世界衛生組織（WHO）1999年已警示21世紀威脅人類健康的三大疾病，憂鬱症赫然高居第二。中研院研究，1990-2010年期間，國人罹患

憂鬱症等「常見精神疾病」，從 11.5％ 倍增至 23.8％，與同期全國失業率、離婚率、自殺率也呈現高度相關（CASE 報科學，2014）。根據世界衛生組織（WHO, 2014）統計，每年約有 80 萬人自殺身亡，上百萬人成為自殺者遺族，亦即每 40 秒即有 1 人死於自殺，而自殺可能會發生於整個生命歷程中，2020 年更將「自殺防治」定為全球心理健康重點。自殺造成的效應，除個人死亡外，對家庭、社會亦帶來巨大衝擊，進而造成社會整體的損失。研究指出，自殺者生前罹患一種或多種精神疾病，其中約 87.1% 患有重鬱症、46% 具人格障礙、44% 酗酒（鄭泰安，2008）。

　　近 20 年來臺灣自殺率一直高於全球平均，甚至在近年逐年以 3% 上升，在 2009 年衛福部公告十大死因中排名第九，平均每不到三小時即有一人以自殺結束生命。雖然自 1997 年來，從 2010-2019 年的死因統計中，自殺三度退出十大死因，但仍居主要死因的第 11、12 名。2019 年資料顯示男性死率高於女性；死亡人口數歷年來以 65 歲以上居多，遠高於其他年齡層，45 歲至 64 歲次之。而青少年族群（15-19 歲）自殺率自 2015 年開始，逐年攀升，2019 年更創新高，每十萬人口即有 6.2 名青少年因自殺死亡，與 2018 年的 4.4 相比，增加四成，值得注意。國內於 2009 年各縣市成立自殺防治中心，擬定自殺防治策略與通報系統，聘僱「自殺關懷訪視員」以類似個案管理方式追蹤有自殺意念或行為的高風險個案，自殺防治相關措施亦趨完備。2016 年衛福部編定自殺關懷訪視人員的工作手冊，期望透過定期的關懷訪視，減少自殺高風險群重複發生自殺或自傷等行為，並提供自殺企圖者家屬情緒支持、資源介入及評估處遇等，以降低其危險性。但自殺問題迄今仍然嚴重，因此「自殺防治法」於 2019 年 6 月正式實施，期待連結整合自殺防治網絡系統，提升自殺防治之成效。心衛社工者能協助辨識並關懷高危險群、推廣自殺防治衛教、扮演自殺防治守門員角色，針對遺屬提供心理輔慰與失落創傷輔導。

（八）司法精神鑑定與矯正處遇

　　司法精神鑑定是由法院囑託具精神疾病專業知識之精神科專科醫師就司法案件中當事人之特定事項提供專家意見，經由鑑定過程收集之資料探究行為與事實真相，作為法官審判之參考，司法鑑定對象與範圍依據我國刑法第 19 條、或民法第 14 條、第 15-1 條規定。刑法領域關注被告之責任能力、訴訟能力、辯論能力、作證能力等；民法領域有監護宣告聲請之

受鑑定人的行為與認知能力、婚姻、離婚、立遺囑等；其他尚有性侵害案件被害人之創傷壓力鑑定、性侵加害人有無治療及再犯鑑定、繼續使用毒品傾向鑑定、兒童性侵害被害人早期鑑定等。醫院精神科負責精神鑑定，由醫療團隊成員之醫師、心理師、社會工作師與受鑑定人進行會談、精神狀態檢查、心理衡鑑測驗，必要時由檢驗科進行腦波或腦部顯影檢查等。

司法精神鑑定著重個案之生理－心理－社會因素檢視，瞭解其個人之精神狀態、性格特質、認知能力、對犯案過程之敘述及家庭生活成長經驗、重大生活事件、求學、就業、交友等社會生活層面之資料。藉由鑑定過程蒐集並釐清個案之記憶、知覺、語言、理解、推理、決策、思考、問題解決及學習等之個人特質。運用認知發展理論檢視個案成長過程中之自助、同化、適應、人際交流等，綜合判斷以回覆法院所囑託之釐清事項。社工師會談目的在於對被告之個人生活史、成長過程重大事項、家庭社會生活狀況、健康醫療狀況予全面瞭解，並對被告於案發前後 72 小時之精神認知狀況進行釐清，從會談中瞭解受鑑定人之一般社會生活活動等功能狀態；亦須以案主之權益與最大福祉考量，與其家人、親屬、學校、職場、鄰里、其他醫療機構等訪談接觸，收集生活經驗中客觀資料作為綜合判斷與後續醫療、處置建議，使鑑定報告達到全面性與完整性。

（九）跨性別者之變性評估

臺灣社會運動蓬勃發展，各族群致力投入社會運動與改革，努力倡議與倡權多元文化平等與尊重多元文化議題，挑戰主流文化價值觀和體制、改善受壓迫的環境與不友善的制度，跨性別者即是一例，2019 年臺灣成為亞洲首個通過同性婚姻合法化國家。對於有變性需求者，醫師和社工師會主動告知當事者，即便家庭中有反對聲浪，仍期待能邀請家屬代表出席。社工師參與變性評估工作，主要以行為觀察與會談方法為主，邀請個案和家屬一同出席評估，每次會談約三個小時，除了評估當事人的性別角色之外，也透過個別與家庭會談進一步瞭解當事人與家庭之間的互動關係、動力模式，瞭解家庭成員對當事人角色狀態的看法，是否與個案維持一致，家屬是否準備好陪伴個案走過變性手術的過程和風險。心衛社工師進行評估目標在於完成個人生命發展與家庭動力評估以及告知與衛教變性手術應準備項目與風險承擔。因變性評估需要探討當事人的性別角色覺察、個人成長和工作經驗、親密關係，再延伸到家庭關係中的秘密與告

知，最後選擇跨性別的決定，需仰賴社工師對多元文化的敏感度與專業的成熟度來評估當事人與家屬的準備歷程與狀態。

（十）社安網計畫模式

該計畫的心衛社工者服務對象主要為地方政府衛生局關懷訪視列冊在案同時具有保護性議題之加害人，這些人通常處於較為弱勢、合併有精神疾病之群體。服務目的期待降低家暴性侵及兒少保護事件再發生，而提供以家庭為中心之服務模式，定期評估個案風險與家庭功能，協助家屬連結需求照護資源，滿足個案及家庭多元需求。同時，培力社工師（員）加入婦幼保護案件防治網絡，與服務被害人的家防社工師（員）共案合作，提供完備之家庭評估與處遇、促進生活及社會適應、透過降低風險因子，達到再犯預防之目的（諶立中、李炳樟、紀馨雅、何佩瑾，2019）。

第三節　心理衛生社工專業理念價值與省思

葉錦成（2011）認為心衛社工理念受到以下因素與價值影響：（1）社會工作理念、（2）精神健康理念、（3）精神治療理念、（4）對精神疾病理念、以及（5）對於精神疾病患者理念。根據國際社會工作聯會訂定的社會工作目標與理念，整理認為包括對於社會上弱勢族群、以及社會不公平不公義現象透過不同類型手法與行動，以（1）推動人權、培育社會的和諧與穩定；（2）提供合宜的社會服務和資源；（3）提高社會上個人、家庭、社會和社區的解決問題能力和相互支持；（4）改變社會上的不合理、不公平的制度和理念；及（5）對文化、理念、宗教的尊重。相對於其他醫療專業領域，心理衛生社會工作更應包括對於精神復原的理念，透過減低精神疾患的心理、生理、社會環境阻礙，提高其內在潛能和能力，協助他們慢慢重返社會，培養生活與社會功能（葉錦成，2011）。心衛社工師應透過不同策略方法、政策和服務，盡力促使精神疾患、康復者與其家屬和其他社會人士一樣，享受同等自我決定能力、福利、公平、資源分配的公義；更必須採取正確健康觀點與態度面對精神疾患、康復者及其家屬。

心衛社工者協助的案主，無論在權力上、情緒上、能力上等並非處於有利的狀態。尤其以嚴重精神疾患為例，「意思能力」或「行為能力」的

有限一直是不被否定的事實。在臺灣，「能力」概念的界定往往影響個人在法律上或人類發展過程所享有的權利與義務資格。面對精神病患是否需持續就醫治療時，往往會從醫療面向上考量病患有限的心智喪失能力（mental incapacity）是否對自身健康或安全做最好的決定，進而限制精神病患的「行動自主」與「思想自主」（唐宜楨、吳慧菁、陳心怡、張莉馨，2011）。精神疾患自決權的爭議往往落於權利（rights）與臨床上、法律上能力之間的緊張關係。病人在認知、判斷、社會功能的能力經常被認定是否具社區生活能力出院的參考指標。

在臺灣，社會、媒體傳播仍存在精神疾病被污名化現象，許多嚴重精神病患的生病經驗相當不舒服，經歷到症狀引發的身心混亂、隱匿不敢就醫，民俗、宗教儀式處置，家庭或學校、社區衝突，因此就醫常常是抗拒、半推半就，甚至被警消人員強制就醫，一旦被診斷為精神疾病，伴隨而來是疾病標籤的恥辱感。因此當病患及其家屬來到醫院求診，可能經驗不同程度之身心衝擊，需要被深切理解、接納及尊重，才能取得積極醫病合作關係（Chen, Wu, and Huang, 2014; Wu and Chen, 2016）。

心衛社工者必須在不傷害案主的原則下，尋求案主的最大利益。然而，何謂「案主最大利益」？由於服務對象問題的複雜性，以及完成目標有各種選擇方法與資源，社工者常會遇到價值上的兩難和衝突。當案主的問題需要社工者做主觀的決定時，又牽涉到社工者可運用多少裁量權及適當性議題，曾華源等人也曾指出，「當權力被社工員過度解釋而擴張時，反而可能會發生阻礙案主獲得最大利益」（曾華源、胡慧、李仰慈、郭世豐，2011）。

心衛社工者在協助精障者復原過程中應讓案主有機會去追求想望，還是認為應著重於案主生命保護與情緒安全，由工作人員與家屬決定對精障者的最佳利益。案主的最佳利益考量是基於醫療團隊、家屬、抑或是案主認同的最佳利益都應審慎權衡。從心衛社工者的專業角度來思考，一個人的權利若可被他人凌駕於其上，就只能是在避免對自己或他人產生傷害時，案主的自主權以及自決權才可被強制介入以及干涉，除此之外，個人對自己的身體與心智是具有絕對掌控權的。

社會工作的價值首先是行善益人、不傷害為原則，因此心理衛生社工師必須對案主所處情境保持敏銳度，並具備多元文化的素養，以及價值觀的精細覺察，才能面對案主的複雜問題並尊重個別差異（王智弘，

2002）。此外，應尊重精神病患的自主權，「自主權是病患當事人有自由決定的權利，以選擇是否要接受或退出治療過程，以及是否須完全保密或可對外透露相關治療資料，專業人員必須加以尊重。同時，病患當事人之病歷資料本質上亦屬病患個人隱私資料，病患有權基於個人福祉之考量，加以複製或要求轉移。惟依民法與精神衛生法之規定，此等自主權可由監護人或保護人代行。」（王智弘，2002）。心衛社工者也應尊重案主的隱私權與保密義務，並將對病患的尊重落實在關懷服務上。我國「醫療法」第72 條也規定，「醫療機構及其人員因業務而知悉或持有病人病情或健康資訊，不得無故洩漏」。

第四節　心理衛生社工的挑戰與未來展望

　　心衛社工師在醫療專業團隊中成長競爭與轉化過程中，同時面臨外在競爭與內部認同議題而產生重大危機與轉型挑戰。這些挑戰包括：（1）醫療保險制度衝擊專業合作，社工師行政合併專業角色定位，難以爭取醫事人員應有的專業自主性與待遇，也不利爭取收費，缺乏實證爭取保險服務給付與項目；（2）社工師證照的衝擊與專業認同危機；（3）服務內容與方式缺乏以實證為基礎，難以證明服務的必要性、急性病房家庭評估與介入的重要性、以及合理服務給付的依據；（4）缺乏成本分析和成效評估，難以爭取提高待遇、增加人力等（張如杏，2006）。此外，國家醫療衛生、專業法規與社福政策的變化，服務對象與任務也相對增加，角色定位卻日益模糊，未來努力的方向如社工師宜積極參與修法、強化學校教育與跨專業認同、發展實證基礎的服務（張如杏、楊添圍、張玲如，2016；王金永、李易蓁、李玟璨、陳杏容，2020）。

　　心理衛生社工服務應積極從醫院或療養機構擴展至社區，藉由社區駐點或外展模式深入瞭解案家居家環境與適應狀況，善用並發展精確評估工具、提供必要與緊急需求之處遇與個案管理功能，輔以當代科技溝通方式，以發展心衛社工專業的長期發展與獨特性，且未來展望如下：

（一）加強對專業角色的認同

　　在醫院，心衛社工師被定位為行政人員不利於專業角色發展，應強化

其專業角色與能力，才利於專業化長期發展。專業認同必須從學校到職場持續推動，學校教育應該在課程與實習階段強化職前準備，除了課程講授，課程內容必須具備精神醫療與心理衛生相關知能，促進學生認同心理衛生社工的專業角色，對實務工作有適切期待。對於健保未給付的社工服務項目積極爭取列入給付，並提高現有項目支付點數。

社會工作的領域十分廣泛，學校養成教育僅能提供基礎初階人才的培訓，專精的技巧往往需在實務工作中不斷繼續教育，除了社工知能之提升外，尚須瞭解服務對象之特殊性，具備相關不同專業的基本知識，以助於與其他團隊專業成員分工合作，共同協助病人達到最佳之康復成效。區域性精神醫療計畫實施後，其主要目的為人才培訓、機構輔導及緊急醫療網絡建制，因而心衛社工得以運用政府資源長期推動專業繼續教育，目前雖尚未能納入醫事人員，但一直是精神醫療團隊之重要成員。

（二）參與心理衛生相關政策與法案的制定

臺灣「精神衛生法」修訂清楚賦予精神醫療團隊的角色與任務，心衛社工師應該積極參與各項精神醫療相關法案的制定，例如精神衛生法、醫院人力設置、醫院評鑑法規，在「精神醫療及心理衛生政策綱領」中的國家推動心理健康及精神衛生政策方向等，提出專業角度的意見、主張與說帖，主動說明心衛社工師的專業角色。社工師重視弱勢者的權利，更應將豐富的經驗，轉成文字，形成服務架構，將實務工作與理論、法規結合，擴大在該領域的參與度與影響力。

（三）發展有實證基礎的服務模式與成效評鑑

心衛社工對於建構專業服務模式、成本計算與成效評鑑方面知能比較不足。當實務發展缺乏理論支持，容易淪為例行公事，未來心衛社工要有能力發展以實證為基礎的服務模式、提出具體的成效評估工具，以提升專業獨特性的地位，才是專業定位與奠定權力的基礎。專業的成長必須結合研究與理論，在協商時提出支持的證據，爭取提高收費點數與項目。社工專業不因其慈善角色而迴避成效的檢核，透過理論與服務成效的建構，將有助心理衛生社工朝專業化發展。

（四）在醫療取向模式下，突顯社工平權的治療觀點與臨床價值

在後現代思潮中，服務使用者的觀點愈來越受到重視，強調醫病間的信任關係、選擇權、與權力，服務提供者應著重於照護（care）而非控制（control）（Wu, Yang, and Chen, 2021），強調增權實踐、優勢觀點、互助團體、自我覺察與反思等作法，促進服務使用者對於治療過程瞭解更多治療復健訊息，並促使服務使用者更具有參與決定權，此與社會工作價值理念契合之理論，並依這些取向理論發展出評定各種形式之處遇計畫，方能不受限於病態取向的醫療模式，形成社工基於信念之實踐。心理衛生專業人員要能提供生理因素誘發疾病的相關衛教課程，以及促進照顧者對於環境資源的瞭解與運用是必要的（Wu and Chen, 2016）。

（五）治療關係的轉向

在朝向增權實踐的過程中，工作人員、病人、和家屬關係中，權力是被重新分配的，共同創造出雙方協商的過程，相互依賴、互補、平等、民主。心理衛生工作者能帶來疾病患者與家屬的希望感，但亦可能造成他們的無力感與依賴性（Wu, Yang, and Chen, 2021），聯盟關係即是工作者與精神障礙者間有雙向溝通，彼此皆是開放、合作和同理，見面的程度、頻率、議程、目標由雙方一起決定，使用雙方各自的專精、優勢、知識和技術，一起辨識、評定和解決問題（Wu and Chen, 2016；Chen, Wu, and Huang, 2014）。而關係聯盟能影響長期的治療與社區復元結果，包括就業、心理健康狀況、與社會功能（Marsh, Angell, Andrews, and Curry, 2012）。

（六）運用與學習結合資訊與通訊科技 ICT（information and communication technology，簡稱 ICT）治療的方法

世界衛生組織（WHO）已定義 eHealth 為「應用資訊與通訊技術（ICT）在醫療及健康領域，包括醫療照護、疾病管理、公共衛生監測、教育和研究」。WHO 認為 eHealth 可以增進醫療的可近性和降低醫療成本，尤其對開發中國家和弱勢群族有更深遠的影響（衛生福利部，

2019）。臺灣推動全民健康保險制度，為降低國家社會資源的負擔，疾病照護的方式由集中式的醫院照護走向分散式的社區照護、居家照護，經由結合資訊與通訊技術（ICT）之電子化、行動化方式，來降低人力需求、病患於醫院併發感染的機率與治療便利性。先進國家越來越重視以 ICT 預防或協助治療精神疾患者，如：芬蘭的研究中心已發現如何運用 ICT 協助思覺失調者治療（Kauppi, Välimäki, Hätönen, Kuosmanen, Warwick-Smith, and Adams, 2014）或協助有精神狀況的青少年就學、澳洲 SANE 研究中心（2012）發現 ICT 對於精神疾患管理生活、幫忙克服疏離、及上網自助求助等方面有成效性。Breslau and Engel（2015）整理文獻也發現 ICT 迅速變革已運用在健康行為問題上，如憂鬱症、創傷後壓力症候群、以及物質濫用的預防與治療方面。隨著精神慢性病自我管理的廣泛發展，臺灣精神醫療 ICT 的運用，未來能結合精神障礙者的自我管理概念規劃，這項應用程式可以擁有不同的版本，結合衛生署各大醫院、精神專科醫院的優勢等資訊，透過手機或平板電腦下載，免費使用 APP 以獲得這方面最即時的資訊，提供服務使用者自我監測、預防、治療。精神醫療社工未來也需具備 ICT 能力並能跨專業合作以因應社會變遷，同時也需注意因運用科技產品產生的倫理議題與陷阱（Perron, Taylor, Glass, and Margerum-Leys, 2010）

結　語

　　WHO（2011）定義健康為：健康不僅是沒有不衰弱，而是身體、精神、與社會各方面都安好，強調「幸福才是健康」的理想。在心理衛生社會工作領域中，歷經多世代的社會問題、當代的政策變革、與專業性層面挑戰，不斷運用理論與實踐模式提供給具有心理衛生需求的多元族群，最佳實務服務，達到提供的精神。心衛社工特別強調人本精神與自主性的理念，但需面對以社會控制為主體的精神醫療政策、強調專業權威服務體制、以及重視公共利益為主的集體式亞洲文化時，因心衛社工師重視個案本身的利益（self-interest）與自主性，故其面對的挑戰與矛盾也相對明顯。此外，受到後現代社會工作解構的觀點影響，傳統服務現象也不斷受到質疑、評價、顛覆與瓦解，藉此也更能讓心衛社工師敏感到脈絡的思考

面向與如何拓展弱勢邊陲族群的聲音，秉持專業理念與精神提供服務。心衛社工服務族群及領域廣泛與多元，從兒童到老人，醫療機構至社區等，都應積極運用多方處遇策略，重視平等、合作與增權原則，致力於發展生活壓力因應之自立與自我照顧能力，提升自我效能，促進服務對象社區生活的幸福感與安定感，非僅止於疾病或問題行為的矯正與治療。

問題與思考

1. 面對心衛社工服務領域與對象日益多元性，社會工作者如何增進服務知能與技巧？

2. 當服務對象與專業理念或價值衝突，感到兩難，心衛社會工作者如何自我省思以提供最佳服務？

3. 在跨專業領域合作上，你覺得心衛社會工作者面臨的挑戰為何？又未來拓展方向為何？

建議研讀著作

1. 葉錦成（2011）《精神醫療社會工作：信念、理論、和實踐》。臺北：心理出版社。

2. 吳慧菁（2019）〈第二章臺灣社區心理衛生〉，收錄於吳日嵐、楊劍雲主編，《社區精神健康服務及輔導工作——復元導向》。商務印書館。

第12章
家庭社會工作

鄭麗珍 |

前　言

　　家庭是個人最初級的社會化團體，個人從出生、成長到終老，家庭也是社會體系運作賴以建構的基石，是個人人際關係發展的基點，個人經由個別家庭的關係網絡與另一個家庭或更大的社會網絡（鄰里社區、社會機構、政府組織等）產生關聯，建構自己與家人在社會體系中的身分地位。

　　在傳統的華人社會裡，「家庭」是社會體系中最重要的社會組織，舉凡一切政治、經濟、教育、宗教及娛樂等社會制度無一不與家庭組織發生關聯，個人所在的「家庭」人倫關係網絡不只是父母與子女的直系血緣關係，更擴展到數代直系與旁系的「親戚」或「家族」關係，而社會與國家不過只是家庭組織的延伸而已（蔡文輝，1987）。正因濃厚的家族主義盛行，除了大災變或救飢荒等大型賑災行動會由政府介入外，個人的經濟匱乏或家庭關係的問題大多是靠著「家族」裡非正式的社會支持網絡來提供協助或出面解決，政府的社會政策介入有限（葉柏均，2014）。

　　然而，在近年來快速的社會經濟和政治環境變遷的衝擊下，「家庭」已無可避免的受到牽引而產生質量上的變遷，例如長期趨勢資料顯示，家庭的組成規模因為人數而變小，家庭結構趨向於核心化、多元化，家庭功能與支持網絡也逐漸減弱，但家庭卻面臨社會變遷帶來的各式各樣的新困境與新挑戰，家庭功能因此變得較為脆弱（vulnerable），個別家庭已無力單獨因應所有成員的發展與適應需求，家庭成員之間的關係也面臨前所未見的挑戰與壓力（鄭麗珍，1997）。為了因應家庭變遷的新建構與新需求，政府在 1990 年代通過 10 個以上有關家庭成員生活福祉的社會福利政策與立法，宣示政府要動員社會整體的資源來補充、支持與替代家庭的照顧功能（林萬億，2002）。然而，受到根深蒂固的傳統家族意識型態之影響，這些福利法案的通過並不必然表示政府回應與支持家庭需求的責任，反而更強調家庭自給自足、親屬照顧責任等傳統的價值，對於家庭日益薄弱的功能並無助益（許雅惠，2000）。

　　「家庭社會工作」傳統以來就是社工專業實施的主要領域之一。過去受到傳統家庭觀念之影響，認為只有沒有家的人才需要外來的協助，加上「家醜不可外揚」的價值觀，家庭尋求外來的協助並不普遍（謝秀芬，2011）。直到 1998 年的家庭暴力防治法及 2003 年的兒童及少年福利法的

通過，才打破「法不入家門」的限制，這些政策強調增強家庭支持功能、改善家庭關係的主張，「與家庭工作」的方法或取向才逐漸受到重視（謝秀芬，2011）。晚近，行政院於 2017 年 2 月 26 日核定「強化社會安全網計畫」，強調服務介入的焦點由「以個人為中心」轉變成「以家庭為中心」，建構「以家庭為中心、以社區為基礎」的服務模式（衛生福利部，2018）。

　　本文的文章編排將先描繪臺灣近年來變遷中「家庭」的樣貌，引領讀者認識與理解家庭所面對的困境與需求；接著，本文將說明臺灣「家庭社會工作」的實施範疇，例如家庭政策的回應行動與障礙、家庭服務與臨床工作的實施內容與議題；最後，本文將探討「家庭社會工作」實施的方向與挑戰，期待能提供有興趣於「家庭社會工作」的實務工作人員一個參考。

第一節　變遷中的家庭形貌

　　「家庭」是「家庭社會工作」實施的中心焦點與主要場域，所謂「家庭」指的是什麼呢？由於每個社會文化發展的軌跡不盡然相同，其對「家庭」建構各有其自己的期待和規範，例如有些社會鼓勵一妻一夫制，有些社會則贊成一夫多妻制；有些社會承認同性戀者所構成的婚姻關係，有些則只准許異性戀者通婚，樣貌相當多元，有時甚至具有爭議性的。儘管家庭樣貌各不同，每個社會對自己所保有的家庭制度，不但視為理所當然，並竭力維護制度的持續性。因此，如果家庭受到社會變遷的影響而發生改變，勢將引起該社會的大部分民眾感到不習慣與不適應，積極期待與維護固有的家庭價值，而新興的家庭形式也常被視為解組的、不正常、不適合的社會組合，而予以偏見對待。

　　要定義「家庭」時，所依據的參考架構為何呢？在傳統上，華人社會所指的「家庭」有時與「家族」兩名詞交替使用，泛指親屬血緣關係所建構的人際網絡，如張家、李家等；而所謂的「小家庭」通常指包括一等親的父母、夫妻與子女，且以父親家族的姓氏或血緣為主軸。在人口推計的學術領域裡，經常提到「家庭」（family）和「家戶」（household）的名詞，「家庭」指的是「親屬單位」，通常是二人以上而具有血緣、收養或婚

姻關係的，而「家戶」指的是「社會經濟單位」，通常是一人或多人，不論有無親屬關係，居住或集居一處，從事生產、消費等生活事項；「家庭」不能包括兩戶或多戶，如果分戶，就必須分家，反之，「家戶」可以分成兩個家庭單位（陳信木、林佳瑩，2017）。

臺灣各項社會福利法案率涉到「家庭」這個單位時，其界定大多是立基於因合法婚姻或親屬關係而組成的法律意涵之「家庭」。例如根據我國「民法親屬篇」第六章第 1122 條，「家」指的是：「以永久共同生活為目的而同居之親屬團體。」呂玉瑕（1995）討論「家庭變遷與民法親屬篇之修訂」時，指出臺灣過去的民法對於家庭與家庭關係的法律範定，深受傳統的宗族組織與家庭倫理規範之影響，包含婚後居住、妻冠夫姓、子女從父姓、家庭財產繼承等的「父系傳承」規定。但是，在 1994 年大法官所做的第 365 號釋憲，宣布民法 1089 條「父母對於權利之行使意思不一致時，由父行使之」違反憲法有關男女在法律上一律平等的原則，開啟民法後續有關婚姻關係的雙方約定、女性財產自主權、子女最佳利益等的修法，修正了上述「父系傳承」的各項規定。更進一步，臺灣在 2019 年 5 月 22 日由政府頒布「司法院釋字第 748 號解釋施行法」，允許同性婚姻的結合，其相同性別之二人，得為經營共同生活之目的，成立具有親密性及排他性之永久結合關係。至此，臺灣所謂的法律意涵下之「家庭」樣貌，逐漸趨向於性別平等和多元家庭的組合。

然而，即便法律意涵下的家庭定義產生變遷，但臺灣社會的家庭制度之運作仍不免受到家族主義之影響，以父權主義式家庭制度為主流。例如 Thornton and Lin（1994）在「臺灣社會變遷與家庭」的研究中指出，為了維繫中國家庭香火的薪傳，家中長輩因此強調教育後代重視祖先崇拜與祭祀以維持孝道規範，並由此建立一套以父系為主軸而衍生的家庭權利義務，透過互惠交換、相互扶持的人際網絡，來保證家庭關係的長久持續。齊力（2003）探討華人社會的「個人主義、家族主義及集體主義」的關係時，指出華人社會基本上是依循家族主義的邏輯運行，強調個人認同與獻身初級團體的家庭，而不是強調社會團體認同與獻身的集體主義社會，也不是強調普遍自我中心的個人主義社會。另外，陳昭如（2013）指出近 20 年來，婦運修法改造父權婚姻家庭法律的努力，強調「以中性待遇取代男女差別待遇」和「以私人自由協商來取代國家強制」，但目前多數小孩出生登記仍從父姓、多數妻子仍從夫居、多數外國妻子歸化我國國籍

（從夫）等，法律改革與社會實踐之間似乎存在明顯的落差，顯示性別平等受到根深蒂固的父權主義之意識型態所主宰，性別的實質平等仍有改善的空間。

除了家庭的定義外，最值得注意的是「家庭」組合和形貌上之變遷。大致來說，今日臺灣家庭的組合上大概歷經下列三項明顯的變動趨勢，說明如下：

一、家庭的人口組成逐漸縮小

根據陳信木、林佳瑩（2017）對家庭結構發展的推計資料顯示，臺灣的家戶組合受到婚姻與生育兩面向的巨大變遷，每戶人口數正在逐年遞減中，家庭正逐漸縮小中。該資料指出，在 1946 年時，臺灣戶籍資料顯示平均家戶規模為 6.09 人，應是傳統的大家庭形式；隨著戰後社會經濟穩定發展，1970 年以前，人口快速成長，家戶數量也同時成長，但當時的平均戶量仍維持 5.5 人；但 1970 年的人口快速轉型，臺灣家戶數量持續成長，但平均家戶人口數已從 1970 年的 5.60 人降至 1990 年的 4.00 人，到了 2015 年僅剩 2.77 人。在家庭人口數的逐漸縮小、家戶數量成長的情況下，未來 4 人家戶將從 1990 年的 22.15% 降至 2050 年的 12.06%，而 2 人家戶則將從 1990 年的 10% 增至 2050 年的 36.11%，家庭人口數的組合趨勢對於家庭成員之間的照顧功能產生不小的衝擊（楊靜利、董宜禎，2007）。

二、家庭結構趨向核心化、多元化

臺灣在有關家庭結構方面的學術文獻，主要見之於社會學者與人口學者的研究成果，相當的豐富。首先，從家庭成員間的代間關係來看，家庭結構大致可分成三大類，擴大家庭（extended family）、主幹家庭（stem family）與核心家庭（nuclear family）三大類（楊靜利、董宜禎，2007）。傳統上，所謂的理想家庭形式是一種五代同堂、多子多孫的「擴大家庭」，但許多人口學者證實，中國歷史上的擴大家庭形式在臺灣社會中其實並不普遍，反而是三代同堂包括父母、已婚子女、及其未成年子女所組成的「主幹家庭」最為普遍（杜正勝，1982；齊力，1990；蔡文輝，

1987；賴澤涵、陳寬政，1980）。然而，近年來，臺灣的家庭結構似乎逐漸趨向核心化，亦即一父一母與其未婚子女同住的「核心家庭」。許多人口學家運用各種調查方式或次級資料分析，證實了自 1960-1970 年間臺灣地區的核心家庭形式已經逐漸取代主幹家庭成為主流的家庭結構類型，未來更成為主要家庭形式（Gallin, 1966；黃俊傑，1981；楊靜利、董宜禎，2007；謝高橋，1980）。楊靜利、董宜禎（2007）進一步指出，臺灣戰後的老年人之居住安排仍與子女同住為多，但真正的核心化則是發生在晚近經濟發展後，老年人與子女同住比例逐漸緩慢下降，老人與子女同居的主觀意願改變，同居的子女數量大幅下降，這項變遷似乎更能解釋晚近「家庭核心化」的趨勢。

除了家庭核心化的變遷外，另一項頗為令人注目的變遷就是非傳統家庭型態的新建構與成長，例如單親家庭、同居家庭、同性戀家庭、好友同住的另類家庭（alternative families）、替代性家庭（substitute families，例如寄養家庭、安養機構等）等，相當的多元化。其中，單親家戶的成長將隨著離婚率升高而逐年增加，例如 1990 年的單親家戶比例為 4.43%，到了 2050 年將高達 20.05%；由於女性單親再婚率較低於男性單親，女性單親家戶的增加比例更快，兒童經歷女性單親家庭生活的歷程有可能較長，對於生活於期間的家庭成員必然有一定之影響（楊靜利、董宜禎，2007）。

三、家庭支持成員的功能減弱

早期人類學家 Ogburn 與 Tibbits（1933）在建構家庭的功能時，指出家庭對其成員具有經濟、保護、教育、宗教、娛樂、地位取得（status cognition）與情感支持等功能，但謝秀芬（2011）主張，今日的「家庭」受到社會變遷的影響，傳統家庭原有的各項支持其成員的功能已逐漸為社會的教育制度、法律制度、司法制度、醫療制度、勞工保險制度、警察制度等取代，只剩下最基本的夫婦結合、子女社會化、情感支持等無法替代的家庭支持功能存在。因此，家庭這個生態系統一旦受到來自外在社會、經濟、政治環境變動的影響，以及受到來自家庭內部的關係變化壓力或遭遇特殊危機事件，在缺乏足夠的因應資源和適當的個人因應策略下，家庭勢必經驗到危機的易脆性（vulnerability）而走向家庭緊繃或家庭解組之路（周月清，2001；謝秀芬，2011）。

綜合來說，過去 30 年來臺灣地區明顯的家庭變遷趨勢，家庭因應或抵擋外來的壓力之能力也將減弱，家庭因此變得較為脆弱（vulnerable），勢將影響其支持成員發展與適應所需資源的提供能力。

第二節　現代家庭所面對的挑戰與需求

隨著家庭組成規模變小及其支持功能減弱，家庭成員之間的關係也面臨前所未見的挑戰與壓力，例如女性的勞動參與與家庭照顧的平衡、離婚率升高與單親家庭的形成、家庭暴力事件頻傳等三方面的議題，亟需外來的介入服務。

一、女性參與勞動與家庭照顧的平衡

根據勞動部（2018）的資料顯示，臺灣地區的女性在 1997 年的勞動力參與率為 45.64%，到了 2007 年增加到 49.44%，2017 年增加到 50.92% 的比例，女性總勞動力參與率呈現緩慢成長；從年齡分布來看，女性在 45 歲以後勞動力參與率下降明顯，詳見圖 12-1。然而，這股女性勞動力參與率的增加趨勢引人關注的不只是整體女性人力資源所發揮的成果，更是有關家庭內的角色分工，與家庭內依賴成員的照顧保護。

（一）家庭內的角色分工

首先，呂玉瑕（1996）探討〈兩性的角色分工與家庭發展〉的議題時，指出臺灣社會在 1950 年以前屬於所謂的「家庭維生經濟時期」，保留了相當程度的農業社會形貌，女性雖然也投入家庭的生產工作但仍以養育子女與家庭勞務為主，在家庭內仍維持「男主外，女主內」的刻板化兩性分工型態；在進入 1970 年後，隨著工業化腳步的快速發展，勞動力需求殷切，婦女投入勞動力市場增加，進入所謂的「經濟薪資時期」，婦女雖也分擔家庭生活的支出，但女性仍普遍認同婦女的在家庭內的從屬地位。在〈社會變遷中的夫妻資源與家務分工〉一文中，時序來到 1990 年代，女性在後工業時代勞動力參與率提高、參與行業範圍也擴大，加上民主化

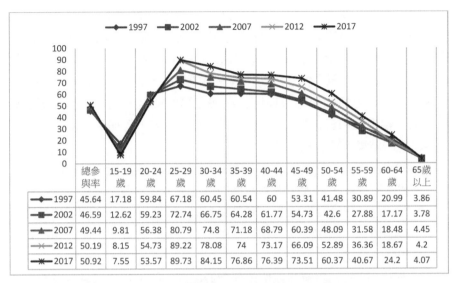

	總參與率	15-19歲	20-24歲	25-29歲	30-34歲	35-39歲	40-44歲	45-49歲	50-54歲	55-59歲	60-64歲	65歲以上
1997	45.64	17.18	59.84	67.18	60.45	60.54	60	53.31	41.48	30.89	20.99	3.86
2002	46.59	12.62	59.23	72.74	66.75	64.28	61.77	54.73	42.6	27.88	17.17	3.78
2007	49.44	9.81	56.38	80.79	74.8	71.18	68.79	60.39	48.09	31.58	18.48	4.45
2012	50.19	8.15	54.73	89.22	78.08	74	73.17	66.09	52.89	36.36	18.67	4.2
2017	50.92	7.55	53.57	89.73	84.15	76.86	76.39	73.51	60.37	40.67	24.2	4.07

圖 12-1　女性勞動力參與率按年齡分

與法律改革，傳統性別規範似乎鬆動，性別意識朝向性別平等的方向發展（呂玉瑕、伊慶春，2005）。

　　從時間軸來看，謝秀芬（1998）的調查顯示，男性本身並不那麼熱衷共享家事育兒的分工想法，他們認為子女三歲以前仍有 78.6% 是由育齡婦女自己照顧，而只有 0.2% 表示應由丈夫照顧，以致已婚婦女的就業，常是間斷性、臨時性或非規約性的，依循家庭生命週期的發展或家庭經濟狀況而定，不利其就業生涯之累積。呂玉瑕和伊慶春（2005）比較 70 和 90 年代的已婚女性和其丈夫在家務上的分工，發現在買菜煮飯、洗碗、清潔整理、買日用品、倒垃圾五項核心家務的參與狀況，初婚家庭中妻子仍然負責絕大多數的家務，丈夫參與的比例有增加，但丈夫參與的核心家務之增加主要是由「夫妻一起」負責的比例增加，而不是「丈夫單獨」的比例。

　　目前，臺灣有關雙薪家庭的家務分工或家庭角色的適應研究相當豐富，有些從家務事分工的時間來理解雙薪夫妻在育兒與家務事分工的合理性（伊慶春，1987；呂玉瑕，1994），有些則從影響其分工配比的因素來探討已婚男性參與家務的程度與意願，例如李宜靜（1990）、林慈航（1992）、林玉靖（1997）、張家瑜（1996）、唐先梅（1998）、李美

玲、楊亞潔和伊慶春（2000）、呂玉瑕和伊慶春（2005）、張晉芬、李奕慧（2007）等的研究調查，也有些進而以分工的配比探討婚姻關係的滿意情形，例如何委娥（1992）、古君智（1993）、唐先梅（1999）等的論文。上述的研究發現大多是以女性觀點為主要的調查對象，尚有一些研究調查則從已婚男性的觀點來理解其參與家事的態度，例如王行與莫藜藜（1995）、賴爾柔和黃馨慧（1996）、王舒芸（1996）等研究。綜合來說，這些研究的結果大致包括幾項：

1. 即使已婚女性全職工作，其丈夫在家事的參與上隨著年代的發展，雖略有進步，但大多數的家務仍以妻子主責為多。

2. 即使已婚男性參與家事，其選擇參與的工作項目仍有明顯的性別區隔的情形，例如洗衣服和帶孩子主要是女性的分工，而修繕主要是男性的分工。

3. 夫妻之間的相對資源地位差異對於家庭內的家務分工具有影響力，例如夫妻相對教育程度、夫妻相對在外工作時間、夫妻相對薪資所得、夫妻相對性別角色意識等因素，可以預測已婚男性參與家事的可能性。

4. 夫妻參與家務的時間長短對於婚姻滿意度並無影響，但夫妻對時間分配公平性的感覺愈強烈，對於婚姻關係的品質滿意程度愈易產生負面影響。

（二）家庭內的照顧與保護功能

傳統上，家庭的組成不但供養了家庭內的成員，對於家庭內的依賴人口（例如兒童、身心障礙者與老人）也提供了保護與照顧的功能。相對於「男主外」的男性在家庭外所從事的有償工作（paid job），這種由「女主內」的婦女所主責之「愛的事工」（loving care），大多時候是無償的，讓「男主外」的有償工作得以順利進行而無後顧之憂（England, 1992）。然而，隨著有偶婦女日益增高的勞動力參與率，在已婚男性又不積極參與家事的情況下，原來的家庭照顧與保護功能的分配也面臨挑戰。

首先，在兒童照顧方面，許多心理學的學說指出，兒童在身心發展的過程中，需要與其主要的照顧者發展足夠而安全的心理依戀（attachment），對於其未來成年後與他人建立良好而安全的人際關係具有

關鍵性的影響（張宏哲審閱，2018）。在臺灣，兒童的主要照顧者往往指的是母親。從主計總處（2017）所做的婦女婚育與就業調查報告來看，2016 年有工作的已婚女性，有 12.95% 因生育或懷孕而離職；而目前無工作的已婚女性，有 18.26% 曾因生育離職至今一直未工作，復職間隔平均 5 年 5 個月，這段時間的就業中斷是為了照顧未滿 12 歲兒童。再從衛生福利部（2020）的婦女生活狀況調查報告顯示，2019 年有配偶或同居婦女平均每日無酬照顧時間大約是 4.41 小時，家務為 2.22 小時，照顧家人為 1.96 小時，其餘從事志工服務，且此一無酬照顧時間是其配偶或伴侶的三倍之多；同時，婦女照顧家人以照顧未滿 12 歲兒童者最多，占了 24.2%，平均每日照顧 4.28 小時，需要照顧 65 歲以上家人者占了 9.8%，平均每日照顧 2.4 小時，需要照顧其他家人者占了 4.2%，平均每日照顧 2.38 小時。因此，有關未滿 12 歲兒童的家庭對於托育與照顧需求的服務供給量及品質要求，將會是家庭福利政策分析人員和兒童社會工作員需要關注的重要課題。

另外，隨著臺灣社會老年人口占總人口比例的逐年提升趨勢，有關老人的照顧與安養議題也成為許多家庭的新挑戰。衛生福利部（2017）的 106 年「老人狀況調查主要家庭照顧者調查報告」資料顯示，在訪談 65 歲以上人口的家庭照顧者 4,310 人中，主要家庭照顧者為女性的占了 60.98%，高於男性的 43.07%，其中以子女、配偶為多；主要家庭照顧者目前「有工作」占 31.77%，男性有工作比率為 41.53%，較女性 25.52% 為高。最後，衛生福利部（2016）的 105 年「身心障礙者生活狀況與需求調查報告」顯示，臺灣地區的身心障礙者人口在 2016 年 12 月領有身心障礙證明或手冊的人口約為 117 萬 199 人，其中有 9 成住在家宅中，僅有 5.22% 住在機構；住在家宅中，僅有 6.28% 獨居，其餘皆與家人同住，且有 56.41% 無法自我照顧生活起居，需要家人協助或居家服務，而其主要照顧者也以女性家人為多。

上述的統計資料在在顯示，家庭內的無償照顧工作之角色分工，不論是兒童照顧、老人及身心障礙者照顧，女性大多都是這些需要照顧者的主要執行者，女性的家庭照顧責任之擔負是值得重視的一個議題。

二、離婚率升高與單親家庭的形成

　　根據內政部（2021）的統計月報資料顯示，臺閩地區 15 歲以上人口的粗結婚率從 1981 年的 9.29%，逐年下降到 2001 年的 7.63%、2020 年的 5.16%，而粗離婚率則從 1981 年的 0.83%，逐年升高到 2001 年的 2.53%、2020 年的 2.19%，詳見圖 12-2。從長期來看，李美玲（1994）運用 1905 年以來的歷次人口普查資料分析 20 世紀臺灣地區人口婚姻狀況的變遷，發現已婚人口的比例在戰後已呈下跌情形，而婚姻解組的人口比例卻逐年增加，其中離婚者的增加比例較喪偶的人口比例更能解釋戰後人口的婚姻變動主因，且男女性皆然。在推估未婚率方面，楊靜利和董宜禎（2007）推估 2020 年的婚姻狀況，指出 30-34 歲的女性有近三成未婚，男性則有 27% 未婚，相較於 2005 年，未婚率已經緩慢增加了；另外，65 歲以上的女性不論是因為單身、喪偶或離婚，無配偶的比例高於男性。上述這些有關婚姻的變遷趨勢，也會影響到家庭內的人口組成變動及老年女性的經濟安全議題。

　　隨著離婚率的升高，臺灣的單親家庭形成呈現增加的趨勢。有關單親家庭的調查研究開始於 1980 年代，例如徐良熙和林忠正（1984）運用 1983 年的「臺閩地區勞動力調查」資料，估算臺灣的單親家庭約占總家

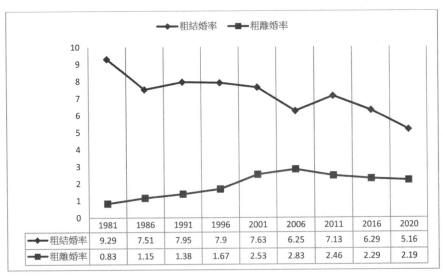

	1981	1986	1991	1996	2001	2006	2011	2016	2020
粗結婚率	9.29	7.51	7.95	7.9	7.63	6.25	7.13	6.29	5.16
粗離婚率	0.83	1.15	1.38	1.67	2.53	2.83	2.46	2.29	2.19

圖 12-2　歷年來的結婚率和離婚率的趨勢

戶的 8.09%。林萬億（1992）以臺北市的離婚喪偶和非婚生人口資料占總人口比例，推估臺北市有 10% 的家戶為單親家庭。而薛承泰（1996）和謝美娥（1998）運用 1990 年的人口普查資料，推估臺灣單親家庭比例約占全部家庭戶數的 6.5% 或 7.44%。薛承泰（2002）再次以 1990 及 2000年的普查資料，及 1991-1999 年家庭收支調查之資料，發現以狹義的單親兒少（未婚、離婚、分居及喪偶）比例來看，1991 年約 4.49%，1999 年則約 5.53%。另外，楊靜利和董宜禎（2007）運用 1990 年的普查人口資料，推估女性變成單親的機率將從 4.43% 增加到 2050 年的 20.05%，指向因為女性單親的再婚率低，以致女性單親家庭的組成比率較高。而陳信木和林佳瑩（2017）的家庭結構之推計，也指向單親家庭在 2017-2030 之間的數量將成長 28.35%，其中以女性單親戶長的增加更明顯。整體來看，單親家庭的比率逐年增加，女性單親家庭的增加比率高於男性單親家庭。

　　華人社會一向重視和諧的人際關係，尤其是在傳統婚姻關係的美滿維繫更視為人生的美好結局。離婚代表婚姻關係的結束，對離婚者或其子女、家人都是一種壓力的經驗歷程。早期的單親研究聚焦於女性單親的適應問題，例如林蕙瑛（1985）和謝麗紅（1991）的調查顯示，離婚事件造成離婚婦女在生理上、心理上及認知上的負向影響。晚近的研究則聚焦於女性單親家庭生活適應的問題，例如彭淑華（2005）的研究發現，受訪的女性單親自陳經驗經濟不安全或匱乏感、子女教養負荷、人際關係網絡改變、遭到社會歧視、生活孤立及身心煎熬、居住安排受限等景況。謝玉玲、王舒芸和鄭清霞（2014）比較男女單親的處境差異，發現喪偶單親家庭與離婚單親家庭的生活適應、女單親和男單親生活情境皆呈現不同的圖像；其中含三世代的男單親家庭形式之比率高於女單親家庭的三世代組成，顯示性別的文化角色對於單親家庭的社會支持形成有影響，社會福利服務的設計似乎必須納入文化因素的考量。

　　離婚影響所及不僅是夫妻雙方的心理適應，也將影響幼年的家庭成員。例如不論年齡，孩子在父母的離婚前後會產生因應壓力的反應，而產生生活適應的困難，表現在其學業成就、行為表現、人際關係等方面（方慧民，1985；呂民璿、莊耀嘉，1992；李慧強，1989；陳怡冰，1992；鄭麗珍，2001；繆敏志，1990），其中男孩比女孩容易受到離婚不利的影響（李慧強，1989；張金圓，1990；傅安球、史莉芳，1995）。不過，晚近的一項長期追蹤研究卻帶來不同的研究發現。陳婉琪（2014）運用臺灣教

育長期追蹤資料庫（TEPS）進行分析，發現來自完整家庭的國中生之心理健康狀況（焦慮、憂鬱）主要是受到父母的婚姻品質所影響，父母感情不睦的家庭在雙親完成離婚手續後，子女的焦慮或憂鬱情緒反而減少，若父母離婚後仍持續衝突對於子女的心理狀態並未產生負面的影響，研究者稱之為「離婚的正效應」。

比較需要注意的是，在單親家庭的研究中，多項實證調查相當一致的發現單親家庭的經濟狀況相對於其他的家庭型態明顯的失利（吳昭明，1992；張清富，1995；童小珠，1992），而女性單親家庭比男性單親家庭經歷更嚴重的收入銳減問題（林萬億，1992；張清富，1995；童小珠，1992；黃乃凡，1995）。黃建忠（2000）運用1980-1995年的家庭收支調查資料分析家庭貧窮率，不論是官方貧窮線或中位數收入貧窮線的測量，發現單親家庭的貧窮率長期來看都比雙親家庭為高，女性單親家庭的貧窮率也比男性單親家庭高。根據王永慈（2005）的比較分析，從1990年至2001年之間，貧窮人口中的男女比例已經相互消長，女性人口在2001年超越男性；若比較男性與女性單親家庭的貧窮率變化，也可以發現女性單親家庭的貧窮率高於男性單親家庭，似乎隱含Pearce（1979）所謂的「貧窮女性化」（the feminization of poverty）之現象。雖則如此，李秀如和王德睦（2011）運用行政院主計處的家庭收支調查資料進行分析，發現生活於祖孫二代和女性單親家庭中的兒童，長期的貧窮率是各類家庭中最高的，但計入政府的公共移轉對於這兩類家庭的舒緩效果也明顯有效，顯示政府的社會福利扶助是有效果的。

三、家庭暴力事件頻傳

由於家庭結構的核心化、婚姻關係的不穩定、家庭的支持系統縮小，家庭的保護功能已無法負荷家庭變遷所帶來的壓力，家人彼此間的不當對待（maltreatment）事件頻傳。一般而言，家庭內的暴力事件依照社會福利法規與年齡層的不同，大致可分為兒童虐待、婚姻虐待與老人虐待等三大類，其歷年來的通報事件數量詳見圖12-3。根據衛生福利部統計處（2018）的資料顯示，2005年的家庭暴力事件的通報數約6萬多人次，到了2018年，通報件數已經超過12萬通人次，其中以親密關係暴力事件最多，占所有通報總數的50%以上，兒少保護事件居次，老人虐待事件的

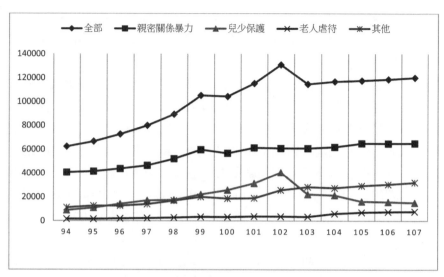

圖 12-3　家庭暴力事件的通報案件統計

發生率最低，顯示親密關係暴力事件是主要的家庭暴力類型。

　　首先，臺灣的親密關係暴力事件的盛行率到底有多高呢？王麗容和陳芬苓（2003）的電話調查中，發現臺灣地區 18-64 歲的 3,578 人受訪者一生中曾經有過婚暴經驗者為 17.38％，其中女性的受暴率是男性的 1.5倍。另外，潘淑滿、張秀鴛、潘英美（2016）的問卷訪談中，發現臺灣地區 15-74 歲的 529 位女性受訪者，曾經遭到親密關係伴侶（現任／前任婚姻配偶、實際伴侶、穩定交往約會對象）的暴力對待，過去一年的盛行率是 10.3%，終生的盛行率為 25%。整體來說，親密關係暴力的盛行約在10-17% 之間，終生的盛行率等於每 4 位受訪者終其一生就會有 1 位遭受親密關係暴力，不能說不嚴重。接著，陳質采（2016）立基於兒童保護個案的成案數對照於兒少人口數來計算兒少虐待案件的盛行率，資料顯示兒少虐待之盛行率從 2004 年的 0.15%，增加至 2013 年間的 0.38%，每年平均增加 11.63%，達到統計上的顯著水準，增加趨勢令人擔憂！

　　家庭暴力對於受害的家庭成員不僅對其身心造成直接的傷害，更可能間接波及所有的家庭成員。根據沈瓊桃（2005）針對臺北市 5、6 年級國小學童的調查資料顯示，約有 47.9% 的兒童曾目睹父母在言語上的衝突，23% 的兒童曾目睹父母在肢體上的衝突，其中有 12.7% 的目睹暴力兒童中表示自己也曾遭受父或母的肢體暴力，是家庭暴力的雙重受害者。

　　基於家庭暴力事件的私密性與敏感性，國內相關的研究大多採用質性研究取向來探討受虐事件的態樣、發生的原因與影響、受虐者的處境與需求等議題，摘述如下：

（一）婚姻暴力事件的當事人散布在各個教育程度中，並非專屬於低社經地位族群中的不當對待問題（陳若璋，1992）；婚姻暴力短期會對受虐者造成輕重的生理傷害，甚至傷害致死，對心理方面則造成受虐者震驚、害怕；如果經歷婚姻暴力事件，除了身體的傷害外，受虐者會感受到高度壓力、絕望、悲憤、自卑，甚至經驗所謂的「習得無助感」（learned helplessness）而沒有能力脫離受暴的命運（梁淑卿，1997；陳若璋，1992；陳婷蕙，1997）；

（二）婚姻暴力事件不僅對當事人有影響，對於目睹父母暴力相向的兒童也會產生短期與長期的身心理影響（余漢儀，1995）；目睹家庭暴力的兒童少年對其內向性和外向性問題行為具有預測性的影響（曾慶玲、周麗端，1999），目睹經驗與受虐經驗的雙重傷害兒童之內向性行為及外向性行為顯著高於其他兒童（沈瓊桃，2005），甚至有高可能性發生自我傷害行為（董旭英、譚子文，2011）；

（三）兒少虐待與疏忽事件的發生成因並不單純是家長或照顧者本身的照顧能力問題，也經常夾雜著兒童少年本身的不易照顧的問題，例如兒少本身有偏差行為、身心障礙、過動症等，進而引發家長或照顧者的不當管教或親職挑戰（鄭麗珍，2015）；不管成因為何，對兒少的不當對待在其不同層面的發展階段上會造成短期或長期的影響，例如身心上的傷害、人際互動的困難，甚至嚴重到致死或嚴重腦傷（鄭麗珍，2015）。

第三節　家庭社會工作的定義與家庭政策的內涵

　　從以家庭為中心的介入體系來看，「家庭社會工作」的實施範疇大致包括了家庭政策、家庭服務與臨床工作等三個層次的運作，而家庭服務牽涉輸送機制的設計，以家庭為中心的臨床工作則重視直接服務的介入處遇，但兩者的實施大多都是立基於家庭政策的制定與規劃。本章節將先介紹家庭社會工作的定義，接著說明家庭政策的概念和臺灣的家庭政策

發展。

一、家庭社會工作的定義

目前國內有關「家庭社會工作」的定義如下。

（一）周月清（2001）在《家庭社會工作：理論與方法》一書中提出所謂的「家庭社會工作」，就是「凡以社會工作方法或理論，並以家庭為中心及維護家庭的完整，視家庭為一個整體（wholeness）及顧及到家庭中每一個成員的需求，提供各項家庭服務，以從事各項社會問題之解決。」

（二）謝秀芬（2011）在其《家庭社會工作：理論與實務》一書中指出，凡採取社會工作方法與理論，在家庭社會工作的過程中，以家庭整體為核心所提供的家庭協助工作，不僅協助家庭本身及家庭成員，同時也需要關注家庭成員與外在環境系統間的連結。

（三）林萬億（2013）在《當代社會工作：理論與方法》一書中提出，以家庭為核心的取向是將個人放在家庭的脈絡下來處理，視家庭為一個系統，假設家庭是全體成員的支持者，任一成員均應被納入家庭整體思考，而非單獨以某一個成員的利益來看待家庭整體。

簡言之，家庭社會工作的介入特色就是以家庭整體為服務對象，即使是評估或滿足個別家庭成員的需求也放在家庭的脈絡中來看待，協助家庭中的成員在家庭與其所在環境的脈絡發揮個人與家庭的生活功能。

二、家庭政策的概念

Kamerman 和 Kahn（1978）指出「家庭政策」事涉許多不同類型的家庭範疇，牽涉許多不同類型的政府政策，很難釐清「家庭政策」的概念與範疇。這兩位學者因此定義「家庭政策」是政府「對家庭」與「為家庭」所做的任何事務都是家庭政策的範疇；但依政策牽涉家庭事務的明顯程度又可分為：（1）明確的家庭政策（explicit family policy），指的是政府有計畫的「對」和「為」家庭做事以達到明確的目標，例如社區照顧、兒童福利、家庭計畫、所得維持、稅捐給付等；（2）隱含的家庭政策（implicit family policy），指的是不特別為了支持家庭而提出的特定方案或

政策，但間接的影響家庭的運作，例如鼓勵婦女就業、貿易與關稅法規、增進工業設施等。相對於關注個人，Bogenschneider（2006）主張家庭政策指的是立基於「家庭觀點」所制定的社會政策，指的是任何關注到影響家庭福祉（family well-being）的各種制度措施，只要能夠促進家庭穩定、家庭關係的穩定，家庭成員的角色職責得以發揮的政策皆屬之。

家庭社會工作的實施在政策的層次上若是重視以「家庭」為中心，則其主政者就會運用公共的轉移給付與服務提供來增強與支持家庭的功能（Allen and Petr, 1998）。早期的西歐國家實施家庭政策的終極價值在考量維繫種族的生存與安全，推出與家庭有關的普及性社會安全體系以鼓勵生育與保障家庭經濟安全，英美國家則以平等的議題為核心，重視不同家庭間的所得分配、家庭內的性別平等與多樣的家庭生活形態之平等議題，透過公共轉移給付與服務給予支持家庭的照養責任（Zimmerman, 1995）。隨著家庭成員的多元需求，家庭政策的制定主是要發揮下列四個功能：形成家庭（婚姻或離婚、收出養、替代性照顧等）、經濟支援（基本生活所需）、家庭養育（照顧下一代）、家庭照顧（身心障礙和老人的照顧）（Bogenschneider, 2006）。

三、臺灣家庭政策的發展

基於「家醜不可外揚」、「清官難斷家務事」等家庭價值觀，家庭事務一向被視為「私領域」，不宜由外來的人插手介入。因此，從福利資源與政府介入來看，臺灣和韓日等東亞國家的福利發展大多屬於「低度發展」與「支持發展」特色的福利制度，其特色包括：政府的公共支出仍低、強調家庭為主要福利提供者、高的個人福利責任承擔、較大的差別福利待遇、福利階層化不若西方社會高等（李易駿、古允文，2003）。

在推動家庭政策方面，除了憲法中有關社會安全的相關規定外，臺灣首次提及「家庭政策」的目標必須回溯自 2002 年全國社會福利會議的決議，建議政府訂定支持家庭的政策，內政部在 2004 年納入「社會福利政策綱領」中，即為「三、支持多元家庭：各項公共政策之推動應尊重因不同性傾向、種族、婚姻關係、家庭規模、家庭結構所構成的家庭型態，及價值觀念差異，政府除應支持家庭發揮生教養衛功能外，並應積極協助

弱勢家庭,維護其家庭生活品質。」(簡慧娟、黃伶蕙、黃建昇,2017)
2013 年行政院衛生福利部成立,社家署有感於少子化、高齡化、婦女勞
動力參與等興起的新社會需求,進行家庭政策的修訂,於 2014 年發布,
聚焦於訂定友善家庭的政策,並提出 83 項行動措施(簡慧娟、黃伶蕙、
黃建昇,2017)。然而,這些家庭政策的目標訂定仍然停留在「綱領」的
性質,而非法律,僅具有政策宣示的意義,實際推動的行動仍然要回歸各
項特定人口群的福利專法,例如家庭暴力防治法或兒童少年權益保障法,
才能具體的落實推動。

　　近年來,社會發生重大殺人、家庭暴力或兒虐致死及殺子自殺等事
件,究其成因涉及多元的家庭適應問題,例如貧窮、失業、毒品、心理衛
生、家庭失序和失功能等,行政院在 2018 年 2 月 26 日核定「強化社會安
全網計畫」,作為政府相關單位推動服務體系整合及補強的依據。社安網
計畫強調社會安全網服務介入的焦點,採取「布建社會福利服務中心整合
社會救助與福利服務」、「整合保護性服務與高風險家庭服務」、「整合加
害人合併精神疾病服務」與「整合跨部會服務體系」四大執行策略,期能
達到「家庭社區為基石,前端預防更落實」、「簡化受理窗口,提升流程效
率」、「整合服務體系,綿密安全網絡」三項目標。

　　最後,臺灣在 2014 年公布並施行「兒童權利公約施行法」,將國際
法正式國內法化,經由 2016 年公布首次國家報告、2017 年完成首次國家
報告國際審查、2018 年政府各部會和民間團體討論出來的「全面性國家
行動計畫」,都顯示臺灣政府將盡力為兒童少年營造良好的發展環境(簡
慧娟、蕭佩珊,2018)。在這些討論中,政府正在努力達成「不與父母分
離原則」,即使必須採用替代性照顧,仍應制定支持及強化家庭環境為主
的替代性照顧,特別是以親屬安置為優先(簡慧娟、蕭佩珊,2018)。雖
然,兒童權利公約法制化,有待政府配置足夠的資源來加以落實,但法制
化增強其社會政策行動的可落實性。

第四節　家庭社會工作實施的知識體系及實務運作

　　從微視的觀點來看，家庭固然是社會整體所賴以運作的基本單位，受到其外在制度體系與社會資源多寡的影響，但從鉅視的觀點來看，家庭整體的運作有賴其中個別成員的認同與參與，而家庭整體的運作也將影響個別成員的家庭生活功能發揮。本章節將先介紹「家庭社會工作」實施之知識體系，接著討論目前「家庭社會工作」的實施情形，包括家庭服務與臨床工作。

一、家庭社會工作實施的知識體系

　　國內有關家庭中心實務的論述大致上都是參考 Hartman 和 Larid（1983）的 *Family-Centered Social Work Practice* 一 書。 例如謝秀芬（1986）在《家庭與家庭服務》一書中，提出「家庭」本身就是一個生態系統的觀點，由此探討家庭與環境間資源失衡所導致的家庭問題，建議政府成立公私立機構來提供一連串的服務來支持家庭生活功能及適應上的問題。Hartman 和 Larid（1983）認為個人之所以會產生困擾或經驗問題是源於所在環境中的資源缺乏、系統之間的交流失功能，並非簡單的單一因果關係所致，也非個人的病態，而具體遭遇的困難大致有下列三類：經歷生活變動與生活壓力事件的困難（difficult life transition and traumatic life events）、來自環境的壓力（environmental pressures）和人際歷程的失功能（dysfunctional interpersonal process）。因此，她們主張「以家庭為中心」的社工實務，相信家庭的部分系統之改變可以帶來整體家庭系統的變化，而改變的動力在個人的生活經驗、所在的自然系統與正式的網絡之中。在進行家庭評量（family assessment）時，她們建議實務人員可以將「家庭」切割成三個範圍來看待，包括：家庭內在系統評估（inner system assessment）、家庭生命週期（assessment in time）及生態評估（ecological assessment）。在介入行動（intervention）方面，她們則建議可以由兩個角度切入家庭的脈絡來進行改變的行動，一是運用「家族治療」的取向來重塑或重構個人的認知及家庭關係的內在系統或代間互動（intergenerational system），二是採用「個案管理」的方法整合案主所在的生態資源系統，其最終的目的是在降低家庭中個別成員間的衝突關係、恢復家庭與其所在生態環境間的失衡交流，因而使家庭生活功能得以圓滿，達成個別成員的身心發展與生活功能的發揮。簡言之，生態系統取向的「家庭社會工作」實務工作，除了聚焦在家庭內個別成員間的人際關係層面外，也重視家庭組成發展的生命軌跡與代間關係，更強調家庭及其成員在大社會內的制度體系脈絡與社會資源的網絡關係。

　　隨著近年來婚姻暴力事件的頻傳，強調家庭系統失衡或失功能的知識體系似乎無法解釋女性高比例的受暴事件發生，而強調改變家庭整體系統也無法滿足個別家庭成員的需求，強調家庭內性別角色經驗獨特性的女性主義觀點成為另一項「家庭社會工作」實施所依據的實施理論。例如沈慶鴻（1997）在〈從家族治療的省思——女性主義治療對家族治療系統理論的評論〉一文中，整理女性主義批判家庭治療過於倚重系統理論的觀點，謬誤的原因包括傳統家庭的定義太狹隘、忽略社會脈絡對家庭關係的影響、忽略了壓迫的性別主義規則、治療者價值中立的迷思、忽略女性個別的需求等。在〈暴力虐待家庭的家庭治療模式〉一文中，林方皓（1996）也由家庭內的權力分配議題與家庭所在的文化脈絡中探討家庭中的受虐者與施虐者的關係，建議暴力虐待家庭的治療目標仍應以協助「家庭重整」為主，由家庭內的權力結構重整來降低施虐者濫用權力的可能性，也嘗試與家庭外的脈絡建立清楚而彈性的界限以打破家庭孤立的網絡。潘淑滿（2003）從女性主義的身體政治觀點，探討服務提供的社會工作人員之性別意識型態對其有關婚姻暴力現象的詮釋之影響，發現性別意識愈敏感的社會工作人員在提供服務給受暴婦女時，會比較同理婦女的權控脈絡，並與之建立良好專業關係。

　　另外，不同於過去家長式干涉主義取向的社會工作實施，西方國家的社會工作取向發展趨向加入增權觀點的實施，強調社會工作員致力於排除環境加諸案主身上的權能發揮的障礙，促成案主權能的增加以掙脫環境的束縛（鄭麗珍，2002）。例如宋麗玉（2008）在〈增強權能策略與方法：臺灣本土經驗之探索〉一文中，整理出 25 項為本土社會工作員運用增強權能的策略，並得以歸納出在個人、人際網絡連結和社會政治等層次上的38 項本土工作方法，是值得參考的介入的資料。宋麗玉和施教裕（2010）合著的《優勢觀點——社會工作理論與實務》一書，整理他們過去推動優

勢觀點社會工作的經驗，詳細描述優勢觀點社會工作的理論概念與實施原則，作為這項社會工作取向的最佳參考書目。在這兩位學者的推動下，有許多的碩博士論文及期刊論文皆以此觀點作為其理解與分析弱勢案主族群的生活經驗，相當豐富，不在此一一贅述。在優勢的思考脈絡下，有期刊文獻是從「復原力」或「韌力」的角度來進行助人的工作，例如胡韶玲和孫世維（2008）探討低收入單親母親的復原歷程，並提出影響復原歷程轉折點的因素；蔡素妙（2004）描繪出 921 地震受創家庭的復原歷程，勾勒出影響其復原韌性的因素和轉折。

綜合上述的知識體系，「以家庭為中心」的實務工作大致參考家庭系統（結構）、生命歷程（時間）和所處環境（空間）的三度空間交錯的思考架構，而介入方法的選擇上會隨著實務人員的聚焦重點或機構的功能而採用合適的工作方法，是相當綜融性的實務取向。

二、家庭服務的實施

在討論家庭社會工作的內涵時，周月清（2001）強調家庭服務與家庭社會工作是有區別的，主張家庭服務是由家庭福利機構所提供與家庭有關的支持性服務，而家庭社會工作的實施應是一個強調以家庭整體為直接介入的工作方法，服務提供只是其中一種方法。根據 Collins, Jordan, and Coleman（2010）的說法，「與家庭工作」傳統以來就是社工專業實務的主要領域之一，除了家庭政策的推動外，採用以家庭為中心的工作取向，有時候會以方案的服務提供形式出現，例如家庭維繫服務方案、到宅服務方案、親職教育方案等，但大多時候家庭社會工作還是強調直接與家庭成員深度會談，甚或連結資源，最終希望能增強家庭的功能來照顧家庭成員的發展與適應。

在臺灣，有關提供家庭服務之發展歷史可以追溯自 1950 年的婦幼衛生、貧窮救濟、收容安置等服務，接著在 1956 年設立婦女輔導館、1971 年設立媽媽教室、1986 年於各縣市設立親職教育諮詢中心、1988 年臺北市開始設立婦女福利服務中心、1993 年法制化兒童虐待與疏忽的保護處遇、1998 年通過「法入家門」的家庭暴力防治法等（謝秀芬，2011）。在討論到有關兒童方面的家庭服務時，林萬億（2002）提到家庭服務之實施內容包括三類，一是家庭支持服務，指的是社區化的服務提供以支持及協

助父母親職角色的扮演；二是家庭中心服務，指的是一系列的工作方法，例如個案管理、諮商輔導、教育、技巧訓練、倡導、實物補助等協助家庭渡過難關；三是家庭維繫服務，指的是提供各種密集性的家庭服務、諮商輔導、技巧訓練、倡導服務給發生危機的家庭，凸顯與家庭的工作範圍其實更是以兒童福祉的考量作為出發點。依據此，2003 年通過的兒童及少年福利法，將事關兒童保護的家庭處遇分成兩類家庭處遇服務，分別為家庭維繫服務和家庭重整服務，前者指的是成案的兒童保護案件仍然留在家庭中所提供的處遇服務，而後者指的是當兒童家外安置後，機構應即聚焦於家庭重建所需的各種服務提供，目的在努力協助兒童少年返家團聚（謝秀芬，2011）。

　　隨著婚姻移民的增加，臺灣在 2005 年設置「外籍配偶照顧輔導基金」（2015 年改為「新住民發展基金」），在此計畫下，政府推動「新住民社會安全網絡服務計畫」、「新住民家庭學習成長及子女托育、多元文化推廣及相關宣導計畫」、「家庭服務中心計畫」及「新住民創新服務、人才培力及活化產業社區計畫」等，並在家庭服務中心中聘用社會工作人員來協助外籍配偶家庭取得需要的服務與生活適應功能的提升（王翊涵，2018）。在 2004 年底，內政部兒童局推出「兒童及少年高風險家庭關懷輔導處遇實施計畫」（原名為「高風險家庭關懷輔導處遇實施計畫」），屬於支持性及補充性服務，委託民間社會福利團體擴大篩檢與及早發現高風險家庭，及時提供家庭服務以預防處境惡化並降低兒虐風險（衛生福利部，2015）。自 2009 年開始，為了推動家庭服務的提供及輸送，衛生福利部在 15 縣市設置 21 個區域性的家庭福利服務中心，並配置社工專業人力，提供整合性、支持性的服務給需要的家庭。直到 2018 年，行政院衛生福利部推出「社安網計畫」，強調「以家庭為中心、以社區為基礎」的服務模式，將服務對象分為危機家庭、脆弱家庭和一般家庭，提供不同家庭支持服務，希望能結合政府與民間各部門的力量，建構一張綿密的安全防護，協助這些家庭面對危機和風險。

　　簡言之，臺灣的家庭服務大致都立基於家庭政策的規劃或專法的規定來設計和推動，推動的方式都是藉由設置家庭福利服務中心的機構、聘任社工專業人力來提供支持性的服務。

三、以家庭為中心的臨床工作之實施情形

臺灣目前有關「家庭社會工作」的實施原則可以參考相關的教科書，但以理論架構驗證的介入研究論著並不多，僅能從一些期刊論文中去找出以家庭為中心的臨床工作模式。

目前，以家庭為中心的實證架構之討論以早期療育的文章最豐富，例如鄭夙芬、鄭期緯和林雅琪（2005）在〈以充權觀點的早期療育家庭之家庭功能探討〉中，探討早期療育服務的工作模式建構，有助於維繫家庭的生活品質；許素彬（2007）在〈特殊幼兒之家庭生活品質分析〉中，探討家庭品質的評估有助於以家庭為中心的早期療育服務之提供；許素彬（2008）在〈家長與個管員夥伴關係對早期療育服務成效之影響研究〉中，探討家長參與療育對於早期療育的服務成效是有助益的；張秀玉（2011）〈以家庭優勢為焦點的個別化家庭服務計畫〉中，探討著重家庭優勢來發展個別化家庭服務計畫的架構，有助於改善機構社會工作人員的服務流程及內容；周月清、朱鳳英、許昭瑜、劉玉珊、蔡秀妹、黃鈴雅、黃淑文（2011）在〈協助拒絕接受服務之家庭進入早療體系——方案發展與評估〉中，探討以家庭為中心、到宅為基礎的服務取向，有助於促成非自願性的早期療育需求之案主接受服務；張秀玉（2018）在〈家庭與專業人員之夥伴關係〉中，討論早期療育社會工作人員與需要早療服務之家庭建立夥伴關係時需要關切這項關係的內涵和界線。

另外，以家庭為中心的實務在醫療與疾病領域的文獻討論也相當豐富，例如劉瓊英（1992）在〈醫務社會工作的家庭取向工作模式〉中，探討與家庭工作的服務模式；莫藜藜（1996）在〈社會工作對臨終病人家屬的服務〉中，探討臨終病人之家屬服務的重要性；邱秋員（1996）在〈癌症病人家庭面對的困境與社工處遇〉中，探討關照病人家屬的支持將有助於疾病的適應；田麗珠、吳怡伶、劉靜女、林素妃、陳靜琳、林欣儀、李慶真和王實之（2015）在〈社會工作者在社區安寧醫護之角色〉中指出，社區安寧社工的臨床個案管理師的角色較重，需要連結病人與家屬正式與非正式的支持資源，提供情緒支持以協助病人及家屬處理與失落、與照顧負荷有關之情緒，面對疾病與失能狀況並重新調適關係。

隨著愈來愈多的立法規範介入家庭的私領域生活，與家庭工作也在司法有關家庭的介入中成為必要的工作方法。例如在家事調解領域的實施

中，陳伶珠和盧佳香（2006）的〈以法院為基礎的社會工作家事調解歷程之初探〉文章中，透過訪談建構出進行家庭調解可能歷經的階段和任務之內涵；在家庭暴力領域中，沈瓊桃（2008）在〈婚暴併兒虐服務整合的挑戰與模式初探〉中，主張理想的家庭暴力服務應包括受暴配偶、子女和相對人的個別服務外，仍應強調整體家庭處遇的必要性。另外，在矯正機構的領域裡，江振亨（2003）在〈從矯正機構社會工作員角色期待與工作困境探討未來發展方向〉中，調查資料顯示社會工作員可能遭遇到的工作上阻力和助力，並建議社會工作人員應增強個案面談、團體工作和家族治療的技巧，將有助於矯治工作的推動。

　　大致來說，以家庭為中心的實務模式是具有一些特色的，例如與每位家庭成員建立夥伴關係、以家庭為整體的介入焦點、鼓勵家庭成員參與處遇的決策和流程、採取優勢和充權的工作取向、具備與家庭工作的勝任能力等，將有助於有效的協助需要服務的家庭，提升其家庭照顧的功能。

第五節　家庭社會工作實施的反思

　　「家庭社會工作」實施目的在運用社會政策的制定來支持家庭的發展與成長，以家庭為中心的社工實務則透過家庭服務的設計和臨床工作的方法，介入家庭成員之間的互動與家庭整體所處的環境，希冀能增強家庭功能以因應社會變遷所帶給家庭的衝擊。然而，面對目前非傳統家庭型態的成長，家庭關係的緊張衝突，社會工作者也是「人」，也會有自己對於家庭的圖像和價值立場，對於其實施家庭社會工作的取向勢必帶來挑戰。所以，本文最後想提出三個值得經常反思的議題（不必然窮盡），一方面作為結語，另一方面也提供給從事家庭社會工作實務與相關領域的社工教育者參考。說明如下：

一、重視「主流家庭」型態？還是「多元家庭」型態？

　　臺灣的家庭組成、角色分工隨著社會的變遷趨向核心化和多元化，但受到傳統家族主義意識的影響下，目前臺灣的民法有關親屬之關係規定或

社會福利的福利給付大致上仍建構在一個理想的「主流家庭」樣貌上，例如一夫一妻及子女的組成。雖然，對主政者而言，維護傳統的主流家庭價值與親屬互助的責任並非不好的意圖，但面對近年來明顯的社會變遷所導致的家庭結構變動與家庭功能薄弱的議題，倚靠傳統家庭的「意識型態」並無法支持與擴增現代家庭的功能，甚或照顧家庭中個別成員的新需求，反而阻礙了一個國家公民應有的生活機會發展，也可能間接的折損了家庭僅剩的照顧功能，因而走向解組之路，增加社會未來的成本。目前「家庭社會工作」在提供社會資源或支持的對象經常是非傳統的家庭型態，卻被誤會為社會工作人員「鼓勵」離婚、未婚懷孕、婦女外出工作、替代性家庭、同性戀等偏態的社會行為，破壞傳統優良的家庭價值，其實則不然，只是多元化家庭的形貌已是臺灣社會不可抗拒的鉅視社會變遷趨勢。同時，社會工作人員的成長背景與生命經驗大多來自主流家庭型態，對於生活於多元家庭型態中的生命經驗並不熟悉，一旦發生相遇，勢將引發不同生命火花及異質經驗的交流。為了促進雙方的相互瞭解與建立共同工作目標，社會工作人員的反思議題將是：不同的家庭型態，各自會需要什麼樣的社會支持或社會服務？

二、強調以「個別成員」為主的介入重點？還是以「家庭整體」為主的介入重點？

以家庭為中心的工作特色是相對於以個人為中心的工作方法，主要是強調社會工作人員的介入焦點或服務設計應該強調以家庭整體為工作的對象，即便個別家庭成員，也需將其需求的滿足放在家庭脈絡中來處遇，抑或是聚焦於個別成員與其他家庭成員之間的關係和互動，甚至於強調改善家庭與其所處環境脈絡的關係。在一般時候，社會工作人員的工作經常開始於個別家庭成員的接觸，不是每次都能接觸到家庭整體，即便機構名稱為「家庭福利服務中心」；重要的是，社會工作人員是否能夠從以個別成員的介入開始，逐步的擴及其他家庭成員，把個別成員的問題放在家庭的脈絡裡，進行評估及介入，才能更完整。例如婦女因家庭暴力問題求助，經由社會工作人員的協助而覺察到有自我解放的需求，希望選擇與丈夫離婚來改變現況，最終這位婦女的改變行動有可能導致家庭的解組；又如青少年因親子關係的困擾求助，經由社會工作人員的同理而洞察自己與父

母之間的黏稠但控制的緊密關係，希望選擇離家獨立或自我分化來脫離父母的控制，但少年的這項改變行動有可能導致父母的不諒解或家庭衝突；或沒有病識感的丈夫不肯就醫而造成家庭的困擾，經由社會工作人員重構其他家庭成員有關家庭困擾的感想，探索家庭成員可能採取的改變行動，才有可能改變家庭成員對於家庭困擾的慣常回應。相對於個人取向的工作方法，實證研究顯示以家庭為中心的介入的工作方法對於個別家庭成員和家庭整體的影響確有正向的發展（Dunst, Trivette, and Hamby, 2007; Walter and Petr, 2011）。所以，當「家庭社會工作」的實施開始於家庭中個別成員的需求滿足，這項改變的意願有可能與家庭整體的維繫相互抵觸或產生緊張時，社會工作人員的反思議題將是：如何在以個人為中心或以家庭為中心之間的緊張關係找到一個合適的平衡點？

三、聚焦於連結「社會資源」？還是改變「家庭系統」？

在提供服務給有多元需求的家庭時，以家庭為中心的服務及跨網絡合作這兩個名詞經常交換的使用，以強調資源連結的特色。為了增進其家庭成員的自我照顧的能力，家庭整體能夠有功能的生活在社區之中，社會工作人員介入家庭的方法大致有兩大重點，一是直接與家庭成員工作，培養他們起碼的生存技巧和提供情緒性支持以增進其自信心；二是進行社區資源的介入，從單純的協助案主與社區資源連線，到協助他們發展所需的新資源、協助協調案主所在的資源網絡，最後倡導友善的系統與政策改革（鄭麗珍，2020）。例如低收入的家庭因為經濟前來尋求支援，社會工作人員可以提供急難救助或物資補助以解決家庭的燃眉之急，但如果不去瞭解及分析各個家庭成員的經濟資源流動、勞動力參與、相互扶持等的狀況，過不了多久，這個家庭將會以相似的理由再來請求急難救助；又如 10 歲學童在學校被發現身上有傷，老師依其通報責任通報，但社會工作人員每次進行風險評估，認定家長只是管教過當而不予開案，如果不去深究管教過當的家庭動力或親職技巧之肇因，過不了多久，有關這個學童的身體受傷會再來通報；或如年輕而孤立的母親照顧數名幼年子女前來求助，社會工作人員可以提供營養物資和急難救助以提升其子女照顧品質，但如果不去探詢母親的孤立歷程或創傷經驗，過不了多久，這位母親將會因為相

同的需求再來請求經濟資源與營養物資的支援。在實施以家庭為中心的實務時，連結社會資源與改變家庭系統其實是工作歷程的一體兩面，缺一不可，為了發揮家庭社會工作的成效，社會工作人員反思的議題將是：在連結資源與改變系統之間的介入焦點如何相互為用、相輔相成？

結　語

　　社會工作教育的目的不僅在培養具有專業知能與技巧的社會工作人員，更在教育他們成為有系統而能主動的思考者、觀察者和行動者。因此，為使有興趣「家庭社會工作」的學習者能面對未來變遷中家庭的新挑戰，有關的教育課程規劃不僅需要配合社會情境的變遷而設計，使課程內容具有前瞻性和切身性，還要讓學生「暴露」於「時事性」、「爭議性」的家庭變遷議題，鼓勵充分的討論，以啟發學習者體認「家庭社會工作」的使命任務與工作理念。

題與思考

1. 臺灣家庭變遷的樣貌為何？有別於過去傳統的家庭型態，現代的多元家庭會需要什麼樣的社會支持？

2. 臺灣家庭社會工作實施的樣貌為何？家庭政策制定、家庭服務設計、家庭臨床工作如何展現以家庭為中心實施的特色？

3. 與家庭工作的社會工作人員需要反思的議題有哪些？例如不同的家庭型態，各自會需要什麼樣的社會支持？如何在以個人為中心或以家庭為中心之間的緊張關係找到一個合適的平衡點？如何在連結資源與改變系統的介入焦點之間相互為用、相輔相成？

建議研讀著作

1. 謝秀芬（2011）《家庭社會工作：理論與實務》。臺北：雙葉書廊。

2. 魏希聖譯（2009）《家庭社會工作》（*An Introduction to Family Social Work*〔Donald Collins, Catheleen Jordan, & Heather Coleman, 2007〕）。臺北：新加坡商聖智學習。

第 **13** 章
學校社會工作

林萬億 |

前　言

學校社會工作（School Social Work）是社會工作的實施領域（field of practice）之一，又稱社會工作在教育體系的實施（social work practice in educational system）。美國學校社會工作專家寇思汀（Costin, 1969）認為有三個因素促成早期美國學校社會工作的出現：（1）強迫教育；（2）個別差異被重視；（3）關切教育對兒童現在與未來的影響。拜伊與阿瓦蕾芝（Bye and Alvarez, 2007）則從宏觀的角度認為影響因素是：（1）強迫入學；（2）保護童工立法；（3）移民人口增加。

這顯示，美國學校社會工作的發展與國民義務教育的發展息息相關。1906 年，紐約的哈特雷（Hartley）與格林威治（Greenwich）移民社區，首先聘用兩名社會工作者擔任訪問教師（visiting teacher），負責訪問學校和家庭，以增進家庭、學校和社區間的瞭解和聯繫，該計畫由公共教育協會（Public Education Association, PEA）支持。同年，芝加哥大學睦鄰會社與芝加哥婦女俱樂部也聘用全職的社會工作者於學校中；康乃迪克州的哈佛德（Hartford）則是由學校結合當地的慈善組織會社，協助處理學業落後的學童問題（McCullagh, 2002）。隔年，波士頓的婦女教育協會（the Women's Education Association）也聘訪問教師來連結學校與家庭，以幫助兒童獲得更好的學習。

之後，學校社會工作的發展受到對學童問題的理解、社會工作專業發展，以及社會經濟及教育政策的改變的影響，先後出現三種模式：（1）傳統臨床模式（traditional clinical model）發展於 1920 年代，認為學童的適應不良源自個人及其家庭，學校社工師的任務在於協助學童及其家長處理其情緒困擾問題，幫助其適應既有的學校環境。（2）學校變遷模式（school change model）發展於 1960 年代，認為學童的適應問題有部分來自學校體系的條件與政策不利於某些學童的學習成就，因此，改變學校失功能（school dysfunction）的部分也是學校社會工作師（簡稱學校社工師）的職責所在。學校社工師不只扮演學童的諮商者，也成為學校體系變遷的火種。（3）學校—社區—學童模式（school-community-pupil model）起於 1970 年代，視學童問題的來源為家庭、學校、社區三者互動的結果，必須處理三者間的關係才可能解決學童的適應問題，於是，學校社工

師也要扮演社區改變的媒介，才可能創造良好的學習環境（Allen-Meares, 1986；Costin, 1975；Hancock, 1982；林萬億、王靜惠，2010）。

這三個模式的發展也與美國社會工作方法的發展相結合，從傳統個案工作、團體工作，到社區組織的運用；當然也與美國社會的變遷息息相關，新的學校社會工作模式的產生，回應了社會經濟政治條件的改變及其衍生的問題。

迄今，學校社會工作服務範圍已擴及防止種族隔離、預防少年犯罪、關心懷孕學生、未成年母親、學習障礙、注意力缺損過動症（ADHD）、愛滋病毒感染的學童、兒童虐待與疏忽、無家可歸的兒童與少年、逆境學生、高風險兒童及少年、校園暴力、中輟、學習落後、兒童貧窮、遊童、物質濫用，以及移民學童等，不只解決個別學童的學校適應問題，也參與改變學校體系來保障學童學習權，擔任學校—社區—學生關係的橋樑，成為社區變遷的媒介。

我國的學校社會工作發展不是起因於推動國民義務教育。但如同美國學校社會工作後續的發展一樣，都是為了協助學童學校適應與解決校園兒童及少年偏差行為。

第一節　民間推動學校社會工作（1977 年起）

1977 年，臺灣兒童暨家庭扶助基金會（TFCF，簡稱家扶基金會）體認到學校對兒童的影響甚鉅，遂將服務方案擴展到校園，仿香港民間社會福利機構受政府委託派駐學校社會工作者入校服務的型態，採外部支援的學校社會工作，但社會工作者不常駐學校，且財源亦非固定由政府撥款。家扶基金會所推動的學校社會工作可再分成以下四個階段（臺灣兒童暨家庭扶助基金會，1998）：

一、試辦、倡導階段（1977-1985 年）

1977 年，家扶基金會開始推動以「學校社會工作」為名的服務方案，先後在臺灣 8 個縣市 10 所學校進行身心障礙、逃學、曠課、低學業成就、行為偏差、適應欠佳學童的輔導（臺灣兒童暨家庭扶助基金會，

1998）。在徵得當地國中小校長同意後，以每週一至兩個半天的定期駐校方式來提供服務（林勝義，1994）。服務內容主要在協助學校教師及早辨識和發現生理、情緒或學校適應、社會環境遭遇困難的學童，進而以個案輔導、團體活動、諮詢信箱、經濟補助等方式加以幫忙，使其不因上述困難而影響學習。同時力邀老師、家長參與個案研討、親職教育等講座，以加強兩者的輔導知能與教養技巧，並且瞭解週遭有形、無形的社會資源。在此期間，家扶基金會為提升學校社會工作服務的專業能力，亦曾先後選派66位優秀社會工作者分五梯次前往香港的大學，進行為期兩週的研習。

　　雖然協助學校提供學童服務的成果獲肯定，但因民間機構介入學校體系非常困難、學校不瞭解學校社會工作、觀念溝通不易、學校只想拿這些社會工作者補輔導人力之不足、學校輔導體系以業務重疊而排斥之等原因，經評鑑後，1985 年以後學校社會工作未再列為家扶基金會工作重點（郭東曜、王明仁，1995）。

二、以社區資源角色介入階段（1986-1993 年）

　　1980 年代中以降，臺灣社會開始加速民主化，兒童保護議題受到重視，尤其是雛妓問題。於是自 1986 年起，家扶基金會全力投入兒童保護工作，以社區資源的角色再次與學校接觸。此時的服務大多是進入校園進行演講，宣導兒童保護觀念，成功地結合兒童保護方案與學校社會工作的工作內容與方法。

三、與學校正式合作階段（1993-1996 年）

　　在第二階段與學校建立起的良好關係，讓家扶基金會重燃信心，於1993 年再次將「學校社會工作」列為年度重點工作之一，並與學校發展穩定的契約合作關係。方案持續到 1995 年，其特色包括：（1）致力於中輟生、單親家庭學生、受虐兒童服務；（2）針對不同的地區特性及需求，與學校共同規劃服務內容，提供適切服務；（3）運用個案管理的方法有系統地做資源引介，並建立資料檔案；（4）掌握社會脈動（如電玩、飆車）推出因應方案及服務，更能為社區所接受，推展也更為順利（林萬億、王靜惠，2010）。

在服務內容上，除延續既有的經濟補助、助學獎勵、課業輔導外，在兒童保護議題上的著力，更從理念的宣導工作擴大到受虐者的家庭訪視與個案輔導、成長團體，並透過轉介來協助學童至醫院接受治療；同時，為兒童的權益倡導也是此階段的要務。至於經費來源方面，主要是靠各地家扶中心以活動計畫向政府或企業申請補助，來源並不穩定。

四、擴大服務、關懷中途輟學學生階段（1996-1998年）

當中輟生成為學校轉介的主要個案時，家扶基金會開始投入大量的心力於輟學後的復學或就業工作，如臺北縣、臺中市家扶中心即在當地政府和學校的支持下，開始試行「學校社會工作」或「安學方案」。爾後為因應中輟問題的日趨複雜，家扶基金會進一步在 1998 年規劃「中途輟學學生服務方案」，內容包括：（1）中途輟學學生復學輔導服務；（2）家庭支援服務；（3）社區教育與倡導，採取的是補救與預防雙管齊下。

回顧家扶基金會推動學校社會工作的歷程，可說是在有限的合作空間與資源匱乏下堅持推展（臺灣兒童暨家庭扶助基金會，1998），然始終存在下列問題待克服：（1）經費來源不穩定且不足；（2）社會工作者的專業地位與形象未受認可；（3）社會工作與學校輔導觀念混淆；（4）教育體系對於民間機構合作的政策不明，尚難建立穩固的合作模式。無論如何，家扶基金會使得臺灣的學校社會工作從「紙上談兵」到實際付諸於「操作演練」（林勝義，1994），意義已不凡。

第二節　教育部「國民中學試辦設置專業輔導人員計畫」（1996-2000 年）

1995 年，是我國學校社會工作發展轉折的一年，當年公布施行的「兒童及少年性交易防制條例」，規定中途學校應聘社會工作、心理、特殊教育等專業人員，提供從事性交易之兒童、少年特殊教育。同年，行政院教育改革審議委員會的第一期諮議報告書中也建議建立校際輔導網絡，設

置臨床心理、諮商輔導與社會工作人員，以便使學校輔導制度發揮其應有功能。而於該年 12 月，臺北市爆發成淵中學男同學集體性騷擾同班女同學事件，社會各界在震驚之餘，要求學校加強輔導專業知能與人力。隔年新竹發生中輟生集體凌虐少女致死案，令我國民眾不僅為少年犯罪年齡下降、犯罪類型殘暴的趨勢憂心，更不得不正視國中、小學平均中輟率已達 0.3％ 的事實，這些事件迫使國民教育法進行修正。范巽綠、王拓、翁金珠等立法委員結合林萬億主張將學校聘用社會工作者納入編制。終因教育體系強力反對而作罷，只在國民教育法第 10 條第 4 款明訂「輔導室得另設具有專業知能之專任輔導人員及義務輔導人員若干人」。

迫於廣大的民意壓力，教育部向行政院提議，希望能逐年設置 1,695 位專業輔導人員進入學校，來加強輔導行為偏差與適應困難的學生，以解決當前學校輔導工作的困境。教育部遂於 1996 年推出的「國民中學試辦設置專業輔導人員計畫」，希望在國民中學中，擇校試辦設置專任輔導教師或專業輔導人員。最後在行政院協商實施計畫的會議中，將方案定位為試辦性質，員額總數不超過 81 人（林家興，1999）。並在試辦期滿後進行成效評鑑，若成效良好則交由地方政府自編經費繼續辦理。

這個試辦期限兩年的計畫自 1997 學年度開始，分別在臺灣省、臺北市、高雄市執行，至於試辦方式則由省市政府斟酌實際需要訂定（林家興，1999）。各地方辦理情形，分述於下：

一、臺北市

在教育部討論於國中設置專業輔導人員計畫時，當時的臺北市教育局局長吳英璋曾表達過反對意見，他認為「臺北市的學校已逐漸走回教學專業的教育思考，強化以回歸教育本質為基礎的教育設計，在這個關鍵時刻，過多的強調輔導理念與作法可能會形成反方向的發展，弱化了教育專業能力的成長」（吳英璋，1999）。然而，臺灣省教育廳與高雄市教育局均認為輔導人力實在不足，亟力支持此一方案，臺北市最後也就配合教育部的「國民中學試辦設置專業輔導人員計畫」，而規劃出「臺北市國民中學試辦設置專業輔導人員實施計畫」，目標定於「提供一個學校專業輔導團隊可能的新視野，期於學校輔導處境中，進行多元性思考，擺脫現實即合理存在的這種單向度的約束，彰顯專業人員進入校園輔導工作的可能影

響」（臺北市政府教育局，1999）。

　　臺北市嘗試從實驗中發掘新視野的企圖同樣展現在試辦地區的選擇上，雀屏中選的萬華區和信義區具備對照的文化面貌，前者屬於早期開發的都會型低社經地區，後者的居民社經地位較高，家長對學生在校的表現也較關注（王靜惠，1999）。臺北市選擇國中 8 所，分別實驗學校社工師 4 所（永吉、增公、萬華、雙園）、學校心理師 4 所（興雅、信義、大理、麗山），前者由林萬億督導、後者由陳淑惠督導。在「臺北市國民中學試辦進用專業輔導人員實施計畫」中明定學校社會工作內容包括：（1）促進學生福利；（2）學生學習問題的評量與處理；（3）家長及教師的諮詢；（4）社區資源的開發、整合與運用；（5）參與學校行政；（6）擔任學生家長學校及社區的橋樑；（7）參與區域內校際學生輔導方案；（8）臨時交辦事項。也就是說社會工作者被期待的角色不只是學校學生個案的輔導者，更重要的是成為社區資源的仲介者、組織者、聯結者，而且也是學生權益的辯護者，教師的諮詢者，以及學校制度變遷的媒介（林萬億，1999）。

　　在試辦期間，臺北市除不定期舉行行政督導座談會和行政事務研討會，以及定期的專業督導外，並於 1999 年 5 月 27 日舉辦「臺北市國民中學試辦進用專業輔導人員計畫」成果研討會，將學校社會工作的效果呈現在加強外展服務、主動輔導中輟生代替被動通報、強化資源整合與運用以及發展專業輔導團隊服務型態等方面（林家興，1999），獲得與會人士一致的肯定，「續辦」和「擴大辦理」的呼聲四起。

二、高雄市

　　高雄市推動「國民中學試辦設置專業輔導人員實施計畫」，與其他縣市最大的不同是，高雄市於每一所學校設置具有教師資格的專任輔導教師[1]與具有心理、輔導、社會工作科系背景的專業輔導人員各一人，以 2 人一校模式分駐小港、七賢、三民、前鎮、大義及興仁等 6 所國中。

　　高雄市政府教育局（1999）總結高雄市 6 所國中試辦設置專業輔導人

---

[1] 專任輔導教師指除基本授課時數 4 小時外，其主要工作內容為從事直接與間接輔導服務。

員方案的整體績效評鑑如下（張秋蘭，1999，引自林家興，1999）：
（一）專業輔導人員具有高度專業素養及正向積極的人格特質。
（二）專業輔導人員提供學生、教職員及家長專業且多元化的諮商服務。
（三）整合並妥善運用社會資源。
（四）提供學校其他處室行政資源。

三、臺灣省

臺灣省政府教育廳於 1998 年 2 月招聘心理、社會工作及輔導相關科系背景的專業輔導教師或人員共 34 人，由各縣市政府依需要分發，隨後為方便聯絡與開會，將所有專業輔導人員劃分為北區、中區、南區，各區自行召開不定期會議。其中北區曾聘請政治大學心理系鍾思嘉教授擔任專業督導，惟因督導次數與經費均有限，使督導成效未能發揮；中區與南區則無專業督導的設置（林家興，1999）。

至於專業輔導人員的工作內容，則因縣市與學校而有所不同，根據陳玫伶（2001）的彙整，其工作項目大致上是針對嚴重行為偏差或適應困難學生，進行個案診治與輔導、專案研究，並參與校內或校際聯絡個案研討會；同時協助鑑定學生行為困擾之原因，研擬輔導策略，以提供教師及家長諮詢、諮商、轉介等服務；並結合學區義工辦理幹部培訓，以有效支援輔導工作；以及提供學生適性生涯規劃及情緒疏導等輔導策略。

由工作項目可知，臺灣省計畫比較接近擴充、增強學校輔導功能，輔導科系背景的專業輔導人員的加入代表輔導室增加了輔導人力一名，可分擔其他人的工作量，而社會工作或心理背景的專業輔導人員則頂多提供不同專業角度來探討學生問題，還是以個案工作為主，與學校社會工作明顯有段距離。

整體來說，教育部「國民中學試辦設置專業輔導人員計畫」為首度大舉聘用不具教師資格的專業輔導人力進駐校園，這些專業人力結合學校、家庭、社區等資源協助輔導室提供服務，其成效上頗受各方肯定（陳玫伶，2001）。

1999 年 11 月，教育部委託師範大學教育心理與輔導學系林家興教授進行方案實施成效的評鑑，其結果包括專業輔導人員、學校行政人員及輔導教師在內的多數試辦學校相關人員，均給予此方案正面肯定，其具體實

施成效表現在以下幾個方面：（1）增加學校輔導工作的人力；（2）提供多元的輔導觀念與作法；（3）結合與運用社區資源；（4）分擔學生個別與團體輔導工作；（5）提供教師與家長諮詢服務；（6）特殊學生（如中輟生）的處理成效顯著（林家興，1999）。

評鑑報告同時也指出：「依據地方制度法和國民教育法，國民教育係屬地方政府權限，因此地方政府成為推廣本方案的主體機構；但因臺灣省各縣市存在顯著的城鄉差異，中央（教育部）應以充裕經費補助財源不足的縣市，或協助地方政府籌措辦理本方案所需經費，更何況兒童青少年輔導工作本來就是教育部的既定政策，中央政府實責無旁貸。」可惜，兩年試辦期限一到，教育部還是以經費拮据為由結束該計畫。

第三節　縣市政府自編預算推動的學校社會工作（1998-2010 年）

一、臺中縣「國中小學專業輔導員輔導工作實施計畫」

1997 年縣市長選舉，民進黨籍的臺中縣長候選人廖永來與人本教育基金會簽定了名為「邁向教育改革模範縣——跨世紀政府民間合作計畫」的教改合約，其中第 6 項內容即為「新政府將實現專業社會工作進入校園，結合輔導系統，成立校園支援系統，以因應社會變遷，處理青少年各種問題。」廖永來當選縣長後，即邀請人本基金會規劃並執行「校園支援系統」專案，以利專業輔導人員制度及相關教改事項之推行（臺中縣政府教育局，1998）。這不但是縣長實踐競選政見，且是臺灣第一個由民間團體與政府部門合作推動的專業輔導方案。

有別於教育部在專業輔導人員學經歷條件上的限制，臺中縣廣納各種專業領域之人才，再採行相關科（心理、社會工作、輔導）與工作經驗加分的制度，自 1998 學年度起招聘 20 名輔導員，1999 學年再聘足 36 名，為地方政府大舉晉用專業人力進駐校園的頭一遭（陳玫伶，2001）。人本基金會設總督導、督導各一名，負責專案的規劃與執行，而教育局則負責

行政事務上的管理；兩者皆直接對教育局長負責，亦同時具備督導、考核專業輔導人員的權限。至 1999 年 12 月人本基金會與教育局在專案的合作上暫告段落，專業輔導人員工作的督導，才由教育局接續規劃運行。

初期，臺中縣基於區域幅員遼闊的考量，將全縣分成東勢、豐原、清水、烏日等 4 區，專業輔導員亦分 4 組，並設組長一人統籌該區聯繫之責，同時結合義工人力來提供服務，是一種「分區巡迴輔導」的服務型態。其轉介流程是由學校將難度較高或較緊急的個案通報教育局，再由教育局轉交專業輔導人員來判斷是否接案，後呈報教育局，同時與學校聯絡。而服務方式包含個案會談、相關教師溝通、家訪，以及資源轉介。臺中縣之所以選分區巡迴輔導的服務型態，是認為專業輔導人員一旦納入學校內，即可能為學校吸納而無法發揮其專業輔導的成效（王靜惠，1999），所以將專業輔導人員獨立於學校編制之外。同時也強調國小學生問題日趨嚴重化，故將國小納入服務對象中。

然而分區巡迴輔導型態的缺點在專案執行半年後浮現，專業輔導員面臨與學校關係不夠深入、支援資源不足、往返路程耗時的困境，而且也未能協助學校解決輔導人力不足的問題，以致無法針對學校急迫性之個案及校園整體生態加以瞭解（臺中縣政府教育局，2001）。

經過內部整體評估之後，將分區巡迴輔導的服務型態逐漸轉換到「巡迴輔導兼重點駐校」的工作型態。巡迴輔導指每一輔導人員負責 2 至 3 所責任學校，共計巡迴縣內 30 所國中，主要任務在於協助各校處理中輟學生與嚴重行為偏差學生。重點駐校型態指以各校的配合意願、輟學人數和偶發事件為指標而擇定學校，每校派駐 2 名輔導員，一則進駐熟悉校園生態，二則針對學校需求提供必要服務，藉由與學校的密切合作，增強與其他社會資源合作機會。

臺中縣計畫有四個特色：（1）政府首長與教育行政主管支援度高，計畫發展空間大；（2）地方政府自籌費用最高，聘用輔導員人數最多；（3）重點學校有充足的空間設備與經費，專業自主性高；（4）巡迴輔導與重點學校駐校兩型態並進，全盤顧及所有學校的需要。

臺中縣學校社會工作顛峰期曾聘用達 35 人。可惜的是，廖永來於 2001 年底競選連任中失利，國民黨的黃仲生執政後，該方案突然被喊停，明的理由是經費不足，其實多半是政治原因。解散後的學校社工師只剩 7 人，改名為「張姊姊輔導中心」，採專線服務方式，雖仍為中輟生提

供諮商服務，但是內容與之前的學校社會工作相較已大不相同，很難再說是學校社會工作的延續。臺中縣的學校社會工作方案就此短命地暫告終止。

二、臺北縣「國民中學設置專業輔導人員計畫」

1999 年 3 月，曾協助臺北市推動學校社會工作的林萬億被借調至臺北縣擔任副縣長，發現臺北縣和大多數其他縣市一樣，也面臨輔導人力不足的困境，何況臺北縣幅員廣闊，偏遠地區的教師人數更少、社區資源更不足。若採取增加教師或專任輔導教師的方式，一來是在財政上確實有困難，二來就算是每校增加 1 名輔導教師，也無法解決輔導教師每週要上 15 堂以上輔導課程的現實困境。更何況，當前學生所面對的生活、學習、人格、職業生涯、人際關係等課題，已不是單一的輔導專業能全然解決，必須加入社會工作、臨床心理，甚至於精神醫學的專業團隊（林萬億，2000）。據此，同年 8 月臺北縣以自編的預算，聘用 10 位社會工作或心理系所畢業的專業輔導人員，加上之前教育部「國民中學試辦設置專業輔導人員計畫」所任用的 3 人，開始實施為期一年半的「國民中學試辦設置專業輔導人員計畫」。

從先前各縣市實施學校社會工作的經驗借鏡，臺北縣政府深知此計畫的成功與否，除了專業輔導人員的投入外，學校本身的認同度更是影響主因。所以在計畫正式開始之前，即言明「專業輔導人員並非要替代學校的輔導體系，也非要打亂教育輔導體系，而是教育力量的擴充，最終目的是造福學生」的理念，以尋求學校支持；然後進一步以教育局、國中校長、輔導主任為成員組成「國民中學試辦設置專業輔導人員計畫推動小組」，負責專業輔導人員的招募、駐站支援學校的配置、督導模式的規畫、專案活動的推展，以及年度績效的評鑑等。

在試辦學校的選擇上，區域均衡自然是優先考量，再輔以中輟生多寡與社區複雜程度；當然校長、輔導主任的意願是前提（林萬億，2000）。確定專業輔導人員進駐的 13 所學校（稱駐站學校）後，就鄰近地區各選擇兩校（稱支援學校），每週前往半天至一天提供支援服務。此外，專業輔導人員亦受教育局指派，適時協助其他的鄰近各國中小特殊或緊急個案的諮詢與輔導。臺北縣屬「駐校兼駐區」的工作型態。

　　同時為確保專業輔導人員的服務品質，臺北縣採取四種督導制度並行，可說是一項創舉：（1）行政督導：由教育局與推動小組組成，負責行政事項，以及評鑑、研擬本計畫推展方向。（2）專業督導：由林萬億副縣長親自兼任，每月定期一到兩次以巡迴各試辦學校的方式進行，除專業輔導人員外，還有教育局、學校校長、主任和老師們共同參與，企圖建立團隊共識與默契。（3）專題督導：邀請專家學者，每月一次針對特定主題（如精神疾病、法律議題等）進行個案研討，藉此提升專業輔導人員的能力。（4）同儕督導：專業輔導人員間每月一次工作經驗分享與研討。

　　另一個確保服務品質的措施是，推動小組在專業輔導人員約聘期滿前兩個月，展開工作績效評鑑，其結果作為專業輔導人員續聘與否的參考，同時也為下年度的計畫發展方向提供建言。評鑑項目有學校行政配合度、專業能力、團隊合作能力、工作態度和具體成果與特殊表現等 5 項，而資訊來源則有專業輔導人員自我評鑑、駐站學校校長和輔導主任評鑑，和推動小組訪察三項。

　　試辦一年半後，2001 年臺北縣決定學校社會工作制度化。首先是專案規模的擴充，一月先擴增至 13 位專業輔導人員，5 月由教育部延續補助經費加聘 3 位，共計 16 位，服務駐站學校 16 所，支援學校 32 所。9 月完成「臺北縣中小學聘用學校社會工作專業人員設置要點」的法制化工作，接著將完成階段性任務的「推動小組」更名為「指導小組」，功能也改成促進學校社工師專業成長與提升工作效能的目標，及持續推動學校社會工作專業人員制度的發展（黃韻如，2001）。同時建立以學校為中心的資源網絡，不僅是校內各處室間能溝通協調順暢，也包含與社政、警政、衛生醫療等教育外的系統能夠有一套合作機制，真正落實資源的整合與共用。之後，2005 年 9 月為支援全縣國中小學，名額擴增到 28 位，是全國學校社工師人數最多的縣分。進一步於 2011 年將學校社工師人數擴充到 44 名。

　　綜合以上，臺北縣所推動的「國民中學設置專業輔導人員計畫」有如下的特色：（1）駐校和區域支援模式並行，以求服務最大化。（2）督導制度完整，確保服務品質。（3）接受教育局調動，危機處理機動化。（4）社會工作團隊化，資源充分整合。

三、新竹市「學校社工師輔導方案」

新竹市在 1999 年 12 月仿臺中縣、臺北縣開辦學校社會工作方案，因個案分配不均、工作角色定位、督導時數不足等困境（新竹市教育局，2001），於 2000 年 8 月制定「新竹市學校社工師輔導方案」，目標定為：（1）提供社會工作專業服務，充實學校輔導人力資源，增益學校輔導工作績效，紓緩青少年問題。（2）主動發現個案進行評估、輔導、引入治療資源以預防及加強輔導嚴重行為偏差及適應困難學生，以發展其健全人格。（3）協助學校與社區、家庭建立良性互動關係，建構社會資源網絡，以滿足學生全人發展之需求。（4）改善校園生態體質，建構學校社會工作服務型態（新竹市教育局，2001）。

實施方式採巡迴各校的型態，協助處理各巡迴輔導區的學生個案，並支援其他學校轉介個案，而實施範圍則包括市轄完全中學 2 所，市立國中 11 所，市立國小 22 所。初期選定 5 所中心學校與其他支援學校，遴聘有學校社工師 5 名。

由於學校社工師以協助中學、國中輔導學生為主，國小若有需要則透過教育局請新竹家扶中心支援，這卻造成兩者在中輟追蹤輔導上的重疊，於是在 2001 年 2 月起，教育局明確劃分兩者的工作範圍，新竹家扶中心負責 4 所國中與全市國小，其餘 9 所中學、國中則由學校社工師負責。

2003 年 1 月起新竹市學校社會工作由原本與 5 所學校簽約改為直接由市府簽約，身分隸屬市政府。學校社會工作服務對象由原先的 13 所市立中學擴大到 26 所國小，同時為配合新增小學責任區，重新參考學校服務平均學生數及距離劃分新責任區。2003 年 3 月因應新增一國小而微調責任學校，此時期開始將原先的駐校型態改為巡迴型態（馮文盈，2006）。

四、臺北市「各級學校社會工作方案」

臺北市執行教育部「國民中學試辦設置專業輔導人員計畫」在 1999 年 7 月底結束，原聘 4 位臨床心理師、4 位學校社工師全數離職。然而，來自學校要求續辦的呼聲持續不斷，臺北市社會福利委員會在 8 月的會議中也督促學校社會工作應繼續推展，於是臺北市政府以自編預算的方式，重新研擬「臺北市各級學校社會工作方案」，於 2000 年 1 月開始施行。採

駐校與專案委託型態聘用 14 位學校社工師。

　　因人力不足、駐校學校社工師定位不明，以及駐校社工擔負許多非社工專業的工作，致有改革的必要。臺北市政府教育局於 2006 年針對第一期中程計畫進行成效評估研究顯示，學校社會工作具有下列功能：（1）扮演學校、社區、家庭間的橋樑；（2）深入家庭瞭解學生問題的真相；（3）踏訪、瞭解社區生態；（4）掌握個案的情形，提供適切的服務；（5）協助處理緊急性及特殊複雜性個案；（6）依學校需求發展出不同的處遇媒介等（臺北市各級學校推展學校社會工作第二期中程計畫）。

　　於是，於 2007-2010 年進行第二期中程計畫，調整實施型態，採取：

（一）駐區模式：由教育局依區域學生人數、社經背景及區域駐校社工
　　　　人數等為評估指標，派駐區學校社工師提供區域學校服務。

（二）駐校模式：積極鼓勵學校聘用駐校社工人員，深化駐校服務模式。

（三）專案委託：由教育局專案委託民間社會福利專業或文教團體辦理。

　　教育局並逐年將學校社工師從 14 名增加到 27 名。至 2010 年底止，駐校社會工作員 3 名（重慶國中、忠孝國中、雙園國中）、駐區學校社會工作員 24 名。教育局社會工作督導 1 人、學校社工師 1 人負責督導與行政。臺北市的駐校社會工作其實是以學校的幹事缺聘用，屬於校內行政人員。而駐區學校社會工作與臺北縣的駐校社會工作人員一樣，都是駐站於某一學校，分區支援鄰近若干學校的型態。

　　除了上述縣市之外，新竹縣也於 2005 年 9 月聘用具教師資格的學校社會工作 3 名，以分區巡迴輔導的方式輔導全縣國民小學，這是回應教育部要求各縣市於 2005 年完成學校社會工作制度的實施有關。2006 年再增聘 2 名，並於 10 月設置學校社會工作中心於博愛國中。2007 年再增聘 2 名派駐於尖石鄉新樂國小。2008 年起改變駐區在竹北國小、新樂國小。2009 年 8 月配合成立學生心理諮商中，再調整集中駐區於竹北國小；並增聘學校社工師 1 人。總計新竹縣有學校社會工作督導 1 人、學校社工師 7 人（其中兩名為諮商人員）。

　　花蓮縣政府教育處也於 2010 年 5 月招考學校社工師 3 名。高雄市政府也於 2011 年加入聘用學校社會工作的行列。至此，臺灣的學校社會工作呈現以下不同的實施型態。

服務提供者 ＼ 服務範圍	單一學校	區域性	機構式	
公部門	內部派駐型態		校外安置服務型態	安置機構型態
	駐校兼支援型態	分區巡迴型態		
私部門	外部支援型態			社區學園型態
	外部支援型態	專案委託型態		

表 13-1　我國學校社會工作實施型態（2011 年以前）

資料來源：修改自林萬億、黃伶蕙（2002）、黃韻如（2003）。

（一）外部支援型態

外部支援型態是由民間社會服務機構派員進入學校，協助學校進行學童服務，或由民間機構受委託承接學校轉介的個案。這種型態又可分為兩類，一種是入校支援，另一種是委託外包。前者是家扶基金會於 1977 年起所推動的學校社會工作方案。委託外包型態的發展則始於 1996 年以後的家扶基金會與臺北縣政府、臺中市政府合作的「學校社會工作」或「安學方案」，協助學校輔導中輟生。之後，家扶基金會於 1998 年又推出「中途輟學學生服務方案」，繼續與縣市政府合作。此外，臺北市政府也於 2000 年起委託民間團體承接由學校轉介出來的個案。

外部支援型態的學校社會工作比較契合傳統臨床模式的觀點，因為不論入校支援或個案外包，都難以做到學校變遷，也因不熟悉校園文化而難以整合學校—社區—學生的關係，達到介入社區與學校的關係，只能以個案解決學童適應的困擾。這也是為何家扶基金會在 1985 年會中斷與學校的合作關係的重要理由。不過，外部支援型態的優點有以下三點：（1）學校節省聘用社會工作者的人事經費；（2）結合社會資源；（3）對學校輔導教師較不會產生競爭壓力，容易被學校接納。

（二）內部分區巡迴型態

這個型態包含兩個重要的成分，一是內部聘用，二是巡迴支援。由政府自行聘用學校社工師，集中於教育局（處），或某個中心學校，再依教育行政區將學校社工師分區巡迴支援各校（分區巡迴），協助校內既有的輔導人力，處理學童適應問題。

如前所述，臺中縣政府於 1998 年先採此型態，後來新竹市、新竹縣、花蓮縣也採相同模式。其中分區巡迴型態在設計上有其優點如下（林

萬億、黃伶蕙，2002；林萬億、王靜惠，2010；胡中宜，2007）：
1. 避免學校社工師納入學校體制而被校園同化，影響其專業成效。
2. 巡迴各校可避免因各校案例多寡而勞逸不均。
3. 各校通報的案例先經由教育局統整後再交由學校社會工作評估後才接案，可避免各校將原應由輔導室承接的個案大量推給學校社會工作。
4. 分區所形成的輔導團隊有助於社會工作專業在教育體系的生存。
5. 由教育局聘用的社會工作者較易取得學校的合作。
6. 教育局可靈活運用學校社會工作人力。
然而，其也有一些缺點如下：
1. 學校社工師與學校關係難以深入，導致無法進行學校體系的變遷，甚至無法取得學校的信賴。
2. 學校社工師往返於各校，旅途勞頓、耗時耗力，不符成本。
3. 學校未因此而獲得實質的人力挹注，也未能因此而建立校園內的輔導團隊，難以取得學校的大力支持。
4. 學校社工師未能進駐校園，進行專業間的溝通，導致教育、輔導、社會工作三者間觀念落差、不易整合。

評估過這些利弊得失後，臺中縣政府於 1999 年 5 月起擇定 10 所學校，開始改弦易轍，進行駐校型態的學校社會工作實施。巡迴型態所採取的學校社會工作途徑大抵也傾向傳統臨床模式，未能跨過學校變遷與社區學校的限制。

（三）內部駐校型態

這是指由縣市政府教育局（處）聘任學校社工師，分派到指定學校，納入學校輔導團隊中，常駐該校服務學童。這種型態又可分為單一駐校型態與駐校並支援區域學校兩種。前者以臺北市的三所國中以幹事缺聘任學校社工師為例。此外，各特殊學校、中途學校（如高雄市楠梓、新北市豐珠、花蓮縣南平）、少年安置學園的學校社會工作都屬於這種樣態，學校社工師由學校直接聘任，其中有些屬編制人力，如特殊學校；有些仍屬約聘人力。

後者如臺北市、臺北縣的學校社工師，除了駐站學校之外，必須支援鄰近區域內的其他學校。臺北市稱為駐區學校社會工作型態，新北市稱為

駐校並支援區域學校型態。

　　駐校型態的學校社會工作優點為（林萬億、黃伶蕙，2002；林萬億、王靜惠，2010；胡中宜，2007）：

1. 學校社工師深入學校體系，可同時實施傳統臨床模式，也可進行學校變遷，又可兼及社區學校的實施模式。

2. 社會工作專業納入輔導體系，形成教育、輔導、社會工作，甚至臨床心理專業輔導團隊的架構完成，有利於團隊工作的運作。

3. 雖然駐校，但仍接受教育局的指揮、督導，對人力調配與專業成長均能兼顧。

4. 學校社工師駐站於一中心學校，又兼支援鄰近學校，可以建立以學校為中心，以社區為基礎的學校社會工作服務途徑。有利與社會局的社會福利服務中心合作建立區域兒童、少年與家庭的服務輸送體系。

其缺點也有如下：

1. 駐校學校社工師人數有限時，無法普遍進駐學校，將引發未獲分配進駐學校的妒嫉。

2. 駐站學校如果不配合，學校社工師有可能陷入駐站學校、學生、家長、教育局、社會工作專業間的多重角色困境，埋沒在既有學校體系的科層運作裡，難以發揮專業功能。

　　不論哪一種型態，只要是由縣市政府自聘學校社工師，形成編制外人事成本的增加，容易遭致財政、主計單位的抵制。除此之外，每一個型態都有其優缺點。經過幾年來的實驗，似乎已摸索出最佳的型態。如果學校社會工作人力足夠，如臺北市、臺北縣，採取駐校並支援鄰近學校型態是比較吻合學校社會工作的精神。只是如何克服缺點，則有待各縣市透過制度的設計、溝通、協調、訓練、督導，加以彌補。

第四節　國民教育法再修正後的學校社會工作發展（2011 年以後）

　　2010 年 11 月間桃園縣八德國中發生校園霸凌，有位國三男生被同學飛踢、圍毆、拿掃把追打，嚇得大哭，同學又拿垃圾桶蓋頭。12 月 6 日同校 1 位國一女生被 4 名女同學毆打，還被拉進廁所拍裸照，嚇得被害人不敢上學，經縣議員陪同出面控訴。施暴者被依恐嚇、妨害自由等罪嫌送少年法庭審理。該校 64 名（超過半數）教師不滿校長未積極處理學生欺凌事件，集體連署向立委陳情，指稱學生向教師嗆：「我竹聯的！」還揚言叫人帶槍到校，控訴學校包庇霸凌，要求校長和學務主任下台。社會罵聲連連，桃園縣政府、教育部出面處理善後，校長調職回任教師、學務主任請辭獲准。於是，防制校園霸凌也成為教育部的重大專案。

　　2011 年 1 月 12 日立法院旋即再次修正通過國民教育法第 10 條，不但擴大專任輔導教師員額編制：（1）國民小學 24 班以上者，置 1 人。（2）國民中學每校置 1 人，21 班以上者，增置 1 人。前項規定自中華民國 101 年 8 月 1 日施行，於 5 年內逐年完成設置，全國國中小將新增專任輔導教師 2,156 人。

　　專任專業輔導人員亦同步明訂員額，國民小學及國民中學班級數達 55 班以上者，應至少置專任專業輔導人員 1 人。直轄市、縣（市）政府應置專任專業輔導人員，視實際需要統籌調派之；其所屬國民小學及國民中學校數合計 20 校以下者，置 1 人，21 校至 40 校者，置 2 人，41 校以上者以此類推。據此，全國需設置將近 600 名專任專業輔導人員。而所稱專業輔導人員依「教育部補助國民小學國民中學及直轄市縣（市）政府設置專任專業輔導人員實施要點」規定，係指：社會工作師、諮商心理師、臨床心理師。雖然，三種專業名稱未入法。但是，已明確地被納入學校輔導體系了。

　　各縣市於 2012 年 8 月開始依國民教育法聘任專業輔導人員。然各縣市各自解讀法律，有將 55 班以上學校所聘專業輔導人員稱為「校級專業輔導人員」，專屬該校使用，20 校聘用者，稱為「縣（市）級專業輔導人員」，配屬於學生輔導諮商中心（簡稱輔諮中心），供全縣市使用，導致同是專業輔導人員卻勞逸不均。觀諸立法意旨，班級數、校數只是作為估算

專業輔導人員配置人數的指標，並無將專業輔導人員分類運用的用意。

除了配置的方式出現歧異外，對於專業輔導人員的員額配置也未考慮學生需求。各縣市政府教育局大都依學校的需求決定三種專業的名額。各校校長通常會依輔導主任的意見。而除了前述新北市、臺北市、臺中市已實施學校社會工作制度多年，校長、輔導主任較清楚學校社工師的功能外，其餘縣市的學校輔導主任大多較熟悉心理輔導界，而認定學校需求心理諮商師；復由於心理輔導學術與實務界動員各輔導學會、諮商師公會大力遊說；再加上心理輔導界誤以為學校社工師只是做家庭訪視與資源整合，因此，無須配置太多名額。於是，就出現部分縣市大量聘用心理諮商師，而只聘任少數的學校社工師，例如彰化縣、桃園市、新竹市、雲林縣、花蓮縣、臺東縣等。其中彰化縣最嚴重，只聘 2 位學校社工師，而心理諮商師卻高達 24 人，導致這些縣市的學校輔導團隊難以建立，學校社工師流動率也奇高。

目前各縣市專業輔導人員的配置可分為以下三種模式：

一、分區駐校模式

學校社工師、心理諮商師均配置於 55 班以上學校，或區域中心學校，支援鄰近中小型學校。輔諮中心只扮演督導與協調角色。其優點是：（1）教育局能統一招募、分配、管理專業輔導人員，發揮事權統一管理效果；（2）教育局可因地制宜、配合需求配置適當之專業輔導人員駐校，不會拘泥於學校班級數多寡；（3）學校端的輔導教師、學校社工師、學校心理諮商師能建立完整的校園與區域輔導團隊，直接提供學生問題解決；（4）專業輔導人員既可深入學校體系，又可兼顧對學生、家庭、社區、學校系統的評估與介入。

然其限制則有：（1）因為配置人力指標對小校多的縣市不利，致這些縣市專業輔導人力不足，無法做到小區域駐校，必須採較大區域分工，不利就近支援；（2）心理諮商師與輔導教師功能不易區分；[2]（3）學校配置心理諮商師與社會工作師的功能展現不一，心理諮商師不熟悉家庭與社區

---

[2] 部分專輔教師具有心理諮商師資格，且具教師資格而通過甄試，獲聘擔任專輔教師。換言之，部分專輔教師兼具教師與心理諮商師資格，其專業能力不比心理諮商師差，但卻因三級分工而無法處理三級預防個案。

關係而困在前線，專長較不易發揮，必須有學校社工師支援。

實施的縣市有新北市、臺南市。新北市從開始實施建置學校社會工作制度起即採此模式。臺南市於 103 學年度將原先不成比例地向心理師諮商師傾斜的員額分配，重新調整學校社工師與心理諮商師的員額，並實施分區駐校模式。

二、輔諮中心模式

學校社工師、心理諮商師均配置於輔諮中心。其優點是輔導人力集中扮演三級輔導角色，支援學校輔導室。然其限制甚多：（1）學校與輔諮中心的轉介系統是否順暢決定三級輔導的效能，各校差異極大。輔諮中心出現兩種極端現象：學校轉介頻繁而門庭若市或學校不轉介而門可羅雀；（2）心理諮商師與學校社工師因集中輔諮中心辦公而不熟悉校園文化，致輔導效果不彰；（3）學校社工師與社會局社會工作師角色易被混淆；（4）心理諮商師與輔導教師功能重疊而可能因無所事事而閒置，或與鐘點外包心理師角色混淆，功能相互抵銷。

目前全國大部分中小型縣市採此種模式。雖然小部分人口較少的縣市，仍有可能有一兩所國中小班級數達 55 班以上，配置駐校專業輔導人員，不過，該縣市專業輔導人員主力還是放在輔諮中心，提供間接服務與直接服務。於提供直接服務時，必須奔波於途，辛苦異常。部分縣市遂採分區服務，以紓解路程迢遙之苦。同時，部分縣市學校社工師人數極少或無，很難發揮學校專業輔導團隊工作的功能。

三、輔諮中心與駐校並行模式

55 班以上大型學校配置學校社工師或心理諮商師，與導師、輔導教師共構校園輔導團隊；另將 20 校聘任 1 位專業輔導人員之員額，集中於縣（市）輔諮中心，擔任三級輔導工作，支援中小型學校。其困境是：（1）校級專業輔導人員與縣（市）級專業輔導人員分別管理，形成一縣（市）兩制，且勞逸不均；（2）駐校專業輔導人員很難支援其他非 55 班學校，而輔諮中心只扮演三級輔導角色，與校級專業輔導人員功能區分，合作不易，學生輔導體系出現嚴重的漏洞。（3）校級專業輔導人員只負責 1

表 13-2 現行各縣市專業輔導人員配置模式				
	實施概況	**優點**	**缺點**	**實施縣市**
分區駐校模式	學校社工師、心理諮商師均配置於 55 班以上學校，各自負責該校輔導團隊的強化；或配置於區域中心學校，支援鄰近中小型學校，組成小區域支援專業輔導團隊。輔諮中心只扮演督導與協調角色。	教育局（處）可發揮事權統一管理效能。 因地制宜、配合需求配置適當之專業輔導人員駐校。 能建立完整的校園與區域輔導團隊，直接解決學生問題。 可深入學校體系，又兼顧對學生、家庭、社區、學校系統的評估與介入。	小縣市人力不足，無法做到小區域駐校。 心理諮商師與輔導教師功能不易區分。 配置心理諮商師的學校與學校社工師的學校展現功能不一。 心理諮商師不熟悉家庭與社區關係而困在前線，專長較不易發揮，需學校社工師支援。	新北市、臺南市
輔諮中心模式	學校社工師、心理諮商師配置於輔諮中心，各自支援所負責的轄區學校。各自負責各該轄區支援學校輔導團隊的強化。	輔導人力集中扮演三級輔導角色，支援學校輔導室。	學校與輔諮中心的轉介系統順暢與否決定三級輔導的效能。 心理諮商師與學校社工師不熟悉校園文化而效果不彰。 學校社工師與社會局社工師角色混淆。 心理諮商師與輔導教師功能重疊，可能與鐘點外包心理諮商師角色混淆而功能相互抵銷。	非六都縣市
輔諮中心與駐校並行模式	55 班以上之學校配置駐校學校社工師或心理諮商師（校級），餘派駐輔諮中心（縣市級）。	55 班以上大型學校配置一位學校社工師或心理諮商師，與導師、輔導教師共構該校輔導團隊。 另 20 校聘任一位專業輔導人員之員額，集中於縣（市）輔諮中心，擔任三級輔導工作，支援學校輔導室。	校級與縣（市）級專業輔導人員分別管理，一市兩制，勞逸不均。 學校社工師與心理諮商師駐校很難支援其他非 55 班學校，而輔諮中心只扮演三級輔導角色，且與校級專業輔導人員不易合作，輔導體系出現嚴重的漏洞。 輔諮中心面對與上一模式相同的困境。	臺北市、桃園市、臺中市、高雄市、彰化縣

校，加上該校專任輔導教師，輔導人力相對充足、工作負荷量低，容易自我設限功能，學生的權益不見得更能被保障。（4）駐守在輔諮中心的縣市級專業輔導人員面臨與輔諮中心模式同樣的困境。

臺北市、高雄市、臺中市、桃園市、彰化縣等大縣市均採此種模式，實有調整必要，否則白白浪費得來不易的專業輔導人力配置。

第五節　學校社會工作的實施

我國現行的學校輔導體系基本上是依循教育部於 1998 年頒訂的「建立學生輔導新體制方案」，也就是「教訓輔三合一方案」。仿美國的學生輔導採公共衛生的三級預防觀念，稱三級輔導。

而我國學生輔導法中的三級輔導概念，基本上採借自 McWhirter, McWhirter, McWhirter, and McWhirter（2017）的《高風險青年》（*At Risk Youth*）一書中對學校輔導的三級預防的界定：[3]

1. 初級預防：屬「發展層次」，以全體師生為主，防範問題於未然，著重學童的發展性，例如兩性教育、生命教育。
2. 次級預防：屬「早期介入層次」，及早介入高風險學生，以減少不良事件的發生率，或減輕已發生問題的嚴重性，預防行為的惡化，例如認輔高風險學生。
3. 三級預防：屬「治療與追蹤層次」，著重危機的調適，必須採用個別、密集、連續、長期的介入，例如治療精神疾病學生。

晚近，美國已將學校輔導三級預防的架構，轉化為三層式學校支持系統。美國學校諮商師協會（American School Counselor Association, ASCA）於 2008 年起即採用多層級支持系統（Multi-Tiered Systems of Support, MTSS），作為學校諮商師納入綜合的學校諮商方案（comprehensive school counseling program）的利害關係人之一的參考架構，其分層如下

---

[3] 我國學生輔導法把次級預防的早期介入誤解成介入性（intervention）輔導，失去早期介入（early intervention）的原意；三級預防誤解為處遇性（treatment）輔導，失去原意的精神／心理治療與後續追蹤（follow-up）。就西方社會工作發展經驗論，介入已取代傳統具有醫療模式的處遇概念。尤其是在學校，更不適合將學生適應困擾醫療化、病理化、個人化。

（ASCA, 2008/2014）：

1. 第一層（Tier 1）：普及的核心教導性介入（Universal Core Instructional Interventions）：對象為全體學生，目的是預防於先（proactive）。

2. 第二層（Tier 2）：附加／策略性介入（Supplemental/Strategic Interventions）：對象為已出現某些風險的學生。

3. 第三層（Tier 3）：密集、個別的介入（Intensive, Individual Interventions）：對象為高風險學生。

依美國研究，估計95-99%的學生需要第一層（普遍性）到第二層（選擇性）的協助（Stormont, Reinke, Herman, and Lembke, 2012）。第一層輔導通常以教室為基礎，主要的介入者是教師、學校社工師或其他專業人員。大約有85%的學生從這一層次的協助上獲得需求滿足（Kelly, Raines, Stone, and Frey, 2010）。第二層輔導的需求量大約是學童的5-10%。主要以小團體為基礎的服務，服務提供者是學校社工師、學校心理師（school psychologist）、學校諮商師（school counselor），或其他行為治療專家（Crone, Homer, and Hawken, 2004）。另有1-5%的學童需要第三層輔導（Stormont et al., 2012），進行個別化的密集處置，服務提供者可能是精神科醫師、臨床心理師（clinical psychologist）。

Allen-Meares, Montgomery, and Kim（2013）的後設研究發現，包括美國、加拿大、以色列等各國學校社工師在校園裡從事的第一級（層）服務，主要是三大類：(1)性騷擾、性禁慾、危險性行為；(2)攻擊性行為；(3)行為與心理健康評估、壓力管理。第二級（層）服務則包括四類：(1)高風險少年介入；(2)懷孕與未成年父母親職；(3)喪失與壓抑；(4)身體、性別認同與團體關係。顯示，學校社工師主要提供第一級（層）、二級（層）服務。

Allen-Meares（2010）認為社工師在學校服務最獨特的功能是協助高風險的學生，包括因貧窮、虐待、疏忽、身心障礙等因素導致學校適應困難的學生。再從這些核心服務對象擴大到特殊人口群，例如：未成年懷孕、未成年親職、行為偏差、攻擊行為、性議題等。

我國學校輔導分工責任，初級預防是導師，二級預防是輔導教師，三級預防是專業輔導人員，與美國、加拿大、以色列等國的分工不一樣。亦即，如果仿照美國的三級分層制，我國大部分的學生輔導需求會落在導師與輔導教師身上。只有1-5%的學生案例才轉介給專業輔導人員。事實

上，有些嚴重個案，也不見得是專業輔導人員處理得來的，例如兒童及少年精神疾病。如此一來，專業輔導人員在校園裡，功能變得很少。因此，學校輔導實務現場，單靠三級輔導分工，顯然不足以因應學生輔導需求，必須調整三級輔導，且再加上三師分工。

一般對三師分工，認為不論是專輔教師或特教教師皆為個案管理者；心理諮商師與學校社工師的角色分工，則是前者專注於處理個案的內在困擾，外在問題則交由後者處理（陳婉真、黃禎慧、侯瑀彤、江守峻、洪雅鳳，2018）。其實，這不完全正確。專輔教師或特教師屬學校正式編制人員，且常在學校，各有班級配屬，擔任個案管理者是相對適合。但是，遇到超出教育範圍的學校適應議題時，就很難一概而論，例如兒童及少年保護個案，個案管理應由誰擔任？就可再斟酌，或許學校社工師更適合。至於，心理諮商師主內，社工師主外的一刀兩斷，也不正確。心理師不只是專注學童的內在困擾，也必須結合系統觀點；而社工師早已採取生理、心理、社會、靈性途徑（bio-psycho-social-spiritual approach）（林萬億，2021）來處理服務對象的完整需求，不會只關注學童的外困擾。

游以安、姜兆眉（2017）從學校社工師的視角觀察學校諮商心理師發現：（1）在學校系統，諮商心理師相對於社工師佔有優勢，能被學校系統認同；然，諮商心理師／社工師與學校輔導人員角色權責難以劃分。（2）專業合作中的諮商心理師，擅長個案內在心理議題分析與概念化，但對家庭工作及資源連結能力有限。另，具系統觀點之心理師較能在專業合作上溝通、與社工師能相互協力者可提升效能，與社工師在社區中合作開發多元課程與連結醫療資源可增進個案福祉。（3）影響雙方專業合作的負向因素：鮮少互動、諮商心理師堅持結構化的工作模式、對專業關係界線與個案保密原則的落差。（4）社工師被學校定位在處遇性輔導工作內涵，「跨」心理專業逐漸能力養成。（5）應意識未來學諮中心是否存在的危機。

這顯示，學校社工師、心理諮商師、專輔教師三者沒有更清楚的分工，校園輔導團隊的運作會遭遇很多困難。據此，林萬億（2018）提出三師三級分工，循著教育部的三級輔導規劃如下：

1. 初級預防：內容是提升學生正向思考、情緒與壓力管理、行為調控、人際互動以及生涯發展知能，以促進全體學生心理健康與社會適應。由全體教師負責推動，輔導教師支援。

2. 二級預防：內容是早期發現高關懷群，早期介入輔導。由輔導教師

主責，專業輔導人員支援。

3. 三級預防：內容是（1）針對偏差行為及嚴重適應困難學生，整合專業輔導人力、醫療及社政資源，進行專業之輔導、諮商及治療。（2）在學生問題發生後，進行危機處理與善後處理，並預防問題再發生。由專業輔導人員主責，輔導教師支援。

進而再依林萬億（2000）所建議的學校社工師的任務如下：

1. 協助學童良好的學校適應。

2. 協助學童排除完成教育的障礙。

3. 滿足特殊學童（身心障礙、學習落後、原住民、新移民等）的教育需求。

4. 預防校園暴力、物質濫用等。

5. 處理引發學童學校適應的家庭問題（如配偶暴力、兒童虐待與疏忽、性侵害、性剝削、目睹家暴、貧窮、家庭解組、犯罪、重大傷病等）。

6. 連結社區資源協助學校處理學生的需求與問題。

7. 協助學校建立有利於學童學習的制度環境。

將輔導教師、學校心理師、學校社工師，進行服務對象分工，以免出現三個和尚沒水喝的窘境。三師三級輔導分工如下：

1. 輔導教師：中輟、性別平等、學習困擾、人際關係困擾、校園暴力（含霸凌）、師生衝突、網路沈迷、行為偏差等。

2. 學校心理師：心理健康、自傷、自殺、創傷後壓力疾患、校園暴力（含霸凌）、物質濫用等。

3. 學校社工師：兒童與少年虐待與疏忽、性侵害、性剝削、少年犯罪、校園暴力（含霸凌）、幫派、危機事件、貧窮、脆弱家庭、高風險家庭、社區資源整合等。

三師三級分工的基本原則是只要是屬於二級預防的學童校園適應議題，由輔導教師主責。與社會立法相關的學童學校適應議題，例如：家庭暴力防治法、性侵害犯罪防治法、兒童及少年福利與權益保障法、少年事件處理法、兒童及少年性剝削防制條例、社會救助法、特殊境遇家庭扶助條例等規定，就由學校社工師主責。與心理衛生相關的議題，由學校心理諮商師主責。其中，校園霸凌涉及加害者、被害者、旁觀者等，且有可能涉入教師、學生、家長、行政人員等，又霸凌有身體、關係、語言、網

路、性、同志等面向，必須結合三師協力，始能完善處理。

　　三師三級分工除了解決校園學生議題多樣性的分工之外，另一層意義是互為守門員的概念，輔導教師的支援者是學校心理師、學校社工師。而輔導教師也要扮演學校心理師、學校社工師的支援者。類似美國學校諮商師協會的學校諮商方案的國家模式（ASCA National Model: A Framework for School Counseling Programs）建議專業的學校諮商師在學校輔導的多層級支持系統架構下，應同時扮演支持者與介入者的角色（Ockerman, Mason, and Feiker-Hollenbeck, 2012）。支持角色是指學校諮商師提供間接服務的角色給其他學校的學生支持團隊，例如，導師、教師、行政人員，服務方式包括資料提供、擔任諮詢等。

結　語

　　令人感慨，臺灣學生輔導體系的建立是犧牲很多學生的權益才換來的。1995 年底發生於臺北市成淵國中的學生集體性騷擾案，促成了 1996 年國民教育法修正，第 10 條第 4 款明定「輔導室得另置具有專業知能之專任輔導人員及義務輔導人員若干人」；也逼出教育部「國民中學試辦設置專業輔導人員實施計畫」，使臺灣學校社會工作發展進入駐校型態，奠定了今日學校社會工作制度發展的基石。

　　而爆發於 2010 年年底桃園縣八德國中的校園霸凌事件，則是再次促成國民教育法第 10 條的修正，擴大專任輔導教師員額，2012 年 8 月實施，實施後 5 年內逐年完成設置，全國國中小新增專任輔導教師 1,647 人。此外，也明訂專任專業輔導人員設置，相較於先前全國各縣市聘用 106 名，可望新增 467 名專任專業輔導人員。

　　經過輔導諮商界長期的倡議，從輔導六年計畫時期即已研議草擬的「學生輔導法」於 2014 年 10 月 28 日經立法院三讀通過。第 10 條規定高級中等以下學校專任輔導教師員額編制如下：
1. 國民小學 24 班以下者，置一人，25 班以上者，每 24 班增置一人。
2. 國民中學 15 班以下者，置一人，16 班以上者，每 15 班增置一人。
3. 高級中等學校 12 班以下者，置一人，13 班以上者，每 12 班增置一人。

　　4. 學校屬跨學制者，其專任輔導教師之員額編制，應依各學制規定分
　　　別設置。

　　這大幅擴增了國民教育法第 10 條規定的專任輔導教師員額。據此，
除依國民教育法第 10 條規定，於 2017 年 7 月 31 日前將完成設置 3,072
名專任輔導教師外，自 2017 年 8 月 1 日起將再依本法規定逐年增置。未
來公私立高中以下學校每校均需置專任輔導教師，並再依班級數增置，全
國預計將置 8,158 名專任輔導教師。

　　再加上，2017 年 12 月 6 日施行的「偏遠地區學校教育發展條例」第
11 條規定，地方主管機關應以國民中學學區為範圍，於偏遠地區學校置
專業輔導人員或社會工作人員；其進用人數、工作內容、資格順序、補助
及其他相關事項之辦法，由中央主管機關定之。

　　然而，2014 年學生輔導法通過時，立法院並未同步修正國民教育法
第 10 條專任輔導教師的員額。其實，將國小 23 班以下學校均置專任輔
導教師一人，有執行上的困難。首先是，增加的人事成本大部分由地方政
府負擔，造成地方政府財政很大的壓力。其次，出現勞逸不均現象，小校
通常也小班，有些小校學生數僅剩十餘名，也要設置一位專任輔導教師，
不但個案負荷量低，與中大型學校專任輔導教師相比，相對輕鬆，也造成
同校教師間勞逸不均。第三，小校大多位於偏遠地區，學童及其家庭的需
求與問題，大宗是貧窮、失業、隔代教養、單親、外籍配偶、原住民、家
庭關係、親職功能等脆弱家庭，比較不是專任輔導教師的專長，反而是需
要聘任學校社工師（林萬億等，2018）。偏遠地區學校教育發展條例施行
後，學生輔導法應修正，以回歸國民教育法規定。

　　遺憾的是，本來應該是團隊工作的助人專業，卻被部分心理輔導諮商
界誤以為學生輔導是心理輔導的地盤，導致相鄰專業間出現地盤競爭，帶
來不利學童福祉的制度設計，而阻礙學校輔導團隊的建立。學校設置專業
輔導制度本就不是為了幫心理輔導諮商或社會工作學生找出路，而是為了
解決校園複雜的學生需求與問題、補強學校輔導人員專業的限制，以及建
構完整的校園輔導專業團隊。

　　還好，在我國學校社會工作人力正式納入國民教育法後不久，2013
年由學校社會工作人員及教授學校社會工作課程的教師組成「臺灣學校社
會工作協會」，致力於協助校園中的弱勢學生及其家庭，以及捍衛弱勢學
生的各種權益。也成為學校社會工作與心理諮商的對話平台，有助於促進

相鄰專業的合作。

　　一個新興社會工作領域的發展絕非一蹴可幾，學校社會工作制度建置後，社會工作者本身的實力決定了生存的機率與空間大小。學校社會工作的發展目前看似曙光初露，接下去就要看社會工作界的倡導，和那些開路先鋒們的努力是否足以讓學校社工師在學校體系中爭得一席之地。不論如何，為學童、家庭、學校、社區解決問題，才是社會工作者在學校得以安身立命的保證。

問題與思考

1. 臺灣的校園為何需要社會工作？與美國的經驗有何異同？

2. 促成臺灣學校社會工作發展的關鍵力量是什麼？為何發展進度相對緩慢？

3. 在臺灣，不同的學校社會工作實務型態各有何優劣？如何因地制宜？

4. 有些民間團體認為臺灣的學校社會工作應該像香港一樣由民間發動，其優缺點如何？限制何在？

5. 學校社會工作如何因應各縣市政府學生輔導諮商中心人力配置不同的挑戰？

建議研讀著作

林萬億等編著（2018）《學校輔導與學校社會工作》。臺北：五南出版。

第 **14** 章

職場社會工作——員工協助方案

林桂碧 |

前　言

　　臺灣地區自 1953 年開始陸續實施多期經濟建設計畫，促使臺灣經濟社會快速發展，而成為開發中國家經濟發展的典範。臺灣經濟如此發展，全體勞工可說是我經濟建設的主要力量，並扮演著非常重要的角色。但是任何一個國家在經濟發展的過程中，常因為過於強調經濟成長，而忽略了勞工的問題或需求，臺灣亦是如此。

　　於是在臺灣最早從事勞工輔導工作（亦即是職場社會工作）是天主教會的「天主教職工青年會」，當時以促進青年勞工人格發展和引發社會大眾對職工青年的重視為服務目的，其服務內容包括休閒娛樂、工作技能與生活知識，主要透過座談會、演講及聯誼康樂等活動方式進行，以協助青年勞工瞭解人生、婚姻真諦和生活適應等（林桂碧，1985: 41）。

　　至於，企業施行職場社會工作（企業內稱之勞工輔導）始自臺灣松下電器公司於 1972 年成立大姊姊組織（Big Sister, 簡稱 BS），協助新進員工儘快適應工作環境，以及扮演作業員與主管間的溝通橋樑。之後，許多企業亦陸陸續續在其公司內部提供此項員工服務，甚至聘請專業人員協助員工（方隆彰，1991: 36；林桂碧，1985: 41）

　　後來，政府亦為謀求解決勞工人口急遽增加所產生的許多問題，於1981 年訂頒「加強工廠青年服務要點」，以加強對農工青年之聯繫與輔導。並於同年依此要點另訂定「廠礦勞工輔導人員設置要點」，推動廠礦事業單位在內部設置「勞工輔導人員」，辦理各項勞工服務工作，並協助解決勞工生活與工作之問題，此為政府嘗試運用社會工作方法以解決工業社會的問題（謝鴻鈞，1997: 38）。

　　關於臺灣的職場社會工作由於民間員工協助方案（Employee Assistance Programs，簡稱 EAPs）機構持續努力與付出，以及臺灣員工協助方案協會（簡稱 TEAPA）積極與國際員工協助方案協會（Employee Assistance Professionals Association，以下簡稱 EAPA）合作，加上因富士康員工自殺事件，勞動部又於 2011 年啟動「快樂勞工 Happy Call」，一方面提供需要專業諮詢的勞工一個求援管道，另一方面主動與企業取得聯繫，對於想建制 EAPs 的企業，提供免費資源，由專家學者組成團隊協助諮詢。又隨著產業競爭之全球化，社會福利觀念之普遍化，當「人」（勞

工）不再是生產工具而轉變成生產資源時，長久以來一直關注「人類行為與社會環境」的社會工作者，將如何運用社會工作的專業方法實施於職場，協助員工增強解決問題之能力，擁有良好的工作適應，以及充實的職業生涯成就，進而提升健康快樂又有效率的工作環境（徐震、林萬億，1983: 481），乃是當今職場社會工作領域極迫切重視之課題。

依此，本章的撰寫節次如下：第一節先就「臺灣工業化歷程中的勞工處境」予以剖析，接著在第二節將「臺灣職場社會工作發展歷程」作回顧，再次是於第三節介紹「職場社會工作基本概念與專業方法——員工協助方案」，然後在第四節敘述「職場社會工作在臺灣的實施現況與展望」。

第一節 臺灣工業化歷程中的勞工地位（處境）

臺灣地區勞工問題，與歐美的經驗相似，均源於工業化的發展，並隨著發展階段的不同而有相異的內涵（彭百崇，1991: 2）。因此，本節將從臺灣工業化發展與產業結構的轉變開始探討，接著分析臺灣勞工問題的發展。

一、臺灣工業化發展與產業結構之轉變

基本上，臺灣工業化的發展歷程係由 1950 年代初開始有計畫的推動工業化，迨至 1960 年代中期始由農業經濟社會蛻變為製造業主導發展的現代化型態，並於 1980 年代後期轉為服務業經濟社會。然而臺灣工業化之快速推進，首要歸功於 1950 至 1960 年代中期農業持續進步，創造可觀的農業剩餘，使之轉換成為工業發展急需的資本財；其次是高達 15 億美元的美國經濟援助（占該期間國內資本形成的三分之一），由於這兩項有利臺灣經濟自力持續成長之條件，以及配合政府出口導向的發展策略和有效運用充沛而優質的人力資源，發展具有優勢的勞力密集輕工業，帶動全體製造業及整體經濟持續繁榮。

在 1980 年代中期之前，由於政府長期實施保護措施，使得市場機能未能充分發揮導引生產要素有效配置的功能，但是出口仍持續暢旺，主要是此一期間，出口主幹的製造業所需的龐大勞動力，吸收來自低生產力

農業部門釋出的勞動力和新增的大量勞動人力，對當時的經濟成長貢獻極大。到了 1980 年代中期之後，由於經濟自由化、國際化的效果顯現，以及市場機能發揮了作用，導致輕工業原享有的競爭優勢喪失，全體製造業成長顯著衰退，原雇用之大量初級勞動力被迫紛紛解僱，但此一龐大失業勞工為維持生計，在謀職困難之下，轉入勞動生產力成長率較低的非貿易財部門。

故總括而言，臺灣的工業化發展歷程為：1950 年代係屬農業的經濟社會，1960 年代則由農業蛻變為工業經濟社會（1967 年製造業占實質 GDP 百分比超過農業），1970 年代持續工業經濟社會，但於 1980 年代後期轉型為服務業經濟社會（1987 年），從此臺灣進入工商服務的經濟型態（張溫波、沈瑞銘、林慈芳，1997: 385-386）。

二、臺灣勞工問題之發展

如前所述，臺灣地區從 1960 年代開始，政府為推動經濟建設發展勞力密集工業、鼓勵投資和出口，因而增加就業人口與改善國民所得等。並且短短的 2、30 年間，由於全體國民的努力與政府穩定的推動，創造了「臺灣經濟奇蹟」。這種短時間的工業化發展，雖然使得臺灣地區國民生活水準提高，但亦帶來若干的現象，例如：農村人口流向都市、大量勞動人口進入工廠，使得許多職業結構改變，以及形成許多新的勞工問題（李碧涵，2001: 12-14；黃寶祚，1997: 57-73；謝鴻鈞，1996: 37-38）。

（一）1960 年代農工經濟轉型前的農業發展勞工問題（紡織業全盛期）

由於 1953 年開始實施經濟建設計畫，至 60 年代起臺灣農業逐漸進入轉換時期，工業快速發展且總產值比重凌駕農業之上，農民地位逐漸由第一主角轉為配角，此時的勞工問題係由於員工流動性大且是勞力密集的生產方式，導致雇主認為工業民主將增加管理困擾，而且對於分紅入股缺乏興趣，再加上工業結構尚屬家庭企業或中小企業的工廠型態，於是隨著工業化和都市化的加速發展，衍生出一些具體的勞工問題，諸如所得分配問題、就業問題、勞工保險問題、職業平等問題、勞工合法權益問題及農、漁民、勞工、原住民和退伍軍人等福利問題。雖然此等問題在 80 年代中

期最為嚴重，但在此一階段已有逐漸發展趨勢。

（二）1970年代經濟轉型後的工商業發展勞工問題（重工業全盛期）

由於70年代適逢第一次石油危機，發生嚴重的國際性經濟不景氣，這時臺灣的農業進入衰退時期，而經濟發展正邁向重工業拓展及商業轉化期，於是發生了停滯性膨脹與失業等問題。不過，政府此時大規模投資10項重要公共建設，共增加14餘萬人的就業機會，克服停滯性膨脹與失業問題，緩和了失業壓力及維護社會安定。

但是，因為70年代初期政府開始推動第二次進口替代工業的發展，亦即是重化工業的發展期，結果使得以往的體力工、操作工、半技工等都面臨考驗，因此技術人力的需求增加以因應產業結構的轉變，成為企業用人制度改革的重要課題。

此外，這時候正面臨國際貿易保護主義盛行，以及市場間競爭激烈和發生石油危機，俾使臺灣的產業結構發生極大的變化，其中最明顯的是勞動人力供需失調問題。同時亦因為勞工教育水準的不斷提升，導致所造就的大批人力無法滿足社會變遷及產業結構轉變而對於專才技工的需求。因此，在此一階段的勞工問題產生了高等教育勞工求職時，發生「學非所用」、「大材小用」等困擾，於是產生了伴隨勞工失業問題而來的勞工教育、職業訓練、就業輔導、勞工保險和勞工性別歧視等問題。

（三）1980年代行業結構改變，勞工自主意識高漲的勞工問題（電子業全盛期）

80年代以來產業結構受到工商產業不斷地改變之影響，發展許多新興的行業，尤其是電子產業和其他科技產業，而且這些產業都以較佳的薪資、福利等勞動條件吸引勞工加入其生產行列，帶來許多傳統勞力密集產業（例如紡織業、三K產業）的勞工跳槽至前述產業，造成大多數以勞力密集生產為主幹的工廠經年維持高的空職率，形成勞工流動率偏高和勞動力短缺之問題。因此，勞工自力救濟、勞工福利的爭取、工作效率的無力感、對工會組織的無信心、勞工的都市性格、勞工人權宣言的表白、外籍勞工問題與人力資源運用問題等等，都是此一階段勞工進退異動頻繁的部分表徵，顯然亦與以往的勞工問題有別。

　　此外，這一時期的大多數勞工均是與農村隔離的第二代勞工，加上是小家庭的都市化特徵，以及因與農業關係愈加淡薄和工商社會的強烈競爭，造成工作的不安定性，就業遷移率提高，行職業間流動性增加，使得勞工福利問題的重要性愈顯彰明。而且這時候的工商社會裡也產生一些因自動化的勞工問題、外籍勞工問題、有偶婦女就業問題、勞工心理輔導問題、勞工工作意願與工作效率問題等等。這些問題不僅有賴企業積極的員工福利服務措施加以解決，同時政府勞工立法與行政的配合及貫徹更是重要。

（四）1990 年代經濟全球化、自由化與民主化的勞工問題 （知識經濟時期）

　　進入 1990 年代，勞工所面臨的國內外政經大環境有了重大的改變。10 年來全球化與亞洲區域經濟的興起，造成臺灣產業結構快速轉型，甚至出現產業空洞化的現象，譬如企業外移至中國大陸或東南亞投資，或關廠、歇業等均造成勞工失業，甚至領不到積欠工資和資遣費（吳忠吉，1996）。對此等發展趨勢，政府因應政策主要有二：一是 1993 年提出「振興經濟方案」，其目的主要在振興製造業，因而造成工商綜合業的發展受限制，使得服務業未能快速產業升級並創造大量的就業機會；二是 1996 年修正「勞動基準法」，擴大適用範圍及實施變形工時，因而形塑勞資關係的新發展。

　　另，失業率自 1996 年開始持續攀升，在當前高失業率時代，政府為因應此問題不僅提出許多拯救失業的各種措施，包括「永續就業工程計畫」、「建立就業優先區計畫」、「振興傳統產業獎助津貼方案」、「就業促進津貼實施要點」、「補助全民健保要點」、「部分工時訓練及就業計畫」、以及增設公立就業服務機構，以增加就業服務據點⋯⋯等。

（五）2000 年代政黨輪替後，全國性勞工團體紛紛成立， 且失業問題成為勞工問題的核心

　　政黨輪替後，過去唯一的全國總工會改選也出現變化，另外又成立「全國勞工聯盟總會」（簡稱全勞總），而臺灣省總工會也因為全總改選時的爭議與精省問題，出走亦自行成立「全國聯合總工會」（簡稱全聯總）。同年，全產總成為第一個獲官方承認的勞工自發性產業總工會組織，但由

於全產總表現出親執政黨的立場，於是在 2007 年，主動退出或遭全產總開除的自主工會，又另外成立了「團結工聯」。於是全國性勞工團體打破只能一個的過去歷史。

此一時期亦修改許多與勞動條件相關的規定，包括「雙週 84 工時」及其兩大配套「8 週變形工時」與「取消女性加班及夜間工作限制」；「家事服務業外勞排除在勞動基準法的保護之外」；「國營事業至少有五分之一的名額，由工會推派勞工董事」；「外籍勞工基本工資得內含膳宿費，變相壓低外勞整體勞動條件」；勞工退休金條例通過，以「個人帳戶年金制」取代「附加年金」社會互保的制度，並將勞工舊制退休金「保留不保障」。

另外，自 1995 年之後失業率開始明顯上揚，到 2002 年為失業的高峰期，之後失業人數雖有下降，但因 2008 年金融海嘯襲擊，失業率再度向上升高，這不僅反映臺灣一個依賴出口的經濟體系面對全球景氣循環的無力感，或市場波動時，政治經濟體系調整能力不足的窘境（王振寰、瞿海源，2010: 311），同時臺灣的勞工問題從此以失業問題為核心。

（六）2010 年代罷工事件頻起、經濟成長減緩

2011 年開始公、民間事業單位因為勞資爭議事件，導致罷工頻繁，主要原因有：積欠員工薪資，無力支付員工資遣費及退休金，併購，關閉生產線，節省開支而大幅裁減約聘僱及臨時人員，違法大量解僱員工，大眾運輸業依法休假等。尤其是航空業的罷工問題影響甚鉅。

另外，2016 年政府推動「一例一休，砍七天假」。通過原政院第 24 條「休息日加班費由『做一給四、做五給八』改為核實計算」、第 32 條「單月加班時數上限 54 小時，每三個月不得超過 138 小時」、第 34 條「輪班間隔由 11 小時縮減為 8 小時」、第 36 條「鬆綁『七日需有一例假』之規定」、第 38 條「特休假可遞延至次年，次年度未休完再補發工資」，此外，又增訂第 32 條之 1「加班費換補休，依一比一計算」，自 2018 年 3 月 1 日起施行。加上 2008 年全球金融危機後，以及 2020 年新冠肺炎疫情的影響，全球景氣疲弱，貿易成長趨緩，影響臺灣出口動能，以及源自於潛在產出成長趨緩的結構性因素，使得近年臺灣經濟成長減緩。（https://zh.wikipedia.org/wiki/Category：臺灣勞工運動，2021 年 1 月 1 日）

總結 20 世紀的勞工問題及順應全球化的發展，21 世紀新的就業關係必須仰賴勞雇雙方的協調與合作才能完成。換言之，一方面勞工需要發揮

創意和人際溝通能力運用在當前的工作，另方面企業要持續獲利必須鑲嵌在社會整體的發展上，包括勞動力、政府政策、法律規章、教育文化等。因此，在全球化的開放市場過程裡，應當強化人力資源、管理能力與政府再造等組織結構能力，並且發展新時代的勞資政三方合作夥伴關係。

第二節　臺灣職場社會工作發展歷程

　　當社會趨向於工業化之後，極大部分的勞動者將因工作環境的激烈改變，而產生工作、生活、心理及社會適應等問題。尤其勞動部於 2009 年 11 月將「精神疾病」納入職業疾病認定補償的範圍。又於 2013 年「職業安全衛生法」第 6 條第 2 款，雇主對「執行職務因他人行為遭受身體或精神不法侵害之預防」和「避難、急救、休息或其他為保護勞工身心健康之事項」，應妥為規劃及採取必要之安全衛生措施。在這種經濟社會潮流下，與工作有關的社會心理風險，於是被職業安全專家指為本世紀新興的員工健康議題。因應員工健康議題，在歐美企業實施「員工協助方案」（Employee Assistance Programs，以下簡稱 EAPs）既是員工福利的一環，同時也是藉由解決員工在生活、工作上所遭遇的問題與困擾，來協助員工以健康的身心投入工作，進而增進其生產力。

　　然而又因為 2010 年大陸富士康 12 起員工跳樓自殺事件，不但國內企業開始關心職場員工的心理健康，同時勞動部也重新啟動 EAPs 機制。因此，本節主要探討的內容有二：（1）施行職場社會工作的組織機構；（2）職場社會工作在臺灣發展的工作模式。但在討論之前，首先就一些常見的相關名詞作界定，以免混淆。這些名詞有：「職場社會工作」、「工業社會工作」、「工廠社會工作」、「工業輔導」、「工廠輔導」、「勞工輔導」、「員工輔導」、「勞工諮商」、「員工諮商」及「員工協助方案」等。

　　由學術觀點分析上述名詞各具有不同之意義，且其服務範圍有差異、專業方法也相異；但從臺灣職場社會工作實務面的發展來看，則是因為在不同階段使用不同名稱而產生區別。因此，無論使用哪一名稱，在此所指均是相同之事，特此說明。

管理職場社會心理風險的企業責任

　　富士康（Foxconn）12 連跳之後，引發了產、官、學界與媒體廣泛地討論。在這種經濟社會潮流下，與工作有關的社會心理風險於是被職業安全專家指為本世紀的新興員工健康議題。歐盟和世界衛生組織等國際機構開始編制企業社會心理風險管理的最佳實務指南，以企業在管理職場社會心理風險上的社會責任為核心問題意識，將職場工作的規劃與管理、組織和社會背景等對員工心理健康的影響納入風險管理架構，從工作內容、工作負荷、員工參與、組織文化、職場人際關係、職涯發展，到家庭和工作的平衡等各面向，提出應列入評估的社會心理風險因子，並透過利害關係人參與，建立合宜的衡量指標和推動有效的行動方案。回到臺灣，勞委會也在學者協助下，以此為範例，於 2009 年 11 月發布「工作相關心理壓力事件引起精神疾病認定參考指引」，而其中對工作心理壓力的評估中，就涵蓋了前述的工作承擔責任、工作的量與質、工作職務與地位的變化和職場人際關係等面向的風險因子。

　　不過，鴻海集團對於這些企業責任的趨勢卻表現得似乎渾然不覺。在富士康事件後，鴻海集團開始大量在工廠內布置心理諮商人員，而在臺灣，「員工協助方案 EAPs」也因而流行於各科技園區，甚而成為各科學園區管理單位新的「標準服務項目」。不過，在歐美等先進國家來說，EAPs 主要的目的是在於協助員工解決可能影響其工作表現的個人問題，在具體的施行上，大都以健康檢查為主，其次是提供醫療人員及健身設備，最後才涉及個入工作壓力、心理困擾、婚姻家庭與其他心理健康的問題的協助。以歐美企業的情形來說，在私人服務收費昂貴的社會裡，實施 EAPs 既是員工福利的一環，同時也是藉由解決員工在生活、工作上所遭遇的問題與困擾，來協助員工以健康的身心投入工作，從而增進其生產力。這種勞資雙贏的基本性質，是何以我們在歐美的企業社會責任報告裡經常看到 EAPs 的基本原因之一。

資料來源：摘自曾昭明（2010.7.30）〈從富士康事件到富士康效應〉。
　　　　　臺北：臺灣新社會智庫。

一、施行職場社會工作的組織機構

（一）民間機構

　　主要係指教會團體、張老師基金會和 EAPs 機構。在教會團體方面，從事勞工輔導工作最早是天主教會於 1958 年所成立的「天主教職工青年會」。當時是以促進青年勞工的人格發展，以及引發社會大眾對職工青年的重視為服務目的。其內容包括休閒娛樂、工作技能和生活知識，並且透過座談會、演講和聯誼康樂等活動方式，協助青年勞工瞭解人生、婚姻真諦與生活適應等（林桂碧，1985: 41）。事隔多年之後，1983 年成立「懷仁職工青年中心」；接著陸續有「新莊福音中心」、「基督教山地勞工福音中心」、「天主教新事勞工中心」、「希望職工中心」……等團體為勞工提供整合性服務（方隆彰，1991: 17）。然而自開放外籍移工到國內工作以來，又增加許多教會團體從事外籍移工的服務工作。

　　在「張老師基金會」方面，自 1974 年以後，即逐步推動工廠青年服務，初期以教育為主，康樂活動為輔。至 1977 年桃園張老師開始展開工廠青年服務活動；爾後三重、板橋、臺中、高雄等各地張老師亦陸續透過講座、刊物、訓練、活動等方式，專責推展工廠青年輔導工作（林桂碧，1985: 42）。直至今日張老師基金會仍然繼續承辦與執行這項服務工作。

　　在 EAPs 專業機構方面，2000 年由勞動部輔導新竹市生命線協會成立國內第一家本土化外置式員工協助方案服務中心（簡稱 EAPC），2004 年國內成立第一家以管理顧問公司提供 EAPs 專業服務。至此，國內 EAPs 的推展和服務內容逐漸脫離過去局限於心理諮商服務的瓶頸，開始走向多元化、全面化及機構化的專業服務。因此，目前有些是以個人工作室／事務所（如：心理諮商師、社會工作師）、管理顧問公司、醫院及非營利組織（如：心理衛生、社會服務等協會、基金會）協助民間企業和政府機關推展員工協助方案或職場心理健康方案。

（二）事業單位

　　企業組織實行勞工輔導工作，始自「臺灣松下電器」在 1972 年成立 BS（Big Sister）組織。接著是「美國無線電公司」（RCA）、「退輔會冷凍廠」（1974 年）；「東元電機」（1976 年）；「東記造紙」（1979 年）；「中油

公司」（公營企業中最早實施勞工輔導工作）、「聲寶」（1980年）；「迪吉多電腦」（1985年）；「正隆公司」、「冠軍公司」（1986年）；「裕記製衣」（1987年）；「臺灣電力公司」、「惠康公司」、「宏碁」、「明碁」、「中華映管」（1988年）；「臺灣通用器材」（1989年）；「中華汽車」、「統一超商」（1990年）；「台積電」（1995年）；「統一企業」（1998年）……等（方隆彰，1991: 32；林桂碧，1985: 41）。

企業單位推展員工輔導工作之目的大致相似，其推動方式包括「宿舍輔導員」、「義務輔導員（志工）」、「專職輔導員」、「兼職輔導員」及「成立輔導室，由專人負責」等；其服務內容含有「諮商輔導」、「教育訓練」、「申訴溝通」、「協調諮詢」、「需求調查」、「團康休閒」、「急難救助」及「員工福利」……等（方隆彰，1991: 36-37）。

2000年以後因執政當局對勞工福利政策的轉變，加上失業問題的嚴重性，致使勞動部對於企業實施 EAPs 的措施暫停。雖然如此，在企業或民間 EAPs 機構仍持續進行 EAPs 的推展工作。同時亦為因應失業問題，此一階段的 EAPs 服務內容也做了很大的轉變，若以服務方案的專業性來區分，目前在臺灣 EAPs 的服務內容主要可分為以下服務方案，分別係：（1）職場心理健康諮詢服務；（2）健康醫療服務；（3）法律服務；（4）財務健康諮詢服務；（5）管理諮詢服務；（6）危機管理／處理服務；（7）職場壓力管理服務；（8）其他（如新進員工適應、組織變革員工轉職／留任、友善家庭支持方案、中高齡員工工作支持方案……）（勞動部，2020: 31-42）。

（三）政府機關

在政府機關方面，首先是臺北縣政府（現今新北市政府）於1978年依據「臺灣省各縣市設置社會工作員實驗計畫綱要」，以及因轄區內工商發達，廠礦林立，勞工問題日趨明顯需要「加強勞工福利重點措施」，故抽調六位社工員組成勞工輔導組，開創縣市政府社工員勞工輔導員業務；兩年內桃園、臺中、彰化等縣市陸續跟進。至1982年省社會處更規定家庭、勞工、社區為縣市社工員的三大工作項目，於是勞工輔導迅速擴展。其次是當時行政院青年輔導委員會（現今教育部青年發展署）於1980年二次甄選工廠輔導員，給予職前訓練後，分發到國營事業從事工廠輔導工作（方隆彰，1991: 18；邱孟堯，1985: 18；林桂碧，1985: 42-43）。

　　至於在相關法令的規定上，主要是起始於 1980 年「加強勞工福利重點措施」，然後陸續有「加強工廠青年服務工作要點」、「廠礦勞工輔導人員設置要點」（1981 年）、「勞工輔導人員訓練課程標準」（1982 年）及「現階段勞工政策綱要第一期執行方案」（1988 年）（方隆彰，1991: 18；林桂碧，1985: 43）。自此以後，即是今日的「輔導事業單位推行員工協助方案實施要點」（1999 年）。

　　另 2003 年為因應經濟衰退與精神疾病罹患率、自殺率明顯升高，政府部門開始積極推動所屬機關學校員工心理健康計畫，包括 2003 年「行政院所屬機關學校員工心理健康實施計畫」和 2007 年「行政院所屬機關學校員工協助方案推動計畫」，從此，公部門機關亦開始提供 EAPs 服務方案（行政院人事行政總處，2008）。

二、臺灣職場社會工作的發展歷程

　　根據本章第一節「臺灣工業化歷程中的勞工地位（處境）」之分析，可以瞭解臺灣的勞工長期以來一直都是較為被動的，其自主性低，故有關勞工個人的心理、情緒或家庭等問題，政府積極以勞工福利服務的概念推動，因而，臺灣的職場社會工作之發展亦一直是由政府主動推展（2000年至 2007 年暫時中斷，2008 年因應失業問題帶來職場壓力導致精神疾病、自殺，勞動部安全衛生研究所又開始以 EAPs 模式積極提倡職場壓力管理服務）。所以，為瞭解職場社會工作在臺灣發展歷程，我們將從政府推展此項工作的相關措施來加以探討。但在討論臺灣的發展歷程之前，先引介美國職場社會工作的發展，以茲對照。

（一）美國職場社會工作的發展

　　隨著工業革命的產生及社會環境的改變，勞動方式由農業轉到工廠工作，勞動人口亦由鄉村移至都市，加上教育與社會適應的不良，造成社會問題與勞工問題。更因為生產方式和生產工具的改變，女性走出家庭加入工作職場，帶來育兒問題。當時的企業管理者有鑑於這些問題將影響員工的生產力，便致力於「福利運動」之推展，提供餐廳、福利社、醫療服務、員工宿舍等，並且聘任「福利秘書」推行這些福利方案，以解決當時的勞工問題。

　　到了 1940 年代，工作場所開始盛行酗酒風氣，少數企業組織開始推行酗酒方案。然而隨著酗酒問題日益嚴重，以及企業主發現員工酗酒所產生的問題，會直接影響生產力和公司成本。故在 1960 年代企業組織正式推行「工業酗酒方案」，以便協助酗酒員工解決其問題，同時亦教育基層幹部辨識員工酗酒徵兆，以期早期預防或協助轉介酗酒員工至專業服務機構接受治療。

　　後來至 1980 年代，企業主發現員工的問題，如婚姻問題、家庭問題、財務問題、職涯問題、工作問題，甚至是健康問題、法律問題等，都會影響到員工的生產力，進而損及企業利潤和形象。同時亦基於員工的本質──「人」的考量觀點，因而從「工業酗酒方案」擴大為「員工協助方案」，以提供多重的方案協助解決多樣的員工問題。

（二）臺灣職場社會工作的發展

　　依據 1981 年「廠礦勞工輔導人員設置要點」，事業單位應依廠內勞工人數設置勞工輔導人員，以推動勞工輔導工作。為協助事業單位設置專任勞工輔導員和建立勞工輔導制度，當時政府除了各級勞工行政機構每年編列預算，透過各種方式如研習、研討、座談、觀摩和表揚等辦理推展勞工輔導工作之外，勞動部亦委託專業機構辦理相關訓練，每年均以諮商輔導模式，辦理勞工輔導人員訓練，並以其全國性之機構，設計各種輔導方案和活動方案，提供青年勞工諮商輔導服務及休閒活動。因此，「諮商輔導」方式便是臺灣職場社會工作初期的工作模式。

　　這種以勞工輔導實施方式，將諮商輔導的概念與技術引入事業單位，固然解決員工的部分問題，使勞工獲得較人性化的管理。但是，因為大部分的輔導人員缺乏組織管理實務經驗，而且主導推動的勞動部也以行政工作的角度規劃勞工輔導制度，導致推動過程一直忽略了與勞工息息相關的管理環境，以致歷經近 20 年仍未能普及實施，再加上臺灣經濟急速發展與社會的劇烈變遷，勞工的問題變得又複雜又多元。因此，如果輔導人員的角色只限於諮商輔導，其服務對象也僅強調一般勞工，而不涵蓋組織本身及管理階層，不僅專業角色不容易獲得企業主和管理者的支持，其存在的價值亦將受到質疑（謝鴻鈞，1997: 38-39）。

　　於是在 1990 年代的後期，勞動部基於工業環境中的勞工的問題不只是個人事務，同時也受到企業組織管理、勞工法令、工作環境、家庭因

素、生活事件、工作生涯之影響，以及檢討政府過去以「勞工輔導」概念推動職場社會工作不易之困擾，修正以「員工協助」的概念和方式繼續推展職場社會工作。而員工協助的概念係勞工是為事業單位設計的，其生活、工作、發展均與事業單位的組織生涯息息相關，甚至其家庭亦間接受事業單位之影響。

為此，現階段政府正積極推展的職場社會工作專業服務，是在事業單位內聘專任職場社會工作者，設計規劃員工協助方案提供服務解決勞工問題，或事業單位委託職場社會工作專業服務機構（例如：○○員工協助服務中心）提供員工協助服務方案，以解決員工問題、滿足勞工需求，亦即是所謂「員工協助方案」（EAPs）。推動至今，確實受到「員工協助方案」的受助勞工、「員工協助方案」的提供者及曾推介「員工協助方案」的管理者之肯定與接納（林桂碧，2000）。

由此觀之，美國職場社會工作的發展係依員工問題的需求，而提出不同的方案以解決員工之問題；反觀臺灣職場社會工作的發展歷程，則是因為政府機構在推動的過程中因遭遇困難而主動修正服務。

第三節　職場社會工作基本概念與專業方法 ──員工協助方案

臺灣職場社會工作之發展肇始於「諮商輔導」概念和方法的「勞工輔導制度」，而發展為以「工業社會工作」概念和方法來推展「員工協助方案」，由是觀之，臺灣職場社會工作似乎開始朝向社會工作的專業化邁進。因此，本節將以「員工協助方案」，介紹其基本概念和專業方法。

一、基本概念

「員工協助方案」源自於美國，以多元方式服務組織與員工，其服務範圍從與組織議題有關的策略層級諮詢到員工本人及家屬個人所遭遇的困難。一般而言，EAPs 係為改善／維持生產力和職場健康，以及為事業單位提出特別業務需要；同時運用人類行為和心理衛生的專業知識與技術而

設計。因此，方案的設計是為解決事業單位所關心或會影響生產力的相關議題做診斷，以及協助員工解決個人擔心的問題（如：健康、婚姻、家庭、財務、酗酒、毒癮、法律、情緒、壓力或其他影響工作的個人議題（Employee Assistance Professionals Association, 2019: 6）。

　　換言之，員工問題不僅僅是個人的問題而已，它可能牽涉的還包括組織、家庭，甚至社會，所以 EAPs 協助的對象除了員工之外，還包括家屬、管理者及其組織本身。因此，EAPs 的服務內容如同「醫院」組織設有許多科別，如：外科、內科、胸腔科……等。當病患來到醫院，並不清楚到底該看哪一科別時，醫院的服務櫃檯將提供有效的諮詢，建議病患看診的科別；EAPs 的服務亦是如此，當員工或事業單位有需求時，EAPs 專業人員便進行問題診斷／評估，擬定處遇計畫／協助方案，必要時依其問題或需求轉介其他醫師、律師、財務諮詢師、心理諮商師、社工師、人資管理師等專業，若與工作有關的問題，則必須與事業單位的管理者或決策者討論因應措施，有效地解決問題（林桂碧，2010: 73）。以下就 EAPs 對事業單位的貢獻、對員工的功能，以及服務內容、核心技術、服務輸送／運作模式與專業倫理守則等分述：

（一）對事業單位的貢獻

　　根據美國 EAPA 學者研究，EAPs 在企業組織的價值可以從三方面來說：

1. 組織收益：可提供的服務有：組織諮詢、教育與訓練，以及管理諮詢，可以處理包括行為上的危機管理、減少救助金的浪費、吸引優秀員工、提升士氣及增進人力資本與健康儲金。

2. 人力資本價值：能夠提供危機事件服務、個案諮商與個案管理服務，可以降低缺席率、增加生產率、降低流動率／增加留職率和減少「下班時間不敢下班」（presentism）的情形。

3. 健康成本：在身心健康的夥伴方案，包含：健康危機評估、安全方案、疾病管理、員工補償及失能管理；在健康與生產力的夥伴方案則有：工作／生活方案、人力資源管理、留才與缺勤管理等。以上都可以減少／適當使用心理諮詢服務，並且減少醫療、失能與其他補償金之申請（林桂碧，2010: 75）。

（二）對員工的功能

1. 經濟性功能：解決經濟困難，安定家庭生活，增加員工福祉，提高生活品質，進而安心工作。
2. 教育性功能：透過員工在職進修或教育訓練，增進員工對自我特長進一步的認識與發揮，進而從工作中獲得經濟性、社會性和心理性的滿足。
3. 心理性功能：經由個案工作、團體工作，幫助員工認識自己，增進自我的成長與發展，健全身心智能。
4. 社會性功能：建構整體企業組織內良好的人際關係網路，促進意見之交流，改善管理方式，增進勞資關係的和諧與合作，共創勞資雙贏。

（三）服務內容

目前 EAPs 服務內容已從勞工心理輔導和休閒娛樂活動延伸到工作壓力的紓解、婚姻與家庭諮詢、工作與家庭兼顧、個人財務和法律協助、生涯管理、危機處理、組織變革離職員工轉職服務和留任員工勞資信任服務等問題的服務方案，甚至發展出代為處理生活瑣事的生活便利方案。不過，現階段仍有許多人對於 EAPs 的服務認知仍停留在心理諮商服務，認為只要提供心理諮商或是安排心理諮商師定期或不定期到企業或公部門機關會談，就是提供 EAPs 服務（勞動部，2010: 10-11）。

（四）核心技術

EAPs 是為了改善／維持生產力和職場健康，以及為事業單位提出特別業務需要。因此，方案的設計是為解決事業單位所關心或會影響生產力的相關議題，以及協助員工解決個人擔心的問題。所以 EAPA 認為提供 EAPs 服務的專業人員必須具備以下核心技術（https://www.eapassn.org/About/About-Employee-Assistance/EAP-Definitions-and-Core-Technology, 2019: 6）：

1. 提供事業單位的領導者（如：管理者、督導和工會幹部）諮詢、訓練和協助管理有困擾的員工，以改進工作環境和改善員工的工作表現。

2. 針對員工、家屬和事業單位積極推動有效的員工協助服務。

3. 為可能影響工作表現的員工個人提供信任且及時地問題診斷／評估服務。

4. 運用結構性面質、激勵和短期干預與員工提出影響工作表現的問題。

5. 根據診斷、處遇和協助轉介員工至適當輔導／治療機構，並提供個案看顧和追蹤服務。

6. 協助事業單位與處遇機構及其他服務的提供者建立和維護有效的關係，並管理與服務提供者的契約。

7. 提供事業單位諮詢，有效鼓勵員工接觸健康福利，包括藥物和行為問題（如：酗酒、藥物濫用和精神、情緒困擾等）。

8. 評估員工協助服務對事業單位和員工個人工作表現之成效。

（五）服務輸送／運作模式

1. 內部服務輸送模式，簡稱內置式（Internal model）：指事業單位雇用 EAPs 專業人員，協助員工處理生活面、工作面及健康面之任何問題與需求。

2. 外部服務輸送模式，簡稱外置式（External model）：係事業單位與外部 EAPs 公司簽訂契約，再由 EAPs 專業人員提供服務給該公司員工，以協助員工處理生活面、工作面及健康面之任何問題與需求。

3. 整合服務輸送模式，簡稱整合式（Combination model）：某些服務由內部 EAPs 專業人員負責，有些服務則委由外部 EAPs 專業人員或機構提供。

（六）專業倫理守則

國際員工協助方案協會 2009 年提出的專業人員之倫理守則如下（林桂碧、梁珊華合譯，2009）：

1. 對同僚及其他專業人員的責任（Responsibility to colleagues and other professionals）：如提升專業價值和標準；知道同僚或團隊中的專業人員能力不足時，不要讓案主接觸到這類的專業人員等。

2. 對於案主（員工）的責任（Responsibility to employees as clients）：

如必須清楚告訴案主在診斷、轉介和追蹤期間有關受限溝通範圍的權利；對於案主的所有資訊都要保密；必須認清自己能力及專業界線，在自己的專業資格和訓練之限定範圍提供服務；轉介要符合案主的需求，避免利益衝突；提供追蹤服務必須直到案主的需求、福祉及危險因素都確認獲得適當的協助為止等。

3. 專業人員的倫理責任（Responsibility as professionals）：如必須具備有關雇主組織、人力資源管理、員工協助方案政策和行政事務及員工協助方案直接服務等專精能力和知識；參與終身學習及專業訓練以維持或強化自己的能力和熟練度等。

4. 對於雇主或事業單位的責任（Responsibility to employers or work organizations）：如應在自己的專業和技術範圍之內，誠實並正確提供的服務和專業限制；確實呈報使用狀況、方案實施結果和效果給雇主或事業單位所有報告，同時都必須考慮到案主的保密及隱私；提供管理訓練及諮詢僅能在自己能力範圍內提供等。

5. 從事研究的責任（Responsibility in conducting research）：如參與者（研究對象）有權同意或拒絕參與研究；在從事研究之前，必須先提供有關研究計畫案的正確資訊給事業單位並取得同意等。

6. 供應商的責任（Responsibility to vendors and providers）：如應以公平、合法、合理及專業的態度對待外部的供應商；不可因金錢誘因將案主轉介到特定的員工協助服務機構等。

7. 員工協助專業與社會的責任（Responsibility to the employee assistance profession and broader society）：如公開陳述關於員工協助領域，或員工協助專業協會的言論，不得製造故意錯誤或欺騙的公開言論；關於員工協助服務的市場和銷售都要遵守高道德標準等。

二、專業方法

從事「員工協助方案」職場社會工作模式之主要專業方法：（1）在事業單位內部建立一個服務系統；（2）專業工作者以「員工協助方案」的實施步驟專業技術協助員工發現問題或解決問題；（3）運用社會工作研究方法、方案規劃與評估方法，針對組織內部議題或某特定群體的問題，確實瞭解需求，進而作問題評估、目標擬定、設計方案、方案執行、成效評估

等一連串過程與步驟。其中（3）與社會工作專業方法相似，在此不再贅述。僅就導入程序及處遇過程予以介紹。

（一）導入程序

係指建立「員工協助方案」職場社會工作模式的服務系統之步驟：

1. 確認導入的負責部門：（1）成立專責新部門或單位；（2）指定某一部門或單位負責；（3）人事部門或人力資源處。

2. 成立推動導入小組：（1）任務小組編制（人數、任務職稱、職責）；（2）任務小組的工作要求（確定角色、定期開會、完成分配之任務、尊重彼此意見……）；（3）訂定小組目標；（4）擬定計畫書／時間表（確定方案目標、策略；編列預算；設計可行方案，以獲得支持；相關人員訓練計畫；規劃宣導方法與程序；決定由哪一部門或哪一工作區域試行導入；作業流程之監督、評估、修正等）。

3. 方案需求調查與分析：（1）先對事業單位本身之現況與特色做全盤分析；（2）瞭解員工需求；（3）針對員工需求，結合事業單位目標設計適合事業單位的員工協助方案。

4. 設立目標及編列預算：（1）設立目標（針對需求或問題思考目標，含短、中、長程目標）；（2）編列預算（先多方面思考企業內、外部可利用資源）。

5. 設置專業服務人員：（1）角色／職責（與人力資源管理者共同合作，處理員工議題、增加員工工作適應能力，發揮各階層員工的潛能，提升組織效益；運用會談技巧診斷評估員工問題，提供員工心理諮商和情緒支持，以協助員工解決個人工作適應及生活問題；根據員工的需求，聚焦在協助員工有關工作、家庭與健康等服務措施，支持員工安心工作，提升組織效能）；（2）訂定作業流程（問題診斷／需求評估；確認服務方案目標；內外部資源盤點；服務方案的規劃與擬訂；服務方案的執行或調整；服務方案的成效評估與檢視）。

6. 指定專業服務機構：（1）與外部專業服務機構簽約，如醫院、法律事務所、社福機構、諮商輔導機構等；（2）員工可直接去尋求協助或經由推介方式；（3）事業單位內部專業服務人員至專業服

務機構參與教育訓練，以提升專業知識與技能。

7. 建立員工協助系統：（1）行政管理說明會，對象是人力資源部門有關人員；（2）介紹說明會，對象是第一線主管；（3）建立基層方案協助網路，對象是各階層員工；（4）員工引導介紹說明會，對象是全體員工；（5）基層方案協助網路第二階段訓練，對象是方案志工。

8. 發展員工協助系統：（1）基層方案協助網路的團體形成，對象是方案志工；（2）基層方案協助網路第三階段訓練，對象是方案志工；（3）主管人員訓練，對象是主管、督導人員；（4）給予所有員工有關員工協助方案的介紹信，及方案小冊子，同時亦寄至員工家中。

9. 試行方案：（1）導入先導方案；（2）評估導入成效；（3）修正方案。

10. 全面導入：（1）舉行說明會，以加強宣導；（2）結合人力資源管理制度，以協助處於不同階段的員工們；（3）與組織目標結合，時時考慮方案的適時性；（4）建立方案之標準化，包括方案設計（任務小組、需求調查、服務實施系統）、執行計畫（政策敘述、執行計畫）、行政與管理（方案程序、行政管理層級、行政品質、社區網路、方案安全保證、方案信賴度、專業倫理）、直接服務（危機干預、評估和推介、短期諮商、方案進展管理、追蹤管理、教育訓練）、間接服務（配合組織內部活動、結合社區組織和社會資源、與專業服務機構合作）和評估等六大部分；（5）方案之管理；（6）方案之擴展（勞動部，2001: 4-1~4-22）。

（二）處遇過程

係指協助職場社會工作者發現有困擾或麻煩的員工，改善其工作環境、促進其工作績效及解決其問題，其過程如後：

1. 行為觀察（Observe）：包括「一般」行為與「工作」行為。

2. 行為記錄（Document）：以書面「客觀、公平、一致」記錄觀察行為變化。

3. 問題確認與評估（Problem identification & assessment）：一旦觀察到員工個人工作績效降低或非期望的工作行為產生，應當與該員

工面對面，就過去與現在的工作表現作討論，並且說明改變後可能的重大影響，同時告知有關員工協助方案的訊息及幫助。

4. 面質（Confrontation）：面質時應該在一個隱密、安全的會談環境，與員工討論。

5. 個案持續觀察（Case monitoring）：經初次的面談討論工作表現問題之後，管理者應繼續觀察並記錄該員工的工作表現及行為，若仍未見改善時，再安排一次面談。

6. 推介（Refer）：意指將員工問題連結至員工協助方案的技術，其方式可透過員工自己或管理者或其他人（如同事、好友、家人……）介紹與方案專業人員接觸。

7. 轉介（Referral）：當員工的問題確認需要專業的協助或治療時，由職場社會工作者提供轉介服務。

8. 追蹤服務（Follow-up）：個案經過員工協助方案處遇之後離開，仍持續給予支持性的諮商或安排自我幫助團體的參與。

9. 事後照顧（Aftercare）：事後照顧的目標是建立員工長期自我解決問題的資源與能力。

10. 管理諮詢（Consultation）：管理諮詢係指員工協助方案除了協助員工解決問題之外，同時也提供事業單位或管理者相關的諮詢協助處理自己的焦慮或困擾，及培養其解決問題的能力。

第四節　職場社會工作在臺灣的實施現況與展望

臺灣地區職場社會工作之發展，從早期的「勞工輔導」到現今的「員工協助方案」，歷經 40 餘年，在這 40 年期間，其專業程度遠落後於其他社會工作的實施領域。儘管如此，綜觀「職場社會工作」之相關文獻研究後，歸納出研究議題大致可分為：（1）EAPs 實施與員工個人之關係（例：員工適應性、員工問題、需求、工作滿足、生活品質、組織承諾等）；（2）EAPs 實施對管理層面之影響（例：績效評估、適應性管理、人力資源對策、解決員工問題等）；（3）EAPs 如何在組織內推展實施（例：實行模式、工會活動策略、組織行為分析、組織內部推動與發展等）；（4）EAPs 專業服務方法運用（例：職場健康心理學、職場社會工作、員工協

助方案等）；以及（5）EAPs 倫理問題之探討等方面。

　　在上述的議題中，與社會工作實務推動較相關者為 EAPs 如何在組織內推展實施及 EAPs 專業服務方法運用，因此以下實務推行現況的說明就側重在服務模式的分析。

一、實務推行現況

　　根據勞動部 2020《員工協助方案推動手冊》（勞動部，2020: 13-17），參照臺灣目前不同產業、規模與類型的企業在推動員工協助方案的實務經驗，將推行現況歸納為五種模式，茲說明如下：

（一）整合服務模式

1. 適用的事業單位／機構組織
（1）有專責部門或專人負責推動，經費較充裕。
（2）期望提供較多元、完整、且即時的服務方案。
（3）員工人數多，且工作地點較集中。

2. 工作任務
（1）擬定短、中、長期計畫，編列預算執行，提供個別及整體性員工協助措施。
（2）選定符合同仁與公司需要的外部服務方案，增進同仁使用意願。

3. 工作重點
（1）專責部門訂定年度計畫，整合公司內部規劃及外部機構專業服務，提供多元的員工協助措施，如諮商、諮詢及講習訓練等。
（2）建立與外部專業機構合作關係，清楚劃分公司與外部 EAPs 服務單位的權利義務、保密與查核機制。
（3）明確雙方危機處理與通報系統、員工服務紀錄保管、個案轉介管道、服務方案導入、員工求助流程等事項。
（4）除提供固定服務方案外，應因地制宜的提供客製化的服務方案，以符合公司的文化差異，並增加員工對於 EAPs 的熟悉與接受度。

（5）公司主責部門應適時向外部專業團隊說明公司的內部狀況，增加外部服務單位對於公司狀況的瞭解。

（二）委託服務模式

1. 適用的事業單位／機構組織
（1）專責人力有限，有委外辦理的預算。
（2）公司有多個分支機構，員工人數多。

2. 工作任務
（1）評估適合的 EAPs 服務供應商，並建立合作關係。
（2）選定符合員工需求的服務方案，以增進同仁的使用。

3. 工作重點
（1）選定符合公司期待及需求的 EAPs 外部專業機構，並建立評估機制。
（2）針對需求選定立即可行 、馬上有感的服務方案，並規劃宣導管道。
（3）與外部單位針對轉介個案，建立回報、危機處理與緊急通報機制。
（4）由服務數據分析潛在的問題與需求，作為委託服務改進之參考。

（三）兼辦服務模式

1. 適用的事業單位／機構組織
（1）人力及經費不足。
（2）初步辦理 EAPs 。

2. 工作任務
（1）找出員工需求重點及建立資源連結。
（2）爭取相關部門參與，組訓熱心同仁成為推動 EAPs 之種子成員。

3. 工作重點
（1）強化兼辦同仁教育訓練，加強推動 EAPs 專業服務知能。

（2）連結外部專業與社會資源，協助解決員工需求。

（3）訂定推動 EAPs 相關服務制度（如服務流程、紀錄保存、保密政策、服務規範等）。

（4）訂定組訓、督導及獎勵機制，培養公司熱心同仁協助推動 EAPs 關懷服務或活動支援。

（四）特定方案服務模式

1. 適用的事業單位／機構組織

（1）問題或需求清楚。

（2）初步辦理 EAPs。

2. 工作任務

（1）運用特定議題建置 EAPs 服務系統。

（2）主動發現有協助需求的員工，規劃特定方案滿足其需求。

3. 工作重點

（1）對特定群體員工所關心的議題，設計具有時效性及階段性的服務措施。

（2）對特定議題提供公司及社會資源，並進行服務後追蹤與管理。

（3）藉由方案執行，逐步建構出中、長期的服務計畫，增加公司及員工對 EAPs 的熟悉與信任感。

（五）社會資源連結模式

1. 適用的事業單位／機構組織

（1）缺乏人力或經費。

（2）初步辦理 EAPs。

2. 工作任務

（1）協助有需要的員工獲得適當的資源與協助。

（2）建置 EAPs 服務系統的雛型。

3. 工作重點

（1）建置 EAPs 服務窗口及諮詢管道。

（2）整理與盤點公司及社會資源，提供員工諮詢使用。

（3）運用公部門或社會資源提供 EAPs。

二、在社會工作領域的展望

（一）修訂法源

2017 年修訂「勞工健康保護規則」將諮商心理師、臨床心理師、職能治療師、物理治療師等醫事人員加入可從事職場勞工之臨場健康服務。又依勞工健康保護規則於第 2 條定義「勞工健康服務相關人員：指具備心理師、職能治療師或物理治療師等資格，並經相關訓練合格者。」建議修訂法源，加入社工師亦可從事職場勞工之臨場健康服務，其理由如前述 EAPs 實務推行現況，規劃 EAPs 服務方案，以及連結與運用社會資源等均是社會工作者具備的專業能力。

（二）培訓職場社會工作專業人員

如前所述職場社會工作之發展，從早期的「勞工輔導」到現今的「員工協助方案」，歷經 40 餘年，其專業程度遠落後於其他社會工作的實施領域。其原因在於各大學社會工作學系缺乏師資開設職場社會工作領域課程，加上職場社會工作屬於跨領域學科的學習。因此，建議設置培訓職場社會工作專業人員學程，例如彰化師範大學輔導與諮商學系設立「員工協助方案學分學程」。課程規劃內容如下：

專業課程：專業課程的主要內容為：引介職場社會工作基本概念與實務技巧，瞭解服務系統之導入程序和方案服務技術，以及說明協助員工之各種方案和提供服務之方式等；而其課程有：職場社會工作基本概念、理論和模式、助人技術理論與實務、服務系統之導入、協助方案之規劃與評估、服務基本技術與進階技術、以及各類服務方案之內容（如：員工諮商方案、健康福祉方案、生涯發展方案、生涯轉換方案之實作等等）。

相關課程：瞭解職場環境相關資訊，增進協助員工之相關知能。至於課程則包含：職場組織理論、人力資源管理、職場心理衛生健康、勞動相關法令、勞資關係議題及就業服務等。

培訓方式：可分為（1）由政府補助或舉辦各項專業教育訓練，以提供機會給事業單位從事此項工作之專職人員、兼辦人員和志工及社會服務

機構工作人員等可接受專業訓練與進修；（2）定期或不定期舉辦事業單位
EAPs 專責人員與社會服務機構工作人員的教育訓練、研討會、座談會、
觀摩會等，以增進其合作關係；（3）學校規劃職場社會工作專業人員養成
教育學程或在職專班，以培訓專業人力。此外，學校亦可積極與事業單位
建立建教合作關係，一方面提供學生實習機會，另一方面提供事業單位員
工在職進修。

問題與思考

1. 職場社會工作者的角色與職責為何？

2. 依據「勞工健康保護規則」第 2 條定義：「勞工健康服務相關人員：
   指具備心理師、職能治療師或物理治療師等資格，並經相關訓練合格
   者」，面對此規定，職場社會工作的發展困境為何？又如何自處？

3. 職場社會工作者如何與職場組織內其他相關部門工作人員協同合作？

4. 職場社會工作者與人力資源管理者如何分工與合作？

5. 面對職場環境變化（如 2020 新冠肺炎疫情無薪假議題），職場社會工作
   者可以提供哪些因應解決之方案？

建議研讀著作

1. 行政院勞動部（2020）《員工協助方案宣導手冊》。臺北：行政院勞動部。

2. 謝鴻鈞（1996）《工業社會工作》。臺北：桂冠。

3. 臺北市政府衛生局（2020）《職場心理健康促進員工協助方案——批發
   及零售業版》。臺北：臺北市政府衛生局。

陳麗欣 |

前　言

　　社會工作進入司法場域中，參與犯罪加害者的矯治工作時間較早，故矯治社會工作（correctional social work）一詞乃被社會工作所知悉與接受，但是隨著矯治哲學已從懲罰（punishment）和應報（retribution）轉變成預防與問題解決取向，再加上「修復式正義」（restorative justice）之提出與推廣，主張「現代民主社會關注人權議題，重視在司法審理、判決和處遇過程中，犯罪受害者與犯罪者人權的保障，刑事政策及司法工作的重心與範圍已不再侷限於犯罪偵查、審判及矯正執行的範圍，而更關注於在司法執行的過程中，導入犯罪防治、被害保護的理念，並且以司法保護的手段予以推廣及落實」（張淑慧，2009；曾華源、白倩如，2009），實質上已經超越了犯罪矯治之精神與內涵，醫療、教育、職訓、工作安置、生活技能訓練、犯罪補償、社區服務等各種處遇方式（鄭瑞隆、邱顯良、李易蓁、李自強譯，2007: 15），乃在臺灣逐步地被接受與推動中。

　　現在三級預防觀念（含預防犯罪、阻止犯罪、防止再犯）被帶入全面性犯罪防制模式中，並且結合社會工作者、輔導工作者、教育工作者、司法工作者及犯罪防治者推動犯罪被害方面等服務為司法保護工作而努力。在此過程中，有關犯罪加害人與被害人之服務內涵可窺見社會工作日漸由矯治場域擴展到多面向的司法場域，有識之士乃主張社會工作應該擴大其服務領域到與法律和法律制度有關的議題上，因此主張採用司法社會工作（forensic social work）一詞，將有關刑事和民事法律之問題和訴訟事項都包含在內，有關兒童監護權（分居、離婚、忽視、父母權利的終止）、兒童虐待與配偶虐待、少年和成人司法服務、矯正和強制性待遇等均屬之（www.nofsw.org, 2020/8/11），不再侷限於矯治層面。

第一節　司法社會工作之意涵、功能與理論基礎

一、司法社會工作之意涵

　　根據美國司法社會工作協會（National Organization of Forensic Social

Work, NOFSW, 2020）的看法，司法社會工作（forensic social work）（陳慧女譯為法律社會工作，2017: 4）係指「運用於法律與司法體系相關領域之社會工作，只要是涉及法律和訴訟之相關議題，不論刑事或民事皆屬之。換言之，在此廣義的定義，舉凡分居、離婚、疏忽、親權中止之兒童監護、兒虐、家暴、少年司法服務、成人司法服務、矯治和強制處遇等都歸屬在該服務領域中。」

　　Munson（2007）則認為專精於民法和刑法法律議題和訴訟程序的社會工作皆可稱為司法社會工作，包括了兒童福利、監護、離婚、少年犯罪、不履行法定贍養或親屬義務、福利權利、強制治療和勝任能力等項目皆屬之，同時司法社工在兒童福利（Munson, 2007）、家庭暴力、婦女被虐（Stark, 2007）、提供減緩罪狀（Niland, 2007）等案件中都能以專家身分在法庭提供證詞。

　　由是觀之，司法社工必須根據完整建構的社會工作原則與技術，熟悉法律、評鑑和處遇成果之客觀準則，同時在執行時必須運用法律用語，遵守法院規範，而且在結論和推薦事項都必須能經得起訴訟兩造具有批判性的檢驗與反證。

二、司法社會工作之功能與角色

　　美國司法社會工作協會（NOFSW, 2020）認為司法社工的功能如下：

（一）為刑事司法、少年司法及矯治體系、立法者、執法者、律師、檢察官、法律系學生及一般民眾提供諮詢、教育或訓練。

（二）提供診斷、處遇與建議：包括：（1）為刑事司法和少年司法體系的民眾提供診斷、預估和處遇；（2）為心理狀況、兒童權益、失能、無能力等之診斷、處遇或建議出庭作證；（3）擔任專家證人；（4）為處遇執法者及刑事司法體系之人士提供篩選、評鑑或處遇服務。

（三）其他：如（1）政策和方案發展；（2）調停、倡導、仲裁；（3）教學、訓練、督導；（4）行為科學之研究與分析。

　　同時，美國司法社會工作協會更進一步地強調「司法社會工作執業人員只在其專業能力所能及的領域中執行其業務」。在司法領域中，司法體系人員是主體，而社會工作專業服務是依附於司法審理、裁決與處遇過程

中，被動提供被期待的服務；但從另一方面來看，社會工作提供有效的服務，以利司法審理和處遇，期待能夠與司法體系人員更緊密的結合，積極發揮在體系內的倡導工作，完成維護弱勢者權益倡導代言的工作。換言之，司法社會工作「乃介於司法與社會工作之間，主要在協助這二項專業之間的溝通，為當事人的權益與福祉謀求最適宜的協助，所以它是一種整合司法、社會工作專業之服務輸送體系」（陳慧女，2009）。由是，社會工作者在司法體系中扮演舉發通報者、調查評估者、關懷輔導者、個案管理者、溝通協調者、調解商談者、陪同服務者、專家諮詢者、教育啟蒙者、倡導遊說者之角色（陳慧女，2017）。

三、司法社會工作之外借理論基礎

司法社會工作為一門科際整合的專業服務輸送，除社工專業理論外，也外借了犯罪學、犯罪預防與矯治及修復式正義之理論，故以下將簡述犯罪學、犯罪矯治處遇、及修復式正義。

（一）犯罪學

開始時，犯罪學理論著重在「犯罪者之犯罪原因」，例如：Durkheim之迷亂理論（anomie）認為因為社會變遷急遽，導致規範紊亂與社會解組，個人因為無法內化或接納團體或社會道德（即低規範、低整合），而陷於犯罪行為；Merton 之迷亂理論則主張當社會的共同目標（goals）與實現目標的手段（means）產生矛盾時，人們拒絕遵循社會規範，致造成各種偏差行為；Hirschi 之社會控制論（social control）則提出承諾（commitment）、參與（involvement）、信念（belief）與依附（attachment）等四種社會鍵（social bonds，或譯為社會連結）鬆弛，形成低度自我控制與低度社會約束力，終至引發犯罪；Sutherland 之差異結合論（differential association）主張偏差行為和守法行為都是一種主動親密的學習過程，當個體接觸有利於犯罪的定義多於不利於犯罪的定義，並且學習到犯罪行為時，個體乃傾向於犯罪。其他如標籤理論、少年犯罪次文化、漂浮理論（drift theory）等都影響了司法社工之建構。（參見林山田、林東茂、林燦璋、賴擁連，2020；許春金，2017；侯崇文，2019）

隨著 1974 年「被害者學」（victimology）名詞首創，帶動了對犯罪

被害之個人特質、被害情境與犯罪者交錯互動關係之研究，再加上Jacobs、Jeffery、Newman 等人倡導「經由環境設計預防犯罪」（crime prevention through environment design）論點，主張以環境設計，透過領域感（territoriality）、自然監控（natural surveillance）、意象（image）與周遭環境（milieu）等要素強化人際關係溝通與維繫，減少疏離感，進而促使社區發展，減少並阻絕犯罪，此乃司法社工推動社區工作之論述基礎（張淑慧，2009）。

（二）犯罪矯治處遇

犯罪矯治處遇是預防再犯的刑事司法概念，區分為古典學派與實證學派：

1. 古典學派融合了「犯罪與懲罰」、「功利主義」與「社會契約論」，而演化成刑罰的功利主義，利用刑罰的一般威嚇（general deterrence）與特別威嚇（specific deterrence）來「預防犯罪」或「避免再犯」；進而提出罪刑相當原則和罪刑法定原則，使得民眾不敢犯罪，強調預防重於治療（參見許福生，2016，第三章）。
2. 實證學派則認為犯罪之發生受個人、自然與社會環境之影響而被決定其犯罪行為，犯罪行為並非個人可以決定與選擇的，因此強調受刑人之個別處遇，主張對不同犯罪者應該提供不同感化方式與治療場所（參見許福生，2016，第四章）。

隨著時空變遷與社會結構之改變，矯治模式各有不同，目前法務部則傾向於三級預防之柔性司法，提供了司法社工在監獄、戒治、觀護或更生保護等層面上之基礎思潮與技術。

（三）修復式正義

傳統上，犯罪之主體為犯罪者，刑事司法制度則以國家為核心，向加害人提出告訴以懲罰與矯治犯罪者，被害人在此過程中是無形的沈默者，只擔任「證人」角色。然而在被害者學興起後，被害者及社區之權益被關注到了，進而有修復式正義（restorative justice）理念與運動之形成，而且修復式正義被認為是傳統「懲罰式與矯治式」之刑事司法制度的轉向或替代性之新正義機制，其最大特色是強調滿足被害人的需求，修補行為人、被害人和其關係網絡的傷害，並透過社區來解決衝突和反社會行為

（張淑慧，2009），進而主張處理犯罪事件不應只從法律觀點，而是也應從「社會衝突」、「人際關係間的衝突」觀點來解決犯罪事件，「達成加害者與被害者及其支持者間之調解、減低憤怒並使各方均滿意於司法正義」（黃政達，2006）。易言之，修復式正義係指藉由犯罪加害人對被害人之賠償與回復原狀，以彌平犯罪所造成之損害或傷口，從而建立一個和諧公平的社會。

　　修復式正義運動可以追溯到 1974 年在加拿大安大略省 Kitchener 所提出的「被害人與加害人調停方案」（Victim Offender Reconciliation Program, VORP），但並未受到司法體系之重視，一直到 1990 年代中葉以後，方有若干正式司法體系加入。然而真正引起重大改革的是在 2000 年聯合國與 2001 年歐盟為該政策與實施背書，並且設立若干原則以鼓勵其會員國採行，進而獲得加、美、歐盟國家、以色列、日本、俄羅斯、南韓、南非、南美及南太平洋等國家與地區相繼地加入該運動中，並獲得被害者相關組織的支持與背書。

　　聯合國經濟及社會理事會「刑事案件中使用修復式司法方案之基本原則」指出，以修復式司法處理犯罪，可達成提高當事人對犯罪處理結果的滿意度、降低再犯率以及減少社會對立及恐懼等效益，因此鼓勵所有會員國積極開發修復式司法之政策、運作程序及方案，可見修復式司法已經成為各國在處理犯罪行為的選項之一（蔡清祥，2020: 3）。

　　臺灣受此潮流影響，法務部業於民國 98 年開始積極倡導修復式正義之理念與執行模式，希望「以人本觀點化解犯罪問題，藉由建立一個以被害人、加害人及社區（群）為主體的修復性司法運作機制，以尊重當事人之意願為前提，建構安全且溫暖的對話環境，促使兩造共同決定修復犯罪傷害之方案，並以關係修復為目標導向，賦予被害人、加害人個人及家庭再整合的契機，進而延續社會修復能量」，並列為法務部重要刑事政策之一（法務部，2009）。106 年司法改革國是會議將「實踐修復式正義」列為 12 大重點議題之一，法務部並於 107 年函頒「推動修復式司法方案實施計畫」，並將其列為「檢察官於偵查中得轉介修復相關規定」，實踐「以被害人為中心的保護、以加害人為處遇的預防，以家庭生態系統為支持」的精神，期待當事人及其家屬能達到關係修復，走出陰霾，活出色彩（蔡清祥，2020）。

　　修復式正義的主要內涵為：（1）犯罪破壞社會信賴，並造成個人、家

庭及社區損害；（2）犯罪處理的目的在修補因犯罪所造成的情感、物質及關係的傷害；（3）犯罪處理的場域在社區；（4）犯罪處理應邀請被害人的參與（張淑慧，2009）等四項，乃是司法社工的服務基礎，常見諸家暴案件的家人關係修復、少年偏差行為的修復、刑事案件被害人的身心修復。

　　司法社工乃是以司法體系為工作領域，但是社會工作專業對臺灣刑事司法制度並不瞭解，因此本文將介紹刑事司法體系；鑑於兒童與少年之身分特殊，刑事司法體系乃特別制定少年事件處理法以處理兒童與少年之犯罪與偏差行為，因此本文將另行說明兒少部分；此外，近年社會工作介入民事司法體系之運作日增，再加上家事事件法之訂定與執行，本文也對此有所著墨，最後則針對司法社工所面臨的困境與限制有所省思，進而對司法社工提出展望與建議。

第二節　臺灣刑事司法制度之現況與司法社會工作之運作

　　刑事司法制度有一套完整的體系運作，以警察、檢察、法院及刑罰執行等各部門來處理偵查－起訴－審判－矯治等程序之各種事務；再加上被害人保護法的立法，刑事司法體系乃擴及被害人及其家屬，在重視人權與發展性觀點之世界潮流下，服務場域乃擴充至社區，使加害人、被害人及家屬重新適應社會、修復創傷，達到保障人權、解決紛爭、預防犯罪、以及防範再犯的目標（張淑慧，2009）。由是，刑事司法制度具有犯罪偵查（警察與檢察）、起訴（檢察）、審判（法院）、執行（含矯治機構處遇與社區處遇）、更生保護、被害人保護與犯罪預防等六大要素，茲說明如下：

一、偵查（警察體系與檢察體系）

　　犯罪偵查係指調查犯罪嫌疑人及蒐集證據，作為決定是否提起公訴的準備程序，該過程由內政部警政署之警察系統與法務部之檢察與調查系統負責，而檢察官是偵查犯罪的主體，指揮警察人員與調查人員追訴犯罪。

二、起訴（檢察體系）

地方法院檢察署終結刑事偵察案件的情形，包括依通常程序提起公訴、聲請簡易判決處刑、不起訴處分（含依職權不起訴）、緩起訴及因其他理由偵查終結等五種。

「認罪協商」與「緩起訴」制度是近年來刑事司法制度中的發展，有認識之必要性：

（一）認罪協商就是「由不包括死刑、無期徒刑、最輕本刑三年以上有期徒刑之罪或高等法院管轄第一審案件者之被告」承認犯罪，在第一審的言詞辯論終結前，或簡易判決處刑前，被告主動認罪，向檢察官提出要求，檢察官可以拒絕（控訴協商），並與檢察官協商可以接受的適當刑度（量刑協商），抑或是以罪數的減少以為協商條件（罪數協商），經協商後的判決，協商範圍可包括：科刑範圍或受緩刑的宣告；向被害人道歉；向被害人支付相當數額的賠償金；向公庫或者指定的公益團體支付一定金額。一旦認罪之後，原則上被告已放棄上訴權利，法院就以該刑度判刑，並不得再上訴（參見刑事訴訟法第 455 -2 條）。

（二）緩起訴則自 91 年 2 月開始實施，不適用於「最輕本刑三年以上有期徒刑之重罪者」，讓觸犯輕罪之被告有自新機會，並補償對社會或被害人所造成的傷害（參見刑事訴訟法 253-1,-2,-3）。

近年來，緩起訴、認罪協商與簡易判決處刑等制度之建構，不但減省訟源，節省院、檢雙方之工作負擔，亦使誤蹈法網者有改過遷善的機會。在此過程中，被告可能須向公庫、指定的公益團體或自治團體支付一定金額或提供義務勞役，該金額則被挹注至被害人保護、更生保護業務，或透過公益團體從事犯罪者社區處遇與犯罪預防等工作，且該團體應以協助犯罪預防、更生保護、被害人保護、法律宣導等、或從事法務部或上級檢察機關指定之公益活動項目者為優先，也因此更促成司法社工專業之建構、成長與貢獻。

三、審判（法院體系）

審判係由司法院所屬法院法官負責裁判，法院體系分為地方法院、高

等法院與最高法院，審判結果則可以是無罪或有罪；有罪時則可以處以生命刑（死刑）、自由刑（無期徒刑、有期徒刑、拘役）、罰金（參見刑法第33條）或保安處分。

對於初犯或輕微犯罪之人，為了避免短期自由刑傳染惡習之流弊，或者為了保全犯人之廉恥心，以促使其改悔向上，得於一定期間內展緩其刑之執行，此即為緩刑。當緩刑期滿而緩刑宣告未經撤銷者，其刑之宣告即失其效力，因而不必執行其刑。但是，在緩刑期間「再犯罪而受有期徒刑」或「違反保護管束規定者」則會被撤銷緩刑，如此，則必須執行該原先判決之刑期（參見刑法第9章）。

法院設計有一般法院與少年法院，前者處理成人犯罪事項，後者依據少年事件處理法設置少年法院來處理少年之犯罪事項，有關少年犯罪部分將於本章第三節說明。

四、執行（含犯罪矯正體系）

法院審判後之裁判均交由行政院法務部執行，包括生命刑、自由刑、財產刑與保安處分等四類。法務部為規劃矯正政策，自民國100年1月1日設置矯正署，以指揮、監督全國矯正機關（構）執行矯正事務。於109年修正公布監獄行刑法全文156條，且自109年7月15日施行。

矯正署之處遇制度可分為監禁處遇及保安處分兩大部分，茲分別說明之：

（一）監禁處遇：可以分為分監管理、調查分類、累進處遇、縮短刑期、假釋、與眷同住及返家探親等六大項，其中有關假釋值得特別加以說明：累進處遇分為四級，由四級漸進至一級，當在監執行滿六個月，二級以上之受刑人，成年受刑人有期徒刑執行超過二分之一，累犯超過三分之二，無期徒刑超過25年；少年受刑人有期徒刑執行超過三分之一，無期徒刑超過7年，在監表現良好而有悛悔實據，能適應社會生活者，得由監獄報請法務部予以假釋。假釋期滿而未被撤銷假釋者，剩餘之刑期則不必執行；但是，如在假釋期間再犯罪或違反保護管束規定，情節重大而遭撤銷假釋者，則須再服滿該剩餘之刑期（參見刑法第10章）。

（二）保安處分：保安處分的目的在於維護社會安全，改善犯罪人的犯

罪習性，乃對於某些犯罪人處以隔離或矯正改善處分，包括感化教育、監護、禁戒、強制工作、保護管束、強制治療、驅逐出境等項目，其中以保護管束者為最多，占全部保安處分人數九成以上（參見刑法第 12 章）。

司法社工特別關心觀護制度，而所謂觀護制度乃是「附條件之刑之暫停執行」（conditional suspension of punishment），用來處遇可期改善並經慎重選擇之受觀護者之一種方式，准許其生活在自由社會中，並命其遵守一些特定事項，由專業觀護人員以個別化、科學化、社會化等原則，對受觀護者，在經過完整之觀察保護措施後，達到預防再犯、減少犯罪、貢獻社會，而具有司法性、社會性和教育性等意義之一種機構組織（或體系）（金文昌，1998: 9）。而觀護制度廣義的實務包括保護管束（probation）、假釋（parole）與更生保護（after-care）三環節（金文昌，1998: 11），讓人有第二次機會證明其價值。

五、更生保護

臺灣更生保護之歷史可以溯自日據時期，民間購地收容出獄人並提供農耕及磚窯之工作，後來日本總督政府撥款補助，進而合併為「臺灣三成協會」，更生保護組織及經營方式乃演變為官民合辦的形式（曹光文，2001）。國民政府遷臺後接收日據時代之司法保護相關資源，於民國 65 年 4 月 8 日完成「更生保護法」之立法程序加以法制化，並分別於 69、91、99 年修正公布若干條文。

更生保護法第 1 條即明示更生保護之目的在於「保護出獄人及依本法應受保護之人，使其自立更生，適於社會生活；預防其再犯，以維社會安寧。」更生保護法規定更生保護會為財團法人（目前有臺灣更生保護會與福建更生保護會，各縣市可以設更生保護分會），得對外募款（第 9 條），受法務部指揮、監督，登記前應經法務部之許可（第 4 條）。其保護之對象包括：（1）執行期滿，或赦免出獄者；（2）假釋、保釋出獄，或保外醫治者；（3）保安處分執行完畢，或免其處分之執行者；（4）受少年管訓處分，執行完畢者；（5）依刑事訴訟法第 253 條或軍事審判法第 147 條，以不起訴為適當，而予以不起訴之處分者；（6）受免除其刑之宣告，或免其刑之執行者；（7）受緩刑之宣告者；（8）受徒刑或拘役之宣告，在停止執

行中或經拒絕收監者；（9）在觀護人觀護中之少年；（10）在保護管束執行中者（第2條）。

　　更生保護的服務內涵包括直接保護、間接保護及暫時保護三類，且明訂「更生保護會實施更生保護時，應與當地法院、法院檢察署、監獄、警察機關、就業輔導、慈善、救濟及衛生醫療等機構密切聯繫，並請予以協助。」顯示出近代刑事思潮與刑事政策由傳統應報主義之懲罰手段走向特別預防主義之教育輔導，司法社會工作亦因此在更生保護中扮演其專業角色如下（參見臺灣更生保護會及福建更生保護會相關網站）：

（一）直接保護：成立少年學苑（收容12歲至18歲未滿之少年）、輔導所（基隆、臺南、高雄、屏東及花蓮等五個輔導所，提供吸毒者安置處所，並辦理戒毒；花蓮輔導所則收容無家可歸或臨時居住等受保護人，施予輔導就業或轉介安養等保護工作）、結合社會福利機構辦理安置收容輔導業務及技能訓練與取得技能檢定，並協助更生人開辦生產事業，由更生保護會提供無息貸款，並接受該會轉介之更生人就業。

（二）間接保護：提供輔導就業、輔導就學、輔導就醫、輔導就養、急難救助及探視訪問等服務，並「辦理入監服務與入監追蹤輔導，促進監所矯治與更生保護工作之銜接」、「更生人認輔制度」、「更生保護輔導範圍擴及於更生人家庭及其家屬」及「矯正機構外團體輔導」等業務。

（三）暫時保護：提供資助旅費、協辦戶口、資助醫藥費、護送返家或至其他處所、創業小額貸款等項目。

　　其中有關直接服務之委由福利機構辦理或間接保護之各種項目，都可以看見社會工作專業之著墨處。

六、犯罪被害人保護

　　在諸多人權保障中，犯罪被害人之人權鮮為人注意，往往成為國家保護系統下被疏忽的一群，成為司法程序中蒐集證據的工具，但近年來因為刑事政策觀念之改變與福利國家思想之發達，被害人之權益逐漸受到重視。

　　無論犯罪的直接被害人或是一定範圍內之間接被害人，其受損權益原

本即可依民法侵權行為之規定，向加害人或是其他依法應負賠償責任之人請求損害賠償，但直至民國 87 年總統明令公布與實施「犯罪被害人保護法」後，犯罪被害人權益之保護才因此而被凸顯出來。該法在立法之初備受批判，但歷經民國 91、98、100、101、102、104 年之修訂，大大地補救了立法之初的缺憾。

該法旨在「保護因犯罪行為被害而死亡者之遺屬、受重傷者及性侵害犯罪行為被害人，以保障人民權益，促進社會安全」（第 1 條），一則規定「得申請犯罪被害補償金，並明訂經費來源」（第 4 條），進而由法務部設立「犯罪被害人保護基金」（第 4-1 條），再則規定「為協助重建被害人或其遺屬生活，法務部應會同內政部成立犯罪被害人保護機構」（第 29 條），並依該法成立「財團法人被害人保護協會」，至於該機構經費來源有：（1）法務部、內政部編列預算；（2）私人或團體捐贈；（3）緩起訴處分金與認罪協商判決金之提撥。

犯罪被害人保護機構應辦理之業務包括：（1）緊急之生理、心理醫療及安置之協助；（2）偵查、審判中及審判後之協助；（3）申請補償、社會救助及民事求償等之協助；（4）調查犯罪行為人或依法應負賠償責任人財產之協助；（5）安全保護之協助；（6）生理、心理治療、生活重建及職業訓練之協助；（7）被害人保護之宣導；（8）其他之協助。

法務部配合犯罪被害人保護法修正「加強犯罪被害人保護方案」，整合司法、警政、社政、法務、教育、衛生、新聞、勞工、經濟、財政等部會與地方政府的專業人員，並建立起標準作業流程，結合民間力量，招募保護志工，而且設置保護專線（該專線號碼為 0800-005850），建構全面的社會資源，持續提供深耕、專業與便利的服務，提供被害人訴訟上的地位，並且透過修復式正義的推動，開啟加害人、被害人與社區間之對話，期待能將加害人與被害人從衝突、傷害、悲痛中釋放出來，賦予兩造及其家庭、社區再整合之契機，建構社會修復之能量（許福生，2009；陳靜如，2009）。

第三節　臺灣少年司法制度之現況與少年司法社會工作之運作

一、少年事件處理法之立法與修法

少年事件處理法（以下簡稱少事法）於民國 51 年 1 月 31 日正式由總統公布，但因為相關法規及設施等配套措施無法立即完成，所以延至民國 60 年 7 月 1 日才正式施行，迄今業經多次大小幅度及全面性修正。

在歷經半世紀的實務運作後，有鑑於司法院釋字第 664 號解釋、聯合國兒童權利公約、聯合國少年司法最低限度標準規則及聯合國預防少年犯罪準則（利雅德準則）的內涵，民間團體、立委、行政院與司法院之共同努力下，於 108 年 6 月 19 日由總統公布修正少年事件處理法，此次重大修正共達 32 條，除另有規定之若干條文外，其餘在公布日實施。

本次修法的重點有七（整理自立法院第 9 屆第 7 會期第 16 次院會三讀通過之少年事件處理法部分條文修正草案條文對照表，2020；司法院少年事件處理法 2019 年修正重點，2020）：

（一）健全少年成長權：整部少事法係以少年主體為核心理念，該法第 1 條揭示立法宗旨為：「保障少年健全之自我成長，調整其成長環境，並矯正其性格，致力重建少年與社會、社群之連結。」

（二）翻轉虞犯印記，去除「虞犯少年」名稱改為「曝險少年」：鑑於虞犯並非觸法，故應去除虞犯制度，以去除污名標籤，並限縮為「無正當理由經常攜帶危險器械」、「有施用毒品或迷幻物品之行為而尚未觸犯刑罰法律」、「有預備犯罪或犯罪未遂而為法所不罰之行為」等三類曝險行為。

（三）觸法兒童除罪化，回歸教育與社區；基於兒童權利公約揭示兒少保護精神，刪除原先少事法第 85 條之 1「有關 7 歲以上未滿 12 歲兒童有觸犯刑罰法律適用本法少年保護事件之規定」，兒童觸法事件不再由少年法庭處理，回到 12 年國民基本教育及學生輔導機制處理。

（四）行政司法齊協力，建置曝險少年行政輔導先行機制：曝險少年將採取先行政後司法的方式進行，並且在各地方政府法制化成立

「少年輔導委員會」，將在 112 年 7 月 1 日上路（少事法第 18、87 條）。

（五）尊重少年主體權與保障少年程序基本權益：在尊重少年的主體權及保障程序權方面，含括少年的表意權、司法程序知情權、應訊有保護者陪同、溝通應該無障礙、候審與成人隔開、夜間原則上不訊問、可隨時聲請責付、停止或撤銷收容、受驅逐出境處分之外國少年有陳述意見機會及救濟權等規定。

（六）強化少年觀護所權能，充實多元處遇機制：少年觀護所就所收容保護之少年應有鑑別以提供少年法庭判斷適切處遇之機制；關於交付安置於適當之醫療機構、執行過渡性教育措施或其他適當措施之處所輔導應多加充實外，推動資源整合平台，並增訂少年調查官實質到庭原則，落實協商式審理等保障少年權益的措施。

（七）引進少年修復式機制並落實協商審理：少年法院得斟酌情形，經少年、被害人之同意，轉介適當機關、機構、團體或個人進行修復，或使少年向被害人道歉、立悔過書、對被害人之損害負賠償責任等事項；且少年之法定代理人應負連帶賠償之責任，並得為民事強制執行之名義。

此次少事法修正不只是司法制度的變革，也是社會能公平對待每一名少年的契機。

二、少年輔導委員會之設置與變革

當前各縣市雖各設有少年輔導委員會，但重視程度差異頗大，鑑於少事法之重大修法，曝險少年將採取先行政後司法的方式進行，各直轄市、縣（市）政府皆應該依少事法第 18 條第 7 項之條文設置一級機關之少年輔導委員會，以明確地規範「業務職掌」與「組織編制」及其相關之專業人員（社會工作、心理、教育、輔導、家庭教育或其他相關專業之人員），有關輔導方式、辦理事務、評估及請求少年法院處理等事項之辦法則由行政院會同司法院訂之。

迄 109 年年底行政院已經會同司法院初步訂定「少年輔導委員會設置及實施辦法」草案，計有 18 主要條次，直轄市、縣（市）政府少年輔導委員會在各地方政府法制化成立「少年輔導委員會」，並且將在 112 年 7

月 1 日上路，由是，各縣市少年輔導委員會將會有重大變革，並建立一套
具有法制效用，具有專業人力、充分財力、並能全面整合所屬機關之少年
輔導制度。

三、兒童及少年偏差行為之輔導與預防

少事法第 86 條第 4 項明定少年偏差行為之輔導及預防辦法，由行政
院會同司法院訂定之。由是，內政部、教育部、衛生福利部與勞動部乃共
同擬定「兒童及少年偏差行為之輔導與預防辦法」共計十七條，並於 109
年 6 月 10 日施行（行政院公報第 26 卷 106 期），總體說明如下：

偏差行為係指違背社會常理、規定或期待的行為，其定義隨文化及
社會變遷而有所不同，其範圍包括觸法行為、曝險行為及有兒少法第 43
條、第 47 條、強迫入學條例或學生輔導法應處理之事項，以及易引發曝
險行為的其他偏差行為。至於兒童被列入該辦法是因為「未滿 12 歲有觸
犯刑罰法律者已經不適用少事法，而回歸教育輔導體系」，為強化教育及
社福體系對兒童偏差行為之輔導服務，乃將兒童納入該辦法，以完善相關
單位輔導及轉介流程。

該辦法含括了醫事、社政、教育、少年輔導委員會、保育、教保、司
法警政、勞政、司法、村里幹事等網絡單位之人員，結合司法院並充實社
區服務資源、強化專業人員服務知能、引導民間資源投入服務，建立公私
協力夥伴關係，維護兒童及少年福祉。

四、少年事件之調查、審理與處遇

目前少年事件處理法之相關事件交由少年法院（庭）處理，少年事件
中的「少年」，是指 12 歲以上，未滿 18 歲的人；少年事件中的「事件」，
是指少年有觸犯刑罰法律行為或有犯法機率較高的曝險行為時，法院依照
法律規定來處理的事件。一般而言，少年事件分成保護事件與刑事案件兩
大類。

在「去機構化」與「轉向制度」觀念的支持下，觸法少年在進入司法
機構前先經由轉向或轉介至福利取向之機構接受監督、治療與保護，避免
少年被貼上標籤與受到監禁式處遇的負面影響。因此，法院處理少年保護

事件時，會先進行調查（分為少年調查官調查及法官調查），再依調查結果，來決定是否要繼續進行審理，該法在面對少年觸法時，可以有三種作為：

（一）不付審理之裁定：情節輕微以不付審理為適當者，得為不付審理之裁定，並為訓誡、交付少年之法定代理人或現在保護少年之人嚴加管教或轉介福利養護機構、醫療機構、執行過渡性教育措施或其他適當措施之處所為適當之輔導之處分；或更進一步地進行修復、道歉、立悔過書、負損害賠償之責（少事法第 29 條）。

（二）少年保護事件：法院依調查的結果，認為有繼續處理的必要時，要裁定開始審理，進行證據調查，請少年調查官出庭說明調查及處理的意見，和少年調查官、少年、少年的法定代理人或現在保護少年的人、輔佐人等一起討論「少年非行或曝險情形、原因，以及未來應如何協力輔導少年等事項」（一般稱為「協商式審理」）。法官再依調查證據及審理結果，裁定不付保護處分或者裁定保護處分及藥物禁戒或身體、精神治療等。

少年保護事件之處理方式包括：(1) 訓誡，並得予以假日生活輔導；(2) 交付保護管束，並得命為勞動服務；(3) 交付安置於適當之福利或教養機構輔導；及 (4) 令入感化教育處所施以感化教育（以三年為一期），並得於保護處分之前或同時諭知禁戒處分或實施治療的附屬處分（少事法第 42 條）。

（三）少年刑事案件：少年年滿 14 歲，犯最輕本刑為五年以上有期徒刑之罪者、事件繫屬後已滿 20 歲者、或少年法院依調查犯罪情節重大參酌其品行、性格、經歷以受刑事處分為適當者，則得以裁定把案件移送檢察官以刑事案件偵辦，惟不適用少年犯罪時未滿 14 歲者。因刑事裁定受徒刑之宣告則送交明陽中學執行；另外也可命少年接受禁戒、治療的附屬處分，惟不得宣告褫奪公權及強制工作（少事法第 4 章）。

上述保護事件之感化教育與刑事案件之徒刑屬於機構式處遇，法務部原設有執行感化教育之三所少年輔育院與一所執行徒刑之少年監獄。然而在少年事件處理法，以「以保護代替管訓，以教養代替處罰」為宗旨之情況下，法務部乃將少年輔育院、少年監獄改制為學校，邁向少年矯治機構之教育化。目前設有新竹誠正中學、誠正中學桃園分校、誠正中學彰化分

校執行感化教育，女生則在彰化分校；另設有明陽中學負責犯罪少年有期徒刑的執行。

少年受徒刑之執行而有悛悔實據者，無期徒刑逾七年後，有期徒刑逾執行期三分之一後，得予假釋，不同於成人則須逾二分之一方得予以假釋之規定（少事法第 81 條）。

第四節　臺灣刑事司法社會工作之社區處遇

司法社工在刑事司法體系之服務場域，可以分為系統內與系統外兩種，系統內之司法社工包括少年輔導委員會的社工、法院系統內的少年保護官、矯治體系內的戒治所社工師、監獄分類調查社工師、檢察體系內的成人觀護人（以上為編制內）、在觀護所或感化機關執行輔導服務方案的社工員、進駐法院「家庭暴力事件聯合服務處」之社工員等。至於系統外，也有多種社工為刑事司法推動社區處遇，例如：與警界合作為偏差少年提供服務、與檢察署合作運用「緩起訴處分金」推動犯罪防治、與法院合作執行個案風險評估報告（法官個別化裁定）、受少年法庭委託辦理少年安置保護與社區處遇工作、與矯治系統合作辦理關懷受刑人家庭與推動家庭重建方案、在民間團體（更生保護、被害人保護、觀護業務）為案主提供各種服務（給付、津貼、職訓、休閒活動、諮商輔導等），茲擇要說明如下：

一、地方政府於地方法院設置家庭暴力事件服務處，提供性侵與家暴被害人服務

隨著家庭暴力防治法、性侵害犯罪防治法、兒童少年性交易防治法、兒童少年權益與福利保障法之訂定與執行，目前各縣市政府已經在各個地院設立家庭暴力事件服務處，委交社福機構成立家庭暴力事件服務處，提供個案服務（含法律諮詢、個案服務、轉介、法院陪同、行政聯繫、一般諮詢及協調服務）、倡導、社區宣導等服務，但是臺灣該服務處之設置仍以社政體系為架構，未能將警政、醫療、法律與社區等各個單位納入，因此無法完全因應被害人之需求，仍有欠缺完整服務輸送體系之缺憾。

二、社會福利機構參與受刑人家庭之服務，並倡導維護家庭完整（family preservation）為中心之理念與作為

　　鑑於受刑人入監執行後，對家庭無法扮演應負擔的家庭角色，常造成家庭狀況之惡化，面臨經濟、法律與監所規定、心理議題與子女教養等問題，因此乃有社福機構透過家庭保護服務、家庭扶持服務及家庭重建服務等程序，經由個案管理，提供各種方案服務，尤其受刑人家庭支持方案更在法務部支持下，透過更生保護會大力推動，其服務項目包括：受刑人子女獎助學金、親職教育、子女課後輔導、學術研討會、家庭教育與受刑人家庭支持等，促進受刑人及其家人的心理調適，使受刑人出獄後順利回歸家庭與社會，期待能在家庭完整之理念下重建家庭與適應社會生活。

三、參與毒品之勒戒與戒治，並融入衛生福利部「新世代反毒策略行動綱領」

　　面對著藥物濫用問題之持續惡化，法務部自 82 年即開始「向毒品宣戰」，以「斷絕供給（緝毒）」及「減少需求（戒毒）」雙管齊下的策略來落實該政策，並且在民國 87 年訂定「毒品危害防制條例」，將吸毒者定位為兼具「病人」與「犯人」雙重特性的「病犯」，強調「治療重於處罰」的理念。該條例第 26 條與第 27 條明訂「勒戒處所」與「戒治處所」之設立，並規定編制應有社會工作員，更重要的是：行政院在 106 年 7 月21 日核定「新世代反毒策略行動綱領」，補助成立整合性藥癮醫療服務中心，結合醫療、心理或社工專業機構，依個案需求，發展多元、實證之治療模式及處遇方案，並建立藥癮個案分流處遇機制，迄 108 年補助臺北市立聯合醫院松德院區、部立桃園療養院、部立草屯療養院、部立嘉南療養院等四家設置整合性藥癮醫療示範中心，並於 110 年前再行展開第二次徵求計畫；同時將補助民間機構充實社工人力與改善設施設備，協助出矯正機構或社會功能不佳個案重返社會（衛生福利部，107 年 11 月 30 日新世代反毒策略行動綱領報告大綱）。

四、少年司法社區處遇之強化

在「去機構化」與「轉向制度」觀念的支持下，少年司法之社區處遇係將觸法少年在進入司法機構前轉向或經司法系統轉介至福利取向之機構接受監督、治療與保護，避免少年被貼上標籤與受到機構式處遇的負面影響。

國內少年司法保護管束處分經常運用非居住式社區處遇（nonresidential community treatment），尤其是交由家庭來保護管束，但是有若干少年之家庭功能不彰，不宜交由家庭來保護管束，因此，居住式社區處遇（residential treatment）乃應運而生。居住式處遇兼具強制監督色彩與福利服務的性質，乃是將已進入司法系統中的少年，安置於社區內之居住式機構中（例如寄養家庭、中途之家、團體之家、居住處遇中心等），由機構提供全天候的生活照顧，並依少年特性提供輔導諮商、職業訓練、就學機會與其他方面的服務內容，以取代機構監禁式的處罰或治療措施。

近年來的實際運作，臺灣地區各地方法院交付安置輔導的人數有逐年成長趨勢，司法、警政、社會福利機構加強互動，建立暢通的社會福利服務網絡，加強社會福利之輸送，避免因為本位主義而造成跨系統間之割裂。尤其，少年事件處理法於 108 年 6 月 19 日修正實施後，兒童與少年之社區處遇更凸顯其重要性與改革性。

第五節　臺灣社會工作在民事司法體系之運作

一、社會工作在民事司法體系之貢獻

家事事件乃一複雜且涉及多種人權與利益之多元事件，早在 1996 年修正民法時，夫妻離婚涉及「對於未成年子女權利義務之行使或負擔」或「與未成年子女會面交往」，皆提及社會福利機構介入之必要性（1055、1089 條），並且在第 1055 條之 1 明訂「法院為前條裁判時，應依子女之最佳利益，審酌一切情狀，參考社工人員之訪視報告」，換言之，在司法審理之過程中，納入社會工作專業參與之機制，乃是法律人應該承認與接受之事實（楊必嘉，2010）。此後，在後續民法修正時，則在涉及未成年

子女之「父母長期分居時之親權」（2000 年修法）、「法定監護人之決定」
（2000 年修法）、「收養子女姓氏」（2007 年修法），以及「成人監護議題」
（2008 年修法），在「子女最佳利益」與「人權」之考量下，不斷擴大社
會工作專業在司法審理的參與及運用（楊必嘉，2010）。

楊熾光（2009: 60）以身為地院家事法庭庭長之實務經驗，在司法與
社政的跨界整合下，對社會工作人員專業角色有積極且深入的認知，主張
社會工作人員所涉及多種法律之司法的角色有：（1）家暴令申請及監督會
面交往、處遇業務（家庭暴力防治法）；（2）保護安置、收容業務（兒童
少年福利法、性交易防制條例）、陪同偵訊、出庭業務（性侵害防治法）；
（3）家事調解、商談（家事事件處理辦法）；（4）親權（監護、會面交
往）、收出養訪視（親屬法及非訟事件法）；及（5）其他如含法律扶助之
經濟扶助審核業務、少觀及成觀之矯治性業務。

總而言之，社會工作人員在民事司法之下列服務項目更進一步促成了
民國 108 年家事事件法之立法：

（一）**社會工作人員參與兒童出庭之保護**：社會工作人員透過陪同出
　　　庭、訪視調查、避免重複審問、審查不公開或隱私權保障及審
　　　判不公開等權利過程，參與兒童出庭得以保護兒童（賴月蜜，
　　　2009）。

（二）**社會工作人員在家事事件之調解（商談）**：2005 年由司法院統籌
　　　運作，明訂「地方法院辦理家事調解事件實施要點」，全面推動家
　　　事調解（商談）制度，並且根據接案性質、當事人特質，逐步發
　　　展出個別化分組調解（商談）、財產權爭訟、在監被告視訊、自
　　　殺高危險轉介、調解委員進場、家暴被害人安全通道、據點社會
　　　工作人員陪同家暴被害人出席等。地院法官對於親權較具爭議案
　　　件，先行囑託少年調查官進行訪視調查，司法事務官參與預審審
　　　查、個案協商及提供調解委員法律諮商。楊熾光（2009）發現社
　　　會工作人員參與家事事件專家調解（商談）後，調解案件量逐年
　　　增加，且有效調解成立比例，有效減少法院家庭法庭之案量，對
　　　家事事件法之立法內容有所影響。

（三）**社會工作人員在家事事件親權（監護、會面交往）之訪視調查**：
　　　民法第 1055 條、1055 條之 1 及非訴訟事件法第 125 條第 1 項明
　　　定：「法院應依子女之最佳利益，參考社工人員之訪視報告與建

議，審酌一切狀況，進行裁判。」雖然鄭麗燕法官（2009）極力支持，但遺憾的是司法人對社工參與家事審判的調查報告有不滿意的批評與質疑，因而建議設置「家事調查官」一職（楊必嘉，2010）。

（四）**社會工作在收出養之訪視調查**：臺灣早期的收養常以私下贈與，甚至有人口販賣之實，直至民國 74 年民法明訂「收養子女應聲請法院認可」，民國 82 年兒童與少年福利法明訂「收養應以兒童及少年之最佳利益」為原則，且「滿七歲之兒童及少年被收養時，應尊重其意願」。又法院認可兒童及少年之收養前，應命主管機關或兒童及少年福利機構進行訪視，調查出養之必要性，並提出調查報告及建議。收出養制度乃得以法制化，而社工專業也在「以兒童為主體」與「兒童權益優先，增進收養家庭成長」的原則下介入了兒童收養制度（王育敏、何祐寧，2009）。

二、社工專業人員在家事事件法之角色

鑑於家事事件涉及多種人權與利益之複雜性，立法院「為妥適、迅速、統合處理家事事件，維護人格尊嚴、保障性別地位平等、謀求未成年子女最佳利益，並健全社會共同生活」，乃特別於 101 年制定家事事件法，分別於 104 及 108 年 4 月及 108 年 6 月歷經三次小幅度修正。

該法將家事事件分類為甲、乙、丙、丁、戊五類事件，由少年及家事法院處理。其中涉及社會工作人員或社會福利機關（機構）之內容為第 11、16、32、66、106、109、111、與 186 條，合計八條：

（一）陪同未成年人、受監護或輔助宣告之人在場，並得陳述意見（第 11 條）

（二）選任社工專業人員為程序監理人（第 16 條）

（三）選任社工專業人員為家事調解委員（第 32 條）

（四）認領之訴時得為被告（第 66 條）

（五）法院在審酌子女之最佳利益時，得審酌其意見，請其進行訪視或調查，並提出報告及建議（第 106 條）

（六）得就未成年子女權利義務之行使或負擔事件，向法院提出為未成年子女選任程序代理人之聲請（第 109 條）

（七）為保護未成年子女權益得對法院選任或改定特別代理人之裁定提
　　　出意見或聲請（第 111 條）

（八）協助家事事件之強制執行（第 186 條）

　　目前家事事件之處理模式係透過以少年及家事法庭為資源整合之窗
口，整合警政、醫院、教育、心理、社福、家暴中心等系統的協調合作，
以科際整合的方式，集合加害人、被害人及家庭成員透過轉介、資源提
供，以協助弱勢之當事人完成司法程序，並結合各方資源，提供各類福利
服務（楊熾光，2009: 54）。而在此過程中，楊熾光（2009: 60）以身為地
院家事法庭庭長之實務經驗，認為社工員所扮演的角色為諮詢者、資源提
供者、資訊提供者、資源連結與整合者、行政聯繫者、勸告者、傾聽者、
轉介者、諮商輔導者、支持者、情緒安撫者、陪同出庭者、協助者、教育
者、協調者、溝通者、建議者、信任者、接納者及調解者，期待社工能在
該法之規範下發揮專業的功能。

第六節　省思與展望

一、司法社工所面臨的困境與限制

　　社會工作在面對刑事司法與民事司法體系之變革與實施現況，筆者認
為司法社工所面臨之困境、限制與欠缺有下列各項：

（一）社會工作者對於司法體系之理論與運作程序之知識不足與欠缺，
　　　因此無法真正融入到司法實務之運作。

（二）司法社工實務工作者未能認知到司法權係以審判為核心，司法社
　　　工對己身之角色可能過度期待，因此產生嚴重的挫折感與過度期
　　　待的參與感。

（三）目前社工專業在司法體系之服務偏向刑事司法制度之領域，對民
　　　事司法體系有所偏廢，有待擴大服務領域。再加上司法社工服務
　　　品質在行政、司法與立法之責信（accountability）不足，以致一
　　　般民眾與司法體系對司法社工之認知不夠深入且信任感不足，無
　　　從獲知社會工作體系有對司法實務之服務與貢獻。

（四）法院目前對社工提供之必要軟、硬體設備及保護不足，且層級過

低，再加上司法社工服務輸送網絡之完整性不足，政府經費與可運用資源有所欠缺，司法社工對司法體系之信心與投入也因此不足。

（五）一般民眾與司法體系對修復式正義欠缺基本認知，甚至於有所拒斥，因此對司法裁判有所質疑，對司法社工之推動也因此有所質疑。

（六）近年來刑事司法改革重點（如：微罪轉向、微罪不舉、緩起訴、認罪協商、簡易判決等制度）未被清楚認知、接納，而警政、司法與社福機構間之合作不足，以致執行效果不佳，進而企圖透過社區處遇方式以維護家庭完整為中心的想法無法落實。

（七）社會排除觀念作祟，導致司法矯治的個案被排除在教育、社會福利之外，更造成社福專業排斥收容偏差兒少個案。

（八）新修訂的少年事件處理法猶待更具體地規劃與執行。

（九）更生保護理念之偏見與忽視普遍存在一般民眾與社工專業，甚至於在司法社工領域中也不受重視。

（十）濫用藥物更趨嚴重與複雜，且有待更整合式的處遇。

（十一）犯罪被害人之權益與保護未受重視。

二、對司法社會工作的展望與建議

本文針對上述之困境與限制，對社會工作專業提出下列之展望與建議：

（一）強化社會工作者有關犯罪學、法律、司法制度、醫療、精神病理、藥物濫用等等相關領域之知識與技能

鑑於司法社工服務對象之多樣性，一個稱職的司法社工員除了需具備一般社工員之專業知識外，也需要擁有法律、司法制度、醫療、精神病理、藥物濫用等多面向之知識與技術，因此，社會工作教育應加強社工員上述之專業知識與能力，並建構司法社工專業之獨特能力，進而在司法領域能提供處遇建議。

（二）體認司法體系係以審判為核心，因此司法社工應該釐清與體認社會工作在司法制度中的配角身分，恰如其分地扮演該角色

　　司法社工乃是以司法體系為工作場域，參與司法流程中的執行層面，而非參與審判層面，因此必須認知司法社工乃係以法庭或司法制度機構（警政、檢察、監所、更生保護等）為主體，整合醫院、教育心理、社福、家暴中心等相關系統的協調合作，以科際整合的方式，扮演多重專業角色，但是切忌企圖干預審判與司法矯治之執行。

（三）司法社工專業應該兼顧刑事與民事司法體系，並且透過社工專業技能與責信制度，建構起社工專業信心與信譽

　　社工活躍於警察、檢察、審判、矯治、更生保護、犯罪被害之司法體系中，也在家事調解、商談、親權監護、親子會面、兒童出養及兒童權利之保障上多所著墨，因此，有必要以「司法社會工作」取代矯治社會工作。且社工專業在介入司法專業時，應該認知到社工專業在此領域中之專業角色不同於司法專業人員，因此應該擁有社工專業之自信，以團隊參與者投入該領域，配合司法制度之運作，懇切地提出意見，積極配合執行，同時為了跨領域之統整、合作與實踐，社工專業則宜更進一步地透過倡導與評鑑，以責信態度與績效成果，在司法專業從事人員間建立起專業自信心與信譽。

（四）司法機構應該對社工提供更高層次之軟體與硬體設備，並且建構更進一步之保護措施

　　司法系統雖然以審判為核心，但是將心理輔導、社工、精神醫療等列為團隊之理念，也逐漸形成共識，因此在司法改革之呼聲中，司法機構應該對社工提供更高層次之軟體與硬體設備，並且建構更進一步之保護措施，使得社工專業能更安心與自信地以團隊之成員為司法體系與民眾服務。

（五）全面檢視與推動「修復式正義」，整合法律、司法制度及社會工作等領域，建構完整之司法服務輸送網絡

一則，修復式正義是司法社工主要的理論基礎；再則，在聯合國與歐盟之推動與背書後，修復式正義已蔚為世界潮流之司法政策，由是，法務部在民國 98 年開始推動，並且在 106 年司法改革國是會議將「實踐修復式正義」列為 12 大重點議題之一，更於 107 年函頒「推動修復式司法方案實施計畫」，將其列為「檢察官於偵查中得轉介修復相關規定」，實踐「以被害人為中心的保護、以加害人為處遇的預防，以家庭生態系統為支持」的精神，期待當事人及其家屬能達到關係修復，走出陰霾，活出色彩（蔡清祥，2020）。

鑑於修復式正義最終目的希望將加害人與被害人皆重新整合於社區中，為了能修復個人、社區、與社會之被害，法律、司法制度與社會工作等領域應該透過合作與整合，建立完整的輸送網絡，以達到修復與補償犯罪之損害。

（六）微罪轉向、微罪不舉、緩起訴、認罪協商、簡易判決等制度係近年來刑事司法改革重點，應該更加深化與執行，更期待司法社工能更積極地投入與參與，以避免再犯之發生，並維護家庭之完整性。

刑事司法制度之機構處遇素來備受批評，被認為不安全，且有損人性尊嚴，不但無法「矯治」人犯，反而降低了人犯之自我形象、生活規劃與自主之能力，增加了人犯之疏離感；更嚴重的，透過相互學習的過程，使得犯罪技能更行精進，並且更有組織，因而再犯率也就居高不下。因此如何透過刑事司法制度變革之微罪轉向、微罪不舉、緩起訴、認罪協商、簡易判決等之社區處遇或保安處分來取代機構處遇，一則減少訟源，再則以去機構化來避免少年犯或輕刑犯受機構處遇之污染，三則期待透過社區處遇，以維護家庭之完整，並避免再犯之發生。

（七）安置輔導機構應該根據安置輔導機構之功能加以分化，增加機構數量與增強專業性，並且更進一步地減緩社會排除觀念，接納司法矯治之個案，協助其復歸社會

安置輔導機構案主來源差異太大，適用法律來源各異，再加上安置機構數量不足，營運規模太小，而安置案主又常伴隨著家庭（含家暴）、先天疾病、精神疾病、性侵或毒品等問題，成本負擔難以維持，導致執行困難，再加上專業性不足，無法達到個別化之目的，造成安置輔導機構會選擇容易處理的個案，因此安置輔導機構應該根據安置輔導機構之功能加以分化，增加機構數量與增強專業性。

安置輔導機構常對司法矯治之少年更具排斥心理，形成社會排除現象，造成犯罪少年復歸正常社會之障礙，因此社會福利機構應該拋棄對犯罪少年之刻板化印象、恐懼心理與社會排除觀念，而以更開放之服務態度與愛心來推動司法處遇之轉向，投入社區處遇工作，減少因為機構處遇所帶來之污染與更嚴重的犯罪行為。此外，政府更應該增加經費，建構完整之司法社工服務輸送網絡，且補助私立機構投入此類工作中，讓安置輔導業務回歸社政體系，由社政主管單位及社福單位負起責任，承擔該業務，並建構完善之聯繫管道與配套措施。

（八）針對新修訂的少年事件處理法，調整少年司法體系與少年福利體系的角色與功能

近期少年事件處理法之全面修訂，計有七大修法重點，需要政府單位與民間團體共同努力，司法社工更在其間扮演著不可或缺的角色。面對觸法兒童除罪化，回歸教育與社區；曝險少年由「少年輔導委員會」先行行政輔導；尊重少年主體權與保障少年程序基本權益；充實多元處遇機制等重大變革下，社工應深刻體認此次少年事件處理法修正不只是司法制度的變革，也是社會福利體制與司法社工全面參與之契機，除了確認司法社工在少年刑事司法體系之角色與功能外，應更積極參與該改革中。

（九）積極推動與革新更生保護制度，協助更生人自立

臺灣更生保護事業雖然在日據時代就已經開始推展了，並且擁有龐大

之資產，但是對更生保護之偏見與忽視普遍存在一般民眾、社工專業與法務部。雖然法務部曾力圖改革，並且以公辦民營之方式，漸漸釋出其資產，作為安置輔導、中途之家與職業訓練、生產事業之場所，但是步調太慢又缺乏專業性，因此建議在臺灣更生保護會法人化，交由董事會負責後，就應該像一般的非營利組織引進社會工作專業，積極推動直接與間接保護，並且應善用其龐大之資產，政府單位則擔任監督之責。

（十）積極參與毒品之勒戒與戒治，接納毒品濫用者之「病犯」身分，並融入衛生福利部「新世代反毒策略行動綱領」中，協助其回歸社區

毒品濫用者兼具「犯人」與「病人」之雙重身分，該藥物濫用者之生理癮易戒，更嚴重的是心理癮難斷，在醫療或監禁體系下只能處理其生理癮，心理癮則須在其回歸社區後，透過家庭或戒藥團體之密集，且長期之支持方能奏其效。行政院乃建構「新世代反毒策略行動綱領」，結合醫療、心理或社工專業機構，依個案需求，發展多元、實證之治療模式及處遇方案，而社會工作之外展能力與社區工作技能也期待能因此而得以展現。

（十一）修訂「犯罪被害人保護法」為「犯罪被害人權益保障法」，將補償層次提升至「尊嚴」層次

犯罪被害人保護法經多次修正後，將多項法律加以整合，增列適用對象、補償項目與申請對象，增加補償金額，增列經費來源等項目，並由行政院研究發展委員會會同相關部會及各縣市政府，訂定「加強犯罪被害人保護方案」，共同推動犯罪被害人之保護。但是，整體而言仍感保護層級過低與重補償輕尊嚴，因此本文建議在短程目標上，應該融合跨領域異質專業，發揮科際整合功能，開創多元化保護措施，加強法律扶助服務以提升犯罪被害人在訴訟上地位，深化被害人心理輔導與溫馨（心）專案，達到被害保護工作相關部門之整合分工與橫向、縱向連結；長期目標則為制定「犯罪被害人權益保障法」，從「保護與補償」層級提升至「人權與尊嚴」之層次。

問題與思考

1. 社會工作專業與社會工作教育對司法社會工作應該有何省思、展望與專業訓練？

2. 在司法制度中，社會工作者可以扮演何種角色？在家事事件法執行中，社會工作者可以扮演何種角色？又應該如何推動與扮演？

3. 司法社會工作與其他社會工作領域（如青少年社會工作、家庭暴力社會工作、性暴力防治社會工作、性暴力加害人之矯治、藥物濫用之防治等）該有何更進一步地結合與合作？

4. 面對司法改革之潮流與法律快速變革中，社會工作者應該如何應對？

5. 面對修復式司法之浪潮與兒童除罪化之變革下，社會工作者應該如何面對？

建議研讀著作

1. 全國法規資料庫（http://law.moj.gov.tw/）：少年事件處理法、兒童及少年福利與權益保障法、民法、民事訴訟法、刑事訴訟法、非訟事件法、家庭暴力防治法、家事事件法、兒童及少年性交易防制條例及其施行細則、性侵害被害人保護法、性侵害犯罪防治條例、性侵害案件減少被害人重複陳述作業要點、犯罪被害人保護法、更生保護法、更生保護法施行細則。

2. 犯罪學、犯罪預防與刑事司法制度等相關著作（例如：許福生（2016）《犯罪學與犯罪預防》。臺北：元照出版）。

第 **16** 章

災難管理與社會工作

林萬億 |

前　言

　　依世界銀行 2005 年出版的《天然災害熱點：全球風險分析》（*Natural Disaster Hotspots: A Global Risk Analysis*）報告指出，臺灣可能是世界上最易受到天然災害衝擊的地方，因為臺灣約有 73% 的人口居住在有三種以上災害可能衝擊的地區。首先，臺灣位於亞洲大陸東南邊緣，屬於歐亞大陸板塊與菲律賓海板塊的聚合交界處，為世界上有感地震最多的地區之一；其次，臺灣也位於季風氣候帶與颱風行徑的路線上，每年夏季颱風水患等氣象災害造成的損失極為可觀；第三，其他天然災害如梅雨、寒流、乾旱等也造成臺灣經濟上不小的損失（內政部消防署，2006）。

　　災難（disaster）在我國法律用語稱災害。Grossman（1973）指出災難是人為或非人為的破壞力量，未預警地對人類常態社會功能產生重大的瓦解性的影響。聯合國國際減災策略（International Strategy of Disaster Reduction, ISDR）定義災難「是一種自然、人為環境與社會過程間複雜的互動之下，產生的顯著地對人類與永續環境的傷害。」人為的災難包括戰爭、集體自殺、自殺式攻擊、散播有毒物質、流血鎮壓、大規模毀滅性攻擊、化學爆炸、交通運輸失事等；天然災難則有地震、水、火、風、旱、蝗蟲、瘟疫、雪崩、冰雹等。災難雖可預防，但難以預測。只能透過完善的防災準備以降低損害，或是透過快速有效的救援而使災難傷害降至最低。因此，各國政府除了投下心力於災難預警系統的研發外，無不努力於防災與救災的準備與規劃工作，以降低災難的損害。

　　因為災難讓受害家庭與社區陷入傷病、死亡、貧窮、解組的痛苦，尤其是弱勢人口群的脆弱性（vulnerability）充分暴露。因此，Rogge（2003）指出，災難與創傷事件絕對是個社會福利議題。Miller（2004）也認為當災難發生，不論是自然或人為的，社會工作者一定會出現在那裡。有鑑於災難的頻仍與社會工作者在救災中的重要性，2007 年起美國社會工作教育委員會（Council of Social Work Education, CSWE）已提出「災難管理與社會工作」（Disaster Management and Social Work）的新課程供各社會工作學院參考。臺灣的社會工作者比任何國家的同行更需要充實災難治理知能。

第一節　災難與災難治理

一、災難的性質

災難的特性影響社會與心理後果包括災難原因、可預測性程度、恐懼程度、災難發生位置、損害範圍、資源支持的無限與永續（Regehr, Roberts, and Bober, 2008）。不管是哪一種災難，均有以下特質（Drabek, 1970；林萬億，2002a, 2002b, 2010a, 2010b）：

（一）突發性：有些災難發生前有 2 到 3 天的預警期，如颱風、颶風、洪水、火山爆發、乾旱。但是，有些災難幾乎無預警期，如地震、化學爆炸、火災、飛機失事、火車相撞等。

（二）不熟悉：人們雖然見識過不少災難，但是它終究不是生活中熟悉的事物。每一次災難發生，往往都帶來新的體驗。

（三）難預料：颱風會不會帶來豪雨？豪雨會不會帶來土石流？土石流會不會經過民宅？雖可預測，但難精準計算。

（四）地區性：災難通常是地區性的，如地震通常隨斷層帶走，水災往往淹沒全河域，海嘯侵襲整個沿海地區。

（五）重傷害：災難會造成人員傷亡、財產損害、社區瓦解、環境破壞等多重後果。

二、災難管理

各國緊急管理或災難管理（disaster management）一般都採四階段途徑（four-phase approach）：減災（mitigation）、整備（preparedness）、應變（response）、復原（recovery）（Godschalk, 1991；Banerjee and Gillespie, 1994；丘昌泰，2000；周月清、王增勇、陶蕃瀛、謝東儒，2001；林萬億，2002b；Baird, 2010）。

（一）減災（mitigation）：主要是災難發生前的防範措施，例如災難性質的分析、災難風險分析、預警系統的建構、災難管理政策與規劃、防災教育、防災措施等，又稱「災難預防」（pre-disaster prevention）。

（二）災難整備（per-disaster preparedness）：係指預測災難可能發生，而先建立因應災難的各種準備，如緊急災難應變小組組成、因應災難的作業計畫與行動措施、防災與救災人員的組訓與演練、救災資源與器材的充實與管理等。

（三）災難應變（disaster response）：包括災難預警、救災資源的動員、災難現場指揮系統的建立、緊急救難行動的執行，包括財物、人員、設施的救援，並減少災害的二度傷害。這是真正進入災難救援階段了。

（四）災難復原（post-disaster recovery）：指災後修復與重建，通常先讓受災地區人民生活回復到平常狀態，再進一步求重建與發展。復原的工作包括危險建物的拆除、基礎工程建設的修建、災民救濟、創傷後壓力疾患（Posttraumatic stress disorder, PTSD）的減輕、社區生活機能的重建、住宅安置或重建等。

災難管理四階段是一個循環的概念，稱為災難管理循環（disaster management cycle），如圖 16-1（林萬億，2018）。當然，不同的災難在每一個階段持續的時間不同，重大交通事故發生只能減災，很難預測，而其災難影響期間很短暫，失事現場快者幾小時就會被處理完畢，復原期也比較不是以社區為基礎（community-based），除非火車、汽車、飛機意外事故損及民宅。地震發生也只能減災，難以預測，災難來得快，餘震會持續一段時間，而復原期很長，因為要清理斷垣殘壁與住宅重建、社區生活重建需要較長的時間，連同創傷後壓力疾患的減輕，往往需要三、五年。颱風則是有稍長的預警期，以現代氣象科學的預測能力，至少一週以上的颱風警報預測，而颱風登陸時間很短，有時只有幾小時，頂多二、三天。但是，颱風夾帶豪雨，帶來土石流、淹水，往往影響好幾天，災區清理、住宅重建、社區生活重建也需要較長時間。社區範圍的爆炸案如同地震、颱風、水災一樣，很難預測，意外事件發生來得很突然，也都需要一段時間來進行復原。

以上四個階段環環相扣，相互影響，前階段做得好，後階段就省力；前一個災難管理得好，後一個災難就較好管理。尤其是防災做得越好，災難損失越少。亦即，前階段的投入多寡與後階段的投入需求成反比；前階段的努力與後階段的損失也成反比。

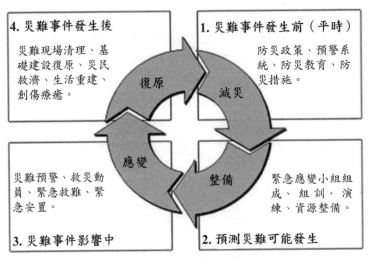

圖 16-1　災難管理循環

資料來源：作者整理

三、災難救援進程

　　災難救援進程基本上配合災難管理階段進行，Dodds and Neuhring（1996）提出五個階段的災難救援進程，將復原期拉長：（1）災難前準備，（2）直接災難影響，（3）災難後救援，（4）延長復原，及（5）重建。Roberts（2006）進一步提出三個 ABCD 模式（Triple ABCD model）的危機管理與災難情境。亦即，四個災難管理階段都必須處理三個課題。四個階段如下：

（一）A.（災難救援人員抵達）

1. 緊急救援團隊、緊急醫療人員、主要救災負責人員，或危機介入人員抵達災難現場。
2. 情境、環境風險、危險、醫療與健康需求、活化緊急指揮系統、危機回應與（或）緊急救援工作人員的評估。
3. 財產損失估計、物理環境與設施破壞及其對人（與他人）的危險性、心理健康條件（心理症狀、心理創傷與社會功能）等的評估。

（二）B.（建立救援系統）

1. 溝通網絡的建立與建立一個緊急救援人員與危機介入團隊、倖存者、受害者、家庭成員、小團體、社區心理衛生，及執法單位間的和諧關係。
2. 簡要地界定情緒、行為、認知、心理意念、觸發事件（triggering incidents）及症狀。
3. 摘要地針對優先問題、聚焦當前情境，以及被認為對社會功能與適應最大威脅的問題。

（三）C.（危機介入）

1. 藉由積極聆聽、透露因應企圖、再強化新的因應選項，及經由自我支撐、同理敘述與優勢觀點來執行危機介入。
2. 認知再建構、修正曲解的理念與觀念、重新架構，以及危機介入行動計畫與準備。
3. 危機解決與連結其他支持團體。

（四）D.（發展後續計畫）

1. 發展災難心理衛生、危機解決與後續照顧。
2. 處理創傷症狀、解毒與長期復原技術。
3. 如果有必要，討論為了推進期程的追蹤與機會，及轉介社區資源。

　　本文整理以上各家之說，並參考 Kreuger and Stretch（2003）的長期災難與創傷後壓力症候群（PTSD）的階段劃分，發展出災難管理與救援的四個階段，如下圖 16-2。

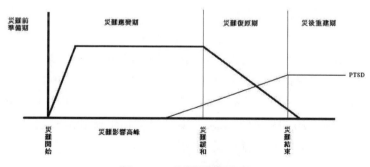

圖 16-2　災難管理階段

第一階段為「災難前的準備」，包括防災與整備階段。第二階段是「災難應變期」，也就是災難影響的高原期的緊急救災階段。這一階段救災人員的救援動員與技術針對受害者及其家屬、目睹者、社區居民，以及救災人員進行的悲傷諮商（grief counseling）、壓力管理（stress management）、緊急安置等緊急服務（emergency services）是工作的重點。

第三階段是「災難復原階段」，是指在災難趨緩後到災難結束前的階段。主要救災人員已離開救災現場，進入復原階段。現場已改由工程人員進行搶修。災難救援進行過渡服務（transitional services），或短期安置，或中繼工作，包括住宅、就業、就學、社會救助、家庭重建、創傷後壓力症候群的處理。投入的人力以社會工作、心理、醫療保健、住宅、教育、就業服務人員為主。

最後是「災後重建階段」，從災難結束前到創傷後壓力疾患的治療結束為止。屬長期社會暨心理重建的時期，亦即提供穩定服務（stabilization services）。災難症候群或壓碎症候群（crush syndrome）嚴重者可能需要三、五年才能復原，輕者也要幾個月到一、二年，才有可能撫平。所以，一套中長期的災後重建計畫是必要的，包括長期住宅安置、財務處理、社區重建、心理復健、家庭重建、失依者的長期照顧等。

災難的嚴重程度與影響廣度不同，會使災難影響曲線高度與長度產生變化。曲線垂直高度越高，表示災難影響越嚴重。災難開始到災難結束的跨幅越寬，則表示災難影響期間越長。通常大地震來得快，去得也快，但是影響程度可能很大。而風災與水災從颱風警報到水災退去，往往延伸一個禮拜，甚至更久。不論是災難影響高原陡峭，或時間拉長，兩者都對災民的影響大，也越不利於救災。

而由於災難風險的不可預測，災難管理已被賦予災難治理（disaster governance）的新觀念。Jasanoff（2010:15）在研究風險（risks）的民主因應時指出「我們必須變得更有技巧地發展集體記憶的策略，且不能再以狹隘的管理概念來看待風險本身，而必須改以具政治意涵的治理視之。」亦即，風險評估的科技導引人們試圖發展出因應風險的科技工具。但是，人們已經逐漸認識到科技並不具決定性，關鍵在風險機率的治理。風險機率不是隨機的，雖然依過去的經驗知識來預測未來的準確度，或多或少可被計量。但是，20世紀中葉以來，風險已經超出統計邏輯之外。例如，氣候變遷、工業災害、環境破壞、金融危機等。

　　上述這些風險的難以計量在於以下幾個因素：首先是文化的障礙。人們經常有特殊的方式理解與看待風險，且很難理性地估計災害的後果。其次，科層體制的化約主義。行政體制通常為了方便而簡化了過去人類受災經驗的複雜與豐富性，以致很難從過去的經驗中學習到真實的功課。第三，倫理的課題。誰是易受害者？誰真實受害？誰要對災難負責？誰的聲音該被聽到？優先順序的設定如何？無一不涉及倫理的急迫性。第四，經濟的限制。風險的影響不一，資源配置應該如何？有限資源應該配置給預防，還是救援（Jasanoff, 2010: 15）？

　　社會工作者在災難救援中雖非主導者，但絕對是重要的團隊成員之一，其所涉入的緊急安置、短期安置、慰問與救助、資源連結、長期安置、社區生活重建、壓力紓解，每一個環節也都超出管理之外，涉及治理的議題。

第二節　災難救援社會工作

　　由於社會工作者在不同的領域工作，參與救災的角色扮演也不同，包括提供綜融的災後介入方案（Dufka, 1988）、社區教育與支持及訓練資源方案（Community Resources for Education, Support, and Training, CREST）（North and Hong, 2000）、進行災民災後創傷壓力紓解（Seroka and Associates, 1986），或提供救災人員「多重壓力紓解」（multiple stressor debriefing, MSD）（Armstrong and Lund, 1995）。

　　Silverman（1986）指出醫院社會工作者在震驚創傷服務（shock-trauma service）的角色有：

1. 倡議：避免讓危機時刻下的醫院成為一個令人混淆與冷冰的場所，協助家庭取得外在環境的協助。
2. 諮詢：回答病人家屬有關創傷的細節與提供適當的醫療資訊。
3. 連結：連結醫療團隊與家庭，讓病人家屬瞭解診斷結果、治療計畫與病人情況。
4. 評估與再評估：評估家庭系統、家庭的動力、因應能力，將家庭納入工作任務的可能性。
5. 準備家庭與病人會面：避免家屬因第一次與創傷手術後病人見面的

驚嚇與悲傷。

Shahar（1993）以波斯灣戰爭期間以色列一家醫院的社會工作者為例，舉出醫院社會工作者在緊急災難時的職責如下：

1. 直接提供對病人與傷亡者的服務
   （1）治療性介入傷亡者及其家屬。
   （2）住院病人及其家屬的後續管理。
   （3）保證持續照顧與離院後的追蹤。
2. 運作成為公眾的資訊中心
   （1）聯結、協調與活化社區中的支持性服務。
   （2）集中社區中的緊急服務資訊。
   （3）建立區域資訊系統，以利大眾和醫院人員知悉。
   （4）設計一套特別的社區社會服務合作方案，有助於解決後續照顧的相關問題。
   （5）提供醫院人員正式與非正式的諮商。

Shahar（1993）同時指出從例行工作到「緊急例行工作」（emergency routine）的任務改變，社會工作部門立刻進行組織調整與治療取向的改變，其調整重點如下：

1. 組織變遷：改變工作程序與例行活動，改為 24 小時值勤。
2. 改變工作團隊：配合社會工作者本身的家庭受災情形與醫療專業需求，改變工作團隊的組成。
3. 職位輪替：設計一套配合社會工作者個人與家庭因素，以及工作需求的輪值表。
4. 提供即時資訊。
5. 志工招募與組訓。
6. 改變治療的過程：由於波斯灣戰爭是長期抗戰，不像一般洪水、颱風、龍捲風或地震、車禍、飛機失事屬單一、短期災難。因此，對災難後的創傷壓力處理，採行的是持續創傷壓力疾患（Continuous Traumatic Stress Disorder, CTSD）的診斷，而非前述的 PTSD。兩者的差異在於一次創傷與連續多次創傷。但其危機介入與團體治療程序相似。

Zakour（1996）則認為社會工作者在救災上的任務是：

1. 提供服務給脆弱的人群。

2. 預防嚴重的健康與心理健康後果。

3. 連結個人與資源與協助體系。

4. 連結體系與使其更接近消費者。

5. 改變微觀與巨視體系，以促進災民福利。

總結以上，Rogge（2003）主張災難救援社會工作的任務應完整的包括以下：

1. 界定災難與創傷事件，以及瞭解其本質。

2. 在災難與創傷事件發生前、救援中、復原後，將人們的文化多樣性與脆弱人口群的需求納入考量。

3. 經由協調計畫、訓練，以及其他行動，在災難發生前增強社區回應災難的效能。

4. 以知識與技巧來回應災難與創傷事件，以降低居民的痛苦。

5. 建立機構、服務輸送體系，及社區行動計畫，促進社區從災難復原中提升其生活品質。

6. 運用災難相關的知識與技巧促成政策與實務的進步。

7. 開發個人、地方、組織、區域、國家，以至跨國的災難管理策略。

社會工作者也參與社區教育與支持及訓練資源方案，這是 1993 年美國密蘇里河大水災在聖路易市（St. Louis）所發展出來的綜合性社區災難救援的危機介入方案，社會工作師與心理學家、精神科醫師、護理師、諮商師、活動治療師等共組的救災服務團體，提供災後社區心理衛生的危機介入與後續服務（North and Hong, 2000）。

第三節　災後復原與社區重建

社會工作者除了參與災難預防整備教育、物資儲備、設置災民安置中心，以及災難應變的緊急救援、急難救助、災民安置中心管理、危機介入、壓力紓解外，災後復原與重建是更長期的工作。災後復原是透過災難管理讓國家、社區、家庭、個人從災難中重新建構、修補、獲得失去的部分，進而在未來類似的災難中降低風險。Ozcevik, Turk, Tas, Yama, and Beygo（2009）認為災後復原階段涉及四個重要內涵：災後復原的綜合計畫、社會資本與社區發展、法律架構、方案管理等，缺一不可。社會資

本是個人與團體間的互信、社會網絡，以及有責任與意願朝向互惠的災後復原集體行動的社會規範。而永續的社區發展才是災後重建計畫的成功關鍵。因此，不能輕忽社區組織的重要性。

一、復原力取向

在災難應變的研究中，復原力已成為晚近討論的一個新論述，尤其是從 2005 年世界減災會議（2005 World Conference on Disaster Reduction, WCDR）後，永續與復原社區（sustainable and resilient communities）、復原生計（resilient livelihoods）、建構社區復原力（building community resilience）等概念變得耳熟能詳（Manyena, 2006）。復原力取向（resilience-oriented approach）的災難復原與重建成為顯學。復原力是指能在逆境中重新恢復的能力，能夠積極的回應危機與挑戰的成長過程；並且有能力承受生命的挑戰，從生命挑戰中重新恢復。即是個人或家庭本身具備的能力或特性，使其處於不利環境中能發展出保護機制，不受壓力與挫折情境的影響，可重獲自我控制能力，並發展出健康的因應行為（Walsh, 2003）。

Bradley and Graninger（2004）從社會復原力（social resilience）的角度來探討災後復原與重建，認為若是災難的損失不會影響其常態生活時，所採取的策略原則上是以居民過去的生活經驗為依歸，就現有生活方式與空間來做調整。亦即，採原地重建。但若是災難造成資源的損失影響社區居民的常態生活與生存，則必須採取替代性策略，例如異地安置、異地重建、改變收入來源，或是讓外部相關系統中功能較佳者進入社區共同工作。災後重建工作與社區居民生活情境脈絡有著明顯的關係，所以必須注意其生活背景的文化特色與價值。

Campanella（2006）指出復原力超出建物重建甚多。一個完整的復原計畫必須包括倖存者與撤離者的家庭、社會與宗教網絡的再連結。復原是一個個網絡、區塊的復原，而不只是一棟棟建築物的興建。亦即災難復原必須重建鑲嵌在學校、職場、兒童安排、商家、宗教、休閒活動中的金字塔社會關係。

災後重建涉及的不只是土地、建物、公共設施等硬體，更涉及到人（災民、社會大眾與救災服務提供者），及其法律、社會、心理、文化、族群等制度、體系、社會關係面向的複雜經驗。

災難創傷經驗涉及多重的失落（multi losses）包括：（1）身心全人的感覺；（2）顯著的個人、角色與關係；（3）家庭與社區領導者；（4）未受傷的家庭單位、家與社區；（5）生活與經濟生計的方式；（6）未來的潛力（如子女死亡）；（7）希望與夢想的失去；及（8）世界觀的破滅（如失去安全感、可預測性或信賴）（Walsh, 2006, 2007）。

我國的災後生活重建中心是 921 震災重建中最具特色的社會福利服務。依「災後重建計劃工作綱領」（2000 年 11 月 9 日通過）所示，災後重建包括四大計畫：公共建設、產業重建、生活重建、社區重建。其中生活重建又包括：心靈重建、學校教學及學生輔導、社會救助及福利服務、就業服務、醫療服務及公共衛生等五項次計畫。

莫拉克風災延續此種作法。「莫拉克颱風災後重建特別條例」明定政府應於各災區設立生活重建服務中心，而其功能在「提供生活、心理、就學、就業各項福利服務」。依該條例第 9 條規定中央政府應於各災區鄉（鎮）市設立生活重建服務中心。前項實施辦法由中央主管機關定之。內政部於 2009 年 9 月 7 日發布施行「莫拉克颱風災區生活重建中心實施辦法」。

第一階段於 2010 年設置 22 處生活重建中心，包括嘉義縣 4 處、高雄縣 4 處、屏東縣 10 處、臺南縣 1 處、臺東縣 3 處。委託民間團體辦理，計投入經費 1 億 2,070 萬元，投入社工人力 101 人，行政人力與服務人員 55 人。第二階段由各縣市政府配合營建署規劃永久屋基地增設南投縣 1 處、屏東縣 3 處、臺南市 1 處，合計 5 處。到 2011 年 4 月，總計設置 27 處。

二、社區重建

世界銀行指出災後社區重建有以下幾種模式（Jha, Barenstein, Phelps, Pittet, & Sena, 2010）：

（一）現金給付途徑（Cash Approach, CA）

這是在沒有技術支援的住宅重建下的無條件財務補助，適合小範圍災害，讓災民自己選擇重建方式，政府只提供基本規範，不提供操作指導；只提供現金補助，不提供技術援助。

（二）所有權人主導重建（Owner-driven reconstruction, ODR）

房屋所有權人自行承擔或無外部的財力、建材和技術援助的重建方法，亦稱所有權人自助模式。由外部機構協助房屋、土地、設施規劃技術指導，產權所有人自助方式重建。但這模式需要有很好的重建規範、技術訓練、財務管理、重建監督、公正價格機制。

（三）社區主導的重建（Community-driven reconstruction, CDR）

在重建專案循環中，讓有組織的社區擁有不同程度的參與，通常是在建材、財政援助和／或培訓提供機構的協助下執行的一種重建方法。由社區為基礎的組織來承擔重建責任，包括領導、規劃、住宅設計、建築、材料選擇、參與建築、監工、驗收等。然而，必須有好的社區組織、互信、社區能量始能發揮。

（四）機構主導的原地重建（Agency-driven reconstruction in situ, ADRIS）

針對毀損的房屋的重建，通常是由建設公司在受災前的原地進行重建。由政府、非政府組織主導重建計畫，包括危險建物清除、住宅規劃、設計、公共設施規劃等。通常是政府將毀損房屋委由建設公司重建後再交給災民使用；或由政府委託非政府組織進行重建後交給災民使用。據此，原居民可以部分參與意見。

（五）機構主導的異地重建（Agency-driven reconstruction in relocated site, ADRRS）

這也是機構導向途徑，指與一個機構簽約在新的地點興建住宅，通常很少讓社區與業主參與。由政府或非政府組織尋覓土地與資金，再委由建設公司承攬進行新社區的重建，包括土地使用規劃、住宅設計、公共設施規劃、住宅分配、新社區管理等。因此，災民較少被邀請參與意見。

世界銀行出版 *Safer Homes, Stronger Communities-A Handbook for*

Reconstructing after Natural Disasters 一書（Jha et al., 2010；謝志誠、林萬億、傅從喜等譯，2012），第 5 章特別討論有關遷村或不遷村（To relocate or not to relocate）的議題，應是目前國際上關於天然災害後受災居民異地重建機制最具系統的探討之一。其所討論的災後遷村，即是「異地重建」。

　　世界銀行指出在災害發生後，遷村有時會被認為是一種最好的選擇。其理由包括：(1) 受災者已經因為災害而遷移了；(2) 原居住地已經被判定為不適合居住；或 (3) 從原居住地離開被認為是降低未來災害風險弱點的最佳選擇。如果災害是因為原居住地特有的脆弱性而引起，從該基地遷離當然是恰當的。在都市地區，非正式的居住地常常是位於地形脆弱且其脆弱程度不易被減輕的地區。在農村地區，居住在斷層帶上或洪水氾濫的區域，其脆弱性或弱點通常是不太可能解決的。災害將持續迫使人類離開家園，而且經常只有遷村一途，別無選擇。如果將脆弱的社區遷移到一個較安全的地方，經常是保護社區不再受到災害傷害的最佳途徑。災害發生後，遷村是一種最佳的選擇，特別是原居住地已經被判定為不適合居住的情況下。為此，世界銀行特別歸納出遷村的指導原則（Guiding Principles for Relocation）：

（一）一個有效或可以產生預期結果的遷村計畫，應該是要讓受影響的人們願意站出來協助發展，並且對於遷村計畫的看法或意見是正向且積極的。

（二）遷村不是一個二選一的決策。風險可以簡單地靠降低聚落的人口，而不是靠著把聚落全部的人遷移到另外一個地方來達成。

（三）遷村不是只有把「人」移入新居而已，還得包括生計的恢復，社區、環境及社會資本等的重建。

（四）創造機會、鼓勵遷移比強迫遷移好。

（五）遷村地點應該儘可能地靠近原居住的社區。

（六）社區是受影響的人的一部分，應該被涵蓋在規劃範圍。其中，所稱的社區是指受影響者彼此間的連結。這種人與人的連結，應該納入遷村的考量範疇。

　　雖然如此，遷村通常不是正確的答案。因為並不是所有的風險，都與基地特性有關，且遷村本身也承擔各種風險。要找到適合的基地來遷移受災害影響的社區，可能是一項嚴峻的挑戰。不合適的遷村基地，可能導致

生計、社區意識及社會資本的流失、文化疏離感及貧窮，甚至演變到後來，遷居者放棄新居住地，又返回原居住地。遷村的經濟、社會及環境成本必須在決定遷移前仔細評估，且其他可減輕成本的選項都應該一併考慮。例如，有時候遷移社區的一部分住戶，可能就足夠了。因此，世界銀行報告中指出，災難過後讓災民異地重建常是不可避免的選擇之一，但此一作法卻經常面臨失敗。主要原因包括適當地點的選擇不易、基於成本考量而將移置地點設於生活機能與社會網絡不佳之處、建造與設計欠缺社會與文化適當性、決策缺乏居民參與、經費不足等。世界銀行也對於出自政府或組織的方便，未考慮潛在的巨大負面社會後果的遷村提出警告，並列舉出遷村常常不成功的五大因素（Jha et al., 2010）：

（一）不適宜的新基地

幸福、安全與健康是選擇遷村基地的準則之一。遷村失敗的主要原因之一在於把幸福、安全與健康的權重放得太低。會以不適宜的土地作為遷村計畫的用地，往往是因為該土地可以很快的取得。一般來講，這種土地不是政府擁有，就是政府所控制，或者它的地形有利於快速用來建造房屋。出於同樣的理由，人類為了避免一個風險（例如海嘯）而移居，卻可能又讓自己暴露在一個新的風險中，例如因遷居引起的生計危機、高犯罪率、公共服務不足等。

（二）距離維持生計的地點與社會網絡太遠

接近有就業機會的地區，往往缺乏負擔得起的土地，使得貧苦的人們得因此遷到土地價格比較便宜的地區。然而，一個遷村計畫之所以不能持續，其中的關鍵因素就是新基地距離維持生命所必須的資源（例如可放牧的土地及食物的來源等）、親戚、社會網絡、生計及市場等太遙遠。此外，即使土地便宜，要把基礎設施和服務帶到偏遠地區，又可能非常昂貴。因此，完整的新基地成本分析應該包括基礎設施的投資及服務的提供，如公共運輸系統。2004 年斯里蘭卡印度海嘯的案例顯示，當供應商被遷移到遠離市場的地方，生計就受到影響。

（三）社會文化不當的安置與佈局

住宅設計、基地佈局及建造方法，經常被歸咎為災後遷村計畫被拒絕

或失敗的原因，特別是在農村地區。被安置的社區之所以放棄新基地經常被提到的理由包括：

1. 使用不熟悉的土地利用方式來規劃安置計畫，導致親屬和鄰里無法聚集在一起。親屬與鄰里間的凝聚力對農村地區是很重要的。
2. 缺乏足夠的空間收納生產工具、牲畜及其他農業的需要，加上土壤條件差、缺乏灌溉、農具、農業投入和牲畜等，導致要在農業地區重新建立以農地為基礎的生計，變得很困難。
3. 錯誤的內部設計和施工（如缺乏保暖）、建坪有限、房子難以擴充和改良、缺乏家庭和生活活動空間等。
4. 不易接近且缺乏公共運輸，特別是前往市場及社會服務設施的公共運輸。
5. 與自己或鄰近的社區發生衝突和產生競爭，無法從遷居過程得到任何好處，且缺乏治理資源的組織。
6. 將不同種族、宗教或社會背景的社區遷移在一起，導致社會衝突。
7. 寡婦和女性為戶長的家庭遭受性虐待和肢體暴力。

（四）缺乏社區參與

諮詢社區居民，請他們來參與基地的選擇與規劃，瞭解其需求與價值，以及從當地的經驗和在地的知識獲得領悟等，都有助於降低遷村的風險。引進外來的勞工來興建新居住地，不僅失去社區的參與，且剝奪社區成員的就業機會。缺少社區的參與，可能阻礙自主意識的發展，以及對家及新基地的責任感，導致疏離感，並養成長期依賴外援的習慣。

（五）低估遷村成本的預算編列

低估遷村成本是常見的，因而削弱整個遷村過程。硬體成本（基礎設施、住宅建築）與軟體成本（課程指導、培訓、社會救助及臨時公共服務）都應該基於保守假設予以預估，且持續資助一段期間，一直到社區居民已經能夠完全適應新的居住地，且生計都已經重建為止。估計的數字應包括用來協助解決佔用荒廢或閒置空間的人們，或那些沒有辦法提供土地所有權證明者，以及其他有土地使用權問題者的成本。

據此，世界銀行建議：

（一）如果可能，要避免異地重建，特別避免在距離原居住地遙遠的地點重建，要盡最大努力將社區結合在一起。

（二）如果正在考慮異地重建，一定要針對異地重建區的環境、社會及經濟風險，以及供選擇基地降低風險的策略成本，有詳細的、參與式的評估。

（三）政府不僅應該在自己的住宅方案中避免有異地重建選項，而且也應該約束非政府部門重建方案中的異地重建。因為非政府組織之所以挑選異地重建，一方面是為了獲得較高的能見度，另方面則是為了管理的方便。

（四）如果遷村是無可避免的話，就得組織社區遷村委員會參與決策過程。

（五）機構應該聘請夠資格且有經驗的專家提供服務，協助異地重建規劃與執行。

（六）在遷村地點提供水、電、醫療服務、學校、市場、警察局及公共運輸等基礎公共服務等，其技術、財務與體制上的可行性如何，應該在計畫階段就要講清楚。一旦確定要遷村，這一切都必須在遷村前就已經到位。

（七）在專家的協助下，透過異地重建計畫好好地規劃如何協助異地重建者回復其生計活動，或者在異地重建地點展開其不同的生計活動。

（八）對個人或集體文化財產的異地重建也要規劃。

（九）評估及減緩遷村對社區的衝擊（或影響），並針對會引起社會衝突、違法行為、懈怠、少年犯罪及二次遷移等問題的防止做好準備。

（十）透過設計、預算編列及貫徹對策，防止異地重建的社區或其他人回去原居住地。

（十一）預估遷村計畫所需的時間及費用時，務必要保守。

　　由於不同的災害程度、社區組織能量，世界銀行也建議，社區重建模式可採以下的選擇指標（Jha et al., 2010）：（1）重建成本；（2）住宅與社會安全的提升；（3）生計的復原；（4）政治環境；（5）文化脈絡；（6）人民得到的福祉、充權和能力的自我目標。

　　Riad and Norris（1996）研究水牛浦（Buffalo Creek）水災發現，不

適當的住宅與安置收容計畫對倖存者來說會帶來更大的心理傷害、折損其非正式網絡。負向的社區重建因子有社會解組、社區衝突、非正式網絡的瓦解、社區貧窮等；反之，滋養或正向的因子是維繫災難前的社經地位與親屬的支持網絡、及早警告、領導出現、社區凝聚或出現治療性社區現象、社區團結。

　　災難復原與重建階段最重要的是凝聚社區居民的共識。以 2005 年卡崔娜風災為例，起先新奧爾良市長納錦（Nagin）任命富商坎尼傑羅（Joseph Canizero）結合都市土地研究所（Urban Land Institute, ULI）的全國性專家為主要成員，提出「把新奧爾良帶回來」（Bring New Orleans Back, BNOB）計畫，但是由於社區參與不足，在「我們不需要外來專家告訴我們要如何做？我們不信任富商」的反對聲浪下解散。接著，市議會接手，由佛羅里達藍伯特顧問公司獨立規劃出藍伯特計畫（Lambert Plan）。雖然藍伯特顧問公司成功地將在地的建築師、規劃師結合，且與災民一起工作。但是，市長、都市計畫委員會、投資商、受害較少的鄰里、區域代表都未被邀請加入，因此也沒有獲得路易西安納州重建委員會的認可。

　　於是，州重建委員會把地方政治、機構結合在一起，成立一個「統一新奧爾良計畫」（Unified New Orleans Plan, UNOP），由洛克斐勒基金會（Rockefeller Foundation）捐資 350 萬美元支持。同時獲得具聲望與政治中立的大新奧爾良基金會（Greater New Orleans Foundation）支持。UNOP 設計了雙層公共參與：區與市。由 13 區各自邀請市民參與公共計畫會議。上層是全市的三個社區議會，負責審查計畫與募款。但是由於倉促成軍與出席率低，屢遭批評。於是，又組成第二社區議會（Community Congress II）來凝聚共識。第二社區議會集合 2,500 位代表性市民，用視訊連結 5 個城市，加上 15 個離散的衛星社區。採用審議式民主（deliberative democracy）方式，促成 UNOP 的通過（Wilson, 2009）。可見參與式民主在災難重建中建立共識的關鍵位置。

　　Yoon（2009）研究社區資產（community assets）對災後社區重建的影響，他以 1999 年 9 月北卡州王子鎮（Princeville）的水災後重建為例。首先，災後社區重建中彈性地思考社區資產的認定是必要的。王子鎮最寶貴的資產是該鎮為黑人在美國建立的第一個社區的地標。第二，社區重建過程中居民自決應被尊重。當時美國聯邦緊急管理署（FEMA）提供王子

鎮的住宅補助是在遠離洪水區之外購屋安置災民，不許災民在原地重建，為的是節省再次被淹沒的成本。但被災民反對，救災機構必須重新思考為何災民會堅持意見，雙方應尋求共識，災民寶貴的意見應被尊重。第三，倖存者的心理症狀治療也應該視為是社區重建的投資項目，以利最佳的災難復原。第四，災後財產諮詢與其他服務不宜只以短期危機管理視之，而應拉長期程。最後，社區重建的評鑑指標不宜只重視正式的指標，如住宅進住率，而必須考量其他多重指標，如個人財產復原、生活逐漸恢復常態、社區互助等，以免誤導救災決策者。

世界銀行對於遷村（異地重建）的警語，在莫拉克風災後重建中不幸有許多面向都一一應驗。風災後重建過程中，包括政府與民間的合作模式、受災居民的參與和意見表達、部落安全性的認定、永久屋地點的勘定、永久屋的設計與建造，乃至於部落異地重建所涉及原住民保留地的產權問題等等，都引發不少爭議和質疑（王增勇，2010；丘延亮，2010；陳永龍，2010；謝志誠、傅從喜、陳竹上、林萬億，2012；謝志誠、陳竹上、林萬億，2013；Lin, 2016）。

以下表 16-1，比較 921 震災與莫拉克風災的異地重建模式，差異極大。921 震災重建幾乎都是社區主導的重建，由住戶組成重建委員會，結合政府、機構的力量，進行異地重建。臺北縣的博士的家、龍閣社區也是如此（林萬億，2002b）。由於是居民自行決定重建過程、承擔重建責任、擁有產權、領導重建、社區規劃、住宅設計、建築材料選擇、參與建築監工、驗收等。若有爭議，會在每一步過程逐一化解，致分配入住新家後爭議相對少。而莫拉克風災一改 921 震災的重建經驗，採機構主導的異地重建。大部分基地由非政府組織向政府洽尋取得土地，再委由與其搭配的建設公司承攬進行新社區重建，包括土地使用規劃、住宅設計、公共設施規劃、住宅分配、新社區管理等，災民較少被邀請參與意見，或意見未完全被採納；復因僅有使用權，無產權，且住戶未負擔興建成本，致災民入住新居後紛爭不斷，例如：產權歸屬、室內設計、外牆裝置、庭院利用、違規加蓋等。

災難	921 震災重建			莫拉克風災重建		
基地	臺中縣和平鄉三叉坑部落	南投縣中寮鄉清水村頂水堀社區	南投縣信義鄉潭南部落	高雄縣杉林鄉大愛園區	高雄縣甲仙鄉五里埔基地	屏東縣瑪家鄉禮納里部落
戶數	45	20	35	1,060	90	483
重建主導權	住戶主導，籌組委員會辦理，機構協助。	住戶主導，籌組委員會辦理，機構協助。	住戶主導，籌組委員會辦理，機構協助。	機構主導。	機構主導，住戶參與建築師遴選與規劃說明會。	機構主導，住戶參與建築師遴選與規劃說明會。
經費負擔	部分負擔	部分負擔	部分負擔	無償贈與（附條件）	無償贈與（附條件）	無償贈與（附條件）
住宅權利	所有權，無其他限制。	所有權，無其他限制。	所有權，無其他限制。	所有權，除繼承外，不得處分、出租或設定負擔。	所有權，除繼承外，不得處分、出租或設定負擔。	所有權，除繼承外，不得處分、出租或設定負擔。
土地權	政府徵收，分售給住戶。土地所有權。	住戶向國有財產局承租使用。土地使用權。	政府徵收，分售給住戶。土地所有權。	無償提供土地使用權。	無償提供土地使用權。	無償提供土地使用權。
異地型態	離災不離村	離災不離村	離災不離村	離災離鄉	離災不離鄉	離災離鄉、離災不離鄉。
住戶來源	和平鄉三叉坑部落	中寮鄉清水村	信義鄉潭南村	那瑪夏鄉、甲仙鄉、桃源鄉、茂林鄉、六龜鄉	甲仙鄉小林村	霧臺鄉好茶村與三地門鄉大社村、瑪家鄉瑪家村
安置政策	三擇一政策：組合屋、發放租金及釋出待售及即將推出的國宅（謝志誠與邵珮君，2009c）。			1.自行租屋、自行購屋或政府安置「三選一」優惠安家方案。2.中長期安置以永久屋為原則，除非情況特殊，才以組合屋安置。（行政院莫拉克颱風災後重建推動委員會，2011a：29）		

表 16-1 比較 921 地震與莫拉克風災社區重建模式

資料來源：林萬億、謝志誠、傅從喜、陳武宗（2011），重大災害災民安置與社區重建的社會治理整合型研究計畫，國科會。

第四節 救災人員的壓力紓解（debriefing）

一、創傷後壓力疾患症狀

創傷事件通常包括兩個要件：（1）人們經歷、見識或面對某一事件，引發確實或理解到生命或生理整合受到威脅；（2）人們對此一事件產生包括：恐懼、無助或高度的害怕等情緒反應（Foa and Meadows, 1997）。

依照《精神疾患診斷與統計手冊》第四版所定義的創傷後壓力疾患症狀如下（楊延光、葉宗烈、陳純誠，1999）：

（一）再經驗創傷的感覺

1. 反覆回想到此一災難事件，包括想法、影像、感受。
2. 反覆夢到此一災難事件。
3. 感覺彷彿災難再發生，比如感覺再度經歷或是有災難之錯覺。
4. 當有內在或外在相似的狀況時，會造成內在強烈的心理壓力。
5. 當有內在或外在相似的狀況時，會造成身體的反應或不適。

（二）刻意避免災難相關事物

1. 避免討論及感受災難事件。
2. 避免接觸會聯想到災難事件的人、地方及活動。
3. 無法回想災難事件之重要事件。

（三）以麻木的方式面對

1. 對事情或對環境變得不感興趣。
2. 不想和別人在一起，無法融入他們。
3. 情感變得麻木，不能感受到任何感覺、快樂或是維持親密。
4. 無法規劃未來。

（四）過度警覺反應

1. 無法入眠或半夜醒來。
2. 無法控制的憤怒。

3. 無法集中精神。

4. 記憶力減退。

5. 極度不安、容易受驚嚇。

　　而對救災人員來說替代性創傷（vicarious traumatization）是常見的。替代創傷是指臨床工作者與其服務對象互動而受影響，致產生創傷經驗（McCann and Pearlman, 1990）。這與臨床工作者的個人特質有關，如現在的生活環境、個人創傷史，以及與服務對象呈現的素材互動。而不同的服務對象所引發的替代性創傷也不盡相同。社會工作者服務性侵害的替代創傷明顯高於服務癌症病人，主因在性侵害是人為引起的創傷，被認為是潛在無止盡的人類罪惡與醜陋；而服務癌症病人則是個案負荷量較大，服務對象的輪替性較高、接觸對象較多，以及必須提供較多具體的服務（Cunningham, 2003）。

　　替代創傷與崩熬（burnout）、反轉移（counter-transference）同是描述臨床工作者在治療服務對象過程中的經驗。不一樣的是，崩熬指因工作疏離、困難、服務對象過度需索、工作負荷、持續同理、科層與行政因素而導致的工作壓力。反轉移是指臨床工作者個人的經驗，通常是指未解決的個人衝突在臨床互動中成為影響工作的因素（Cunningham, 2003）。

二、創傷後的壓力紓解

　　壓力紓解（debriefing）源自任務簡報（briefing）的概念。任務簡報是指飛行員出任務前由上級給予戰鬥任務的簡報，而壓力紓解則有任務完成後返回基地回報結果，一方面將任務完成經過簡述給交辦者知道，另方面將責任壓力卸掉。故有接受詢問、說明清楚之意。壓力紓解首先在軍隊、災難緊急救援人員中發展，後來也被用來協助直接創傷的倖存者。

　　創傷壓力（traumatic stress）可能繼續幾天、幾週，如果沒有即時被處理，甚至會到好幾年，通常越快處理越好（Mitchell and Bray, 1990; Bell, 1995）。Mitchell（1983）發展出危急事件壓力紓解（critical incident stress debriefing, CISD）的七階段緊急介入（acute intervention）技術，又稱為創傷事件紓解（traumatic event debriefings, TED）（Bell, 1995），或多重壓力紓解（multiple stressor debriefing, MSD）（Armstrong and Lund,

1995）。

　　Mitchell（1983）針對提供緊急服務的消防員的創傷事件紓解，以減輕這些深入災難現場救災的人員的創傷壓力，其最佳進行時機是於創傷事件發生後的 24 到 72 小時。Gilliland and James（1988）警告「危機是否會轉變為慢性或長期的疾患，端視危機事件發生後是否有立即的介入」。因此，危機事件後立即的危機處理是非常重要的。努力減低創傷壓力以減少長期精神疾患的痛苦是心理衛生工作者的共識，也因此有急性介入的必要，危急事件壓力紓解就在這樣的背景下發展出來，而且被納入災難救援計畫的一環（Deahl, 2000），不論是針對災難的直接受害者，或是因救難產生的「在職創傷」（on-the-job trauma）（Armstrong and Lund, 1995），或其他在場與不在場的相關人員的替代性創傷。

　　危急事件壓力紓解或創傷事件紓解是一種小團體的危機介入技術，其階段如下（Bell, 1995; Everly, 1995; Mitchell and Bray, 1990; Mitchell, 1983）：

（一）介紹與建立規則（introduction phase）

其規則如下：
1. 維護私密性。
2. 只有創傷事件的涉入者才可參加，家人或陪伴者均不能加入。
3. 成員不被強制表達，但被鼓勵把話說出來。
4. 只說自己的經驗。
5. 雖然這不是調查，但是參與者可能會被傳喚說明，然參與者不應該揭發足以傷害與該事件或行動有關的人員的細節。
6. 紓解過程中不會有中場休息，如果中途有任何參與者必須離席，團體工作協同領導者應陪他離席，以確保離席者不會有事。
7. 不製作紀錄或錄音（影）。
8. 在紓解過程中人人平等，沒有尊卑之分。
9. 參與者被鼓勵提問。
10. 團隊工作者可以在壓力紓解團體結束後的恢復精神階段，與成員進行個別談話。

在第一階段中除了設定原則外，也要設定期待、介紹工作人員、簡介進行過程、引起參與動機、答覆任何初步關心的課題，以及建立進行危急

事件壓力紓解的基礎。這些工作與一般團體工作或治療進行的第一階段差異不大。

（二）事實階段（fact phase）

這個階段由每位參與者從自己的觀點闡釋發生了什麼創傷事件。由於細節與不同的觀點揭露，創傷事件在此一階段復活，如此一來，提供了一個最容易，也最少威脅的方式讓參與者討論創傷事件。有時，團體領導者可以採取開放式提問來徵求每一位成員輪流發言，如你是誰？在哪裡工作？在這個事件中被指派擔任什麼任務？在這個事件中你看到了什麼？這些提問基本上是針對事實的認知而設計。

（三）思考階段（thought phase）

這個階段的重點是讓參與者逐漸從事實取向的過程轉進到思考取向的過程。團體領導者開始引導參與者去描述個人對事件的認知反應，或者對事件的關心部分，例如：對這個事件你有何看法？這些思考應該是個人觀感的，藉此逐步轉進到更多情緒面的表白。

（四）反應階段（reaction phase）

這個階段要引出參與者的情緒。焦點放在參與者認為事件對他來說最糟糕的部分，例如詢問：整個事件對你來說最糟糕的什麼？通常在上一個階段就會有一些情緒的反應，在這個時候只是讓情緒更完整地表露。

（五）症狀階段（symptom phase）

此時，團體要從情緒瀰漫的氣氛又轉回到認知層次上，團體領導者要引導成員討論他們的生理、情緒、行為、認知症狀，也就是 PTSD 常見的症候群。通常，這些問題的討論不是在進行團體治療，而是在進行危機介入，以穩定參與者為主要任務。

（六）教育階段（teaching phase）

團體領導者開始詳細說明創傷後壓力可能出現的生理、情緒、行為、認知反應，而且強調這些創傷事件的後續反應對任何正常的人於非正常的事件發生時，都會有如此的反應。同時，也要再肯定這些創傷後的壓力將

隨時間的消逝而減弱。提供一些口語的或文字的減壓技術參考資料給參與者是必須的；同時，也可以介紹一些專長創傷後壓力治療的人給參與者，以便有需要時可以前去求助。如果團體領導者本身就是專家，也可以即時認定在上個階段所暴露的症候是否有病理上或呈現極端的危險因子，如潛在自殺傾向，好加強成員的危機因應與危機管理策略。

（七）再進入階段（reentry phase）

這個階段需處理結束的工作，團體領導者要強化危機因應的技術，界定失功能的部分，回答參與者的個別問題，引導團體進入結束階段，幫助參與者對事件進行心理的了結，評估後續接觸的必要性，發送一些相關的危機管理資料，鼓勵成員在團體結束後打起精神。最後，也可以有一些個別的閒聊，以緩和團體離別的感傷。

　　危急事件壓力紓解的團體組成如一般團體工作或團體治療，成員以 8 到 12 人較適中，團體的進行時間以 1.5 小時到 3 小時為宜。但是，依團體規模的大小，團體進行的時間可以調整，成員最好不超過 25 人。團體領導者則以 2 到 6 位不等。通常帶領危急事件壓力紓解的團隊工作者包括精神科醫師，心理治療師、諮商師、社會工作師，以及有經驗的非專業領導員（Bell, 1995；Everly, 1995）。

　　危急事件壓力紓解之所以被認為有效地消除創傷後的壓力，主要基於下列 10 項要素（Everly, 1995）：

（一）早期介入：在創傷後幾小時到幾天內即進行危機介入。

（二）濾清的機會：提供創傷事件受害者有機會表達或暢通其情緒，達到濾清（catharsis）的效果。

（三）創傷語言化：讓受害者至少有兩次機會將其創傷用語言表達出來。

（四）行為結構：透過有計畫、有步驟的路徑圖讓受害者循序漸進地減輕其壓力與傷害。

（五）認知－情感結構：在七個連續步驟中，受害者從事實到認知，再到情緒，又回到認知，有步驟地處理受害者的認知情感結構。

（六）團體過程：利用團體的優勢，如資訊交換、濾清、經驗共享、有價值的溝通、相互關照、互助、希望的促成等特質，俾利受害者

減壓。

（七）同儕支持：有相同受害經驗的人集中在一起，再加上團體領導者也可以引進相似救災經驗的同輩，容易產生信賴感。

（八）關懷的展現：危急事件壓力紓解不只是一種危機介入，也是一種對受害者的關懷，對受害者有莫大的鼓舞作用。

（九）希望與控制的產生：壓力紓解帶給受害者自我效能（self-efficacy），以及能自我控制危機的感覺。

（十）後續追蹤：壓力紓解也提供機會給需進一步治療或處置的受害者得到後續服務。

　　Mitchell and Everly（2003）改良早年的危急事件壓力紓解，新發展出危急事件壓力管理（Critical Incident Stress Management, CISM）來彌補危急事件壓力紓解的一些缺憾。其整合了創傷前的訓練（pre-trauma training）、危急事件壓力紓解，以及個別追蹤等三者。Richards（2001）實證研究發現危急事件壓力管理的確比單獨進行危急事件壓力紓解顯著地降低了犯罪受害者的長期壓力創傷。因此，他認為與其對危急事件壓力紓解澆冷水，不如多用點功夫來發展危急事件壓力管理。美國聯邦急難管理總署（FEMA）編撰了《緊急救難工作者的壓力調適與控制：工作人員手冊》，提醒救難人員進行三階段的危急事件壓力管理。

第五節　文化敏感與弱勢人口照顧

一、文化敏感

　　Puig and Glynn（2004）認為跨文化救災工作者（cross-cultural disaster relief workers）必須擁有關於種族、族群、文化史等特別的知識，以及個人與專業對救災實務的影響包括：

（一）瞭解偏見、歧視信念、態度與感受，以及這些如何控制人們對社會、個人、專業的互動。

（二）社會政治與社會經濟因素的瞭解與覺知，以及這些如何修正、產生國際關係與社區關係的偏見。

（三）覺知與瞭解救災工作對象的特定國家、人民，包括其生活經驗、

　　文化與歷史。

（四）覺知自己對當地助人實務的看法，以及他們是否對社區本地求助與助人方法的肯定與尊重。

（五）瞭解關於特定文化有關的家庭結構、社會階層，及影響社區特徵的信念的知識。

（六）覺知在災區國家或社區既存的社會與政治歧視與壓迫。

（七）覺知知識、技巧、知能、能力在提供救災服務上的限制。

　　跨文化救災工作人員的技巧包括：

（一）運用各種助人技術，包括口語、非口語回應與介入，適切地回應問題與尊重案主的文化傳承。

（二）從其他救災專業尋求協助，以及儘可能從社區成員中尋找協助。

（三）服務的翻譯員要能代表災民的種族、族群、文化背景，以及接受緊急救援的訓練。

（四）有效的問題解決，包括排定需求的優先性、進行迅速回應救災關鍵的決策。

（五）評估救災服務是否滿足災民真正的需求。例如，在 1998 年中美洲的 Guanaja 島的風災，Mangrove Bight 的災民收到一大堆衣服捐助，但是都是長袖衫與冬衣，不合當地的熱帶氣候。

（六）技巧地搜尋與協商微視與鉅視的議題，救災努力必須平衡這些議題對社區與災民的影響。

（七）教導災民如何為自己倡議，以防一旦救災人員離去後的服務真空。

（八）由於睡眠不足，身體功能處在高密集水平下，必須慎防陷入見樹不見林。

（九）進展、進展、再進展。救災成功的關鍵在於有能力管理立即而複雜的任務，以及需要調整步伐與因應下一個危機。

　　Kayser, Wind, and Shankar（2008）研究南亞海嘯後的支持復原，發現災難救援後的恢復社會常態功能其實是受到文化界定的不同，穩定家庭體系也受文化規範的影響。在集體主義的社會裡，自我效能取決於互賴的社區脈絡的定義，包括期待分享資源、互相照顧的責任；而在個人主義的社會裡，自我效能是指個人責任的提升。

相似地，臺灣原住民的家與漢人家的概念不同，原住民的部落也與漢人的社區、村里不同。如果以分配坪數多寡的概念來處理原住民社區重建的永久屋分配，必然不能符合原住民部落生活的實際經驗；以政府部門公文書、辦公室、方案補助申請文件、重建績效指標的制式觀念來理解原住民的生活重建實務，必然也無法真正滿足原住民部落重建的需求（林珍珍、林萬億，2014；Lin and Lin, 2016）。

二、弱勢人口群的照顧

McEntire（2001, 2004, 2005）指出脆弱性有幾個面向：物理、社會、文化、政治、經濟、科技等。然而，針對弱勢人口的減災準備仍然常被忽略，一旦災難發生後，其受害程度常是最嚴重的，且不易接近服務。

資源體系的開發與聯結、對弱勢人口群的關懷是社會工作者最被期待的兩大救災任務（Zakour, 1996）。災難中的弱勢者包括社經地位低下、少數民族、女性單親家戶、兒童、老人、身心障礙者等，其脆弱在於較少受到保險的保障、老舊的住宅、缺乏復原的物質資源。同時，這些人也很少受到救災社會服務組織與災難預防方案的服務。弱勢者集居區也較少有災難救援相關的組織網絡設置。即使有服務弱勢人口群的災難救援組織，也較少有災難救援組織網絡存在，災難救援的能量也相對不足。這些人口群也較少有參與救災的經驗（Bolin and Stanford, 1998; Cherry and Cherry, 1996; Zakour and Harrell, 2004; Zakour,1996）。

老人在災難時常是最脆弱者，老人常因熱浪侵襲而死亡，也因醫藥缺乏、天氣寒冷、行動不便而撐不過災難的襲擊。2000 年象神颱風來襲，基隆七堵百福社區的建益護理之家，14 名老人來不及逃生被淹死。莫拉克水災造成高雄縣岡山鎮普德老人養護中心 17 名老人，泡在 1 公尺深水中險遭滅頂。顯示老人在災難中的集體脆弱性。

在災難時，食物不安全會導致災民為了求生存而違法、謊報家戶人口數、低報家戶所得、囤積救濟食物，甚至偷、搶商家食物。Pyles, Kulkarni, and Lein（2008）研究美國卡崔娜颶風時的食物不安全經驗導致的經濟生存策略，發現當地方食物供給無法預測時，居民容易囤積食物，導致食物變得更稀少。食物稀少抑制了個人的道德行為；再者，當食物不安全時，來自地方機構與其他支持也常不足，個人、家戶、大團體爭奪食

物與飲水，致儲存食物與飲水成為公共議題；食物供給單位緩慢與無效的反應，讓災民有被貶抑的感受，災民覺得他們連狗都不如；政府方案很少在災難一開始就適足，使災民無法立即接近食物資源。與其說災民是偷搶，就其處境言，不過是求生存罷了！不過，日本宮城大地震示範出災民的自助、沈著、守秩序、自我克制，某種程度顛覆了食物不安全會引發普遍不道德行為的說法。災難救援的制度、信任、文化扮演重要的角色。

女性也經常是災難的脆弱人口群。Alston（2009）研究澳洲乾旱政策下的性別主流化（gender mainstreaming）發現，2000 年以來澳洲政府補助旱災的政策顯示性別主流化只是虛有其表。女性的貢獻在旱災補助政策中不見了，因為補助的對象是農民，農民經常登記是男性。女性在乾旱季節為了償還貸款、維持生計，必須賺取非農業所得，而這些非農業所得每年 2 萬澳幣以下才合乎補助標準，致使許多女性平時努力賺錢還債，維持生計，到了乾旱季節，政府卻以其非農業所得超出門檻而不給予乾旱補助。女性的生計貢獻反而成了懲罰。

學童在災難發生後有些反應是有別於成人。兒童是最脆弱的人口群，應被特別的照顧。Shelby and Tredinnick（1995）研究安德魯颶風（Hurricane Andrew）對南佛羅里達州（South Florida）造成 20 萬居民無家可歸，當時災難心理健康服務團發現兒童於災後的喪失感、退化、焦慮、恐懼特別顯著。他們就用遊戲替代言談的介入策略，讓兒童把創傷經驗玩出來。1999 年 9 月佛洛德颶風（Hurricane Floyd）受災的佩提洛 A＋（Pattillo A＋）小學的學校社會工作師在災後為學童進行治療性休閒服務，以減輕兒童的災後創傷壓力（Russoniello, Skalko, Beatly, and Alexander, 2002）。

除此之外，教室危機介入（Classrooms Crisis Intervention, CCI）也有助於災後學童創傷壓力紓解，導師、輔導教師、學校社會工作師都要有這方面的認識與能力，而社會工作師與輔導教師要協助導師進行教室危機介入。通常教室危機介入由兩人擔任催化員，如果學生較多，可增加催化員的人數，適當的比例是 10 位學生 1 位催化員。其過程是：（1）引導；（2）提供事實與澄清流言；（3）分享事件始末；（4）分享反應；（5）充權（empowerment）；（6）結束（Brock, 1998）。這個程序類似創傷壓力紓解。如果學生仍然有不適應情形，教師應將個別學生轉介給心理治療師或精神科醫師進行詳細的評估與治療。

結　語

　　Rogge（2003）指出，在 21 世紀，自然與科技災難造成的痛苦與喪失的風險，必然持續。主因是人口增加的壓力與全球氣候變遷，全球暖化或長期大氣循環，造成個人、家庭、社區與生態的傷害。許多社區才度過一個災害的救援，馬上又面臨另一個災害的預防。一天之內，一個國家有可能同時面對颱風、旋風、洪水、地震、科技災難。

　　社會工作者被要求成為災難救援中緊急安置、短期安置、災害慰助、社區生活重建的主力（林萬億，2002a, 2002b, 2010a）。因此，社會工作者必須瞭解災難性質、參與防災準備、加入災難救援。Miller（2004）指出社會工作者的角色之一就是提供危急事件的壓力紓解。

　　災難治理涉及層面廣泛，除了本章所述之外，還涉及諸多其他細緻的救災過程與細項，如急難救助、資源動員與管理、社會工作人力的動員與管理、媒體公關等，因為篇幅有限，無法一一討論，社會工作者仍必須學習如何處理，才能臨危不亂。

問題與思考

1. 災難的性質為何？在臺灣，天然災害有何特殊性？

2. 災難管理的過程有幾個階段？

3. 社會工作者在災難管理過程中的任務有哪些？

4. 災難中的異地安置應考量哪些因素？社會工作者扮演何種角色？

5. 何謂壓力紓解？如何透過團體工作技巧進行壓力紓解？

6. 多元文化在災難管理過程中的重要性為何？如何實踐？

建議研讀著作

1. 林萬億等（2018）《災難救援、安置與重建》。臺北：五南出版。

2. 林萬億主編（2010）《災難管理與社會工作實務手冊》。臺北：臺灣社會工作專業人員協會。

第 **17** 章
臺灣社會工作本土化之路──邁向實務、教育、研究之整合

呂寶靜｜

前　言

　　透過教科書之編撰將臺灣研究成果回饋在大學教育上是本書的主要目的，但不容否認社會工作專業教育的目標是在培養具專業勝任能力的社會工作人才，以投入實務工作。因此，本章的主要目的係在闡述社工實務、社工教育和社工研究三者之間的密切關聯。首先指出在臺灣社會社工實施領域和福利服務範疇的內容會隨著社會變遷而變異，進而討論全球化與資訊科技發展對社會工作的影響；其次說明臺灣社工教育的現況，並論述社工教育教材為何需要本土化及如何進行本土化；再其次從分析臺灣社工研究之現況出發，提出未來發展之方向；最後則針對如何整合實務、教育、與研究提出具體之建議。

第一節　臺灣社會工作實務之未來發展和挑戰

一、回應臺灣社會變遷的社會工作實施

　　本書章節內容之安排乃是按社會工作的實施領域和福利服務來分，除了社會工作的發展史及社會工作傳統的濟貧救助外，將實施領域分為醫務社會工作、家庭社會工作、學校社會工作、職場社會工作、司法社會工作以及災難管理與社會工作；至於福利服務則就對象分為兒童、少年、老人、身心障礙者、婦女、原住民以及新住民。這些福利服務係屬個人福利服務，立基於個體的身心狀況、生來的社會類屬（性別和種族）、以及生命週期各階段的發展職責和福利需求之特殊性，而切割為不同的服務範疇。本次改版增加「心理衛生社會工作」，此乃有鑑於臺灣之心理衛生以精神醫療為基礎，惟近年來配合政府政策拓展至精神疾病社區復健、精神疾病長期照護、酒藥癮戒治、自殺防治、災難重建、兒童早期療育、司法精神鑑定及矯治、家暴與性侵害防治、學校等，心理衛生社工專業人力的角色地位日益重要。

　　從實施領域的章節中，吾人得知各領域的實施會受到大環境的影響，譬如醫務社會工作的實施會受到全民健康保險法實施的衝擊、家庭社會工

作的實施會因家庭型態的改變而有差異，且會因對家庭福祉之期待之變動而有不同。至於老人福利服務，早期以提供孤苦無依老人之救助為主，漸漸轉移到獨居老人、失能老人、失智老人之照顧服務，目前則是致力於友善老人環境之築構。而少年福利服務方面，已經從只著重在少年問題與偏差的矯正，開始重視其權利，將少年視為國家的「準公民」，呼籲大家要以少年全人身心發展所需的權益觀點出發來規劃國內的少年福利政策。由此可知，各實施領域或各福利服務範疇的標的人口群、所正視的福利需求或欲求介入的問題會隨著社會脈動而改變。標的人口群之範定、福利需求界定的合法性以及干預的正當性，不完全由實務工作者所支配，也不全然是大社會結構的政治經濟力所決定，而是實務工作者、服務對象、和政治經濟社會力等三方面交互作用的結果。

在臺灣各項福利服務自 1980 年以後蓬勃發展，而造成此種發展趨勢的可能解釋原因之一為社會運動的興起以及各種倡導團體的產生，譬如：中華民國殘障聯盟於 1987 年成立，兒童福利聯盟文教基金會於 1991 年成立，中華民國老人福利推動聯盟於 1994 年成立，臺灣婦女團體全國聯合會於 2001 年成立，臺灣少年權益與福利促進聯盟於 2003 年成立，社團法人臺灣福利總盟於 2007 年成立，這些倡導團體的成立對於法案之修訂和社會資源的配置發揮很大的影響。

此外，在本書中各章節所提及的影響未來各實施領域和各福利服務範疇的社會變遷因素有：家庭結構的改變（單親家庭的增加）、婦女勞動參與率的上升、老人人口的急遽增加等。另 Lu and Lin（1999: 300-302）提及經濟發展和產業結構的改變、民眾對社會福利的態度、志願組織的角色改變、以及政治民主化和市民社會之興起等因素。而林萬億、呂寶靜、鄭麗珍（1999: 37）之研究指出，一些新興的社會問題或急待社會工作專業去回應的服務領域，如遊民服務、低收入戶服務、少數民族服務、及犯罪矯治服務等領域，工業社會工作及學校社會工作等方面均有待加強。

再加上臺灣面對 50 年來未有的歷史發展經驗，如人口快速老化、低經濟成長、高失業率、財政困境等，臺灣的社會工作者若無法回應以下社會變遷的需求，將有可能被淘汰或被冷落：（1）高科技對傳統社會工作干預技巧的挑戰；（2）案主需求不斷升高，但社會資源卻有限的困窘；（3）國家力量萎縮，政府部門不被信賴；以及（4）新的社會問題產生，如人口老化、失業、家庭解組、貧窮等（林萬億，2006: 473）。爰此，在此種

社會變遷迅速下，社工實施的領域或服務範疇應求廣，工作模式或工作方法應求新。

　　在社會變遷趨勢下各福利服務領域與社工實施領域如何因應呢？在第二章〈貧窮與社會救助〉，王篤強與孫健忠指出：近年社會救助思潮走向能力剝奪的貧窮觀，因而使能（enabling）、充權培力（empowerment）與能力建造（capacity building）就變得更受關切。財務社會工作（financial social work）和發展性社會工作（developmental social work）則是這類取向的代表。余漢儀在第三章〈兒童福利服務〉從分析 2011 年兒童及少年福利與權益保障法的條文中可看出：除了保留了前身兒童及少年福利法具「保護觀點」及「傳統觀點」，也增添不少企圖「解放觀點」孩童的條文，例如表意、文化／休閒、社會參與、司法、隱私等權益。另因「兒童權利公約」需納入服務使用者（兒少代表）的聲音，兒少培力團體乃成為一種兒福新創活動，有助於兒少參與公共事務。在第四章〈少年福利服務〉，陳毓文說明近年學術界在探討少年議題時，雖仍持續關注相關風險行為與提出因應策略，但也開始有學者引進少年正向發展模式（Positive Youth Development，簡稱 PYD），藉此呼籲對於少年的服務與政策需要能夠回應他們在成長過程中所面臨的各種需求，正向發展的觀點隨著優勢觀點（strength-based approach）、復原力（resilience）等概念而被運用。在第五章〈老人福利服務〉，呂寶靜認為在活力老化的政策理念愈來愈受到重視之下，除了針對老人人口群提供服務外，打造高齡友善城市和社區之工作也同步重要。此外，政策制定或服務方案規劃推動，以促進老人社會融合為目標；也呼籲正視老人社會參與帶來的幸福感效應。王育瑜在第六章〈身心障礙福利服務〉指出：隨著「身心障礙者權利公約」將「社會模式」進一步推展為「人權模式」，重視人與人之間的差異，以及障礙者作為「人」的主體發聲和參與，成為政策與實務的重要取向。未來在政策上應支持身心障礙者主導的團體，使之能具備較為充足的資源，發揮自我倡議的力量。在第七章〈婦女福利服務〉，游美貴建議：對於婦女福利服務要有整體性政策回應，發展多元弱勢婦女培力及服務方案，需要因應婦女處於不同生命週期、族群和處境，提出合適的服務方案。王增勇在第八章〈原住民族社會工作〉指出臺灣原住民族社會工作與社會福利尚屬於發展階段，對於未來的發展提出的看法有：從被殖民歷史觀點重新檢視既有社工論述、部落產業發展納入社工介入範疇、以及建立社工專業與原住民族

互為主體的對話關係。潘淑滿在第九章〈新移民與社會工作〉指出我國已經邁入多元文化社會，隨著多元文化社會的到臨，政府對於新移民的居留與公民身分，也逐漸由封閉、排他，朝向開放、接納的態度；對於新移民及其家庭相關福利政策與服務輸送，也逐漸擺脫過去保守與殘補思維，轉為彈性開放與融入的立場。

而在社會工作實施領域，宋麗玉在第十章〈醫務社會工作〉認為，在目前醫院業務拓展之際，有關保護性業務、長照 2.0、安寧服務、預立醫療服務等制度，社工員可以思考如何掌握契機，順應醫院的轉變，展現社工的角色與功能。在第十一章〈心理衛生社會工作〉，吳慧菁主張心理衛生社工服務應積極從醫院或療養機構擴展至社區，藉由社區駐點或外展模式深入瞭解案家居家環境與適應狀況，善用並發展精確評估工具、提供必要與緊急需求之處遇與個案管理功能，輔以當代科技溝通方式，以發展心衛社工專業的獨特性。鄭麗珍在第十二章〈家庭社會工作〉指出家庭為中心的實務模式是具有一些特色的，例如：與每位家庭成員建立夥伴關係、以家庭為整體的介入焦點、鼓勵家庭成員參與處遇的決策和流程、採取優勢和充權的工作取向、具備勝任工作能力等，將有助於提供有效的協助給需要服務的家庭，提升其家庭照顧的功能。在第十三章〈學校社會工作〉，林萬億將現行服務模式分類為三類：分區駐校模式、輔諮中心模式、及輔諮中心與分區駐校並行模式，也對於學校輔導教師、心理諮商師與社工師三類專業人員間的地盤競爭表示關注，呼籲專業合作，以建構完整的校園專業團隊，解決學校複雜的學童需求與問題，為學童謀福利。林桂碧在第十四章〈職場社會工作〉中指出：臺灣職場社會工作之發展肇始於「諮商輔導」概念和方法的「勞工輔導制度」，而發展為以「工業社會工作」概念和方法來推展「員工協助方案」。在第十五章〈司法社會工作〉，陳麗欣指出社工人員活躍於警察、檢察、審判、矯治、更生保護、犯罪被害之司法體系中，也在家事調解、商談、親權監護、親子會面、兒童出養及兒童權利之保障上多所著墨，因此，有必要以「司法社會工作」取代「矯治社會工作」。林萬億在第十六章〈災難管理與社會工作〉指出，在 21 世紀，自然與科技災難造成的痛苦與喪失的風險，必然持續。社會工作者除了參與災難預防整備教育、物資儲備、設置災民安置中心，以及災難應變的緊急救援、急難救助、災民安置中心管理、危機介入、壓力紓解外，災後復原與重建是更長期的工作。

從上述各章討論近 10 多年社會工作實施情形來看，涉及到下列三個相關的議題：

（一）重視服務對象的權益，鼓勵服務對象發聲、自我倡議、參與決定；如：王育瑜建議專業工作者採取充權與批判社會工作取向，與障礙者建立合作的夥伴關係、支持障礙者自我發聲與倡議，扮演障礙者的協同者或協助者，共同推動社會改革。另王增勇主張：讓原住民族社工協助原運的發展，作為原住民發聲的管道。而潘淑滿建議：提供新移民及其家庭服務的社會工作人員，開始能回歸新移民主體立場，從充權與培力觀點，幫助新移民融入臺灣社會。至於在心理衛生社會工作實務中，吳慧菁指出服務使用者的觀點愈來越受到重視，強調增權實踐、優勢觀點、互助團體、自我覺察與反思等作法，促使服務使用者更具有參與決定權。

（二）針對社會工作者應具備什麼樣的知能，也有以下的討論：呂寶靜指出：在老人福利服務領域，跨專業團隊成為主流的工作模式，且愈來愈多的社工人員成為跨專業團隊的領袖，因而跨專業團隊、管理領導等方面的技巧需要學習精進。而王育瑜建議社會工作教育需培育社會工作者具反省與批判能力，承認自己的不足並且向服務對象學習。潘淑滿則指出為因應多元文化社會發展趨勢，社會工作教育必須正視多元文化的重要性，增進社會工作人員多元文化覺察能力，讓實務工作人員都能成為具有文化勝任能力的助人工作者。宋麗玉認為社會工作方法的運用並非只是經驗的累積，社工人員需尋求相關知識，發展出一套方法並加以評估，以展現工作的成效，因此醫務社工需強化評估研究的能力，透過實證資料探究能夠產生較佳效率和效益的實務模式。綜上，社工人員被期待應具備有團隊合作、溝通協商、管理領導等方面的技巧，也需具備文化敏感與多元文化勝任能力、自我反思與批判能力，另評估研究的能力也需加強。

（三）在社工教育方面：游美貴建議學校在訓練學生時，可以鼓勵學生跨域選修，提早在養成教育過程中學習跨領域的整合；例如勞動、財務、住宅、性別、法律、心理健康、媒體和人權等等。另鄭麗珍主張社會工作教育的目的不僅在培養具有專業知能與技巧的社會工作人員，更在教育他們成為有系統而能主動的思考者、

觀察者和行動者。此外，有鑑於司法社工服務對象之多樣性，陳麗欣主張：一個稱職的司法社工員除了需具備一般社工員之專業知識外，也需要擁有法律、司法制度、醫療、精神病理、藥物濫用等多面向之知識與技術。由此可知，社工人員需要具備知能的範疇逐漸擴大，鼓勵學生跨域修課或是學校開設跨科系之學分學程都是未來可努力的方向。

二、經濟全球化與資訊科技發展對社會工作實施之影響

除了臺灣社會變遷的脈動會影響社會工作實施外，臺灣也不能置身在世界潮流之外，經濟全球化與資訊科技發展對社會工作實施的影響，特別值得探討。

（一）全球化

經濟全球化的四個主要趨勢為：（1）社會政治經濟上的不平等；（2）就業上的不安全性提高，員工的平均薪資與福利降低，雙薪家庭的產生是為了求生存的溫飽；（3）工作中「社會」特性的降低，造成人際間的疏離、藥物濫用、和酒癮，家庭暴力和心理疾病之流行率逐漸上升；（4）政府已沒有能力影響 21 世紀經濟的組織、生產、和分配形式。以上四種趨勢將改變福利供給的範圍和目標，以及政府在滿足人類需求上的責任。在美國，此種發展趨勢伴隨著社會服務財源的改變，勢必再塑社會服務的場域。此外，未來社會工作的案主之經濟狀況將更加惡化，而社會上種族階層之分化勢必加深（Reisch and Jarman-Rohde, 2000: 202）。

此外，經濟全球化將導致第三世界更窮，少數族群受到更多剝削，而促使社會因此產生更多的彼此隔離或排除（exclusion），國與國之間的貧富差距更大，國際社會因此更多的不平等，人權議題受到更大的傷害；在這種「大」國與「小」國受到兩極化的影響，社工角色當如何回應呢？（1）重視全球化對國際社會帶來的負面影響；（2）以促進社會的融合（promoting social inclusion）為工作目標；（3）強調從基層而來的全球化；（4）成為人權的觀察者；（5）社會政策的倡導；（6）社工教育與實務參與（引自周月清，2001: 428-429）。周月清（2001: 429）指出：社會工

作教育同樣要面對全球化的挑戰，因此教育工作者要將「global village」的視野帶給學生，除了注意到國內相關社會不平等問題，也要將觸角、眼界放眼天下，跨出國家的界域；故網絡教學很重要，包括鼓勵學生上網得到國際資訊，同時協助學生參與國際方案。

在全球化的趨勢下，政治難民和經濟移民也隨著增加，社工員赴其他國家提供服務（國際援助）或在自己的國家裡服務其他種族的案主之現象也愈趨普遍，故國際社會工作（international social work）的議題值得探究，其中一項因應對策乃是針對社工教育中重視國際化的內涵提出建議（Hokenstad and Midgley, 1997）。然國際社工不單單涉及社工專業人員的流動，而須依個別的社會和全球化的環境脈絡去發展實務模式以滿足新興、歧異的需求，且包涵跨國比較的觀點或跨文化的活動，以引發國際政策的改變。換言之，國際社會工作的推動除了社會工作專業原則、價值和實務方法之傳播外，也應正視社會工作本土化的發展，在社工專業本土化（indigenisation）、普及化（universalism）和主流文化帝國主義（imperialism）相互矛盾之弔詭中，文化的重要性也愈加凸顯，故提升社工員之文化敏感度和文化勝任能力是未來努力的方向（Gray, 2005），因多元文化的瞭解有助於本土化社工實施的發展，維持社工專業的普及性，又可避免西方社會觀點或文化的帝國主義（呂寶靜，2010）。

（二）資訊科技之發展

美國學者指出科技發展的擴展性是影響未來社會工作專業的三個特性之一。資訊科技之擴展已增進社會工作溝通和儲存記錄的能力，且強化案主服務的多樣性。但此種發展趨勢對社會工作專業的價值和功能是一項挑戰（Sowers and Ellis, 2001: 247）。面對科技發展的擴展性，Sowers 與 Ellis 建議社工專業應增強資訊的攝取能力，而藉著資訊轉換與溝通，社工專業可以發展在治療上的用途，也因此社工同仁必須比以往更願意學習新知，採用新觀念新技巧，而且有能力應用到社工實務。然而，社工專業也應當警覺，科技發展背後的概念是它的結構化、標準化、與系統化（more structured, standardized, and systematized），因此社會工作者必受制於特定的規章、程序、準則，而喪失在評量、實施及結果測量的多樣性，必然會破壞社工專業很被強調的個別化（individuality）原則。譬如美國某一州在成本效性、省時、有效的轉介系統及避免服務案主的重複性之考量下，

建置各社會服務機構共享的案主資料庫是大家努力的方向，但忘了在案主資訊系統整合的目標下，可能付出的代價是犧牲了案主的個別性。社工實務工作者必須察覺到這種發展趨勢對工作者、案主及專業三者的影響（簡春安，2002: 6；Sowers and Ellis, 2001: 248-249）。

目前一些社會服務機構已設有網站，機構內的文件已透過電腦網路來傳送，而且有些機構之個案紀錄等相關資訊已電腦化，甚至有些服務可透過線上申請。此外，實務工作者運用網際網路來搜尋、檢視或下載資料的情形愈來愈普遍，故實務工作者都應熟悉電腦，並善用現代化之科技來增進實務介入的有效性（Reisch and Jarman-Rohde, 2000: 204-205）。

運用智慧化科技以提升政府效能是近年來政府施政的策略，衛生福利部於 2018 年訂頒之強化社會安全網計計畫，就將「建置社會安全網個案管理系統」列為其中的一項重要配套措施（衛生福利部，2018: 128），預期發揮之效益有：（1）提供整合服務：透過資料介接，可於 24 小時內依風險高低儘速派案，並期於個案需求評估及處遇時，掌握重要資訊，協助社工人員提供整合性服務。（2）提升工作效率：透過建立標準化流程，導入工作流程引擎，引導社工人員適時提供個案服務及資源，強化督導功能，提升工作效率。（3）支援決策分析：透過系統掌握相關重要統計數據，協助政策規劃分析與決策（林維言、潘英美、張惠婷，2019）。而陳淑娟、游蕙瑜（2019）說明如何運用臺北市家庭暴力案件預警與風險管理系統的建置，透過大數據分析來繪製地圖以區域觀點探索家暴案件、以及建立再發預測模組；並分析其效益有：（1）支援社工決策，增進案件處理品質；（2）發展科學工具提前辨識再發生風險，降低受暴風險；及（3）建立被害人再度受暴評估參考工作決策的機會。

第二節　社會工作教育在臺灣之發展方向——邁向本土化

社會工作教育（包括在大學、碩士、及博士層次）係透過專業人員的教育、知識的產生、以及專業社群的領導活動來形塑專業的未來發展。社會工作教育者透過教學、研究、及服務來貢獻專業。更具體而言，社會工

作教育之目的旨在培訓有效能之社會工作者，而社會工作實施的場域是臺灣社會，因此社會工作教育本土化是未來勢必發展的方向。本節的內容分成二個部分：首先論述臺灣社工教育為何需要本土化；其次說明目前教學本土化的現況，並指陳出教材本土化的發展是立基在國內社會工作研究蓬勃發展之前提上。

一、社會工作教育本土化之必要性

誠如本書第一章〈臺灣社會工作的歷史發展〉內容所述，社會工作教育在 1991 年至 2000 年期間快速擴張，也帶動了社會工作與社會福利出版品的急遽增加，較可惜的是翻譯者仍占多數，並未真正落實本土化的方向。為何社會工作教育本土化是值得正視的課題，這可從社會工作專業教育的目標與社會工作助人情境兩方面來闡述之。

社會工作大學教育的目標何在？以美國為例，美國社會工作教育學會（Council of Social Work Education，簡稱 CSWE）主張社工教育係以勝任能力為基礎的（competence-based education），所謂社會工作勝任能力係指有能力將社會工作的知識、價值、技能予以整合並與運用在實務情境。2015 年對勝任能力採取 holistic 的觀點。也就是說，勝任能力的展現是知識、價值、技巧、認知和情緒的過程，包括社會工作者面對獨特的實務情境所呈現出來的批判性思考、情緒反應和判斷執行。概括來說，專業勝任是一個多面向且包含相互關聯的勝任能力。而個別社會工作者的勝任能力被視為是發展的、動態的，且因不斷學習而會隨著時間改變。基於此教育目標，課程設計是採結果為主（outcome-based）的取向，因此課程設計不論是在實質內容規劃、教學法運用及教學活動安排方面，都要提供學生學習機會去顯現其勝任能力（CSWE, 2015: 6）。

而社會工作者需具備哪些核心能力才能達成有效能的社會工作實施之目標呢？美國社會工作教育學會認定之核心能力有：（1）表現出倫理上和專業上的行為；（2）在實務中融入多元性與差異性；（3）致力於人權、社會、經濟和環境正義；（4）結合實務與研究：從事有實務依據的研究（practice-informed research）以及研究依據的實務（research-informed practice）；（5）政策實施：投入政策實施（practice）以增進社會與經濟福祉，並輸送有效的社會工作服務；（6）與個人、家庭、團體、組織及社區

建立關係；（7）對個人、家庭、團體、組織及社區進行評量；（8）對個人、家庭、團體、組織及社區進行介入；（9）對個人、家庭、團體、組織及社區進行評估（CSWE, 2015: 7-9）。

又以社會工作助人情境來探究，社會工作助人情境大致包括下列五項因素：（1）案主體系；（2）社會工作者（助人體系）；（3）機構與設施；（4）干預行動；及（5）專業關係（林萬億、徐震，1996: 12-13）。在臺灣的社會裡，案主所抱持的社會工作服務觀會影響到協助過程與求助模式。周月清（1993: 59）以中國人的施受觀為例，闡述此種觀念如何影響到案主與社工員的專業關係。在華人的社會裡，當案主在向社工員求助時覺得尋求協助是個人的失敗，也無法回饋人情，感覺是欠了社工員人情債，故有很多個案，案主會想辦法要對社工員做回饋，如請吃飯、送禮等，若社工員太堅持正式的專業關係，可能無法與案主建立良好關係。此外，中國文化的基本價值和自我觀也影響著案主因應問題的方式、和求助行為模式的不同，曾華源、黃俐婷（1996: 58）指出，國人由於缺乏「自我」的意識，而又將「自我」歸屬於天，因此形成以天為依歸的宿命觀。在不講求自我的情形下，問題發生時較難運用自我分析、判斷與表達的能力，亦較無意願凸顯自我的需求、感受以尋求問題的改善與解決問題，所以在問題來臨時，想到的不是自己，而是家人、親友的想法，害怕「家醜外揚讓家人蒙羞」，更易想到問題來臨是天意，是命該如此，因此，在面對問題時，不是直接處理，而是迂迴，消極被動的等待情況好轉，同時，以求心安的觀念渡過難關，而非訴諸積極行動的改變。

由上可知，社會工作的實施與其實施情境的社會脈絡息息相關，而所立基的知識不可能懸浮於社會脈絡之外，而應源生於該社會，因此，社工教育應盡量透過本土化的教材以灌輸學生有關臺灣社會的福利政策與立法、服務方案、實施領域、工作方法以及服務對象（或標的人口群）相關之知識，俾能成為有效能的社會工作者。更詳盡來說，在臺灣社會工作教育的課程內容應重視臺灣的社會福利政策和服務方案，以及國內各種實施領域的引介和分析；又在討論人群服務組織管理時，也應儘可能以臺灣的社會福利機構團體為案例來討論。至於在講授社會工作的實施，由於服務對象主要是臺灣的民眾，故對個別服務對象或某一類型服務對象之瞭解當然是不可或缺的。

二、臺灣社會工作教育本土化之現況及發展

綜合上述,社會工作教育本土化的重要性已不容置疑,但目前社會工作專業教育的本土化趨勢如何?林萬億、呂寶靜、鄭麗珍(1999: 47-53)針對臺灣16個社會工作與社會福利相關的系(組)與研究所之教育人員進行問卷調查結果發現,受訪者表示臺灣的社會工作與社會福利的專業教育取向如下:較重課業講授、較多美國化色彩,而理論與實務的教育取向上稍趨平衡。因此,社會工作教育之改進建議,在課程設計方面,以教材本土化和修改教材反應為最多次,顯見受訪的教師對此議題的敏感和關心。這種建議一方面反應受訪者對目前教學內容過份依賴外國社會工作或社會福利知識體系的一種反省,也反應本土化教材的缺乏(包括課程教授與實習教育)。另曾華源在〈當前臺灣社會工作教育困境之省思與建議〉乙文也指出「教材美國化的困窘是教學過程的困擾之一,因過份仰賴西方的教材實不足以培訓出有效的本土化實務工作人才」(曾華源,1994: 95-96)。換言之,本土化教材之欠缺是臺灣社會工作教育本土化之障礙之一。

社會工作教育者和實務工作者都體認到本土化教材的欠缺,但本土化的教材如何產生呢?曾華源(1994: 101-102)認為,為了使課程內容能朝本土化發展,有賴學校教師本身必須有本土觀,並能夠從事實證研究,特別是實務工作及方案評估研究之進行,以便檢證現有理論知識之有效性。鄭麗珍(1997: 174)也主張社會工作教育應朝本土化或國際化的方向發展,社會工作教育者可以提供國外的社會工作教育和實務的經驗,協助並鼓勵學生檢視外植政策和方案的立意精髓,但應該促其重視這些方案在本土實施的行動成果,以建構外植方案本土化的工作取向。

誠如本章第一節的討論,面對服務對象群在性別、種族、階級的差異性,社會工作者需具備多元文化能力,社會工作教育也需從本土化擴展到多元化,因此,社會工作教育除了強調教材本土化外,也重視課程內容多元化的議題。關注社工教育如何能培養學生專業的性別能力(gender competence),陳心怡、童依迪、唐宜楨(2014)進行一項行動研究,在社會工作學系開授一學期的「人權、性別、與社會工作」選修課程,採用「議題引導教學取向」以及「問題引導教學模式」的課程設計,課程結束後發現學生在性別覺察、性別敏感度、以及性別知識上的文化能力都有提升。另莊曉霞(2012: 172-173)從文化能力內涵出發,提出針對原住民社

會工作教育之建議：原住民社會工作需要的不只是知識與表面操作層次技術的傳授，亦需要（1）培養學生反思批判、社會行動與實踐的能力；（2）注重學生部落文化經驗的累積；（3）原住民社會工作教育者一方面參與原住民文化知識體系的建構，特別是助人體系；另一方面重新思考社會工作教育未來可能的方向。

教材本土化主要是立基在國內實證研究成果上，當然就與社會工作知識本土化發展密切相關。曾華源（2016）分析社會工作專業知識發展之趨勢為：（1）後現代的認識論對病理治療觀點的挑戰；（2）採取生態論的服務視角；（3）強調充權與復原力的運用；（4）多元文化的視角：本土化的社會實踐；（5）新管理主義的興起與影響；（6）證據為本的處置。進而提出對臺灣社會工作專業教育的回應，其中有一項建議為：為落實證據為本的專業處理能力，加強社工人員實務研究與運用研究能力是培育專業人才的重要課題。

然社會工作學術的價值是在於其研究或是教學成果能創造出實質改變，具社會感染力的公共行動，這可透過推動教室之外的社會參與式課程來實踐，也就是一種教學典範的轉移。社會工作高等教育的過程是要讓學生透過親身的經驗反思學習，教師所扮演的角色不只是傳遞知識、技能，也要為學生營造具體生動、有連貫性的實際體驗（劉明浩，2016）。此種創新教學方法不僅能促進教學工作者貼近實務、縮小學術與實務的差距；也開啟了教學與研究相互結合的契機。

總之，社會工作教材本土化的產生有賴於社會工作教育者以及社會工作實務者兩方面的努力，在教育工作者方面必須有本土觀，從事實證研究，或是採用創新的教學方法以結合教學與研究工作；而社會工作實務者也應將實務工作之經驗與工作模式，經由社會工作研究轉化成為知識。換言之，本土化教材的研發與臺灣社會工作研究的現況密切相關。

第三節　臺灣社會工作研究之展望

從上一節的分析中吾人可知，社會工作教材本土化的進展有賴於實證研究的成果。因此本節的內容首先說明社工研究的定義和功能，並論述社會工作研究和社會工作實務之關聯；其次用研究成果的數量、研究主題和

採用方法、以及研究人員之背景等面向來分析臺灣社會工作研究的現況，進而提出社會工作研究未來發展之方向。

一、社會工作研究、社工教育、和社工實務之關係

　　什麼是社會工作研究呢？社會工作研究係一項社會研究，將社會福利工作計畫、組織或機構之功能與方法之效果，加以精密的探索與科學的檢定，尋求一般原理法則以發展社會工作的學識、技能、觀念、及理論（社會工作辭典，2000: 271）。更詳盡來說，社會工作研究具有下列各方面的功能：（1）科學的方法及觀點，可以提供實務工作、服務活動作為參考架構；（2）研究可以協助我們建立和發展實務工作所需的理論和知識；（3）從實用性的角度而言，研究可以產生立即、且與特定情境相關資訊的功能，而這些資訊經常成為我們提供服務活動之依據，和決定實務工作的內容（高迪理，1998: 127）。由此可知，社會工作研究的目的旨在發展社會工作的知識和理論，以作為推動社會工作實務之依據。

　　上述社會工作研究的目的和功能均強調社會工作研究與社工實務的關聯。簡春安、鄒平儀（2016: 18）主張社會工作研究應取自實務，用之於實務。學院內的教授應該熟悉實務、瞭解實務，他們更應該把各類的理論實務化、本土化，而這種實務化、本土化的任務都必須透過研究的管道才能達成。簡春安、鄒平儀（2016: 19-21）認為社會工作者不僅是個實務工作者，也應是個研究者的理念，建議可透過下列作法來實現：（1）運用研究方法，重新審視實務的內容；（2）在干預過程中，需蒐集資料，以審視干預之效果；（3）以研究的方法、技術與工具，審核干預的效果；（4）以具體、可觀察、可測量的項目去描述案主系統性的問題、干預的過程、目標及結果；（5）當提出社工的實務內涵時，需合符邏輯規則；（6）需瞭解研究和實務都是應用邏輯的一種方式；（7）在定義案主的問題、蒐集資料、評估各種訊息時，需輔以研究的方法、技術和工具，且透過此法去導引出干預的策略；及（8）瞭解研究與實務是問題解決的一連串過程。

　　Marlow（1998）認為，社會工作之所以需要研究，乃是期待透過科學方法，建立以經驗性研究為基礎的實務工作，進而讓社會工作取得專業的正當性（legitimacy），在社會中建立專業信譽（credibility）。而社會工作者在研究這件事上可扮演消費者（consumer）與生產者（producer）兩

種角色。作為研究的消費者，社會工作者應定期閱讀專業期刊與書籍，將實證性的知識運用於自己的社會工作實務中。作為研究的生產者，社工員有倫理上的義務，確實地評估自己的實務工作表現與水準，並據此說明其實務處遇是否有效，最終的目的則期待能建構更精細的社會工作知識與技術（引自張英陣，2006: 91-92）。另有學者說明社會工作者的研究者角色除了研究的使用者、知識的創造者與傳播者外，還增加對各學科的知識分享者之另一項角色（簡春安、鄒平儀，2016: 24-25）。

二、臺灣社會工作研究的現況

高迪理、趙善如（1992）分析《社區發展季刊》發表的研究報告，發現：自 1977 年至 1991 年 15 年間所出版的 55 期期刊中，原著實證性研究報告只有 85 篇，每年平均出刊 5.7 篇，可見在臺灣社工研究中實證性研究的報告並不多。另葉秀珍、陳寬政（1998: 27）指出：社會工作的論文累積於 1980 年代初期加速發展，人力之進用則在 1980 年代中期較社會學有大幅度之成長，其論文出版的累積速度卻展現在 1990 年代初期。此外，林萬億等（1999: 35）也指出國內社會工作與社會福利的研究成果自 1990 年起才有較全面的發展。由此可知，在短短的十年內，國內社會工作研究成果的累積性當然有限。

國內社會工作研究主要是由誰來進行呢？依高迪理、趙善如（1992: 14-16）的分析指出：發表在《社區發展季刊》的研究報告之作者以學術研究人員居多（占四分之三），而實務工作者所發表的研究報告也近四分之一。由此推論，在社會工作學術界任職的教師乃是主要的研究人力。另外值得討論的研究人力是碩博士的研究生。依林萬億等（1999: 38-40）對國內社會工作與社會福利的研究成果之分析顯示：碩士論文占所有著作量之近三成，而這些碩士論文大都完成在 1990 年之後（占六成），這也反映了國內社會工作教育研究所設立的情況。

臺灣地區目前社工研究偏重在哪些主題呢？國內在實證性的社會工作研究報告中，較偏向「對案主問題需求」與「服務處置內容」的探討，較少是屬於對專業本身各項特性的研究（高迪理、趙善如，1992: 12-13）。另林萬億等（1999: 32-33）的研究發現，社會工作類的著作成果不論是期刊、碩士論文、研究報告或專書都合併計算，可算出著作最多的主題，

依發表篇數之多寡排列，最多的是「社會工作實施領域」，其次是「社會工作實施方法」，再其次是「人類行為與社會環境」、「社會政策與立法」、「社會工作總論」，而著作最少的是「社會工作實習」及「社會工作研究」。而在社工實施領域方面，著作較少的領域是：遊民服務、公共福利服務、軍隊社會工作、少數民族服務、犯罪矯治服務、工業社會工作及學校社會工作等。另在社工實施方法方面，社會個案工作是傳統社會工作三大方法中歷史最久的方法，也是目前臺灣社會工作實務所普遍運用的方法，但若與團體工作、社區組織及社會行政相較，著作量最少。

　　自 1991 年社會工作學刊出版後，論文數量稍有增加；到了 1997 年後新的社會工作期刊相繼出現，論文量爬升稍快。以實施領域來看，醫療、兒童、身心障礙、老人、家庭等領域因其在臺灣發展較早，累積文章較多；以社會工作方法的熱門程度來看，前三名依序為「行政管理」、「政策與立法」及「社區組織」，反映國內社會工作直接服務方法的學術性普遍不足，缺乏將實務轉化為理論性累積的能力與經驗。整體而言，臺灣的社會工作與社會福利學術界經歷了 20 年的努力，總算回應國內社會、政治、經濟、族群、文化環境的變遷。惟在知識擴散的過程，我們是否透過反思與修正，急起直追社會工作與社會福利知識與實務的本土化？仍是挑戰（林萬億、沈詩涵，2008）。

　　呂寶靜（2016）為探究在社會學門下的社會工作與社會福利之熱門及前瞻學術議題，[1]特針對 2008-2014 年間國科會與科技部通過專題計畫的主題進行初步分析，發現：以「個人」為研究對象以及「政策法規或制度」的主題居多，其次是「組織」，第四位是「社工介入或服務模式」，第五位則是「社區」。另針對國內六類期刊[2]的論文主題分析發現：以「個人」為對象之研究居首位，其次是「政策」為主題之研究，再其次則是「組織」與「社區介入／服務模式」相關研究主題，第五位為社區相關議題之研究。由此可見，國內學者的研究仍以個人、政策法規為主題的研究占大多

---

[1]　此為科技部社會學門熱門及學術研究議題調查計畫的一部分，由張晉芬、呂寶靜及林麗雲共同執行，執行期間為 2015 年 12 月 1 日至 2016 年 5 月 31 日，研究方法包括對公開資料的蒐尋和整理、學者座談、及網路問卷調查。

[2]　六份國內社會工作與社會福利期刊為：社會政策與社會工作學刊、臺大社會工作學刊、臺灣社會福利學刊、臺灣社會工作學刊、東吳社會工作學報，以及中華心理衛生學刊。

數；相反地，有關「方法論」、「理論」、「團體」以及「社會制度」的研究偏少。

在上述國科會與科技部計畫中，以個人為研究對象的計畫中，以兒童青少年為對象之研究居多；其次是身心障礙者；再其次為老人。進一步分析，以個人為研究對象的計畫之變遷趨勢來看，研究對象越趨多元化，針對原住民、新移民以及同志之研究增多；另有關個人的研究，也從服務人口群擴大至服務體系的工作人員，如：照顧服務員、外籍看護工。但在期刊論文刊登方面，以「個人」為研究對象的主題中，則以社工人員居首，其次為老人、身心障礙者、青少年及婦女。此也呼應高迪理（1998: 130-131）的建議，社會工作研究的優先順序上，可從「瞭解自我」為先。

至於政策法規與社會福利制度之研究計畫，除了傳統的福利國家、社會福利體制、以及所得保障制度（含年金制度）外，長期照顧政策以及兒童照顧政策亦引發學者的重視。至於在期刊論文方面，以「長期照顧」、「所得保障體系（含年金政策）」、「貧窮研究及相關政策」三項主題為主，另「全民健康保險」與「家庭政策」之主題，也有不少的論文發表。由此可知，有關政策研究方面，不論是研究計畫主題或期刊刊登的論文，都與臺灣社會規劃或推動中的政策密切相關。

由上可知，臺灣有關「社工介入或服務模式」之研究，無論是科技部專題研究計畫或是國內期刊刊登的論文，仍處在起步的階段。但檢視國外期刊 *Research on Social Work Practice* [3] 屬於是社會工作實務研究結果發表的期刊，將內容加以細分，則是以（1）「工具（測量）建構」（instrument construction/development）；（2）「社工介入研究」（intervention research）；（3）「社工服務模式」（service model），三項研究主題為大宗。而上項調查計畫焦點團體參與學者針對「社工實務中介入方案、服務模式之建立與評估（推動 evidence-based practice 所需的研究）」方面的看法，指出目前社工比較多的研究是針對實務的現況做討論，至於介入，則少有評估工具及介入模式之討論，建議鼓勵更多有關社工實務工作的本土工作模式之研究

---

[3] *Research on Social Work Practice*（《社會工作實務研究》）是一份 1991 年起出版的英文社會工作學術期刊，由社會工作和研究學會發行、SAGE Publications 出版。該期刊收錄與社會工作、實務社群、社會政策發展和組織管理等相關的論文。 資料來源：維基百科，https://zh.wikipedia.org/zh-tw/%E7%A4%BE%E6%9C%83%E5%B7%A5%E4%BD%9C%E5%AF%A6%E5%8B%99%E7%A0%94%E7%A9%B6。

（適合臺灣的模式）。因此，建議在發展「以證據為取向的社會工作實務」之時，應加強學者社群從事介入研究的能力，特別是有關研究工具的建構與發展之知能。

三、臺灣社會工作研究未來發展之方向

（一）充實大學院校社會工作系學生具備研究能力

從上述現況之分析，吾人可知目前現有的社工研究著作主要是出自在大專任教之教師及社工研究所的學生，但來自實務工作者的成果較少，建議未來應加強大學部學生社工研究之訓練。以美國為例，美國社會工作教育學會（CSWE）有關教育政策對於課程要求學生具備一項核心能力為：從事有實務依據的研究（practice-informed research）以及有研究依據的實務（research-informed practice）。社會工作者瞭解量化和質性的研究方法，以及社工研究在精進社會工作為一門科學和評估實務扮演的角色。另，社會工作者知道建構知識所立基的邏輯性、科學探索、以及文化性和種族上探究法的原則。社會工作者也瞭解以證據為基礎的實務是衍生自跨學科資源以及求知（knowing）的多元方法。他們也知道如何將研究發現轉換為有效的實務的過程。所以，社會工作者應（1）運用實務經驗和理論去引導（inform）科學的探索和研究；（2）運用批評性思考去從事量化和質性研究和研究發現的分析；（3）運用和轉譯研究的證據作為實務、政策和服務輸送之參考（CSWE, 2015: 8）。

在臺灣，社會工作系大學部課程中將「社會研究法」列為必修科目，在碩士班，大多數的學校也將「社會工作研究法」列為必修，另有些學校還將「量化研究」和「質性研究」列為必選科目。如何培養學生從事研究的能力，有學者採用創新的教學方法。鄭怡世（2020）運用「處境學習」（situated learning）的理念來教授大學社會工作系大學部學生的「社會工作研究法」。處境學習是指在課程中，透過一系列的學習情境，讓學習者可以適當地連結知識、行動與經驗，進而習得可以行動及知道如何行動的能力。該項研究發現：處境學習的運用可提升學生的學習興趣；學生也可以透過操作更瞭解研究方法的知識概念；學生更清楚瞭解研究是什麼，為什麼要修習這門課，研究需要經歷的步驟，以及對各個步驟的意義及如何

操作有深刻的理解。

　　教師除了創新教學方法以提高學生學習成效外，最好也能鼓勵學生向科技部提出研究計畫申請補助，俾儘早接受研究訓練，體驗研究活動、學習研究方法。[4]

（二）建立激發社會工作實務工作者從事研究的機制

　　2007 年修訂通過之「社會工作師法」已將專業繼續教育法制化，此乃立基於社會工作師需持續接受新知，以因應時代變遷所產生的社會問題或需求之信念，並搭配六年執業執照更新來辦理。又依「專科社會工作師分科甄審及接受繼續教育辦法」之規定，繼續教育之實施方式，除了參加繼續教育課程外，也包括在國內外大學院校進修社會工作專業相關課程者，另也涵括在大專院校擔任專任或兼任教師講授繼續教育課程者，在國內外專業雜誌發表有關社會工作論文者或其他相關論文者、以及發表有關社會工作專書、書摘、文獻譯介、回應或書評者，以及於有公開徵求論文及審查機制之社會工作及相關之學術研討會發表論文或壁報者、擔任特別演講或教育演講者、擔任主持人、引言人或評論者，亦可累積積分。上述實施方式及積分規定將誘發社會工作實務者將工作經驗與工作模式經由社會工作研究的過程轉化成本土化的實踐理論模式（林萬億等，1999: 54-53），並透過期刊雜誌、研討會的發表，藉由知識傳播的方式，廣為社會社群周知，並加以採用，當有助於社會工作本土化的發展（呂寶靜，2010）。

（三）增進大專院校教師研究量能

　　教育部自 2006 年起開始進行大專院校系所評鑑，在社會福利與社會工作學門評鑑項目中，包括「研究與專業表現」乙項，其內涵為：（1）整體教師之研究與專業表現，不論在數量或品質上，都能有良好之成果表現；（2）教師與專業表現成果能應用於個人教學科目中；（3）教師與研究生之研究與專業表現能符應社會、經濟、文化與科技發展需求。而此評鑑項目之參考效標中包括「教師研究與專業表現與社會、經濟、文化與科技發展需求之相關如何」、「教師提供政府、實務界、學術界社會服務之情

4　詳見「科技部補助大專學生研究計畫作業要點」，https://info.tcu.edu.tw/hot_news/attch/1091223010/10749a.pdf 。

形如何」。由此觀之，上述效標重視教師與實務界之互動，並期待研究成果能回應臺灣社會發展之需求。另外在「課程設計與教師教學」的評鑑項目之參考效標，其中一項為「系所是否引進實務界專家參與課程規劃及教學」，即要求課程架構和內容能涵蓋理論與實務，並有完善規劃之產學合作機制，確保學生具備核心能力（呂寶靜，2011）。

　　不少教師接受政府機關委託或行政院國科會／科技部資助之研究計畫之成果只用「技術性報告」的型態呈現，而這些報告常被堆積在倉庫或收藏在書櫃內，因其未正式在期刊刊登或以專書方式出版，就無法廣為流傳，也就限制了其實務和教學的參考價值，故鼓勵研究成果公開發表，俾能供實務工作者和教學教材之用。

（四）展望未來研究議題

　　上述研究現況之分析指陳出目前社工研究的主題範圍仍然不夠多元，呂寶靜（2016）研提社工社福學門的前瞻研究議題有：（1）貧窮、不平等與社會弱勢之成因、影響及相關社會政策；（2）年金改革／長期照顧制度；（3）社工實務中介入方案、服務模式之建立與評估（推動 evidence-based practice）所需的研究；（4）照顧／移工／性別研究；（5）多元文化與公民社會；（6）科技發展、資訊系統運用與社會工作；（7）原住民部落照顧、產業、社會發展；（8）氣候變遷下的社會工作實施（如：災難管理與社會工作、綠色社會工作）；（9）社會企業：社會企業立基的社會價值、經營與存續、效益及產生的社會影響；（10）網路時代下的人類行為發展：特別是網路的興起與運用對青少年身心發展的影響、青少年網路成癮等議題。

　　張晉芬（2016）在〈社會學門熱門及前瞻學術研究議題調查的研究結果與建議〉一文指出：研究方法的創新是參與焦點團體的學者及網路調查結果都一致認為應該重視的前瞻性議題，包括統計方法的研究與使用、網路數據資料的分析、質化研究的創新等，既是研究議題，也是進行其他實質議題研究時的工具。而在社會工作與社會福利領域，以證據為基礎的實務已為時勢所趨，介入研究也成為新興的研究方法。其中關於前、後測之間量表的開發及工具的建構十分重要。

第四節　邁向實務、教育、與研究整合之路

社工教育者除了傳授社工知識、方法、和技能外，也應擔負起建構本土化知識之使命感，這可從下列三方面來實踐之：（1）自己從事本土化之實證研究，並將研究成果編製成教科書供上課教學使用。（2）重視社工研究之教學，協助學生具備基本的研究技能，俾使學生進入社工實務領域時，有能力且有興趣在從事社工實務之同時也進行研究。（3）協助實務工作者從事研究，鼓勵社工教育者和實務工作者一起合作進行研究，或協助社會福利機構之實務工作者將工作經驗之素材改寫成論著發表，後者或許可透過回流教育之方式來達成，社工系所的碩士、博士班開放給在職生就讀，俾能將工作經驗和碩士論文研究相結合；或協助參加在職人員所舉辦的碩士班學程之學生，將其期末報告在期刊刊登。至於教育者和實務工作者之研究分工合作方面，高迪理（1998: 134）建議：較小規模之研究，或屬於某一特定機構之研究可多由實務工作者執行；而較大規模的研究，因需運用較為繁複的研究設計，較進階的資料分析技術，則可透過實務工作者與學術教育者合作完成。

至於實務工作者對於教材本土化的貢獻，一方面可透過從事研究來達成；另一方面則是邀請有實務經驗的資深社會工作者加入教學行列，將有助於學生瞭解本土化的工作模式。至於社工實務機構為何需要進行社工研究呢？因在重視可責信性（Accountability）之發展趨勢下，社福機構所推展的方案之績效如何？所採取的干預策略如何？都應提出報告以表示負責，而這類報告的編撰需立基在系統性的資料蒐集和分析上。此外，當社會服務機構在設計服務方案時，需先分析問題之嚴重性或評量服務對象之需求，而問題分析和界定以及需求評量等工作均需透過研究的過程。另簡春安、鄒平儀（2016: 26-27）也認為社會工作研究之市場將越來越寬廣，其原因係社會工作專業應該妥善運用專業和評估，因為若運用得當，評估可對機構的運作產生有利的幫助，使社會大眾對社工專業更加的信服。藉由研究也可以使社會工作專業越來越重視組織系統，比較能夠從整體的角度來看問題。惟機構常因缺乏財力資源，苦無研究經費，因研究上的花費在次序上顯然不是優先項目，建議機構爭取政府單位的經費補助和民間財團的支持。

　　然而社工實務工作者在研究上面臨下列四項問題：（1）觀念上覺得研究很複雜、很難；（2）對統計的畏縮；（3）不知從何處著手、手忙腳亂；（4）面對壓力的脆弱與不成熟（簡春安、鄒平儀，2016: 34-35），這些係屬於心理上的問題應先予以克服。而張英陣（2006: 101-104）認為實務工作者甚少生產實務研究的原因有：（1）不認為研究是實務工作的一部分；（2）對研究誤解；（3）工作負荷量過高，沒有時間做研究；（4）缺乏做研究的技術；（5）缺乏適當的測量工具；（6）缺乏研究經費；（7）缺乏組織的支持。對於缺乏社工研究的技能則可透過在職訓練的方式來補強之，譬如臺灣社會工作專業人員協會自 2004 年起舉辦「質性研究」和「量化研究」工作坊，採小班制、重實務練習的方式進行，並鼓勵學員到社工專協每年舉辦的研討會投稿，爭取公開發表的機會。

　　在目前的階段，社會工作機構與社會工作者若獨立從事實務研究或許仍有困難，那麼可以採取「合作模式」，由社會工作者與學術研究單位的研究者在夥伴關係的基礎下共同合作從事實務研究。在合作模式的推動上，或許學術界與經費贊助者可以扮演比較積極的角色。學術界可以透過平時擔任機構諮詢的角色或是學生實習的督導角色，和實務工作者共同從事個案、團體或方案的評估研究，以共同發展評估研究成果；而經費贊助者，像是各級政府與聯合勸募，應要求所委託或補助的方案從事績效評估，並贊助方案所編列的績效評估諮詢費用，讓機構有機會聘請評估研究專家協助實務工作者從事評估研究（張英陣，2006: 107-108）。

　　近 20 多年來，一些助人專業，如醫學、護理、社會工作、心理學、公共衛生、諮商、及其他所有健康與人類服務專業，開始推動「以證據為基礎的實務」（evidence-based practice，簡稱 EBP），而此證據是以研究為基礎（research-based evidence）。Bloom, Fischer 和 Orme（2009）指出，證據為基礎的實務同時代表一種意識型態（ideology）和一種方法（method）。作為一種意識型態源自於案主應獲得最有效之處遇的倫理原則；作為一種方法則是指我們應努力發掘並實行那些處遇的方法（Bloom, Fischer, and Orme, 2009: 451）。以證據為基礎的實務之關鍵特性是將整個人口群的研究結果運用在個人的服務計畫上，也就是說，在臨床實務上如何將研究結果作最佳運用。而 EBP 的目標大致有兩項：（1）在微視和個人層次上：對個別案主而言，可獲得最有效的治療；（2）在鉅視和政策層次上：讓醫療照護資源獲得有效率和效能的運用。在 EBP 實施中強調

決策過程要依循研究結果，但這並不是唯一的考量因素。因在 EBP 的實施中，實務工作者應將研究基礎的介入、工作人員的臨床經驗與倫理、以及案主的偏好和價值等三者結合，以引導治療和服務的輸送。更進一步來探究，EBP 的決策模式中包括四個部分：最佳可獲得的研究證據、案主的價值與偏好、案主臨床的情境和狀況，以及臨床上的專精（clinical expertise）。所謂臨床上的專精係指實務工作者具備的核心職能（Drisko and Grady, 2019: 3-10）。

而 Sackett 等人（1997）指出 EBP 過程應用在實務時的五個步驟：（1）發展問題：對資訊的需求轉換為可回答的問題；（2）尋找「最佳可獲得的證據」（best available evidence）以回答問題：「最佳可獲得的證據」並非僅指對最高品質之證據的考量，而是指考量所有的證據，並且特別關注於可信度較高的證據；（3）針對證據的正確性（validity）、影響性（impact）及可應用性（applicability）進行批判性的評價；（4）將相關的證據、臨床工作的專長、案主的價值與情境加以整合；（5）評價在進行上述四個步驟時的專精，並評估未來可以如何改進（引自 Thyer and Myers, 2011: 18）。在美國，EBP 作為引導實務的過程已引起組織對此方法投入支持，如 Cochrane Collaboration 致力於健康照顧領域之研究的系統性檢視；而 Campbell Collaboration 則聚焦在社會福利、教育及犯罪矯治等領域。此外，EBP 逐漸對社會工作教育產生影響，一些社會工作研究和實務教科書開始傳授 EBP 的過程模式（Thyer and Myers, 2011）。由此可知，「以證據為基礎的實務」之主張不僅對於社會工作實務工作者產生影響，也影響了社會工作教育與社會工作研究的發展。在研究方面，「以證據為基礎的實務」不僅提供機會使社工專業得以擴展研究能量，且還可作為教導學生應用研究的一種策略（Zlotnik, 2007）。至於在教育方面，社會工作學院應教導學生，成為終身學習者，記錄現有社會工作實施和方案的效能和效益，熟悉學生專長領域中有實證支持的實施，並透過「以證據為基礎的實務」之繼續教育方案教育在職的實務工作者獲取新的知識和技術（Mullen, Bellamy, Bledsoe, and Francois, 2007）。

結　語

　　在臺灣，近1、20年來，社會工作本土化之主張屢被提出，但如何本土化的作法就較少被討論。若回歸到社會科學本土化的脈絡來討論，社會科學本土化的意義是多重的，從本土資料的運用、題材的選擇、重要社會現象的理論性分析、實際問題的解決、方法論與研究方法的創新與修正、知識體系的建立，並建構特色的論述體系等都是本土化（葉啟政，1994: 72, 53）。由此可知，實務工作本土化的任務必須透過研究的管道才能達成。

　　社會工作研究與社工實務有密切之關聯，一方面因研究的主題聚焦在社會工作實務相關的一些現象和議題；另一方面因研究的結果可提供實務工作者作為參考架構，故實務工作者所扮演的角色不容忽視。尤其是在介入研究與評估研究逐漸受到社工社群重視與運用之際，研究者與實務工作者的共事就是研究的基石。其次，有鑑於當前大多數研究人員是大學教師的現況下，教育工作者除了本身積極從事研究外，最好也能將教學與研究結合，透過教學方法的創新（如：教室之外的社會參與式學習），讓教育工作者在社會現場累積地方生活經驗與觀察時，研究工作也能展開，或許這是激盪本土化知識產生的另類途徑（劉明浩，2016）。

　　香港學者指出社會工作本土化有三個層面，第一個層面是中西文化差異的警覺性；第二個層面是對本土化實務的反思；而第三個層面是對香港本土化文化脈絡的理解，從而發展本土的社工實務（朱偉志，1999: 423-433）。而阮曾媛琪（1999）在〈邁向二十一世紀香港社會工作的趨勢、挑戰與使命〉乙文中也指出本土化的工作是絕對不容易進行的，必須結合社會工作教育學者對本土化實務的長期研究及實務工作者的豐富實務經驗才能逐步建構出來。

　　本書之用意乃是將現有的社工研究結果有系統地整理後，編撰成大學教科書供教學使用，依簡春安（2004）之看法，用中文教科書讓學生閱讀，那僅是社會工作專業本土化之最低層的表現，社工原則之修正化或本土社工派別化（在社工理論的發展上建構一個中華或臺灣派別）應是教育工作者、研究人員和實務工作者大家繼續努力的目標。

問題與思考

1. 資訊科技發展對社會工作實務有何影響？

2. 在現代化社會裡，社會服務機構為何需要重視研究？

3. 實務工作者在社會工作研究中可扮演哪些角色？又為促進社會工作實務工作者從事研究，可採行哪些策略或是方法？

建議研讀著作

1. 蕭全政（2000）〈社會科學本土化的意義與理論基礎〉，《政治科學論叢》，13: 1-26。

2. 簡春安、鄒平儀（2016）〈第一章社會工作與研究方法〉，《社會工作研究方法 2016 修訂版》，頁 2-42。臺北：巨流。

3. 曾華源（2016）〈社會工作發展趨勢與台灣專業教育的對應〉，《社區發展季刊》，155: 3-16。

索引

參考書目

中文部分：

CASE 報科學（2014）〈【精神醫學】拋開憂鬱症的迷思 坦然面對人生逆境〉。取自：
https://case.ntu.edu.tw/blog/?p=19768

Ciwang Teyra（2016）〈實踐狩獵文化──太魯閣族歷史創傷療癒〉，《法扶會訊》，51:
15-19。

中央選舉委員會（2020）《各項選舉性別統計》。取自：https://www.cec.gov.tw/central/
cms/elec_ge_sta

中華人權協會（2010~2015）《兒童人權指標研究報告》。台北：中華人權協會。

中華人權協會（2015）《2015 年台灣兒童人權指標調查報告》。台北：中華人權協會。

中華心理衛生協會（2012）《兒童及少年受暴問題之研究》，內政部家庭暴力暨性侵害
防治委員會委託研究（PG10006-0358，國科會 GRB14507）。

中華民國老人福利推動聯盟（2004）《老人安、養護、長期照護機構社工人員操作手
冊》。臺北：中華民國老人福利推動聯盟。

中華民國統計資訊網（2020）《生命統計》。取自：https://www.ris.gov.tw/app/portal/346

中華民國統計資訊網（2020a）《人力資源調查性別專題分析── 108 年》。取自：
https://www.stat.gov.tw/public/Attachment/03301355374J95JF4Q.pdf

中華民國統計資訊網（2020b）《生命統計──結婚對數、結婚率、離婚對數、離婚
率》。取自：https://www.stat.gov.tw/ct.asp?xItem=15409&CtNode=3622&mp=4

內政部（1971）《社會工作教學做研討會議實錄》。

內政部（1990）《社會工作辭典，第二次增修版》。臺北：中華民國社區發展研究訓練
中心。

內政部（2008）《人口政策白皮書：針對少子女化、高齡化及移民問題對策》。臺北：
內政部編印。

內政部（2021）《中華民國內政統計月報》。取自：https://ws.moi.gov.tw/Download.ashx?
u=LzAwMS9VcGxvYWQvNDAwL3JlbGGZpbGUvMC8xMzgyOC8zMzg3OGFjNC1hM
DljLTQ4ZTgtOGI4YS1jMzk1Y2E1NmUwNGIucGRm&n=MTA5MTIucGRm&icon=.
pdf

內政部不動產資訊平台（2020）《社會住宅》。取自：https://pip.moi.gov.tw/V3/Z/
SCRZ0211.aspx?Mode=PN17

內政部戶政司全球資訊網（2020）《人口統計資料》。取自：https://www.ris.gov.tw/app/
portal/346

內政部戶政司全球資訊網，全國人口資料庫統計地圖，《出生死亡：出生數按生母原屬
國籍分、結婚離婚：平均數／中位數年齡按初婚及性別》。取自：https://gis.ris.gov.
tw/dashboard.html?key=D05#

內政部兒童局全球資訊網（2004）《發展遲緩兒童早期療育》。取自：http://www.cbi.

gov.tw/CBI_2/internet/main/doc/doc.aspx?uid=228

內政部社區發展雜誌社（2000）《社會工作辭典》。

內政部消防署（2006）《災害防救與復健統計資料專刊》。

內政部移民署（2020a）《外籍配偶人數與大陸（含港澳）配偶人數按證件分》。取自：
https://www.immigration.gov.tw/5385/7344/

內政部移民署（2020b）《107年新住民生活需求調查報告》。取自：https://www.immigration.
gov.tw/media/55216/107%E5%B9%B4%E6%96%B0%E4%BD%8F%E6%B0%91%E7
%94%9F%E6%B4%BB%E9%9C%80%E6%B1%82%E8%AA%BF%E6%9F%A5%E5
%A0%B1%E5%91%8A.pdf

內政部統計處（2020）《內政部統計年報》。取自：https://www.moi.gov.tw/files/site_
stuff/321/2/year/year.html

少年事件處理法（2020）全國法規資料庫法規檢索。取自：http:/law.moj.gov.tw/

少年事件處理法施行細則（2020）全國法規資料庫法規檢索。取自：http:/law.moj.gov.
tw/

文榮光、張笠雲、陳正宗（1985）〈南臺灣一所類似佛堂之民間精神疾患收容機構之
敘述性研究 I：機構背景及其復健模式之特徵〉，《中華民國精神醫學學會會刊》，
11(2): 15-21。

方隆彰（1991）《企業內工業社會工作運作之研究》。臺北：東吳大學社會工作研究所
碩士論文。

方慧民（1985）《離婚因素、親子關係及學童之適應》。臺北：國立臺灣大學心理學研
究所碩士。

王仕圖（2001）《貧窮持續時間與再進入的動態分析：以 1990-1998 年之嘉義縣低收入
戶為例》。嘉義：國立中正大學社會福利研究所博士論文。

王永慈（2001）〈社會排除——貧窮概念的再詮釋〉，《社區發展季刊》，95: 72-84。

王永慈（2005）〈臺灣的貧窮問題：相關研究的檢視〉，《臺大社工學刊》，10: 1-54。

王永慈主編（2017）《家庭經濟安全與社會工作實務手冊》。臺北：巨流。

王永慈、彭淑華（2005）《外籍與大陸配偶福利提供規劃之研究》。內政部社會司委託
研究。

王兆慶（2019）〈婦女婚育與就業調查〉，《婦研縱橫》，110: 34-39。

王行、莫藜藜（1995）《已婚男性的家庭價值觀及其對家庭的需求之研究——兼論家庭
政策之規劃》。臺北：行政院國家科學委員會。

王宏仁（2001）〈社會階層化下的婚姻移民與國內勞動市場：以越南新娘為例〉，《臺灣
社會研究季刊》，41: 99-127。

王志弘（2006）〈族裔——文化經濟、謀生策略與認同協商：臺北都會區東南亞風味餐
廳店個案研究〉，《國立政治大學社會學報》，39: 1-43。

王秀紅、楊詠梅（2002）〈東南亞跨國婚姻婦女的健康〉，《護理雜誌》，49(2): 35-41。

王育敏、何祐寧（2009）〈從我國收養制度看社工與司法體系對童權之保障〉，《社區發
展季刊》，128: 222-233。

王育瑜（2016）〈心智障礙者自我倡導團體的發展——八個單位比較〉，《東吳社會工作
學報》，31: 77-115。

王育瑜、謝儒賢（2015）〈需求評估的假象，社會控制的事實：身心障礙鑑定評估新制的批判〉，《社區發展季刊》，150: 123-133。

王育瑜、謝儒賢、邱大昕（2019）《身心障礙者自立生活研究發展及自立生活中心輔導評量計畫期末報告》。衛生福利部社會及家庭署委託研究（計畫編號：107A067）。

王明輝（2006）〈跨國婚姻親密關係之探討：以澎湖地區大陸媳婦的婚姻為例〉，《中華心理學刊》，19(1): 61-87。

王金永、李易蓁、李玟璸、陳杏容（2020）《精神醫療社會工作》。臺北：新學林出版社。

王振寰、瞿海源主編（2010）《社會學與臺灣社會》（第三版）。臺北：巨流。

王國羽（2008）〈身心障礙國民健康政策白皮書：普同主義與權益保障之實踐〉，《身心障礙研究》，6(1): 13-35。

王翊涵（2018）〈與姊妹志工一起工作：新住民家庭服務中心支持性志願服務初探〉，《社會政策與社會工作》，22(2): 49-94。

王翊涵、吳書昀（2020）〈原住民族婦女的處境分析與充權觀點的社會工作服務〉，《社區發展季刊》，171: 203-214。

王智弘（2002）〈被健保忽視的人群：精神病患的六大權益與醫療人員的三大責任〉，《消費者報導》，249: 25-27。

王舒芸（1996）《現代奶爸難為乎？雙工作家庭中父職角色之初探》。臺北：國立臺灣大學社會學研究所碩士論文。

王增勇（2001）〈建構以部落主體為核心的原住民家庭暴力防治——加拿大經驗〉，《社會工作學刊》，8: 51-72。

王增勇（2009）〈你的酒癮、我的污名；你的戒酒、我的沈默〉，《輔神原住民神學牧靈年刊》，1: 119-131。

王增勇（2010）〈災後重建中的助人關係與原住民主體：原住民要回到誰的家？〉，《台灣社會研究季刊》，78: 437-449。

王增勇（2013）〈長期照顧在原鄉實施的檢討〉，《社區發展季刊》，141: 284-294。

王增勇、郭孟佳（2020）〈歷史創傷與原住民族社工的實踐：如何以故事解讀原住民族家庭暴力？〉，《社區發展季刊》，169: 242-255。

王增勇、陶蕃瀛（2006）〈專業化＝證照＝專業自主？〉，《應用心理研究》，30: 201-224。

王增勇、楊佩榮（2017）〈夾在國家政策與原住民族文化之間的原鄉居家服務〉，《中華心理衛生學刊》，30(1): 7-36。

王德睦、蔡勇美（1998）《貧窮的動態：嘉義縣貧戶的追蹤研究》。臺北：行政院國科會研究計畫報告。

王篤強（2001）〈「強制工作」與「財產積累」：兩種貧窮對策觀點〉，《社區發展季刊》，95: 85-95。

王篤強（2006）〈資產形成式抗貧政策的省思〉，《台灣社會福利學刊》，5(1): 71-92。

王篤強（2011）《貧窮、文化與社會工作——脫貧行動的理論與實務》。臺北：洪葉。

王篤強（2015）〈貧困單親媽媽的觀察筆記——生命歷程中的角色與生存心態的解釋〉，《社區發展季刊》，151: 73-87。

王靜惠（1999）《我國學校社會工作實施之探討：CCF、臺北市、臺中縣之推行經驗》。南投：國立暨南大學社會政策與社會工作學系研究所碩士論文。

王燦槐、林艾蓉（2009）〈臺灣女性勞動力運用之比較：以東南亞配偶、大陸配偶、本國有偶婦女為例〉，《臺灣東南亞學刊》，6(2): 97-134。

王麗容、陳芬苓（2003）《臺灣地區婚姻暴力問題之調查研究》，頁 1-2。臺北：行政院內政部委託研究報告。

王齡竟、陳毓文（2010）〈家庭衝突、社會支持與青少年憂鬱情緒：檢視同儕、專業與家外成人支持的緩衝作用〉，《中華心理衛生學刊》，1: 65-97。

丘昌泰（2000）《災難管理學——地震篇》。臺北：元照出版。

主計總處（2017）《婦女婚育與就業調查報告》。取自：https://ebook.dgbas.gov.tw/public/Data/771217174890V10W9I.pdf

主計總處（2020）《人口數》。中華民國統計資訊網，取自：https://www.stat.gov.tw/point.asp?index=9

主計總處統計專區，家庭收支調查未刊印報告之結果，《家庭住宅及主要設備概況——按家庭組織型態別分》。取自：https://win.dgbas.gov.tw/fies/a12.asp?year=108

包承恩、王永慈主譯（2000）《社會工作價值與倫理》。臺北：洪葉。

古允文、詹宜璋（1998）〈臺灣地區老人經濟安全與年金政策：社會排除觀點初探〉，《人文及社會科學集刊》，10(2): 191-225。

古允文總校閱（2019）《社會工作概論》（第五版）。臺中：華格那。

古君智（1993）《雙生涯職業婦女家庭支持、親職角色與托育服務需求之研究》。臺北：文化大學兒童福利研究所碩士論文。

古善愚（1948）〈一年來的臺灣社會工作〉，《新社會》，1(3): 5-7。

台灣精神醫學會譯（2014）《DSM-5 精神疾病診斷準則手冊》。新北市：合記圖書

司法院（2020）《少年事件處理法 2019 年修正重點》。

民法（2020）全國法規資料庫法規檢索。取自：http://law.moj.gov.tw/

田麗珠、吳怡伶、劉靜女、林素妃、陳靜琳、林欣儀、李慶真、王實之（2015）〈社會工作者在社區安寧療護之角色〉，《北市醫學雜誌》，12: 35-45。

白倩如（2018）〈安置離院青年自立生活能力培育取向——文化生態觀點〉，《社區發展季刊》，164: 130-142。

石泱（2008）〈單親家庭青少年偏差行為成因之研究：權力控制理論的觀點〉，《犯罪與刑事司法研究》，10: 51-90。

立法院（2020）《中輟生及中離生之通報輔導法制研析》。立法院第十屆第三會期研究成果議題研析，取自：https://www.ly.gov.tw/Pages/Detail.aspx?nodeid=6590&pid=184044

立法院（2020）《第 9 屆第 7 會期第 16 次院會三讀通過之少年事件處理法部分條文修正草案條文對照表》。

伊慶春（1987）〈已婚職業婦女職業取向、工作狀況、工作滿意度和子女照顧方式之研究〉，《中國社會學刊》，11: 93-120。

伊慶春、陳玉華（1998）〈奉養父母方式與未來奉養態度之關聯〉，《人口學刊》，19: 1-32。

刑事訴訟法（2020）全國法規資料庫法規檢索。取自：http:/law.moj.gov.tw/

刑法（2020）全國法規資料庫法規檢索。取自：http:/law.moj.gov.tw/

多奧・尤給海（黃修榮）（2001）〈四百年來殖民統治者之土地政策──探討原住民土地流失〉，《原住民族》，13: 27-41。

朱偉志（1999）〈香港社會工作本土化藍圖再檢視〉，收錄於何潔雲、阮曾媛琪（編），《邁向新世紀：社會工作理論與實踐新趨勢》，頁 414-440。香港：八方文化企業公司。

江守峻、陳婉真（2017）〈經濟弱勢青少年的教師支持、同儕支持、家庭凝聚力與心理資本之關係：台灣貧窮兒少資料庫分析〉，《當代教育研究》，25(4): 11-50。

江亮演（2001）〈老人福利緒論〉，收錄於江亮演、余漢儀、蕭肅科、黃慶鑽（編著），《老人與殘障福利》。臺北：國立空中大學。

江振亨（2003）〈從矯正機構社會工作員角色期待與工作困境探討未來發展方向〉，《犯罪學期刊》，6(2): 299-336。

行政院（1998）《加強犯罪被害人保護方案》。

行政院（2007）《我國長期照顧十年計畫──大溫暖社會福利套案之旗艦計畫》。臺北：行政院。

行政院（2012）《新聞與公告──行政院成立性別平等處》。取自：https://www.ey.gov.tw/Page/E24F5025B62C9FBD

行政院（2015）《高齡社會白皮書》。取自：https://www.hpa.gov.tw/File/Attach/10767/File_12355.pdf

行政院（2018）《新世代反毒策略行動綱領──修正核定本》。取自：https://antidrug.moj.gov.tw/cp-51-6094-2.html

行政院（2020）〈少年輔導委員會設置及實施辦法〉，《行政院公報》第 26 卷 103 期。

行政院人事行政局（2008.11.6）。97 年度施政目標與重點〔公告〕。行政院人事行政局（現今行政院人事行政總處），取自：http://web.cpa.gov.tw/public/Data/811611184271.doc

行政院性別平等會（2017）《性別平等政策綱領》。取自：https://gec.ey.gov.tw/Page/FD420B6572C922EA

行政院性別平等會（2020a）《重要性別統計資料庫──歷年全國公務人員人數按官等分》。取自：https://www.gender.ey.gov.tw/gecdb/Stat_Statistics_DetailData.aspx?sn=%2b%2bFBPJls%2f4Lcr3YYwZg2xw%3d%3d&d=m9ww9odNZAz2Rc5Ooj%2fwIQ%3d%3d

行政院性別平等會（2020b）《重要性別統計資料庫──各級學校教師人數》。取自：https://www.gender.ey.gov.tw/gecdb/Stat_Statistics_Category.aspx?fs=jCNJBTKX6271tf9ctUR7ww%3d%3d&cs1=Pgw9%2br50qWCOGw9VfN8vHQ%3d%3d&cs2=Lm21RKW7az4fHULaHwlb7w%3d%3dhttps://www.gender.ey.gov.tw/gecdb/Stat_Statistics_Category.aspx?fs=jCNJBTKX6271tf9ctUR7ww%3d%3d&cs1=Pgw9%2br50qWCOGw9VfN8vHQ%3d%3d&cs2=Lm21RKW7az4fHULaHwlb7w%3d%3d

行政院性別平等會（2020c）《政策與法令──性別平等綱領》。取自：https://gec.ey.gov.tw/Page/FD420B6572C922EA

行政院性別平等會（2020d）《政策與法令──消除對婦女一切形式歧視公約》。取自：
　　https://gec.ey.gov.tw/Page/FD420B6572C922EA

行政院性別平等會（2020e）《政策與法令──消除對婦女一切形式歧視公約──國家
　　報告──第 3 次國家報告》。取自：https://gec.ey.gov.tw/Page/FF8BC2337B19CE41

行政院勞工委員會（2001）《員工協助方案工作手冊》。臺北：行政院勞工委員會（現
　　今行政院勞動部）。

行政院勞工委員會（2010）《員工協助方案宣導手冊》。臺北：行政院勞工委員會（現
　　今行政院勞動部）。

行政院勞動部（2020）《員工協助方案宣導手冊》。臺北：行政院勞動部。

何委娥（1992）《臺北市已婚職業婦女生涯發展與工作滿意度、生活滿意度之相關研
　　究：以社會福利機構人員為例》。臺北：東吳大學社會學研究所社會工作組碩士論
　　文。

何華欽、王德睦、呂朝賢（2003）〈貧窮測量對貧窮人口組成之影響：預算標準之訂定
　　與模擬〉，《人口學刊》，27: 67-104。

余漢儀（1995）《兒童虐待：現象檢視與問題反思》。臺北：巨流圖書公司。

余漢儀（1996）《兒童虐待：現象檢視與問題反思》（增訂版）。臺北：巨流。

余漢儀（2004）〈社會福利績效評估〉，收錄於《政府績效評估》，頁 427-438。臺北：
　　行政院研究考核發展委員會。

余漢儀（2009）〈從社區復健到社區就業：以臺北地區醫院的支持性就業為例〉，《東吳
　　社會工作學報》，20: 3-62。

余漢儀（2011）〈兒童福利服務〉，收錄於呂寶靜（主編），《社會工作與台灣社會》（第
　　二版），頁 67-96。臺北：巨流。

余漢儀（2014）〈台灣兒少保護的變革──兼論高風險家庭服務方案的影響〉，《台灣社
　　會研究季刊》，96: 137-173。

吳玉琴主編（2008）《居家服務操作手冊》（再版）。臺北：中華民國老人福利推動聯
　　盟。

吳志文、葉光輝（2020）〈成為老年父母的照顧者：成年子女的孝道信念、代間多重時
　　空框架經驗整合能力及代間照顧者角色認同〉，《中華輔導與諮商學報》，59: 1-33。

吳沛妤、潭子文、董旭英（2012）〈家庭暴力經驗、復原力與台南市都會區國中生自我
　　傷害行為之關聯性研究〉，《青少年犯罪防治研究期刊》，4(2): 69-107。

吳忠吉（1996）〈臺灣地區工廠關廠歇業與資遣員工問題之探討〉，《就業與訓練》，
　　14(4): 56-61。臺北：行政院勞工委員會職業訓練局。

吳承翰、魏希聖（2016）〈生活壓力和同儕支持對青少年偏差行為之影響：現實與網路
　　支持效果之分析〉，《青少年犯罪防治研究期刊》，8(1): 1-53。

吳昭明（1992）〈臺灣地區家庭組織型態與所得分配之研究〉，《主計月報》，81(2): 54-
　　59。

吳英璋（1999）〈國中設置專業輔導人員實驗過程之回顧〉，收錄於《臺北市國民中
　　學試辦設置專業輔導人員計畫成果研討會手冊「學校社會工作與臨床心理經驗
　　談」》，頁 1-2。臺北市政府。

吳淑瓊、戴玉慈、莊坤洋、張媚、呂寶靜、曹愛蘭、王正、陳正芬（2004）〈建構長期

照護體系先導計畫——理念與實踐〉,《臺灣衛誌》, 23(3): 249-258。

吳惠文、許雅惠(2015)〈「家」內鬩牆——兒少安置機構專業人員之專業互動分析〉,《東吳社會工作學報》, 29: 25-51。

吳齊殷、李文傑(2013)〈青少年憂鬱症狀與偏差行為併發之關係機制〉,《台灣社會學》, 6: 119-175。

吳慧菁、唐宜楨(2008)〈人為性創傷壓力的因應歷程探討〉,《臺灣醫學人文期刊》, 9(1-2): 65-88。

吳慧菁、賴擁連、胡淳茹、李思賢(2018)〈工作認同、助人態度、與工作滿意度相關探討:毒品危害防制中心之個案管理師為例〉,《藥物濫用防治期刊》, 3(3): 1-31。

吳慧菁、賴擁連、陳怡青、胡淳茹(2019)〈社區非法藥物施用者照護網絡之現況與芻議〉,《社區發展季刊》, 165: 206-219。

呂民璿、莊耀嘉(1992)〈單親家庭與青少年違規犯罪行為〉,《東海學報》, 33: 247-284。

呂玉瑕(1994)〈兩性的角色分工與家庭發展〉,收錄於救國團社會研究院(編印),《與全球同步跨世紀研究會實錄(下)》,頁 41-52。臺北:救國團社會研究院。

呂玉瑕(1995)〈家庭變遷與民法親屬篇之修訂〉,《律師通訊》, 195: 49-54。

呂玉瑕(1996)〈兩性的角色分工與家庭發展〉,《基督書院學報》, 3: 31-100。

呂玉瑕、伊慶春(2005)〈社會變遷中的夫妻資源與家務分工:臺灣七〇年代與九〇年代社會文化脈絡的比較〉,《臺灣社會學》, 10: 41-94。

呂佳蓉、蕭至邦(2016)〈從急診醫療團隊醫護人員及醫務社工觀點——探討急診醫療團隊中社會工作者之角色〉,《社會發展研究學刊》, 17: 48-77。

呂朝賢(2007)〈貧窮動態及其成因——從生命週期到生命歷程〉,《臺大社工學刊》, 14: 167-210。

呂朝賢、陳柯玫、陳琇惠(2016)〈主觀貧窮輪廓及其影響因素之探究〉,《人文及社會科學集刊》, 28(3): 41-376。

呂寶靜(1998)〈保障老人社會權的福利政策規劃〉,收錄於詹火生、古允文(主編),《新世紀的社會福利政策》,頁 199-210。臺北:厚生基金會。

呂寶靜(1999)〈家庭成員在正式社會服務體系角色之初探——從個案管理的觀點分析老人成年子女的角色〉,《國科會人文及社會科學研究彙刊》, 9(2): 347-363。

呂寶靜(2001)《老人照顧——老人、家庭、正式服務》。臺北:五南。

呂寶靜(2010)〈眺望 2020 年臺灣社會工作專業發展之趨勢〉,發表於「因應風險社會——社會工作的終身專業成長」研討會。臺北:臺灣社會工作專業人員協會。

呂寶靜(2011)〈臺灣社會工作本土化之路——邁向實務、教育、研究整合之路〉,收錄於呂寶靜(主編),《社會工作與臺灣社會》第二版,頁 514-530。臺北:巨流。

呂寶靜(2012)《老人福利服務》。臺北:五南。

呂寶靜(2016)〈社會學門「熱門及前瞻學術研究議題調查」計畫結案報告附件 2:社會工作與社會福利〉,科技部人文社會科學研究中心網站。取自:http://www.hss.ntu.edu.tw/model.aspx?no=307

呂寶靜、陳正芬、李佳儒、趙曉芳(2015)《因應高齡社會之老人福利前瞻規劃結案報告》。臺北:衛生福利部社會及家庭署委託研究報告。

呂寶靜、黃泓智（2010）《推估未來十年臺灣社會工作專業人力需求》。98年度公益彩券回饋金補助計畫社會工作人力資源發展及研究結案報告。

呂寶靜、黃泓智、莫藜藜、鄭麗珍、陳毓文、游美貴、林惠芳、吳玉琴（2010）《推估未來十年臺灣社會工作專業人力需求》。98年度公益彩券回饋金補助計畫社會工作人力資源發展及研究結案報告。

宋麗玉（1998）〈精神病患照顧者之憂鬱程度與其相關因素探討〉，《公共衛生》，25(3): 181-196。

宋麗玉（1999）〈精神病患照顧者之探究：照顧負荷之程度與其相關因素〉，《中華心理衛生學刊》，12(1): 1-30。

宋麗玉（2000）〈促進社區精神復健服務之使用——一個實驗方案結果之呈現〉，《社會政策與社會工作學刊》，4(1): 157-197。

宋麗玉（2005）〈精神障礙者之復健與復元——一個積極正向的觀點〉，《中華心理衛生學刊》，18(4): 1-29。

宋麗玉（2008）〈增強權能策略與方法：臺灣本土經驗之探索〉，《社會政策與社會工作學刊》，12 (2): 123-194。

宋麗玉（2009）〈優勢觀點社會工作概論〉，收錄於宋麗玉、施教裕（編），《優勢觀點——社會工作理論與實務》，頁41-68。臺北：洪葉文化。

宋麗玉、施教裕（2010）《優勢觀點——社會工作理論與實務》。臺北：洪葉文化。

宋麗玉、施教裕、徐淑婷（2015）《優勢觀點與精神障礙者之復元：駱駝進帳與螺旋上升》。臺北：洪葉文化。

李文傑、吳齊殷（2004）〈棒打出壞子？青少年暴力行為的連結機制〉，《台灣社會學》，7: 1-46。

李永然（1996）《青少年與校園法律實用》。臺北：心理出版社。

李秀如、王德睦（2011）〈分析台灣兒童貧窮率變遷的影響因素——道斯卡布塔法的應用〉，《淡江人文社會學刊》，48: 126-158。

李孟蓉、劉燕萍（2020）〈以正向少年發展模式推動與社區互惠的少年社會工作實務〉，《臺大社會工作學刊》，41: 57-97。

李宜靜（1990）《雙工作家庭家事分工及其影響因素之探討》。臺北：國立臺灣師範大學家政教育研究所碩士論文。

李明政（2001）《文化福利權：臺灣原住民族社會福利政策之研究》。臺北：雙葉。

李明政主編（2011）《多元文化社會工作》。臺北：松慧。

李明政、莊秀美（2001）〈原住民社會工作實務的倫理議題〉，收錄於徐震、李明政（編），《社會工作倫理》，頁479-509。臺北：五南。

李明堂、黃玉幸（2008）〈新移民在成人基本教育研習班學習現象之研究〉。發表於「2008年台灣的東南亞區域研究年度論文研討會」，臺中：亞洲大學。

李明臻（2006）《彰化縣幼稚園外籍配偶家庭需求研究》。嘉義：國立嘉義大學幼兒教育學系研究所碩士論文。

李易駿（2006）〈社會排除：流行或挑戰〉，《社會政策與社會工作學刊》，10(1): 1-47。

李易駿、古允文（2003）〈另一個福利世界？東亞發展型福利體制初探〉，《臺灣社會學刊》，31: 189-241。

李美玲（1994）〈二十世紀以來臺灣人口婚姻狀況的變遷〉，《人口學刊》，16: 1-15。

李美玲、楊亞潔、伊慶春（2000）〈家務分工：就業現實還是平等理念？〉，《臺灣社會學刊》，24: 59-88。

李美珍、李璧如（2015）〈我國社會救助之推動與展望〉，《社區發展季刊》，151: 4-27。

李美珍、李璧如、吳婉華（2019）〈打造經濟弱勢孩童的夢想撲滿──兒童及少年未來教育與發展帳戶內涵暨執行狀況初探〉，《社區發展季刊》，165: 258-269。

李崇信、周月清（2006）〈社區居住與生活的理念與實踐〉，收錄於財團法人心路社會福利基金會（主編），《臺灣成年心智障礙者社區居住與生活服務實務操作手冊》。臺北：內政部。取自：http://sowf.moi.gov.tw/05/l/book1/001.htm

李淑貞（2009）《國際健康、功能與身心障礙分類系統》（翻譯文件）。行政院衛生署97-99年度委託科技研究計畫。臺北：國立陽明大學輔助科技研究中心。

李惠英（2009）《醫務社會工作者自我效能與決定因素之研究──以臺北縣市為例》。臺北：國立臺北大學社會工作學系碩士論文。

李琪（2011）《日間照顧服務社會工作員工作適應之初探》。臺北：國立政治大學社會工作研究所碩士論文。

李萍（2020）〈臺灣中高齡婦女之現況及需求分析與建議〉，《社區發展季刊》，171: 170-185。

李雲裳（2005）〈臺灣地區醫務社會工作之發展〉，《社區發展季刊》，109: 165-171。

李瑞金（2015）〈老人保護服務現況與策略〉，《長期照護雜誌》，19(3): 237-248。

李碧涵（2001）〈全球化與勞動體制的新發展〉，收錄於「生活／社會新視界：理論與實踐的對話」學術研討會論文集。臺北：臺灣社會學會2001年年會。

李增祿（1980）〈社會變遷與社會工作專業化之探討〉，《張老師月刊》，5(4): 198-204。

李增祿主編（2009）《社會工作概論》（修訂六版）。臺北：巨流。

李慧強（1989）〈家庭結構、母子關係和諧性對子女生活適應及友伴關係影響之比較研究〉，《中華家政》，18: 47-57。

杜正勝（1982）〈編戶齊民──傳統的家族與家庭〉，收錄於劉岱（主編），《中國文化新論（社會篇）：吾土與吾民》，頁7-36，臺北：聯經出版社。

杜章甫（1952）〈反攻大陸後的社會工作〉，《社會工作月刊》，1: 7-10。

杜慈容（2015）〈脫離福利能否走出貧窮？兼論社會救助制度的作用〉，《社區發展季刊》，151: 116-133。

汪光慧、李明晉、林茂森、邱楓文、黃麗英（2003）〈離婚女性單親家庭之國中生親子衝突與因應〉，《屏東師院學報》，19: 67-98。

沈慶鴻（1997）〈家族治療的省思──女性主義治療對家族治療系統理論的評論〉，《諮商與輔導》，135: 14-20。

沈慶鴻（2011）〈社會工作者跨文化服務經驗之探討──以大陸籍婚姻暴力受虐婦女處遇服務為例〉，《心理衛生學刊》，24(3): 457-484。

沈慶鴻、劉秀娟（2018）〈兒少保護強制性親職教育之執行概況與困境檢視〉，《社區發展季刊》，161: 304-323。

沈瓊桃（2005）〈兒童知覺的雙重家庭暴力經驗與其適應行為之相關研究〉，《中華心理衛生學刊》，18(1): 25-64。

沈瓊桃（2008）〈婚暴併兒虐服務整合的挑戰與模式初探〉，《社會政策與社會工作學刊》，12(1): 51-90。

阮曾媛琪（1999）〈邁向二十一世紀香港社會工作的趨勢、挑戰與使命〉，收錄於何潔雲、阮曾媛琪（編），《邁向新世紀：社會工作理論與實踐新趨勢》，頁 441-472。香港：八方文化企業公司。

兒童福利聯盟（2017~2019），《兒童福祉調查報告》。取自：https://www.children.org.tw/research/detail/67/1642

周月清（1993）〈臺灣社會工作教育之省思——「華人社會工作教育會議」與會後感〉，《社區發展季刊》，61: 58-64。

周月清（1995）《婚姻暴力——理論分析與社會工作處遇》。臺北：巨流圖書。

周月清（2001）〈社會工作與全球化——參與「國際社會工作者聯盟暨國際學校社會工作協會聯合國際會議」心得〉，《社區發展季刊》，94: 427-431。

周月清（2001）《921 地震社會工作者災難服務角色與功能評估》。國科會研究計畫。

周月清（2001）《家庭社會工作——理論與方法》。臺北，五南。

周月清（2005）〈臺灣智障者居住服務探討——形態、規模、對象與變遷〉，《臺灣社會工作學刊》，4: 33-75。

周月清、王增勇、陶蕃瀛、謝東儒（2001）《921 地震社會工作者災難服務角色與功能評估》。國科會研究計畫。

周月清、朱鳳英、許昭瑜、劉玉珊、蔡秀妹、黃鈴雅、黃淑文（2011）〈協助拒絕接受服務之家庭進入早療體系——方案發展與評估〉，《臺大社會工作學刊》4: 97-161。

周月清、張家寧、陳毅、呂又慧編（2019）《我要我的自立生活》。臺北市：松慧。

周月清、陳伯偉、張家寧（2019）〈「個人助理是居服的補充包」？地方政府執行身心障礙者自立生活支持／個助服務的迷思與困境〉，《臺灣社會福利學刊》，15(2): 1-56。

周宇翔、李淑貞、謝東儒、張聿淳（2015）〈ICF 架構下的身心障礙者需求評估制度現況與挑戰〉，《社區發展季刊》，150: 40-57。

周建卿（1992）《中華社會福利法制史》。臺北：黎明文化事業股份有限公司。

周愫嫻（2004）〈社會階級與少年偏差行為關係〉，《犯罪學期刊》，7(1): 31-48。

林山田、林東茂、林燦璋、賴擁連（2020）《犯罪學（修訂六版）》。臺北：三民。

林方皓（1996）〈暴力虐待家庭的家庭治療模式〉，《中華醫務社會工作學刊》，6: 49-58。

林木筆（2007）〈美國社會工作對多元文化境況的回應：省思及借鏡〉，《社會政策與社會工作學刊》，11(2): 79-110。

林玉靖（1997）《影響已婚女性職業選擇因素之研究：供給面的探討》。臺北：國立臺灣大學社會學研究所碩士論文。

林志強、夏一新、陸汝斌（1995）〈老年憂鬱症的診斷與醫療〉，《醫學繼續教育》，5(1): 55-61。

林沛君（2017）〈兒少「表意權」實質意涵的初探——以被安置兒少發聲的權利為中心〉，《台灣人權學刊》，4(1): 73-96。

林沛君（2018）〈CRC 首次國家報告審查會議結論性意見——逐步落實與未來展望〉，

《台灣人權學刊》，4(4): 105-110。

林宛諭（2009）《醫護人員與醫務社會工作者對老人虐待知識、態度與處理意願之研究
——以臺北縣、市醫院為例》。南投：國立暨南國際大學社會政策與社會工作學系
碩士論文。

林宜輝（2017）〈國際兒童保護體制改革之制度論初探：以「兒童保護」與「家庭支持」
典範交流為例，及其對台灣兒保改革之啟發〉，《臺大社工學刊》，36: 97-136。
DOI: 10.6171/ntuswr2017.36.07

林松齡（1984）〈貧窮問題〉，收錄於楊國樞與葉啟政（編）《臺灣的社會問題》，頁 99-
131。臺北：巨流。

林芳如（2017）《預立醫療照顧計畫服務經驗之探討——以臺北市立聯合醫院為例》。
臺北：國立臺灣師範大學社會工作學研究所碩士論文。

林芳玫、蔡佩珍（2003）〈發展取向的青／少年政策：以全人生涯規劃為中心〉，《社區
發展季刊》，103: 16-33。

林津如（2018）〈災難中的原住民族社會工作：以莫拉克颱風災後原鄉族人的異地安置
經驗為例〉，《台灣社會研究季刊》，110: 37-89。

林津如、黃薇靜（2010）〈失竊的世代？漢人家庭意識形態符碼與原住民族兒童保
護〉，《台灣社會研究季刊》，77: 59-96。

林珍珍、林萬億（2014）〈災難治理與社會排除：高雄市與屏東縣莫拉克風災後重建服
務網絡之檢棍〉，《思與言》，52(3): 5-52。

林家德（2007）《從組織文化觀點探討醫務社會工作人員之專業自主性——以企業型財
團法人醫院為例》。南投：國立暨南國際大學社會政策與社會工作學系碩士論文。

林家興（1999）《國民中學試辦專業輔導人員實施成效及可行推廣模式評估》。教育部
訓育委員會委託研究。

林桂碧（1985）《工廠組織管理與實施工廠社會工作之研究》。臺中：東海大學社會工
作研究所碩士論文。

林桂碧（2000）《事業單位推行員工協助方案之績效評估》。臺北：行政院勞工委員會。

林桂碧（2010）〈員工健康是企業成功的基石〉，《張老師月刊》，395: 72-76。

林桂碧（2020）〈財務社會工作的內涵與發展〉，《社區發展季刊》，170: 61-70。

林桂碧、梁珊華合譯（2009）《美國員工協助專業人員協會倫理守則》。取自：
https://wlb.mol.gov.tw/upl/wecare/LCS_WEB/contentList_Experience_p01b344.
html?ProgId=1001030&SNO=1727

林益仁（2020）〈回到 Sbalay 的真意，原轉會比你想的更重要！〉，《獨立評論》，取
自：https://opinion.cw.com.tw/blog/profile/63/article/5977

林素妃、蔡佳容、陳香岑、林秋蘭、王美几、朱偉汝、蔡宗達、黃遵誠、洪士奇
（2020）〈醫務社工在預立醫療照護諮商之角色建構〉，《北市醫學雜誌》，17（附
冊）：49-58。

林勝義（1994）《學校社會工作》。臺北：巨流。

林勝義（2013）《社會工作概論》（第五版）。臺北：五南。

林惠文、楊博仁、楊宜瑱、陳俊傑、陳宣志、顏啟華、賴德仁、李孟智（2010）〈台灣
地區老年人憂鬱之預測因子探討——十年追蹤結果分析〉，《台灣老年醫學暨老年

學雜誌》，5: 257-265。

林惠生（2000）《未滿 20 歲生育之婦女生育保健狀況調查報告》。行政院衛生署家庭計畫研究所。

林開忠（2006）〈跨界越南女性族群邊界的維持：食物角色的探究〉，《台灣東南亞學刊》，3(1): 63-81。

林慈航（1992）《已婚職業婦女角色衝突、社會支持對其親職角色扮演之影響研究》。臺北：文化大學兒童福利研究所碩士論文。

林毓芸、曾敏傑（2018）〈醫院組織特性與醫務社工工作內容之關聯〉，《臺灣社會工作學刊》，21: 79-124。

林萬億（1984）〈建立社會工作專業制度的再思考〉，《中國論壇》，8(17): 42-45

林萬億（1991）〈社會工作擴散與本土化——概念與論題〉，《社會工作學刊》，創刊號：15-31。

林萬億（1992）《臺北市單親家庭問題及其因應策略之研究》。臺北：臺北市政府研考會委託研究報告。

林萬億（1994）《福利國家——歷史比較的分析》。臺北：巨流。

林萬億（1999）〈為學校社會工作的臺北經驗作序〉，收錄於《臺北市國民中學試辦設置專業輔導人員計畫成果研討會手冊「學校社會工作與臨床心理經驗談」》，頁3-5。臺北市政府。

林萬億（2000）〈為學校社會工作、臨床心理專業人員加油〉，收錄於《臺北縣國民中學設置專業輔導人員計畫第一階段工作成果彙編》。臺北縣政府。

林萬億（2000a）〈社會抗爭、政治權力資源與社會福利政策的發展：1980 年代以來的臺灣經驗〉，收錄於蕭新煌、林國明（主編），《臺灣的社會福利運動》，頁 71-134。臺北：巨流。

林萬億（2000b）〈我國社會工作與社會福利教育的發展〉，《社會工作學刊》，6: 123-161。

林萬億（2001）〈展望二十一世紀的臺灣社會工作〉，《社會工作學刊》，7: 1-15。

林萬億（2002）〈災難救援與社會工作：以臺北縣 921 地震災難社會服務為例〉，《臺大社會工作學刊》，7(2): 127-202。

林萬億（2002）〈臺灣的家庭變遷與家庭政策〉，《臺大社工學刊》，6: 35-88。

林萬億（2002）《當代社會工作：理論與方法》。臺北：五南。

林萬億（2002a）《災難救援與社會工作實務探討：以臺北縣 921 社會暨心理救援與重建模式為例研究報告》。臺北縣政府委託研究。

林萬億（2002b）〈災難救援與社會工作：以臺北縣 921 地震災難社會服務為例〉，《臺大社會工作學刊》，7: 127-202。

林萬億（2006）《當代社會工作：理論與方法》。臺北：五南。

林萬億（2006）《臺灣的社會福利：歷史經驗與制度分析》。

林萬億（2010）〈建構以家庭為中心、社區為基礎的社會福利服務體系〉，《社區發展季刊》，129: 20-51。

林萬億主編（2010a）《災難管理與社會工作實務手冊》。臺北：臺灣社會工作專業人員協會。

林萬億（2010b）〈災難管理與社會工作〉，《社區發展季刊》131: 65-83。

林萬億（2011）〈我國社會工作教育的發展：後專業主義的課題〉，《臺大社會工作學刊》，12: 153-196。

林萬億（2013）《當代社會工作：理論與方法》。臺北：五南。

林萬億（2018）〈災難管理：減災與整備〉。收錄於林萬億等著，《災難救援、安置與重建》。臺北：五南。

林萬億（2018）〈學生輔導的三師三級分工模式〉，收錄於林萬億等編著，《學生輔導與學校社會工作》，頁 231-264。臺北：五南。

林萬億（2019）〈強化社會安全網：背景與策略〉，《社區發展季刊》，165: 6-32。

林萬億（2020）〈社會安全網的再強化：介接司法心理衛生服務〉，《社區發展季刊》，172: 191-224。

林萬億（2021）《當代社會工作》。臺北：五南。

林萬億等編著（2018）《學校輔導與學校社會工作》。臺北：五南。

林萬億、王靜惠（2010）〈社會工作進入校園〉，收錄於林萬億、黃韻如（編），《學校輔導團隊工作：學校社工師、輔導教師與心理師的合作》，頁 79-116。臺北：五南。

林萬億、呂寶靜、鄭麗珍（1999）《社會工作與社會福利學科規劃研究》。行政院國家科學委員會專題研究計畫成果報告。

林萬億、李淑容、王永慈（1995）《我國社會救助政策之研究》。臺北：內政部。

林萬億、沈詩涵（2008）〈1980 年代以來臺灣社會工作與社會福利學術的發展〉，《社會政策與社會工作學刊》，12(2): 219-280。

林萬億、沈詩涵（2008）〈邁向專精之路：臺灣社會工作的下一步？〉，《社區發展季刊》，121: 199-233。

林萬億、孫健忠、鄭麗珍、王永慈（2005）《自立脫貧操作手冊》。臺北：內政部。

林萬億、徐震（1996）《當代社會工作》。臺北：五南。

林萬億、黃伶蕙（2002）〈學校社會工作〉，收錄於呂寶靜（主編），《社會工作與臺灣社會》，頁 445-486。臺北：巨流。

林萬億、謝志誠、傅從喜、陳武宗（2011）《重大災害災民安置與社區重建的社會治理整合型研究計畫》。國科會研究計畫。

林漢唐、陳慧娟（2016）〈家長網路管教、學校投入與青少年危險網路行為之關係：家庭凝聚力之調節效果分析〉，《教育科學研究期刊》，61(4): 205-242。

林維言、黃瑞雯、王奕程（2019）〈臺灣兒少保護親職教育發展歷程與實施現況〉，《社區發展季刊》，167: 8-16。

林維言、潘英美、張惠婷（2019）〈建立以家庭為核心之社會安全網個案管理資訊系統〉，《社區發展季刊》，165: 52-60。

林鳳珠（2005）《阿美族男性工作經驗》。花蓮：慈濟大學社會工作研究所碩士論文。

林翰生（1997）〈山地社工員的心聲〉，《社會福利》，131: 46-50。

林蕙瑛（1985）〈臺灣地區離婚婦女的離婚後調適與諮商效果研究〉，《中華心理衛生學刊》，2(2): 63-77。

林鴻玲、侯建州、吳欣儀、李明峯、鄭惠心（2017）〈醫務社會工作者之出院準備服

務：分析神經功能障礙家屬觀點〉，《社會工作實務與研究學刊》，4: 1-30。

林鴻鵬、黃瑞杉、林芳伃、張柏晴、侯淑茹（2018）〈「浮萍有依方案」——發展長期機構安置兒少的永續計畫〉，《社區發展季刊》，164: 102-115。

法務部（2009）〈98 年法務部施政成效暨未來努力方向_法務部業務報告〉，《立法院第 7 屆第 4 次會期司法及法制委員會全體委員會資料》。（http//www.moj.gov.tw）

法務部（2020）《反毒大本營：毒品統計分析》。取自：https://antidrug.moj.gov.tw/cp-1197-6049-2.html

邱孟堯（1985）〈勞工輔導的新途徑〉，《社會福利月刊》，3: 18。

邱延亮（2010）〈不對天災無奈，要教人禍不再——災後民間力量在信任蕩然的叢林世界中的對抗與戰鬥〉，《臺灣社會研究》，78: 363-401。

邱秋員（1996）〈癌症病人家庭面對的困境與社工之處遇〉，《中華醫務社會工作學刊》，6: 83-99。

邱淑雯（1999）〈在地國際化：日本農村菲律賓新娘〉，《當代》，141: 108-117。

邱淑雯（2003）《性別與移動：日本與臺灣的亞洲新娘》。臺北：時英。

邱琬育（2014）《慢性精神疾患與潛在長期照護風險之關聯性》。臺北：國立臺北護理健康大學長期照護研究所碩士論文。

邱慶雄（1998）〈我國身心障礙者工作權運動與發展〉，發表於「臺灣社會福利運動的回顧與展望」研討會。臺北：臺大社會系。

金文昌（1998）《成人觀護法析論》。臺中：臺中地方法院檢察署。

金姬鎦（1951）〈參加社會工作人員講習班有感〉，《新社會》，3(1): 37-39。

金樹人編譯（1998）《教室裡的春天——教室管理的科學與藝術》。臺北：張老師文化。

阿布嫣（Apuu.kaaviana）（2015/12）〈自己的老人自己顧：原住民族的文化照顧——高雄達卡努瓦部落的 To'ona tamu（有老人在的地方／耆老智慧屋）〉，《台灣社會研究季刊》，101: 247-257。

非訴訟事件法（2020）全國法規資料庫法規檢索。取自：http://law.moj.gov.tw/

侯志仁（1994）〈雅美人的「國宅」夢魘——地方政策與原住民社會與文化之變遷〉，《空間》，63: 32-36。

侯崇文（2019）《犯罪學（社會學探討）》。臺北：三民。

姜琴音（2020）〈老人保護工作〉，收錄於莊秀美（主編兼總校閱），《老人福利服務》，頁 265-286。臺北：雙葉。

施銀河（2008）〈性別工作平等法實施現況與展望〉，《研考雙月刊》，32(4): 22-31。

施慧玲（1998）〈兒童及少年性交易防制條例之立法意義與執法極限—— 一個應用法律社會學的觀點〉，《律師雜誌》，222(3): 38-50。

毒品危害條例（2020）全國法規資料庫法規檢索。取自：http://law.moj.gov.tw/

洪伯勳（2015）《製造低收入戶》。臺北：群學。

洪廣冀、林俊強（2004）〈觀光地景、部落與家：從新竹司馬庫斯部落的觀光發展探討文化與共享資源的管理〉，《地理學報》，37: 51-96 。

胡中宜（2007）〈學校社工師參與各級學校輔導工作之實施型態與成效分析〉，《教育心理學報》，39(2): 149-171。

胡中宜（2009）〈少年外展工作發展之分析——以臺北市為例〉。《國立空中大學社會科

學系社會科學學報》，16: 171-188。

胡中宜（2010）〈離院少年自立生活準備的服務內涵與標準〉，《青年研究學報》，13(1): 179-189。

胡中宜（2013）〈青少年外展工作成效指標之研究：以台北市少年服務中心外展社工員觀點為例〉，《中華輔導與諮商學報》，35: 95-120。

胡中宜（2014）〈離院青年自立生活之優勢經驗：社會工作者的觀點〉，《臺大社會工作學刊》，30: 45-90。

胡中宜、彭淑華（2013）〈離開安置機構青年之自立生活現況與相關經驗初探〉，《臺灣社會工作學刊》，11: 49-80。

胡庭禎、王朝明（2000）〈全民健康保險實施後醫院社會工作人員角色轉變之初探〉，《醫院》，33(5): 1-11。

胡海國、楊世賢（1988）〈精神科醫師診斷評估法：方法建立與評分者間信度〉，《中華精神醫學》，2(4): 267-278。

胡韶玲、孫世維（2008）〈低收入戶單親母親的復原歷程：論親子力量的影響〉，《應用心理研究》，38: 61-105。

范家榮（2001）《跨文化助人工作者之經驗分析——以慈濟委員訪視原住民照顧戶之經驗為例》。花蓮：國立東華大學族群關係與文化研究所碩士論文。

原住民族委員會（2020）《【2020 年】10 月原住民族人口數統計資料》。行政院原住民族委員會全球資訊網，取自：https://www.cip.gov.tw/portal/docList. html?CID=940F9579765AC6A0

唐文慧（1999）〈國家、婦女運動與婦女福利：一九四九年後臺灣經驗〉，《社會政策與社會工作學刊》，3(2): 143-179。

唐文慧、王宏仁（2011a）〈從「夫枷」到「國枷」：結構交織困境下的受暴越南婚移婦女〉，《台灣社會學》，21: 157-197。

唐文慧、王宏仁（2011b）〈結構限制下的能動性施展：台越跨國婚姻受暴婦女的動態父權協商〉，《台灣社會研究季刊》，82: 123-170。

唐先梅（1998）〈從家庭發展觀點探討雙薪家庭兩性工作家事及休閒時間之分配〉，《社會文化學報》，6: 75-112。

唐先梅（1999）〈雙薪家庭家務工作、公平觀、與夫妻關係滿意度之研究〉，《中華家政學刊》，28: 16-30。

唐宜楨、吳慧菁、陳心怡、張莉馨（2011）〈省思嚴重精神疾患強制治療概念——以人權為主軸〉，《身心障礙研究季刊》，9(1): 1-16。

夏曉鵑（2000）〈資本國際化下的國際婚姻：以臺灣的外籍新娘現象為例〉，《臺灣社會研究季刊》，39: 45-92。

夏曉鵑（2001）〈「外籍新娘」現象之媒體建構〉，《臺灣社會研究季刊》，43: 157-196。

夏曉鵑（2002）《流離尋岸：資本國際化的「外籍新娘」現象》。臺北：台灣社會研究雜誌社。

夏曉鵑（2010）〈失神的酒——以酒為鑑初探原住民社會資本主義化過程〉，《臺灣社會研究季刊》，77: 5-58。

孫大川（1995）〈文化多元性與原住民生活輔導間的困擾〉，收錄於輔大社工系（編），

《社會工作倫理研討會實錄》，頁 57-66。臺北：輔大社工系。

孫健忠（1995）《臺灣地區社會救助政策發展之研究》。臺北：時英出版社。

孫健忠（2000）〈社會救助制度的新思考〉，《社區發展季刊》，91: 240-151。

孫健忠（2005）〈社會救助的發展與挑戰：臺灣的經驗〉。兩岸四地社會福利學術研討會，中國：武漢。

孫碧霞、廖秋芬、董國光（譯）（2001）《非營利組織策略管理》。（原作者：S. M. Oster）。臺北：紅葉文化事業有限公司。（原作出版於 1995 年）。

家扶基金會（2013）《2013 年兒童人權日──社會參與權與表意權大調查》。取自：http://www.ccf.org.tw/?action=news1&class_id=4&did=102

家事事件法（2020）全國法規資料庫法規檢索。取自：http://law.moj.gov.tw/

徐世怡（1989）〈觀光旅遊空間之社會歷史分析──以烏來為個案〉，《思與言》，27(4): 3-46。

徐正一（1948）〈如何開展臺灣的社會服務工作〉，《新社會》，1(3): 8-10。

徐良熙、林忠正（1984）〈家庭結構與社會變遷：中美單親家庭之比較〉，《中國社會學刊》，8: 1-22。

徐震、林萬億（1983）《當代社會工作》。臺北：五南。

徐震、林萬億（1991）《社會工作師法草擬之研究》。臺北：中華民國社區發展研究訓練中心。

徐震、盧政春、李明政、趙碧華、黃鈺琪、李澤紅（1989）《我國社會救助體系整體規劃之研究》。臺北：行政院研究發展考核委員會。

秦　燕（1992）〈醫療團隊及社會工作師〉，《社區發展季刊》，16: 16-20。

秦　燕（2009）《醫務社會工作》。臺北：巨流。

翁毓秀（2006）〈為新住民建構社會包容的家庭政策〉，《社區發展季刊》，114: 61-76。

袁志君（1999）《貧窮家庭的福利探討──以花蓮縣秀林鄉原住民兒童為例》。臺北：中國文化大學兒童福利研究所碩士論文。

馬宗潔（2001）〈非原住民研究員住民──「原住民兒童福利需求之調查」研究過程的反思〉，發表於東吳大學主辦，「東吳大學文學院第十六屆系際學術研討會」（中華民國 90 年 4 月 26 日），東吳大學雙溪校區國際會議廳。

馬家蕙（1995）《臺灣地區智障者家長團體之發展：兼論其與社工專業之互動》。臺北：國立臺灣大學社會學研究所應用社會學組碩士論文。

高迪理（1998）〈社會工作研究方法之本質與教學方針〉，《東吳大學社會工作學報》，4: 123-146。

高迪理、趙善如（1992）〈從「社區發展季刊」研究報告的分析談社會工作研究的趨勢〉，《社會工作學刊》，2: 1-24。

高雄市政府教育局（1999）《高雄市八十七學年度國中試辦專業輔導人員成果報告》。

國立虎尾科技大學（2018）《海歸學生圓學夢──跨國銜轉學習服務資源手冊簡易版》。取自：https://newres.k12ea.gov.tw/resource/openfid.php?id=13893

國家發展委員會（2020）《中華民國人口推估（2020 至 2070 年）》。臺北：國家發展委員會。取自：https://pop-proj.ndc.gov.tw/download.aspx?uid=70&pid=70&page=1

婦女權益促進發展基金會（2020）。《性別政策與研究──性別平等政策綱領》。取自：

https://www.iwomenweb.org.tw/cp.aspx?n=114AAE178CD95D4C

張月馨、林旻沛、洪福源、胡薇瑄、吳詠葳（2017）〈高中職學生家庭功能、憂鬱情緒與網路成癮之相關研究〉，《教育心理學報》，48(4): 531-550。

張世雄（2001）〈社會救助、新貧窮問題與多層次──多面向分析〉，《社區發展季刊》，95: 55-68。

張如杏（1992）〈精神科急診社會工作〉，《社區發展季刊》，60: 121-123。

張如杏（2006）〈臺灣精神醫療社會工作專業發展與危機〉，《臺灣社會工作學刊》，6: 119-145。

張如杏、楊添圍、張玲如（2016）《精神醫療社會工作理論與實務：兼述心理衛生社會工作》。臺北：洪葉出版社。

張宏哲審閱（2018）《人類行為與社會環境》，第四版。臺北：雙葉書廊。

張志豐（2008）《醫務社會工作者處理醫療爭議的經驗與對話》。臺北：國立臺灣大學社會工作學研究所碩士論文。

張秀玉（2011）〈以家庭優勢為焦點的個別化家庭服務計畫──任務性團體過程與成果〉，《特殊教育研究學刊》，36(1): 1-26。

張秀玉（2018）〈家庭與專業人員之夥伴關係：早期療育社會工作者的觀點〉，《臺灣社會工作學刊》，20: 1-40。

張秀卿（1985）〈社會工作員對國家社會的貢獻〉，《社會建設》，56: 91-99。

張秀鴛（2012）〈從兒童及少年福利與權益保障法修法談兒童人權的落實〉，《社區發展季刊》，139: 4-18。

張秀鴛、郭彩榕、張靜倫、王心聖、張又文（2020）〈以多元整合策略優化保護服務輸送體系〉，《社區發展季刊》，172: 65-74。

張怡芬（2001）《臺北市少年外展社會工作實務模式之研究》。南投：國立暨南國際大學社會政策與社會工作學系碩士論文。

張明慧（2005）〈發展與多元：談新臺灣之子發展與新移民女性〉，收錄於夏曉鵑（主編），《不要叫我外籍新娘》，頁 206-215。臺北：左岸文化。

張金圓（1990）〈國小單親兒童的行為困擾、生活適應與成就動機之調查研究〉，《輔導月刊》，26(7, 8): 34-54。

張春興（1994）《教育心理學──三化取項的理論與實踐》。臺北：東華。

張玲如（2002）〈精神醫療團隊之困境──社工團隊〉，發表於「全民健保精神醫療支付第一次研討會」，頁 95-98。臺北：中華民國精神醫學會。

張秋蘭（1999）《高雄市專業輔導人員工作概況》。高雄市政府。

張紉（1998）〈規劃少年福利需求的另類思考〉，《實踐學報》，29: 17-36。

張紉（2000）〈青少年安置服務福利屬性之探討〉，《臺大社會工作學刊》，2: 191-215。

張紉（2002）《少年安置機構的發展與轉變。折翼天使的「另類天堂」──兒少安置機構現況與展望研討會論文集》（頁 30-40）。臺北市：勵馨社會福利事業基金會。

張苙雲（1998）《醫療與社會──醫療社會學的探索》。臺北：巨流。

張英陣（1997）〈收入戶的財產形成方案〉，《福利社會》，62: 8-13。

張英陣（2006）〈Mind the Gap：研究與實務的整合〉，《社會政策與社會工作學刊》，10(2): 87-116。

張家瑜（1996）《已婚女性家內勞動者工作與家庭協調之研究》。臺北：國立政治大學勞工研究所碩士論文。

張家銘（2015）〈老年醫學概論〉，收錄於蔡文輝、盧豐華、張家銘（主編），《老年學導論》，頁 72-120。臺北：五南。

張晉芬（2016）〈社會學門熱門及前瞻學術研究議題調查的研究結果與建議〉，《人文及社會科學集刊簡訊》，18(1): 37-46。

張晉芬、李奕慧（2007）〈「女人的家事」、「男人的家事」：家事分工性別化的持續與解釋〉，《人文及社會科學集刊》，19(2): 203-229。

張茜雲、胡中宜（2017）〈安置機構少女接受自立生活準備服務之經驗：服務使用者的觀點〉，《臺灣社會工作學刊》，19: 1-42。

張高賓、許忠仁、沈玉培（2017）〈青少年中輟之危險因子及影響中輟之路徑分析〉，《家庭教育與諮商學刊》，20: 1-31。

張淑慧（2009）〈司法社工概述〉，《社區發展季刊》，128: 155-128。

張淑蘭（2009）《從獨居到分開居住：以三位達悟老婦人為例》。花蓮：慈濟大學公共衛生研究所碩士論文。

張清富（1995）《單親家庭現況及其因應對策之探討》。臺北：行政院研究發展考核委員會編印。

張菁芬（2005）《社會排除現象與對策：歐盟的經驗分析》。臺北：松慧。

張溫波、沈瑞銘、林慈芳（1997）〈臺灣工業化與結構轉變〉，《臺灣銀行季刊》，48(2): 385-386。

張煜輝（1991）〈我國社會工作專業制度的回顧與展望〉，《社會工作學刊》，創刊號：1-14。

張鈿富（2006）〈外籍配偶子女教育問題與因應策略〉，《教育研究月刊》，141: 5-17。

張曉春（1978）〈對我國社會工作專業化的構思〉，《中國論壇》，6(10): 8-11。

強迫入學條例（2020）全國法規資料庫法規檢索。取自：http://law.moj.gov.tw/

教育部（2019）《新住民子女就讀國中小人數分布概況統計（107 學年度）》。取自：http://stats.moe.gov.tw/files/analysis/son_of_foreign_107.pdf

教育部（2020）《107 學年度教育部全國中輟統計人數分析》。取自：https://www.gender.ey.gov.tw/gecdb/Stat_Statistics_Query.aspx?sn=aDbtJM7f8SVj%24lcAeTEZhg%40%40&statsn=hx!KNVvYeXrDat0YsCboVQ%40%40&d=&n=74945

教育部、衛生福利部、勞動部、內政部、財政部、經濟部、科技部、交通部、人事行政總處、國家發展委員會編印（2018）《我國少子女化對策計畫（107 年－ 111 年）》。

曹光文（2001）〈非營利組織經營與管理之研究──臺灣更生保護會為例〉。未出版。

曹培隆（1952）〈社工幹部的搖籃：漫憶馬家寺〉，《社會工作》，3: 85-87。

梁永章（1971）〈中央社會工作會議的意義與成就〉，《中國勞工》，492: 18-27。

梁淑卿（1997）《二度就業婦女的社會支持與工作適應之研究》。臺北：東吳大學社會工作研究所碩士論文。

梁雙蓮、顧燕翎（1995）〈台灣婦女的政治參與──體制內與體制外的觀察〉，收錄於劉毓秀（主編），《台灣婦女處境白皮書》。臺北：時報。

章英華（1994）〈變遷社會中的家戶組成與奉養態度——臺灣的例子〉,《臺灣大學社會學刊》, 23: 1-34。

章勝傑（2003）《中輟現象的真實與建構——一些討論與反省》。臺北市：心理。

莊文芳（2009）〈賦權 VS. 父權：論充權觀點在少年安置機構之應用〉,《兒童及少年福利期刊》, 16: 89-105。

莊曉霞（2012）〈原住民社會工作文化能力之初探：以花蓮縣為例〉,《社會政策與社會工作》, 16(1): 133-182。

莊曉霞（2019）〈部落族人對原住民族社會工作的期待：去殖民觀點的想像〉,《臺灣社會工作學刊》, 40: 87-129。

莊曉霞（2020）〈原住民女性社會工作者的充權經驗：以「原住民族家庭服務中心」為例〉,《社會政策與社會工作學刊》, 24(1): 79-122。

莊曉霞、陳鈺芳、黃瑞鳳、劉弘毅（2020）〈原住民社會工作督導經驗：以「原住民族家庭服務中心」為例〉,《社區發展季刊》, 169: 170-181。

莫藜藜（1996）〈社會工作對臨終病人家屬的服務〉,《東吳社會工作學報》, 2: 209-226。

莫藜藜（1998）《醫務社會工作》。臺北：桂冠。

莫藜藜（2020）《醫務社會工作》。臺北：松慧。

許木柱（1992）《山胞輔導措施績效之檢討》。臺北：行政院研考會。

許君武（1952）〈社會工作者的時代任務〉,《社會工作》, 1: 3。

許俊才、黃雯絹（2013）〈原住民（族）與社會工作的相遇——是美麗還是哀愁？〉,《台灣原住民族研究學報》, 3(2): 89-114。

許春金（2017）《犯罪學》（修訂八版）。臺北：三民。

許春金、侯崇文、黃富源（1996）《兒童、少年觸法成因及處遇方式之比較研究》。臺北：行政院青年輔導委員會編印。

許素彬（2007）〈特殊幼兒之家庭生活品質分析〉,《東吳社會工作學報》, 17: 137-169。

許素彬（2008）〈家長與個管員夥伴關係對早期療育服務成效之影響研究〉,《臺大社工學刊》, 17: 43-92。

許雅惠（2000）〈家庭政策之兩難——從傳統意識形態出發〉,《社會政策與社會工作學刊》, 4(1): 237-289。

許雅惠（2002）〈漸趨模糊的界線——不幸少女身分建構與新型態色情交易對兒少性交易防制工作的挑戰〉,《社會政策與社會工作學刊》, 6(2): 175-222。

許雅惠（2009）〈魚與熊掌：新移民婦女的社會資本分析〉,《社會政策與社會工作學刊》, 13(1): 1-54。

許福生（2009）〈我國被害人保護法之探討〉,《社區發展季刊》, 128: 73-85。

許福生（2016）《犯罪學與犯罪預防》。臺北：元照。

郭東曜、王明仁（1995）〈我國學校社會工作的推展與需求——以 CCF 的經驗為例〉,《學校社會工作與兒童保護》。臺中：中華兒童福利基金會。

郭玟雅（2018）《醫務社工評估兒童虐待與通報決策之研究》。臺北：國立臺灣大學社會工作學研究所碩士論文。

郭彩榕、陳怡如、潘英美、李玟慧、張家禎、劉庭妙（2020）〈公私協力推動受暴婦女

生活重建方案〉，《社區發展季刊》，171: 296-310。

郭登聰（2016）〈金融社會工作：老問題新手法〉，《社區發展季刊》，155: 225-241。

郭登聰（2017）〈發展性社會工作在臺灣推動的歷程、問題與建議〉，《社區發展季刊》，160: 111-124。

郭靜晃、吳幸玲（2003）〈臺灣社會變遷下之單親家庭困境〉，《社區發展季刊》，102: 144-161。

陳小紅（1992）〈經濟安全對社會安全：貧窮女性化初探〉，《就業與訓練》，10(6): 7-11。

陳小紅（2006）〈跨界移民：臺灣的外籍與大陸新娘〉，《亞洲研究》，52: 61-92。

陳心怡、唐宜楨（2017）〈從一場在職教育訓練反思「聯合國兒童權利公約」〉，《台灣人權學刊》，4(2): 73-100。

陳心怡、童依迪、唐宜楨（2014）〈大學社會工作課程的性別能力教學與學習〉，《當代社會工作學刊》，6: 50-85。

陳文華（2014）。《社會工作專業與泰雅族文化之衝擊與統整》。臺中：東海大學社會工作學系博士論文。

陳正芬（2011）〈我國長期照顧政策之規劃與發展〉，《社區發展季刊》，133: 197-208。

陳正峰（1998）《貧窮的落入、持續與脫離：以嘉義縣低收入戶為例》。嘉義：國立中正大學社會福利研究所碩士論文。

陳永龍（2010）〈河岸邦查部落再生成與漂流族群生計重建：阿美族「都市原住民」自立家園的社會安全涵義〉，《臺灣社會研究季刊》，77: 135-175。

陳永龍（2010）〈莫拉克災後原住民部落的再生成的主體化運動〉，《台灣社會研究季刊》，78: 403-435。

陳仲良（2008）《臺灣現行的離院少年自立服務方案。「安置少年自立生活方案：英國與國內經驗分享」國際研討會論文集》（頁1-12）。臺北：中華育幼兒童關懷協會。

陳伶珠（2011）〈建構老人社會工作人員專業能力之研究〉，《台灣高齡服務管理學刊》，1(2): 117-148。

陳伶珠（2013）〈老人社會工作專業才能建構之課程行動研究省思——以某科大老照系學生社區服務經驗為例〉，《台灣高齡服務管理學刊》，2(1): 52-82。

陳伶珠、盧佳香（2006）〈以法院為基礎的社會工作家事調解歷程之初探〉，《臺灣社會工作學刊》，5: 75-125。

陳杏容（2016）〈家庭危險因子對少年之學業成就、偏差行為與憂鬱情緒發展的影響：累積危險指數模型探討〉，《臺大社會工作學刊》，34: 41-83。

陳杏容（2017）〈探討不同風險程度國中生之憂鬱情緒的保護與資源因子〉，《中華輔導與諮商學報》，50: 29-62。

陳杏容、陳易甫（2019）〈早期家庭經濟劣勢與成年初顯期發展成果之潛在剖析分析與其影響因子〉，《中華心理衛生學刊》，32(1): 89-118。

陳怡仔（2016）〈由社區工作推動發展性社會工作：教學現場的觀察〉，《社區發展季刊》，155: 164-171。

陳怡冰（1992）〈親子關係與兒童社會技巧之相關——單、雙親家庭之比較研究〉，《學生輔導通訊》，23: 45-53。

陳怡佩、邱獻輝（2019）〈醫務社工於性侵害驗傷採證歷程的角色省思〉，《臺灣社會工作學刊》，22: 79-120。

陳怡芳、胡中宜（2014）〈兒少手足共同安置於團體家庭之工作經驗探討〉，《臺灣社會工作學刊》，13: 39-68。

陳怡芳、胡中宜、邱郁茹、李淑沛（2013）〈安置機構少女自力生活能力培育方案之反思與回饋：輔導人員之觀點〉，《朝陽人文社會學刊》，11(1): 29-68。

陳怡青（2016）《親密關係暴力加害人暴力行為中止之研究——權力的運作與變化》。臺北：中央警察大學犯罪防治研究所博士論文。

陳武宗、賴宛瑜、郭惠旻、林東龍（2009）〈歷史宿命或時代使命？臺灣社會工作專業介入醫療爭議事件之分析〉，《臺灣社會工作學刊》，7: 1-48。

陳玫伶（2001）《臺灣學校社會工作之專業實踐及其影響因素》。南投：國立暨南大學社會政策與社會工作學系研究所碩士論文。

陳玫伶（2006）〈當前少年福利關切的對象與內涵〉，《兒童及少年福利期刊》，10: 207-222。

陳芬苓（2017）〈CEDAW 對臺灣性別政策的影響〉，《社區發展季刊》，157: 25-31。

陳俊良（1992）〈殘障福利運動〉，《社會工作學刊》，2: 177-198。

陳俊杰（1993）〈「山服？」應該是「被山服？」〉，收錄於瓦歷斯・尤幹（編），《山地服務隊——過去、今日、未來》，頁 67-74。臺中：臺灣原住民人文研究中心。

陳信木、林佳瑩（2017）《臺灣家庭結構發展推計（106 年至 115 年）》。臺北：國家發展委員會委託研究報告。

陳品元、李玉春、陳雅美（2017）〈家庭照顧者之正、負向照顧經驗與健康相關生活品質關係探討〉，《長期照護雜誌》，21(3): 285-302。

陳奎林（2005）《精神醫療社會工作專業角色與困境探討——實務工作者的觀點》。臺北：國立陽明大學衛生福利研究所碩士論文。

陳政智、許庭涵（2015）〈身心障礙鑑評新制的下一哩路：談運用個案管理銜接後續服務之規劃〉，《社區發展季刊》，150: 154-163。

陳昭如（2013）〈還是不平等：婦運修法改造父權家庭的困境與未竟之業〉，《女學雜誌：婦女與性別研究》，33: 119-169。

陳柯玫（2016）《臺灣多面向貧窮測量與分析》。嘉義：國立中正大學社會福利研究所博士論文。

陳若璋（1992）〈臺灣婚姻暴力之本質、歷程與影響〉，《婦女與兩性學刊》，3: 117-147。

陳婉真、黃禎慧、侯瑪彤、江守峻、洪雅鳳（2018）〈心理師與學校輔導合作經驗初探：北部地區心理師之觀點〉，《輔導與諮商學報》，40(1): 25-44。

陳婉琪（2014）〈都是為了孩子？父母離婚負面影響之重新評估〉，《臺灣社會學刊》，54: 31-73。

陳淑妃（2005）《災變社會工作重建模式之研究——大安溪部落工作站的案例分析》。臺北：東吳大學社會工作研究所碩士論文。

陳淑芬（2003）〈大陸新娘的擇偶、受虐與求助歷程——兼論服務提供者對大陸新娘的假設及其對服務提供的影響〉，《社區發展季刊》，101: 182-199。

陳淑娟、游蕙瑜（2019）〈運用大數據協助家暴風險預測——以台北市家庭暴力案件資

料為例〉，《社區發展季刊》，165: 67-76。

陳婷蕙（1997）《婚姻暴力中受虐婦女對脫離受虐關係的因應行為之研究》。臺中：東海大學社會工作研究所碩士論文。

陳慈立（2007）《酒的商品化與原住民飲酒行為及其相關健康問題：一個政治經濟學的歷史分析》。臺南：國立成功大學公共衛生研究所碩士論文。

陳毓文（1999）〈論少年暴力行為與暴力環境之相關性〉，《臺大社會工作學刊》，1: 1-33。

陳毓文（2004）〈少年憂鬱情緒的危險與保護因子之相關性研究〉，《中華心理衛生學刊》，17(4): 67-95。

陳毓文（2006）〈一般在學青少年自殘行為之相關環境因素初探〉，《中華心理衛生學刊》，19(2): 95-124。

陳毓文（2008）〈國內安置少年自殘行為之探究：自殘方式、理由與解釋因素〉，《社會政策與社會工作學刊》，12(1): 145-188。

陳毓文（2010）〈新住民家庭青少年子女生活適應狀況模式檢測〉，《教育心理學報》，42(1): 29-52。

陳維智（2009）《一個非營利組織在原鄉部落社區產業的介入──理想、衝突與再思》。花蓮：國立東華大學族群關係與文化研究所碩士論文。

陳慧女（1998）〈淺談青少年外展社會工作〉，《社區發展季刊》，84: 178-183。

陳慧女（2009）〈法律與社會工作〉，《社區發展季刊》，128: 169-180。

陳慧女（2017）《法律社會工作第二版》。臺北：心理。

陳質采（2016）《臺灣兒童虐待現況研究》。臺北：國立陽明大學公共衛生研究所博士論文。

陳靜如（2009）〈犯罪被害人保護法 2009 年新制之實施與展望〉，收錄於《2009 臺灣司法福利化的現況及展望：學術與實務／法律與社工間的論壇》，頁 114-124。2009 年 11 月 19 日，亞洲大學國際會議中心。

陳寶蓮（譯）（2006）《佐賀的超級阿嬤》（原作者：島田洋七）。臺北：先覺。

陶宏麟、銀慶貞、洪嘉瑜（2015）〈臺灣新移民與本國籍子女隨年級的學習成果差異〉，《人文及社會科學集刊》，27(2): 289-322。

陶蕃瀛（1999）〈社會工作專業發展的分析與展望〉，《社區發展季刊》，88: 190-196。

陸光（1977）〈從專業教育談建立社會工作員制度〉，《社區發展季刊》，1: 29。

傅立葉（2002）〈婦女福利服務〉，收錄於呂寶靜（主編），《社會工作與臺灣社會》。臺北：巨流。

傅仰止、章英華、廖培珊、謝淑慧主編（2017）《臺灣社會變遷基本調查計畫第七期第二次調查計畫執行報告》。南港：中央研究院社會學研究所。

傅安球、史莉芳（1995）《離異家庭子女心理》。臺北：五南。

傅熙亮（1952）〈臺灣省立行政專校社會行政科簡述〉，《新社會》，4(7): 36-38。

勞動部（2018）〈近年我國女性勞動力參與狀況〉，《勞動統計通報》，臺北：勞動部統計處。取自：https://www.mol.gov.tw/media/5759046/%E8%BF%91%E5%B9%B4%E5%A5%B3%E6%80%A7%E5%8B%9E%E5%8B%95%E5%8F%83%E8%88%87%E7%8E%87%E7%8B%80%E6%B3%81.pdf

彭心儀譯（2010）《智能障礙與其他發展障礙者的生活品質：從個人、組織、社區到制度上的應用》。（譯自：Schalock, R. L., Gardner, J., Bradley, V., *Quality of life for people with intellectual and other developmental disabilities: Applications across individuals, organizations, communities, and systems*）。臺北：心路社福基金會。

彭百崇（1991）〈從經濟觀點檢討當前臺灣勞工問題〉，《勞工研究季刊》，105: 2。

彭淑華（2005）〈婆家？娘家？何處是我家？女性單親家長的家庭支持系統分析〉，《社會政策與社會工作學刊》，9(2): 197-262。

彭淑華（2006）〈保護為名，權控為實？少年安置機構工作人員的觀點分析〉，《東吳社會工作學報》，15: 1-36。

彭淑華（2007）〈「寧缺勿濫」？「寧濫勿缺」？兒童少年保護工作人員機構安置決策困境之研究〉，《中華心理衛生學報》，20(2): 127-154。

彭淑華（2009）《兒童及少年安置教養機構離院個案評估及追蹤輔導研究》。臺灣：內政部。

彭淑華（2016）〈臺灣社會工作教育之發展與前瞻〉，《社區發展季刊》，155: 86-98。

彭淑華、張英陣（2000）〈臺北市青少年服務整合之問題與因應——以政府部門為例〉，《東吳社會工作學報》，6: 101-142。

彭德富（2007）〈族群歧視與人權政策——以東南亞外籍配偶為例〉，《止善》，3: 89-105。

曾中明（2008）〈我國性別主流化推動計畫與機制〉，《研考雙月刊》，32(4): 13-21。

曾中明、楊筱雲、王琇誼（2007）〈外籍配偶家庭服務中心運作現況與展望〉，《社區發展季刊》，119: 5-19。

曾昭明（2010/7/30）〈從富康事件到富士康效應〉。臺灣新社會智庫網站，取自：http://www.taiwansig.tw/index.php/%E6%94%BF%E7%AD%96%E5%A0%B1%E5%91%8A/%E7%A7%91%E6%8A%80%E7%B6%93%E6%BF%9F/2801-%E5%AF%8C%E5%A3%AB%E5%BA%B7%E5%B0%88%E9%A1%8C%E4%B8%80%EF%BC%9A%E5%BE%9E%E5%AF%8C%E5%A3%AB%E5%BA%B7%E4%BA%8B%E4%BB%B6%E5%88%B0%E5%AF%8C%E5%A3%AB%E5%BA%B7%E6%95%88%E6%87%89

曾華源（1994）〈當前臺灣社會工作教育困境之省思與建議〉，《中國社會工作教育學刊》，2: 87-104。

曾華源（2016）〈社會工作發展趨勢與台灣專業教育的對應〉，《社區發展季刊》，155: 3-16。

曾華源、王篤強、李自強、陳玫伶（2004）《少年安置及教養機構服務類型與需求整體規劃研究》。內政部兒童局委託。

曾華源、白倩如（2009）〈司法與社會工作實務〉，《社區發展季刊》，128: 34-48。

曾華源、胡慧、李仰慈、郭世豐（2011）《社會工作專業價值與倫理概論》。臺北：洪葉文化。

曾華源、郭靜晃（1999）《少年福利》。臺北：亞太圖書公司。

曾華源、黃俐婷（1996）〈我國社會工作專業教育本土化必要性之探討〉，《社區發展季刊》，96: 53-60。

曾慶玲、周麗端（1999）〈父母婚姻暴力對兒童問題行為影響研究〉，《家政教育學報》，2: 66-89。

游以安、姜兆眉（2017）〈助人專業合作的鏡映與省思：從社工師觀點看諮商心理師於學校輔導場域的專業實踐〉，《輔導與諮商學報》，38(2): 53-74。

游美貴（2004）Abused Women's Experiences of Refuge Services in Taiwan and England，《臺灣社會福利學刊》，3(2): 117-158。

游美貴（2011）〈婦女福利服務〉，收錄於呂寶靜（主編），《社會工作與臺灣社會》（第二版）。臺北：巨流。

游美貴（2012）〈反思與實踐——連結多元文化的社會工作教育〉，《臺灣社會工作學刊》，10: 99-118。

游美貴（2014）〈臺灣家庭暴力防治服務方案的實施與轉變之探討〉，《臺大社會工作學刊》，29: 53-96。

游美貴（2020）《家庭暴力防治：社工對被害人服務實務》（第二版）。臺北：洪葉。

游美貴、鄭麗珍、張秀鴛、莊珮瑋、邱琇琳（2016）〈推動一站式家庭暴力多元處遇服務方案〉，《社區發展季刊》，156: 293-301。

湯宏忠（2001）《鄒族原住民社區永續發展之探討——以阿里山鄉山美社區經驗為例》。嘉義：國立中正大學碩士論文。

程秋梅、陳毓文（2001）〈中輟少年的復學適應：傳統復學模式與另類復學途徑之比較〉，《臺大社會工作學刊》，4: 45-96。

童小珠（1992）《臺灣省女性單親家庭經濟困境之研究》。嘉義：國立中正大學社會福利研究所碩士論文。

童伊迪（2019）〈我的美麗與哀愁——醫院社會工作才能的省思〉，《台灣醫學人文學刊》，20(1/2): 35-53。

覃玉蓉（2019）〈照顧、勞動與性別平等：從婦女新知基金會的倡議經驗談起〉，《婦研縱橫》，110: 40-47。

馮文盈（2006）〈新竹市學校社會工作年度成果報告〉，發表於「新竹市學校社會工作成果研討會」，新竹市政府教育局主辦，2006 年 12 月 8 日。

馮燕（2015）〈我國企業社會責任之實踐——《高齡社會白皮書》提供的機會〉，《社區發展季刊》，152: 8-18。

黃乃凡（1995）《臺灣貧窮女性化的探討——女性戶長家戶貧窮現象之貫時性研究》。嘉義：國立中正大學社會福利研究所碩士論文。

黃旭（1995）《雅美族之居住文化及變遷》。臺北：稻鄉。

黃伶蕙、吳建昇、李育穎、羅子婷、劉雅文、謝若涵、徐惠菁、古登儒（2018）〈自立生活之執行現況與發展〉，《社區發展季刊》，164: 6-21。

黃拓榮（1997）〈國中生父母管教方式、自我概念、失敗容忍力與偏差行為關係之研究〉，《教育資料文摘》，40(3): 114-134。

黃俊傑（1981）《臺灣的家庭型態變遷》。臺北：南天出版社。

黃建忠（2000）〈臺灣單親家庭的社會經濟屬性，1980-1995〉，《臺大社工學刊》，2: 217-248。

黃彥宜（1991）〈臺灣社會工作發展：1683-1988〉，《思與言》，29(3): 119-152。

黃政達（2006）《我國修復式正義與刑案調解機能之實證研究》。臺北：國立臺北大學犯罪研究所碩士論文。

黃昭勳（2018）〈淺談教學現場中「跨國銜轉學生」之輔導處遇〉，《臺灣教育評論月刊》，7(12): 13-14。

黃盈豪（2004）《社會工作在原住民部落之實踐與反思：我在大安溪流域泰雅部落工作站之經驗》。臺北：東吳大學社會工作研究所碩士論文。

黃盈豪（2014）《社會工作與泰雅部落的對話：社會工作在泰雅族部落的跨文化經驗研究》。南投：國立暨南國際大學社會工作研究所博士論文。

黃梅羹（1992）〈精神醫務社會工作〉，《社區發展季刊》，60: 13-15。

黃梅羹（1996）〈驚然回首五十載白頭宮女話當年〉，收錄於《五十載浮沉──臺大醫院精神部五十紀要》，頁 259-269。臺大醫院精神部。

黃淑玲（2008）〈性別主流化──臺灣經驗與國際的對話〉，《研考雙月刊》，32(4): 3-12。

黃富源、鄧煌發（1999）〈單親家庭結構與功能對少年非行之影響：臺北市之調查研究結果分析〉，《中央警察大學學報》，35: 329-392。

黃琢嵩、鄭麗珍（主編）（2016）《發展性社會工作：理念與實務的激盪》。台北：松慧。

黃源協主編（2020）《社會工作概論》（第二版）。臺北：雙葉。

黃源協、蕭文高（2006）〈社會服務契約管理：臺灣中部四縣市社會行政人員觀點之分析〉，《臺大社會工作學刊》，13: 173-217。

黃嘉玲（2000）《醫務社會工作專業人員對愛滋病毒感染者的價值觀與反應之探討》。南投：國立暨南國際大學社會政策與社會工作學系碩士論文。

黃碧霞、張秀鴛、簡慧娟（2011）〈邁入 21 世紀的社會福利業務重要紀事〉，《社區發展季刊》，133: 23-40。

黃碧霞、莊金珠、楊雅嵐（2010）〈高齡化社會新對策──從「友善關懷老人服務方案」談起〉，《社區發展季刊》，132: 3-14。

黃嬡齡、林知遠、高美雲（1999）〈支持性就業與慢性精神分裂病病患協力網絡的建立〉，《中華心理衛生學刊》，12(3): 47-78。

黃曉涵、古明峰（2012）〈國中生的生活壓力、自我控制與網路沉迷傾向之研究〉，《臺東大學教育學報》，23(1): 33-57。

黃韻如（2001）〈臺北縣中小學聘任社會工作專業人員成果報告〉，收錄於《臺北縣國民中學試辦設置專業輔導人員成果研討會手冊》，頁 37-72。臺北縣政府。

黃韻如（2003）〈臺灣學校社會工作實務運作模式初探〉，《學生輔導》，85: 82-87。臺北：教育部。

黃寶祚（1997）《勞工問題》。臺北：五南。

新北市政府社會局（2020）《兒童及少年福利》。取自：https://www.sw.ntpc.gov.tw/home.jsp?id=9a041045a03d7782&act=d19aebfe3f86bf8a8c8c3287c96253f7&mclassno=9ef7a57f2ebd6322c10d667287e433eb

新竹市教育局（2001）《八十九學年度新竹市學校社工師輔導方案成果報告》。

楊弘任（2011）〈何謂在地性？：從地方知識與在地範疇出發〉《思與言》，49(4): 5-29。

楊必嘉（2010）〈社會工作專業於家事審判的參與機制〉，《萬國法律》，170: 23-31。

楊延光（1999）《杜鵑窩的春天》。臺北：張老師。

楊延光、葉宗烈、陳純誠（1999）〈創傷後壓力症候群── 921 大地震魚池鄉災後初期工作經驗〉，《護理雜誌》，46: 20-29。

楊芳梅（2009）〈國中生目睹婚姻暴力與偏差行為關聯性之研究──以嘉義市公立國民中學為例〉，《青少年犯罪防治研究期刊》，1(2): 31-58。

楊玲芳（2012）〈台灣新移民家庭社工專業介入步驟與技巧〉，《聯合勸募論壇》，1: 159-177。

楊素端、詹玉蓉、許芝綺、黃達明（2005）〈社政衛政攜手合作實例──轉安置桃園縣某醫院收容精神病患〉，《社區發展季刊》，109: 371-375。

楊培珊、梅陳玉嬋（2016）《臺灣老人社會工作：理論與實務》。臺北：雙葉。

楊熾光（2009）〈家庭問題與柔性司法：在處理家庭暴力、家事（離婚、親權）事件中，司法對社工人員的角色與期待〉，收錄於《2009 臺灣司法福利化的現況及展望：學術與實務／法律與社工間的論壇》，頁 50-89。2009 年 11 月 19 日，亞洲大學國際會議中心。

楊錦青、李靜玲、劉威辰（2020）〈社會投資理念在我國積極性社會救助政策之實踐〉，《社區發展季刊》，170: 9-20。

楊靜利、董宜禎（2007）〈臺灣的家戶組成變遷：1990-2050〉，《臺灣社會學刊》，38: 135-173。

溫信學（2014）《醫務社會工作》。臺北：洪葉文化。

萬育維（1994）《社工員在社會救助業務中應有的責任與專業知能》。南投：臺灣省政府社會處。

萬育維、曾梅玲、鄭惠美（2009）〈從部落工作經驗建構原住民社會工作教育的內涵〉，《社區發展季刊》，127: 89-98。

葉大華（2009）〈從客體到主體──如何運用倡議資源讓少年福利工作「轉大人」〉，《社區發展季刊》，126: 48-60。

葉光輝（1997）〈臺灣民眾之孝道觀念的變遷情形〉，收錄於張苙雲、呂玉瑕、王甫昌（主編），《九〇年代的臺灣社會，社會變遷基本調查研究系列》，頁 171-214。臺北：中研院社研所籌備處。

葉光輝（2009）〈華人孝道雙元模型研究的回顧與前瞻〉，《本土心理學研究》，32: 101-145。

葉秀珍、陳寬政（1998）〈社會學與社會工作學術研究的現況與發展〉，《臺灣社會學刊》，21: 21-57。

葉冠妤（2020/06/05）。〈原住民文健站達 432 站 每 4 名長輩就有 1 人受惠〉，《聯合報》，取自：https://udn.com/news/story/7266/4614825

葉柏均（2014）《我國社會救助制度變遷過程──歷史制度主義的觀點》。高雄：國立中山大學政治學研究所碩士論文。

葉郁菁（2007）〈臺灣移民現象之後殖民主義論述〉，《國際文化研究》，3(1): 55-76。

葉啟政（1985）〈對 40 年來臺灣地區社會學發展的一些反省〉，《中國論壇》，21(1): 88-105。

葉啟政（1994）〈對社會研究「本土化」主張的解讀〉，《香港社會科學學報》，3: 52-

78。

葉肅科（2012）〈台灣兒童及少年福利與權益保障法：回顧與展望〉，《社區發展季刊》，139: 31-41。

葉肅科、周海娟（2017）〈兒童權利公約之後：臺灣兒少福利發展〉，《社區發展季刊》，157: 54-68。

葉楚生（1956）〈社會工作專業教育〉，《新社會》，8(3): 7-9。

葉錦成（2011）《精神醫療社會工作：信念、理論、和實踐》。臺北：心理。

董旭英、譚子文（2011）〈臺灣都會區國中生目睹婚姻暴力、受虐經驗與自我傷害行為之關聯性〉，《輔導與諮商學報》，33(1): 1-22。

詹子晴、韓意慈（2018）〈突破受暴婦女的就業困境——準備性職場服務經驗的研究〉，《臺灣社會福利學刊》，14(1): 111-153。

寧遠（1971）〈評執政黨中央社工會議〉，《政治評論》，26(5): 7-8。

廖元豪（2004）〈從「外籍新娘」到「新移民女性」——移民人權的法學研究亟待投入〉，《臺灣本土法學雜誌》，61: 1-3。

廖元豪（2006）〈全球化趨勢中婚姻移民人權之保障——全球化、臺灣新國族主義、人權論述的關係〉，收錄於臺北市政府社會局臺北婦女中心（編），《95 年度社工人員專業培訓方案（三）多元觀點的新移民女性服務課程手冊》，頁 1-37。

廖秀玲（2004）《原住民部落社區工作者工作經驗之研究——以中華至善社會服務協會大安溪部落工作站為例》。花蓮：慈濟大學社會工作研究所碩士論文。

廖宗侯、陳世螢、詹宜璋（2009）〈村里幹事之社會救助審查行為與影響因素——以台中縣為例〉，《東吳社會工作學報》，21: 55-81。

廖貽得（2013）《從失語到歌唱：部落互助托育行動聯盟的實踐歷程》。臺北：國立臺灣大學社會工作研究所碩士論文。

廖靜薇、楊淵勝（2019）〈精神疾病家庭暴力相對人高危機階段的工作模式〉，《社區發展季刊》，165: 198-205。

監察院（2000）《監察院公報第 2254 號》。臺北：監察院。

監察院（2002）《我國社會福利制度總體檢調報告》。

監察院司法及獄政委員會（2000）《少年保護制度成效之檢討專案調查報告》。臺北：監察院司法及獄政委員會。

監獄行刑法（2020）全國法規資料庫法規檢索。取自：http://law.moj.gov.tw/

臺中縣政府教育局（1998）臺中縣八十七學年度國民中小學專業輔導人員甄選簡章。

臺北市政府教育局（1999）臺北市國民中學試辦設置專業輔導人員實施計畫。

臺北市家庭暴力暨性侵害防治中心（2014a）《臺北市政府駐地方法院家庭暴力事件聯合服務簡介》。取自：https://www.dvsa.gov.taipei/News_Content.aspx?n=0B3E9861D5742ECE&sms=35FB91520497DD9B&s=989E098D2A0AF25E

臺北市家庭暴力暨性侵害防治中心（2014b）《性侵害保護服務——臺北市政府性侵害被害人一站式服務》。取自：https://www.dvsa.gov.taipei/News_Content.aspx?n=52899674DFFDCF6A&sms=E76BB99B45575335&s=AAA6D1E4B00D5E29

臺灣兒童暨家庭扶助基金會（1998）〈學校社會工作的推展歷程——以中華兒童福利基金會為例〉，收錄於臺灣兒童暨家庭扶助基金會（主編），《學校社會工作理論與實

務》，頁 101-109。臺中：臺灣兒童暨家庭扶助基金會。

臺灣社會研究學會（2011）台社學會論壇〈兒少立法民粹化與台灣兒童化的民主危機〉。取自：https://www.atss.org.tw/forum_1_20110212.html

臺灣省政府社會處（1983）。《臺灣省推行社會工作員制度報告》。

趙彥寧（2005）〈社福資源分配的戶籍邏輯與國境管理的限制：由大陸配偶的入出境管控機制談起〉，《台灣社會研究季刊》，59: 43-90。

趙彥寧（2006）〈情感政治與另類正義：在台大陸配偶的社會運動經驗〉，《政治與社會哲學評論》，16: 87-152。

趙碧華、闕漢中（1997）〈家庭對青少年生活型態建構之影響〉，《東吳社會工作學報》，3: 181-212。

銓敘部統計（2020）《公務人員概況——歷年全國公務人員按官等分》。取自：https://www.mocs.gov.tw/pages/detail.aspx?Node=1090&Page=4043&Index=0

齊力（1990）〈臺灣地區近二十年來家戶核心化趨式的研究〉，《臺灣大學社會學刊》，20: 41-83。

齊力（2003）〈個人主義、集體主義與家族主義：三角關係的概念格局〉，《市師學報》，2: 115-145。

劉竹瑄、鄭惠心、侯建州（2017）〈社區關懷訪視員工作動機與角色之初探〉，《社區發展季刊》，157: 372-386。

劉宜君（2020）〈老人福利政策發展與趨勢〉，收錄於莊秀美（主編兼總校閱），《老人福利服務》，頁 39-63。臺北：雙葉。

劉明浩（2016）〈從參與典範反思社會工作高等教育〉，《社區發展季刊》，155: 162-72。

劉珠利（2004）〈婦女主義的觀點對大陸及外籍配偶現況的啟示〉，《社區發展季刊》，105: 44-54。

劉淑瓊（2005）〈精明的委外：論社會服務契約委託之策略規劃〉，《社區發展季刊》，108: 120-134。

劉淑瓊、王珮玲（2011）《家庭暴力安全防護網成效評估計畫》。內政部委託研究報告。

劉脩如（1984）《社會政策與社會立法》。臺北：五南。

劉曉春（2017）〈揉進社會性別觀點的婦女服務方案歷程與反思〉，《民生論叢》，13: 103-132。

劉瓊瑛（1992）〈醫務社會工作中的家庭取向工作模式〉，《社區發展季刊》，60: 69-74。

潘英海（1996）〈人類學的田野工作——從馬凌諾基談起〉，發表於「第二屆中華民國國際榮譽護理學會質性研討會」。臺北：國防醫學院。

潘淑滿（2003）〈婚姻暴力的性別政治〉，《女學學誌：婦女與性別研究》，15: 195-253。

潘淑滿（2004a）〈失去界限的年代：婚姻移民的抗拒與接納〉，發表於「第二屆民間社會福利研討會——臺灣的社會福利發展：全球化 vs. 在地化學術與實務研討會」。

潘淑滿（2004b）〈婚姻移民婦女、公民權與婚姻暴力〉，《社會政策與社會工作》，8(1): 85-132。

潘淑滿（2008a）《榮民大陸及外籍配偶就業、就學與福利服務規劃之研究》。行政院國軍退除役官兵輔導委員會委託研究報告。

潘淑滿（2008b）〈婚姻移民、公民身分與社會福利權〉，《社區發展季刊》，122: 136-

157。

潘淑滿、張秀鴛、潘英美（2016）〈我國婦女遭受親密關係暴力之調查研究〉,《社區發展季刊》,156: 193-210。

潘淑滿、陳冠伶、王詩涵、曾淑欣、張凱婷（2010）〈移民研究經驗與反思〉,發表於「跨界照顧國際研討會」,臺北：陽明大學。

潘淑滿、游美貴（2016）〈同志伴侶暴力及求助之研究〉,《臺大社會工作學刊》,34: 129-172。

潘淑滿、楊榮宗（2013）〈跨國境後之主體形成：婚姻移民單親母親的在地與跨境協商〉,《臺大社工學刊》,27: 135-184。

潘淑滿、劉曉春（2010）《從事外籍配偶家庭服務之社會工作角色定位與服務模式建構之探討──以外籍配偶家庭服務中心為例》。內政部委託研究計畫成果報告。

蔡中理（1997）《犯罪心理學》。臺北：五南。

蔡文輝（1987）《家庭社會學》。臺北：五南圖書。

蔡佩真（2013）〈臺灣安寧病房喪慟關懷服務之調查研究〉,《生命教育研究》,5(1): 57-90。

蔡孟君（2015）《公部門兒少保社工的離職歷程》。臺北：國立臺灣大學社會工作研究所碩士論文。

蔡昇倍（2015）《在惡靈與國家之間,找一條照顧的路──蘭嶼居家服務經驗之建制民族誌分析》。臺北：國立政治大學社會工作研究所碩士論文。

蔡明璋、曾瑞玲、潘淑滿、廖培珊、汪淑娟（2007）《人口政策白皮書籍實施計畫之研究──子計畫三「我國移民人口政策研究及因應對策」》。內政部委託研究報告。

蔡勇美（1985）〈美國的貧窮問題〉,收錄於蔡文輝與蕭新煌（編）,《臺灣與美國的社會問題》,頁 25-34。臺北：東大圖書公司。

蔡素妙（2004）〈地震受創家庭復原力之研究──以九二一為例〉,《中華人文社會學報》,1: 122-145。

蔡清祥（2020）〈修復式司法經驗分享會 蔡清祥：幫助當事人活出色彩〉。取自：http://www.ettoday.net/news/20200902/1799497.htm

衛生福利部（2014《103 年衛生福利部新聞》。取自：https://www.mohw.gov.tw/cp-3199-22222-1.html

衛生福利部（2015）《兒童及少年高風險家庭關懷輔導處遇實施計畫》。取自：http://www.sfaa.gov.tw/SFAA/Pages/Detail.aspx?nodeid=270&pid=3591

衛生福利部（2016）《105 年身心障礙者生活狀況及需求調查報告》。臺北：行政院衛生福利部。

衛生福利部（2016/2019）《中華民國 103/107 年臺灣地區兒童及少年生活狀況調查報告兒童篇》。

衛生福利部（2016）《自殺防治關懷訪視員手冊》。取自：https://www.mohw.gov.tw/dl-42974-90a28ae2-06a8-4812-8776-5f3b5e985738

衛生福利部（2016）《身心障礙福利機構設施及人員配置標準》。（修正日期：105.3.30）

衛生福利部（2016）《長期照顧十年計畫 2.0（106-115 年）（核定本）》。臺北：衛生福利部。

衛生福利部（2017）《106 年老人狀況調查主要家庭照顧者調查報告》。臺北：行政院衛生福利部。

衛生福利部（2018）《強化社會安全網計畫（107-109 年）》。臺北：衛生福利部。

衛生福利部（2018）《強化社會安全網計畫（核定本）》。（中華民國 107 年 2 月 26 日）取自：https://www.mohw.gov.tw/cp-18-40093-1.html

衛生福利部（2018a）《中華民國 106 年老人狀況調查報告》。臺北：衛生福利部統計處。

衛生福利部（2018b）《2017 年國民健康訪問調查結果報告》。臺北：國家衛生研究院與衛生福利部國民健康署。

衛生福利部（2018c）《107 年國人死因統計表》。臺北：衛生福利部統計處。取自：https://www.mohw.gov.tw/cp-16-48057-1.html

衛生福利部（2018d）《106 年老人狀況調查主要家庭照顧調查報告》。臺北：衛生福利部。

衛生福利部（2018 年 11 月 30 日）〈新世代反毒策略行動綱領報告大綱〉。

衛生福利部（2019）。《中華民國 107 年低收入戶及中低收入戶生活狀況調查報告》。臺北：衛生福利部。

衛生福利部（2019）〈面對新就業型態（雲端科技、物聯網、大數據管理及智慧設備應用）來臨，各部會如何因應未來職能訓練，勞工技能及勞工安全的提升〉，立法院第 9 屆第 7 會期 社會福利及衛生環境委員會第 21 次全體委員會議。取自：https://www.mohw.gov.tw/dl-54108-b587b664-d524-494a-b551-55575ebf2b82.html

衛生福利部（2020）。〈我國脫貧政策措施發展歷程與展望〉，「108 年兒童及少年未來教育與發展帳戶：脫離貧窮措施成果發表會」（2020/2/20-2/21）。

衛生福利部（2020）《中華民國 108 年 15-64 歲婦女生活狀況調查報告》。取自：http://www.taiwanwomencenter.org.tw/upload/website/twc_3f3f9834-4ecc-4745-a3f5-ec6b1746ba65.pdf

衛生福利部（2020）《精神照護資源》。取自：https://dep.mohw.gov.tw/domhaoh/cp-402-1166-107.html

衛生福利部（2020）《衛生福利部 109 年度施政計畫》。取自：https://www.mohw.gov.tw/lp-11-1.html

衛生福利部（2020）《聯合國兒童權利公約資訊網》。取自：https://crc.sfaa.gov.tw/crc_front/

衛生福利部（2020a）《108 年國人死因統計表》。臺北：衛生福利部統計處。取自：https://www.mohw.gov.tw/cp-16-54482-1.html

衛生福利部（2020a）《監察院糾正衛福部未落實身心障礙鑑定與需求評估（書面報告）》，立法院第 10 屆第 1 會期 社會福利及衛生環境委員會第 20 次全體委員會議（2020 年 5 月 20 日）。取自：https://webcache.googleusercontent.com/search?q=cache:-ykXtqiS9N8J:https://www.mohw.gov.tw/dl-61463-378d780b-555f-4c9d-a74a-19d3c6725a5a.html+&cd=1&hl=zh-TW&ct=clnk&gl=tw

衛生福利部（2020b）《失智症防治照護政策綱領暨行動方案 2.0（含工作項目）（2021 年版）（2018 至 2025 年）》。臺北：衛生福利部。

衛生福利部（2020b）《身心障礙者權利公約（CRPD）第二次國家報告第三稿》。取自：https://crpd.sfaa.gov.tw/BulletinCtrl?func=getBulletin&p=b_2&c=D&bulletinId=1415

衛生福利部（2020c）《中華民國 109 年衛生福利年報》。臺北：衛生福利部。

衛生福利部中央健保署（2021）《全民健康保險重大傷病證明實際有效領證統計表》。取自：https://www.nhi.gov.tw/DL.aspx?sitessn=292&u=LzAwMS9VcGxvYWQvMjkyL3JlbGZpbGUvMC80NzE0LzExMDAx6YeN5aSn5YK355eFLm9kcw%3d%3d&n=MTEwMDHph43lpKflgrfnl4Uub2Rz&ico%20=.ods

衛生福利部社區發展雜誌社（2015）〈當代貧窮現象之結構性解析與政策新思維〉,《社區發展季刊》, 151, 1-3。

衛生福利部社會及家庭署（2013）《各直轄市、縣 (市) 新住民家庭服務中心一覽表》。取自：https://www.sfaa.gov.tw/sfaa/pages/detail.aspx?nodeid=148&pid=667

衛生福利部社會及家庭署（2014）《社家署全球資訊網──機關介紹》。取自：https://www.sfaa.gov.tw/SFAA/Pages/Detail.aspx?nodeid=9&pid=2393

衛生福利部社家署（2020）《身心障礙者權利公約初次國家報告國際審查會議結論性意見管考進度表》。取自：https://crpd.sfaa.gov.tw/BulletinCtrl?func=getBulletin&p=b_2&c=D&bulletinId=1182

衛生福利部社會及家庭署（2020）《各直轄市、縣市政府設置新住民社區服務據點一覽表》。取自：https://www.sfaa.gov.tw/SFAA/Pages/Detail.aspx?nodeid=148&pid=9981

衛生福利部社會及家庭署（2020a）《110 年度社福績效考核實施計畫與指標──婦女福利及家庭支持服務組》。取自：https://www.sfaa.gov.tw/SFAA/Pages/List.aspx?nodeid=1217

衛生福利部社會及家庭署（2020b）《預算書及決算書》。取自：https://www.sfaa.gov.tw/SFAA/Pages/List.aspx?nodeid=476

衛生福利部保護服務司（2018）《性侵害案件減少被害人重複陳述作業要點》。取自：https://dep.mohw.gov.tw/dops/cp-1287-14972-105.html

衛生福利部保護服務司（2019）《直轄市、縣（市）政府駐地方法院家庭暴力事件服務通訊資料》。取自：https://dep.mohw.gov.tw/dops/cp-1179-6483-105.html

衛生福利部保護服務司（2020a）《97 年至 108 年家庭暴力事件被害人性別及案件類型》。取自：https://dep.mohw.gov.tw/DOPS/cp-1303-33741-105.html

衛生福利部保護服務司（2020b）《性侵害事件通報被害及嫌疑人概況》。取自：https://dep.mohw.gov.tw/dops/lp-1303-105-xCat-cat02.html

衛生福利部保護服務司（2020c）《性騷擾當事人基本資料》。取自：https://dep.mohw.gov.tw/dops/lp-1303-105-xCat-cat03.html

衛生福利部統計專區,《社福統計／人口／現住人口數按三段（6 歲）年齡組分》。取自：https://dep.mohw.gov.tw/DOS/lp-2970-113.html

衛生福利部統計專區,《福利服務／家庭支持／兒童及少年高風險家庭關懷輔導處遇服務執行概況》。取自：https://dep.mohw.gov.tw/DOS/np-2964-113.html

衛生福利部統計處（2017）《105 年身心障礙者生活狀況及需求調查》。取自：https://dep.mohw.gov.tw/DOS/cp-1770-3599-113.html

衛生福利部統計處（2018），《家庭暴力事件通報案件統計》。取自：https://dep.mohw. gov.tw/dos/cp-2981-14053-113.html

衛生福利部統計處（2018）《105 年身心障礙者生活狀況及需求調查》。取自：https:// dep.mohw.gov.tw/dos/cp-1770-3599-113.html

衛生福利部統計處（2020）《108 年醫療機構現況及服務量統計年報》。取自：https:// www.mohw.gov.tw/dl-62378-e5f7476c-d6eb-4b73-979a-e55648a0584e.html

衛生福利部統計處（2020）《2.3 身心障礙者福利》。取自：https://dep.mohw.gov.tw/ DOS/lp-2976-113.html

衛生福利部統計處（2020）《兒童及少年福利機構數》。取自：https://dep.mohw.gov.tw/ DOS/cp-2974-13798-113.html

衛生福利部統計處（2020a）《108 年 15-64 歲婦女生活狀況調查分析》。取自：https:// dep.mohw.gov.tw/DOS/lp-1769-113.html

衛生福利部統計處（2020b）《社會救助——低收入戶戶數及人數》。取自：https://dep. mohw.gov.tw/DOS/cp-2972-13779-113.html

衛生福利部統計處（2020c）《福利服務——特殊境遇家庭概況》。取自：https://dep. mohw.gov.tw/DOS/cp-2978-13985-113.html

衛生福利部統計處（2020d）《108 年 15-64 歲婦女生活狀況調查》。取自：https://dep. mohw.gov.tw/dos/cp-1769-47735-113.html

衛生福利部統計處（2021）《2.3.5 身心障礙者人數按類別及年齡別分》。取自：https:// www.mohw.gov.tw/dl-22104-b34586a2-2c2b-4b83-8588-0270a164643a.html

衛生福利部編印（2016/2019）《中華民國 103/107 年臺灣地區兒童及少年生活狀況調查 報告 兒童篇》。

鄧啟明、宋麗玉（2018）〈將優勢觀點導入老人照顧服務場域之實踐——對社工員與照 顧服務員影響之探究〉，《東吳社工學報》，35: 1-35。

鄭夙芬、鄭期緯、林雅琪（2005）〈以充權為觀點的早期療育家庭之家庭功能探討〉， 《臺灣社會工作學刊》，3: 51-97。

鄭佩芬（1990）《醫院社會工作者工作目標優先順序及其相關因素之探討》。臺中：東 海大學社會工作研究所碩士論文。

鄭怡世（2020）〈「處境學習」在社會工作教育中的運用：以大學部「社會工作研究方 法」課程為例〉，《臺大社會工作學刊》，42: 57-94。

鄭怡世、巫麗雪、葉秀芳（2017）〈臺灣區域醫院社會工作者工作負荷感受之研究〉， 《台灣社區工作與社區研究學刊》，7(1): 113-150。

鄭怡世、巫麗雪、劉幸宜（2017）〈台灣老人日間照顧服務從業人員職場疲勞之探 究〉，《社會政策與社會工作》，21(2): 1-53。

鄭桂芳（2007）。《非營利組織協力部落發展之探討——以一個社會福利機構協力梅嘎 浪與谷立部落為例》。臺北：東吳大學社會工作研究所碩士論文。

鄭泰安（2008）〈自殺可以預防嗎？〉，《科學人雜誌》，13: 43-45。

鄭偉伸、黃宗正、李明濱、廖士程（2016）〈老人憂鬱與自殺防治〉，《台灣老年老醫學 暨老年學雜誌》，11(1): 16-30。

鄭惠心、侯建洲、林鴻玲（2019）〈護理之家社會工作人員專業色之初探〉，《社會發展

研究學刊》，23: 36-67。

鄭瑞隆、邱顯良、李易蓁、李自強譯（2007）《矯正社會工作》。（譯自 A. R. Roberts (ed.), *Social Work in Juvenile and Criminal Justice Settings*）。臺北：心理。

鄭麗珍（1997）〈變遷中的家庭與社會工作教育〉，《東吳社會工作學報》，3: 157-180。

鄭麗珍（1999）〈女性單親家庭的資產累積與世代傳遞過程〉，《臺大社會工作學刊》，1: 111-147。

鄭麗珍（2001）〈家庭結構與青少年的生活適應之研究──以臺北市為例〉，《臺大社工學刊》，5: 197-270。

鄭麗珍（2001）〈財產形成與社會救助的對話〉，《社區發展季刊》，95: 122-132。

鄭麗珍（2001）〈貧窮女性化與社會救助政策〉，《社會教育年刊》，49: 13-18。

鄭麗珍（2002）〈增強權能理論與倡導〉，收錄於《社會工作理論》。臺北：洪葉文化。

鄭麗珍（2005）〈「臺北市家庭發展帳戶」方案發展與儲蓄成效〉，收錄於《2005 春季國際論壇 21 世紀社會政策新理念》，頁 22-26。北京：中國社會科學院。

鄭麗珍（2015）《兒童少年保護社會工作實務》。高雄：巨流圖書。

鄭麗珍（2017）《105 年度脫離貧窮措施成效評估研究計畫》。衛生福利部委託研究。

鄭麗珍（2018）《106 年度脫離貧窮措施成效評估研究計畫》。衛生福利部委託研究。

鄭麗珍（2020）〈以個案評估為基礎的資源管理和跨網絡合作〉，《社區發展季刊》，172: 8-26。

鄭麗珍、李明政（2010）〈臺灣原住民族社會福利與健康政策評估〉，收錄於黃樹民與章英華（編），《臺灣原住民政策變遷與社會發展》，頁 181-258。臺北：中央研究院民族學研究所。

鄭麗燕（2009）〈離婚案件監護權（親權）調查相關法律案例解析〉，《社區發展季刊》，128: 99-105。

黎嘉欣（2011）《實現社區精神復健之新藍圖── 一個臺灣經驗的反思》。臺北：國立陽明大學衛生福利研究所碩士論文。

盧幸娟（2001）《發展中的臺灣原住民族自治──以蘭嶼達悟族為例》。花蓮：國立東華大學族群關係與文化研究所碩士論文。

盧明正（2020）《強化社區兒少保護類家庭構築在地互助關係》。取自：https://ms-community.azurewebsites.net/spotlight_20190412/

蕭文高（2017）〈老人照顧服務社會工作者之職能、專業認同、成就感與離職傾向〉，《社會政策與社會工作》，21(1): 149-195。

蕭昭娟（2000）《國際遷移之調適研究：以彰化社頭鄉外籍新娘為例》。臺北：國立臺灣師範大學地理研究所碩士論文。

蕭真真（2000）《支持性團體對精神疾病病患主要照顧者因應行為與主觀情緒問題之影響研究》。臺南：臺南神學院宗教社會工作研究所碩士論文。

諶立中、李炳樟、紀馨雅、何佩瑾（2019）〈強化社會安全網計畫──以精神疾病個案危機事件為例〉，《社區發展季刊》，165: 61-66。

賴月蜜（2009）〈小娃兒進衙門──談司法與社工在「兒童出庭」的保護〉，《社區發展季刊》，128: 86-88。

賴紅汝（2020）〈東亞生產性福利體制下的兒少發展帳戶方案──新加坡、韓國及香港

的借鏡〉，《社區發展季刊》，170: 268-280。

賴爾柔、黃馨慧（1996）〈已婚參與家務分工之研究〉，《婦女兩性研究通訊》，41: 10-18。

賴慧敏、鄭博文、陳清檳（2017）〈臺灣青少年憂鬱情緒與偏差行為之縱貫性研究〉，《教育心理學報》，48(3): 399-426。

賴澤涵、陳寬政（1980）〈我國家庭形式的歷史與人口探討〉，《中國社會學刊》，5: 15-24。

戴世玫、黃于珊、洪安琪（2015）〈優勢原則運用於新住民服務的回顧與評析〉，《社區發展季刊》，149: 299-310。

繆敏志（1990）《單親兒童學業成就、人格適應及其相關因素之研究》。臺北：國立政治大學教育研究所博士論文。

聯合國兒童權利公約資訊網（2020）《中華民國（臺灣）兒童權利公約首次國家報告國際審查會議結論性意見（定稿）》。取自：https://crc.sfaa.gov.tw/crc_front/index.php?action=content&uuid=9711f049-5dee-43bc-80fe-4f1ed2b30d6e

薛承泰（1996）〈臺北市單親戶：以1990普查百分之一樣本為例〉，《社會建設》，94: 77-83。

薛承泰（2000）〈臺灣地區單親戶之貧窮：以1998年為例〉，《臺大社會工作學刊》，2: 151-190。

薛承泰（2002）〈臺灣地區單親戶的變遷：1990年與2000年普查的比較〉，《臺大社會工作學刊》，6: 1-33。

薛承泰、鐘佩珍（2010）〈社會救助法本次（99年度）修法重點說明〉。財團法人國家政策研究基金會國政分析。取自：http://www.npf.org.tw/post/3/7258

謝世忠（1987）《認同的污名——臺灣原住民的族群變遷》。臺北：自立晚報社。

謝世忠（1993）〈「山地服務」——一個不可避免的都會行動〉，收錄於瓦歷斯・尤幹（編），《山地服務隊——過去、今日、未來》，頁17-24。臺中：臺灣原住民人文研究中心。

謝世忠（1996）〈「傳統文化」的操控與管理：國家文化體系下的臺灣原住民文化〉，《山海文化雙月刊》，13: 85-101。

謝玉玲、王舒芸、鄭清霞（2014）〈不同單親家庭的生活處境：單親成因及其性別差異〉，《社會發展研究學刊》，14: 1-25。

謝志誠、林萬億、傅從喜等（譯）（2012）《安全的家與堅強的社區：天然災難後的重建手冊》。（原作者：Abhas K. Jha et al.）。臺北：臺灣大學出版中心。

謝志誠、陳竹上、林萬億（2013）〈跳過中繼直達永久？探討莫拉克災後永久屋政策的形成〉，《台灣社會研究季刊》，93: 49-86。

謝志誠、傅從喜、陳竹上、林萬億（2012）〈一條離原鄉愈來愈遠的路？：莫拉克颱風災後異地重建政策的再思考〉，《臺大社會工作學刊》，26: 41-86。

謝秀芬（1986）《家庭與家庭服務》。臺北：五南。

謝秀芬（1998）〈臺灣女性的家庭角色觀與工作觀之研究〉，《東吳社會工作學報》，4: 1-34。

謝秀芬（2011）《家庭社會工作：理論與實務》。臺北：雙葉書廊。

謝秀芬主編（2018）《社會工作概論》（二版）。臺北：雙葉。

謝宗學（1996）《我國殘障政策發展之分析：國家，公民與政策網絡》。臺北：國立政治大學公共政策研究所碩士論文。

謝東儒、張嘉玲、黃珉蓉（2005）〈殘障聯盟發展史〉，《社區發展季刊》，109: 300-310。

謝臥龍、黃志中、吳慈恩（2003）〈家庭暴力相對人裁定前鑑定未執行困境之探討〉，《社區發展季刊》，101: 293-319。

謝美娥（1998）〈臺灣女性單親家庭的類型、（人力）資源與居住安排之初探〉，《國立政治大學社會學報》，28: 117-152。

謝美娥（2015）〈居家照顧服務的督導工作〉，收錄於謝美娥、沈慶盈，《老人居家照顧的服務與治理》，頁 119-181。臺北：三民。

謝高橋（1980）《家戶組成、結構與生育》。臺北：政大民社系人口調查研究室。

謝鴻鈞（1996）《工業社會工作》。臺北：桂冠。

謝鴻鈞（1997）〈臺灣地區工業社會工作於政府部門之發展與規劃〉，《臺灣勞工》，37: 37-42。

謝麗紅（1991）《多重模式團體諮商對父母離異兒童家庭關係信念、自我觀念及行為困擾輔導效果之研究》。彰化：國立彰化師範大學輔導研究所碩士論文。

鍾志宏、吳慧菁（2012）〈性罪犯強制治療成效評估：控制理論觀點探討〉，《犯罪學期刊》，15(2): 1-28。

鍾鳳嬌、王國川、陳永朗（2006）〈屏東地區外籍與本及配偶子女在語文、心智能力發展與學習行為之比較研究——探析家庭背景的影響〉，《教育心理學報》，37(4): 411-429。

鍾鳳嬌、趙善如（2009）〈教學場域的看見與行動——高雄縣國小教師觀點談新臺灣之子的學習〉，《幼兒教保研究期刊》，3: 41-60。

鍾鳳嬌、趙善如、王淑清、吳雅玲（2010）《新移民家庭：服務與實踐》。臺北：巨流。

韓青蓉（2013）《精神醫療社會工作》。臺北：華都文化事業有限公司。

韓嘉玲（2003）〈傭人抑或太太？婦女勞動力的跨境遷移——大陸新娘在臺灣案例研究〉，《社區發展季刊》，101: 163-175。

韓麗年、游美貴（2019）〈尋找消權與充權的距離：醫務社會工作者於督導過程充權經驗之研究〉，《社會政策與社會工作學刊》，23(2): 91-136。

簡春安（2002）〈2002 本土化助人專業社會工作發展趨勢〉，發表於「本土 VS. 創新——社會工作助人專業新模式研討會」。

簡春安（2004）〈社會工作歷史發展與臺灣社會工作本土化之分析〉，《臺灣社會工作學刊》，1: 45-71。

簡春安、鄒平儀（2016）《社會工作研究法》（2016 年修訂版）。臺北：巨流。

簡慧娟（2016）〈高齡社會白皮書之規劃與行動策略〉，《國土及公共治理季刊》，4(1): 79-83。

簡慧娟、江幸子（2020）〈推動具女性觀點之社會福利政策與具體作為〉，《社區發展季刊》，171: 33-46。

簡慧娟、吳建昇、蔡惠怡（2019）〈強化社會安全網如何發掘與服務社區中的脆弱家

庭〉，《社區發展季刊》，165: 30-41。

簡慧娟、黃伶蕙、吳建昇（2017）〈臺灣家庭政策的沿革與發展〉，《社區發展季刊》，159: 6-18。

簡慧娟、蕭珮姍（2018）〈兒童權利公約首次國家報告國際審查歷程與結論性意見的挑戰〉，《社區發展季刊》162: 4-14。

藍佩嘉（2002）〈跨越國界的生命地圖：菲籍海外家務勞工的流動與認同〉，《台灣社會研究季刊》，48: 11-59。

藍佩嘉（2003）〈女人何苦為難女人？雇用家務移工的三角關係〉，收錄於臺灣女性學學會、清華大學性別與社會研究室與清華大學通識教育中心共同主辦，《意識、認同、實踐——2003 年女性主義學術研討會，B1-3（三角關係）》，頁 1-36。

藍佩嘉（2004）〈女人何苦為難女人？雇用家務移工的三角關係〉，《臺灣社會學刊》，8: 43-97。

藍佩嘉（2007）〈性別與跨國遷移〉，收錄於黃淑玲、游美惠（主編），《性別向度與臺灣社會》，頁 225-248。高雄：巨流。

顏婉娟（2000）《烏來泰雅婦女飲酒經驗之探討》。臺北：國立陽明大學社區護理研究所碩士論文。

羅國英（1996）〈青少年前期的同儕關係：與親子關係的延續、競爭、或彌補？〉，《東吳社會工作學報》，4: 35-78。

藤井志津枝（1997）《日本治理臺灣的計策——理番》。臺北：永續。

麗依京・尤瑪（1996）《傳承》。臺北：原住民族史料研究出版社。

麗依京・尤瑪（1998）〈從政教關係看原住民社會文化的崩解與重建〉，收錄於麗依京・尤瑪（編），《心靈改革、社會重建、臺灣原住民、民族權、人權學術研討會論文集》，頁 345-367。臺北：臺灣原住民族部落文化傳承協會。

英文部分：

Abberley, P. (1987) The Concept of Oppression and the Development of a Social Theory of Disability, *Disability, Handicap & Society*, 2(1): 5-19.

Abberley, P. (1989) Disabled People, Normality and Social Work, in L. Barton (ed.), *Social Work: Disabled People and Disabling Environments*. London: Jessica Kingsley Publishers.

Allen, R. I. & Petr, C. G. (1998) Rethinking family-centered practice, *American Journal of Orthopsychiatry*, 68(1): 4-15.

Allen-Meares, P. (1986) School Social Work：Historical development, influences and practice, in Allen-Meares (ed.), *Social Work Services in Schools*, ch.2, NJ：Prentice-Hall, Inc.

Allen-Meares, P. (2010) School social work: Historical development, influences, and practices, in P. Allen-Meares (ed.), *Social work services in school* (6th Ed.), pp.23-47. Boston: Allyn & Bacon.

Allen-Meares, P., Montgomery, K. L., & Kim, J. S. (2013) School-based Social Work Interventions: A Cross-National Systematic Review, *Social Work*, 58(3): 252-261.

Alston, M. (2009) Drought policy in Australia: gender mainstreaming or gender blindness? *Gender, Place & Culture*, 16(2): 139-154.

Ambrosino, R., Heffernan, J., Shuttlesworth, G., & Ambrosino, R. (2008) *Social Work and Social Welfare: An Introduction* (6th Ed.). Belmont, CA: Brooks/Cole.

American School Counselor Association (2008/2014) The ASCA National Model: A Framework for School Counseling Programs, https://www.schoolcounselor.org/

Anthias, F. (1998) Evaluating Diaspora: Beyond Ethnicity? *Sociology*, 32(3): 557-80.

Armstrong, K. & Lund, P. (1995) Multiple Stressor Debriefing and the American Red Cross: the East Bay Hills fire experience, *Social Work*, 40(1): 83-91.

Bailey, R. & Brake, M. (eds.) (1980) *Radical social work and practice*. London: Edward Arnold.

Baird, M. E. (2010) The "Phases" of Emergency Management, Prepared for the Intermodal Freight Transportation Institute (ITFI), University of Memphis.

Banerjee, M. M. & Gillespie, D. F. (1994) Strategy and Organizational Disaster Preparedness, *Disaster*, 18(4): 344-354.

Barnes, C. (1991) *Disabled People in Britain and Discrimination – A case for Anti-Discrimination Legislation*. London: Hurst & Company.

Barretta-Herman, A. (2008) Meeting the expectations of the global standards: a status report on the IASSW membership, *International Social Work*, 51: 823-834.

Bartholet, E. (2015) Differential Resporse: A Dangerous Experiment in Child Welfare, *Florida State University Law Review*, 42: 573-643.

Bell, J. (1995) Traumatic Event Debriefing: service delivery designs and the roles of social work, *Social Work*, 40(1): 36-44.

Berger, Peter L. & Luckmann, Thomas (1971) *The Social Construction of Reality*. Harmondsworth, Middlesex, Penguin (original American publication, 1966).

Bloom, M., Fischer, J., & Orme, J. (2009) Chapter 21 Evidence-Based Practice, in *Evaluating Practice: Guidelines for the Accountable Professional* (6th Ed.). Boston: Allyn and Bacon.

Bogenschneider, K. (2006) *Family Policy Matters: How Policymaking Affects Families and What Professionals Can Do?* NY: Lawrence Erabaum Associates, Inc.

Bolin, R. & Stanford, L. (1998) The Northridge Earthquake: Community-based Approach to Unmet Recovery Needs, *Disaster*, 22(1): 21-38.

Boone, C. R., Coulton, C. J., & Keller, S. M. (1981) The impact of early and comprehensive social work services on length of stay, *Social Work in Health Care*, 7(1): 1-9.

Bradely, D. & Grainger, A. (2004) Social Resilience as a controlling influence on desertification in Senegal, *Land Degradation and Development*, 15(5): 451-470.

Brant, C. C. (1990) Native ethics and rules of behaviour, *Canadian Journal of Psychiatry*, 35: 534-539.

Breslau, J. & Engel, C. C. (2015) *Information and Communication Technologies in Behavioral Health: A Literature Review with Recommendations for the Air Force*. Santa

Monica, CA: RAND Corporation, http://www.rand.org/pubs/research_reports/RR1054.html

Brock, S. (1998) Helping Classrooms Cope with Traumatic Events, *Professional School Counseling*, 2(2): 110-117.

Bye, L. & Alvarez, M. (2007) *School Social Work: theory to practice*. Thomson Brooks/Cole.

Cairns, T., Fulcher, L., Kereopa, H., Nia, P. N., & Tait-Rolleston, W. (1998) Nga pari karangaranga o puao-te-ata-tu, *Canadian Social Work Review*, 15(2): 145-167.

Campanella, T. J. (2006) Urban Resilience and the Recovery of New Orleans, *Journal of the American Planning Association*, 72: 141-146.

Caro, Francies G., Bass, Scott A., & Chen, Yung-Ping (1993) Introduction: Achieving a productive aging society, in Scott A. Bass, Francis G. Caro, and Yung-Ping Chen (eds.), *Achieving a Productive Aging Society*, pp.3-25. Westport: Auburn House.

Castellano, M. B., Stalwick, H., & Wien, F. (1986) Native social work education in Canada, *Canadian Social Work Review*, 86: 166-184.

Chen, F. P., Wu, H. C., & Huang, C. J. (2014) Influences of Attribution and Stigma on Working Relationships with Providers Practicing Western Psychiatry in the Taiwanese Context, *Psychiatric Quarterly*, 85(4): 439-51. DOI:10.1007/s11126-014-9304-8

Cherry, A. & Cherry, M. E. (1996) Research as Social Action in the Aftermath of Hurricane Andrew, *Journal of Social Service Research*, 22(1/2): 71-87.

Cicirelli, Victor G. (1989) Helping Relationships in Later Life: A Reexamination, in Jay A. Mancini (ed.), *Aging Parents and Adult Children*, pp.167-175. Lexington, MA: Lexington.

Collins, D., Jordan, C., & Coleman, H. (2010) *An introduction to family social work*. CA: Books/Cole.

Congress, E. P. & González, M. J. (2005) *Multicultural perspectives in working with families*. New York: Springer Publishing.

Congress, E. P. & Kung, W. W. (2005) Using the culturagram to assess and empower culturally diverse families, in E. P. Congress & M. J. Gonzalez (eds.), *Multicultural Perspectives in Working with Families*. New York: Springer.

Costin, L. (1969) A Historical Review of School Social Work, *Social Casework*, October: 439-453.

Costin, L. (1975) School Social Work Practice: a new model, *Social Work*, 20(2): 135-139.

Council on Social Work Education (2015) Educational Policy and Accreditation Standards. https://www.cswe.org/getattachment/Accreditation/Accreditation-Process/2015-EPAS/2015EPAS_Web_FINAL.pdf.aspx

Crone, D. A., Homer, R. H., & Hawken, L. S. (2004) *Responding to problem behavior in schools: The behavior education program*. New York: Guilford Press.

Cross, T. L. (1986) Drawing on cultural tradition in Indian child welfare practice. *Social Casework: The Journal of Contemporary Social Work*, 67(5): 283-289.

Cunningham, M. (2003) Impact of Trauma Work on Social Work Clinicians: Empirical

Findings, *Social Work*, 48(4): 451-459.

Daly, M. & Rake, K. (2003) *Gender and the Welfare State*. Cambridge: Polity Press.

Dana, R. H. (2005) *Multicultural Assessment: Principles, Applications, and Examples*. London: LEA.

Deahl, M. (2000) Psychological Debriefing: Controversy and challenge, *Australian and New Zealand Journal of Psychiatry*, 34: 929-939.

Dean, H. & Melrose, M. (1999) *Poverty, riches, and social citizenship*. New York: St. Martin's Press.

Department of Health (2001) *Valuing people: a new strategy for learning disability for the 21st century*. London: Department of Health.

DiNitto, D. M. (2011) *Social welfare: Politics and public policy* (7th ed.). Boston: Allyn & Bacon.

Dixon, J. (1986) *Social Security Traditions and Their Global Applications*. Canberra: International Fellowship for Social and Economic Development.

Dodds, S. & Neuhring, E. (1996) A primer for social work research on disaster, *Journal of Social Service Research*, 22(2): 27-56.

Dominelli, L. (2002) *Anti-oppressive social work theory and practice*. Basingstoke, England: Palgrave.

Drabek, T. (1970) Methodology of Studying Disasters: Past Patterns and Future Possibilities, *American Behavioral Scientist*, Jan/Feb 70, 13(3): 331-343.

Drisko. J. W. & Grady, M. D. (2019) Chapter1 Introduction and Overview, in *Evidence-based practice in clinical social work* (2nd Ed.), pp.3-21. SpringerLink.

DuBois, B. & Miley, K. K. (2002) Social Work in Health, Rehabilitation, and Mental Health, in B. DuBois & K. K. Miley (eds), *Social Work: An Empowering Profession*, pp.313-354. Boston: Allyn and Bacon.

Dufka, C. (1988) The Mexico City Earthquake Disaster. *Social Casework*, March: 162-171.

Dunst, C. J., Trivette, C. M., & Hamby, D. W. (2007) Meta-analysis of family-centered helpgiving practices research, *Mental Retardation and Developmental Disabilities Research Reviews*, 13(4): 370-378.

Employee Assistance Professionals Associatio (2019). Definitions of an employee assistance program (EAP) and EAP core technology. Retrieved from https://www.eapassn.org/About/About-Employee-Assistance/EAP-Definitions-and-Core-Technology Retrieved 2010, from the World Wide Web: http://www.eapassn.org/public/articles/EAPA_STANDARDS_web0303.pdf

England, P. (1992) *Comparable worth: Theories and Evidence*. Hawthorne, NY: Aldine De Gruyter.

Erikson, K. (1976) *Everything in its path: Destruction of community in the Buffalo Creek Flood*. New York: Touchstone.

Everly, G. (1995) The Role of the Critical Incident Stress Debriefing (CISD) Process in Disaster Counseling, *Journal of Mental Health Counseling*, 17(3): 278-291.

Farley, O. W., Smith, L. L., & Boyle, S. W. (2006) *Introduction to Social Work* (10th Ed.). Boston, MA: Pearson Education.

Farson, R. (1978) *Birthrights*. Harmondsworth: Penguin.

Ferrer, D. V. (1998) Validating coping strategies and empowering Latina battered women in Puerto, in A. Roberts (ed.), *Battered women and their families*. New York: Springer.

Fine, M. & Asch, A. (1988) *Women with Disabilities*. Philadelphia: Temple University Press.

Finkelstein, V. (1980) *Attitudes and Disabled People: Issues for Discussion*. New York: World Rehabilitation Fund, Inc.

Finkelstein, V. (1993) Disability: A Social Challenge or an Administrative Responsibility? in J. Swain, S. French, & M. Oliver (eds.), *Disabling Barriers – Enabling Environments*, pp.34-44. London: Sage Publications.

Foa, E. B. & Meadows, E. A. (1997) Psychosocial Treatments for Posttraumatic Stress Disorder: A critical review, *Annual Review Psychology*, 48: 449-480.

Fook, J. (2002) *Social work: Critical theory and practice*. London: SAGE.

Freire, P. (2000) *Pedagogy of the oppressed* (30th anniversary Ed.). New York: Continuum International.

Gallin, B. (1966) *Hsin Hsing, Taiwan: A Chinese Village in Change*. Berkeley, CA: University of California Press.

Gans, H. J.(1972) The Positive Functions of Poverty, *American Journal of Sociology*, 78(2): 275-289.

George, V. & Howards, I. (1991) *Poverty Admist Affluence: Britain and the United States*. Hants, England: Edward Elgar.

Gilbert, N. & Terrell, P. (1998) *Dimension of Social Welfare Policy* (4th Ed.). MA: Allyn & Bacon.

Gilliland, B. E. & James, R. K. (1988) *Crisis Intervention Strategies*. Monterey, CA: Brook/Cole.

Giovannoni, J. M. (1987) Children, *in Encyclopedia of Social Work* (18th Ed.), pp.242-254. Silver Spring, MD: National Association of Social Workers, Inc.

Godschalk, D. R. (1991). Disaster mitigation and hazard management, in Thomas E. Drabek & Gerard J. Hoetmer (eds.), *Emergency Management: Principles and Practice for Local Government*, pp.131-160. Washington, D.C.: International City Management Association.

Goldstein, J., Freud, A., & Solnit, S. (1979) *Beyond the Best Interests of the Child*. New York: Free Press.

Goldstein, J., Freud, A., Solnit, A., & Goldstein, S. (1986) *In the Best Interests of the Child*. New York: Free Press.

Goodbody Economic Consultants (2004) Developing an Advocacy Service for People with Disabilities. Dublin: Goodbody Economic Consultants, 2. Retrieved from http://v1.dpi.org/langen/resources/details.php?page=114

Gray, M. (2005) Dilemmas of International Social Work: Paradoxical Processes in

Indigenization, Universalism and Imperialism, *International Journal of Social Welfare*, 14(3): 231-238.

Greene, V. L. & Monahan, D. J. (1989) The effect of a support and education program on stress and burden among family caregivers to frail elderly persons, *The Gerontologist*, 29(4): 472-477.

Grossberg, M. (1985) *Governing the Health, Land and the Family in Nineteenth Century America*. Chapel Hill: University of North Carolina Press.

Grossman, L. (1973) Train Crash: Social Work and Disaster Services, *Social Work*, 18(5): 38-44.

Hallett, C. (1996) Social policy: continuities and change, in C. Hallett (ed.), *Women and Social Policy: An Introduction*. Hemel Hempstead: Prentice hall/Harvester Wheatsheaf.

Hancock, B. (1982) *School Social Work*. NJ：Prentice-Hall, Inc.

Hanmer, J. & Statham, D. (1999) *Women and Social Work: Towards a Woman-Centred Practice* (2nd Ed.). London: Macmillan.

Hartman, A. & Larid, J. (1983) *Family-Centered Social Work Practice*. New York, NY: The Free Press.

Hegar, R. (1989) Empowerment-based Practice with Children, *Social Service Review*, 63(3): 372-383.

Herbert, E. & McCannell, K. (1997) Talking back: Six first nations women's stories of recovery from childhood sexual abuse and addictions, *Canadian Journal of Community Mental Health*, 16(2): 51-68.

Hernes, H. (1987) Women and the welfare state: the transition from private to public dependence, in A. S. Sassoon (ed.), *Women and the State*. London: Hutchinson.

Herring, R. D. (1999) *Counseling with Native American Indians and Alaska Natives: Strategies for helping professionals*. Thousand Oaks, Sage.

Herrnstein, R. J. & Murray, C. (1994) *The Bell Curve: Intelligence and class structure in American life*. New York: Free Press.

Hokenstad, M. C. & Midgley, J. (1997) Realities of Global Interdependence: Challenges for Social Work in a New Century, in M. C. Hokenstad & James Midgley (eds.), *Issues in International Social Work: Global Challenges for a New Century*, pp.1-10. Washington, D.C.: NASW Press.

Holt, J. (1975) *Escape from Childhood*. Harmondsworth: Penguin.

Hudson, P. & Taylor-Henley, S. (1995) First Nations child and family services, 1982-1992: Facing the realities, *Canadian Social Work Review*, 12(1): 72-84.

Huttman, Elizabeth D. (1985) *Social Services for the Elderly*. New York: The Free Press.

Jasanoff, S. (2010) Beyond Calculation: a Democratic Response to Risk, in Andrew Lakoff (ed.), *Disaster and the Politics of Intervention*, pp.14-41. NY: A Columbia SSRC Book.

Jha, A. K., Barenstein, J. D., Phelps, P. M., Pittet, D., & Sena, S. (2010) *Safer Homes, Stronger Communities: A Handbook for Reconstructing after Natural Disasters*. Washington, D. C.: The World Bank.

Johnson, L. C. & Schwartz, C. L. (1991) Social Welfare and Mental Health, in L. C. Johnson & C. L. Schwartz (eds), *Social Welfare: A Response to Human Need*, pp.218-240. Boston: Allyn and Bacon.

Kahan, J., Kemp, B., Staples, F. R., & Brummel-Smith, K. (1985) Decreasing the burden in families caring for a relative with a dementing illness: A controlled study, *Journal of the American Geriatrics Society*, 33(10): 664-670.

Kamerman, S. & Kahn, A. (1978) *Family policy: Government and families in 14 countries*. New York, NY: Columbia University press.

Kauppi, K., Välimäki, M., Hätönen, H. M., Kuosmanen, L. M., Warwick-Smith, K., & Adams, C. E. (2014) Information and communication technology based prompting for treatment compliance for people with serious mental illness. Retrieved from http://www. cochranelibrary.com/

Kaye, L. W. (2005) Chap 1 A Social Work Practice Perspective of Productive Ageing, in Lenard W. Kaye (ed.), *Perspectives on Productive Aging: Social Work with the New Aged*, pp.3-17. Washington D.C.: NASW Press.

Kayser, K., Wind, L., & Shankar, R. A. (2008) Disaster Relief within a Collectivistic Context, *Journal of Social Service Research*, 34(3): 87-98.

Kelly, M. S., Raines, J. C., Stone, S., & Frey, A. (2010) *School Social Work: An Evidence-informed Framework for Practice*. Oxford: Oxford University Press.

Ko, E. J. & Brownell, P. (2005) Multicultural social work practice with immigrant victims of domestic violence, in E. P. Congress & M. J. Gonzalez (eds.), *Multicultural Perspectives in Working with Families*. New York: Springer.

Kreuger, L. and Stretch, J. (2003) Identifying and Helping Long Term Child and Adolescent Disaster Victims: model and method, *Journal of Social Service Research*, 30(2): 93-108.

Kropf, Nancy P. & Hutchison, Elizabeth D. (1992) Effective Practice with Elderly Clients, in Robert L. Schneider & Nancy P. Kropf (eds.), *Gerontological Social Work: Knowledge, Service Settings,and Special Populations*, pp.3-28. Chicago: Nelson-Hell publishers.

Lan, P. C. (2003) "Maid or Madam?" Filipina Migrant Workers and the Continuity of Domestic Labor, *Gender & Society*, 17(2): 187-208.

Lee, S. A. (1997) Communication styles of Wind River Native American clients and the therapeutic approaches of their clinicians, *Smith College Studies in Social Work*, 68(1): 57-81.

Lewis, O. (1959) *Five Families: Mexican Case Studies in the Culture of Poverty*. New York: Basic Books.

Lieb, H. & Thistle, S. (2005) The changing impact of marriage, motherhood and work on women's poverty, in H. Hartmann (ed.), *Women, Work, and Poverty*. New York: The Haworth Press.

Lin, A. Mu-jung P. (1999) Mental Health Overview, in NASW (ed), *Encyclopedia of Social Work*, pp.1705-1711. Washington, DC: NASW.

Lin, Jen-Jen & Lin,Wan-I (2016) Cultural Issues in Post-Disaster Reconstruction: The Case of

Typhoon Morakot in Taiwan, *Disasters*. 40(4): 668-692.

Lin, W. I. (2016) Disaster Relief and Reconstruction in Taiwan: Policy and Issues, In D. Romero (ed.), *Natural Disasters: risk assessment, management strategies and challenges*, Ch.12, pp.185-222. NY: Nova Publishers.

Lin, W-I & Teyra, C. (2020) Social Work Education in Taiwan: Issues, Challenges and Prospects, in S. M. Sajid, R. Baikady, S.-L. Cheng, & H. Sakaguchi (eds.), *The Palgrave Handbook of Global Social Work Education*, pp.43-59. Palgrave Macmillan.

Lister, R. (2004) *Poverty*. Cambridge, UK: Polity.

Lord, J. E., Guernsey, K. N., Balfe, J. M., Karr, V. L., & Flowers, N. (2007) *Human Rights. YES! Action and Advocacy on the Rights of Persons with Disabilities*. Minneapolis: Human Rights Resource Center, University of Minnesota.

Lu, Pau-Ching & Lin, Wan-I (1999) Social Welfare Policy in Taiwan: Past, Present and Prospects, in National Science Council (ed.), *Conference Prague 1999 Transitional Societies in Comparison: East Central Europe vs. Taiwan*, pp.287-307. Taipei, Bonn Office. Frankfurt am Main: Peter Lang.

Maluccio, A. N., Warsh, R., & Pine, B. A. (1993) Family Reunification: An Overview, in B. A. Pine, R. Warsh, & A. N. Maluccio (eds.), *Together Again: Family Reunification in Foster Care*, pp.3-19. Washington, D.C.: Child Welfare League of America.

Manyena, S. B. (2006) The concept of resilience revisited, *Disaster*, 30(4): 433-450.

Marsh, J. C., Angell, B., Andrews, C. M., & Curry, A. (2012) Client-provider relationship and treatment outcomes: A systematic review of substance abuse, child welfare, and mental health services research, *Journal of the Society for Social Work and Research*, 3(4): 233-267.

Martinez, K. (2004) Global perspectives on independent living for the new millennium, in B. Duncan & J. Geagan (eds.), *Independent living and self-help in 2003: A global snapshot of a social change movement*, pp.93-95. Berkeley: World Institute on Disability.

McCann, J. F. & Pearlman, L. A. (1990) Vicarious Traumatization: a framework for understanding the psychological effects of working with victims, *Journal of Traumatic Stress*, 3: 131-149.

McCullagh, J. (2002) School Social Work in Hartford, Connecticut: Correcting the Historical Record, *Journal of Sociology and Social Welfare*, XXIX: 2, 93-103.

McEntire, D. A. (2001) Triggering agents, vulnerabilities and disaster reduction: towards a holistic paradigm, *Disaster Prevention and Management*, 10(3): 189-196.

McEntire, D. A. (2004) Tenets of vulnerability: an assessment of a fundamental disaster concept, *Journal of Emergency Management*, 2(2): 23-29.

McEntire, D. A. (2005) Why vulnerability matters: exploring the merit of an inclusive disaster reduction concept, *Disaster Prevention and Management*, 14(2): 206-222.

McKenzie, B. (1985) Social work practice with native people, in S. A. Yelaja (ed.), *Introduction to Social Work Practice in Canada*, pp.272-288. Prentice-Hall.

McWhirter, J. J., McWhirter, B. T., McWhirter, E. H., & McWhirter, A. C. (2017) *At-risk youth: A comprehensive response* (6th Ed.). Pacific Grove, CA: Brooks/Cole.

Menjivar, C., & Salcido, O. (2002) Immigrant women and domestic violence: Common experiences in different countries, *Gender & Society*, 16(6): 898-920.

Menzies, K. F. (2001) The cultivation of indigenous social work professionals in Australia, in《內政部兒童局主辦，兒童福利政策與福利服務國際研討會會議手冊》，頁 302-312。臺北：內政部。

Merkel-Holguin, L. (2004) Advancing Partnership-based Practice with Families, *Protecting Children*, 19(2): 1.

Miller, J. (2004) Critical Incident Debriefing and Social Work, *Journal of Social Service Research*, 30(2): 7-25.

Mitchell, J. T. & Bray, G. (1990) *Emergency Services Stress: Guidelines for Preserving the Health and Careers of Emergency Services Personnel*. Englewood Cliffs, NJ: Prentice Hall.

Mitchell, J. T. & Everly, G. S. (2003) *Critical Incident Stress Debriefing: an operations manual for CISD, defusing, and other group crisis intervention services* (4th Ed.). Ellicott City, MD: Chevron.

Mitchell, L. T. (1983) When Disaster Strikes: the critical incident stress debriefing process, *Journal of Emergency Medical Services*, 1(8): 36-39.

Moos, R. H. & Schaefer, J. A. (1993) Coping resources and processes: Current concepts and measures, in L. Goldberger & S. Breznitz (eds.), *Handbook of stress: Theoretical and clinical aspects* (2nd Ed.), pp.234-257. New York: NY: The Free Press.

Morrissette, V., McKenzie, B., & Morrissette, L. (1993) Towards an aboriginal model of social work practice-Cultural knowledge and traditional practices, *Canadian Social Work Review*, 10(1): 91-108.

Morrow-Howell, Nancy, Hinterlong, J., & Sherraden, M. (eds.) (2001) *Productive Aging: Concepts and Challenges*. Baltimore, Maryland: The John Hopkins University Press.

Mullaly, R. (1993) *Structural social work*. Toronto: McClelland & Stewart.

Mullen, E. J., Bellamy, J. L., Bledsoe, S. E., & Francois, J. J. (2007) Teaching Evidence-Based Practice, *Research on Social Work Practice*, 17(5): 574-582.

Munson, C. E. (2007) Forensic social work and expert witness testimony in child welfare, in Spring & Roberts (eds.), *Handbook of Forensic Mental Health With Victims and Offenders: Assessment, Treatment, and Research*, pp.67-92. NY: Spring Publishing Co.

Myers, George C. (1990) Demography of Aging, in Robert H. Binstock and Linda K. George (eds.), *Handbook of Aging and Social Science* (3rd ed.), pp.19-44. San Diege, California: Academic Press.

Narayan, U. (1995) "Male-order" Brides: Immigrant Women, Domestic Violence and Immigration Law, *Hypatia*, 10(1): 104-119.

National Organization of Forensic Social Work (2020) What is Forensic Social Work? http://www.nofsw.org/html/forensic_social_work.html

Nelson, C. H., Kelley, M. L., & McPherson, D. H. (1985) Rediscovering support in social work practice: Lesson from Indian indigenous human service workers, *Canadian Social Work Review*, 3(1): 231-247.

Niland, J. P. (2007) The role of the forensic social worker in developing mitigation evidence, in Spring & Roberts (eds.), *Handbook of Forensic Mental Health With Victims and Offenders: Assessment, Treatment, and Research*, pp.125-150. NY: Spring Publishing Co.

North, C. & Hong, B. (2000) Project Crest: a new model for mental health intervention after a community disaster, *American Journal of Public Health*, 90(7): 1057-1059.

NSW Department of Ageing, Disability and Home Care (2009) *Exploring and Implementing Person Centred Approaches*. Brisbane: NSW Department of Ageing, Disability and Home Care.

Ockerman, M. S., Mason, E. C. M., & Feiker-Hollenbeck, A. (2012) Integrating RTI with school counseling programs: Being a proactive professional school counselor. *Journal of School Counseling*, 10 (15), https://scholarworks.gsu.edu/cps_facpub/10/

Ogburn, W. F. & Tibbits, C. (1933) The Family and Its Functions, in President's Research Committee on Social Trends (eds.), *Recent Social Trends in the United States*, pp.661-708. New York and London: McGraw-Hill.

Oliver, M. (1986) Social Policy and Disability: some theoretical issues, *Disability, Handicap & Society*, 1(1): 5-17.

Oliver, M. (1990) *The politics of disablement*. London: MacMillan.

Oliver, M. (1993) Disability and Dependency: A Creation of Industrial Societies? in P. Brown & R. Scase (eds.), *Poor Work: Disadvantage and the Division of Labour*. Suffolk: St. Edmundsbury Pres Ltd.

Oliver, M. (1996) *Understanding Disability – From Theory to Practice*. London: Sage Publications.

Ozcevik, O., Turk, S., Tas, E., Yama, H., & Beygo, C. (2009) Flagship regeneration project as a tool for post-disaster recovery planning: the Zeytinburnu case, *Disasters*, 33(2): 180-202.

Pan, S. M., Yang, J. T., & Lin, C. J. (2010a) *Care as a strategy in exchange of better life: Chinese Immigrant women in Taiwan*, presented at the 5th International Carers Conference: New Frontiers in Caring 2010 and Beyond. Leeds University, UK.

Pan, S. M., Lin, C. J., & Yang, J. T. (2010b) *The answer or Taiwan dream is blowing in the wind: The transforming gender role of immigrant families*, presented paper at the 2010 International Symposiumon Reconciliation of Paid Work and Family Care.

Parekh, B. (2002) *Rethinking Multiculturalism: Cultural Diversity and Political Theory*. London: Macmillan Press Ltd.

Payne, M. (1997) *Modern social work theory: A critical introduction* (2nd Ed.). Chicago, IL: Lyceum Books, Inc.

Payne, M. (2014) *Modern Social Work Theory* (4th Ed.). N.Y.: Palgrave Macmillan.

Pearce, D. (1979) The feminization of poverty: Women, work and welfare, *Urban and Social*

Change Review, 11: 28-36.

Perron, B. E., Taylor, H. O., Glass, J. E., & Margerum-Leys, J. (2010) Information and Communication Technologies in Social Work, *Advances in social work*, 11(1): 67-81.

Phillips, A. (2007) *Multiculturalism without culture*. New Jersey: Princeton University Press.

Popple, P. & Leighninger, L. (2007) *Social work, social welfare and American society* (7th Ed.). Boston: Allyn and Bacon.

Puig, M. E. & Glynn, J. B. (2004) Disaster Responders: A Crosse-cultural Approach to Recovery and Relief Work, *Journal of Social Service Research*, 30(2): 55-66.

Pyles, L., Kulkarni, S., & Lein, L. (2008) Economic Survival Strategies and Food Insecurity, *Journal of Social Service Research*, 34(3): 43-53.

Quinn, G., Degener, T., Bruce, A., Burke, C., Castellino, J., Kenna, P., Kilkelly, U., & Quinlivan, S. (2002) *Human Rights and Disability The current use and future potential of United Nations human rights instruments in the context of disability*. Geneva: United Nations.

Rank, M. (2013) Poverty. *Encyclopedia of Social Work*. Retrieved from https://oxfordre.com/socialwork/view/10.1093/acrefore/9780199975839.001.0001/acrefore-9780199975839-e-297

Rappaport, J. (1981) In Praise of Paradox: A Social Policy of Empowerment over Prevention, *American Journal of Community Psychology*, 9: 1-25.

Regehr, C., Roberts, A. R., & Bober, T. (2008) On the Brink of Disaster, *Journal of Social Service Research*, 34(3): 5-13.

Rein, M. (1970) Problems in the Definition and Measurement of Poverty, in P. Townsend (ed.), *The Concept of poverty*. London: Heinemann.

Reisch, Michael & Jarman-Rohde, Lily (2000) The Future of Social Work in the United States: Implications for Field Education, *Journal of Social Work Education*, 36(2): 201-214.

Riad, J. K. & Norris, F. H. (1996) The influence of relocation on the environment, social and psychological stress experienced by disaster victims. *Environment and Behavior*, 28: 163-182.

Richards, D. (2001) A Field Study of Critical Incident Stress Debriefing versus Critical Incident Stress Management, *Journal of Mental Health*, 10(3): 351-362.

Rideout, P., Merkel-Holguin, L., & Anderson, C. (2010) Family Meeting Approaches in Child Welfare: Making Connections to Empower Families, *Protecting Children*, 25(2): 2-6.

Ringen, S. (1987) *The Possibility of Politics: A Study in the Political Economy of the Welfare State*. Oxford: Clarendon Press.

Roberts, A. R. (2006) Applying Roberts's triple ABCD model in the aftermath of crisis-inducing and trauma-induce community disaster, *International Journal of Emergency Mental Health*, 8(3): 175-182.

Rogge, M. E. (2003) The Future is Now. *Journal of Social Service Research*, 30(2): 1-6.

Rowntree, B. S. (1901) *Poverty: A Study of Town Life*. London: Macmillan.

Royal Commission of Aboriginal Peoples (1996) *Gathering strengths*. Ottawa: RCAP.

Russoniello, C., Skalko, T., Beatly, J., & Alexander, D. B. (2002) New Paradigms for Therapeutic Recreations and Leisure Services Delivery: The Pattillo A ＋ Elementary School Disaster Relief Project, *Park & Recreation*, 37(2): 74-81.

Sanderson, H., (2000) PCP: Key Features and Approaches. Retrieved from http://www.helensandersonassociates.co.uk/PDFs/PCP%20Key%20Features%20and%20Styles.pdf

SANE (2012) https://www.sane.org/

Segal, E. A., Gerdes, K. E., & Steiner, S. (2010) *An Introduction to the Profession of Social Work: Becoming a Change Agent* (3rd Ed.). Belmont. CA: Brooks/Cole.

Seroka, C. M. and Associates (1986) A Comprehensive Program for Postdisaster Counseling, *Social Casework: the Journal of Contemporary Social Work*, January: 37-45.

Shahar, I. B. (1993) Disaster Preparation and the Functioning of a Hospital Social Work Department during the Gulf War, *Social Work in Health Care*, 18(3/4): 147-159.

Shelby, J. & Tredinnick, M. (1995) Crisis Intervention with Survivors of Natural Disaster：Lessons from Hurricane Andrew, *Journal of Counseling & Development*, 23(5): 491-498.

Shim, W. S. & Hwang, M. J. (2005) Implications of an arrest in Domestic violence cases: Learning from Korean social workers' experiences in the U.S, *Journal of Family Violence*, 20(5): 313-327

Silver, H. (2019) Social Exclusion, in Anthony Orum (ed.), *The Wiley Blackwell Encyclopedia of Urban and Regional Studies*. New York: John Wiley & Sons Ltd.

Silverman, E. (1986) The Social Worker's Role in Shock-Trauma Units, *Social Work*, July-August: 311-313.

Sinclair, R. (2004) Aboriginal social work education in Canada: Decolonizing pedagogy for the seventh generation, *First Peoples Child & Family Review*, 1(1): 49-61.

Song, L. & Shih, C. (2009) Factors, Process, and Outcomes of Recovery from Psychiatric Disability-The Unity Model, *International Journal of Social Psychiatry*, 55(4): 348-360.

Sowers, Karen M. & Ellis, Rodney A. (2001) Steering Currents for the Future of Social Work, *Research on Social Work Practice*, 11(2): 245-253.

Spicker, P. (2007) Definitions of poverty: Twelve clusters of meaning, in Paul spicker S., Alvarez L., & David G (eds.), *Poverty: An International Glossary*, pp.229-243. London: Zed Books.

Spicker, P. (2020) Poverty, in Paul Spicker (ed.), *An introduction to Social Policy*. Retrieved from http://spicker.uk/social-policy/poverty.htm

Springer, D. W. & Roberts, A. R. (2007) Forensic Social Work in the 21st century, in Spring & Roberts (eds.), *Handbook of Forensic Mental Health With Victims and Offenders: Assessment, Treatment, and Research*, pp.3-22. NY: Spring Publishing Co.

Stark, E. (2007) Expert testimony on woman battering and its effects, in Spring & Roberts (eds.), *Handbook of Forensic Mental Health With Victims and Offenders: Assessment, Treatment, and Research*, pp.93-124. NY: Spring Publishing Co.

Stormont, M., Reinke, W. M., Herman, K. C., & Lembke, E. S. (2012) *Academic and behavior supports for at-risk students: Tier 2 interventions*. New York: Guilford Press.

Sue, D. W. (2006) *Multicultural Social Work Practice*. Canada: John Wiley & Sons, Inc.

Thomson, G. (1988) Transitions: report of the Social Assistance Review Committee. Toronto: Ontario Ministry of Community and Social Services, http://isbndb.com/d/book/transitions_a54.html

Thornton, A. & Lin, Hui-Sheng (1994) *Social Change and the Family in Taiwan*. Chicago, IL: The University of Chicago Press.

Thyer, B. A. & Myers, L. L. (2011) The quest for evidence-based practice: A view from the United States, *Journal of Social Work*, 11(1): 8-25.

Tobin, Sheldon S. & Toseland, Ronald W. (1990) Models of Service for the Elderly, in Abraham Monk (ed.), *Handbook of Gerontological Services*, pp.27-51. New York: Columbia University.

Townsend, P. (1979) *Poverty in the United Kingdom: A Survey of Household Resources and Standards of Living*. Harmondsworth: Penguin Books.

United Nations (2006) *Convention on the Rights of Persons with Disabilities*. Geneva: United Nations.

UPIAS (1976) *Fundamental Principles of Disability*. London: Union of the Physically Impaired Against Segregation.

Vertovec, S. (1997) Three Meanings of Diaspora Exemplified among South Asian Religions, *Diaspora*, 6(3): 277-300.

Walker, A. (1980) The Social Creation of Poverty and Dependency in Old Age, *Journal of Social Policy*, 9(1): 45-75.

Wallace, H. (1999) *Family Violence: Legal, Medical, and Social Perspective*. Needham Heights, MA: Allyn & Bacon.

Walsh, F. (2003) Family resilience: A framework for clinical practice, *Family Process*, 42: 1-18.

Walsh, F. (2006) *Strengthening family resilience* (2nd Ed.). New York: Guilford Press.

Walsh, F. (2007) Traumatic Loss and Major Disaster: Strengthening Family and Community Resilience, *Family Process*, 46: 207-227.

Walt, M. S. (1976) State Intervention on behalf of the Neglected Children: Standards for Removal of Children from Their Homes, Monitoring the Status of Children in Foster Care, and Termination of Parental Rights, *Stanford Law Review*, 28: 623-706.

Walter, U. M. & Petr, C. G. (2011) Best practices in wraparound: a multidimensional view of the evidence, *Social Work*, 56(1): 73-80.

Wang, Frank T. Y. & Tsai, Sheng-Pei (2019) Collisions between the State and the Evil Spirit: Home Care in Indigenous Communities, in Donna Baines, Sue Goodwin, & Bindi Bennett (eds.), *Working Across Difference: Social Work, Social Policy and Social Justice*. London: Red Globe Press.

Wesley-Esquimaux, Cynthia & Smolewski, Magdalena (2004) *Historic Trauma and Aboriginal Healing*. Ottawa: Aboriginal Healing Foundation.

WHO (World Health Organization) (2001) *The Word Health Report: 2001 Mental health: New understanding, new hope*. Geneva: Author.

WHO (World Health Organization) (2002) *Towards a Common Language for Functioning, Disability, and Health*. Geneva: World Health Organization.

WHO (World Health Organization) (2007) Global Age-friendly Cities: A Guide. Retrieved from http://www.who.int/ageing/publications/Global_age_friendly_cities_Guide_English.pdf

WHO (World Health Organization) (2014) Preventing suicide: A global imperative. http://www.who.int/mental_health/suicide-prevention/world_report_2014/en/

Williams, C., Turnbull, J., & Cheit, E. (1982) *Economic and Social Security: Social Insurance and Other Approaches*. New York: John Wiley & Sons.

Wilson, P. (2009) Deliberative Planning for Disaster Recovery: Re-membering New Orleans, *Journal of Public Deliberation*, 5(1): 1-23.

Wolfsohn, R. (2015) Financial wellness as a social work specialty [Webinar]. Retrieved from http://naswwa.inreachce.com/SearchResults?searchType=1&category=b5d04f68-fcd3-4e82-be6f-8947f4ce2573

Wu, H. C. & Chen, F. P. (2016) Sociocultural Factors Associated with Caregiver-Psychiatrist Relationship in Taiwan, *Psychiatry investigation*, 13(3): 288-296. https://doi.org/10.4306/pi.2016.13.3.288

Wu, H. C. (2011) The protective effects of resilience and hope on quality of life of the families coping with the criminal traumatisation of one of its members, *Journal of Clinical Nursing*, 20: 1906-1915. Doi:10.1111/j.1365-2702.2010.03664.x

Wu, H. C., Yang, C. Y., & Chen, Y. C. (2021) The Role of Self-Efficacy in the Recovery Trajectory of Mental Health Consumers, *British Journal of Social Work*. DOI:10.1093/bjsw/bcab025

Yellow Horse Brave Heart, Maria (1999) Oyate Ptayela: Rebuilding the Lakota Nation through addressing historical trauma among Lakota parents, *Journal of Human Behavior and the Social Environment*, 2(1/2): 109-126.

Yoon, I. (2009) A Mixed-Method Study of Princeville's 28. Rebuilding from the Flood of 1999: Lessons on the Importance of Invisible Community Assets, *Social Work*, 54(1): 19-28.

Yoshihama, M. (2002) Policies and services addressing domestic violence in japan: From non-interference to incremental changes, *Women's Studies International Forum*, 25(5): 541-553.

Zakour, M. (1996) Geographic and Social Distance during Emergencies: a path model of interorganizational links, *Social Work Research*, 20(1): 19-30.

Zakour, M. J. & Harrell, E. B. (2004) Access to Disaster Services, *Journal of Social Service Research*, 30(2): 27-54.

Zastrow, C. (1993) *Introduction to Social Work and Social Welfare* (5th Ed.). Pacific Grove, Calif: Brooks/Cole Publishing Company.

Zastrow, Charles & Kirst-Ashman, Karen K. (1990) *Understanding Human Behavior and the Social Environment*. Chicago: Nelson-Hall Publishers.

Zimmerman, S. L. (1995) *Understanding family policy: Theories & applications*. Thousand Oaks, CA: Sage Publications.

Zimring, F. E. (1982) *The Changing Legal World of Adolescence*. New York: Free Press.

Zlotnik, Joan Levy (2007) Evidence-Based Practice and Social Work Education: A View from Washington, *Research on Social Work Practice*, 17(5): 625-629.

Zola, I. K. (1989) Toward the Necessary Universalizing of a Disability Policy, *The Milbank Quarterly*, 67(2): 401-428.